沈福伟，1935 年生于江苏苏州。1958 年毕业于复旦大学历史系。1978 年起任教于苏州大学，历任副教授、教授、文化交流与现代化硕士点导师。研究方向：中外关系史、亚洲及欧洲文化史、现代化理论。曾任十卷本《中华文明史》（1994 年）及《中华历史通鉴》（1997 年）中外文化交流学科主编及撰稿人。著有《中西文化交流史》（上海人民出版社，1985 年初版，2006 年、2014 年、2017 年修订）、《Cultural Flow between China and Outside World throughout History》（外文出版社，1996 年初版，2009 年修订）、《西方文化与中国：1793—2000 年》（上海教育出版社，2003 年）、《文明志》（上海人民出版社，2013 年）、《中国与欧洲文明》（山西教育出版社，2018 年）等。

沈福伟文化史论著系列

沈福伟 / 著

中国与非洲

3000年交往史

China and Africa:
A History of Foreign Contacts of 3000 Years

山西出版传媒集团
山西教育出版社

图书在版编目（C I P）数据

中国与非洲：3000 年交往史 / 沈福伟著. — 太原：山西教育出版社，2021. 1
ISBN 978 - 7 - 5703 - 1448 - 5

Ⅰ. ①中… Ⅱ. ①沈… Ⅲ. ①中外关系 - 国际关系史 - 非洲 Ⅳ. ①D829. 4

中国版本图书馆 CIP 数据核字（2021）第 018226 号

中国与非洲：3000 年交往史

ZHONGGUO YU FEIZHOU：3000 NIAN JIAOWANG SHI

责任编辑 邓吉忠 白 宁
复　　审 李梦燕
终　　审 郭志强
装帧设计 薛 菲
印装监制 蔡 洁

出版发行 山西出版传媒集团 · 山西教育出版社
（太原市水西门街馒头巷 7 号 电话：0351 - 4035711 邮编：030002）
印　　装 山西新华印业有限公司
开　　本 787 × 1092 1/16
印　　张 30. 5
字　　数 578 千字
版　　次 2021 年 3 月第 1 版 2021 年 3 月山西第 1 次印刷
审 图 号 GS（2021）2094 号
书　　号 ISBN 978 - 7 - 5703 - 1448 - 5
定　　价 120. 00 元

埃及第十八王朝法老图坦卡蒙（前 1358– 前 1349 年在位）王座

埃及第十八王朝哈脱舍普苏女王（前 1511– 前 1480 年在位）祭殿（尼罗河西岸底比斯地区）

突尼斯凯鲁万清真寺（建于 900 年）

开罗穆罕默德·阿里清真寺（建于 1362 年，最美丽的十字花形清真寺）

肯尼亚曼布鲁伊遗址墓柱，柱头镶嵌的青瓷瓷盆为明中晚期浙江龙泉窑产品

泉州清净寺，始建于 1009 年，初名圣友寺

《坤舆万国全图》（局部），1608 年摹本

前　言

非洲这块古老的大陆，实际上是和亚洲大陆连接在一起的，狭长的红海并未能切断亚非大陆在三角形的西奈半岛所构成的陆梁。从亚洲的角度来看，非洲和欧洲一样，不过是亚洲大陆向西均匀的伸展，是被称为旧世界的亚、非、欧三大洲的一个匀称的组成部分。

非洲大陆从地形上看，像一片桑叶静静地躺在印度洋和大西洋之间。已有越来越多的事实证明，它确是人类最早的发源地之一。这个发源地近在印度洋的西岸，和亚洲西南部的古文明发祥地十分接近。在相当长的时期中，非洲曾被描绘成林莽丛生、野兽出没、沙漠连片、炽热逼人的地方。在一些西方人士的笔下，好像只有从那些肤色皙白，携带了新式火器，驾驶着快速的三角帆船的欧洲人来到非洲沿岸以后，非洲才重新成为世界的一员。直至20世纪，他们还公开宣称，非洲的开发是“白种人的负担”！

然而非洲却是最早使用铜器和铁器的地区。非洲人，无论他们是肤色洁白的闪族，还是混血的含族，或者在热带非洲土生土长的苏丹和班图民族，以至比他们历史更加悠久的一些黑肤色民族，都有过值得称道的辉煌文明。这些文明有些早已湮没无闻，有些仍在繁衍发扬。今天，它们逐渐都从久埋的地下发掘出来，重新得到认识。

非洲曾经被认识，又曾经被遗忘。已经认识的需要永久流传，业经遗忘的必须重新发掘。在历史的长河中，非洲人民和居住在非洲大陆以外的人们，在各种形式的交往中，彼此互相接近，直到逐渐相识。身处非洲以外的古老民族，最初可以在远离非洲的地方，接触到各种来自非洲的物产，听取光怪陆离、娓娓动人的非洲见闻，他们慢慢也想方设法去亲历非洲的土地，或者从海上，或者从陆上、水陆兼程来到非洲。而非洲的居民远离本土云游四方，也使非洲的声名得以远播。所有这些，便构成了非洲和旧大陆其他许多国家和民族交往的历史。

非洲历史的再认识，也包括非洲和它以外的亚洲、欧洲以及美洲的许多民族彼此联系、彼此认识的历史，它们构成了丰富多彩的非洲历史的一个组成部分。

人类进入文明的历史，也就是说，摆脱了低级的原始氏族社会，进入奴隶主统治的国家以后，非洲和旧世界的交往，特别是和亚洲的联系显著加强了。首先是光辉灿烂的埃及古文化的世界性扩展，引起了亚、非民族之间最初的具有历史意义的交往。从此以后，除了红海两岸埃塞俄比亚高原和阿拉伯半岛南部山地之间，在地质年代曾经相接而在人类生活的时代仅有一水之隔之外，西奈半岛就成为西亚和东北非洲之间最便利的通道。海克索斯人、斐里斯丁人、希伯来人、腓尼基人、亚述人和波斯人、希腊人，在公元前都从这里拥向尼罗河流域的肥沃谷地。他们有资格称为最先接触非洲的域外民族。但是直到公元前500年左右，波斯的大流士将他的统治区扩大到欧洲的色雷斯和马其顿，非洲的埃及，建立起地跨亚、非、欧三大洲的帝国，从来没有一个国家的领土把尼罗河和印度河河谷连成一片。不到两个世纪，马其顿的亚历山大吞并了伯罗奔尼撒，之后，在公元前322年，重又建立起版图和大流士相仿的帝国，尼罗河和印度河、锡尔河再次成为一个帝国的一部分。这个帝国尽管昙花一现，按照它的自然境域分裂为三，但是一种加强亚非大陆和地中海世界联系的努力，已不再是一种愿望，而成为一股潜在的巨大力量了。

在中国和非洲之间的一片广阔的地区中，葱岭是黄河流域和美索不达米亚交通的一座天然屏障，天山和昆仑山山脉由此向东北和东南伸展出去。但古代的游牧民族征服了它，使它未能阻挡古代人类的交往，而偏偏成了中亚交通的重要孔道。中国应该很早就已接触到非洲的事物了，其中特别重要的是各种宝石和珍贵香料。从它们最初所赋予的各种稀奇古怪的名称中可以推想，由于它们来自难以想象的远方，要闯过重重难关，历尽艰辛，经过许多民族的转手，才能到达中国，所以，当初中国人很难确认它们来自什么地方，而只能约略指出一个方向。

只要举出一个粗略的数字就可以知道，为什么在雄心勃勃的罗马人登上历史舞台以前，中国对于非洲的知识是这样的贫乏。因为从中国古代政治和经济中心的渭水流域到尼罗河三角洲之间的直线距离，超过6500公里，比之恒河三角洲和尼罗河下游的陆上距离还要遥远。这就足以说明，为什么在古代文明世界中，中国和非洲的直接交往竟开始得这么迟缓！

中国在战国时期（前475—前221年）就开始摆脱奴隶制的羁束，走上中央集权的封建制度的道路。在公元前221年建立起一个庞大的统一帝国，使它对西方的商业和交通能够以新的规模展开。汉帝国（前202—220年）和罗马帝国（前27—395年）开始要求直接建立商业往来，叙利亚和南阿拉伯就此成为中国和埃及、利凡特进行大规模丝绸和黄金贸易的跳板。

中华民族是一个伟大的航海民族，可以无愧于列入世界最优秀的航海民族的行列。虽然中国开始经营印度洋航业，同样由于地理上的原因，比之印度洋沿岸民族，在时间的追溯上有所逊色，但是，由于有了先进的航海技术和拥有精湛的远洋帆船，所以在罗马人称霸红海的时代，中国帆船便已开始远航亚丁湾了。这种交往，使中国对埃塞俄比亚、索马里沿岸的居民和风土有了新的知识，为中国和非洲的直接交往开辟了新的充满着希望和活力的道路。从此以后，中国一直在寻求通过水上交通和非洲建立直接的交往。同样的理想，在许多沿海的非洲民族身上滋长出嫩芽，茁壮成长。

经过几个世纪的努力，中国帆船在7世纪以后已经开航桑给海岸。中国和非洲之间的直接贸易从此得以持续发展，所以中国文献竟比阿拉伯文书还要早地记载了索马里人曾经派出使者到达中国。10世纪以后，中非贸易蒸蒸日上，非洲对于中国，已不再是神秘的大陆。中国帆船在长时期中起着中非交通的纽带作用。中国的海外贸易商人，追踪阿拉伯人和柏柏尔人的足迹，遍历东非和北非洲，甚至知道了尼日尔河西岸有个奇妙的黄金国。

到了 15 世纪上半叶，以郑和为代表的中国船队七次访问印度洋，多次到达东非各地，深入到坦桑尼亚沿岸，甚至越过了莫桑比克海峡，进入大西洋。七下西洋的盛举，已成为历史上的美谈。虽则一些西方的学者违反历史发展的现实，喜欢把它说成是中国和非洲海岸确立直接交通的开始，实则不过是已经历时几个世纪的中国印度洋航业的最后一部杰作而已。那时的中国，曾是印度洋航行界煊赫一时的主角。15 世纪末，达·伽马绕过非洲南部好望角进入印度洋，后来便是以葡萄牙人为代表的西方殖民势力入侵非洲大陆，从此非洲进入了多灾多难的近现代。

中国，这个占据着亚洲文明世界三分之一地方的大国，虽然地处亚洲的东部，可在相当长的时期中，一直是和非洲有过广泛联系的重要国家。在和非洲交往的许多国家中，中国人虽然没有成为最早参加者的荣幸，却是在悠久的岁月中，冲破了最遥远的间隔和重重阻难，以惊人的毅力和卓越的智慧维系着和非洲人民的忠实友谊的民族。

中国对于促进非洲和外界的联系是有过贡献的。但很多事实长期暧昧不明，许多英雄壮举早已销声匿迹。中国和非洲友好往来的历史，遭到歪曲、阉割和抹杀。历史的全貌有待于人们重新发现，就像当初中国人远征非洲的商队或航船那样，需要远涉重洋，穿越惊涛骇浪，冲过沙漠风暴，攀登层峦叠嶂，经过长途跋涉，才能到达沐浴在海滨烈日之下，蕴含着绮丽的珠宝和香木满布、犀象出没的非洲大陆。

让我们循着前人的足迹去涉猎这块历史的园地吧！

对这段历史的阐释，将使旧大陆东西两端居民以往的接触，增添许多尚未为人称道的篇章。

目 录

第一章
早期中非交通的探索

第一节　中国古文明和埃及古文明

文明的创造和不同文明之间的接触，使人类从曙光时代起就在努力冲破地域的限制，设法摆脱自我的桎梏，从外界寻求新的力量。文明的创造和对世界的探索，就像一根杠杆一样，激励着彼此趋向一个共同的目标：使不同文明的创造者相互认识和了解。

在各种古老的文明中，生活在黄河、长江之间的中华民族和仰赖尼罗河定期泛滥收获庄稼的三角洲上的埃及人，代表着人类发祥地亚非大陆的东西两极，他们彼此之间如何互相吸引、如何彼此接触、如何增进了解的历史，对文明的创造和传播的认识，具有普遍而又深远的意义。

亚洲和非洲虽然在地理上通过西奈半岛连成一片，可从黄河入海处的渤海或黄海之滨到尼罗河三角洲，不但广布着崇山峻岭、荒芜原野、干旱沙漠和林莽、沼泽，而且路途遥远，相隔不下 10000 公里。要将中国和埃及这两个文明古国连成一体，必须要有一条贯穿亚非两大洲的纽带，在这条纽带上分布着人类最优秀的文明，包容着古代世界文明的心脏地区。

中国文明从 1978 年在河北桑干河旁阳原县官亭村发现的旧石器遗址算起，距今已有 250 万年了。在非洲东部，也曾栖息着人类的祖先。他们各自创造了自己的文明。

生活本身便向在不同地区活动的人们提出了向大自然斗争的要求，使得他们每天都得单独地去创造发明。不同地域的文明正是在创造和发展的过程中，不断扩大他们的空间领域，不断克服环境的阻遏和交通的闭塞，设法交换双方的信息，逐渐开拓自己的视野。中华民族的祖先，在他们一向劳动、繁衍生息的那块土地上从事的就是这样一种自成体系的伟大文明的创造。这一古老的文明从黄河和长江扩散。东抵海滨，东南伸向南海及其附近岛屿，向北到达戈壁沙漠，在西北和西南直到今天的国境附近，都遍布着和中原文化有着共同的特征和亲缘关系的文化遗址，表明这一文明是在一个幅员广大、民族众多的境域内长期存在，并且不断发扬光大，和邻近民族相互交融的一个伟大的古老文明。

对中国文明和它以西先后出现的尼罗河下游、美索不达米亚、印度河河谷文明之间的最早联系，过去长时期进行过探索，但真实的图景常常不是未被揭示出来，便是遭到歪曲。当然，不能否认的是，这些古文明一定很早就和中国的西部地区有过来往，尽管这种联系当初只能间接地通过很多中间民族的媒介来连续推行。由于历史的原因，对于这种联系的最初认识，是在笼罩着阴影的气氛下开始的。17世纪下半叶，当耶稣会士正热烈展开在中国的传教活动之际，同时也揭开了西方对中国古老文明的认识的序幕。在对这种先进的组织得井然有序的东方文明表示惊讶和欣羡之后，1654年，德国耶稣会神父安塔纳西·基尔契（Athanasius Kircher）在罗马发表了《埃及之谜》（Œdipus Ægyptiacus），以中国文字类似埃及象形文字，创立了中国人种起源于含族，中国文化源出埃及古文化的理论。1669年，约翰·韦伯（John Webb）在伦敦也起而附和，发表了《试论中华帝国的语言本属原始语言》（An historical essay：endeavoring a probability that the language of the empire of China is the primitive language）的论文。1667年，基尔契又在阿姆斯特丹发表《中国礼俗记》（China monumentis：quà sacris quà profanis）的论文，再次申述已见，得到了在华传教的波兰耶稣会士卜弥格（Michael Boym）的支持。

一个世纪后，西欧的一些学者正式探讨中国文明起源的历史。其中法国东方学家约瑟夫·德·基尼（Joseph de Guignes）单凭对埃及象形文字的研究，在1759年向考古学院提出的一份报告中，武断地认为汉语源出三个腓尼基字母，中国古代的历史实是埃及史的翻版，以为公元前1122年（周武王十三年）是埃及人移居中国的年代，并重复1716年法国雨叶（Huet）主教以古代中国是埃及殖民地的论调①。两年后，伦敦

① 德·基尼：《中国是埃及人殖民地的证据》（Joseph de Guignes，Mémoire dans lequel on prouve que les Chinois sont une colonie Égyptienne），巴黎，1760年。

皇家学会会员约翰·图伯维勒·尼特汉（John Turberville Necdham）在意大利都灵博物馆收藏的埃及伊西斯（Isis）神像身上，发现所刻埃及字有12个和中国文字相同。在罗马著名学者的赞同下，他在罗马出版了《都灵埃及铭文及其与中国的关系》的论著，发表了同样的言论[①]。他的说法竟得到了在北京传教的耶稣会士韩国英（P. M. Cibot）的首肯。不过这些议论虽然言之凿凿，却信者寥寥。早在1718年，法国著名汉学家弗雷烈（N. Fréret）便竭力反对基尔契的主张。1759年，德·梅朗（J. J. de Mairan）发表赞同雨叶主教的书信后，立即遭到他在北京传教的好友巴多明（D. Parrenin）的驳斥。尼特汉的谬说流行不久，法国文豪伏尔泰（Voltaire）在1773年便力斥这是害己又损人的无稽之谈。

但在西欧学术界，企图将中国文明隶属于埃及文明之下的各种谬论，此后许多年中仍然屡见不鲜。德·波夫（C. de Pauw）在1774年和1795年出版的《埃及和中国哲学研究》第4卷、第5卷中，更发动了在中国文明起源问题上的诽谤、捏造[②]。到了19世纪，曾经翻译了许多古代中国史料的毕奥（E. Biot），又重新拾起德·基尼的牙慧，说："中国最古老的民族，是些野蛮的猎人。公元前30世纪到前27世纪间，有一批人从西北侵入，始给当地土著以教化。"[③] 于是中国文化不但全由西方输入而诞生，而且是由西向东移入黄河流域的外来民族一手栽植的结果。

在20世纪，这种怪论到了英国传播学派的手里，又一变而成"地中海文明中心论"的新说。传播学派把欧洲文明涂上一层种族主义的色彩，在他们的手里，欧罗巴人种优越、欧罗巴文明自古以来就是世界文明的中心等等论调被发挥得淋漓尽致。可惜远古时代欧洲文明和世界几个古文明相比，终究未见那么昌盛和繁荣，于是他们不得不求助于"地中海文明"，把"欧罗巴文明"说成是"地中海文明"的正统，抬出埃及作为世界文明的发祥地。伊利奥特·史密斯（Elliot Smith）和勒格雷（Lord Raglan）可说是这一派的代表。特别是伊利奥特·史密斯，把埃及的古代文明说成是世界

---

① 尼特汉：《都灵埃及铭文及其与中国的关系》（John Turberville Necdham, De inscriptione quadam Ægyptiaca Taurini inventa et characteribus Ægyptiis olim et Sinis communibus exarata idolo cuidam antiquo in Regia Universitate servato...），罗马，1761年。

② 德·波夫：《埃及和中国哲学研究》（C. de Pauw, Recherches philosophiques sur les Égyptiens et les Chinois），Ⅳ，Ⅴ，巴黎，1794—1795年。

③ 毕奥：《关于中国军事和农业殖民地的备忘录》（E. Biot, Mémoire sur les colonies militaires et agricoles des Chinois），载于《亚洲杂志》（Journal Asiatique），1850年，第15卷，第338页，第529页。

上一切文明的唯一来源①。传播学派为了在文化起源问题上倡立一元论，臆造了一个埃及文明向世界扩散和传播的学说②。根据这种文化起源的"泛埃及说"，在公元前2600年以前，埃及便已有一种"原生文明"，以后向世界各地传播，重新出现在各个不同的地区，但与文明源起的埃及相比都有退步，只是各地程度不同。所有埃及文明的因素，如魔术、宗教、灵物崇拜、农耕、航海和历法，都被说成是埃及所独有的，源出于埃及的，因此埃及文明的影响常以"退化"的样式再现于世界各地。这种违背了社会发展规律和各民族在不同地域上发展本民族文化学说的理论，实际上早已使文化人类学流于纯粹的臆造和幻想。泛埃及说粗率地通过各种文明因子的类比，将不同民族文化的联系随意加以穿凿附会，在方法论上将古代文明史的研究引入歧途。譬如法国马伯乐（H. Maspero）以为殷墟出土的骨笄和埃及史前时期的相似③。美国卜德（Derk Bodde）将中国先秦时代的蚁鼻钱和埃及的蜣螂符相比，以为是埃及魔术和钱币在中国的翻版④。这和伊利奥特·史密斯的理论同样难以使人相信。伊利奥特·史密斯还捏造了一个公元前680年至公元前642年间腓尼基海上贸易商从红海到达中国胶州湾的故事，把中国的帆船说成是埃及造船法移栽的结果⑤。但中国帆船和采用多种桅索的埃及太阳船之间并无任何类似之处，是十分明显的事实。

"地中海文明"理论的倡导者竭力将世界各地的文明纳入这一轨道。这种理论不但把中国古代文化当作是埃及、希腊文化的延长，而且对传播路线也作了种种推测，或者把中国文明的产生说成是埃及文明经过里海南部，再由中亚细亚到达陕西以后所引起的⑥，或者把中国文化纳入希腊、南俄罗斯、中亚细亚文化圈中⑦，甚至主张西方文

---

① 伊利奥特·史密斯：《古代埃及人》（Elliot Smith, The ancient Egyptians and the origin of civilization），伦敦，1923年，第146－200页；勒格雷：《文明的起源》（Lord Raglan, How came civilization?），伦敦，1939年。

② 韦斯勒：《人与文化》（Clark Wissler, Man and culture），伦敦，1923年，第21－33页。

③ 马伯乐：《古代中国》（H. Maspero, La Chine antique），巴黎，1927年。参见罗振玉：《殷墟古器物图录》，1916年。

④ 卜德（Derk Bodde）：《中国古钱与埃及蜣螂符》，李毓麟节译，载于《山东图书馆季刊》，1931年，第1卷，第1期。

⑤ 伊利奥特·史密斯：《帆船和远古文明的传播》，曼彻斯特，1917年，第8页。

⑥ 伊利奥特·史密斯：《古代埃及人》（Elliot Smith, The ancient Egyptians and the origin of civilization），伦敦，1923年，第196－198页。

⑦ 罗斯托夫采夫：《南俄的伊朗人和希腊人》（Michael Rostovtzeff, Iranians and Greeks in South Russia），牛津，1922年，第181－209页。

化在新石器时代从北欧和东南欧洲流入中国①。

传播学派推行的一套货色，是根据“地中海文明”构筑的文化层次关系，把他们制造的“外来影响决定论”强加给具有悠久而辉煌的历史的中华民族。现在中国文明源出埃及早已是无人相信的理论，“中国文明西来说”虽然已在考古发现和研究的生动事实面前遭到致命的挫折，但是“外来信息”的论调仍然想方设法企图在中国文化起源问题上占据显著的地位。从1921年河南渑池县发现新石器晚期的仰韶文化起，彩陶文化便被发现者安德生纳入希腊北部、伽里西亚、乌克兰、南俄的特里波列和中亚的安诺文化系统之中。现在根据 C_{14} 测定的年代，不但弄清了仰韶文化早于安诺文化②，确定了仰韶文化由黄河中游向四周传播的范围③，而且也发现了新石器早期遗址④，对仰韶文化的来源有了符合历史事实的说明。在新石器时代晚期，中原彩陶文化向西传播的脉络业已清楚，新疆境内，塔克拉玛干以北出土的彩陶和甘肃彩陶文化相近⑤。因此，可以推想，在公元前1000年左右，新疆地区可能是来自中亚细亚的彩陶文化和由东而西传播的中原彩陶文化交汇的地方。

中国的新石器时代从1962年在江西万年仙人洞发现的洞穴遗址算起，开始于1万年前，相当于公元前8000年，和埃及进入新石器时代（前9000年）不相上下。在渭河流域有华县老官台文化，地层堆积证明它是早于仰韶文化层的文化遗址，时间应在公元前5000年左右。河南新郑裴李岗文化是20世纪70年代在中原发现的早期新石器遗址，经 C_{14} 测定，所属时间在公元前5935±480年之间，相当于埃及最早的新石器文化。中原地区新石器文化的连续性和它向东、西发展的层次关系，完全否定了在公元前4000年左右发展起来的仰韶彩陶文化是由一支外来民族从西北传入黄河中下游的说法。

中国的石器文化是和埃及同样古老的，而且是在比滋生埃及古文明的更加广袤的土地上形成和壮大起来的文化。由于蕴藏的巨大生命力，它在漫长的岁月中，在超过中原地区几倍甚至几十倍的亚洲东部地区发扬光大。最早在中国境内黄河流域和长江流域发展起来的这一古老文明，受到它影响的境域，比之埃及、肥沃新月区和印度河

---

① 赫伯特·施密特：《东亚民族学史料》（Hubert Schmidt，Prohistorisches aus Ostasien Zeitsch fur ethnologie），柏林，1924年。

② 中国科学院考古研究所：《放射性碳素测定年代报告（二）》，载于《考古》，1972年，第5期。

③ 安志敏：《略论我国新石器时代文化的年代问题》，载于《考古》，1972年，第6期。

④ 严文明：《黄河流域新石器时代早期文化的新发现》，载于《考古》，1979年，第1期；安志敏：《略论三十年来我国的新石器时代考古》，载于《考古》，1979年，第5期。

⑤ 李遇春：《新疆维吾尔自治区文物考古工作概况》，载于《文物》，1962年，第7、8合期。

流域这些古文明的主要中心向邻近民族聚居地区进行的艺术和技术的输送范围，实在无所逊色。

中国的青铜时代也是在传统文化进入到一定阶段后发展起来的，所以尽管中国的青铜时代要比埃及和美索不达米亚晚得多，但到了公元前13世纪的商代晚期终于发展到登峰造极的地步，青铜器制作的精巧和规模的宏大都超过了世界其他地方的同行和前辈。传说黄帝采首山铜铸鼎，蚩尤烁金为兵，铜铸烹饪器和兵器在公元前2600年便有。自1973年在陕西临潼姜寨遗址发现公元前4500年的半圆形黄铜片起，以后的各项考古发现，展示出公元前4500年至公元前2700年，中国西部地区已有了自身冶铜工艺。1978年甘肃马家窑文化的铜器属于早期的铸铜器物①。早期的红铜制品，发现在公元前2000年到前1700年之间，分布在河北唐山、内蒙古伊金霍洛旗和甘肃永靖、武威，有铜匕、铜牌、铜锥和铜环。在发达的殷墟青铜文化以前，一定有过一个很长的过程，这个过程由于河南偃师二里头型文化、郑州二里岗型文化遗址的发现逐渐明朗。偃师二里头文化共分四期，相当于夏文化，和二里岗早商文化相衔接。二里头文化以封口盉（鸡彝）为常用的不同灌器，和商文化的常用斝、周文化的常用壶形盉，可作为辨别夏、商、周文化的基本特征②。二里头出土的铜爵是目前最早的青铜容器③，形制和早商期陶爵一致。夏代青铜文化的存在还有待于进一步的发掘，但大致可以认为，在甘肃齐家文化的同时，中原地区已经有了青铜的冶炼。

阿勒泰出土战国时期铜鍑

中国最早的关于铜和青铜（锡、铜合金）的知识从何得来，埃及说曾经是活跃一时的答案，但此说全无可以连缀的事实。仅凭一些可供类比的文化因子，完全不足以支持它的生存。于是又有起源于苏美尔或西亚的一个文化中心的推测，后来更有源出欧洲经南西伯利亚传入中国北方的说法。公元前3000年至公元前2000年间，在克里特、希腊本土、高加索山以北的库班盆地、小亚细亚高原、巴勒斯坦、叙利亚、伊朗

① 孙淑云、韩汝玢：《甘肃早期铜器的发现与冶炼、制造技术的研究》，载于《文物》，1997年，第7期；中国社会科学院考古研究所：《中国考古学（夏商卷）》，中国社会科学出版社，2003年。

② 邹衡：《试论夏文化》，参见《夏商周考古论文集》，文物出版社，1980年。

③ 中国科学院考古研究所：《河南偃师二里头遗址三、八区发掘简报》，载于《考古》，1975年，第5期。

和俾路支都已确立了使用青铜的文明，这些青铜文明除了自身所具有的地方特点外，都有一些和埃及、苏美尔或印度河流域的青铜制品相符之处。在亚、非、欧三大洲交界处，分别由古老的青铜文化中心派生出一些次级的甚至第三级的文明。埃及和苏美尔在这一传播过程中被推崇为青铜文化最古老的发祥地。这一传播的过程和范围如以实际距离表示，是在以苏美尔为中心的半径不出 2000 公里的地区内进行的。中国远在这个传播圈之外，但由于中国青铜器与北方青铜文化的某些联系，一些人相信中国的青铜文化也来自西方，所经途径或由西伯利亚，或通过中亚细亚①。

中国的青铜文化和埃及、西亚以及欧洲东南部发达的青铜文化有什么关系呢？这就必须提到上述传播圈东北隅的两个文化中心。一是里海东南土尔克曼南部的冶金中心。红铜器最初出现在纳马兹加Ⅰ、Ⅱ期（相当于安诺文化发掘者施密特的安诺Ⅰ-b、Ⅱ期）的文化层中，但数量微小，制品限于小件的别针、锥、钻孔器。发掘者认为南土尔克曼金石并用时期和伊朗北部金石并用时期文化相似，其断代为公元前 4000 年。它们的共同特征是，红铜器占绝对多数，和通常含砷和锑的青铜的相对稀少，即使在青铜时代比较发展的时期（纳马兹加Ⅳ、Ⅴ期，前 2500—前 2000 年）和青铜时代晚期（纳马兹加Ⅵ期，前 2000—前 500 年）都不例外②。另一个青铜文化中心是伏尔加地区的塞伊玛文化，发生在公元前 16 世纪，在公元前 1600 年至公元前 1300 年间向东发展，经过外贝加尔湖、阿尔泰，直达中国境内的安阳。塞伊玛文化中的空銎斧、兽形柄顶饰刀、青铜矛被认为是安阳同类出土物的蓝本③。但郑州早商期文化层中全无同类出土物，排斥了塞伊玛文化和叶尼塞河米努辛斯克盆地的安德罗诺沃文化对商代青铜文化形成所起的作用，而这种作用却正是劳尔和埃伯哈特所竭力加以夸大的。殷代的冶铜技术，经研究，完全和近东、西亚、中亚、西伯利亚的青铜冶铸技术不同④。实际上，中亚和西伯利亚的早期青铜时代真正开始在公元前 15 世纪至公元前 13 世纪⑤，约和商

---

① 麦克斯·劳尔：《中国青铜时代的兵器》（Max Loehr，Chinese bronze age weapons），安娜堡，1956 年，第 103 - 105 页。

② Б. Б. 皮奥斯特罗夫斯基：《关于苏联境内远古文明的新资料》，参见《国际历史学家会议报告》，莫斯科，1956 年；M. E. 马松，B. M. 马松：《中亚金石并用时代及青铜时代的考古文化》，载于《世界史杂志》，瑞士，1959 年，第 5 卷，第 1 期，中译文见《考古》，1960 年，第 3 期。

③ 吉谢列夫：《苏联境内青铜文化与中国商文化的关系》，中译文见《考古》，1960 年，第 2 期。

④ 石璋如：《殷代的铸铜工艺》，《“中央研究院”历史语言研究所集刊》，1955 年，第 25 卷，第 96 - 104 页；诺尔·巴拉德：《古代中国的青铜铸造与青铜合金》（Noel Barnard，Bronze casting and bronze alloys in ancient China），悉尼，1961 年。

⑤ 奥科拉德尼克夫：《古代西伯利亚的人口及其文化》（A. P. Okladnikow，Ancient population of Siberia and its cultures），剑桥，1959 年。

代青铜文化同时。商代青铜文化的起源和繁荣，并非得益于南土尔克曼或塞伊玛文化，就像仰韶彩陶文化并非出自安诺和特里波列一样。中原地区在公元前 20 世纪至公元前 16 世纪确已进入青铜时代。

因此，不管是欧洲还是埃及、近东，对于中国文明的形成和发展，很难看到起过间接的推动作用。即使像小麦、大麦和两轮马车、矛、曲刃刀等武器和工具，确实来自西方，但与中国文化的基本因素的形成也并无多大关系①。如果它们之间曾经有过文化上的联系，那也是要晚到公元前 1300 年前后的商代晚期了。凤凰的传说、鸠车的流传②，都已在这以后了。

第二节　横贯亚洲的大动脉

一、宝石和非洲

古代中国的北方和西北方居住着许多游牧民族，他们常年逐水草而居，随着气候的变迁而有地域上的迁徙，经常不断地战争，又促使私有制和部族迁徙成为这些游牧民社会机体的酵母。由于受到黄河流域的华夏民族的抵制和压迫，从公元前 2000 年以后，这些草原民族便出现了大致由东向西的迁徙方向。广大的草原、峡谷和沙漠绿洲都被纳入了游牧民的生活圈。在这些操伊朗语系的不同部落之间，并不存在阻隔他们往来的国界。生活在黄河和阴山以西，伊朗高原和高加索山脉以东广大地区的草原牧民，就这样成了中西交通最早的媒介。公元前1000 年以后，他们又转入以豢养马匹为主的游牧经济，促使中国和它以西的邻国可以通过他们更快地交换产品，传播文化。在中国和非洲之间，最早传递信息、互通有无的，也是这些游

罗布泊出土玉珠手链

① 何炳棣：《东方的摇篮》（Ping-ti Ho，The cradle of the East），香港，1975 年，第 353 - 362 页。

② 克拉克：《凤凰传说》（R. T. R. Clark，The legend of the phoenix），载于《伯明翰大学历史杂志》（University of Birmingham Historical Joumal），1949 年，第 2 卷，第 1 页；1950 年，第 3 卷，第 114 页；塞利格曼：《中国和欧洲的鸠车与凯尔特人》（C. G. Seligman，Bird-chariots and socketed Celts in Europe and China），载于《皇家人类学协会期刊》（Joumal of the Royal Anthropological Institute），1920 年，第 50 卷，第 153 页。

牧民。

驰骋在欧亚草原上的骑马民族，不论是在河源以北的西戎，在天山以北和锡尔河流域的塞人（包括渠度、析支），还是在高加索山脉和里海以北居住的斯基泰人，他们之间有一种亲缘的关系，使语言上的阻隔减少到最低限度。到公元前 6 世纪，阿赫曼尼德朝的大流士（前 521—前 485 年在位）执政时，波斯帝国的版图东抵锡尔河上游和印度河流域的西北部，西境包有地中海东部，于是埃及和中国的西部地区，可以通过草原牧民成为彼此的近邻。中国和非洲之间最早发生的往来，因此可以追溯到春秋（前 770—前 476 年）、战国（前 475—前 221 年）时代。非洲的宝石、香药以及玻璃早就运销中国。但非洲各地，即使在陆上交通距离中国最近的埃及，由于古代交通条件的制约，路途遥远，运输艰难，双方的交往不得不仰赖于许多中间民族的转手，以致运到中国的许多非洲货常常难以分辨出它们原来的名称。

中国特产的软玉，很早就传入埃及。自古西域以产玉闻名于世。“对玉的爱好，可以说是中国的文化特色之一。”① 中国以玉比作德行，重玉轻宝石。玉分软玉和硬玉两类。出土古玉和传世玉器，大都是软玉（和田玉、玛纳斯碧玉），和类似软玉的玉料鲍文玉（或称蛇纹石玉，以辽宁岫岩玉为代表）、糟化石（以河南南阳玉为代表）制成②。中国在公元前 5000 年至公元前 4000 年长江下游的新石器时代遗址中已使用玉制璜、玦、管、珠装饰品，浙江余姚河姆渡遗址和长江下游的青莲岗文化都是最早使用玉器的地方。公元前 3000 年至公元前 2000 年的浙江良渚文化、广东曲江石峡文化、山东和苏北大汶口文化的中晚期遗址中都有大量玉制品。1975 年到 1976 年对安阳殷墟 5 号墓发掘所得玉器 700 件，按标本初步鉴定，已知大多属于岫岩玉和南阳玉，和田玉只占少数。但和田玉和准噶尔玉的外销开始得很早，欧洲新石器时代遗址中发现的玉制兵器和工具大致来自葱岭以东的产玉区。埃及第十八王朝（前 1580—前 1314 年）图坦卡蒙墓中已出土过软玉环。古代世界玉的产地，公认是葱岭以东的喀什噶尔河和贝加尔湖西岸。虽然亚洲西部的西里西亚、利古里亚，欧洲的哈尔茨山等地也有少量出产③，但开采的历史能否上推到 3000 多年前还是问题④。

---

① 李约瑟：《中国科学技术史》（J. Needham，Science and civilization in China），剑桥，1971 年，第 3 卷，第 663 页。

② 夏湘蓉，李仲均，王根元：《中国古代矿业开发史》，地质出版社，1980 年，第 414－415 页。

③ 斯宾塞：《宝石手册》（L. J. Spencer，A key to precious stones），伦敦，1936 年，第 211 页。

④ 公元前 1 世纪，五河流域的希腊人确已从中国输入玉。参见《印度考古调查年度报告》（Annual reports of the archaeological survey of India），1919—1920 年，第 1 部分，第 19 页。

先秦时代传入中国的非洲货物中，最引人注意的是火浣布，《十洲记》称火澣布（《艺文类聚》卷八十）。3世纪时中国已清楚地知道火浣布出产在大秦（埃及），来自埃及的罗马商人一再向曹魏和东晋的皇帝献出这种奇异的纺织品。宋代的著作更说火浣布出产在埃及。尽管关于火浣布的来源和性质充满着神奇的传说，但东汉郭宪《别国洞冥记》卷三中，确实知道有晡东国出产一种称为石脉或石麻的矿物，采自石中，经过捶击，使纤维分离后成为细丝，用来制绳缆，一丝可系万斤，也可用来织布。晡东国大约在辽宁。沈阳附近有石棉矿，河北、四川也有这种矿。中国北方开采石棉的历史应该是很早的。公元前311年（燕昭王二年），燕国沿海渔民向昭王献龙膏灯，用鲸或海豹的油脂点灯，取火浣布作灯芯（王嘉《拾遗记》）。这件事比起《列子·汤问篇》中周穆王（前976—前922年在位）时居住在黄河上游的西戎有过锟铻剑和火浣布的献礼，要晚了许多，但《列子》的这个传说肯定是伪托的，因为那么早的时候，西方似乎还未有过“炼钢赤刃”，能切玉如切泥的钢剑。但同一件事，又见于《逸周书》中，《十洲记》《异物志》《拾遗记》《博物志》都反复加以征引，表明火浣布传入中国大约不晚于公元前4世纪。西方的记载，不能早于公元前1世纪，史特拉波（前63—19年）（X，i，6）初次提到有“防火餐巾”。罗马人知道这种防火布应该是从地中海南岸来的。火浣布是在罗马兴起以前早已传入中国的埃及石棉布。10世纪的伊本·哈克尔就提到摩洛哥的德腊地区产石棉。稍晚，中国北方由于开采这种石棉矿，而获得了有关石棉的科学知识。

在许多由西方输入中国的宝石中，青碧色的玉石占有突出的地位。古代埃及是绿色宝石的宝库，因而老早必定有一些埃及宝石输入中国。先秦时代，对宝石分辨不精。《尚书·禹贡》中雍州所产璆、琳，是青碧色玉石的总称，内中很多来自葱岭以西。璆、琳连称，统作美玉。《尔雅》：“璆琳，玉也。”郭注：“璆琳，美玉名。”璆、琳最初分称，《说文》以璆为球，指玉磬（乐器），以琳为美玉，分称形状大小不同的美玉。《尚书·顾命》疏引郑注：“天球，雍州所贡之玉，色如天者。”《礼记·玉藻》郑注：“球，美玉也。”胡渭《禹贡锥指》解释，“乃玉之青碧色者”。至于琳，司马相如《子虚赋》郭注引张揖说：“琳，珠也。”“珠”可以作美石解，形体自不如球。“璆”这个字大约出自伊朗语系的kŭk。璆琳是碧色玉名，所涉及的宝石范围极广，既可包括绿松石，也可泛指绿长石（微斜长石）、玉髓、橄榄石、绿帘石、透辉石、蛇纹石和孔雀石、硅孔雀石，产地遍于中亚、阿富汗、叙利亚、亚美尼亚、埃及。最早来自埃及的绿色宝石有绿松石和绿宝石。绿松石也属于璆琳，绿宝石则是琅玕的变种。

绿松石的定名，见于《清会典图考》，但中国使用绿松石的历史极早。1959年在山东泰安、宁阳间的大汶口10号墓中发现的绿松石串饰，约在公元前2000年。公元前

1800年甘肃永靖、武威的齐家文化遗址中也有出土，常见于黄河流域各地不同年代的墓葬中。这些绿松石除了有可能是元代以来才见于记载的襄阳甸子外，也一定有来自葱岭以西的。古代东方绿松石的最大产地是伊朗东北边境内沙布尔西北52公里的阿里米尔萨库山，和撒马尔罕以南的卡拉鸠比山。从公元前3000多年安诺遗址中发现的绿松石来看，中亚的这两处绿松石矿开采历史当很悠久，向东运入中国完全可能。但最古老的绿松石矿是在埃及。埃及人是最早使用绿松石的民族，公元前4000年至公元前3000年的新石器时代遗址已有绿松石出土。西奈半岛西南部的西拉比·伽丁（Serabit el-Khadim）和瓦迪·马伽拉（Wadi Maghara）是世界上最古老的绿松石矿。这两处古矿又是历史悠久的铜矿，出产孔雀石和硅孔雀石，至少在古王国时期就已开采了。先秦时代，由西北地区运到中国的璆琳，其中必定有埃及绿松石在内，证据是古代由域外输入的宝石中有玫瑰。

玫瑰本非中国所有，得名于埃及称绿松石的mafkat。玫瑰一名初见于《韩非子·外储说左上》，讲述长江流域的楚人卖珠，“缀以珠玉，饰以玫瑰”，以玫瑰和珠玉相别。玫瑰这种宝石，战国时出在长江流域，最早来自域外。《西京杂记》卷二追述汉武帝在公元前102年得到大宛天马，以玫瑰石为鞍，镂以金银鍮石，华丽胜过以前身毒（印度）国进赠的白光琉璃鞍，玫瑰（玫瑰）所以名贵，便因它是从远方运入的一种美丽宝石。《说文》和《仓颉篇》都解释：“玫瑰，火齐珠。”属于外来的含水硅酸盐类宝石。玫瑰，一作玟瑰，由玟和瑰二字合成。玟，又作珉，据《说文》，“玟，一曰石之美者”，是一种美石，也就是半宝石。瑰的品位在玟之上，《诗·毛传》说是“石而次玉”，即次玉石。藏语称绿松石gyu，和“瑰”音同，“瑰”字或起源于藏缅语系。古代于阗附近居民所操语言属于原始藏语，推测这个字的起源可能和中亚绿松石矿的开采有联系。传说昆仑山上“有珠玉树，沙棠、琅玕、碧瑰之树”（葛洪《抱朴子·内篇》卷二十祛惑）。瑰确是碧色宝石。“玫瑰”一名更直接指明它出于埃及，起源于柯普特语mafkat。

汉代诗赋中，瓀珉（玟）和玫瑰有同样的含义。司马相如《上林赋》有：“玫瑰碧琳，珊瑚丛生。”张衡《西京赋》则称：“珊瑚琳碧，瓀珉璘彬。”珊瑚之外，有玫瑰碧琳，或有瓀珉璘碧。玫瑰之和瓀珉（玟）相类，是一目了然的。瓀玟，据《礼记·玉藻》是士的佩玉，品位在天子、公侯、大夫、世子所佩白玉、山元玉、水苍玉、瑜玉之下。瓀玟由瓀和玟二字合成，瓀是次玉石，玟同珉，又可写作瑉、碈，原本虽不与珉同，但久已相通，也是一种半宝石。两者合成一个新词“瓀玟”，上古音读ni-wan－mian，这个读音和埃及古称孔雀石shesmet十分相近。瓀属“泥”（n）母，上古“泥”母和《切韵》中的“审”（ś）母谐声，不难见出两者的音转关系。西周以来，所用的瑞玟应该就是孔雀石。由于绿松石和孔雀石、硅孔雀石极其相近，所以即使埃及人也常常把它们混淆起来。在埃及古文献的解读上，也曾将绿松石的 mafkat 错译成孔雀石①。最先从北方传入中国的瑞玟，很难指明它是绿松石还是孔雀石。我们现在所知绿松石最早的称呼就得算瑞玟了。埃及从第十八王朝起，也从西亚输入铜矿，是本国冶炼的需要。进口的铜有叙利亚的莱丹纳（Retenu）和柴希（Zahi），也有来自美索不达米亚柴布河两条支流间的阿拉帕契提斯（Arrapachtis）的②。大致可以相信，这些美索不达米亚古老铜矿的开采者，对于瑞玟名称传入中国是充当过中间人的。

到公元前3世纪，中国南方又正式见到了埃及的绿松石和它正确的柯普特名称，中国对瑞玟和玫瑰的不同来源和属于同类宝石的不同品质有了新的认识，始对埃及绿松石专称玫瑰。到了3世纪，《魏略》便将玫瑰和璆琳分别列入大秦的物产中了。

另一种来自埃及的贵重宝石是绿宝石。绿宝石最初被包括在琅玕这一名称下。琅玕是绿柱石的古称。《尚书·禹贡》孔颖达注说："琅玕，石而似珠。"《说文》也以琅玕为"似珠者"。琅玕是一种似玉的宝石，本出昆仑山，《山海经·大荒西经》说昆仑山北有琅玕树。传说是石的精液凝结成树形，所以有琅玕树、珠树之称。印度自古以来是绿柱石的主产地，也是中国输入琅玕的主要地区。绿柱石具有多种色彩，不限于绿色③。古代埃及则专产绿色的绿柱石，红海西岸锡开—苏倍拉（Sikait-Zubara）丘陵地区的绿柱石矿在希腊罗马时代业已开采④，史特拉波（XⅦ，i，45）和普林尼都有记述。锡开—苏倍拉也是希腊罗马时代埃及唯一的绿柱石矿，闻名世界的埃及绿宝石就产在这里。

古代的琅玕不但来自印度的绿柱石，而且也兼指埃及的绿宝石。因为绿宝石只是特别晶莹剔透的具有明绿色的绿柱石，成分是氧化铅和氧化钡。古代埃及一直是绿宝石的最大产地，而且几乎也是唯一出产这种珍贵宝石的国家。魏金森（G. Wilkinson）说，在阿门诺菲斯三世（前1408—前1372年在位）时，锡开—苏倍拉已经开采⑤。虽

---

① 布莱斯特：《埃及古文献》（J. H. Breasted，Ancient records of Egypt），第5卷，芝加哥，1906年，第143页。

② 布莱斯特：《埃及古文献》（J. H. Breasted，Ancient records of Egypt），第5卷索引，芝加哥，1906年，第512页。

③ 苏继庼《岛夷志略校释》以青琅玕为孔雀石、绿宝石（beryl）。他所说的绿宝石，实是绿柱石。参见苏继庼：《岛夷志略校释》，中华书局，1981年，第313页。

④ 休谟：《埃及地质学》（W. F. Hume，Geology of Egypt），第2卷，第1编，开罗，1934年，第107－125页。

⑤ 魏金森：《古代埃及人》（G. Wilkinson，The ancient Egyptians），第2卷，伦敦，1890年，第237页。

然还无确凿证据，但起源确实很早，埃及开采绿宝石大约已有3000年的历史。普林尼（XXXVⅡ，5〔17〕，66）更指出绿宝石就产在科帕托附近的山岩中，最便于从红海外运。到1世纪，埃及至少已有两处绿宝石矿。据希罗多德（Ⅱ，44），这种绿宝石在腓尼基海岸提尔的赫克里斯庙中用作柱子，因为能在夜里发出强光而名扬四方。《神异经》中记录的一则传说描绘说，“西北荒中，有二金阙，高百丈，上有明月珠，径三寸，光照千里”（《艺文类聚》卷八四），很像是这座遐迩皆知的赫克里斯神庙中的一根纯金柱子，一根绿宝石柱子，而绿宝石是能放夜光的。

元代将这种绿宝石译作助木剌，通称祖母绿。祖母绿的最古称呼，可以追溯到战国时代的结绿。《战国策·秦策》《史记·范雎蔡泽列传》都录有范雎向秦昭王（前306—前251年在位）陈述时所举四宝，其中之一名结绿，是宋国的国宝，可以和周的砥砨（金刚石）、梁的县藜（贵蛋白石）、楚的和璞（湖北荆山绿色拉长石）并列①，四者合称四宝，成为天下名器，久享盛名。四者之中，和璞是楚人卞和得自内地荆山的宝石，虽以为是璞玉，实际是珍贵的石头。其余三者，则全从域外运进。金刚石和贵蛋白石都来自印度，而结绿，虽然取的是一个波斯语名Zumurrud（阿拉伯语Zumurud），但波斯根本不出绿宝石，古代印度也不见有这种宝石的产地。结绿的来源只有一个，就是埃及。范雎举出的结绿，虽已迟到公元前3世纪，但作为传国的名器，流入中国的时间自然还要早些。绿宝石最早运到中国，大约在大流士统治埃及时期，由葱岭一道经过波斯商人之手传入。

至少在公元前5—前3世纪的战国时代，埃及的绿宝石已经成为中国的四大名器之一，而且也是四宝之中运输距离最远的一宝，它的可贵是不难想见的了。

二、丝绸之路的形成

中国在古代向以织造丝绢闻名于世，中国的丝织品一直吸引着整个世界。

6世纪以前，在3000年的长时间中，中国保持着世界上唯一饲养家蚕（Bombyx mori）和缫丝织帛的国家的独特地位。长江三角洲是最早纺织绢帛的地方。1958年浙江吴兴钱山漾发现的新石器时代遗址22号探方的下层年代已距今4715±100年，在那里出土了家蚕丝织成的绢片、丝带和丝线，其中有尚未炭化，长2.4厘米、宽1厘米的残绢片。这些丝织物每平方厘米有经纬线40根，是一种粗放的平纹组织，织物密度达到每英寸120根。同一探方出土的稻谷壳，经C_{14}测定，在公元前3310±135年（经树

① 和璞并非软玉，业经章士钊考订，近年来又得到在荆山考察的地质工作者的证实。

轮校正）①。钱山漾的丝织业大约早于商代 1500 年。

到了商代，栽桑、养蚕、缫丝、织帛已成为奴隶社会中和农业并重的副业。甲骨文中有桑、蚕、丝、帛和各种丝线、丝网、丝织品的名称②。除普通平纹组织和经线比纬线约多一倍呈畦纹的平纹组织外，还有需用简单的提花机织成的文绮。现存商代丝织物大多是包裹铜器，受到铜酸渗透而保存下来的丝绢残片。1950 年在安阳武官村大墓出土的三个铜戈，有的裹有极细的绢纹。瑞典的西尔凡研究过马尔米博物馆收藏的殷代青铜觯和远东古物博物馆所藏青铜钺上粘附的残绢，是用斜纹显花法织出有菱形花纹的文绮（暗花绸）。殷代在丝织物上刺绣的技术之高，已有菱形纹和折角波浪纹的实物发现。商代的丝织物向四邻地区运销，成为一种威信很高的媒介物，起到了硬通货的作用。西周末期，更出现了用各种彩色丝线织出的五色灿烂的锦，在丝织物上常常施加美丽的刺绣。公元前 8 世纪初，《诗・小雅・巷伯》中已有贝锦。公元前 6—前 5 世纪，“束锦”代替“束帛”成为上流社会通行的礼品。

绢帛这种高贵的衣料和装饰物，自公元前 1600 年以后，由于北方草原民族的转销，越过天山和帕米尔高原，通过中亚细亚，向北运到了遥远的俄罗斯平原和黑海北岸的希腊移民城邦，向南传到了美索不达米亚和五河流域。公元前 6 世纪透明的丝质衣料已见于希腊雕刻和绘画之中，出土物则有希腊雅典附近墓葬中的实物可以证实。甚至在多瑙河上游德国南方的斯图加特附近，也发现了那时用中国家蚕丝和羊毛混纺的织物。从此以后，在很长时期，中国由于向各国输送这种质地细软、富有光泽的名贵织物而蜚声世界。

罗布泊出土龙纹、兽面纹锦

① 夏鼐：《碳-14 测定年代和中国史前考古学》，附表，载于《考古》，1977 年，第 4 期。

② 孙海波：《甲骨文编》，中华书局，1965 年；岛邦男：《殷墟卜辞综类》，日本汲古书院，1967 年。

希腊人老早穿用中国的丝织物。早期提到中国的西方文献，也是由一个公元前416年至公元前398年间在波斯宫廷中担任侍医的希腊人克泰西斯（Ktesius）提供的，克泰西斯称之为赛勒斯（seres）。马其顿的亚历山大发动席卷西亚、中亚的东征以后，通过粟特的中西交通比以前更加通畅了。亚历山大东征的路线，正是循着通向地中海的丝绸之路的去向所做的追溯。在中亚细亚费尔干纳盆地和巴克特里亚立国的希腊人都知道和他们邻接的是一个叫赛勒斯的丝国，那些碧眼红髭的赛里斯民族，是居住在天山南北和葱岭附近，操东伊朗语的塞人。塞人和他们的东邻，居住在河西走廊以北的月氏人，在种族和语言上十分相近。经过月氏人和塞人的传递，举世无双的中国丝绸便由黄河流域源源输入希腊人和波斯人的手中。

公元前3世纪匈奴的兴起，迫使乌孙、月氏相继向伊犁河流域迁徙，引起了塞人涌入阿姆河流域和印度河上游。公元前138年，张骞启程追踪月氏西迁的路线，在公元前128年到了巴克特里亚的都城巴尔克，两年之后，在公元前126年回到长安。张骞的出使，加快了汉朝政府决心击败匈奴，开辟河西走廊的通道，进一步和中亚、西亚各国加强经济联系的步伐。公元前116年张骞出使乌孙时，派遣副使随带大批牛羊和黄金、缯帛，分头前往大宛、康居、大月氏、大夏、安息和身毒。此后，汉代使者便经常往来于里海和波斯湾之间，北面最远到了地中海滨的小亚细亚和里海北部的奄蔡，南面最远到了安息（赫康托姆菲勒斯）、波斯湾头的条支（史帕西纳—喀拉塞）和印度河流域的身毒（布路沙补罗）。中国的使团给这些国家带去了大批中国织造的缯綵，别具匠心的漆器和精工制作的铁器。

横贯亚洲大陆的丝绸之路，便这样形成了。丝绸之路东起洛阳、长安，通过河西走廊，出玉门关和阳关后，沿着塔里木盆地南北二缘奔向葱岭。经过塔什库尔干的丝绸之路南道由瓦罕谷伸向阿姆河南岸的巴尔克，再往西便到达安息国都赫康托姆菲勒斯，由此折向西南，经过美索不达米亚的泰西封—琉塞西亚，渡过幼发拉底河，取道巴尔米拉进入佩特拉，再往西，沿着地中海滨，从皮留辛一直通到埃及的亚历山大里亚。

自公元前2世纪末开始的中国商队贸易，从内地出发，由成群结队使用骆驼和驴载重的贸易商，奔波于沙漠、碱滩、草原和峡谷之间。每年多则十几批，少则五六批，成员多则数百，少则也有百余人，往返一次，最近的也要二三年，远的甚至要八九年。地中海东部地区便属于中国商队最远到达的地方了。波斯和叙利亚的商队也由此东行，进入葱岭，和秦代时西域的赛里斯人交换货物，尤其是成批转运从内地西运的美丽丝绸。

三、丝绸之路和罗马

罗马帝国的兴起，使东西方的政治形势和贸易关系发生了根本的变化。罗马积极向地中海东部扩展，汉朝（前 202—220 年）的势力也同时向中亚细亚推进。汉代丝绸之路的交通和政治形势的变迁息息相关。连接长安和亚历山大里亚的丝绸之路，大致可分东、中、西三段。东段自长安经玉门关分成南北两股，分别通向阿姆河流域的巴尔克（今瓦齐拉巴德）和木鹿（今马里）。中段从巴尔克、木鹿以西到美索不达米亚的塞琉西，塞琉西是丝绸之路的中心，有水路和陆路通达埃及亚历山大里亚。西段由塞琉西沿幼发拉底河北上，分成南北两股，西北可到地中海滨的安条克，西南经过西奈半岛进入埃及。

两汉时代，在和匈奴的斗争中，汉朝军事力量不断向西推进。公元前 60 年在乌垒设立西域都护府，正式统一了天山南路城郭诸国，控制了葱岭东西直到费尔干纳盆地的交通干线。公元前 36 年，西域都护甘延寿在副校尉陈汤策划下，联合乌孙，出兵康居，歼灭了西遁的匈奴郅支单于，阻止了匈奴由锡尔河南下，加强了中国和康居、大月氏这些葱岭以西、位于丝绸之路东段大国的关系，使中国和中亚细亚的贸易进入空前繁荣的时期。以后，分裂成南北两部的匈奴，南匈奴向汉投降，北匈奴到公元 91 年被迫向天山以西迁徙，丝绸之路东段商旅因此得保安全。这一时期，由于大月氏贵霜王朝的崛起，控制了葱岭以西丝绸之路南道，成为地跨五河流域和阿姆河流域的大国，丝绸之路南道的贸易往来因此大有起色。从公元前 140 年大月氏人南迁阿姆河，到 560 年突厥汗国席卷中亚为止，大月氏人对葱岭以西、伊朗高原以东地区政治局势的变迁担当着重要的角色，发挥了巨大的作用。丝绸之路东段，自后汉国都洛阳算起，到安息东界木鹿，共计 2 万里。

丝绸之路中段长时期掌握在波斯人手中，先有安息（帕提亚）崛起于前，224 年起，有萨珊波斯代兴于后。丝绸之路由木鹿往西通过安息国都赫康托姆菲勒斯，西南折向泰西封—塞琉西亚，沿幼发拉底河南下，可以直达波斯湾头的条支安条克城，一称史帕西纳—喀拉塞。从那里渡海，便有海上航路通往埃及的红海各港。

安息东境曾抵达木尔加布河，和被大月氏驱迫南下的塞人相邻。塞人在大月氏南侵大夏（巴克特里亚）时，向西占领了木鹿，公元前 127 年后，沿木鹿—赫拉特—锡斯坦一线入侵安息。安息国势因此由盛转衰，直到公元前 115 年，安息人才击退了入侵的塞人。塞人的一支向东由信德上溯印度河，攻入犍陀罗；高附—喀布尔则被另一支塞人帕西人所占①。从此塞人控制了罽宾、乌弋山离道。中印交通的雪山道和克什米尔道全在塞人国境之内。由乌弋山离国都亚历山大—普洛夫达西亚经过伊朗南部通往美索不达米亚的伊朗南道，也要穿越由乌弋山离苏邻家族执政的塞人居住区。

前汉时代，中国商队和波斯贸易商通行伊朗北道。中国使者到安息、条支都从巴尔克或木鹿西行，经赫康托姆菲勒斯抵达塞琉西亚和安条克。走罽宾、乌弋山离道的，只到亚历山大—普洛夫达西亚，南道的支线便至此为止，算是达到了最远的终点。公元前1世纪，罗马的势力侵入亚洲，成了波斯的强敌。战争绵延了三个多世纪，直到4世纪中叶才告平息。波斯为垄断东西贸易，成了罗马和中国互通贸易的主要障碍。汉代中国人非常了解这个情况，“其王常欲通使于汉，而安息欲以汉缯綵与之交市，故遮阂不得自达”（《后汉书·西域传》）。波斯对丝绸贸易的垄断，促使罗马设法取道红海，从海上取得中国的丝货。同时，罗马又重新经营黑海和横贯西伯利亚南部的“毛皮路”之间的贸易，从天山北路的游牧部落那里取得中国的丝货。

中国和罗马相呼应，努力驱逐越过天山向南侵扰的匈奴，求得葱岭东西交通的正常进行。东汉政府在97年派甘英出使大秦，追踪张骞时代中国使者的足迹，通过波斯到达波斯湾头的条支。当时波斯和罗马之间处于剑拔弩张的状态，波斯内部自77年后又陷入重重危机之中，所以波斯人根本没让甘英到达地中海滨，而把他引到了波斯湾。波斯的航海商婉言劝阻甘英：“海水广大，往来者逢善风，三月乃得度，若遇迟风，亦有二岁者，故入海人皆赍三岁粮。海中善使人思土恋慕，数有死亡者。”

甘英预定出使的大秦，是罗马世界最大的商业都会，帝国东方贸易的中心，埃及的亚历山大里亚城。1世纪下半叶，叙利亚和波斯的边界长期处于半封锁状态，商旅通行困难。波斯人垄断了幼发拉底河沿岸的贸易往来，剩下的只有一条波斯湾的海路。但波斯湾和阿拉伯福地（亚丁）之间的航行权，波斯人还难以操纵，所以安息海商根本不愿为实现中国和埃及建立正式的外交关系而效劳。

丝绸之路中段，自安息东界木鹿到安息西界于罗（朱尔哈，今乌凯尔），计程12960里。《后汉书》对经过安息国都和椟城（赫康托姆菲勒斯，今沙赫鲁德附近）的东西交通干道记得很清楚。它说和椟城东距木鹿5000里，西至于罗7960里。“自安息西行三千四百里至阿蛮国（爱克巴坦那，今哈马丹）。从阿蛮西行三千六百里至斯宾国（史帕西纳—喀拉塞）。从斯宾南行渡河，又西南至于罗国九百六十里，安息西界极矣。自此南乘海，乃通大秦。”

① 塔恩：《巴克特里亚和印度的希腊人》（W. W. Tarn, The Greeks in Bactria and India），剑桥，1951年，第472页。

这条路贯穿了伊朗的北部和西部，到达史帕西纳后，便到了波斯湾头，然后渡过阿蒂河折向西南，顺着波斯湾南岸到达安息西界的朱尔哈。哈萨海岸的朱尔哈在古代一直是波斯湾的航行中心。希卜兰克尔说它位于卡塔尔西部的乌凯尔附近。史特拉波指出："它的居民从事香料和没药的贸易，商队通过水陆两路把货物运到巴比伦，再到纳巴古斯城（代尔祖尔）。"朱尔哈既是阿拉伯国家的南北交通要冲，又是通往印度、非洲的国际贸易港。来自葱岭和五河流域的货物，在1世纪大月氏贵霜王朝兴起后，也常常通过乌弋山离道，运到波斯湾北岸的哈蒙西—阿曼那，渡过波斯湾运到朱尔哈。哈蒙西—阿曼那是位于霍尔木兹海峡北岸阿曼尼斯河口的希腊贸易站，来自印度巴里格柴和阿富汗的货物都在这里向各地转运。中国丝绸的西运在丝绸之路中段，主要依靠安息道（伊朗北道），同时也通过乌弋山离道（伊朗南道）。从2世纪起，由于中亚形势的变化，和罗马东方贸易绕过波斯另取别道，通过乌弋山离道的货运量有了新的起色。丝绸之路中段，在伊朗北道外，还有伊朗南道。南北两道都在波斯湾和通往埃及的海路相连。

丝绸之路的西段，沿着自西北向东南流入波斯湾的幼发拉底河，由南向北，可以分别从希拉以北的尼亚波里士（今法卢贾）、尼斯福勒（今腊卡）或阿巴米亚渡口（今比雷季克），通过巴尔米拉大道和阿勒颇高原，把中国丝货运到地中海东岸的安条克和黎凡特沿岸的贝鲁特、西顿、提尔这些罗马帝国的丝织业中心。从那里向北可以转入小亚细亚，向南可以通向埃及亚历山大里亚。中国西域的商队早就到过这些地中海东岸的罗马城市。据2世纪罗马史家佛罗勒斯记载，罗马奥古斯都（前27—14年）时期，曾经远至罗马宫廷朝贺的赛勒斯使者，和印度使者一起奉献过珠宝和大象①。这些赛勒斯使者和公元前201年巴克特里亚王欧多台墨派出的远征队见到过的一样，都是些蓝眼睛红胡髭的中国人，他们是从伊犁河流域南下的塞人。地跨

波斯1世纪卡巴拉塔遗址

① 玉尔、柯提埃编：《中国道程志》（H. Yule，H. Cordier，Cathay and the way thither），第1卷，伦敦，1913年，第18页。

天山南北的乌孙境内，既有塞人又有大月氏人，都是碧眼赤须的胡人。汉代乌孙既受西域都护管辖，又和汉朝联姻，是中国的一部分，所以罗马人都把这些塞人商旅当作中国人。希腊世界最早知道的中国人，就是这些居住在天山附近以畜养马匹为生的塞种游牧民。

丝绸之路西段路程在帕提亚和罗马的著作中都可见到。2 世纪喀拉塞人伊西陀的《帕提亚道程志》，自东向西记录了这段路程。自巴克特里亚到安息国都后，西出里海关，经爱克巴坦那、安蒂米达、塞琉西，到达希拉以北幼发拉底河畔的尼亚波里士。凡到安条克的，可以溯流而上到尼斯福勒（腊卡），然后从陆道取捷径，沿贝利赫河北行；较为安全的走法则绕过河北至埃德塞后，再折向西南，由柴格马渡口越过幼发拉底河西行。由柴格马向南的道路通往大马士革和腓尼基各城。埃及的希腊地理学家托勒密在 150 年写成的《地理学》中，根据马其顿商人迈斯·蒂相纳斯（Maës Titianus）从叙利亚派往中国的代理人所得的材料，自西向东叙述了从柴格马渡过幼发拉底河，顺流而下通过美索不达米亚的泰西封后到达赛里斯的路程。这条路也经过爱克巴坦那和米底亚，越过里海关到赫康托姆菲勒斯，出赫尔康尼亚，经安条克—马尔琴那（今马里）进入巴尔克，然后向东，登山国俱蜜（卡拉特金）到葱岭西侧的石塔（Lithinos Pyrgos），过葱岭，便到了赛勒斯国境。再有一段路程，便可安然到达赛勒斯都城赛拉（长安）①。2 世纪时罗马商人大都在波斯以东采取南道，通过希腊化的山国进入中国。石塔这个地方在伊什卡什姆，由瓦罕谷入塔什库尔干，再继续东进。这些来自黎凡特和叙利亚的商队，要通过波斯人的重税盘剥，才能到达葱岭，和中国人进行买卖。

四、丝绸之路和埃及

埃及在罗马帝国统治下属于亚历山大省。在 1—3 世纪罗马东方贸易繁荣时期，亚历山大成了东西方贸易和交通的枢纽。亚历山大省的都城是地中海南岸的亚历山大里亚，既是地中海和印度洋的商业都会，又是古代世界最大的国际贸易港。罗马的输出物大都从亚历山大里亚运往东方各国，来自印度、中国和阿拉伯、波斯的货物也以这里为最大的集散地。

最早运到罗马的丝绸就有相当一部分到了埃及。中国丝绸或由中国商队，或通过波斯商人运到叙利亚，然后再转入埃及，运到希腊和意大利半岛。从公元前 1 世纪起，

---

①　托勒密：《地理学》（C. Ptolemy，Geography），I，12；戈岱司：《希腊拉丁作家远东古文献辑录》（George Cœdès，Textes d'auteurs grecs et latins relatifs á l'Extrême-Orient），巴黎，1910 年，第 32－33 页。

中国的绫绮便在埃及流行起来。埃及女王克利奥巴特拉（前43—前30 年在位）曾盛装出席宴会，她身穿华丽的绸衣，就是经过西顿织工特制的中国绫绮。1 世纪中叶，罗马作家罗卡纳（Lucanus）记述这位具有绝色的女王："她白皙的胸部透过西顿衣料显得光耀夺目。这种衣料本由细丝精心织成，经罗马工匠用针拆开，重加编织而成。"① 罗卡纳说出了克利奥巴特拉所穿华贵丝衣是由中国运进的缯綵，在提尔、西顿重加编织而成。凯撒也曾在大庭广众之下穿着这种精美的长袍到剧场看戏，因而引起非议。据罗卡纳，凯撒曾用过丝质的遮阳伞。还有公元前 54 年卡雷（Carrhae）战役中帕提亚的各色丝旗，上埃及出土的罗马时代一件上衣织有青、红两色的丝质镶边②。这些都是中国丝织品最初在地中海东部被各国贵族和统治集团中的上层使用的佐证③。

普林尼说过，中国的丝织品畅销世界各地，"罗马少女全靠这种透明的轻纱，显露她们体态的秀美"。汉代丝绸举世无匹。中国丝织品的出口，已成为当时举世瞩目的贸易项目。汉代丝织物统称"缯綵"，对于夏天干燥的地中海气候国家，用中国出产的绫、绮、纱、罗裁制衣着更是合宜。汉代已有极轻巧和透明的"雾縠""轻纱"，色彩缤纷的暗花绸，甚至还有连续三次涂印的套色印花绢④和印花纱⑤。中国丝织物以它特有的轻软、华丽别树一帜，在素以羊毛、亚麻和棉花为纺织原料的地中海世界，一开始便取得了独特的地位。

罗马帝国不但从中国运进各种丝织物以供穿着之用，而且也仰赖中国的丝货作为它们进一步精工纺制适合罗马权贵享用的衣料的来源。黎凡特和尼罗河三角洲的一些工业城市，"常利得中国缣素，解以为胡绫绀纹"⑥。刘熙《释名》卷四解释："缣，兼也，其丝细致，数兼于绢也。"颜师古注《急就籍》也说"并丝而织，甚致密也"。缣是两股以上丝线织成的颜色微黄的细绢。这种丝织物的半成品，既便于长途运输，又

---

① 罗卡纳：《内战记》（M. A. Lucanus，Pharsalia），X，第 141 页；参见索夫译注《厄立特里海环航记》（W. H. Schoff，The periplus of the Erythraean Sea），纽约，1912 年，第 265 页。

② 勃伦顿：《凯乌和巴达里》（G. Brunton，Qau and Badari），Ⅲ，伦敦，1930 年，第 26 页。其中有一些丝织物确是由野蚕丝织成的，如在阿布·辛贝勒以南的科斯托尔发现的大致属于 4 世纪的一批彩色丝织物，经罗卡斯鉴定就是野蚕丝。参见罗卡斯：《古埃及工矿》（A. Lucas，Ancient Egyptian materials and industries），伦敦，1948 年，第 170 页。

③ 应该指出，塔恩以为在罗卡纳提到凯撒以前，所有西方文献中的丝都不过是西亚出产的野蚕茧，参见塔恩：《希腊化文明》（W. W. Tarn，Hellenistic civilisation），伦敦，1930 年，第 224 页以下。这种说法对中国丝绸的西运未免推得过晚。

④ 甘肃省博物馆：《武威磨咀子三座汉墓发掘简报》，载于《文物》，1972 年，第 12 期，第 21 页。

⑤ 张宏源：《长沙汉墓织绣品的提花和印花》，载于《文物》，1972 年，第 9 期，第 51 页。

⑥ 杜佑：《通典》，卷一九三，边防九，西戎五，大秦条。

可供编织高级丝织品的原料。罗马史家普罗科匹厄斯也讲到中国的丝帛运到贝鲁特或提尔之后，当地的织工或者将缯帛解作丝线，和亚麻混纺成绫、罗、纱、绮，再染色、绣花，或者将中国缣帛染紫、缕金①。腓尼基城市染紫的原料，直接从当地沿海出产的紫螺的血液中提取，以供罗马贵族和上层社会中流行的绯色绸袍之用。腓尼基和埃及的丝织业正是依靠中国的丝织品，也借鉴了高度完善的中国丝织技术，纺制出他们的刺金缕绣织成金缕罽、杂色绫和黄金涂的丝衣。中国的丝货运到地中海，给罗马世界带来了不可计量的后果。直到查士丁尼（527—565 年在位）在 542 年下令将拜占庭的丝织业收归国家专营，十年之后，经过印度人之手，从南北朝时的西域传入蚕种，给拜占庭的丝织业注入了新的血液，中国的丝织技术和产品一直对包括埃及在内的罗马丝织工业起着举足轻重的作用。

中国的丝绸、缣帛要运到黎凡特、埃弗苏斯、埃及和意大利，不但路途遥远、旅程艰困，而且沿途关卡重重，盗贼出没，除了少数直接往返于中国和黎凡特、美索不达米亚的中国、波斯、叙利亚商队外，大部分丝织物都要经过多次转运，控制了丝绸之路中段的波斯更乘机竭力垄断这种交易。经过中间商的盘剥，运到埃及和罗马的丝货已经昂贵如同黄金。但罗马由共和进入帝制，贵族奢靡成风，不但女子习用锦绣罗绮，男子穿着绫锦也成家常，以致提比略（14—37 年在位）虽然下令严禁，而总归无效。到了安东尼王朝（96—192 年），处于黄金时期的罗马帝国一度占领亚美尼亚和美索不达米亚，将通过幼发拉底河的全部十字路口置于自己的控制之下。罗马皇帝图拉真在 113—117 年对帕提亚（安息）的战争中，亲率大军远征两河流域，设立亚美尼亚、亚述里亚和美索不达米亚三省。116 年更攻陷帕提亚冬都泰西封—塞琉西亚，置于巴比伦省管辖之下。罗马大军直抵波斯湾，占领了阿波罗格斯港。丝绸之路西段的巴尔米拉大道从 1 世纪起一直受到帕提亚和罗马双方的关注，因为它是通向黎凡特工业城市的捷径，此时一跃而成为丝绸之路西段的干线。2 世纪初，罗马加强了对叙利亚境内各小国的统治，在 106 年正式占领彼特拉，大马士革和亚历山大里亚之间的往来才频繁起来。罗马时代，彼特拉始终保持着北阿拉伯商业中心的重要地位，足以和南部的阿拉伯福地（亚丁）并称，成为埃及通向东方的门户。

中国和埃及的最早联系，是通过横贯亚洲的陆路进行的。埃及的文明如此古老，成就如此辉煌，埃及人民如此挺拔俊秀，以致中国人以“其人民皆长大平正，有类中国，故谓之大秦”（《后汉书》卷八十八）。或以“其俗人长大平正，似中国人而胡服，

① 普罗科匹厄斯：《查士丁尼朝战史》第五册《哥特战纪》（Procobius, De bello Gothic），劳伯文库本，第 297 页。

自云本中国一别也”（《魏略·西戎传》）。这虽然出于范晔、鱼豢的附会，但也说明了东西两大国之间彼此称颂、互相往来的心理。中国和埃及、叙利亚的含、闪民族在交往中建立了友谊，融洽如同一家。在古代世界中，东西方两个伟大的国家如此相互爱慕、相互崇敬，也是少有的。

第三节　犁鞬和大秦

古代中国用大秦这个名字称呼罗马帝国。大秦一名是后汉时才有的，又称犁鞬，又称海西。《魏略》：“大秦国一号犁靬，在安息、条支西大海之西。……其国在海西，故俗谓之海西。”六朝时代都沿用这种说法，孙吴谢承《后汉书》：“大秦一名犁鞬，在西海之西。”（《史记正义·大宛列传》引）晋司马彪《续汉书》：“大秦国名犁鞮鞬，在西海之西。”（《文选》卷三《东京赋》李善注）范晔《后汉书》卷八十八《西域传》综合前说：“大秦国一名犁鞬，以在海西，亦云海西国。地方数千里，有四百余城。小国役属者数十。”对大秦国名做了总结。

犁靬、犁鞬读音相近，无大区别。特别是犁鞮鞬这个读法最能表明它起源于埃及的亚历山大里亚，而不是米太名城腊伽（Rhagae）① 的别译。古人多舌音，读“支”如“鞮”②，犁鞮鞬一如犁支鞬，和埃及亚历山大里亚的旧城利克提（Racotis）原音相近。利克提是柯普特人的居住区，在亚历山大里亚三个城区中历史最为悠久。中国人在1世纪到4世纪时传称的大秦，多半是指罗马的东方贸易中心和最大的国际都会亚历山大里亚。

大秦的别名海西，也和犁鞬一样指明它是埃及。所谓海西，是波斯湾以西。甘英到达条支，西临大海要走海路到埃及去的地方，正是波斯湾，他所要到的大秦，明明是埃及。1世纪后，罗马为了直接和中国打交道，不得不在通过美索不达米亚的丝绸之路中段以外另取别道，以得到中国的丝货。正如《魏略》所说的，罗马“常欲通使于中国，而安息图其利，不能得过”。

《魏略》中的犁靬和《后汉书》中的犁鞬，过去都以为和《史记》中的犁轩（犂轩）、《汉书》中的犁靬（犛靬）完全相同。主张犁靬是腊伽的，把它放在米太；认为

---

① 伟烈：《西域考》（A. Wylie, Notes on the western regions），载于《皇家人类学协会期刊》（JRAI），1881年，第10卷，第38页。

② 钱大昕：《十驾斋养新录》，卷五。

犁靬是塞琉西亚的，将它置于美索不达米亚；提出犁靬是佩特拉民族 Rekem 的，以为它是佩特拉的代称；而考订犁靬是亚历山大里亚的，又确认它在埃及。实则《史记》中的犁轩根据于张骞的报告。张骞时代的犂轩、条支和《汉书》中的犁靬、条支，由于历史的变迁，代表的地理观念彼此完全不同。《魏略》中的犂靬、《后汉书》中的犁鞬又和《汉书》相异。

张骞在公元前 126 年向汉武帝刘彻报告："安息在大月氏西可数千里……地方数千里，最为大国。"（《史记》卷一二三）又说安息位于条支、犁轩之间，"其西则条支，北有奄蔡、黎轩"。奄蔡和犁轩分指安息西北和东北邻国。西邻的条支是个占有美索不达米亚和西亚地区的大国，在罗马兴起以前，统治这个地区的是安条克王朝。马其顿的亚历山大死后，由塞琉古统治了亚洲西部，不久便分裂成三部分：阿姆河以南的巴克特里亚在公元前 256 年独立，伊朗高原的帕提亚（安息）也在公元前 248 年立国，亚洲西部归安条克统治，建都地中海滨奥朗特河畔的安条克（Antioch）城。"条支"一名省略了安条克的第一个音节，代表了安条克王国。在帕提亚独立前，它原是帕提亚的宗主国。张骞所知犁轩在奄蔡近旁，正好是塞琉西亚，也就是早先的亚历山大帝国，而不是那一个亚历山大里亚城。公元前 115 年，张骞从乌孙所遣的副使到达安息国都番兜城。当汉使回国时，安息国也派使团到中国，以大鸟卵（鸵鸟卵）和黎轩善眩人献给中国。黎轩眩人便是杂技家或魔术师，他们并非来自埃及，而是塞琉西亚的腊伽（Rhagae）①。

《汉书》中的犁靬在乌弋山离以西。《汉书》指出，乌弋山离"东与罽宾（迦毕试），北与朴桃（巴克特里亚），西与犁靬、条支（安条克）接"。又说安息"北与康居，东与乌弋山离，西与条支接"。前者不提安息，后者不见犁靬，可以确定公元前后，班固写作《汉书》时的犁靬绝不在安息的东北，而在乌弋山离以西。从《魏略》所用犁靬等于《后汉书》中的犁鞬，可以明白，犁靬对音并非塞琉西亚，而是亚历山大里亚的简称(A)lek(s)an(dria)②。但《汉书》中的犁靬，在乌弋山离之西，与条支同时和乌弋山离邻接，解释成锡斯坦的亚历山大—普洛夫达西亚有海陆交通线和埃及

---

① 前汉时甘肃张掖郡属县有骊靬，也不是大秦移民的居住点。颜师古解释《汉书·地理志》张掖郡"犛靬即大秦也。张掖骊靬县盖取此国为名耳"，是出于误植。此说流传极广，桑原骘藏《隋唐西域人华化考》、德效骞《中国境内的罗马城》（H. H. Dubs，A Roman city in ancient China，1957）都持同一论调。

② 对这个对音的考订，由白鸟库吉和伯希和同时提出。见白鸟库吉：《大秦国和拂林国》，载于《史学杂志》，1904 年，第 10 编，第 4 号，第 25－26 页；伯希和：《大秦别名犁鞬》（P. Pelliot，Li-Kien，autren nom du Ta-tsin），载于《通报》（T'oung Pao），1929 年，第 16 卷，第 690－691 页。

亚历山大里亚相通，未免过于牵强。以亚历山大里亚命名的城市多至上百，很难相信它非在埃及不可。因而乌弋山离以西的犁靬，只能在波斯湾附近去寻求。

印度通过波斯湾和塞琉西亚发生的贸易通道中，在波斯湾北岸普林尼（Ⅵ，110）统称阿曼西亚（Armysia）的地方，有两个重要城镇：齐的斯（Zetis）和亚历山大里亚。齐的斯是位于霍尔木兹海峡北岸阿曼尼斯河口的希腊贸易站哈蒙西—阿曼那（Harmozia-Omana）的别称，又叫马其顿港（Pontus Macedonum）。这是一个在亚历山大的将领尼亚可斯班师西回以后才出现的新城市。离它不远有亚历山大里亚的水陆交通枢纽，地近古拉希坎特（Gulashkird）。这两处地方，在托勒密《地理学》中仍称哈蒙西和亚历山大里亚。来自巴里格柴和印度河口巴塔拉的货物，都要经过这些地方的希腊人的转运。罗马兴起后，这两个城市也成为绕越波斯转运东方货物的口岸。来自中国和北印度的货物可以通过这两个地方渡过波斯湾，运送到朱尔哈，再通过沙漠路，转送佩特拉，到达地中海滨和埃及。也可以由海上取道希米雅尔，直运红海各港。2世纪初罗马占领佩特拉后，通过朱尔哈转运的货物更加通畅了。通过乌弋山离道由波斯湾北岸亚历山大里亚转送埃及的中国货物也有增无已。《后汉书》说："前世汉使皆自乌弋以还，莫有至条支者也。"这是由于前汉时代，乌弋山离是"汉使希至"的地方。《汉书》指出，"至乌弋山离，南道极矣，转北而东得安息"。虽然那时已经知道通过乌弋山离道（伊朗南道），"行可百余日"便到条支国，再转向东北也能通达赫康托姆菲勒斯，但汉使没有走乌弋山离道到条支的，前往条支的都取伊朗北道。这是因为由波斯湾头上苏西亚那斜坡，经波斯帕里斯到俾路支的大路虽然在卢特沙漠和库赫鲁德山脉以南，但道路不畅，运量微小①。乌弋山离道中自斯瓦特河和喀布尔河汇合处的查萨达到锡斯坦的亚历山大—普洛夫达亚西一线，是北印度和美索不达米亚商路的一段。这条路起自印度河下游，经坎大哈、锡斯坦、波斯帕里斯、苏萨、安蒂米达通往美索不达米亚的东西交通枢纽塞琉西亚。但由于运输不畅，在公元前后已被印度河口到波斯湾的海上运输所替代。后汉时代，由于彼特拉的开放，绕过伊朗北道运往罗马的货物有所增加，这条路才成为中国丝货通过的道路之一。

再说，前汉时代汉使或中国商队常到的条支并非波斯湾头，而是地中海滨的安条克。直到罗马奥古斯都时期，前往罗马朝贺的赛勒斯使者也是从奥朗特河畔的安条克渡海的。所以，甘英于97年到达波斯湾头的条支，《后汉书》对此举有"前世所不至"的话。由于波斯湾北岸的犁轩在后汉时代已被误解成大秦的别名，所以《魏略》还煞

① 威明顿：《罗马帝国和印度的商业》（E. H. Warmington, The commerce between the Roman Empire and India），德里，1974年增订本，第25页。

有介事地指出："前世谬以为条支在大秦西，今其实在东。"根据就是《汉书》已说乌弋山离西与犁靬、条支接。这就更加证明在张骞出使西域以后的公元前1世纪，犁靬是在濒临波斯湾的条支以东。换句话说，那时的犁靬不能不是波斯湾北岸的亚历山大里亚了。

所以，《史记》中的犁轩（黎轩）代表的是公元前2世纪张骞出使大夏时的塞琉西亚，是亚历山大帝国。公元前1世纪末，随着乌弋山离道的开辟，出现在《汉书》中的犁轩是波斯湾北岸的希腊贸易站亚历山大里亚。直到后汉时代，由于罗马的兴起，于是犁靬又成了大秦的别名，代表城市正是以埃及亚历山大里亚为中心的罗马商业都会。

汉代为什么要称罗马是大秦呢？范晔解释当地"人民皆长大平正，有类中国"，所以叫大秦，是很牵强的。大秦是不是音译名称？德·拉科伯里推测，托勒密王朝统治埃及时期，红海阿喀巴湾的埃兰港代兴。中国丝货是由海上运到地中海的。因为经过这些阿拉伯部落，中国人知道有大食（Tarshish）水手，因此转称为"大秦"①。这是完全不顾大秦名称出现时代的臆测。按照另一种解释，罗马在波斯的左面或西边，波斯人以Dasina（"西方"）称呼，似有可能②，但史无明文。最早的传说，在昆仑以东的地方也有大秦国，而且还有中秦国③，这大秦绝非汉代所指的埃及。大秦原意等于"泰西"。中国历史上的秦国起于河西，秦人的祖先是黄帝族颛顼的后代，"子孙或在中国，或在夷狄"（《史记·秦本纪》），分布在黄河中游甚至更西的地方。秦在中原以西，是西方之国，"大"通"太"（泰），合起来成大秦，意思是极西之国。

罗马帝国对中国来说是极西之国④。罗马的中心，前汉时代中国人又认为是埃及。只有《北史》卷九七才以为大秦国都是安都城（今本《魏书》卷一〇二采自《北史》），并且误将《史记》中的犁轩当作了大秦的别称。早在张骞自大夏（巴克特里亚）归国向刘彻报告条支国情时，就提到"安息长老传闻条支有弱水、西王母而未尝见"。那时的条支是统治西亚的安条克王国，"人众甚多，往往有小君长"，而弱水、西

① 德·拉科伯里：《中国文明西方起源论》（T. de Lacouperie, Western origin of the Chinese civilization），伦敦，1894年，第243页。

② 藤田丰八：《犁靬与大秦》，载于《史林》，1928年，第13卷，第1期。又见《台北大学文政学部纪要》（Memoirs of the Faculty of Literature and Politics, Taihoku Imperial University），第1卷，台北，1929年，第71－72页。

③ 《河图玉版》说："从昆仑以东得大秦，人长十丈，皆衣帛。从此以东十万里得佻人国……从此以东十万里得中秦国，人长一丈。"

④ 各家对大秦的界说，见张星烺：《中西交通史料汇编》，第1册，中华书局，1977年，第11－13页；冯承钧：《景教碑考》，商务印书馆，1936年，第90－100页。

王母实际在非洲，所以连波斯人都只是耳闻而非目睹。《魏略》的作者鱼豢不明其中的变迁，才指责前汉时误以条支强于安息，因为到后汉时，条支便被安息役属，“号为安息西界”。到了后汉时代，罗马和中国互通往来后，情形为之一变，中国人知道弱水、流沙都在红海彼岸的非洲。《后汉书》说：“或云其国西有弱水、流沙，近西王母所居处，几于日所入也。”中国对西域传统观念中的弱水、流沙和西王母被用来描述大秦的极西地区，是有一定根据的。希罗多德（Ⅲ，23）记述埃塞俄比亚有水泉，是鸿毛难以浮起的弱水（ϋ δωρὰσθενέδ）。现代的研究，推测这是具有天然油苗的地方涌现的黑色原油或沸点很低的石油分馏物（石蜡和石脑油）。希罗多德所说的弱水大约正是上埃及地下涌出的石油河，流沙也无非是埃及东南的阿拉伯沙漠或努比亚沙漠。西王母则泛指那些统治了麦洛埃的库施女王。自从公元前 530 年左右，库施的统治者由纳巴达迁都南方的麦洛埃以后，有过很多执政的女王，并且一直是王后们的墓地所在。照海恩兹的编年，麦洛埃第三十至五十代王位继承者中至少有五位女王：巴塔里女王（Bartare，前 260—前 250 年在位），尚那达克特女王（Shanakdakhete，前 170—前 160 年在位），阿曼尼夏克特女王（Amanishakhete，前 41—前 12 年在位），阿曼尼塔里女王（Amanitare，前 12—12 年在位），阿曼尼卡塔尚女王（Amanikhatashan，62—85 年在位）①。麦洛埃可算是非洲的西王母国家了，那里母权制的残余非常浓重。从麦洛埃往西，直到大西洋滨，几乎近于日落的地方，是中国古代地理学家所无法了解的，表示极其遥远的西方。2—3 世纪时中国对非洲的这些知识，不但由于麦洛埃早和印度河口、波斯湾头有了联系，因此中国有所传闻，而且通过出入红海的罗马使者和商人，以及到达厄立特里亚的中国帆船，中国和麦洛埃之间确已有了往来，彼此可以直接了解了。

第四节　《魏略》中的安息南北（海陆）两道

公元初的一两个世纪，中国和罗马的交通集中在地中海东部地区，埃及的亚历山大里亚是这一地区最大的海港和贸易中心。罗马帝国的粮食全靠埃及供应。亚历山大里亚和尼罗河下游各大城市，又是纺织与金属工艺的发达地区。通过西亚的海陆通道，由于物流多半指向尼罗河三角洲，致使地中海东部地区在当时处于世界货流和贸易的中心，因此进入这一地区的中国商旅，也逐渐对包括地中海西部地区在内的罗马世界

① 希泽：《麦洛埃时代和麦洛埃金字塔祭祀牌匾的研究》（F. Hintze，Studien zur Meroitischen chronologie und zu den opfertafeln aus den Pyramiden von Meroe），柏林，1959 年，第 24 页。

有了比较充分的整体认识。《魏略·西戎传》对这方面做了系统的叙述。鱼豢的《魏略》五十卷大致完成在正始、嘉平（240—254年）间，叙事从魏武帝开始，至于明帝景初三年（239）。全书已经散佚，仅见《三国志》卷三〇裴松之注文中引用。

《魏略》反映出后汉时代地中海和两河流域经历的巨大变革。条支和大秦的代兴，使得西亚的政治地图完全改观，交通路线也有了新的发展。《魏略》说："大秦国一号犁靬，在安息、条支西大海之西。"在波斯和罗马边界战争中，地中海滨的罗马城市安条克在37年和115年曾先后两次被波斯攻陷。波斯的西界又通过条支伸向波斯湾，所以《魏略》只能笼统地将位于地中海、阿拉伯海以西的埃及，称为"安息、条支西大海之西"。

《魏略》记载的两河流域到罗马的路程，分南北两道，起点是安息的安谷城：

> 从安息界安谷城乘船，直截海西，遇风利二月到，风迟或一岁，无风或三岁。其国在海西，故俗谓之海西。有河出其国，西又有大海，海西有迟散城。
>
> 从国下直北至乌丹城，西南又渡一河，乘船一日乃过。西南又渡一河，一日乃过，凡有大都三。
>
> 却从安谷城陆道，直北行之海北，复直西行之海西，复直南行〔经〕之乌迟散城①，渡一河，乘船一日乃过，周回绕海。凡当渡大海六日，乃到其国。

一、安谷城的方位

《魏略》以安谷城为起点，分海陆两道，指出到达罗马的路线，南道是海道，北道是陆道。要明确南北两道的途径，必须首先确定安谷城的方位。在各种意见中，比较有力的说法有二：一种意见主张安谷是幼发拉底河畔的 Örchoe，后来的乌罗库（Uruku），现在的瓦尔卡（Warka）②；另一种说法把安谷和《魏书》中的安都认作同一地点，置于地中海东部伊斯肯德仑湾的安条克，现在的安塔基亚。持后一种说法者很多，

---

① 原文"经"字是衍文。

② 夏德：《大秦国全录》（F. Hirth, China and the Roman Orient），上海，1885年，第139页注1，第190页；张星烺：《中西交通史料汇编》，第1册，中华书局，1977年，第41－42页。

流传最广①。起点不同，自然由此出发的路线和终点也南辕北辙、大相径庭了。

腓特烈·夏德将大秦解作叙利亚，把安谷出发的水道看成是从波斯湾取道红海回到黎凡特的路线，安谷陆道也只到叙利亚为止。但《魏略》中的大秦都城本不在叙利亚，因此波斯湾水道也决不会是一种绕过阿拉伯半岛的团团转的行程。这在航行方向上，无论怎样也难以自圆其说。《魏略》"从安息绕海北到其国"，原意是"绕地中海的北岸而行，到其国"。夏德《大秦国全录》英译文误作"从安息绕海，北到其国"（第186—187页），有失文意。不如白鸟库吉断作："从安息绕海北，到其国。"②

藤田丰八把整个行程推向小亚细亚，代表了和夏德完全不同的说法。此说到了主张安谷是安都说的手里，整个行程便进而成了从小亚细亚到意大利半岛的地中海航程。但立论疑难既多，于是只好用改字的办法来套取结论，将"之乌迟散"改作"乌逋散"，以迎合以弗所，又将"凡当渡大海六日乃到其国"断成"凡当渡大海六，乃到其国"。终点据说是意大利半岛的奥斯蒂港③。

不同的解释引起的争论，无非可以归结为《魏略》的大秦通道或西亚行程，到底是从两河流域进入小亚细亚还是埃及的问题。无论从历史上看，还是从航程立论，安谷都只能在波斯湾头附近。

在历史上，《魏略》指出安谷位于安息境内。地中海滨的安条克却一直在罗马人统治之下，虽然在7年、115年一度被波斯人攻占，但不久就被罗马克复。226年萨珊波斯建立后，沙普尔王发动了叙利亚战争，从241年持续到244年，接着在258年、260年安条克被沙普尔攻占④。266—272年间，安条克又成为巴尔米拉女王齐诺比亚的臣属，但此时已在《魏略》写成以后了。安息的西界，《后汉书》卷八十八指明终止于斯宾（史帕西纳）西南的于罗（朱尔哈）。

在航程上，《魏略》指出从安谷城出发，"风利二月"就可到大秦，但从地中海滨的安条克到意大利半岛的航程，还不到从波斯湾头到红海西岸米渥斯·霍尔莫斯的一半。在海流复杂、风向多变的厄立特里海（阿拉伯海）航行中，希腊帆船顺风可以日

---

① 冯承钧：《景教碑考》附录《大秦考》，商务印书馆，1936年。此说由藤田丰八推衍而成。藤田以安谷为含族卡勒地语中的阿鲁·古纳（Aru-Guna），现在的日纳瓦（Genava）。参见藤田丰八：《东西交通史研究·西域篇》，东京，1933年。

② 白鸟库吉：《见于大秦传中的西域地理》，载于《史学杂志》，1931年，第42编，第6期；中译文见王古鲁编译《塞外史地论文译丛》第一辑，商务印书馆，1938年。

③ 冯承钧：《景教碑考》，商务印书馆，1936年，第93页。

④ 塔巴里：《先知和国王编年史》（al-Tabarī，Ta'rīkh al-rusul wal-mulūk：The annals of the prophets and kings），德琼耶（de Goeje）英译本，莱顿，1879—1901年，第1卷，第827页。

航60海里以上①。如果说是地中海航程，更无需如此之久。古代地中海是希腊人的世界，他们都是海上能手，从安条克到意大利，在顺风的情况下根本不用两个月，和“风迟或一岁”的说法更不相符。

因此，《魏略》中的安谷城，只能在两河出海处的瓦尔卡。

二、波斯湾通往亚历山大里亚的海道

《魏略》中叙述的安息南北道，可分成上又三段话理解。第一、二段都是波斯湾海道，属于南道。第三段是西亚和欧洲行程，属于北道。

第一段“从安息界安谷城乘船，直截海西”，到“海西有迟散城”，指出了从幼发拉底河的安谷城乘船出波斯湾绕过阿拉伯半岛，由曼德海峡通过红海到达下埃及。罗马所以被称为海西国，正是因为埃及在红海之西，而且又在黎凡特的西南。行程的终点迟散城，是亚历山大里亚的希腊语译名。《魏略》叙述埃及有一条大河，就是世界最长的尼罗河；在埃及的西面还有一个大海——地中海。沿着地中海有迟散这个罗马帝国的东方都会。亚历山大里亚不但是罗马世界和东方各国贸易的枢纽，也是地中海的经济中心和最大的城市。到过亚历山大里亚的波里比乌（Polybius，前205—前120年）说，居住者有三类人：一是埃及人或土著，他们生性暴躁，不甘于过平凡的生活；二是商人，斤斤计较，人数众多，倨傲难治；三是亚历山大里亚的部族，他们同样不甘平庸，但比前两者好，因为他们主要是希腊人，或向慕希腊文化的人（史特拉波，17，1，12）。史特拉波赞扬亚历山大里亚城：“由于它拥有良港，所以是埃及独一无二的贸易站，同时它又是埃及首屈一指的陆上贸易站，因为一切货物都可以从河上方便地运到这个世界上最大的商栈。”（17，1，13）它沟通了亚、非、欧三大洲，成为印度洋和地中海的桥梁，在古代世界经济生活中所起的作用，比之20世纪的苏伊士有过之而无不及。

老普林尼记述的东方行程，和《魏略》可以吻合。由亚历山大里亚溯尼罗河而上，到科帕托需12天，在科帕托乘骆驼到乌姆克塔夫湾的贝伦尼塞港，也是12天。通过红海，从贝伦尼塞到也门的奥赛里斯（今图尔巴），水路30天。从那里到波斯湾头，在西南季风期所花时间大致与前段相仿。所以说“遇风利二月到”。如果航行失时，错过贸易风，为求安全，航行只有推迟一年。逆风行驶，帆船航速要比顺风时慢80%左右。

第一段是航程的总纲，列出了航程起点、航向、日程和终点。《魏略》这段文字是中国对阿拉伯海季风贸易的最早记载，它同时明白指出大秦的都会是埃及的迟散城。

---

① 劳林逊：《印度和西方的交通》（H. G. Rawlinson，Intercourse between India and the Westem World），剑桥，1926年再版本，第111页。

第二段“从国下直北至乌丹城，西南又渡一河，乘船一日乃过。西南又渡一河，一日乃过，凡有大都三”，是对上文的补充。航程要绕过阿拉伯半岛，必须先南后北，所以先有“国下”，然后又有“直北”，所到的红海港口是乌丹。乌丹如果不是乌目（米渥斯·霍尔莫斯）的刊误，则必是乌姆克塔夫的音译①。乌姆克塔夫湾中的贝伦尼塞港本是埃及在红海最大的港口。港西有陆路和尼罗河相连。下文两次西南渡河，中间似有脱文，但总方向仍是循尼罗河而下，经尼罗河三角洲到亚历山大里亚。在尼罗河转折处连渡两次，顺尼罗河经过底比斯（Thebes）、希普托诺米斯（Heptanomis）和迪尔他（Delta）三大区的大城底比斯、希莫波利和孟菲斯。贝伦尼塞和尼罗河之间的大路对东方贸易的重要性，早经史特拉波指出。罗马帝国时代，红海货物大都由这条路运往亚历山大里亚，其重要性远在联络红海和尼罗河的运河之上②。乌丹的位置，不能像夏德和白乌库吉曾经主张过的，是在红海东北端亚喀巴湾中的埃兰港。

三、两河流域通向尼罗河三角洲的陆道

除海路以外，还有陆路也可通达罗马和埃及。《魏略》中的海北陆路，是从安谷城向北到地中海滨的安条克。由安条克经小亚细亚的陆路，最后可以通过博斯普鲁斯海峡进入欧洲，向南到达雅典，然后经一天路程到达科林斯，再往西经六天海路，到达罗马城③。《梁书》用“海北陆道”称呼这条路，将通过波斯湾进入阿拉伯海和红海的海道称为“循海而南”的南道，用词较《魏略》的文意要清晰得多。

海北陆道从安谷城向北，上溯幼发拉底河到安条克，分成北路和西路。北路经努赛宾和埃德塞，通向安条克。据《伊西陀道程志》，1世纪初，罗马尚未占领努赛宾和埃德塞时，通过两河流域西行的商旅都从阿巴米亚渡口（Apamea Zeugma），现在的比雷季克过渡。西路大都从安菲波利斯，古称萨帕萨科斯（Thapsacus）的地方过渡，绕过巴尔米拉山谷，西北折向安条克。另有支路通向西顿、提尔等沿海城市。幼发拉底河上游有三条大路都汇集在奥朗特河谷，通往安条克。一条经过亚美尼亚门，又叫贝希山口（Baghche Pass），连接小亚细亚；一条经由萨摩萨达（Samosata）和阿巴米亚渡

---

① 小川琢治以为乌丹是小亚细亚的阿达纳（Adana），固然不对，但乌丹也不是亚丁。罗马人习惯用 Pennisula illa 和 Arabia Felix 称也门。亚丁在《厄立特里海环航记》中被称为阿拉伯福地（Arabia Eudaimon）。亚丁（Athanae）一名初见于菲洛斯多（卒于430年）的《教会史》（Philostorigius, Church history, Ⅲ, 5, 478），阿拉伯语叫阿丹（'Adan）。

② 参见蒙森：《罗马史》（T. Mommsen, The history of Rome），李稼年中译本，第2卷，商务印书馆，2004年；杜丹：《古代世界经济生活》（J. Toutain, The economic life of the ancient world），志扬中译本，商务印书馆，1963年，第298页。

③ 参见沈福伟：《中西文化交流史》（第二版），上海人民出版社，2006年，第79－81页。

口衔接；另一条通过萨帕萨科斯，沟通美索不达米亚。夏德轻率地断定迟散就是乌迟散，认为渡海是从埃及亚历山大里亚到安条克，整个行程便被南北颠倒，不相衔接了。白鸟库吉把乌迟散当作安条克，不但对音勉强，而且难以解释。乌迟散城渡河后到周围绕海的地方，才开始渡海。何况，安条克在1世纪以前一直是译作“条支”的。

安条克是亚洲通向罗马的大门。印度旁遮普的使者，由大马士革的尼古拉派去觐见奥古斯都，也取道安条克，从小亚细亚前往罗马①。和这同时，赛勒斯的使者一定也是走的同一条路。《魏略》中的海北陆道，正是史特拉波（XVI，74）记录的从伊索斯湾（伊斯肯德仑湾）到幼发拉底河渡口的路程，一直到中世纪，还是犹太商人从地中海东岸到波斯湾的通道。

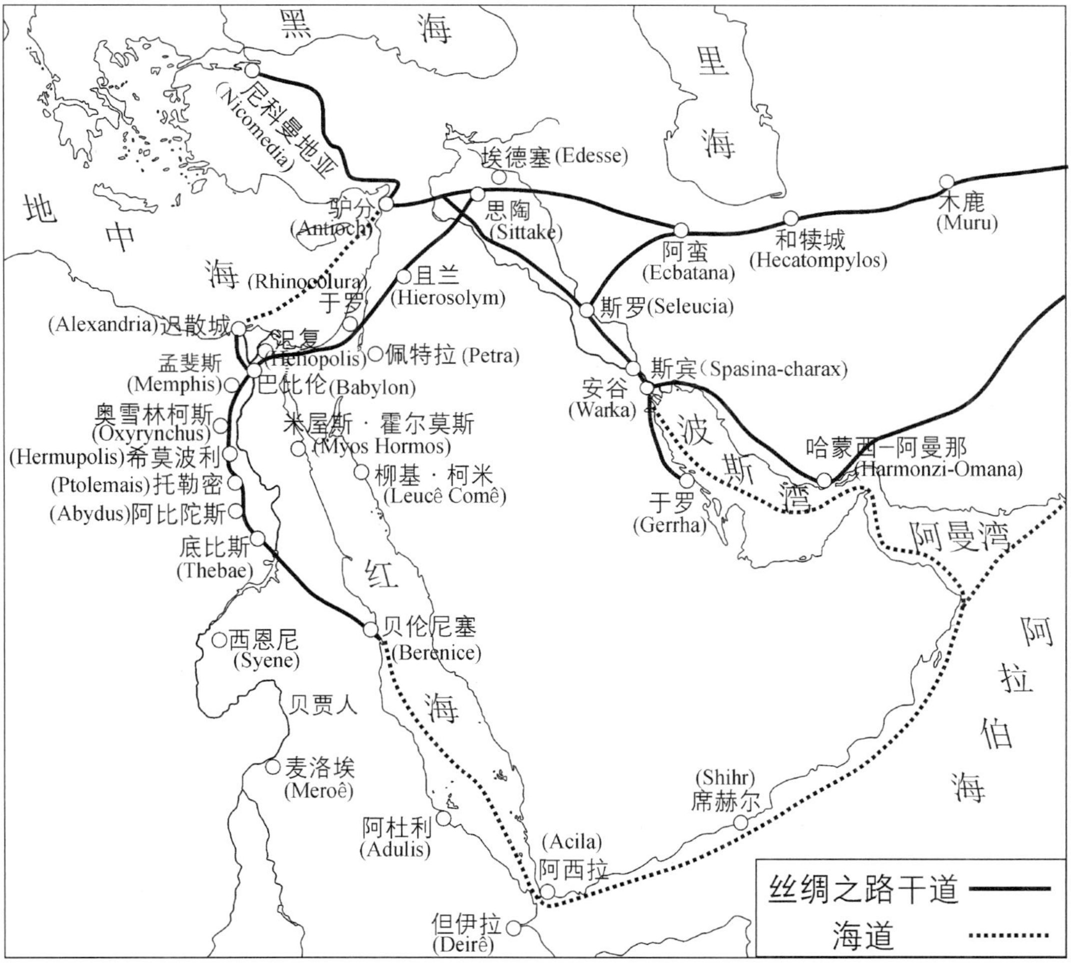

3世纪的非洲地理和丝绸之路交通示意图

① 罗斯托夫采夫：《罗马帝国社会经济史》（M. I. Rostovtzeff, The social and economic history of the Roman Empire），第1卷，牛津，1957年，第155页。

安条克在《魏略》所记西亚属国中叫驴分，来自拉丁语“升起”（levare），意思是日出的地方（Levant）。从罗马时代起，这里是罗马世界的极东部，所以就有“黎凡特”之称，古译“驴分”。从泽散到驴分，“水行半岁，风疾时一月到”。从驴分到亚历山大里亚，也可水陆兼行。“从驴分城西之大秦，渡海飞桥长二百三十里，渡海道西南行，绕海直西行。”安条克到亚历山大里亚，不论渡海还是陆行，方向完全一致，都是西南行，然后沿海直西行。陆路沿途经过西顿、提尔，从加沙向西折入西奈半岛和尼罗河三角洲。西奈半岛北部沿海的长堤，鱼豢形象地称为“渡海飞桥”，其长共达230 里。《后汉书・西域传》也有“又言有飞桥数百里，可渡海北诸国”，可以印证。叙述的方向虽然两者不同，前者是由东向西，后者是自西向东，但说的都是同样的地方。

从安条克到亚历山大里亚，不论是陆路还是海路，一定在 1—2 世纪时有中国人实地走过了。中国的商队通过幼发拉底河上游去安条克。中国的丝、铁、玉、麝香、漆器在幼发拉底河沿岸柴格马附近的巴达尼（Batne）每年 9 月举行的市集上享有盛名。360 年左右罗马作家阿米亚・马赛林的《见闻录》（Res Gestae，XIV，3，3）中说，巴达尼盛会上，“由印度人和中国人送到那里，以及通过海陆两道由那里运来的许多商品都在这里成交”。巴达尼距离埃德塞不过一日之程，正在美索不达米亚通向安条克大道的附近。阿米亚・马赛林的记述是 3 世纪时业已由中国商队进行的交易的真实写照，这种贸易正是中国和埃及以及地中海世界的商业链条中的一个环节。

安条克和大秦国都的水上距离是 2000 里，这个数据，更非常明确地证实了，汉魏以来，中国人所熟悉的罗马都城，确实是埃及的亚历山大里亚城。

第二章
埃及和中国海上交通的开始

第一节　印度洋季风贸易的开展

一、埃及人在红海

中国和埃及要取得直接的联系，唯有仰赖海路。西起红海、东至南海广大海域的浪涛，同时搏击着中国和非洲的海岸。要实现中国和非洲的直接往来，必须征服印度洋。中国和埃及之间的海上联系，有待于无数海上交通链锁的建立，阿拉伯和印度构成了这些链锁中的重要环节。埃及人早就展开了远征印度洋的航海事业，首先是冲出红海，奔向广阔海洋。

寻求黄金和宝石是古代世界中最早促使人们进行商业活动和海上冒险的重要动力。追求各种神秘的宝石、足以显示财富的金属矿和奇妙的药物，推动着早已开始文明生活的古代埃及人向地中海、美索不达米亚和非洲之角发展贸易关系，创立红海航业。这些宝石中，有被古代埃及人认为具有魔力（mana）的孔雀石，沙漠中山岩间闪烁着晶莹光彩的红玉髓、猫眼石、蓝宝石和青金石。埃及人用孔雀石染抹眼皮，抵抗强烈的阳光和消除热带苍蝇传染的眼疾。这种具有魔力的石头，出产在西奈半岛和努比亚东部沙漠。越过荒漠伸向红海和亚丁湾辽阔的海面，吸引着埃及人的有埃塞俄比亚高原的黑曜石，香料角产的肉桂、没药、乳香、珍贵树木，和黑人居住区的大量金沙、象牙和奴隶。早在埃及第五王朝时，法老萨胡拉（Sahure，约前 2458—前 2446 年在位）已向南方的邦特国派出船队去取得没药、金银和奇木。约在公元前 1495 年，第十八王朝的哈脱舍普苏女王（Hatshepsut，前 1479—前 1458 年在位）派遣一支拥有八艘船的船队，到邦特国运进乳香、没药和各种香脂。船队返航时还带回了热带南方盛产各种珍宝和脍炙人口的故事。在底比斯的德尔·巴赫里（Der el Bahri）神庙的壁画里，有邦特人向埃及女王进献香膏、没药、肉桂、黑檀木和豹皮、大象牙的图像①。古代的邦特国就在亚丁湾南岸的索马里。

萨胡拉时代通航邦特国的太阳船，1954 年奇迹般地在最大的吉萨金字塔南部一个密闭的石坑中被发现。通过复原，船身长 43.4 米，宽达 5.9 米，船首高 6 米，1982 年 3 月正式在开罗近郊特设的“太阳船展览馆”展出。

埃及第二十六王朝法老尼科（Necho，前 609—前 593 年在位）更派过腓尼基船队去环航非洲。船队从红海出发，三年后经直布罗陀回到了埃及。尼罗河三角洲和红海之间早有运河相通。运河从尼罗河出口处皮留辛岬经地中海海滨巴帕斯蒂，沿尼罗河通过瓦迪·杜米莱（Wadi Tūmīlāt）到皮特尔湖口的希伦波里斯（Heroonpolis）。据卡尔那克神庙铭文，这条运河在公元前 14 世纪赛蒂一世时已经出现，但航道狭窄，河床很浅。尼科法老在公元前 609 年又开始在希伦波里斯和红海之间开凿运河，中间通过皮特尔湖，这段运河大约直到公元前 520 年大流士占领时期才告完成。尽管埃及早就参加红海贸易，但从公元前 10 世纪起，阿拉伯人一直是红海航运业的操纵者。也门的米尼亚国家是南阿拉伯最早的商业国，他们控制了北方的阿马利克，向埃及和巴勒斯坦运输没药和香料。在公元前 9 世纪，它的领土甚至包有对岸的邦特国。公元前 700 年左右，沙比人起而代之，在腓尼基海岸和印度河下游之间经营海上贸易。公元前 5 世纪起，红海和阿拉伯海的商业相继转入阿拉伯南部的卡塔坂和希米雅尔人的手里。一个重要原因是，波斯帝国的崩溃使西亚重新陷于分裂。提尔的腓尼基商人也转向红海，他们通过阿喀巴湾和尼罗河三角洲的希伦波里斯运河参与印度洋贸易，因而刺激了红海和阿拉伯海的航运业。

希腊的托勒密王朝（前 305—前 30 年）统治下的埃及，积极开展红海贸易。费拉德尔弗斯（Philádelphos，前 285—前 246 年在位）时代，首先在红海西岸科帕托东南的乌姆克塔夫湾开辟贝伦尼塞港（Berenice）。公元前 247 年，又在贝伦尼塞以北 280 公里的阿布·绍马角（Ras Abu Somer）建立米渥斯·霍尔莫斯港（Myos Hormos，今穆赛尔港）。公元前 275 年，红海和尼罗河之间的运河重又开放。运河联结尼罗河的皮留辛支流和红海，改称托勒密运河。这时埃及大力开展远到瓜达富伊角的贸易，运进成批

① 布莱斯特：《埃及史》（J. H. Breasted，A history of Egypt），伦敦，1952 年，第 274－278 页。

的埃塞俄比亚绵羊，并在反对塞琉古的战争中，从红海沿岸运进大象以供作战。在印度孔雀王朝阿育王使者的推动下，费拉德尔弗斯也向孔雀王朝派过使者狄奥尼索斯①。特别在尤盖特二世（Euergetes，前 146—前 116 年在位）和拉赛勒斯（Lathyrus，前 116—前 111 年在位）时期，为了适应阿拉伯和埃塞俄比亚贸易的需要，红海航行事业蒸蒸日上，每年都有船队从米渥斯·霍尔莫斯和贝伦尼塞来到阿拉伯半岛西南部②，通过转口贸易港奥赛里斯和印度西海岸建立商业上的联系。

埃及红海贸易的另一个方向是亚丁湾南岸的非洲之角和沿着印度洋南下东非的阿札尼亚大陆。阿札尼亚沿海在公元前好几个世纪已和埃及、阿拉伯有过货物交换。埃拉托色尼讲过希腊船曾远航亚丁湾南岸的肉桂国。在亚丁以北处于卡塔坂和亚丁湾之间的小国奥山也是活跃于非洲沿海的商业国，奥山的阿拉伯人曾向坦噶尼喀沿岸的奔巴岛移民。南阿拉伯的海外贸易商和船舶经纪人，在很长时期中一直是阿札尼亚居民唯一接触到的海外客商。

在托勒密王朝统治时期，努比亚的库施国家也是埃及红海贸易的转运者。库施人的纳巴达和麦洛埃国家通过居住在努比亚和厄立特里亚北部的牧民贝贾人和提格雷人，从厄立特里亚的阿杜利港（Adulis）取得印度的胡椒、棉布，东非的香料和黑檀木。中非的象牙、毛皮和黄金也经过这里运到埃及。沿着尼罗河有陆路通向托勒密城和贝伦尼塞港。

红海和印度洋航运业的脉搏紧扣着埃及的经济繁荣。埃及和印度的香料贸易在公元前 1 世纪迅速增长，在巴克特里亚的欧多台墨和弥兰德王朝统治贾鲁姆河和马土腊时，特别在公元前 88 年左右③，胡椒对地中海的输出大为增加。它们大多仍然经过塞琉古和阿拉伯的中转。埃及也加强了对红海贸易的管理。据公元前 78 年的普莱雪克铭文和公元前 62 年的铭文④，托勒密朝的欧利特（Auletes，前 80—前 51 年在位）统治时期，在底比斯总督下开始设置印度洋和厄立特里海将军。另外的碑铭上更有厄立特

---

① 老普林尼：《自然史》（Pliny the Elder，The natural history），Ⅵ，58；史密斯：《印度古代史》（Vincent Smith，The early history of India），牛津，1957 年第 4 版，第 156 页。

② 罗斯托夫采夫：《托勒密埃及的对外贸易》（M. Rostovtzeff，Foreign commerce of Ptolemaic Egypt），载于《经济和商业史学报》（Journal of Economic and Business History），1932 年，第 4 卷，第 728 页以下。

③ 普鲁塔克：《苏拉的一生》（Plutarch，Life of Sulla），第 13 章。

④ 塔恩：《巴克特里亚和印度的希腊人》（W. W. Tarn，The Greeks in Bactria and India），剑桥，1951 年，第 369 页注 2。

里海市舶使的官职，专门管理印度洋贸易[1]。到了罗马统治时期，埃及的印度洋贸易便进入了一个新阶段。

二、罗马季风贸易

公元前2世纪，罗马崛起的初期，南阿拉伯的商队和船主仍然掌握着地中海和阿拉伯海之间的全部贸易往来。用当时人阿格萨西特的话来说，沙比是欧亚贸易的中心，控制南阿拉伯就可独占对印贸易。为了控制对外经济的命脉，雄心勃勃的罗马统治者奥古斯都（Augustus，前30—14年在位）便派兵占领了红海东岸的要港留基·柯米（Leuke Kome），现在的哈瓦拉港。公元前24年，以奥流士·伽罗（Aelius Gallus）为首的一支远征军更出征阿拉伯福地（亚丁），目的是控制南阿拉伯和佩特拉之间的香料之路，把红海两岸重要的中转港全部转归罗马所有。这条横穿西南亚的香料之路，通过召弗（马因）、马里卜（沙比）、塔曼纽尔（古特班）和沙卜瓦（哈达拉毛）四个阿拉伯国家的首府，沿途国家只要保护商队不受附近游牧部落的拦截，每年就可以从中获得大笔财富。从公元前2世纪末叶以来，沙比和其他各国相继卷入绵延到3世纪的战争之中，于是罗马人乘虚而入，在1世纪时完成了对红海一道的全面占领。

罗马和波斯的战争，使叙利亚丝路不畅，来自中国和印度的丝货、香药被拥塞在两河流域和波斯湾头。这种情况正如《魏略》反映的，罗马“常欲通使于中国，而安息图其利，不能得过”。位于东西贸易要冲的幼发拉底河两岸也是土酋分割，关卡林立，使商旅扼腕[2]。直到2世纪初，罗马人也未能进入波斯湾头。加强红海贸易，和阿拉伯人争夺印度洋航业，便成了当务之急。于是从公元前30年就成为罗马一部分的埃及，作为罗马的亚历山大省，在东方贸易中的地位也空前提高。罗马东方各省手工业发达，也要求对外贸易有相应的发展，获取中国的丝帛原料尤其引人注目。这就使埃及的印度洋贸易在奥古斯都时代进入一个新的规模，地中海滨的亚历山大里亚也终于发展成古代世界中东西贸易的最大港口。

印度洋航海史上的这个新阶段，取决于阿拉伯南部和印度之间定期航线的开辟。定期航线的实现，有待于西南季风规律的发现和利用。这一发现曾被传奇式地归功于一个希腊船长希帕勒斯，实在出于人为的夸张。罗马人知道希帕勒斯风不会早于公元

---

① 参见村川坚太郎：《〈厄立特里海环航记〉中所见1世纪时的印度洋贸易》，日本史学会创立五十年纪念文集《东西交通史论》卷上，东京，1933年。

② 史特拉波：《地理学》（Strabo，Geography），XVI，1，27；1，28.

前2世纪，大致是公元前1世纪中叶的事①，离开史特拉波在上埃及当地方官的时期不致太远。希帕勒斯这个莫须有的希腊船长最多不过是利用希腊海员的经验，从阿拉伯人和印度人那里取得了季风航行的秘密，在一次横越阿曼湾的航行中率领船队一举成功的英雄。在他以前早已有过更多的印度、阿拉伯的海上冒险家进行了许多可歌可泣的壮举，最后为横渡大海的航行铺平了道路。

印度洋西部常年吹刮季风，东北季风和西南季风互相交替。西南季风从3月开始，一直刮到9月底。3、4、5三个月中常有倾盆大雨，随风吹往印度洋西海岸。实际盛期始于6月下旬，到9月终止。这个时期，是从德尔加杜角以北的东非沿岸东北向航行的理想季节。9月一过，约有两个月的小雨，然后便起东北风。印度洋季风和洋流关系密切。印度洋的洋流计分中心流、赤道流和红海流三类。印度洋中心流以南纬10°为界，分成南、北两部。夏季南部北向洋流和太平洋洋流汇合后到达澳洲南部，冬季直达澳洲，只有部分和太平洋洋流合股至澳洲南部。红海流盐分很高，从红海进入印度洋，消失在马达加斯加岛南部和非洲大陆间约1250米的深海中。赤道流对印度洋西北区的航行最为重要。北部地区在2～3月间的东北季风盛期，北赤道流转为强流，和一支中心在南纬7°附近的赤道旋流一起沿着亚丁湾和南纬5°间的东非海面直接向南流注，最便于帆船由阿拉伯半岛向南航行。北赤道流消失在8～9月的西南季风盛期，替代它的是自西向东的季风流。

西南季风期间，东非洋流从南纬10°起直向北流，赤道流也越过赤道，向北沿索马里海岸北进。这股洋流既非强流，又无赤道旋流，正好是坦桑尼亚沿海船只北航的季节。从东非和阿拉伯半岛向印度航行的船只必须在西南风季节出航，回程要赶在东北风止息以前。

罗马海员掌握了季风航行技术，便创造了横越阿拉伯海直航印度的长途航行纪录。他们拥有更加坚固和规模更大的大帆船，足以储备充足的给养，载运众多的货物，延长续航里程，摆脱了以往只能驾驶一些小船沿着阿拉伯半岛和阿曼湾在近海做多次连续航行的局限。也门和印度西海岸的航程因此缩短到仅仅略多于尼罗河口到也门的红海航程，比起直布罗陀到红海北端的希伦波里斯湾还要短些。对西南季风规律的利用，

---

①　希帕勒斯风的发现时间，过去都根据老普林尼推断是1世纪中叶，后来根据科帕托以南100公里的希腊、拉丁碑铭所作研究，证明不确。塔恩提出，应在公元前1世纪80年代或更早，这种主张正是威特金、戈登帕特尔、罗斯托夫采夫提出的在公元前2世纪初到公元前1世纪末的说法的继续。查尔史胡士认为在公元前15年或更早几十年埃及的希腊人已能从红海口直航印度港口的推测进一步被证明可靠。见查尔史胡士：《关于〈厄立特里海环航记〉》（M. P. Charlesworth, Some notes on the Periplus Maris Erythraei），载于《古典季刊》，1928年，第22卷，第92－100页。

使红海北部起航的希腊船可以一次完成远航印度的航行，免去了货物中转的烦劳。照老普林尼（Ⅵ，96～100）的叙述，从埃及到印度的航行，共分四个阶段。起初，从曼德海峡附近东航的小船只能沿着阿拉伯半岛转入阿曼湾北岸的莫克兰，到达印度河口的巴塔拉。到公元前 1 世纪，由埃及出发的船只抵达亚丁后，可以在凯尼或西格鲁斯角（今法塔克角）乘西风越过阿曼湾直航巴塔拉，做全程 1250 海里的安全航行。不久又有第三步的出现，开辟了从凯尼直航南印度席格勒斯（孟买南的杰格勒）的新航线，席格勒斯在《厄立特里海环航记》中称作曼利萨格勒。最后的一步是在公元前 1 世纪末或公元 1 世纪初完成的，来自埃及的船只在到达南阿拉伯的奥赛里斯（今曼德海峡阿西拉角附近图尔巴）或凯尼（吉拉卜城堡，今豪腊附近）后，便可向东直航南印度的莫席里（今克朗格诺尔），在那里就更接近中国南方了。

罗马奥古斯都时代，米渥斯·霍尔莫斯或贝伦尼塞的船只都在七月南航，30 天后抵达红海南端的奥赛里斯，然后经过 40 天的顺风，完成 1800 海里的航行，到 9 月便可停靠在南印度西海岸的莫席里。在亚丁湾起航的船只，不论是奥赛里斯、阿拉伯福地或凯尼，甚至瓜达富伊角或它附近的狄奥斯柯立特岛，由于这种熟练的季风航行，相当于直布罗陀到亚历山大里亚的地中海航线那样长途的航行，便可一次完成，双方的距离在当时真可算一下子缩短到近在咫尺了。在两个月之后的 11 月，这些希腊船又可扬帆返航，中途在南阿拉伯稍事休整，翌年 2 月重又进入红海北部诸港或亚历山大里亚①。

曾经在奥流士·伽罗麾下当过地方官的史特拉波，亲眼见到米渥斯·霍尔莫斯起航前往印度的船舶，每年有 120 艘之多。大型船舶开赴印度和埃塞俄比亚岬的很多，“从那里把上等货物运往埃及，再由埃及转送各地。这些货物全都课以进口和出口的双重税收，对分量超重的货物课以重税”②。而在过去，敢于越过阿拉伯湾（红海）从事外海航行的船只从未超过 20 艘③。西南季风的应用，对印度人和阿拉伯人本来早已不是什么秘密，但是这种贸易风，一旦被罗马人所掌握，便开辟了新的远洋航路，使用了规模宏大、数量可观的船队，定期通航于印度洋上，因而迎来了印度洋贸易的新的繁荣。

---

① 老普林尼：《自然史》（Pliny the Elder, The natural history），Ⅵ；威明顿：《罗马帝国和印度的商业》（E. H. Warmington, The commerce between the Roman Empire and India），德里，1974 年增订本，第 45－47 页。但威明顿对每个阶段规定的时间，从亚历山大和尼亚科斯时代开始，止于 50 年左右，已不适用了。

② 史特拉波：《地理学》（Strabo, Geography），XVII，1，13.

③ 史特拉波：《地理学》（Strabo, Geography），XVII，1，13.

罗马的季风贸易在1世纪已经进入它的盛期。有一本希腊佚名船长写作的《厄立特里海环航记》，根据本人经历记下了1世纪的埃及海外贸易。作者是一个定居在亚历山大里亚的希腊人，他驾船从米渥斯·霍尔莫斯南下，出曼德海峡，沿瓜达富伊角南下，到过曼纳西亚岛（桑给巴尔岛），最后停泊在一个叫拉普达（Rapta）的地方，大致在现在的潘加尼附近。这位希腊船长又到过南阿拉伯，去过印度，最远到了斯里兰卡。作者在这本不过7000多字的古老航海指南中，叙述了希腊水手熟知的贸易路线和商货的交换情景。印度洋的西部和红海南部之间已经出现了许多固定的停泊港和市场，成为长途航行中必经的站点。曼德海峡以外的海面，被称为“外洋”。在面对印度的外洋港口中有称为阿拉伯福地的亚丁和名叫凯尼的乳香输出港。亚丁为远航船只提供淡水和维修，转送各类货物。由奥赛里斯出发的船只便通过这些地方航向印度河口的巴巴里加（Barbaricon）。商人们再通过埃林那（Eirinon，卡奇的雷恩）和巴拉加（Baraca，卡奇湾）抵达巴里格柴，和南印度各港贸易。

《厄立特里海环航记》叙述亚丁时说：“当印度和埃及尚未直接通航，或者他们从埃及起航后不敢擅越大海时，开赴海外各港的，便都云集在这里停泊。来自两方的货物都运到这里，正如现在亚历山大里亚从海外和埃及各地储运货物一样。”罗马在亚丁拥有征收商税的特权，实际上控制了印度和埃及的贸易。从海洋对面的阿里亚加和巴里格柴驶来的船只，给亚丁湾的贸易城市运来了小麦、大米、酥油、芝麻油、胡椒、棉布和蜜蜡。从埃及运到印度的有各种玻璃制品、金属器皿、红陶、灯具和铁器。

《厄立特里海环航记》这本书写于什么年代呢？该书作者讲到印度和埃及直接通航都还是很近的事。在他的时代，既有印度船开往埃及，从埃及开航的船只也可远涉重洋到印度去，大致离学会对西南季风的利用不会很远。根据老普林尼的《博物志》，在罗马皇帝克劳底优斯（Claudius，41—54年在位）时，安纳斯·普罗克木斯（Annius Plocamus）的自由民波比里乌（Publius）由于不知道季风而航行失事，漂流到了塔普罗巴尼（斯里兰卡），后来又被送回罗马。据说，希帕勒斯风发现后，航行变得又迅速又安全了。现在对科帕托以南100公里通往贝伦尼塞港的大道出土的一处希腊、拉丁文碑铭作了新的研究，才知道老普林尼弄错了这位波比里乌自由民漂洋的年代，他安全返航的日期是公元6年7月5日①。在奥古斯都时期，埃及的希腊水手确已知道通过季风安全航行到达莫席里港了。从对阿杜利港的描述来看，《环航记》的作者到达那里

① 大卫·梅莱狄斯：《安纳斯·普罗克木斯：来自贝伦尼塞大道的两处铭文》（David Meredith, Annius Plocamus: two inscriptions from the Berenice Road），载于《罗马研究学报》（Journal of Roman Studies），1953年，第43卷，第38页。

的时代也远在普林尼之前几十年，因而有理由可以相信，这本书是在1世纪20年代写成的。作者的航海生涯大致是从奥古斯都时期已经开始，写作时又加上了1世纪初听到的孟加拉湾航海的见闻。作者只到过南印度，他知道向东航行可达中国，他用了支尼（Thine）这个名称。那时中国和罗马还未通航，支尼人到南印度的也极罕见。

《厄立特里海环航记》的成书年代，一直是学术界探讨的问题。从阿杜利港和凯尼港的历史看来，索夫考订它写成在60年的意见是值得尊重的①。近几十年来有一种后推的趋势，如1961年雅克琳·皮埃将1861年莱诺考证此书写成在246年的旧说重加论证，将它订在226年②，此后麦唐华尔又提出120—130年之间的新说③，于是此书的写作便被推到了2世纪初。不过这种明显后推的意见并不扎实。这本书的完成是在奥古斯都时代之后不久，比索夫的考订还要早30～40年。

第二节　五河流域的中介商

一、塞人和中印雪山道

中国和非洲的早期联系，通过丝绸之路到达埃及的陆道固然是重要的通道，但海上交通从很早的时候起，也有同样不可忽视的地位。不过，最初从海上前往非洲，是通过那些越过葱岭指向波斯湾和印度河三角洲的陆路来实现的。甚至在2—3世纪，两河入海口处的波斯湾还是从海上将中国货运往埃及的一条重要交通线。尽管如此，在印度洋西部地区，海陆交通的衔接点却越来越由北而偏向南方了。罗马的季风贸易更推动了这一变化，使得海陆贸易线都集中到印度次大陆的西部沿海。

---

① 索夫译注：《厄立特里海环航记》（W. H. Schoff, The periplus of the Erythraean Sea），纽约，1912年，第15页。同样主张《环航记》写成在1世纪70年代以前的还有文森·史密斯（Vincent Smith）、埃里克·威明顿（Eric Warmington）。

② 雅克琳·皮埃：《东方历史的一个关键问题：〈厄立特里海环航记〉的年代》（Jacqueline Pirenne, Un problème-clef pour la chronologie de l'orient: La date du Péripleede la mer Erythrée），载于《亚洲杂志》（Journal Asiatique），1961年，第249期，第441－459页。

③ 麦唐华尔：《西部都督和〈环航记〉的年代》（David M. Macdowall, The early western satraps and the date of the Periplus），载于《钱币年鉴》（The Numismatic Chronicle），1964年，第4卷，第271－280页。此说得到杰弗斯·马修的支持，他写了《〈厄立特里海环航记〉的年代和价值》（Gervase Mathew, The dating and the significance of the Periplus of the Erythrean Sea），见奇蒂克编：《东非和东方》（N. Chittick, East Africa and the Orient），纽约，1975年，第147－163页。弗里曼—格伦维勒《非洲历史纪年》（Freeman-Grenville, Chronology of African history，纽约，1973年）则将《环航记》完成的时间置于106年左右。

巴克特里亚的希腊王朝和托勒密王朝统治下的埃及关系密切，来往频繁。在公元前2世纪弥兰王朝时期，巴克特里亚的势力远达恒河流域，奢羯罗（Sāgala，今锡亚尔科特）成为巨大的贸易中心（nānā-puṭabhednam）①，商路直通印度河口和中印度。弥兰王朝一度控制了坎贝湾的大港巴里格柴，从那里由海路和印度洋各国交换货物。《弥兰王问经》描述奢羯罗宝货云集，在此侨居的有来自斯基泰、大夏、中国、维赖塔（Vilāta）、乌贾因（Ujjaini）、巴里格柴（Bharukacha）、贝纳勒斯（Banaras）、憍萨罗（Kosala）、摩揭陀（Magadha）、巴连弗（Pāṭaliputra）、沙祇大（Sāketa）、苏拉特（Suratha），以及来自西方的拘登巴罗（Koṭumbara）、马图腊（Madhurā）、亚历山大（Alexandria）、克什米尔（Kashmir）、犍陀罗（Gāndhāra）②。公元前129年，张骞到巴克特里亚，在巴尔克见到邛竹杖和蜀布，都是由中印缅道通过印度运进的。在张骞出使西域的前后，巴克特里亚已经成为安息以外，和埃及的希腊王朝直接沟通中埃贸易的重要国家。这条路可以称为中印雷山道，或中印阿富汗道。

公元前2世纪末，南下的塞人代替巴克特里亚的希腊贵族控制了喀布尔河流域和五河流域。公元前124年至公元前115年以后，被安息人驱逐出境的一支塞人向东迁徙，在公元前80年由信德溯印度河北上，占领塔克西拉和犍陀罗，和早先在大月氏西迁伊犁河流域时南下悬度（克什米尔特鲁以东）的塞王会合。另一支称为帕西的塞人，由锡斯坦向东占领了喀布尔河流域和阿拉科西亚，就是《前汉纪》误以为大月氏五翎侯之一的高附国（Kophene）。高附正当中印雪山道的咽喉地区，又是美索不达米亚和五河流域的交通干道必经之地，巴克特里亚、帕西、帕提亚先后争夺了一个多世纪。另一个在中国、印度、帕提亚和大月氏之间建立的罽宾国，控制了罽宾—乌弋山离道的东端和中印雪山道的南部地区，也是希腊人、帕提亚人和塞人争夺的对象。罽宾境域宽广，包括喀喇昆仑山以南，东起克什米尔，西到兴都库什山东部的迦毕试③。公元前1世纪中叶，正当大月氏人占领巴克特里亚，把希腊人建立的弥兰王朝逐出阿姆河流域，觊觎喀布尔河下游之际，罽宾的塞王嫉妒中国和大月氏的友好关系，对汉朝忽即忽离，统治喀布尔河下游的乌头劳（Antonius）屡次袭击汉使，破坏中印贸易。后来

---

① 瑞斯·大卫译：《弥兰王问经》（T. W. Rhys Davids，The questions of King Milinda），《东方圣书系列》（Sacred Books of the East）第35、36册，牛津，1890—1894年，第2分册。

② 瑞斯·大卫译：《弥兰王问经》（T. W. Rhys Davids，The questions of King Milinda），《东方圣书系列》（Sacred Books of the East）第35、36册，牛津，1890—1894年，第2分册，第27页，第211页；涉及中国的内容，见第11页。

③ 见烈维的论文，载于《亚洲杂志》（JA），1915年，第102页；圆照著，烈维、沙畹译：《汉僧行纪丛书：悟空行纪》（S. Lévi & E. Chavannes，Voyages des pèlerins bouddhistes：L'itinéraire d'Ou-K'ong），载于《亚洲杂志》（JA），1895年，第6卷，第341－371页。

汉使文忠联合希腊最后一个国王阴末赴（赫尔梅奥斯，前 50—前 30 年在位），推翻了继承王位的乌头劳的儿子，重新占有整个帕拉帕米撒达（Paropamisadae）。阴末赴由于不能垄断中印贸易，后来又和汉使赵德失和，虽然继续派使者和汉朝通好，以取得商业上的利益，但汉元帝（前 48—前 33 年在位）不予接纳，对罽宾派来的商队只护送到悬度为止。成帝（前 32—前 7 年在位）时罽宾虽又有使者到长安，但汉使都只到皮山而止。皮山以西，两国贸易听由商人自由经营。阴末赴以后，喀布尔河下游地区又归塞人治理，19 年后苏林家族控制下的乌弋山离国并吞了这块东西交通的枢纽地方。不久，1 世纪初，高附和罽宾又相继落入新兴的大月氏贵霜王朝的统治。

二、大月氏贵霜帝国

公元前 60 年，在罗马人占领叙利亚，向帕提亚边境推进之际，大月氏人也越过阿姆河，吞并了巴克特里亚。大约到公元前 30 年，巴克特里亚已完全归并于大月氏了。葱岭东西交通，不论是通过疏勒，还是取道蒲犁，都被大月氏划入了它的势力范围。巴克特里亚五个翖侯中的贵霜翖侯丘就却（Kujula Kadphises）灭掉其他四翖侯，建立贵霜王朝。他在位 40 年（约 25—65 年）中，“侵安息，取高附地。又灭濮达（帕拉帕米撒达）、罽宾（斯瓦特河下游和犍陀罗），悉有其国”（《后汉书·西域传》）。丘就却指挥贵霜军队从帕提亚人手里夺取了阿拉科西亚。依照老普林尼（VI，94）的说法，高附（Kophen）是阿拉科西亚的河名，相当于喀布尔河上游地方。濮达与朴桃（巴克特里亚）不同①，是喀布尔河以北的帕拉帕米撒达，北起兴都库什山的卡霜山口和哈瓦克山口，南抵开伯尔山口的欣杜腊季山。罽宾，包括克什米尔西部和犍陀罗。于是五河流域和阿姆河流域的肥沃土地、商业城市、交通干道，都一一圈入了贵霜王朝的版图。在塔克西拉（锡尔卡普）出土的 2641 枚贵霜钱币中，252 枚属于丘就却，除去 4 枚银质，其余都系铜币②。钱币铭文有在丘就却之前已使用的“大王”（Maharaja）和“王中之王”（Rajadhiraja）这些帕提亚塞王的称号，显示丘就却统治了帕提亚的领土，承袭了塞王的封号。丘就却 80 多岁死去。儿子阎膏珍（Wema Kadphises，65—75 年在位）在位时，“复灭天竺，置将一人监领之”（《后汉书·西域传》）。他控制了恒河流域，占领了拉贾斯坦和五河流域的水陆转运枢纽马图腊。马图腊出土的狮座石刻威马

① 朴桃，冯承钧《西域地名》（中华书局，1980 年，增订本第 74 页）释作 Partava，不妥。濮达，烈维考作阿富汗中部一地，未中鹄的。见烈维：《印度—斯基泰考》（S. Lévi，Notes on the Indo-Scythians），载于《印度考古》（Indian Antiquary），1903 年，第 32 卷，第 417 页。

② 马歇尔：《塔克西拉》（John Marshall，Taxilā），剑桥，1975 年重印本，第 1 卷，第 67 页；第 2 卷，第 785 页。

立像，铭文称“大王、王中之王、天子、贵霜胄裔、王者威马、权威”（Maharaja Rajatiraja Devaputra Kushanaputra Shahi Wema Takshama），表明阎膏珍的疆界已南抵马尔瓦高原。卡提阿瓦和苏拉斯特拉的塞人诸侯国都已臣服于贵霜王朝。他麾下总督的钱币曾在加西普尔（Ghazipur）、苏拉斯特拉（Saurāṣṭra）和比哈尔的布塞尔（Buxar）出土，通往巴里格柴的马图腊大道已处在他的威权之下①。《后汉书》十分正确地分析了这一形势，指出“月氏自此之后，最为富盛，诸国称之皆曰贵霜王。汉本其故号，言大月氏云”。

阎膏珍以后，经过短期动荡，贵霜王朝重新统一在使用塞伽纪年的王朝之下，创始者是以弘扬佛教著称、国势达于极盛的迦腻色迦王（Kanishka I，78—120 年在位）。在他秉政期间，旁遮普、乌代普拉迪什（Uttar Pradesh）、西北省和信德北部全部占有，统治领土东抵比哈尔②，西南包括巴哈瓦尔浦尔③，克什米尔和德干西北部分也归入他的版图④。向北方的扩展遭到了中国的抵制。90 年，月氏军队在副王谢的率领下，侵入葱岭以东，被班超击败在疏勒和龟兹之间，月氏只得屈辱退兵。迦腻色迦统治下的贵霜王朝，发展成一个领土北起锡尔河、阿姆河，南抵温德亚山脉，包有恒河中游的强大帝国。印度河口的巴塔拉，坎贝湾旁的巴里格柴都受贵霜王朝的控制。这一时期，在印度西部有塞人控制马尔瓦西部和苏拉斯特拉地区，在南印度则有德干高原的萨丹伐诃纳王朝占据卡纳塔克和安陀罗地区。这些地区的商业重镇如乌贾因、塔格拉、巴坦（奥朗格巴德）、巴罗哈、索帕拉、阿里卡曼陀、科佛里帕特那和罗马建立了海上交通，和贵霜王朝的经济关系千丝万缕。于是，不论帕米尔高原和美索不达米亚间的贸易大道，还是印度和罗马的交通，贵霜王朝都可以加以操纵，足以举足轻重了。

三、通向红海的商业桥梁

月氏民族和中国的关系非同寻常。春秋、战国时期，月氏民族世居河西走廊，公元前 174 年后西迁伊犁河，进入阿姆河流域，侵占巴克特里亚。希腊特鲁古（Trogus，Prol. XLI）讲到征服巴克特里亚的外来民族有安西尼（Asiani）、塞拉伽（Saraucae）。

---

① 库马尔：《早期贵霜人》（Baldev Kumar，The early Kuṣānas），德里，1973 年，第 42 页。

② 《印度钱币年鉴》（Indian Numismatic Chronicle），1972 年，第 10 卷，第 19－32 页。

③ 乔托培迪耶：《贵霜国和印度社会》（B. Chattopadhayaya，Kuṣāṇāstate and Indian society），加尔各答，1975 年，第 30 页。

④ 乔托培特耶：《北印度早期史》（Sudhakar Chattopadhayaya，Early history of North India），德里，1976 年，第 3 版，第 102 页。

安西尼是伊朗化的安西（Asii），就是吐火罗（Tochari）[①]，塞拉伽则代表塞克拉伽（Sacaraucae）或塞克拉瓦克（Saka Rawaka）。贵霜王朝使用的塞语，亦即吐火罗语。1962—1963年在阿姆河畔的捷尔梅兹发现了贵霜钱币和佛教颂诗，算是在吐火罗的家乡通过系统的地下发掘找到的最古老的吐火罗语文献。这种吐火罗语使用的字母是次大陆西北部通用的波罗迷字体。吐火罗人是史特拉波（Geography，XI，511）指出的四种征服巴克特里亚的外国人中的一种，和印度通称大、小月氏叫Tukhāra完全一致[②]。这种语言在贵霜人兴起的前后通行和田，称为和田—塞克语，在塔里木盆地北缘演变成龟兹语和焉耆语。贵霜王朝在种族和语言上与中国的西北地区可谓是近邻和亲缘，在政治、文化、宗教和商业联系上因而具有异乎寻常的方便性。

自从贵霜王朝兴起后，罗马和中国的贸易便在葱岭以西找到了新的更为便捷的途径。建都布路沙布罗（Purushapur，今白沙瓦）的贵霜王朝[③]，在它的兴盛时期，从1世纪起到4世纪，一直在中国和罗马的贸易往来上起着中转站的作用，五河流域给中国充当了通向红海的桥梁。《厄立特里海环航记》的作者到过霍尔木兹海峡的哈蒙西—阿曼那、印度河口的巴巴里加和坎贝湾的巴里格柴，他明确提到中国的丝货怎样从巴克特里亚运到巴里格柴。他说中国的都城叫支尼（Thinae），“位于内地，远处北方。生丝、丝线和丝织品从这里经由巴克特里亚通过陆路运到巴里格柴（今巴罗哈），或经恒河从水路运到达米里克（Damirike，泰米尔）”[④]。1世纪时，中国丝货都由巴克特里亚通过马图腊运到巴里格柴，再从海上发送至米渥斯·霍尔莫斯或留基·柯米，转输亚历山大里亚或西顿。巴里格柴在好几个世纪中一直是印度西海岸最大的港口，也是最重要的和地中海贸易的港口。它的地位使贵霜王朝不仅必须占有马尔瓦，设置总督管辖朱木拿河和坎贝湾之间的交通，而且直接从那里分享巨额的经济利益。4世纪笈多王朝兴起后，继承贵霜，努力控制巴里格柴[⑤]。贵霜王朝比它的近邻帕提亚更乐于和罗

---

① 塔恩：《巴克特里亚和印度的希腊人》（W. W. Tarn, The Greeks in Bactria and India），剑桥，1951年，第284－287页。

② 烈维的论文，见《亚洲杂志》（JA），1897年，第10卷，第10页；1933年，第26页。

③ 《汉书》载月氏建都蓝市，烈维以为是Puṣkalāvatī。见烈维：《印度—斯基泰考》（S. Lévi, Notes on the Indo-Scythians），载于《印度考古》（Indian Antiquary），1903年，第32卷，第423页。迦腻色伽时征服北印度，迁都布路沙布罗。见克宁汉《印度考古部报告》（A. Cuningham, Archaeological Survey of India），德里，1885年，第19卷，《1881—1882年比哈尔、中印度、白沙瓦和优素福扎伊之旅》（A Tour through Behar, Central India, Peshawar and Yusufzai in 1881－82），第92页。

④ 索夫译注：《厄立特里海环航记》（W. H. Schoff, The periplus of the Erythraean Sea），纽约，1912年，第64页。达米里克是索夫的解读，原文写作利米里斯（Limyrice）。

⑤ 马朱姆达尔：《印度人民的历史和文化》（R. C. Majumdar, The history and culture of the Indian people），第3卷，《古典时代》（The classical age），新德里，1955年，第258页。

马人打交道。在派往罗马的四次印度使者中，就有来自贵霜的，极可能是迦腻色迦所派①。贵霜诸王热衷于取得罗马的财富和荣誉。在47年所立阿拉（Ara）铭文中使用“凯撒”（Kaisarasa）的尊号，在110年的散达（Zeda）铭文中拥有“多宝王”（Murodāsa Marjhakasa）的头衔②，都反映了罗马世界和贵霜的关系。在这个浪潮中，中国也积极派出使者和罗马联系。但因中国和贵霜打过仗，班超没有让甘英取道印度前往埃及，仍然信赖安息，结果使中罗建交的打算落了空。

从1世纪到3世纪中叶处于兴旺时期的贵霜王朝，给罗马东方贸易的繁荣开拓了道路，为中国铺设了通往红海的桥梁使中国和埃及通过这座极为方便的津梁得以迅速沟通。印度河口的巴巴里加和坎贝湾的巴里格柴，也成为吞吐中国货的两大港口，在那里运往红海的货物中就有中国的缣素和可供罗马贵族制作袍料的绫锦，还有上等的铸铁、毛皮和药材。罗马的灰泥雕塑、玻璃制品和非洲的宝石、香药、珊瑚、玳瑁也经过这里运往中国北方。通过分布在北起印度河口，南至马拉巴和科罗曼德的许多印度海港，中国的信息不断传向埃及和罗马世界。印度在中罗之间的这种沟通作用，即使到了6世纪，从《魏书》中可以知道仍然维持不息。

塔克西拉和帕格曼构成了这条通向埃及的交通线上的两处里程碑。对它们的遗址的发掘，取得了考古发现史上难能可贵的成就。

印度考古部在马歇尔主持下，于1913—1934年间，后来古希在1944—1945年③，对塔克西拉（Taxilā）古城遗址的发掘，使古城在现在的锡尔卡普（Sirkap）重现旧貌。古城先后共有三处，最古老的沙赫迪里（Shāhdherī）在公元前6世纪业已存在，在《佛本生经》中，它是一个重要的教育中心，位于现在拉瓦尔品第西北20英里，卡拉－卡－萨莱（Kāla-Kā-Sarai）东北不足1英里的地方。按照美伽西尼斯的说法，从华氏城通往西亚的官道经过这里，并由此通过克什米尔进入中亚④。在3英里半的范围内有三个不同的城市遗址被发掘，比尔丘（Bhīr）遗址代表了在希腊人进入犍陀罗以前最早的居民点。锡尔卡普是塔克西拉的第二座城市，由巴克特里亚的希腊人在公元前2世纪建造。城市按照希腊棋盘格设计，街道纵横交错，王宫处于十字路口，虽经

---

①　威明顿：《罗马帝国和印度的商业》（E. H. Warmington, The commerce between the Roman Empire and India），德里，1974年增订本，第95页。

②　《印度铭文汇编》（Corpus Inscriptionum Indicarum），第2卷，《佉卢文铭文》（Kharoshthi Inscriptions），柯诺乌（Sten Konow）编，加尔各答，1929年，第165页；《印度碑铭》（Epigraphia Indica），第19卷，萨斯特里（H. Krishna Sastri）编，德里，1928年，第1－15页。

③　古希：《塔克西拉—锡尔卡普，1944—1945年》（A. Ghosh, Taxilā-Sirkap, 1944－1945），载于《古代印度》（Ancient India），1947年，第4期，第41－84页。

④　马歇尔：《塔克西拉》（John Marshall, Taxilā），剑桥，1975年重印本，第1卷，第1页。

破坏和重建，但原来的规划始终保持着。塔克西拉的第三个城市在锡尔苏克（Sirsukh），由贵霜人按照他们熟悉的中亚式样修建，全城呈不规则的长方形①，紧靠那拉河（Lundi Nala），城周约 3 英里，使用了比锡尔卡普旧城更早的用厚重的石块砌成的城墙。新城的建造时间大约在 60 年贵霜军队占领锡尔卡普以后不久②，或出于战略上的考虑，或者更大的理由是由于旧城遭受瘟疫或地震，于是占领者认为不祥而另建新城③。锡尔苏克出土了一处拥有两个宫室的大建筑物，许多陶器、石器和金属制品，还有指环、宝石饰珠和钱币④。塔克西拉出土物中的玻璃制品十分可观，有成批属于 1—2 世纪时的指环、手镯、器皿和玻璃瓦⑤。根据锡尔卡普发现的宝石铺中发掘到的 392 枚灰色玻璃饼判断，塔克西拉拥有自己的玻璃制造业⑥。还有许多则是从罗马输入的工艺品，出土物中大量灰泥雕塑使用希腊罗马题材便是明显的例证。还有希腊罗马式样的青铜和金银雕像、器皿，年代最早的一件是公元前后童神赫波克里特的青铜像，雕像头戴冠冕，标志着埃及南部和北部的徽号，正中有亚历山大里亚的纹章，毫无疑问来自地中海滨的这座埃及名城。属于 2—3 世纪早期的玻璃器和帕格曼的一样精美，即使不是从地中海运进，也一定是由罗马工匠所监制⑦。和罗马世界的联系，大多仰赖海道，来自陆道的罗马奢侈品只偶尔一见。

帕格曼的发现更富有耐人寻味的意义。1936—1942 年间，赫金和格希曼率领法国考古团对兴都库什山脊上的贵霜夏都帕格曼（Bégram）进行系统发掘，结果获得惊人的成就。坐落在喀布尔以北 70 公里的迦毕试遗址，分成古王城和新王城两处。古王城长宽分别有 137 米和 91 米，始建于公元前 2 世纪巴克特里亚时期。新王城年代同样久远，一直延续到 5 世纪中叶被吠哒所毁，中间经过二次改建，规模大于古王城，占地 256 ×73 平方米。新城是贵霜王的夏都，在第二阶段，亦即 1—2 世纪中叶，王宫中有许多来自地中海和东方各地的器物。帕格曼和塔克西拉一样，也有许多罗马雕刻品。现在保存在喀布尔博物馆中的赫波克里特青铜像，和塔克西拉的相仿，也来自亚历山大里亚。亚历山大的灰泥雕塑和圆形浮雕更是迦毕试宫城中的流行装饰。特别是数量

---

① 马歇尔：《塔克西拉》（John Marshall，Taxilā），剑桥，1975 年重印本，第 1 卷，第 217 页。

② 马歇尔：《塔克西拉》（John Marshall，Taxilā），剑桥，1975 年重印本，第 1 卷，第 112 页。

③ 马歇尔：《塔克西拉》（John Marshall，Taxilā），剑桥，1975 年重印本，第 1 卷，第 217 页。

④ 马歇尔：《塔克西拉》（John Marshall，Taxilā），剑桥，1975 年重印本，第 1 卷，第 219 - 220 页。

⑤ 马歇尔：《塔克西拉》（John Marshall，Taxilā），剑桥，1975 年重印本，第 1 卷，第 684 - 690 页。

⑥ 狄克希特：《印度玻璃史》（M. G. Dikshit，History of Indian glass），孟买，1967 年，第 31 页。

⑦ 阿迪耶：《早期印度经济》（G. L. Adhya，Early Indian economics），纽约，1966 年，第 79 - 80 页。

众多的罗马玻璃制品，包括轮纹和刻花碗，敞口凹底玻璃杯，稀见的海豚形香水瓶，都是1世纪末到3世纪初的罗马制造品，堆积层所历年代约有150年。玻璃品中有一件刻有船只和灯塔的酒壶，是地地道道的亚历山大里亚的产品。灰泥雕塑和玻璃器皿都是埃及亚历山大里亚的特产，它们主要通过海上运输进入葱岭东西的商业都会。帕格曼的一处库房大约是由迦毕试总督征收过境商队税收的储藏所。玻璃这种易碎的珍贵制品，从1世纪末叶开始大量输入迦毕试，极为有力地说明从迦腻色迦王时开始贵霜王朝和埃及海上贸易的繁荣。更加令人兴奋的是，1939年的发掘，出土了大批中国漆器，有漆奁、漆碗、漆耳杯和漆碟，堆积物分别储藏在两间房屋中①。中国的漆器、埃及的玻璃竟在迦毕试相会，不禁使人推测，这些从四川和关中制作的精美漆器一定也和举世无双的丝绸一起，经由兴都库什山运往了埃及。

和中印雪山道相比，在西部衔接丝绸之路的巴尔米拉陆道，只能算是这条主干线的支路。不妨说，中印雪山道或中印阿富汗道，是公元后最初几个世纪中发展起来的中非交通的大动脉。洛阳和亚历山大里亚之间，政治、经济和文化上的往来，都仰赖这条水陆交通线来实现。早期中非交通的脉搏在很大程度上，是和它息息相关的。这条中非交通的动脉，既要翻越兴都库什和喀喇昆仑山脉白雪皑皑的崇山峻岭，又要穿过印度洋中的狂风惊涛。这条由中国、印度和希腊人开辟的海陆通道，把中国、月氏和埃及三个大国联结在一起，所以当时盛传天下有三众："中国为人众，大秦为宝众，月氏为马众。"（《史记正义》卷一二三引康泰《外国传》）三国的关系既然如此紧密，难怪班固以为苏合香出在月氏，《魏略》竟将印度出产的郁金、阿富汗的白附子列入大秦物产，而成批的罗马货物正是通过这条大路从埃及运到洛阳的。

第三节　永昌通非水道

3世纪初中国和埃及的海陆交通，有《魏略》概括的总结："大秦道既从海北陆通，又循海而南与交趾七郡外夷比，又有水道通益州、永昌，故永昌出异物。""海北陆道"计有三道，除经叙利亚的陆路外，还有从红海出发，分别通过伊朗南道、印度河口和巴里格柴转往中国西北的三条线路。永昌一道则和恒河流域或南印度相衔接，

---

① 赫金：《帕格曼考古研究》（J. Hackin, Nouvelles recherches archéologiques à Begram），参见《法国驻阿富汗考古代表团回忆录》（Mémoires de la Délégation Archéologique Française en Afghanistan），第9卷，巴黎，1939年；格希曼：《帕格曼：考古与历史研究》（R. Ghirshman, Bégram, recherches archéologiques et historiques sur les Kouchans），开罗，1946年。

成为第四条线路。

《厄立特里海环航记》的作者记述中国丝货从大城支尼通过巴克特里亚运到巴里格柴，“或经恒河从水路运到泰米尔。要到支国（Thin）很不容易，由该国来的人，也极罕见”。1 世纪初，一部分中国丝货由五河流域经恒河运到孟加拉，再转入科罗曼德海岸。这位佚名希腊船长所说的支国，是由更古时候波斯人在葱岭东侧打听到的周朝的移民在那里建立的“姬”国转过来的一种译音。1 世纪初，中国人到南印度的还很少，但确已有了。

至少在那时，还有一部分丝货已经通过恒河口由中国西南运到南印度了。《厄立特里海环航记》所知道的孟加拉湾航线还只局限于沿岸航行，作者对斯里兰卡以东的航海知识大多得之印度和中国的航海家。《环航记》第 63 节说，过科摩林角，“自此以后，再向东航行，右边是大海，左边远处沿着海岸，可到恒河和希里斯国的极东。流经这里的恒河是印度最大的河流，和尼罗河一样，每年有潮汐起伏。河畔有港，以河得名，也叫殑伽（Gangê）。槟榔，恒河所产印度香草，以及称为恒河印纱的精美织物，都在该港交易”。所谓“东航”，实际是东北。孟加拉湾中沿岸航行船只都必须在恒河口停泊，中转货物，取得补给。康泰《扶南传》中记录扶南王范旃使者苏物的行程：“发拘利口，入大湾中，正西北入，可一年余，得天竺江口，名恒水。江口有国，号担袂，属天竺。”（《水经注》卷一）恒河口的担袂①，梵文俗语 Tâmalitti，梵语 Tâmralipti，法显译作多摩梨帝，是个繁荣的贸易港。从那里有水陆道路向西通往马图腊，接通喀布尔河流域和西印度最大港口巴里格柴。孟加拉向东有陆路经过胡康河谷，横穿缅甸北部伊洛瓦底江上游，通往中国永昌郡，伸向四川盆地。恒河口有水路接通伊洛瓦底江和斯里兰卡，是直接沟通中国南方丝织业、漆器和金属工艺制造中心益州（成都）的一条支线。

公元初的三个世纪中，从成都运往伊江三角洲或恒河流域的货运量有了十分可观的增长，促成这一点的一个重要因素，是和南印度以及埃及的贸易正在有增无减。1926 年德鲁赛在伊江三角洲的老卑谬发掘，出土物中有水晶、碧玉、宝石和罗马烧珠，所以永昌也多有埃及运到的珍货。

古代哀牢山区和中南半岛之间还有澜沧江和萨尔温江之间的水陆通道可以利用。虽然近代萨尔温江各支流多以急流注入干流，在汇口处出现高于干流河床的沉积泥沙，因此阻碍航行，但 1000 多年前的萨尔温江和支流汇合处泥沙淤积情况尚未如此严重，还可通航。这条路可以通到丹那沙林地区的昆仑国。据 9 世纪时的《蛮书》，昆仑国北

① 《水经注》戴震注改袂为袄，朱、全、赵注本均作袂，有误。

距西洱河81日路程。昆仑国，汉代叫都卢国，唐代又称杜和罗（地峡）。《蛮书》卷六记录了从银生城到大银孔附近中南半岛海上贸易中心的道路，起自云南景东县，直通暹罗湾头的叻丕和夜功之间的海口，更在叻丕和毛淡棉之间的三塔道以北。昆仑国正好控制了克拉地峡的交通。永元六年（94年）正月，永昌徼外有敦忍乙王莫延（Maya）派使者向汉朝送犀牛、大象，是丹那沙林和永昌交通的早期事迹。

当埃及起航的希腊船频频到达印度各地，罗马对印贸易日益发展之间，印度洋上繁荣的航海业，给中国南方带来了第一批罗马帝国的臣民。首先记载的便是埃及魔术师。《后汉书》卷八十六《西南夷传》说："永宁元年（120年）掸国王雍由调复遣使者诣阙朝贺，献乐及幻人，能变化吐火、自支解、易牛马头，又善跳丸，数乃至十①。自言'我海西人'，海西即大秦也。掸国西南通大秦。"魔术，古称眩术、幻术，是亚历山大里亚的著名技艺。《魏略》对埃及魔术和杂技也赞不绝口，说大秦国"俗多奇幻，口中出火，自缚自解，跳十二丸巧妙"。埃及魔术师跳丸可以多至12个，比之中国杂技演员所玩跳丸5~7个要多得多。海西既是大秦的别称，又明指埃及，足证这里史书所记大秦确是罗马东方贸易的中心埃及，别无可疑②。文献上可以见到的，最早到达洛阳的埃及人，便是从永昌一道进入中国的。

常璩《华阳国志》、乐资《九州记》都详细记述哀牢族居住的永昌郡出产各种珍宝，黄金、光珠、虎魄（琥珀）、水精、琉璃、轲虫、蚌珠、孔雀、翡翠、犀象等稀有的物产，都是云南西部、缅甸北部的特产。琥珀、水精虽是当地所产，但也必定有从埃及、印度输入的。至于琉璃，则绝非哀牢族所能制作。古代的琉璃都从五河流域的罽宾，南印度的黄支（康契普腊姆）、斯调（斯里兰卡）和大秦（埃及）运入，其中必有印度和埃及的产品在内。哀牢地方，汉代以来素以琉璃闻名，这种琉璃若非宝石璧流离（蓝宝石）的省称③，而是古代流行的玻璃，那么它来自埃及是确定无疑的了。中南半岛各地发现的罗马烧珠，足以给重现这一史实提供有力的线索。司马彪《续汉书》明确指出："哀牢夷出水精、琉璃。"（《太平御览》卷八〇八），水精、琉璃在

---

① 原文误"十"作"千"。

② 有人以为这里的大秦是南印度（冯承钧：《中国南洋交通史》，上海古籍出版社，2012年，第5页）。哈威《缅甸史》（G. E. Harvey，History of Burma，伦敦，1926年）主张这里的大秦是《琉璃宫史》中印度东北的曼尼坡，其实是由于误解了《后汉书》中的大秦和《蛮书》中的大秦婆罗门是一个意思。《蛮书》中的大秦婆罗门应是大婆罗门的刊误，和小婆罗门相对。见向达：《蛮书校注》，中华书局，1962年，第242页。其中似杂有《山海经·大荒东经》关于昆仑以东有大秦人、中秦人的传说。

③ 琉璃与璧流离名称的混淆和通转，见沈福伟《璧流离和印度宝石贸易》，《中华文史论丛》，1981年第4辑。

《华阳国志》《九州记》中一再并列出现，更可知道埃及水精和琉璃当初确曾从永昌一道源源输入。

第四节　最早来华的非洲使节

一、首先和中国建交的阿杜利

1 世纪末叶，中国和罗马双方都在为直接进行外交上的接触，谋求进一步扩大经济往来作出努力。罗马帝国正处于“黄金时代”的安敦尼王朝（96—192 年）。在地中海东部，罗马积极向两河流域扩展势力，从帕提亚（安息）人手里夺取波斯湾出海口；在红海方面，罗马决心摆脱希米雅尔人的贸易垄断，在图拉真统治时期组织了红海舰队，以保护罗马商船，加强印度洋贸易。中国也正当东汉中期经济繁荣时期，对外贸易的货运量与日俱增，丝绸的外销和对罗马商货的追求像同一杆天平左右两端的砝码，互相催促着向上增长。

97 年，尽管西域长史班超派往波斯湾头准备通使亚历山大里亚的甘英未能达到预期的目标，但这时中国的商人一定和亚丁湾、红海各国有了更加广泛的联系。因为甘英所率使团足迹极广，所到的地方，“皆前世所不至，《山经》所未详，莫不备其风土，传其珍怪焉。于是远国蒙奇、兜勒皆来归服，遣使贡献”（《后汉书·西域传》）。1 世纪汉使最远到达两河流域。甘英使团取道伊朗南道，因此“皆前世所不至”，深入到阿拉伯半岛的朱尔哈。这是过去中国使团所没有到达的地方，结果引起了和朱尔哈通商的蒙奇、兜勒也向洛阳派遣使者。

《后汉书》卷四《和帝本纪》对这件事记得更加周到：“（和帝永元十二年）冬十一月，西域蒙奇、兜勒二国遣使内附，赐其王金印紫绶。”蒙奇、兜勒两国都在波斯湾以西很远的地方，史称远国。这两国适当中国要打通的红海航路必经之地。蒙奇是红海南部的商业中心，阿拉伯半岛西南端的莫札（今木哈）；兜勒正是莫札对岸厄立特里亚著名海港阿杜利（Adulis）的古译。阿杜利的首字母 A 的发音属于开唇音，照例易被省略。祖拉湾西岸，离开现在马萨瓦港不远的阿杜利，在公元前 1 世纪已经兴起。1 世纪初，当《厄立特里海环航记》的作者航抵该港时，阿杜利还只是一个“范围可观的村落”。过了半个世纪，到 1 世纪下半叶普林尼生活的时代，它已发展成“一个很大的居住区”，成为红海和阿拉伯海象牙、珠宝、香药和金属制品、谷物贸易最大的吞吐港。

《厄立特里海环航记》最称道的是阿杜利的象牙，它说离阿杜利三天路程的科罗（或称科海托，Kohaito）是“第一个象牙市场”。商业中心阿克苏姆，则在内地有五天路程的地方。“尼罗河那边所有的象牙都经过西纳姆（Cyeneum），集中到阿杜利。内地或沿海的象牙都运到阿杜利输出。”① 《环航记》的作者既然到过东非各地，就应能比较东非其他各港所出口的象牙，质量总不如阿杜利。阿杜利不愧为非洲东部最大的象牙输出港，它出口世界上最大纹理最细的象牙。

传说大秦国在公元前108年馈赠给汉武帝刘彻的花蹄牛也是从阿杜利或亚丁湾各港上船装运到中国的。埃塞俄比亚自古出产并使用牛，和西亚各国使用马匹不同。这种非洲牛跑得很快。花蹄牛是其中的一种。《别国洞冥记》记述花蹄牛：“其色驳，高六尺，尾环绕其身，角端有肉，蹄如莲花，善走，多力。帝使辇铜石以起望仙宫，迹在石上，皆如花形。故阳关之外，花牛津时得异石，长十丈，高三丈，立于望仙宫，因名龙钟石。”龙钟石的来历固然附会了花蹄牛，而花蹄牛确是一种独特的瘤牛，头部特大，面生三对小硬瘤，犬牙突出，生长在流经索马里和埃塞俄比亚的谢贝利河附近的灌木丛中。

《别国洞冥记》中更有元封（前110—前105年）年间长安所烧天下异香，其中的精祗香，因出在桑给（黑人国）得名，是以没药国出名的桑给国特产没药。阿杜利正是很早就出口没药的非洲海港。

象牙、没药、花蹄牛都是早期从阿杜利运往中国的非洲珍货。老普林尼（VI，34）列举阿杜利港大量输出的货物有象牙、犀角、河马皮、猿猴和奴隶。阿杜利也从印度阿里亚加（印度河三角洲）进口钢刀、铁器和棉布。印度、波斯湾和埃及可说是阿杜利对外贸易的三个主要方向。中国和埃及的最早联系，也必然使阿杜利成为这种贸易链条中不可或缺的一环。

阿杜利和也门的奥赛里斯不过一水之隔，奥赛里斯是罗马商船东航印度的起航港。阿杜利在罗马东方贸易中占有重要的地位。由于它地处红海的大门，非洲东部各种珍贵香料、宝石、珊瑚、珍珠、犀象、玳瑁和著名的乌文木都在这里输出，因而也成为罗马商船通往印度的一处货物装运站。

阿杜利使者在100年到达洛阳，在中非关系史上写下了极其辉煌的一页。埃塞俄比亚的阿克苏姆王国由于阿杜利使者的来华，成为第一个和中国正式建立外交关系的非洲国家。

---

① 索夫译注：《厄立特里海环航记》（W. H. Schoff，The periplus of the Erythraean Sea），纽约，1912年，第23页。

罗马帝国东方贸易的繁荣，促使阿克苏姆要求和中国建立更加广阔的经济关系，进一步扩大对中国丝绸和铁器的进口。绚丽多彩的中国丝织物，在热带非洲也是上等阶层和富裕商人所喜爱的衣料。阿克苏姆本来从邻近各国输入许多铁制工具和武器。中国铁器在罗马世界也久享盛名，老普林尼特别称为“中国铁”。中国又是最早发明铸铁（生铁），并且在长时期中拥有一整套优异的铸铁工艺的国家，因而中国铁器也在红海南岸的阿杜利享有卓越的声誉。阿杜利对外贸易的蒸蒸日上，使它在罗马帝国的印度洋贸易中所起的中转作用也大大增强。丝绸贸易的进一步发展大约便是阿杜利使者访问洛阳的首要目标。汉和帝刘肇在洛阳的宫廷中隆重地接见了这位首次来华的非洲使节。双方的谈判显然非常成功，刘肇决定对阿克苏姆王授以“金印紫绶”，确定了双方友好的联盟关系。

阿杜利使者的来华，和罗马帝国决意绕过波斯发展对华贸易一样，也必然绕越伊朗北道。当时印埃关系非常融洽，阿杜利又和阿里亚加保持着经常的贸易往来，他们的使者一定通过印度河口的希腊商业城市德米特里—巴塔拉，由塔里木南道奔赴洛阳。阿杜利使者来华的年代，正好是统治印度西北的贵霜名王迦腻色迦在位的时期。阿杜利使者只有经过这些地方，才能获得友善的相助，达到预期的目的。目的一旦实现，阿克苏姆王国便成了中国在红海地区的真正的盟友。

二、罗马皇帝马克·奥勒留的使节

中国和埃及的往来，除了需要贯通亚非两大洲的陆上大动脉外，还有待于海上航路的全面畅通。罗马人可以从红海出发循海而南，到达中南半岛和中国南部。印度洋各国人民在很早的时期便开辟了一条海上航路。这条航线以南印度为联络的枢纽，东段主要由羯陵伽、泰米尔和中国帆船所开创，西段则是埃及的希腊海员和印度、阿拉伯海外贸易商共同努力的结晶。这条横越印度洋，联结南海和红海的航线，在汉魏时代（前202—265年），以徐闻、合浦或番禺（广州）为起点，沿着越南半岛和马来半岛，取道马六甲海峡和斯里兰卡，直指亚丁湾的曼德海峡，与埃塞俄比亚的阿杜利港和埃及的贝伦尼塞或米渥斯·霍尔莫斯港遥遥相通。通过伊洛瓦底江和斯里兰卡之间的航道，不过是沟通中国云南的一条支线而已。

对于中国南方各地和埃及的海上交通来说，南印度是必不可少的重要渠道。中国和印度商船早有往来。南印度各港都有外国人（yonakas）居住区，而以希腊人（包括埃及的柯普特人）、希米雅尔人居多数。他们都是航海的老手，又是精明的贸易商。罗马货物畅销南印度。泰米尔诗歌中屡屡提及罗马各色陶器[①]。地中海红色釉陶和1世纪中叶罗马青铜器已在孟买附近的纳息克（Nasik）发现。巴罗达附近的安柯达卡（Ankottaka），即现在的阿柯达（Akota），出土过丘比特的青铜壶。印度西海岸还找到了罗马神庙的遗迹[②]。从巴里格柴以南的达庆那巴特到奎隆，都已成为海外贸易市场，它们最大的主顾正是罗马人。南印度东海岸也同样因海外贸易的繁荣而热闹非凡。《厄立特里海环航记》中的波杜契（Podouke）在本地治里南郊的阿里卡曼陀（Arikamedu）重被发现，经多次发掘，找到了罗马制造的双耳陶罐、铜制灯盏、罗马雕像和玻璃器[③]。

公元初的泰米尔诗《圣歌》（Sangam）盛赞希腊船的富丽堂皇，颂扬这些来自埃及的船只带来黄金和宝石，装去胡椒和棉纱，以致莫席里千帆荟萃，外商云集。希腊人驾驶的帆船也继续向东，停泊在科罗曼德的普哈或科佛里帕特那，刺激了那里的珠宝雕琢和象牙制品的输出，加速了从东南亚运来的丁香、豆蔻的西运。

罗马的黄金储备来自它统治下的埃及、西班牙和达西亚。罗马金币大量流入印度，用来购买香料、棉布、奴婢、牙雕和珠宝。贵霜王朝黄金储备的重要来源便是罗马[④]。成批的罗马钱币在印度使用，都属奥古斯都时期，共和国时期的银币（denanii）反而少见。不过罗马金币（aurei）在印度并未当作通货流通，只是充作权衡各类货物比重的金块，或纯粹被当作黄金输入[⑤]。罗马钱币成批出土于阿富汗、西北省、旁遮普、马代亚普拉迪什、乌代普拉迪什、比哈尔、马哈拉喜特拉、马德拉斯、柯枝、海德拉巴、迈索尔、特拉凡柯和锡兰[⑥]。马拉巴和科罗曼德尤其可观。各地以科因巴托最为集中，因为这里是朱罗、潘地亚和鸡罗三国接界的地方，有盛大市集，胡椒、绿柱石、蓝宝

① 查尔史胡士：《罗马帝国的商道和贸易》（M. P. Charlesworth, Trade routes and commerce of the Roman Empire），剑桥，1924年，第68页以下。

② 莫坎奇：《印度航海史》（R. Mookerji, A history of Indian shipping and maritime activity），孟买，1912年，第116页。

③ 莫歇·韦勒等：《阿里卡曼陀：位于印度东海岸的一个印欧贸易站》（M. Wheeler, Arikamedu: an Indo-Roman trading station on the east coast of India），载于《古代印度》（Ancient India），1946年，第2期，第17－124页；《考古通讯》，伦敦，1951年，第354页以下。

④ 塔西佗：《编年史》（Tacitus, The annals），第2卷，第3节；第3卷，第53节；狄奥·卡西乌：《罗马史》（Dio Cassius, Roman history），第57卷，第15章。

⑤ 帕萨尼西亚（Pausanias, Description of Greece），Ⅲ，12，24；老普林尼：《自然史》（Pliny the Elder, The natural history），Ⅵ，85。

⑥ 塞韦尔：《印度发现的罗马金币》（Robert Sewell, Roman coins found in India），载于《皇家亚洲学会会刊》（Journal of the Royal Asiatic Society），1904年，第36卷，第591－617页；《古代印度》（Ancient India），1946年，第2期，第116－121页。

石的交易都在这里进行，出土 1 世纪时的罗马金条特别多。2 世纪的罗马钱币多见于克里希纳河流域和北印度的塔克西拉附近。3 世纪到 4 世纪的罗马钱币数量已经大为减少，仅见于奥里萨邦、克里希纳河上游，少数出土在恒河中游和亚穆纳河。斯里兰卡各地出土罗马零星钱币，多属 3—4 世纪①。罗马钱币象征着罗马商人的足迹。沿着罗马使者和贸易商从印度继续东进的道路，1944 年在湄公河三角洲越南迪石以北的奥—埃育（Oc Eo）村，业已掘得 152 年罗马皇帝安东尼·庇护（Antoninus Pius）的金币和奥勒留的一枚金币。老普林尼估计罗马每年付给印度、中国和阿拉伯 1 亿赛斯特，印度从罗马进口的不少于 5500 万赛斯特，而售价可以高至百倍②。在印度输送罗马的货物中，就有许多是中国货，在丝货以外，还有中国铁、毛皮、玉石、肉桂和漆器③。

2 世纪中叶，印度使者也取海道来到越南半岛中部的日南，和汉朝互通交往，发展商业往来。《后汉书·天竺传》说印度在“和帝时数遣使贡献，后西域反叛，乃绝。至桓帝延熹二年（159）、四年（161），频从日南徼外来献”。《魏书》也说，印度西与大秦、安息交市海中，或至扶南、交趾贸易，多珊瑚、珠玑、琅玕。出没南海和印度的中国帆船为埃及商人抵达中国创造了条件。从海上来到中国的印度使者是一些从巴里格柴起航的印度远洋帆船的信使，更为埃及和中国的直接建交铺平了道路。

166 年罗马皇帝马克·奥勒留·安东尼（Marcus Aurelius Antoninus，161—180 年在位）的使者在越南半岛登岸，取陆路到达汉朝都城洛阳。《后汉书》卷八十八记述延熹九年九月，“大秦王安敦遣使自日南徼外献象牙、犀角、玳瑁，始乃一通焉”。安敦王所派使者既从海上来到中国南方，他出发的地点自然只能是埃及的红海港口。使者完成了罗马帝国和中国的首次通使的使命，标志着罗马的对华贸易进入高潮，一个更加繁荣昌盛的商业往来的新时期正在掀起。埃及使者到达中国，创造了埃及和南中国通航的世界纪录，毫无疑问，这一行动也是古代东西方两个大国之间意味深长的政治上的正式接触。它的成功，开创了古代世界中路程最长的通使纪录。

安敦王向中国派出的使者，在罗马史上并未加以记录，很可能是受亚历山大总督的指令，到中国进行商业活动、开辟新航路，并正式向中国皇帝表示这种心愿的。这种情况，大致和奥古斯都登位时前往罗马朝贺的赛勒斯使者来自东汉时的西域一样无

---

① 莫歇·韦勒：《罗马外纪》（M. Wheeler，Rome beyond the imperial frontiers），伦敦，1955 年，第 138 页图 16，第 144 页图 17。

② 威明顿：《罗马帝国和印度的商业》（E. H. Warmington，The commerce between the Roman Empire and India），德里，1974 年增订本，第 274 页。

③ 威明顿：《罗马帝国和印度的商业》（E. H. Warmington，The commerce between the Roman Empire and India），德里，1974 年增订本，第 146 页以下。

甚区别。到中国的罗马使者既然来自埃及，就很难否认他们是正式的使节①。

罗马使者有没有可能来自波斯湾呢?② 虽然165年时罗马军队沿着幼发拉底河，一直推进到两河汇合处，一度占领了波斯湾头两河出口处，但罗马人仍然无法实现垄断阿拉伯近海贸易的计划。何况，从波斯湾东航的船只，在到达中国之前，至少必须在南印度和马来半岛，在不同的季风时节停靠两次。当时孟加拉湾航行尚属沿岸航行，周期极长，根本来不及在166年的西南季风期赶到南海北部的中国属境。自从半个世纪前图拉真重占叙利亚之后，罗马人积极修筑通往红海的商路，提尔和巴尔米拉商人也都从阿喀巴湾进入红海，和埃及商人一起，增强了罗马人经营印度洋贸易的力量。罗马使者来自埃及，实是难以动摇的事实。

罗马使者从埃及出发后，大约在南印度改乘安陀罗大船，取道马六甲海峡，来到日南的卢容浦口。根据《扶南记》，现在顺化附近的大长沙海口是中国南方的第一大港，相当于托勒密《地理学》中的交趾港（Cattigara）。公元前106年（汉武帝元封五年）就设置交趾刺史，专领南方九郡（包括日南在内），所以交趾名声很大。在卢容浦口登岸后的罗马使者便走陆路前往洛阳，至少也得花费半年时间。亚历山大使者到达洛阳，引起中国宫廷的重视。可是来到中国东南沿海从事丝绸、玻璃买卖的亚历山大商人一定早已大有人在，所以使者的礼品并未使汉朝权贵感到珍奇，竟认为“其所表贡，并无珍异，疑传者过焉”。但无论如何，中国和埃及的直接往来，见之于史籍的，便要数这是第一次了。

---

① 巴克认为不是正式使节，而是几个商人。参见他写的《中国所知的古波斯》（E. H. Parker, Chinese knowledge of early Persia），载于《亚洲季刊》（The Asiatic Quarterly Review），1903年1月号。

② 参见夏德：《大秦国全录》（F. Hirth, China and the Roman Orient），上海，1885年，第173－174页。

第三章
中非通航的实现

第一节　印度洋航路的畅通

一、中印通航探源

中国和埃及在地理上的间隔，在 1 世纪以后是以印度次大陆作为双方交往的支点来加以弥补的。北方大月氏贵霜王朝成了中埃海陆贸易的津梁，南印度各国也在贯通印度洋的海上大动脉中起着相仿的作用。

濒临印度洋的南印各国的古代居民，是一些富有冒险精神的航海能手。科罗曼德的黄支国（康契普腊姆）便是在公元前 2 世纪汉武帝刘彻（前 141—前 87 年在位）时期和中国频繁交往的国家①。古老的黄支国曾是萨丹伐诃纳朝的重要都城，这个王朝从公元前 230 年起统治了德干高原，前后经历了四个世纪，到 3 世纪初南印各国纷起独立后才告衰落。但黄支又成了新兴的帕拉瓦朝的都城，对外贸易更是日盛一日。

黄支以出产明珠、璧流离（蓝宝石、蓝晶石）、奇石、犀牛等珍宝，成为和徐闻、合浦、日南海港通商的重要国家。前汉时代，公元前 2 世纪末，已有精通当地语言的

① 藤田丰八：《东西交通史研究・南海篇》，东京，1932 年，第 95 - 135 页；费琅：《昆仑及南海古代航行考》（G. Ferrand, Le K'ouen-Louen et les anciennes navigations），载于《亚洲杂志》（JA），1919 年，冯承钧中译本，中华书局，1957 年，第 60 页；苏继庼：《黄支国在南海何处》，载于《南洋学报》，1951 年，第 2 期，第 1 - 5 页。

译长充当汉朝的使者，随带在那里深受赞赏的黄金和各色缯帛，和印度商人一同到过那里，因此沿途记下了无数中国帆船和印度海舶通航的中南半岛、马来半岛和孟加拉湾沿岸的帆船停泊港和商业都会。

《汉书》卷二十八下《地理志》粤地条，对从日南障塞或徐闻、合浦起航直到黄支的航程作了概括的叙述。从汉代南境出发后，经过 5 个月的航行到达的重要港口是都元国，再经 4 个月到达邑卢没国，然后二十多天便可到谌离国。到谌离以后要改走陆道，十多天后抵达夫甘都卢国，然后重新乘船，航行两个多月后便到终点港黄支了。

前汉时代汉使航程所以能在一定的日期停靠在一定的港口，完全仰赖南海和孟加拉湾的季风。《汉书》记载的都是航行的实际时间。汉使所经的港口，都是中印之间早经航海家和海外贸易商多次经历的固定航线中的主要停泊港和换航地点。航行出发时都在东北季风季节的 10 月以后，返航时则在西南季风初起的 4 月和以后的 4 个月中。根据南海地区东北季风期海流速度平均每小时 0.6 海里左右推算，汉代使船的航行速度也不应低于这一推算的基准。大致前往印度的航速可以谌离为界，分成前后两段。在谌离以前，徐闻到谌离间 3600 海里的航行，平均日航仅有 12 海里；夫甘都卢到黄支一段，计长 1800 海里的航行，平均日航高到 24 海里上下。航程总长 5400 海里，实航时间在一年以上，约计 380 天。而且前汉时代，中国人到黄支去，中途还得在谌离步行十多天到夫甘都卢换印度船。换句话说，那时中国船最远只能到谌离①。

前汉时代，中国船经常出没的地方，有暹罗湾西岸克拉地峡以北尖喷（春蓬）附近的都元（Htayan），苏门答腊岛北部以巴鲁蒙河口的班年（Pannai）为停泊港的邑卢没国，和马来半岛西部以黄金国谌离（Samarattha）著称的塔库巴。塔库巴到夫甘都卢一段在公元前 1 世纪是航行十分困难的地区，也是中印船只的交接地点。夫甘都卢是泰鲁古人（Tulagu）建立的夫甘国，位于现在译称帕克强河的中南半岛南部，停泊港应该是帕克强河口的拉温。当地出产白豆蔻，梵语称为哥谷罗（Kakkola），南北朝时又称投拘利、拘利或勾稚。托勒密《地理学》中列举孟加拉湾东部最重要的海港塔库拉（Takola），正是汉代的这个夫甘都卢。过夫甘都卢沿着缅甸海岸，穿过恒河口，往南便到黄支了。前汉时代大约不止一次地派遣过能操对方语言的译使去黄支，其中的一些译使还到过已程不国（斯里兰卡）②，然后北上沿着孟加拉湾返航。

---

① 参见沈福伟：《两汉三国时期的印度洋航业》，载于《文史》第 26 辑，中华书局，1986 年。

② 已程不曾被赫尔曼当作埃塞俄比亚，但很难使人相信。参见赫尔曼：《阿比西尼亚和中国南部之间的一条古老的海上交通》（Albert Herrmann, Ein alter Seeverkehr zwischen Abessinien und Süd-China bis zum Beginn unserer Zeitrechnung），载于《柏林地球科学学会杂志》（Zeitschrift der Berliner Gesellschaft für Erdkunde），1913 年，第 553－561 页。

王莽辅政时，为了显示大国的威风，和远国互通使者，汉朝的使者也到了黄支。黄支便在公元2年派使者到长安献犀牛。黄支距离汉朝南部边境的日南郡极远，两地相隔号称3万里之遥。黄支地位的重要程度，在当时竟可和北方的匈奴并列。汉使黄支航程是中国经营印度洋贸易的基本方向，斯里兰卡成了汉代使者从海上远航的极限。

1世纪初，印度船大都集中在新加坡附近的甘蕉岛（Pulo Pisang），汉代称作皮宗。皮宗以东的南海航业完全操纵在中国东南沿海的船民和马来人的手中。中国帆船间或也有到斯里兰卡的，《厄立特里海环航记》已多少提到了这一点，可知那时到达南印度的中国人也开始增多了。2世纪中叶，印度、埃及使者相继从海上登上中国的土地，标志着双方的贸易大有起色，彼此之间在航业发展上已经进入一个新的高潮。这个新的高潮的标志之一便是中国帆船经常往返于科罗曼德和粤地之间，并且直接参与了印度洋季风贸易。

二、中国帆船的加陈航线

226年，统治中国南方的孙吴政权派宣化从事朱应、中郎康泰出使扶南，到达地跨孟加拉湾和暹罗湾的柬埔寨。使团的随员更到东南亚和印度各地进行考察，表现出对进一步发展中国和东南亚以及南印度各国的经济往来的浓厚兴趣，以及加强中国的远洋航业，来取得和罗马直接交易的决心。

由于中国帆船在上一个世纪业已将孟加拉湾划入了它的航行圈中，一条新的横越大海的航线便在马来半岛和科罗曼德之间开辟成功了。和康泰同时的吴国丹阳太守万震在他那本百科全书式的《南州异物志》中，提到过一个叫歌营的南印度国家："歌营国在勾稚南，可一月行到。其南文湾中，有洲名蒲头（Pulo），上有居人，皆黑如漆，齿耳白，眼赤，男女皆裸形。"（《太平御览》卷七九〇）万震又介绍斯调（斯里兰卡）这个大海岛"在歌营东南可三千里"（《太平御览》卷七八七）换句话说，歌营在斯里兰卡西北三千里的科罗曼德。斯调不是叶调，既不会远到爪哇，也不是苏门答腊岛，只能是斯里兰卡。说有3000里之遥，可能是湾流湍急，对小船的航行不利，导致人产生错觉。歌营和马来半岛帕克强河口的勾稚（拉温）之间有一条直达航线，可以摆脱孟加拉湾的沿岸航行，不必通过丹那沙林和恒河口，只要花一个月左右的时间便可到达目的地。据歌营的方位，推知它是位于科佛里河附近的恭伽国（Kongú Dēsam），境域占有现在的撒冷和科因巴托两县。2世纪中叶正是恭伽强盛时期，在尼登杰雷·亚当统治下领土跨越东西海岸，科佛里河成了恭伽的内河，河口有同名的城镇科佛里帕特那（Kāveripattīnam），托勒密称为科佛里镇（Khabēris Emporion），现在叫特朗奎巴，从那里到姑奴国有8000里之遥。从这段航程推算的距离可以知道，距歌营3000里之遥的斯调不能是苏门答腊。从帕克强河口到科佛里河口有直通的航线可以遵循，航线中途要通过尼科巴群岛，由十度海峡航抵科佛里帕特那。这样一来，印度洋东部的航行周期便可以缩短一年。从亚丁湾东航的船只，越过马纳尔湾以后很快便可通过孟加拉湾。从中国到孟加拉湾的船只也可以迅速开赴科佛里河口，继续奔向印度洋了。

中国帆船开辟的帕克强河—科佛里河航线是它和康契普腊姆长期通航的结果，同时也是进一步发展中国和埃及贸易的需要。康泰出使柬埔寨时，使团经过考察，已经知道有许多张挂七帆的大船通过加那调洲可以直赴大秦国。《吴时外国传》记述这条航线："从加那调州乘大舶船，张七帆，时风一月余日，乃入大秦国也。"（《太平御览》卷七七一）大秦国当然就是罗马东方贸易中心的埃及，以及它在红海两岸的属地，至少也可到达属于罗马帝国的贸易港亚丁。由加那调州出发的大帆船，经过一个多月的航行便可到达大秦，从那里换回各种稀见的珍宝。这条航线的开辟，无论在中国、印度和埃及三个国家的社会经济生活史上，还是在国际贸易的发展史和印度洋航业史上，都不能不是一件富有意义的大事。

这条大秦航线是怎么走的呢？《扶南传》（《吴时外国传》的别称）说得更清楚："从迦那调洲西南入大湾，可七八百里，乃到枝扈黎大江口，渡江径西行，极大秦也。"（《水经注》卷一）迦那调、加那调当然是一个地方，"调"是梵文俗语 dīpa 的音译，加那调州意思是加那州，"调""州（洲）"音义复出。《正法念处经》（Saddharma-smarty-upasthānā-sutra）卷七〇列举 500 个小洲中也有迦那洲。加那洲是个可以和安息、月氏、天竺并列的大国。《水经注》卷一阿耨达太山（Anavatapta）条有石盐，引"康泰曰，安息、月氏、天竺至伽那调洲，皆仰此盐"。伽那调或伽那洲在中印度以南的位置一清二楚，和文特耶山脉以北的天竺相连而又不同，专指印度东海岸的科罗曼德。科罗曼德（Coromendel）海岸本来是泰米尔语中的朱罗国（Chōramandala）或朱罗地区，由于朱罗在此建国而得名。在欧洲词汇中的科罗曼德海岸，是南起科摩林角，北至克里希纳河口，甚至远达奥里萨的沿海地区。朱罗，宋代译作注辇，阿输迦王碑铭中常写作 Chōla，Chōra，Chīra。梵语 r 常可转成俗语或巴利语中的 n，伽那调或伽那洲是梵文俗语 Chōra-dīpa 的音转 Chōna-dīpa，并不是 Ganadvīpa①。北纬 16°以北戈达瓦里

① 倍特克将加那调恢复成 Ganadvīpa，以为在马来亚或印度尼西亚，参见《〈水经注〉中的北印度》（L. Petech，Northern India according to the Shui-ching-chu），罗马，东方丛书（Serie Orientale），第 2 号，1950 年，第 15 页，第 53 页。此说近似岑仲勉将伽那调和拘利当作一地，置于马来半岛的克拉地峡（《中外史地考证》，中华书局，1962 年，第 122 页，第 216 页）。岑仲勉以枝扈黎是扈枝黎的倒置，当作恒河的别名，才将两者混为一处。《扶南传》中从拘利口西北入大湾中所到的天竺江口，和同书中从伽那调州南入大湾所到的枝扈黎大江口，完全是不同的两条交通线，终点也一南一北。

河口的居民点亚南（Yanam）或即伽那的遗名，三角洲北端的城市卡基纳达（Kākināda）亦可视作伽那调的遗名，像科罗曼德海岸最北的沿海港埠。照《扶南传》，从加那洲起航后，西南行700～800里要经过枝扈黎（Kāverī）大江口。枝扈黎大江今译科佛里河，在科佛里河以北700～800里的加那洲的商港，正好是古代的黄支国都建志补罗，现在的康契普腊姆。从黄支国都建志补罗稍南的著名海港索帕特马（今马卡纳）起航直赴罗马的船只，都要经过科佛里河口，在科佛里帕特那停靠，因为科佛里河口的科佛里帕特那是另一条跨越孟加拉湾的新航线的终点港，所以要特别加以指明。在朱罗兴起后，科佛里帕特那更成了朱罗的国都，朱罗最大的港口普哈尔就在科佛里河口以南不远的地方。然后沿着海岸而西，便进入了印度洋季风贸易遵循的著名航路的营运范围了。

《太清金液神丹经》中记大秦国的文字有："大秦国在古奴斯调西，可四万余里，地方三万里，最大国也。……从海济入大江，七千余里乃到其国。天下珍宝所出。……昔中国人往扶南，复从扶南乘船，船入海，欲至古奴国，而风转不得达，乃他去，昼夜帆行不得息，经六十日乃到岸边，不知何处也，上岸索人而问之，云是大秦国。"从扶南的投拘利口乘海船，本来要到南印度的古奴国，因逢赤道强流，随东北风西去，一直飘到了印度洋彼岸的大秦国。这里的大秦明指阿拉伯半岛的罗马属境亚丁。《神丹经》赞词称："青木天竺，郁金罽宾，苏合安息，薰陆大秦。"分别指的是出产在阿拉伯海、印度洋西部的著名香药：青木香、郁金香、苏合香和薰陆香。薰陆是乳香别名，产在亚丁湾两岸，所以这里的大秦明明指亚丁。《神丹经》又说"从海济入大江，七千余里乃到其国"，说的是航海船只必先到红海口的亚丁。"红海"在当时是被当作"大江"看待的，和阿拉伯人称作"海湾"相仿，所以红海古称阿拉伯湾。航海者到达亚丁或其他红海南端的口岸后，还要经过7000里路程，才能到达地中海南岸的亚历山大里亚港。

从康契普腊姆到罗马境内，照《吴时外国传》，使用张挂七帆的大船，在东北季风的盛期只要一个多月，大约四五十天便行了。不过从科罗曼德到亚丁湾，中间还得在马拉巴停靠一次。马拉巴最大的港口是莫席里（克朗格诺尔），从那里一次横越阿拉伯海抵达阿拉伯南部的奥赛里斯，不过40天工夫。莫席里在印度西海岸是仅次于巴里格柴的繁华海港，也是3世纪初中国帆船熟悉的贸易港。在《南州异物志》中，万震根据马拉巴的古名卡纳塔克（Karnatak）译作姑奴国。卡纳塔克在《摩诃婆罗多》和梵文古籍中都称卡拉纳塔，意思是"滨海之国"。来自红海的希腊船都聚集在莫席里，中国帆船也将成批的丝绸贩去销售，以致当地人民都以穿着中国丝织品为荣。《南州异物志》有一段专记姑奴国的文字："姑奴国，去歌营八千里，民人万余户，皆乘四辕车，驾二马或四马，四会所集也。舶船常有百余艘，市会万余人，昼夜作市，船皆鸣鼓吹角，人民衣被中国。”（《太平御览》卷七九〇）莫席里居民效法罗马流行驷马车，又风尚中国的华丽丝衣、绫绮罗縠。《太清金液神丹经》中有古奴斯调国，说的也是万震书中的姑奴国：“土地人民有万余家，皆多白皙易长大。民皆乘四轮车，车驾二马或四马，四会所集也。舶船常有百余艘，市会万余人，昼夜作市。船行皆幡号鸣鼓吹角，人民衣服如中国无异。土地有金玉如瓦石，此国亦奉大道焉。”在南印度西海岸的姑奴国人民很富裕，学会了西方习俗，好驾四马车，对外贸易很繁荣。《神丹经》中的古奴斯调国与古奴国有混，“斯”是衍文，属“古奴调国”之讹，古奴调译自卡纳塔克，这“调”是卡纳塔克语中“塔克”（tak）的译音。中国和埃及两个文明古国，通过海上航路，又在南印度的莫席里汇合在一起了。迈索尔的契塔尔特鲁（Chitaldrug）出土的中国钱币，或者也可以对这种贸易提供一点证据①。

在莫席里以西，中国帆船开航的罗马港口到底在哪里呢？万震根据当时的见闻，指出了一些南印度的国家和城市，并且说在歌营西南有个加陈国。《太清金液神丹经》记：“加陈国，在歌营西南海边国。海水涨浅，有诸国梁人，常伺行人劫掠财物，贾人当须辈旅乃敢行。”歌营西南是阿拉伯海，海上有海盗出没，做买卖的只有结帮成群才行。加陈是个非洲古国，在古波斯的铭文中早已有了，哈马丹铭文、大流士的苏萨铭文和波斯帕利斯铭文中都有这个 Kuśa 国，加陈正是在埃及以南建国的库施国家的古译②。古波斯铭文和中文记载中的加陈，都是埃塞俄比亚和努比亚的库施民族。阿拉伯语称 Kashur，就更符合万震的译名了。加陈国已远在海的那边亚丁湾沿岸了。史特拉波（XⅦ，1，2）和老普林尼（Ⅳ，5）则都把加陈当作居住在尼罗河以西的民族。在 4 世纪中叶阿克苏姆国王埃札纳的铭文中，加陈又是麦洛埃的专名。不过，不管古代的加陈是今日苏丹境内的古老民族，还是兼指埃塞俄比亚的含族居民在内，在红海西岸，乌姆克塔夫湾以南，库施民族居住地区，唯一可以从事海外贸易的港口，只有厄立特里亚的阿杜利。万震所知道的加陈国，也不外乎是阿杜利港。

曾经在孙吴政权下管理南方沿海地区的万震，对中国航海家和沿海地区船民的海外活动是非常了解的，在他笔下的勾稚、歌营、姑奴和加陈，正好是中国帆船经营的印度洋航线中的各个衔接港。从越南半岛或番禺（广州）南航的中国海舶，至少在 3 世纪初就已闯过马六甲海峡，从帕克强河口的拉温开辟了经过十度海峡开往科佛里帕

---

① 阿迪耶：《早期印度经济》（G. L. Adhya，Early Indian economics），纽约，1966 年，第 165 页。

② 塞尔卡：《早期印度文献中的世界地理》（D. C. Sircar，Cosmography and Geography in Early Indian Literature），加尔各答，1967 年，第 51 页。

特那的新航线，又从科佛里帕特那继续西航莫席里，在那里按照来自埃及的罗马船只的航路，直奔亚丁或阿克苏姆的阿杜利港。这条长达 6000 海里的印度洋航线，由于中国帆船的创造性的航海实践，得以一次完成，实在是世界航业史上空前的壮举。

阿杜利这个保存有公元前 3 世纪托勒密三世（前 247—前 221 年在位）铭文的古老海港①，差不多具有和广州同样悠久的历史。它在开港后的第五个世纪迎来了从遥远的东方，由印度洋彼岸到达这里停泊的中国帆船。首先登临非洲土地的中国人，就是由这些中国巨型商船带去的，他们往返一次，需时 5～6 年之久。中国帆船到达阿杜利，是对 100 年阿杜利使者访问洛阳的一个回应，也是对罗马世界极其友善的举动，因为阿杜利正是罗马对华贸易的前哨。

中国帆船以它容积巨大、性能良好著称，足以胜任远航印度洋的重任。从《吴时外国传》可以看出，由建志补罗的索帕特马港口西航阿杜利，配备七帆的“大舶”是中国船。因为印度科罗曼德沿海使用的大船，和见于《厄立特里海环航记》中通航孟加拉湾的昆仑舶（Colandia）都不具备许多宽幅风帆。照贺诺尔的研究，印度船都是方帆双桅船，不用牙樯和舵②。科罗曼德大规模地开展季风贸易，在 2 世纪末叶的朱罗王卡利开勒统治时期，还刚刚开始不久③。此外，还可以从古代关于海舶名称的运用，推断那时既称“大舶”，又名为“船”的是中国海船。在《太平御览》引用的《吴时外国传》《扶南土俗》《扶南记》中，凡提外国海舶通常称为“大舶”，偶尔有称为“贾人舶”的，将“大舶”和“船”连用的，却只有从加那洲起航直往大秦的一处。“船”是中国固有的称法，“舶”虽然早被中国南方沿海人民通用，但直到 2 世纪还未被正式吸收到官方使用的汉语中来。《说文解字》中没有“舶”字，3 世纪以来的辞书，如张揖《广雅》《埤苍》才有“舶”字。《广雅》解释“舶，海舟也”，《埤苍》同样说舶“大船也”。舶是航海大船，起源于中国东南沿海。《吴时外国传》中“大舶”和“船”连用，又是大舶，又是船，正是处于 2 世纪过渡期间使用的名称，不是指外国船，而是地地道道的中国海船。

中国南方最早建造的航海大舶，长度可达 48 米，载重量有万斛之多，推算约有 300 吨左右。《太平御览》卷七六九引有万震《南州异物志》的材料：“外域人名船曰舶，大者长二十余丈，高去水三二丈，望之如阁道，载六七百人，物出万斛。”所谓外

---

① 参见克尔文：《努比亚后期史研究》（L. P. Kirwan，Studies in the later history of Nubia），载于《利物浦大学考古与人类学年刊》（Annals of Archaeology and Anthropology，Liverpool），1937 年，第 24 卷，第 70 页；又《地理学报》（GJ），1972 年，第 138 卷，第 171－172 页。

② 贺诺尔：《水运》（J. Hornell，Water transport），剑桥，1946 年，第 219 页。

③ 沙斯特里：《南印度史》（N. Sastri，A history of South India），牛津，1958 年，第 135 页。

域人，是以黄河和长江之间为中心的中原人对边疆地区居民的称呼，“舶”这个字便是中国南方沿海人民使用的名称。张挂七帆的大舶，是中国船工为航行印度洋而特地制造的巨型海船，它的成就是中国古代劳动人民高超技艺的结晶。

第二节　中国对非洲地理的最早记录

中国和非洲在3世纪既已有了直接的交往，踏上非洲土地的中国人，通过自己的实践，对于这片气候燥热、异香奇草丛生的神秘大陆有了现实的认识。《魏略·西戎传》列举大秦属国，有泽散、驴分、且兰、贤督、汜复、于罗，算是别枝封小国中的佼佼者。又说：“自葱岭西，此国最大，置诸小王甚多，故录其属大者矣。”

泽散王（Charax-Spasina）属大秦，其治在海中央。北至驴分（Antioch），水行半岁，风疾时一月到。最与安息安谷城相近。西南诣大秦都（Alexandria），不知里数。

驴分王（Antioch）属大秦，其治去大秦都二千里。从驴分城西之大秦，渡海飞桥长二百三十里，渡海道西南行，绕海直西行。

且兰王（Hierosolyma）属大秦，从思陶国（Sittake）直南渡河（幼发拉底河），乃直西行之且兰三千里，道出河南乃西行。从且兰复直西行之汜复国（Heliopolis）六百里。南道会汜复，乃西南之贤督国。

且兰、汜复直南乃有积石（哈马特大碛），积石南乃有大海（红海），出珊瑚、真珠。且兰、汜复、斯宾（Spasina）、阿蛮（Ecbatana）北有一山（托罗斯山脉），东西行大秦海（地中海）东，东各有一山（黎巴嫩山脉、扎格罗斯山脉），皆南北行。

贤督王（Heptanomis，Hermopolis Magna）属大秦，其治东北去汜复六百里。

汜复王（Heliopolis）属大秦，其治东北去于罗三百四十里，渡海也。

于罗（Rhinocolura）属大秦，其治在汜复东北渡河。从于罗东北又渡河（约旦河、幼发拉底河），斯罗（Seleucia）东北又渡河（底格里斯河）。斯罗国属安息，与大秦接也。

上述六国，按照各自的地理位置和货物运输方向，构成罗马在地中海东部和红海的水陆交通网。泽散在波斯湾头，汜复、贤督、于罗都在非洲东北部，驴分、且兰则在地中海东部沿海。这些地区中的泽散、汜复和驴分，分别代表着波斯湾、伊斯肯德仑湾和亚历山大里亚这一个大三角形交通线的三个支点。《魏略》在这里提到的大秦都城，指亚历山大里亚。地中海东部黎凡特沿岸，最早译作驴分。黎凡特最大的城市是濒临伊斯肯德仑湾的安条克城，从那里渡海到亚历山大里亚的里程是2000里。如假定"大秦"都指罗马，其间距离便得有3000公里，而不是1000公里了。不论从海道还是经陆路到亚历山大里亚，都是先西南行，到西奈半岛北部的皮留辛盆地，便沿着海岸线向西行了，中间要经过渡海飞桥230里。所以说"渡海道西南行，绕海直西行"。罗马统治时期，来自巴勒斯坦通往埃及的大道，在巴达维尔湖以南马札儿附近的奥斯特拉辛分成两股，一股叉向皮尔·阿布德，奔向罗曼尼；另一股在巴达维尔湖以北，沿着地中海西走的长堤，一直通往高尔斯或加西乌山①。这条海堤在古代传到中国，便成了富有神奇色彩的渡海飞桥了。"渡海飞桥"若非出自到过那里的中国人之口，仅凭传闻，岂能如此方向明确，道里可计？

泽散的对音是波斯湾头的喀拉塞（Charax）②。所以说泽散城在海中央，是因为作为港口，它在靠近大陆的小岛上。这地方向北可以去安条克，和安息的安谷城相通。

泽散当然是中国航海家所熟悉的一处海港。这样的海港，只有Charax-Spasina可当。从这里沿幼发拉底河上溯，可达安条克。由于这一段路程是内河航行，所以十分缓慢，最快也得一个月。从这里向西南到达大秦都，取海道，要绕过阿拉伯半岛；若走陆道，要穿越阿拉伯半岛或叙利亚沙漠，所以说不清要经过多少路程了。

汜复是埃及境内最重要的交通枢纽希拉波利城，它西滨图拉真运河，南距埃及古城巴比伦不远。汜复的汜，音四，汉代多舌音，四、希不分，[f]、[p]常有音转，阿拉伯语中的[p]常以[f]代替，希拉波利译作汜复非常恰当。汜复位于尼罗河三角洲的十字路口，西北通亚历山大里亚，西南溯尼罗河而上通希莫波利，东北去海诺科拉（今阿里什），便接上巴勒斯坦大道，北可沿海至安条克，东北经耶路撒冷、大马士革、巴尔米拉可直达埃德塞、西塔克。希拉波利到海诺科拉，既有陆路，也有水路。水路要经过运河。如果出海，沿地中海东行，也可通达，所以《魏略》介绍汜复东北去于罗"渡海也"，介绍于罗时又说它在汜复东北"渡河"。从希拉波利沿着图拉真运

① 贾维斯：《西奈今昔》（C. S. Javis, Yesterday and today in Sinai），伦敦，1931年，第108－109页。

② 参见夏德：《大秦国全录》（F. Hirth, China and the Roman Orient），上海，1885年，第190页。

河更可转入红海，和阿杜利互通贸易①。

于罗、贤督都是和汜复联结的埃及城市。于罗在汜复东北340里，它的位置只能在地中海边的海诺科拉。这里的于罗，显然和《后汉书》中在波斯湾的于罗（Gerrha）毫无雷同之处，《后汉书》只是借用同样的译名而已。汜复又在贤督东北600里。汜复到且兰，和汜复到贤督距离相等，换句话说，希拉波利正好在耶路撒冷到希莫波利的中间。贤督，过去夏德当作大马士革②，白鸟库吉定做耶路撒冷的希腊名称 Hierosolyma，但和周围地名矛盾重重③。伯希和则将贤督当作安条克④，疏漏更难弥合。

最后是且兰，这个巴勒斯坦的圣城，它西连汜复，东北遥通思陶，从美索不达米亚到埃及的大道必须经过这里。思陶，白鸟库吉考订它是底格里斯河上游的西塔克⑤。由此向南渡过幼发拉底河，“道出河南乃西行”，有两种走法，一是经幼发拉底河旁的商业重镇尼斯福勒（腊卡）到哈马，一是沿幼发拉底河顺流而下到代尔祖尔，往西走著名的巴尔米拉大道，经过大马士革、耶路撒冷，进入西奈半岛沿海的海诺科拉到希拉波利城。这是3世纪时中国商队从美索不达米亚前往尼罗河三角洲的主要途径，这条路不经过泰西封—塞琉西亚。美索不达米亚南部和佩特拉之间的交通线，在耶路撒冷以东还可通过巴尔米拉大道折向东南方的塞琉西亚。这就是从于罗东北又渡河，斯罗东北又渡河的走法。海诺科拉东北渡过的是约旦河，塞琉西亚东北渡过的是底格里斯河。到这里，便进入波斯属境了。

所以《魏略》总结：“南道会汜复，乃西南之贤督国。”丝绸之路南道有海陆两路，都会合在希拉波利这个迪尔他的交通枢纽。海路照《魏略》安息南北两道，从乌姆克塔夫湾登岸后，顺尼罗河而下，也要到希拉波利。这里“南道会汜复”又暗示海路也可以从苏伊士湾进入希拉波利，无论哪条路，最后都通往亚历山大里亚港。

《魏略》这篇非洲地理写得很出色，陆道交通叙述尤其条理明晰。当时中国商队经

---

① 参照索菲尔特《苏伊士运河》（H. J. Schonfield, The Suez Canal in world affairs，伦敦，1952年）中的古代尼罗河三角洲运河图；《万人丛书》中的《古代地图》（Samuel Butler, The atlas of ancient and classical geography，伦敦，1925年）第55页的埃及图。

② 夏德：《大秦国全录》（F. Hirth, China and the Roman Orient），上海，1885年，第195页。

③ 白鸟库吉：《大秦国和拂菻国考》，载于《史学杂志》第15编，1904年，第4，5，8，10，11期；《条支国考》，见《内藤博士还历中国学论丛》，京都，1926年。中译文见《塞外史地论文译丛》第1辑，商务印书馆，1939年，第75－105页。

④ 佩利耶：《关于古罗马到中国路线的说明》（P. Pelliet, Note sur les anciens itinéraires Chinois dans l'Orient Romain），载于《亚洲杂志》（JA），第17卷，1921年，第139－146页。

⑤ 白鸟库吉：《见于大秦传中的西域地理》，中译文见《塞外史地论文译丛》第1辑，商务印书馆，1939年，第155－241页；《大秦传中所见之汉人思想》，载于《禹贡》，1935年，第3卷第3期。

过底格里斯河上游向西到达地中海滨的安条克，并从那里分别通过海陆两路去亚历山大里亚，也曾由巴尔米拉大道经耶路撒冷到希拉波利城。这些到过埃及的中国人的见闻，构成了《魏略》埃及地理的写作来源。这便是今天保存在中国古籍中最早的一篇非洲地理。

第三节　埃及和中国的贸易

汉代中国已经通过商人和使者的往来对丰富的罗马物产有深入了解。3 世纪初，中国和埃及之间的经济往来正处于高潮。从海上出使扶南、加那调的康泰，称罗马是个宝国。鱼豢更在《魏略》中对大秦物产中的矿物、动物、珠宝、织物、香药和玻璃分门别类，一一加以记述。

《魏略》列举的罗马物产，数达 80 多项："大秦多金、银、铜、铁、铅、锡；神龟、白马、朱髦、骇鸡犀、玳瑁、玄熊、赤螭、辟毒鼠；大贝、车渠、玛瑙、南金、翠爵、羽翮、象牙；符采玉、明月珠、夜光珠、真白珠、虎珀、珊瑚；赤、白、黑、绿、黄、青、绀、缥、红、紫十种流离；璆琳、琅玕、水精、玫瑰、雄黄、雌黄、碧五色玉；黄、白、黑、绿、紫、红绛、绀、金黄、缥、留黄十种氍毹，五色毾㲪，五色、九色首下毾㲪；金缕绣、杂色绫、金涂布、绯持布、发陆布、绯持渠布、火浣布、阿罗得布、巴则布、度代布、温宿布、五色桃布、绛地金织帐、五色斗帐；一微木、二苏合、狄提、迷迷、兜纳、白附子、薰陆、郁金、芸胶、薰草木，十二种香。"

《魏略》列举的罗马物产，可以肯定，其中绝大部分都已作为罗马帝国和中国贸易货单中的商品输入中国。罗马向中国出口的珠宝、织物、香药和玻璃，又大都来自埃及和红海地区，亚历山大里亚便是这项包罗整个古代世界的商业的起点。这项直接关系到罗马社会经济的东方贸易，以印度为枢纽，从奥古斯都时代开始，在公元初绵延达四个世纪之久，而它的终点却是中国。埃及，这个罗马的亚历山大省，成了最富庶的行省，亚历山大里亚成为沟通地中海和印度洋货运的最大的港口和关税中心。埃及拥有发达的手工业，希腊语世界书写用的埃及苇纸全部由它供应。它还生产各种香油、玻璃制品、牙雕、宝石镶嵌工艺品、彩色麻毛织物，以及占古代世界绝大部分的银器。从 1 世纪起，亚历山大里亚一直是罗马金属工业的制造中心之一，制作的金属图样足以和意大利半岛的卡普亚媲美，成为世界上无与伦比的精美工艺品。当地还出产麻类、棉花、调味品、玉米、陶器和铁，这些都是埃及贸易界声誉卓著的出口货①。

尽管中国的丝绢、陶瓷、铁器，使罗马付出的黄金与年俱增，但罗马世界也确曾向中国输出它的各种特产。对于遥远的中国，罗马产品中最受欢迎的是那些由埃及工匠精心雕琢的色彩绚丽、千姿百态的名贵宝石，埃及和小亚细亚出产的光耀夺目、充满着异国情调的羊毛和亚麻织物，埃及和腓尼基制作的精美玻璃器、彩色琉璃珠，还有从非洲之角运来的功效奇特、种类繁多的香料和药物，以及设计雅致、别具一格的黎凡特金丝绣品和染色衣料。

一、珠宝

罗马出口珠宝大都是埃及和地中海、红海之滨的出产，包括珍珠、宝石和半宝石，有玛瑙、符采玉、琥珀、珊瑚、璆琳、琅玕、水精、玫瑰、碧五色玉，以及明月珠、夜光珠、真白珠。

玛瑙，原作马脑。多成粒状。中国人所知的古代马脑产地有三：大秦(《魏略》)，月氏（《玄中记》）和西南诸国（《广志》），尤其以西域所产为主。埃及各地都产玛瑙，东部沙漠的瓦迪·艾布·杰里达（Wadi Abu Gerida）的山巅也有和玉髓、碧玉共生的璧状玛瑙②。

符采玉，是古代中国对大理石的美称。左思《吴都赋》刘逵注："符采，玉之横文也。"《艺文类聚》卷八三引王逸《正部论》，符玉有赤、黄、白、黑等色，正是大理石所特具的美丽条纹。埃及自古盛产这种石灰石结晶质的大理石，多分布在红海西岸沙漠，瓦迪·迪布（Wadi Dib）、杰贝勒·洛伽姆（Gebel Rokham）和曼法罗（Manfalut）对面的贝尼·萨伦（Beni Sha'ran）都有出产。普林尼（XXXVI，11）所说的亚历山大大理石，有白色条痕，呈波浪形起伏，所具斑点各不相同，也是中国所传的符采玉。

琥珀，最早在《山海经》中写作育沛③，又称虎魄、虎珀，转作兽魄④。它是松柏科植物埋藏地层中经久而成的化石树脂，外有裹皮，所以传说松脂入地千年化成茯苓，再成琥珀（张华《博物志》），古代当作奇石。古书所记琥珀产地，不外两类。一类出

① 罗斯托夫采夫：《罗马帝国社会经济史》（M. I. Rostovtzeff, The social and economic history of the Roman Empire），第1卷，牛津，1957年，第74页。

② 休谟：《埃及地质》（W. F. Hume, The geology of Egypt），第Ⅱ卷，第3册，开罗，1935年，第862页。

③ 章鸿钊：《石雅》，卷上，中央地质调查所，1927年，第25－28页。

④ 《宋书》卷八三说波斯产兽魄，译自新波斯语 sah-boī，明代马欢译作撒白值。

于田出土玛瑙蚀花珠

在西南金沙江地区。成于战国末期的《山海经·南山经》说，南方丽麐之水（丽水）出育沛。《广志》更明白指出，云南西部永昌博南县产琥珀。另一类出在西域各国，先有《汉书》中的罽宾（查萨达），后有《魏略》和《后汉书》中的大秦，另外汉唐之间的古籍又说波斯产琥珀，《北史》所举琥珀产地更有呼似密国（花剌子模）和伏卢尼国（拜占庭）。伏卢尼在地中海东部地区，所以琥珀产地，汉代有大秦，唐代又说是拂菻。伏卢尼和罽宾、波斯一样，不过是波罗的海和地中海西部西班牙、西西里所产著名琥珀东运的交易站。

汉晋之际进口琥珀，大都来自地中海西部，经过埃及或西亚运往印度和中国，所以老普林尼引证尼西阿斯，误将埃及当作琥珀产地①。其中由埃及东运的又常经五河流域转入葱岭以东，罽宾因而也成了琥珀贸易最重要的市场。自6世纪起，波斯积极发展海上力量，和阿克苏姆在印度洋西部展开竞争后，琥珀的运输也多转经波斯。古代运入中国的罽宾琥珀，自然也有埃及琥珀在内。

珊瑚，古译苏胡(《开元占经·器服占》引《孝经援神契》)，出自波斯语xuru-hak②，波斯语名传入中国是很早的。汉初赵佗所献珊瑚，大约来自南海，高一丈三尺，二本三柯，上有460条。南沙群岛和西沙群岛都产珊瑚，《隋书》卷八二（《北史》卷九五同）有婆利（加里曼丹）海出珊瑚的记述。司马相如《上林赋》中也有珊瑚。但地中海和红海珊瑚也早由海上运进。古代斯里兰卡是大秦珊瑚的重要转运地。《大史》注释引述跋帝迦阿巴耶王（前19—9年在位）遣使到罗马，所取各种宝物中也有珊瑚。《厄立特里海环航记》提到珊瑚是罗马帝国运往印度的重要输出物③。所以《魏略》已将珊瑚列入罗马出口货单中，《后汉书》也有大秦珊瑚。3—4世纪的《玄中记》说："珊瑚出大秦西海中，生水中石上。"（《太平御览》卷八〇七）徐衷《南方草物状》也说："珊瑚出大秦国，有洲在涨海中。"（《文选》曹植《美女篇》注引）

大秦珊瑚都由埃及各港和阿杜利港运到中国。大秦珊瑚有地中海和红海之别。地中海珊瑚出在阿尔及利亚和突尼斯沿海，品类多为实心红珊瑚（Corallium nobile,

---

① 老普林尼：《自然史》(Pliny the Elder, The natural history), XXXVII。

② 参见苏继庼：《岛夷志略校释》，中华书局，1981年，第204页。

③ 参见索夫译注本《厄立特里海环航记》（W. H. Schoff, The periplus of the Erythraean Sea)，纽约，1912年，第128页。

C. rubrum），用于雕琢宝饰，从托勒密时期直到拜占庭帝国都是一宗重要的商业项目。地中海珊瑚在努比亚阿布·辛贝勒（Abu Simbel）附近奎斯托尔墓群中有成批发现①。古代已有铁网珊瑚的传说，《通典》卷一九三大秦条有详细叙述：

西南涨海中可七八百里行，到珊瑚洲，水底有盘石，珊瑚生其上。大秦人常乘大舶，载铁网，令水工没，先入视之，可下网乃下。初生白，而渐渐似苗坼甲。历一岁许，出网目间，变作黄色，支格交错，高极三四尺者，围尺余。三年色乃赤好，后没视之，知可采，便以铁钞发其根，乃以索系网，使人于舶上绞车举出，还国理截，姿意所作。若失时不举便蠹败。

最早记述铁网珊瑚的似是《外国传》，可能为支僧载著。吴淑《事类赋》卷六引《外国传》："大秦西南涨海中，可八百里到珊瑚洲，洲底有盘石，珊瑚生其上，人以铁网取之。"（法云《翻译名义集》卷八，《永乐大典》卷二二五九，中华书局版，第二函第十八册引书及文字同）。

红海自古也有珊瑚，多是空心珊瑚（Tubipora musica），产于红海之滨。早在白达里时期，埃及已用作珠子，相当于古王国时代的努比亚古墓中便已有了。红海因产珊瑚而被称为珊瑚海。中国人知道珊瑚海这一名称是很早的。781 年《大秦景教流行中国碑》的碑文中，有"大秦国南统珊瑚之海"，比之后来土耳其语称红海的"珊瑚海"（Shāb deñīzi，Sap denizi）要早得多。《洽闻记》对西奈半岛以南红海珊瑚的采集也有记述：

自且兰有积石，积石南有大海。海中珊瑚，生于水底。大船载铁网下海中。初生之时，渐渐似菌。经一年，挺出网目间，变作黄色，支格交错。高者三尺，大者丈余。三年色青，以铁钞发其根，于舶上为绞车，举铁网而出之，故名其所为珊瑚州。久而不采，却蠹烂糜朽。（《太平广记》卷四〇三）

红海珊瑚大都在阿拉伯半岛希贾兹的留基·柯米（哈瓦拉）港采集，然后运往波斯、印度，由海陆两道分别转送中国。

---

① 埃曼利：《倍拉那和奎斯托尔王室墓群》（W. B. Emery，The royal tombs of Ballana and Qustul），开罗，1938 年，第 47 页，第 53 页，第 109 页，第 111 页，第 196 页，第 202 页，第 203 页，第 205 页。

璆琳，指青碧色玉石，见于埃及的至少有绿长石、绿玉髓、贵橄榄石、蛇纹石、孔雀石、硅孔雀石。绿长石的古矿早见于埃及东部的杰贝勒·米其夫（Gebel Migif）以西的瓦迪·海立格（Wadi Higelig），在哈发（Hafait）山冈的下坡也可以见到无数大块的绿长石①。玉髓是古埃及常用的装饰物，产于瓦迪·萨格（Wadi Saga）附近，还有东部沙漠的瓦迪·阿布·杰丽达（Wadi Abu Gerida），西部沙漠巴哈里亚（Baharia）绿洲，阿布·辛贝勒西北64公里处，以及法雍省和西奈半岛各地②。古埃及所用珠饰、耳珰、蜣螂符都由玉髓制作，上起史前时期，下迄罗马时代，比绿松石的运用还要普遍。贵橄榄石，又称翠榴石（peridot），产于红海中的泽贝尔盖特（Zerberged）岛，和红海沿岸的金绿色蛇纹岩中，是一种黄绿两色的宝石，在唐代有一个正式名称绿金精。643年，拜占庭使者向唐太宗李世民进献的绿金精③，便是久享盛名的翠榴石，至少也是中古初期便传入中国的埃及和苏丹所产的一种绿色宝石。蛇纹石也出产在西奈半岛和埃及东部沙漠。孔雀石和铜伴生，出在西奈半岛西南部的西拉比·埃·伽丁，和瓦迪·马伽拉，这里也是古老的埃及铜矿区，至少在古王国时期业已开采了④。古代对碧色宝石鉴别不精，古埃及所产孔雀石常和绿松石、绿长石甚至绿柱石相混⑤。一些早期被当作绿宝石的珠饰，最早的在达希尔（Dahshur）时期，稍后的属第二十王朝时代，经过罗卡斯鉴定，竟是绿长石⑥。古代由葱岭古道传入中国内地的璆琳来源复杂，大致是以上所举各种具有不透明脂肪光泽或半透明玻璃光泽的碧色玉石，其中有一些便来

---

① 罗卡斯：《古埃及工矿》（A. Lucas, Ancient Egyptian materials and industries），伦敦，1948年，第451页。

② 罗卡斯：《古埃及工矿》（A. Lucas, Ancient Egyptian materials and industries），伦敦，1948年，第449页。

③ 《旧唐书》卷一九八，《新唐书》卷二二一下，原文作“绿金精”，二十四史标点本（中华书局版）校作“绿金、水精”，不妥。古有“金精”而无“绿金”。“金精”是因天青石中多金色斑点而得名，绿金精未必是金精中的一种，只是类似金精。美国东方学家谢弗以为金精是白色的月长石，两唐书的“石绿、金精”有脱文而成“绿金精”（E. H. Schafer, The golden peaches of Samarkand—A study of Tang exotics，中译本《唐代的外来文明》，中国社会科学出版社，1995年，第508页）。沙畹、伯希和、劳费尔都认为绿金精是天青石（青金石，lazurite），此说比“月长石”的解释要更接近实物，但未必就是金精。

④ 布莱斯特：《埃及古文献》（J. H. Breasted, Ancient records of Egypt），第5卷索引，芝加哥，1906年，第95，102页。

⑤ 罗卡斯：《古埃及工矿》（A. Lucas, Ancient Egyptian materials and industries），伦敦，1948年，第457页。

⑥ 罗卡斯：《古埃及工矿》（A. Lucas, Ancient Egyptian materials and industries），伦敦，1948年，第446－447页。此外有一种黑色的电气石，在商业上也常充作绿宝石。见艾尔：《宝石手册》（L. A. N. Iyer, Handbook of precious stones），加尔各答，1948年。

自埃及。

琅玕，是古代对绿柱石的专称。中文琅玕由梵语摩罗伽陀（Mϕrakata）（《翻译名义集》卷六）译出。由于印度是绿柱石的主产地，所以先秦时代的琅玕产地在昆仑山北。琅玕又称珠树、碧树，清代胡渭《禹贡锥指》解释：“珠树、碧树即琅玕也，乃石之精液凝结成树形，人截断其枝刓之，使圆若珠，状与珊瑚相类。”自《说文》以来，中国人便将珊瑚和琅玕相混，以为两者的区别仅在于“生于海，或生于山”，原因在于珊瑚和琅玕都具树形，以致琅玕亦可称树。绿柱石结晶成长柱状，并有纵行细纹，杂生于粗面岩和云母岩中，所以古人形容琅玕“森挺若树”。汉代诗文、简牍、药典中所见琅玕已有金、黄、青、翠等色，都是色泽多变的绿柱石所原有①。埃及使用绿柱石始自托勒密时期。科帕托虽也出土过绿柱石饰品，但无甚可观，倒是努比亚的奎斯托尔发现的银制首饰中杂有大批绿柱石。汉代也从埃及进口绿柱石，埃及琅玕都从锡开·苏倍拉丘陵地区输入中国。

水精，西奈半岛和北起埃及西部法雍南到巴哈里亚绿洲广阔地区中的石灰岩都有出产。水精古称石英、水玉，《山海经·南山经》：“堂庭之山……多水玉。”郭注：“水玉，今水精也。”《广雅》：“水精谓之石英。”水精在古代算是宝石，所以可和“颇黎”相通。《正法念处经》汉本颇黎峰犹言水晶山是可信的②，藏本颇梨峰作水晶峰可以作证，意思是透明的晶石。古代中国所知水精产地有三。一是上缅甸伊洛瓦底江上游的堂庭之山或哀牢夷居地(《山海经·南山经》《续汉书》)。二是南印度东岸科罗曼德的黄支国(《广志》)。印度的水精琢磨业集中在克什米尔和马德拉斯，所以古称昆仑山和黄支有水精，《十洲记》说“昆仑山上有水精阙”（《太平御览》卷八〇八），《天竺记》提到大雪山中生高峰的颇黎宝，似指克什米尔层斯加尔山脊和蓝宝石伴生的水精。其实印度各地都产水精③。埃及是中国古代所知道的第三个出产水精的地方。史前

---

① 章鸿钊对琅玕的鉴别，或以为巴喇（红宝石），或以为绿松石(《石雅》，1927 年，再刊本，第 12，29，78 页)，并无定说，亦无矿物学的根据。

② 烈维：《正法念处经阎浮提洲地志勘校录》（Sylvain Levi，Pour l'hisotire du Ramayana），冯承钧中译本，商务印书馆，1935 年，第 73 页。

③ 石英水晶出在比哈尔、南印度的那洛尔和北印度拉贾斯坦。玫瑰色的石英出在马代亚普拉迪什（Madhya Pradesh）的庆伟来（Chhindwara）县。安陀罗的斯里卡胡拉（Srikahulam）县更有浅红色的石英矿。紫水晶产在德干和巴夏尔（Bal Shahr）的苏特莱查河谷。著名的猫睛石来自马拉巴和拉贾皮拉（Rajpipla）。参见勃朗、戴依编：《印度矿产志》（J. C. Brown & A. K. Dey，India's mineral wealth)，第 3 版，牛津，1955 年，第 625 – 627 页。

期埃及已见使用水晶，第十八王朝图坦卡蒙墓中有水晶花瓶和无数镶嵌物①。汉魏以来，埃及水晶的输入当有增加。

玫瑰，是古老的埃及绿松石，产于西奈的西拉比·埃·伽丁和瓦迪·马伽拉两处古矿。汉代又可写作闵瑰。公元45年一件镶嵌绿松石的鎏金铜斛上，刻有“建武廿一年，蜀郡西工造乘舆一斛承旋，雕蹲熊足，青碧闵瑰饰，铜承旋径二尺二寸……”的铭文②。

碧五色玉，埃及出产的碧玉，具有红、绿、褐、黑、黄五种色彩，古代以红色碧玉为多，产区分布在东部哈德拉比（Hadrabia）山脉附近③。

《魏略》还举出罗马出产明月珠、夜光珠、真白珠。王念孙《广雅疏证》说：“珠为蚌精之名，亦为美玉之通称。”明月珠本是随珠的专称，又作随侯，简称明珠，是上等的蚌珠，司马相如《上林赋》称“明月珠子，的皪江靡”。夜光指夜间放光的宝石珠或仿宝石珠。真白珠只见于《魏略》，是埃及特产雪花石膏。埃及把方解石（calcite）称作雪花石膏，具有玻璃光泽，属于角砾岩（diorite），也是水晶石的一种。2世纪前，随侯明月常和悬黎夜光对称，班固《西都赋》有“随侯明月，错落其间”，又有“悬黎垂棘，夜光在焉”。张衡《西京赋》有“流悬黎之夜光，缀随珠以为烛”。到许慎注《淮南子》才将夜光和明月相混，以为“夜光之珠有似明月，故曰明月也”。左思《吴都赋》有“随侯于是鄙其夜光”之句，随侯明月一变而成夜光。王念孙更进一步断定：“凡珠玉之有光者，通谓之夜光。”高诱注张衡《南都赋》虽起而辩白，“随侯之珠，盖明月珠也”，但流行的说法一经传习，发光的宝石输入中国的既然逐渐增多，加之鉴别不精，夜光珠便成为简便的名称了。

大秦明月珠产在阿拉伯沿海和亚丁湾，中世纪曼苏地指出喀莱克（Karek）、卡塔尔（Kotor）、阿曼（Uman）和锡兰（Sirendib）出产珍珠，大秦明珠当包括阿曼、喀莱克、卡塔尔在内。红海南部达拉克群岛和苏丹、厄立特里亚沿海出产珍珠，一定自古已然。

埃及所产夜光珠，是一种暗红或红褐色半透明的柘榴石④，小粒的多产在阿斯旺，

---

① 卡特、梅森：《图坦卡蒙墓》（Howard Carter & A. C. Mace, The tomb of Tut-Ankh-Amen），第2卷，纽约，1963年，第135页。

② 方国锦：《鎏金铜斛》，载于《文物参考资料》，1958年，第9期，第69－70页。

③ 罗卡斯：《古埃及工矿》（A. Lucas, Ancient Egyptian materials and industries），伦敦，1948年，第454页。

④ 夜光珠又称夜明珠，通常解作caribuncle。参见裨治文《广东方言撮要》（Bridgman, A Chinese Chrestomathy in the Canton Dialect，澳门，1841年，第503页），又见翟思英译《法显传》（Giles, Fa-Hsien—A record of the Buddhistic kingdoms），纽约，1924年，第92页，注8。

大颗的出在西奈半岛西部①，在史前时期已用作珠饰。红海西岸所产翠榴石，也能发夜光，亦是一种夜光珠。这种翠榴石长期以来仅见于泽贝尔盖特岛（圣约翰岛），和红海所产蛇纹石化的黄花石（黄中渗绿）②。

真白珠，是埃及从古王国第一王朝起就大量用来制器皿的雪花石膏。雪花石膏在埃及西奈半岛和东部沙漠到处都有。在阿斯旺的石英岩露头，就被旅行者称为雪花石膏。海尔旺（Helwan）附近的瓦迪·基拉维（Wadi Gerrawi），是古王国时期的古矿。从米尼亚（Minia）到阿西尤特（Asiut）以南约150公里的地带散布着许多重要的古矿，其中最早的是第三王朝时在埃尔·阿玛纳（El-Amarna）以东的赫纳布（Hatnub）开采的两处，还有一些矿属于第三王朝到第二十王朝③，历史非常悠久，开采连续不断。

二、织物

罗马帝国的毛、麻、丝、棉纺织和刺绣业，大都集中在地中海东部各省，小亚细亚的以弗所、叙利亚的安条克和埃及的亚历山大里亚是主要的产地。

小亚细亚的萨迪斯、帕加曼、弗利基亚和埃及亚历山大里亚都用金线织绣毛织品和丝织品④，还有用金线作图案的丝毛混纺织物金涂布，运到中国叫金缕罽、金缕绣（刺金缕绣织成），美丽华贵不逊于中国的锦绣、文绮。

《魏略》提到罗马出产的各种麻、棉织物，总共举出七种，其中亚麻布五种，都以产地命名。绯持布，应作绯特布，是希腊时代以来亚麻业中心的贝鲁特织造的麻布；度代布，出在巴尔米拉，巴尔米拉的阿拉伯名称叫塔德莫尔（Tadmor），简称度代；绯持渠布，出在弗利基亚；阿罗得布，由安条克的奥朗特河命名；还有温色布，是马耳他岛特产奥梭尼亚各色细布，“奥梭尼亚”的拉丁文、希腊文原意指西班牙出产的细亚麻，后来转称麻衣、帆布、幕布。

还有发陆布和五色桃布，两种都是棉布。发陆布，“发陆”的古读与埃及国王称Pharos的音读相近，也可能因亚历山大里亚滨海的法鲁斯岛上著名的灯塔而得名，是

---

① 休谟：《埃及地质》（W. F. Hume, The geology of Egypt），第Ⅱ卷，第3册，开罗，1935年，第863－864页。

② 勃朗、戴依编：《印度矿产志》（J. C. Brown & A. K. Dey, India's mineral wealth），第3版，牛津，1955年，第608页。

③ 彼特利：《埃及史》（W. M. F. Petrie, A history of Egypt），第1卷，伦敦，1923年，第45页，第56页，第100页，第102页，第114页，第125页，161页。

④ 蒙森：《罗马史》（T. Mommsen, The history of Rome），李稼年中译本，第2卷，商务印书馆，2004年。

埃及所产上等棉布。希罗多德（Ⅲ，47）记载第二十六王朝（前664—前525年）埃及法老阿曼西斯（Amasis，前569—前526年在位）赠给林德斯（Lindus）一座神庙的棉布，上面有精细的刺绣。罗马时代，埃及确已种植棉花，老普林尼（XIX，2）说在上埃及和阿拉伯附近，都生长一种名叫树棉（gossypium）的灌木。他接着指出，埃及祭司所服圣衣就是用棉布制成。棉布由于稀有和细洁，在罗马帝国时期的埃及一直是种名贵的织物。五色桃布，系多彩的桃布，是出在西班牙塔拉戈（Tarraco，今称塔兰戈纳 Tarragona）的卡尔巴西棉布。

毛织业是罗马世界最发达的纺织业之一。意大利和高卢的毛织品产量极高，足以满足本地的普遍需要。东方各省都以毛纺物作为输出品，吕底亚、萨迪斯、弗利基亚和西里西亚都织造羊毛。塞浦路斯、大马士革和腓尼基沿海城市，更织出彩色和有动物图案的毛毯和毡褥，特别是亚历山大里亚专门织造颜色绚丽的高级毛料，畅销印度洋各国。

毛织物中的毛毯称氍毹、毾㲪。氍毹又称氍氀，借自阿拉伯语 ghàshiyat，gäshiya，是罽褥，或毡毯。服虔《通俗文》："织毛褥谓之氍氀。"李登《声类》：氍氀，"毛席也"（《太平御览》卷七〇八）。毛席就是氈，或作毡。《通俗文》又指明："氍毹细者，谓之毾㲪。"毾㲪，织工更细。氍氀、毾㲪都以羊毛为主，精工纺造。万震《南州异物志》介绍埃及毛毯："氍氀以羊毛杂群兽之毳，织鸟兽人物草木云气，作鹦鹉，远望轩若飞也。"（《太平御览》卷七〇八）4世纪以前输入的毛毯，以月氏、天竺、大秦三处算是最最细好。班固与弟班超书中说："月支毾㲪，大小相杂，但细好而已。"（《北堂书钞》卷一三四）康泰《吴时外国传》评述："天竺国出细靡氍氀。"（同上）不过从印度运到中国南方的多用棉花纺织，和从五河流域、中亚细亚流入中国北方以羊毛纺织的不同，《广志》说："氍毹，白叠毛织也，近出南海。古文称北汉之氍毹，非其所生。"（《北堂书钞》卷一三四）而从埃及运来的罽褥，花纹非常美妙，因而不论在中国南方还是北方都是极受珍爱的织物。

且末出土红地狩猎纹锦

毛织物中的衣料叫织成细布，因为产在地中海滨的埃及，有海西布之称，或者不妨直接称之为埃及布。《魏略》对海西布有这样的评述："有织成细布，言用水羊毳，名曰海西布。此国六畜皆出水。或云，非独用羊毛也，亦用木皮或野茧丝作织成、氍毹、毾㲪、罽帐之属，皆好其色，又鲜于海东诸国所作也。”这种海西布既属织成，便是用通经断纬织造技术纺织的高级毛织物。所用原料，以羊毛为主，羊毛以外又用野蚕丝、亚麻混纺。野蚕茧是古代亚述和叙利亚的产品，等蚕蛾破茧后收集，只需经过梳理，不必抽丝拈缫就可纺织。木皮是西亚和埃及盛产的亚麻。在3世纪前埃及出土的毛织物中常有亚麻混纺，第十八王朝图特摩斯四世（Thutmose IV，前1411—前1391年在位）和图坦卡蒙墓中发现的彩色挂氈都有亚麻混纺。海西布就是地地道道的埃及毛织衣料，并不是什么棉织物或棉麻混织物①，也不是玉珧属海洋软体动物（Pinna nobilis，Pinnais quamosa）的绒毛。据《魏略》，海西布这种以羊毛为主的织物，同样也是各种彩色毛毡的原料。《北堂书钞》卷一三四所引《魏略》竟有“大秦国以野茧织成氍毹，非独以羊毛。为织具以五色毛，六七寸中屈采相次，为鸟兽人物草木云气，千奇万变，唯意所作，上有鹦鹉，远望轩轩若飞”。经过《北堂书钞》编者简化的《魏略》，又记“大秦国以羊毳、木皮、野丝作毾㲪之属，有五色九色”。不论是海西布，还是氍毹、毾㲪，都是以羊毛为主，或加亚麻，或渗野茧丝而织成，两者原料基本上是一致的。

海西布被错认作巴则布（byssus）由来已久，勃莱特史耐德、沙畹②都先后传袭，直到李约瑟都如此相信。但《魏略》所举大秦物产既有巴则布，又有海西布，两者并非一物，说得一清二楚。海西布被当作玉珧属动物绒毛布，或者起因于《魏略》说明这种织成细布时有“言用水羊毳”的话。但水羊毛并非水生羊的毛，所谓“水羊”对中国人而言，是一种生在海外的，换句话说出在地中海旁，阿拉伯海、红海以西地方的“胡羊”。这种羊以尾大毛长著称，又称大尾羊，史书上有起名灵羊的。《魏略》下文明明指出，据说并非全靠羊毛纺织。而且“此国六畜皆出水”，意思是那里出产的马、驴、骡、骆驼等牲口全都具有地中海畜产的特点，完全和中国不同。水羊等于后来称呼椰枣的海枣一样，“水”“海”“胡”都指外国。尤其因为罗马所属东方各省中富饶的地方全在黑海和地中海之间，“其海傍出，犹渤海也，而东西与渤海相望，盖自然之理。地方六千里，居两海之间”（《魏书》卷一〇二）。所产羊毛才有水羊毛、水羊毳的命名。紫色颜料和染色业，在亚历山大东征以前，本来由小亚细亚西海岸各岛

① 海西布常被当作巴则布，自达伦堡等编《希腊罗马古物辞典》（C. Daremberg，E. Saglio，Dictionnaire des antiquites Grecques et Romains，巴黎，1875—1919年）以来，都将巴则布当作棉布。

② 勃莱特史耐德：《古代中国人的阿拉伯、阿拉伯殖民地和其他西方国家知识》（E. Bretschneider，On the knowledge possessed by the ancient Chinese of the Arabs and Arabian colonies and other western countries），伦敦，1871年，第24页；沙畹译《魏略·西戎传》（E. Chavannes，Les pays d'occident d'après le Wei Lio），载于《通报》（T'oung Pao），1905年，第6卷，第519页。

出产的骨螺和海贝拣取原料，塞浦路斯和腓尼基是染织业的中心，后来传到巴勒斯坦的杜拉（Dora）、凯撒利亚（Caesareia）以及尼阿波利斯（Neapolis）、丽达（Lydda）等地。埃及早有染坊制造染料①。埃及密安得河附近的希拉波利城，是一处重要的染业中心，它拥有丰饶的水源。史特拉波特别称道："希拉波利城的水对于染羊毛有奇异的功效。在该城只简单地用水和植物的根茎染的毛织物，便可和用洋红和紫贝染的毛织物竞争。"而且阿西尼或托庇提斯湖湖水含硝，最适合布匹的漂白与去污。水羊毛的得名大约便源出于此了，这是被当时中国海外贸易商所传习的名称。水羊毛，实际上正是海西布的美称，海西布之可以称为埃及毛布，也是当之无愧了。所以直到14世纪马端临编《文献通考》，水羊毛织成的海西布仍是个非常动听的名称②。

巴则布才是玉珧属绒毛织成的毛布，这类海贝利用尖端鞣化蛋白的绢状纤维，附着于近海中的岩石或砂土上。在希腊统治时期，爱琴海附近的希腊人和埃及人已经知道这种绒毛晒干后可供纺织。成批生产大致在1世纪初。《厄立特里海环航记》中有五处提到这种奇异的"绒毛品"（πτντκσν），可说是这种绒布最确切的名称。后来绒毛纺织日益精细，开始和棉花混纺。巴则布所以有时被说成是从印度输往罗马的一种纤维制品，可能就是由于采用印度出产的上等亚洲棉（Gossypium arboreum）混合纺织的缘故。2世纪的罗马演说家艾尔西弗龙第一次提到巴则布时，就称为"采自海中的毛绒"③。公元160年左右，图塔林提到这种绒毛是捕渔业的副产品，"捕渔业对衣着问题也显得极其重要，因为海中有巨贝遍生苔状绒毛，也可充作衣料"。巴则布是罗马时代埃及的一种新产品，但中国人知道它，也比图塔林或艾尔西弗龙晚不了多久。

三、香药

香药的输出是埃及对华贸易的大宗项目，产地大多在亚丁湾两岸的阿拉伯香岸和索马里北部，苏丹、厄立特里亚和北非各地也是出口香木和香脂的地区。

3世纪时运到中国的香木香草有12种，有的充作香木，有的当成香料，有的用作药物，或者以香脂香膏见重于中国。一微木（乌文木）、二苏合（苏合香）、狄提（芦荟）、迷迷（迷迭香）、兜纳（没药）、白附子、薰陆（乳香）、郁金、芸胶（安息香、阿拉伯胶）、薰草（柔毛薰衣草）、薰木（紫檀木），都是阿拉伯香岸和非洲之角的名产。

---

① 布歇—莱克勒克：《拉吉德斯历史》（A. Bouché-Leclercq, Histoire des Lagides），巴黎，1903—1907年，第3卷，第270页。

② 《文献通考》卷三三九大秦条原文"名曰海中布"，是"海西布"的刊误。

③ 艾尔西弗龙：《书信集》（Alciphron, Epistolae），1，2，3。

苏合香（styrax officinalis），系金缕梅科野茉莉属落叶乔木脂液炼成的香脂，古译涂魂香。东汉郭宪《别国洞冥记》列举汉武帝刘彻在元封年间（前110—前105年）所烧天下异香，有沉光香、精祇香、明庭香、金䃅香、涂魂香等名目，涂魂香在那时已列入长安宫廷所藏名香。苏合香在《大秦景教流行中国碑》中别称返魂香，和火浣布、明月珠、夜光璧并列为大秦特产。苏合香出在阿拉伯香岸（Shihr Lūbān）和索马里，因阿拉伯南部沿海的席赫尔地区而得名。宋法云《翻译名义集》卷八："《广志》亦云出大秦国，或云苏合国。"大秦是笼统的说法，具体产地在苏合国。阿拉伯名称前有冠词al，"二苏合"（al-Shiḥr）之称就源出于此。苏合香也产于索马里。苏合香有香膏和香油之别。《广志》说苏合"国人采之，笮其汁以为香膏，卖滓于贾客。或云，合诸香草煎为苏合，非自然一种也。"（《太平御览》卷九八二）。苏合香的梵名是窣堵鲁迦（sturuka），马来人用梵语"屎"（rasamala）称苏合香，陶弘景已称为"狮子屎"，是个借来的名称①。运到中国的苏合香或者已混合有生在红海卡布罗斯岛上的rose-maloes，这种香膏是在盐水里熬树皮而成的胶汁。苏合香由于能救治昏厥，被传为起死回生的妙药，因此获得了涂魂香、返魂香的美名。

兜纳香（commiphora molmol），汉代译作精祇香，是没药最早使用的汉译名称。公元前2世纪末已见于长安宫廷。精祇正是波斯语"桑给"（Zangi）最早的译名。公元前293年刻有国王纳塞和宰德·阿非利加·夏建交的波斯文碑铭已有这个桑给，就是索马里北部黑人和含族混居区的黑人国②。埃塞俄比亚语称为zang'ea，意指和埃塞俄比亚相邻的靠近埃塞俄比亚高原的黑色居民，和波斯语、阿拉伯语（沙比语）相仿。精祇香便是桑给国名声最大的没药。在非洲之角（埃塞俄比亚和索马里）出产的有阿比西尼亚没药（Commiphora Abyssinica）、厄立特里亚没药（Commiphora Erythraea）和非洲没药（Commiphora Africana）。2—3世纪时由于输出港阿杜利，没药在中国有了一个新名称兜纳香。阿杜利的汉名最早见于100年派使者到洛阳的兜勒，古读［l］常可转作［n］，阿杜利（Adulis）使译成了兜纳。阿杜利输出最多的香料是没药。

狄提香，是享有盛誉的索科特拉芦荟（Aloe perryi），取名于索科特拉岛的希腊名称狄奥斯科立提（Dioscorides）。

迷迷香，是常绿小灌木迷迭香（Rosmarinus officinalis）的异名，和多年生草本薰衣草都属唇形科。《广志》已知"迷迭香出西海中"，见于地中海和亚丁湾两岸。

---

① 参见布吉尔：《马来半岛经济作物辞典》（I. H. Burkill, A dictionary of the economic products of the Malay Peninsula），第1卷，伦敦，1935年，第117页以下。

② 史坦格士：《波斯语—英语辞典》（F. Steingass, A comprehensive Persian-English dictionary），伦敦，1930年，再版本。

薰陆，取名于阿拉伯香岸（Shihr Lūbān）。香岸以盛产乳香（Boswellia carteri）蜚声世界，因此乳香最初运入中国便被称作薰陆。据《别国洞冥记》，元封年间外国进赠的沉光香，出涂魂国（佐法尔），烧之有光，该是乳香。

香岸东边的佐法尔地区和非洲之角索马里也是乳香的重要产地。薰陆又作薰六，《广志》说薰六出在交州和大秦海边，用来和商人交换谷物。大秦海边便是阿拉伯香岸、佐法尔地区，甚至兼包索马里沿海在内。交州的薰六大致也从阿拉伯海西岸运来。后汉时乳香已大批运到中国。此后两千年间，乳香一直是在中国应用极广的一种香脂，被用于薰香、照明、做调料和活血镇痛药。广州象岗山在 1983 年发现西汉初期的南越王墓，时间在公元前 2 世纪晚期，墓中出土一只漆盆中残存有 26 克树脂状的乳香，是迄今为止最早见于实物的进口乳香。墓中尚发现三支非洲大象牙，最大的长达 126 千克。还有来自地中海的列瓣纹银盒（高 10.33 厘米，口径 13 厘米），里面藏有药丸。乳香最初用于医疗、保健与美容。

芸胶，《广志》说有安息胶、黑胶(《太平御览》卷九八二)，因此分成两种。

安息胶，一称安息香（Balsamodendron africanum），《魏略》非常正确地指出它是大秦物产，也是非洲之角和昔兰尼加的香膏，属伞形科落叶乔木。《晋书·佛图澄传》已见烧安息香，足证输入中国极早。安息香的得名并非起于古代的安息国。伯希和根据《翻译名义集》卷八，将它和梵语求求罗（guggula）译意“安息”并提。梵语求求罗香是从返魂树（Boswellia serrata）提取的脂胶 Balsamodendron mukul①，同属伞形科，在索科特拉岛也有这种返魂树。唐代以前安息香的来源已非一种，而最早的安息胶，确是从非洲起运的。

黑胶②，是阿拉伯胶（acacia senegal），豆科金合欢属常绿乔木阿拉伯胶树（ṭalḥ）的脂液。主产于北非、索马里东北部和谢贝利河下游，以及红海东岸的阿西尔。

薰草，指出在地中海一带的薰衣草，是一种芳香植物。古罗马时代，在阿尔卑斯山南麓首先找到了这种唇形科多年生亚灌木，是一种穗状萱花香草，可以用来保护衣物不被虫蛀，而且具有经久不散的清香。薰衣草在春天植苗，第二年便两次开花，且能在干旱条件下生长，也可在冰天雪地里越冬。在生长 3～6 年时，可从它的花穗提取薰衣草油。每亩薰衣草的鲜花可产芳香油 3～5 斤，是一种名贵的天然香料，主要制造

① 劳费尔：《藏族人的鸟占：关于伯希和文件 3530 号九世纪藏语音韵学的研究》（Bird divination among the Tibetans: notes on document Pelliot No. 3530, with a study of Tibetan phonology of the ninth century），载于《通报》（T'oung Pao），1914 年，第 6 页。

② 琼斯译：《大事》（J. J. Jones, Mahāvastu），《佛教圣书系列》（Sacred books of the Buddhists）第 16－18 卷，伦敦，第 1 页，第 32 页，第 112 页以下。

各种香脂、香皂、发乳、冷霜、花露水。在索马里北部山前和北坡生长的柔毛薰衣草（Lauandula pubescens），香味浓郁，也是远销东亚的芳香植物。

薰木，出在亚丁湾南岸和东非的紫檀木（Pterocarpus santalinus），是大秦香木的主要产品。薰草和薰木极有可能是通过抵达阿杜利的中国帆船随船运回而传入中国的。

白附子（Aconitum carmichaelii），毛茛科多年生草本，主根称乌头，侧根叫附子。以白色为上品。《广雅》称作蕪奚，药用止痛、散寒，《神农本草经》尊为百药之长。东汉时已有外来的，出自乌弋山离。据《隋书》，是漕国的产品，由西亚运入。

郁金（Curcuma aromatica），姜科多年生草本。杨孚《南州异物志》以为出自罽宾，可以香酒。郁金块茎、块根断面黄色，块根入药，功能和血散瘀、行气解郁。其香十二叶，2 月、3 月有花，状如红蓝，4 月、5 月采花，便是郁金香。

一微木，此名称完全来自埃及，中译名源出柯普特文 heben，是名扬古代的乌文木（Diospyrus ebenum，Diospyrus melanoxylon）。一微木又可译成翳木、毉木。《古今注》说："翳或作毉。翳木，出交州，色黑而有文，亦谓之乌文木也。"3 世纪时由于波斯的同盟者莱赫米人在也门的转运，乌文木又被认为"出波斯，舶上将来，乌文灿然"（《本草纲目》卷三十五下引《古今注》）。汉晋以来，乌文木多从也门通过海路运到交州，大多用作船梁，所以那时又有译自阿拉伯、波斯语的乌文（ābnūs）[①]，和从吉蔑语 mak peng 转译的文木[②]。左思《吴都赋》中称为文木，"材密致无理，色黑如水牛角"（《文选注》卷五）。乌文的"文"出自音译。乌文和后来使用的木奴一样，都是 ābnūs 的汉名，不过译法不同，而且乌文兼有音义。一微木或毉翳木则都保留了埃及和古埃塞俄比亚语的读法。《古今注》中的毉翳木实在是翳毉木的倒置。《古今注》的翳木，或作毉木，也有称鑒木（明芝秀堂本）的，来源都是柯普特语。古代埃塞俄比亚是乌文木最大的供应者，开罗博物馆收藏的第十八王朝法老的铭文，提到努比亚人贡礼中有乌文木[③]，这些乌文木来自尼罗河上游谷地是不成问题的。希罗多德（III，97）证实了非洲东部是出产这种贵重木材的主要地区，埃塞俄比亚人每三年要向波斯大流士王进贡乌文木 100 株。史特拉波（17,2,2）说麦洛埃出产乌文木。罗马时代，阿杜利

---

① 夏德、柔克义英译本《诸蕃志译注》（F. Hirth & W. Rockhill，Chau Ju-kua，圣彼得堡，1911 年，第 216 页）将乌樠木对应 ābnūs，不确。乌樠是晚出的名字，"樠"来自占语 mökia。

② 劳费尔：《中国伊朗编》（B. Laufer，Sino-Iranica，Chinese contributions to the history of civilization in ancient Iran），芝加哥，1919 年，第 486 页；苏继庼：《岛夷志略校释》，中华书局，1981 年，第 61 页。

③ 麦克思·缪勒：《埃及学研究》（W. Max Müller，Egyptological researches），华盛顿，1906 年，第 24 页。

成了乌文木的最大输出港。非洲以外，印度是另一处在古代出产乌文木的地方，《厄立特里海环航记》（36）说到巴里格柴向波斯湾北岸的阿曼那运送乌文木。齐奥夫拉斯托和苏里纳斯都说到印度的乌文木。齐奥夫拉斯托（Ⅳ,iv,6）辨认的印度乌文木有两种，一种贵重，一种常见。贵重的大约是 Diospyros ebenum，常见的则是 Diospyros melanoxylon。不过古代希腊、拉丁文献中的印度含义不清，常常泛指红海南岸直到非洲之角的地方，直到中世纪仍然不乏其例。4 世纪下半叶鲁菲纳所述故事中的印度，便并非位于阿拉伯海以东，而是现在的埃塞俄比亚。

四、玻璃

玻璃最初是作为人造宝石铸造的硅酸盐化合物。公元前 7000 年出现的最早的纯正玻璃制品，是铸型护身符。公元前 3000 年左右，埃及和腓尼基人制作了世界上首批玻璃器皿。埃及第十八王朝法老阿门诺菲斯一世（Amenophis I，前 1557—前 1530 年在位）时代，埃及制造的玻璃已经绚丽多彩，足以和各色宝石分庭抗礼了。希腊罗马时期，埃及玻璃誉满全球，引起了中国的极大兴趣。埃及玻璃珠由于能精工烧炼各色图案花纹，随意制成各种形制，尤其因为它能成批大量生产，炼铸的数量越来越大，制作的技巧越来越精，产品也更加色彩缤纷、晶莹剔透，成为一种老幼皆宜价廉物美的装饰物，因而在罗马出口货单上占据了显要的地位。

若羌出土玻璃瓶

埃及玻璃可以烧制成各种日用器皿和装饰物。中国所见到的埃及玻璃有赤、白、黑、绿、黄、青、绀（天青）、缥（青白）、红、紫十种色彩。运销方便的玻璃珠，尤其色泽鲜艳，光耀夺目。古代埃及玻璃，因化学成分的不同而产生色彩的变化。赤色是由于铜的红色氧化物造成的。锡的氧化物可以制成白色不透明玻璃。黑色系铜和锰造成。绿色由铜的混合物引起。黄色见于锑铅混合物。青色，《魏略》叙述青、绀、缥三色，和埃及蓝玻璃有深蓝、明蓝和蓝绿三种大致相符①。埃及玻璃中的深蓝（上青）起于钴的渗入。钴的产生并非埃及玻璃所固有，而是波斯、高加索地区所特有。埃及玻璃制造业和这些地方相互交流技术，才有钴的引入。红色，不过是浅赤色。紫色，由于锰的混合物造成。

---

① 罗卡斯：《古埃及工矿》（A. Lucas，Ancient Egyptian materials and industries），伦敦，1948 年，第 216 页。

汉代以来，中国人对玻璃习惯使用琉璃一名。埃及的玻璃既有十色琉璃，还有夜光璧、夜光珠。夜光璧，也是玻璃璧。璧本是中国特产的佩饰，埃及既有夜光璧的出产，那一定是专为运往中国而特制的。夜光珠，是先秦时代早已制造的玻璃珠的最早称呼。运销印度、马来亚、加里曼丹、柬埔寨和越南的罗马玻璃珠，它的中国正式名称，应该是夜光珠。

第四节　亚历山大和昔兰尼商人到中国

中国和埃及的海上贸易在2世纪进入了一个新时期。这个新时期由166年罗马使者到洛阳谒见中国皇帝揭开序幕。罗马商人从遥远的红海彼岸冒着来回数年的风波，前往中南半岛和中国互通贸易的更多了。

60年之后，又有罗马商人抵达交趾，被引导北上建业（南京），向吴大帝孙权朝贺。这是226年中非关系史上极其重要的一个插曲。幸亏有《梁书》加以整理保存下来："孙权黄武五年，有大秦贾人，字秦论，来到交趾。交趾太守吴邈遣送诣权。权问方土谣俗，论具以事对。时诸葛恪讨丹阳，获黝歙短人。论见之曰：'大秦希见此人。'权以男女各十人，差吏会稽刘咸送论。咸于道物故，论乃径还本国。"（《梁书》卷五十四）

秦论在建业受到孙权厚礼接待。孙权赠予黝歙短人，又派刘咸伴送回国。不幸刘咸在半途去世，秦论便只得独自归国。侏儒本是罗马从印度输入的一个项目，这时又有中国的侏儒运往埃及。秦论到底来自何处？古书中只说是"字秦论"，并未提到他的真姓名。希腊、罗马惯常以出生地放在姓名之后，字秦论，也就指出秦论是个地名。秦论古音 dzien-luan，和地中海南岸利比亚的昔兰尼（Cyrené）城最相似。昔兰尼，是罗马昔兰尼亚省（Cyrenea）濒临地中海的大城。由于昔兰尼亚和它的西邻的黎波里之间相隔锡尔提加500公里的荒凉地带，在长时期曾是重大的自然障碍，因而在地理上，它和埃及更加接近。昔兰尼在公元前631年由移居在地中海滨的提腊岛民在绿山区建城后，便是一个有名的商业都会。诗人卡利玛古斯（Callimachus）指出，它"早先叫卡利斯特（Callistê），后来叫齐拉（Thera），是我母亲的祖籍，地产良马佳果，因良马而闻名"（Strabo，17，3，21）。它和印度早有来往，阿输迦石刻第13号铭刻了印度使者在叙利亚、埃及、马其顿、昔兰尼和埃比勒斯的事迹①。昔兰尼亚出产的优质羊毛在地中海经济生活中占有重要的地位。公元前 88 年，罗马将昔兰尼亚列为一省。公元前 67 年，罗马占领克里特后，将昔兰尼亚和克里特合并成一个行省。昔兰尼亚的辖境，东邻亚历山大，西至锡尔特湾东部沿海，和埃及的关系始终非常密切。它周边许多港口和克里特岛西部的大港克里伦纳索斯（Cherronesus）有来往。这里出产大麦，出口谷类、橄榄油，苹果、玫瑰油和番红花都很有名。115 年昔兰尼亚的犹太人发动叛乱，屠杀了 22 万希腊人，此后在几近一个世纪中，昔兰尼亚的经济一直未有起色。不过昔兰尼城和亚历山大里亚在经济上既然如同一体，所以昔兰尼城的商人也参加了亚历山大的东方贸易，而且亲往建业进谒孙权，希望双方在政治上和贸易上的联系有更进一步的加强。这一行动，在档册上留下了纪录，又转见于《梁书》。秦论的名字，是以籍代姓，透露出来访的是个昔兰尼商人，这是有史可查有名有姓的抵达中国的第一个北非人。

3 世纪时来到中国的亚历山大商人和航海者，他们同时也是传播基督教的传教士。在印度传说中，耶稣的弟子多马曾到过印度，巴多罗缪到过中国。或者，如马拉巴主教写的《卡勒提史》，则以为“中国人和埃塞俄比亚人得信真理，全靠圣多马的传授”。在早期基督教传教活动中，由于印度洋海上交通的链锁，中国和埃塞俄比亚已被联系到了一起。孙吴统治下的中国南方既和埃塞俄比亚有直接往来，基督教传教士出入建业大约也是曾经有过的事实。明初洪武年间（1368—1398 年），江西庐陵（吉安）出土过大铁十字架一座，上铸赤乌（238—251 年）年号。这个铁十字架据说是圣安得烈派的徽号。铁十字上有一副对联：

> 四海庆安澜，铁柱宝光留十字；
> 万民怀大泽，金炉香篆霭千秋。

这件事，明朝的刘嵩《槎翁诗集》②、李九功《慎思录》都有记录，过去不曾被人相信是基督教最初传入中国的印迹。如果和那时亚历山大里亚商人纷纷东来，亚历山大里亚自 2 世纪开展反诺斯替派以来便成为基督教教会的中心，基督教在红海的传教

---

① 汉尔兹契辑注：《印度的文化遗产》（E. Hultzsch，The cultural heritage of India），第 1 卷，加尔各答，1953 年，第 66 页。

② 刘嵩《铁十字歌》中称：“我时见之考其式，赤乌之年乃妄饰。”据《大明一统志》卷五十六，铁十字在吉安府城南栅门外岸上，题云“保大二年（944）五月日置”，重 1300 斤。同时有三件，传说是用来系筏的。

已扩大到埃及和努比亚的边境联系起来，那么有些教徒（希腊人或犹太人）从海上来到中国也是非常自然的事情了。

3 世纪时的埃及面临的是政局不稳，经济下行。长期的罗马王位纷争，使埃及经济开始衰退，而且在 3 世纪下半叶屡屡蒙受异族入侵的苦楚。249 年后，东部沙漠柏来米人的入侵持续了一段时间，接着在 269 年巴尔米拉女王泽诺比亚（Zenobia，268—272 年在位）又短时期占领了埃及，直到 272 年埃及才重归罗马。291 年后上埃及科帕托和布西里又起骚乱，296 年起的两年之内，亚历山大里亚也陷入动荡不安之中①。

尽管这样，来到中国的亚历山大商人仍络绎不绝。通过海外活动，他们竭力保持对华贸易的已有规模。《梁书》叙述 166 年罗马使者北上洛阳后，由于中国对这种贸易往来和政治上的联系表示出友善和关注，定居埃及的希腊人、非洲人从海上破浪前进，到中国南方经商的便越来越多了。《梁书》说："其国人行贾，往往至扶南、日南、交趾。其南徼诸国人，少有到大秦者。"这些话是颇有事实根据的。中南半岛各地是罗马商人常到的终点站。罗马商人和印度商船不断开赴中国管辖下的日南、交趾，招引中国航海家和海外贸易商闯过阿拉伯海，开辟了直到阿杜利港的新航线。和交、广人士前往红海的相比，罗马商人东来的要多得多，大部分都从埃及的米渥斯·霍尔莫斯、贝伦尼塞，埃塞俄比亚的阿杜利或也门的奥赛里斯出发，到克拉地峡或柬埔寨、越南经商。那些地方到红海去的商人虽然很少，但还是有一些番禺（广州）、合浦、徐闻等地的贸易商，历尽艰辛，冒险西渡茫茫大海，到红海彼岸登临异国的土地，至少比从中南半岛出发到罗马世界去的要多些。在东渡中国的亚历山大商人中，昔兰尼富商由于进入中国南方孙吴政权的首都而成为突出的一例。孙权非常赞同和昔兰尼的通商，他决定派刘咸去考察这个对中国来说还是非常陌生的新世界。刘咸既奉命护送秦论回国，乘的当然是中国船。可惜刘咸中途死亡，大概没有闯出南海，结果中国使者乘坐本国海舶，冲破惊涛骇浪寻访非洲，西使阿杜利或昔兰尼的计划遭到夭折。这是继 97 年甘英出使条支，准备前往亚历山大里亚的使命未能实现之后又一次未获成功的出使非洲的行动。

吴晋之际，亚历山大商人接踵而至，大多只到交州、广州。他们乘坐的船只大约都是中国的大帆船。281 年有罗马商人到广州。284 年的一次，罗马商人的足迹可能一直到了西晋的都城洛阳。281 年到达广州的亚历山大商人带来的各种珍宝中，最引起注

---

① 斯摩尔胡特：《托勒密和罗马时期埃及、昔兰尼加的犹太人》（E. M. Smallwood，The Jews in Egypt and Cyrenaica during the Ptolemaic and Roman periods），参见汤普逊等编：《古代非洲》（Thompson and Ferguson，Africa in classical antiquity），伊巴丹，1969 年。

意的是石棉制作的火浣布。当初在广州的殷巨曾作《奇布赋》颂扬。《奇布赋序》说：“惟泰康二年，安南将军广州牧腾侯作镇南方，予时承乏，忝备下僚。俄而大秦国奉献琛，来经于州。众宝既丽，火布尤奇，乃作赋。”（《艺文类聚》卷八十五）火浣布在汉魏时不断从西北传入，古代以为奇宝，东汉豪门梁冀、东晋贵胄石崇各以火浣布争胜比富。正始、嘉平年间（240—254年），西域使者向魏王曹芳献火浣布，打破了曹丕《典论》中否认有火浣布存在的谬论，曹芳只得下令将立在太庙门外和太学里石刻《典论》碑文的这段话删除。从西北传入的火浣布，据说来自昆仑山附近的火焰山。老普林尼（XXXVII，54，156）告诉我们，这种布出在阿卡迪亚和印度。这印度也许正是埃塞俄比亚，因为直到6世纪，埃及希腊教会人士还以非洲之角为印度①。3世纪时来自海外的信息增多，于是火浣布又成了马鲁古群岛（五马洲）以东的产物（《通典》卷一八八引《扶南土俗》），或以为来自孟加拉湾（《太平御览》卷八六八引《玄中记》），比较明确的则说产在斯里兰卡（斯调国）以南的火洲(《南州异物志》，又《三国志》卷四裴注）。总而言之，亚历山大商人沿途进行买卖，埃塞俄比亚的火浣布也成了他们到中国来换取丝绸的资本。

亚历山大商人还从中国东南沿海贩运蜜香树皮纸。284年到达中国的罗马商人所赠礼物中的蜜香纸，是以蜜香树皮叶做成的南方特产上等书写纸。《南方草木状》卷中介绍这种纸：“蜜香纸以蜜香树皮叶作之。微褐色，有纹如鱼子，极香而坚韧，水渍之不溃烂。泰康五年，大秦献三万幅。帝以万幅赐镇南大将军当阳侯杜预，令写所撰《春秋释例》及《经传集解》以进。”蜜香纸用广东和越南北部所产蜜香树皮纸浆制成。蜜香属瑞香科常绿乔木，一名木蜜（Hovenia dulcis）②。11世纪苏颂的《图经本草》说，蜜香出海南诸国和交、广、崖州。蜜香纸是3世纪起中国南方早就生产的上等色纸，和《拾遗记》卷九中的侧理纸同样都是艺术加工纸。侧理纸也是在晋初由晋武帝赐给张华书写《博物志》的，同是南方出产。以水苔做成的青绿色纸，由于苔名“涉厘”，纸有纵横斜侧的纹理，才讹称侧理。基本用料仍是麻料、皮料，另外加上少量有色纤维状物质作填料制成纸浆。蜜香纸也和侧理纸一样，用相仿的方法制成。罗马商人在到达中国沿海后，就地以重金选购，当作献礼送到洛阳。蜜香纸既然名贵，便被

---

① 4世纪下半叶鲁菲纳（Rufinus）所讲故事中的印度便是埃塞俄比亚。参见琼斯：《埃塞俄比亚史》（A. H. M. Jones，A history of Ethiopia），牛津，1960年，第26－27页。6世纪末罗马史家约翰·梅勒（John Malela）还称阿克苏姆人为印度人，参见玉尔、柯提埃编：《中国道程志》（H. Yule & H. Cordier，Cathay and the way thither），第1卷，伦敦，1913年，第213页。

② 蜜香和别名木蜜香的木香（Aucklandia costus）不同，李时珍误以为木香本名蜜香，以木蜜和木香为一物（《本草纲目》卷十四）。

赐给杜预写作专著之用，它的纸质比流行的麻纸、楮纸优胜多多。这种纸胜过埃及使用的苇纸，罗马商人难保在返国时也运去一些。

昔兰尼商人到达建业，亚历山大商人进谒洛阳，不过是3世纪埃及对华贸易极盛时期相互往来中突出的典例。当时罗马商人频繁出入广州和交州，中国南方和红海之间的海上交通也进入了一个空前活跃的新时期。

埃及的东方贸易，最后由于帝国内外矛盾的尖锐而逐渐衰退。同时罗马的商业对手也越来越多，波斯人，特别是阿克苏姆人终于从罗马人那里夺取了对印贸易的优势，在4世纪中控制了也门，霸占了红海的出海口。埃及东方贸易的繁荣时期也在4世纪告终，其中的一个标志是，底比斯附近曼达莫（Medamut）铭文中提到托勒密港的船主和商人协会，从公元前3世纪成立后一直继续到3世纪为止①。中国境内五胡十六国的形成，塔里木河的改道和楼兰道的废弃，云南东部割据政权的出现，云南西部永昌成为“有名无民，曰空荒不立”（《南齐书·州郡志》）的地区，都发生在同一时期，对于中国丝绢的西运产生了一定的影响。而埃及和黎凡特对进口丝帛缣素需要量的下降，更是一个极其重要的因素。但尽管这样，埃及东方贸易的税收系统仍然维持到5世纪才宣告结束，海上的对华贸易大约也要迟到这时才完全中止。

---

① 罗斯托夫采夫：《罗马帝国社会经济史》（M. I. Rostovtzeff, The social and economic history of the Roman Empire），第1卷，牛津，1957年，第157页。

第四章 中国古史上的非洲之角

第一节　肉桂国和索马里香的输出

曼德海峡以南的非洲海岸向东延伸，突出在印度洋中，素有“非洲之角”的称呼。非洲之角不但是索马里的专用名称，也常常兼包埃塞俄比亚在内。瓜达富伊角附近香草香木丛生，久有“香角”之称。周围居民原是黑人，又名“桑给角”。公元前 15 世纪，邦特国便以出产肉桂、没药吸引了埃及女王派出船队前去取宝。

邦特国的肉桂是从哪里运去的呢？因为肉桂（Cinnamomum loureirii）这种樟科常绿乔木并不生长在红海两岸，而中国正是肉桂的原产地。肉桂又称牡桂。肉桂的波斯语叫“中国木”（dār-čīnī，dār-čīn），阿拉伯语 dār-sīnī 也是同样的意思。中国的肉桂有 16 门，桂共有 13 门，品种之多胜过印度。桂产于中国南方，《说文解字》说：“桂，江南木，百药之长。”《广志》以“桂出合浦”，合浦早就是航行南海的港口。公元前 5 世纪前，通过印度洋海流的媒介，肉桂便植根阿拉伯香岸，希罗多德（III，107）因此以为肉桂和桂皮（Cinnamomum cassia）出在阿拉伯半岛南部。后来罗马作家又把肉桂当作亚丁湾两岸的特产。

肉桂这种珍贵香木的产地引起了西方的注意。公元前 4 世纪克泰西斯的《印度记》

中有一个专称肉桂的 karpion[①]，这个词借自泰米尔—马来耶拉语的 karppu 或 karuppa，等于梵语的 karpura[②]。到公元前 3 世纪末，希腊地理学家埃拉托色尼（Eratothenes，前 276—前 194 年）便知道南方有个肉桂国。

希腊、罗马时代盛传的肉桂国（Cinnamomifera regio），照史特拉波（XV，iv，19；XVI，iv，25；XV，i，22）的论述，是在印度洋最南端的居住地，这地方是斯里兰卡。斯里兰卡不仅土产一种锡兰肉桂（Cinnamomum zeylanicum），而且在公元前后，还是印度洋海上交通枢纽，中国肉桂也一定通过这里运到亚丁湾两岸。因此不但史特拉波以为肉桂产在沙比、埃塞俄比亚和南印度，而且在普林尼（XII，42）笔下埃塞俄比亚也是肉桂产地。托勒密《地理学》中的肉桂国同样也在青尼罗河和白尼罗河分流的地方[③]。早有人认为，邦特国的肉桂是从印度、斯里兰卡和中国运进索马里沿海后，再和桂皮相混，然后进入阿拉伯和埃及[④]。这些桂树后来在索马里已经不复存在。在公元前后，索马里的肉桂转运港是塔坂（Tabae），现在的钦那里夫角[⑤]，因此钦那里夫角可说是中国和索马里最早有过间接联系的港口。

索马里盛产香脂、香膏，罗马时代香角之名已遐迩俱闻了。中国和非洲之角最早的联系，正是通过香药贸易开始的。唐代以前，非洲香药运往中国，大部分都要经由也门的希米雅尔人转手。

从公元前 2 世纪到 7 世纪为止，运到中国的索马里香药有十种。

没药是最早传入中国的索马里香，初名精祇香。这种自古以来用途极广的药用植物，主要出产在索马里的黑人国，是索马里出产最多的香脂。希腊作家称黑人国为没药国。埃及第五王朝法老萨胡拉派出的船队从邦特国运走的没药便有 8 万品特，还有 2600 株奇木和 6000 磅金银。这种药用树脂、树胶从树皮裂隙自然渗出，也可人工切伤，取得黄色乳液，干燥后成红棕色硬块或颗粒，也有呈褐色的。质脆，断面有白色

---

① 马克·林德：《克泰西斯笔下的古印度》（Mc Crindle，Ancient India as described by Ktesias the Knidian），加尔各答，1882 年，第 29 页。

② 卡德威尔、柯克、艾柯克、查尔士胡司合编：《达罗毗荼语语法》（R. Caldwell，S. A. Cook，F. E. Adcock，M. P. Charlesworth，A comparative grammar of the Dravidian language），马德拉斯，1956 年，第 105 页。

③ 汤姆逊：《古代地理学史》（J. O. Thomson，History of ancient geography），剑桥，1948 年。

④ 索夫注：《厄立特里海环航记》（W. H. Schoff，The periplus of the Erythraean Sea），纽约，1912 年，第 82－84 页；罗卡斯：《古埃及工矿》（A. Lucas，Ancient Egyptian materials and industries），伦敦，1948 年，第 353－354 页。

⑤ 索夫注：《厄立特里海环航记》（W. H. Schoff，The periplus of the Erythraean Sea），纽约，1912 年，第 23 页。

斑点或纹理，小片半透明，具有特殊芳香，味苦黏舌。埃塞俄比亚北部、阿拉伯南部所产没药略逊于索马里。托勒密地图上的没药国，相当于奥加登附近的非洲之角。亚丁湾南岸和哈丰角附近自古出口没药，《厄立特里海环航记》（34，35）指出巴巴拉海岸的阿维里（泽拉）、马罗（柏培拉）、曼德斯（海伊斯）都是输出没药的地方。公元初运到中国的没药，多来自马罗和阿杜利。波斯、阿富汗和五河流域是最初向中国输送没药的三条途径。《海药本草》卷三引徐表《南州记》：“（没药）生波斯国，是彼处松脂也，状如神香（龙涎香——引者），赤黑色，味苦、辛，温，无毒。”史特拉波（XV，ii，3）提到波斯湾北岸格德罗西亚出产没药，但现代植物学家却并未在当地发现过这种植物，因而有人怀疑古代波斯没药只是不同的密儿拉属植物 Balsamodendron mukul，Balsamodendron pubescens①。但波斯无疑是最早转运没药的国家。也有说没药产在漕国和罽宾，伊朗南道和五河流域也是转运没药的另外两条路径。

苏合香、苏合油自汉代以来已分别从叙利亚和阿拉伯运入。班超在西域，已应内地需要，用杂彩700匹到月氏购买苏合香。索马里是出产苏合香的地方。古代的苏合香来源已很复杂，有一些是从小亚细亚出产的枫香树属（Liquidambar orientale）的树皮加热后榨取，另外一些从东南亚生长的阿丁枫（Liquidambar altingiana）中提取，并非都从阿拉伯香岸和索马里出产的野茉莉属植物的芳香分泌物炼制②。这种野茉莉属植物很早便已移栽到黎凡特各地了。野茉莉属的苏合香，它的功用远不止杀菌止炎，还有开窍醒脑的功效，能治瘴疟及惊痫、气塞、痰壅等猝然昏厥的病症。

狄提香，由以盛产上等芦荟著名的索科特拉岛的希腊名字而得名。芦荟（Aloe vulgaris，etc.）是百合科常绿植物中一种属类十分复杂的热带植物，约有90种之多，以赤道非洲和南非出产最多。在索马里，芦荟属植物主要分布在亚丁湾南岸常绿灌丛和西南部谢贝利河、朱巴河广大的旱生疏林和旱季落叶多刺树林区。东非芦荟茎高一二尺，移植埃及的历史极久，用叶基部入药，功效有泻下、清热、杀虫。

迷迷香，一作迷迭香，也是索马里北部的香。

薰陆，乳香的异名。索马里是仅次于佐法尔、香岸的乳香三大产地之一。乳香初入中国，只知取名薰陆。薰陆是橄榄科小乔木，茎干高达六七米，奇数羽状复叶，小叶锯齿，一名齿叶乳香，开白色或淡红色花。茎部渗出的树脂像滴乳，凝固后成乳香。埃及最初在第六王朝时由南方黑人部落运入的乳香，是生长在苏丹东部伽拉巴附近和

① 劳费尔：《中国伊朗编》（B. Laufer，Sino-Iranica，Chinese contributions to the history of civilization in ancient Iran），芝加哥，1919年，第462页。

② 汉伯里：《科学文集》（D. Hambury，Science papers），伦敦，1876年，第129页。

埃塞俄比亚各地的乳香变种 Commiphora pedunculata①。邦特国在公元前 16 世纪的埃及碑铭中已被称为乳香国。乳香，色白，埃及第十二王朝哈里斯苇纸中称为白香，希伯来语、阿拉伯语、希腊语均解作乳白。罗马时代索马里乳香已在亚丁湾南岸各港大量运出，《厄立特里海环航记》说马罗（柏培拉）、曼德斯（海伊斯港）、阿开纳（乌罗雷港）和哈丰角以北的塔坂（钦那里夫角）都出口乳香。索马里从三种乳香属植物提取香脂，索马里语分别称作贝奥（Boswellia bhandajana）、迈迪（Boswellia freereana）和梅迪（Boswellia carteri），以梅迪树产量最大。这种梅迪树也是南阿拉伯所产的乳香。埃及第十八王朝哈脱舍普苏女王从邦特国运去的乳香，正是这种梅迪树②。

安息香，古代的安息香并非 Styrax officinalis，而是密儿拉属的 Balsamodendron africanum。古代把安息香当作芸胶，它真正的产地是非洲之角，后来因为波斯人贩运，被误作波斯物产。《酉阳杂俎》卷十八说："安息香树出波斯国，波斯呼为辟邪树。长三丈，皮色黄黑，叶有四角，经寒不凋。二月开花，黄色，花心微碧，不结实。刻其树皮，其胶如饴，名安息香。六七月坚凝乃取之，烧之通神明，辟众恶。"便是这种非洲乔木的写实。《十洲记》对索科特拉岛（Dvipa Sukhatara）上的返魂树熬炼的求求罗香，有非常逼真的描述。书中所记索科特拉岛译作聚窟洲："聚窟洲在西海中……上有大山，形似人鸟之象，因名之为人鸟山。山多大树，与枫木相类，而花叶香闻数百里，名为返魂树。"用返魂树根在玉釜中煮汁，再以温火熬煎成黑饴制成丸药，称为惊精香，或名震灵丸，又叫返生香或却死香。传说"香气闻数百里，死者在地闻香气乃却活"。惊精香在延和六年由西胡月氏国使者进赠四两，形状"大如鸾卵，黑如桑葚"。延和六年大约是建和元年（147 年）之误。聚窟洲人鸟山，是索科特拉岛上的海格山，岛上遍生香木，在印度洋彼岸是个神奇的香国。安息香传说在汉武帝时也已有了，那时弱水西国使者献香，"大如鸾卵，三枚，与枣相似"（张华《博物志》）。当时未受重视。后来长安瘟疫流行，宫中传疫，烧香一枚，病者登日痊愈，百里闻香，三月不歇。安息香都由波斯、印度转运，并非纯香，但多半仍从 Balsamodendron africanum 提出③。索马里以外，还有从苏丹来的安息香，称加富尔香（Gafal resin），是种带黄色的浅褐

---

① 布莱斯特：《埃及古文献》（J. H. Breasted，Ancient records of Egypt），第 1 卷，芝加哥，1906 年，第 336 页，第 369 页。

② 纳费尔说是 boswellia carteri，但又以为是佐法尔所产。参见纳费尔：《德尔·巴哈里神庙》（E. Naville，The temple of Deir el-Bahari），第 3 卷，伦敦，1894 年，第 288 页。

③ 夏德、柔克义：《赵汝适：他关于 12、13 世纪中国—阿拉伯贸易的著作〈诸蕃志〉，翻译并注释》（F. Hirth，W. Rockhill，Chau Ju-kua：his work on the Chinese and Arab trade in the twelfth and thirteenth centuries，entitled Chu-fan-chï，traduit et annoté），载于《通报》（T'oung Pao），1912 年，第 480 页。

色或深褐色半透明树脂。

阿拉伯胶，《魏略》以芸胶的名目将它和安息胶（安息香）一起列入大秦物产，《广志》又称黑胶。宋代仍称芸胶，不再兼指安息香。汉武帝时西海国所进续弦胶四两（《十洲记·凤麟洲》）是这种胶。索马里南北都有出产。索马里出产的金合欢属塞伊耳相思树（Acacia seyal）脂，也是芸胶的一种。

薰草，也是索马里出产的香草。

上述八种香药中，只有乳香和苏合香在阿拉伯南部也有出产。这些香脂、香膏都是索马里出产，在 2—3 世纪时已经成批运到中国的。索马里香膏运到中国后，不仅充作统治阶层奢靡生活中的装饰和薰香料，而且也供给日常生活中照明、医疗之用，为中国提供了新药。

比这八种香药略迟一些，在唐代以前传入中国的索马里香，还有木香和血竭。

木香（Aucklandia costus），是一种菊科多年生宿根草，根供药用。木香本来产在阿拉伯香岸、佐法尔和索马里沿海(《诸蕃志》卷下木香条)。汉代木香又名木蜜香，“味辛温，无毒，治邪气，辟毒疫……生永昌山谷”（《太平御览》卷九九一引《本草经》)，又常和青木香（马兜铃科多年生蔓草马兜铃的根）相通用。古人虽知两者不同，而常归入一类。4 世纪中叶永昌一道被阻塞后，木香多从海上运进。陶弘景《名医别录》论述木香：“此即青木香也。永昌不复贡，今皆从外国舶上来，云大秦国以疗毒肿消恶气有验，今皆用之。”(《太平御览》卷九九一引)① 木香很早就从阿拉伯、索马里运进。《图经本草》说到除了“根窠大类茄子，叶似羊蹄而长大”的索马里木香外，“亦有如山药而根大，开紫花者，不拘时月，采根芽为药，以其形如枯骨、味苦粘牙者为良。江淮间亦有此种，名土青木香，不堪药用。《蜀本草》言，孟昶苑中亦尝种之，云苗高三四尺，叶长八九寸，皱软而有毛，开黄花，恐亦是土木香种也”（《本草纲目》卷十四引)。《图经本草》中的土青木香，实际不仅指马兜铃（Aristolochia debilis）的根，还兼指川木香（Inula helenium)。木香的植物形态和青木香（土木香）不同。木香茎高 1 ~ 2 米，叶互生，心脏形，有网形脉和绒毛，基部叶具大锯齿缘，7 ~ 8 月开黄花，呈头状花序。有圆柱或圆锥形根，多分歧，外皮灰黄或浅棕，内部灰褐色。而马兜铃则山野自生，茎蔓纤细平滑，叶互生，呈三角状心形，7 ~ 8 月开筒状紫绿色花。木香原产印度洋西部沿海，《厄立特里海环航记》中的巴巴拉海岸（索马里北部）便以出口乳香、木香著称。狄奥斯柯立提时，已知阿拉伯、叙利亚、印度三种木香。印

① 《本草纲目》卷十四引陶弘景，后句与上述《太平御览》所引不同：“乃云出大秦国，今皆以合香，不入药用。”《唐本草》对此提出异议，说木香“功用极多，陶云不入药用，非也”。

度出产一种白花木香，在《金光明经》中称矩瑟佗香（kustha）。五河流域有野生的多年生草本，所以有认克什米尔是原产地的。《南州异物志》也以为木香“出天竺”。但梵语名称不一定早于阿拉伯语中的 kust，而拉丁语 costus 确是出于阿拉伯语。唐代以前，从西北陆路运进的木香，或称五香(《三洞珠囊》)、五木香（《乐府诗集》)。从索马里和阿拉伯输入中国的木香，往往经过波斯、漕国，所以《北史》《隋书》都说波斯和漕国出木香。从海上直接运到中国南方的大多是阿拉伯木香，又称昆仑木香，是由于经过泰国南部昆仑国的转运。在4—5 世纪时，索马里木香已在中国享有盛名了。

另一种香药血竭（Dracaena schizantha，Dracaena cinnabari)，多生东非，但来源复杂，大多是百合科龙血树属（Dracaena）热带灌木所产树脂。常见的龙血树属，是分布在索马里北部瓦尔桑热利—米朱提尼亚山坡和山顶的常绿灌丛。血竭也是索科特拉岛的特产。东非和赤道非洲所产豆科紫檀属（Pterocarpus）血竭最为名贵。

血竭，一作血碣，本名骐驎竭、麒麟竭。5 世纪时血竭初运到中国南方，人们还分不清它和紫铆（紫矿，Laccifer lacca）的区别，通称为麒麟竭。李珣《海药本草》引裴驷《广州记》说：“紫铆生南海山谷，其树（Butea frondosa）紫赤色，是木中津液结成，可作胡胭脂，余滓则玉作家用之。骐驎竭乃紫铆树之脂也。”（《本草纲目》卷三十九引）5 世纪时的裴驷只知道血竭来自海上，结论是紫铆树脂。7 世纪中叶苏敬《唐本草》才指出两者的不同：“紫铆树名渴廪（katir)，骐驎竭树名渴留（kino)。正如蜂造蜜也，研取用之，《吴录》所谓赤胶是也。”（《本草纲目》卷三十九引）赤胶既有紫铆树脂，又有麒麟竭。紫铆是球虫类一种叫紫矿虫（Tachardia lacca）的介壳虫在紫矿树、菩提树（Ficus religinosa)、柳豆树（Cajanus indicus）的小枝刺吸树脂，再分泌出含大量树脂、小量硬腊和虫胶酸的香脂①，并非血竭。苏敬所知的麒麟竭原名渴留，源出斯瓦希里语，专指豆科紫檀属植物所产血竭。这种血竭十分名贵，只产在索马里和赤道非洲，译名麒麟竭可算音义两佳。因为血竭凝块都具细小蜂窝状，和传说中麒麟的鳞皮相似，而麒麟和阿拉伯语树脂（katir）的音译渴廪相近。在马来—玻里尼西亚语系中［t］和［l］、［r］常有音转关系，闽粤语译［r］尾音多作［n］，katir 可读如 kalin（渴廪)。麒麟竭的译名和东非的血竭不但音形相似，而且动物的麒麟和树脂的麒麟都出在东非，顾名思义，点出了麒麟竭的老家正是印度洋彼岸的非洲之角。

麒麟竭在 5 世纪时之所以还被当作紫矿树脂，是由于最早称作紫矿的不仅有紫矿树脂，而且也包括那些来自东南亚各地的藤椰属植物（Daemonorops draco）的赤色树

① 参见布吉尔：《马来半岛经济作物辞典》（I. H. Burkill，A dictionary of the economic products of the Malay Peninsula)，伦敦，1935 年，第 1290 页。

脂，是常常呈圆形或扁圆形的块状干燥品，并有小米大小的蜂窝眼，犹如鳞皮，也就是明代所称的假血竭。根据《吴录》，最早输入的东非血竭是3世纪时的赤胶，但当初难以和紫矿相别，直到5世纪时还分辨不清，于是采用了麒麟竭一名作为两者的通称。直到9世纪时，血竭仍和紫矿相混。段成式《酉阳杂俎》卷四还提到仍建国（索马里南部）“以紫矿泥地”。仍建国的“紫矿”，当然便是索马里树胶的血竭了。9世纪时，麒麟竭还被当作紫矿树脂的别名。10世纪后，麒麟竭的名称随着对东非血竭鉴别的精细化，才专门用来称呼索马里血竭。由于色泽红艳，所以又称血竭。但直到《本草纲目》，作者仍在传播旧日的误解：“按张勃《吴录》云，九真……有土，赤色如胶……以木枝插其上，则蚁缘而上，生漆凝结，如螳螂螵蛸子之状。人折漆以染絮物，其色正赤，谓之蚁漆赤絮，此即紫铆也。血竭乃其树之脂膏。”（《本草纲目》卷三十九）由于东南亚出产的紫矿常和血竭相混，所以从3世纪输入中国南方的索马里血竭便长期难以分辨了。

上述十种香药，最初大都由波斯湾通过伊朗南北两道，又或经过五河流域的贵霜帝国，取道葱岭进入中国。同一时期，特别是3世纪中非通航以后，许多索马里香药也经过海上转运到南方的交州或广州。在古代香药贸易中，来自非洲之角的上等香脂、香膏被当作珍贵的异宝，受到国内的重视。

第二节　阿克苏姆的印度洋贸易

罗马东方贸易的衰落，根本原因在于帝国内部阶级矛盾和民族矛盾的尖锐，并导致了285年帝国的分裂，但也在一定程度上和红海地区出现了一个贸易上的强大对手阿克苏姆王国难以分开。红海沿岸居住在厄立特里亚的哈巴沙人的海港阿杜利，在来自也门的希米雅尔移民的推动下，到了罗马印度洋贸易的盛期，它在转口贸易上的重要性已不亚于阿拉伯半岛上那些著名海港莫札、奥赛里斯和亚丁了。

红海在埃塞俄比亚和阿拉伯半岛之间，并未造成天然的障碍，移民成群结队渡过海洋，来到非洲。居住在埃塞俄比亚高原和厄立特里亚沿海的哈巴沙人，在公元前10世纪以后，阿拉伯半岛的闪族移民迁入以前，便拥有自己的民族文化。红海对岸南阿拉伯文明的影响，在公元前4世纪有了显著的进展，厄立特里亚的古城叶哈和马塔拉的出土文物证实了这一点。在叶哈的出土物中，有公元前4世纪的沙比碑铭，年代的古老超过了目前在阿拉伯所能找到的沙比碑文。

埃塞俄比亚最初知道中国，反映在那些关于马其顿的亚历山大的充满神奇色彩的传说里。在这些故事里，就像波斯诗人费尔多西（al-Firdawsi，935—1025 年）的长诗《列王纪》中叙述的那样，亚历山大自己以使节的身份前往中国。埃塞俄比亚的传说非常有趣地描述了亚历山大在中国受到的隆重接待：“中国国王派人在金质的长椅上铺上贵重的垫子，长椅上嵌着各色珠宝，饰有镂金图案。”故事还讲道，中国国王请亚历山大和他并坐在长椅上，最后向亚历山大馈赠了丰厚的礼物。有重 100 磅的精致衣料，200 个帐幕和男女仆人，200 件象皮盾牌，200 把镶金的上面嵌有贵重金石的印度剑，200 匹帝王乘骑的良马，还有 1000 担优质的金银。因为在这个国家里有山，山里可以采金，城墙是金子筑成的，居民的房子也是金子盖的。据说大卫的儿子所罗门就是从这里取得金子建造圣堂的，他的器皿和盾牌都是用中国金子制的①。

埃塞俄比亚传说的亚历山大故事，显然出于自称为所罗门后裔的阿克苏姆所罗门王朝文人的手笔。故事中的中国，是居住在阿尔泰山产金区附近的匈奴游牧王国，他们和中国内地关系密切，中原地区华丽的丝织物便是通过他们转入希腊的。哈巴沙人最初知道中国，是因为那里盛产黄金和精美绝伦的锦绮纱罗。自从亚历山大东征，希腊人征服了锡尔河上游地区后，居住在红海西岸的哈巴沙人便开始向慕中国这个富饶的远国了。

埃及是哈巴沙人另一个重要的联系对象。从埃塞俄比亚高原北部通往努比亚和尼罗河谷的商路，就在阿杜利港以西的大陆附近展开。虽然公元前 4 世纪以来，哈巴沙人不断受到苏丹境内麦洛埃的库施国家的攻击，但他们吸取了阿拉伯和麦洛埃的制铁技术，积极参与红海贸易。在埃及扩大它和印度的商业来往时，哈巴沙人以阿克苏姆为中心在部族联盟的基础上建立了统一的国家。公元前 115 年，希米雅尔王国代替沙比王国操纵了红海贸易，从那时起，阿克苏姆和希米雅尔都开始成为埃及和中国丝绸贸易的转运基地。100 年，阿杜利和莫札使者奔赴洛阳，给以后中非关系的发展奠定了牢固的基础。

3 世纪时希米雅尔王国在混战中占领了沙比人的国土，控制了亚丁湾和地中海间的香料之路，一跃而成为南阿拉伯最强大的统治者。阿克苏姆的势力就此伸到了也门。4 世纪初，希米雅尔便成为阿克苏姆王国的一部分了。

埃拉·阿米达（Ella Amida）统治时期，阿克苏姆和拜占庭通过基督教使双方的关系获得了改善。从叙利亚漂泊到阿克苏姆的基督教徒弗鲁门蒂斯成了埃拉·阿米达的宠臣，并在 4 世纪初，受到亚历山大总主教圣·阿塔纳休斯的授命，就任阿克苏姆的

---

① 本格：《亚历山大事迹》（E. A. W. Budge，The life and exploits of Alexander the Great），伦敦，1896 年，第 173－179 页。

第一任大主教。

在继承埃拉·阿米达的埃札纳（Ella Ezana，330—356 年在位）执政后，阿克苏姆进入了欣欣向荣的新时期。埃札纳决意控制希米雅尔，以抵制萨珊波斯势力的西进。萨珊波斯积极发展海上势力，和阿克苏姆争夺红海贸易，威胁着拜占庭和印度的丝绸、香料贸易。波斯王纳尔赛（Narseh，293—302 年在位）开始兼称"桑特非洲王"，在香角附近移民，在索科特拉建立祆教庙宇。波斯通过莱赫米人，对希米雅尔王族威胁利诱，以便把希米雅尔纳入势力圈。波斯的船只常到斯里兰卡，那里有波斯的移民，中国的丝货也逐渐成为波斯商舶经营的项目，甚至阿杜利港也有波斯船出入。埃札纳依靠希米雅尔的支持，不但统一了提格雷的北部和东部，而且最后战胜了尼罗河谷地的库施国家，在 339 年，将麦洛埃变成阿克苏姆王国的一部分①。然后哈巴沙人渡过海湾，挥戈东征，在 340—378 年间完全占领了希米雅尔、拉丹和萨伦。阿克苏姆一跃而成为跨越红海东西两岸的基督教海上强国。阿杜利港替代贝伦尼塞和莫札，在红海和阿拉伯海域各港中列居首位。君士坦丁一世（Constantine I，306—337 年在位）统治拜占庭后，埃及船只在红海经常遭到厄立特里亚和拉达克群岛的埃塞俄比亚人的袭击，也显示出阿克苏姆通过海上扩张和商业活动，控制了红海和亚丁湾附近地区的印度洋航业。阿克苏姆的船队曾远赴南印度和斯里兰卡。

随着海上势力的扩展，阿克苏姆这个在 4 世纪上半叶才皈依基督教的王国，由于传统信奉海神而得到了摩邻国的称号。摩邻国是信奉海神 mahram 的阿克苏姆国家。根据埃札纳铭文，当时信奉基督教的阿克苏姆人，仍然保持着土生土长的原始拜物教。提格雷的阿克苏姆人和厄立特里亚北部的萨霍人最早崇拜的是树木、水和海洋，还有蛇神。海洋和树木对阿克苏姆人都是生命的象征，所以滨海地区有"厄立特里亚"之称，意思就是"大海之王的国土"。到了 6 世纪时，希腊船大多只到阿杜利为止，很少越过曼德海峡到亚丁湾。阿拉伯的海上力量逐渐被阿克苏姆替代②，由阿克苏姆和希米雅尔船只到南印度和斯里兰卡去接运中国丝绢和东方珍货。

圣-安布卢瓦兹（Saint-Ambroise，340—397 年）在他的著作的拉丁文译本中讲道，4 世纪末，在阿克苏姆称霸海上时期，阿杜利的主教莫塞斯（Mouseus）曾到印度去游历婆罗门世界，随后，他又向北跑遍了整个赛勒斯国。"他曾写道：那里不仅有长满树叶的森林，而且还出产一种细羊毛，被人们用来裁缝一种叫赛勒斯的服装（指丝

① 杜汉姆：《库施王陵》（D. Dunham，The royal cemeteries of Cush），Ⅳ，波士顿，1957 年，第 7 页。

② 波里：《后期罗马帝国史》（J. B. Bury，A history of the later Roman Empire），第 2 卷，伦敦，1923 年，第 316 – 333 页。

衣——引者)。他在那里见到一根美观的石柱,上面刻有题铭:'我,亚历山大,曾抵达此处。'"① 据巴拉迪斯(Palladius,365—430年)的《论婆罗门教》一书,作者(伪托加利斯特纳)曾在年轻时随同阿杜利主教莫塞斯去过印度。他本人虽未到过中国,但相信莫塞斯在赛勒斯的见闻完全可靠,因而认为"亚历山大虽未渡越恒河,但却一直挺进到赛勒斯人纺织丝绸的赛勒斯国。因为在那里竖有一根石柱,亚历山大在此写道:'我,马其顿国王亚历山大,曾抵达此处。'"(Ⅲ,7)②。亚历山大建立石柱的地方,应该在葱岭以西的乌孙故地,后来在公元前103年李广利征服大宛后正式归属中国。阿杜利人经印度到过那里,是史有明文了。

从阿杜利运往中国的非洲土产中,有达拉克明月珠、红海珊瑚、上等棉布发陆布、乌文木、厄立特里亚没药,还有象牙、犀角、玳瑁和麒麟。

象牙是非洲向全世界供应的重要出口货。非洲自古以出产大象牙著名。非洲象(Elephas africanus)雌、雄都有发达象牙,而印度象(Elephas maximus)仅雄象有大象牙。非洲象牙长可达2.5米,重70~75千克。从埃塞俄比亚沿着亚丁湾南下,非洲沿海各地都以内地出产的象牙和犀角输出到也门、波斯湾和印度。在《厄立特里海环航记》中,象牙已列入阿札尼亚(东非海岸)的重要出产。厄立特里亚的阿杜利港,是非洲东部地区最大的象牙输出港。《厄立特里海环航记》(117)说,所有象牙都从内地或沿海各地运往阿杜利港。又说,东非各港虽都出口象牙,但质量都不如阿杜利港的。6世纪初到过埃塞俄比亚和印度的科司莫斯,已能识别印度象和非洲象的不同。他对埃塞俄比亚大象牙大加赞赏:"印度的象都没有大牙,有大牙的,当地人也常截去,便于在战争中使用。埃塞俄比亚人并且知道驯象。国王为了观赏游览而养象,常派人捕捉幼象,善加抚养。埃塞俄比亚产象极多,都有大象牙。象牙由埃塞俄比亚经海道运往波斯、希米雅尔和罗马等地,甚至运到印度。"③ 其中必定早有从印度转运来华的。

犀角,和象牙一样,是热带国家的贵重物产。在古代,"犀牛皮角"和"象牙骨"常代表南方珍异④。据《厄立特里海环航记》,阿杜利在公元初就是著名的犀角、象牙

① 戈岱司:《希腊拉丁作家远东古文献辑录》(George Cœdès, Textes d'auteurs grecs et latins relatifs á l'Extrême-Orient),中译本,中华书局,1987年,第100-101页。

② 戈岱司:《希腊拉丁作家远东古文献辑录》(George Cœdès, Textes d'auteurs grecs et latins relatifs á l'Extrême-Orient),中译本,中华书局,1987年,第99页。

③ 科司莫斯:《基督教列国志》(Cosmas, The Christian topography),英译本,伦敦,1897年,第373页。

④ 郭璞注,邢昺疏:《尔雅注疏·释地第九》。

输出港。《厄立特里海环航记》还说，东非出产的犀角、玳瑁，不同于印度，尤其珍贵[①]。犀也产于东南亚和印度，不过印度犀（Rhinoceros unicornis）和爪哇犀（Rhinoceros sondaicus）都是单角，非洲犀有双角。犀角长可逾尺，埃塞俄比亚区的双角犀（Rhinoceros bicornis）常在夜间活动，以食植物根叶和树枝为生。《魏略》说大秦多骇鸡犀。骇鸡犀又称通天犀，“骇鸡”二字语出梵文的犀 khadga[②]，南方人附会通天犀角可盛米，骇退群鸡，才名骇鸡犀(《抱朴子・登涉篇》)。犀角在汉代已用作重要的解毒药，5—6 世纪时以之消疫、解热、治疗伤寒。

玳瑁（Eretmochelys imbricata），产区很广，南海和印度洋各地沿海都有出产。红海附近出产玳瑁，以达拉克最有名，索马里沿海自古盛产此物。《厄立特里海环航记》中阿杜利、阿维里（泽拉）、莫西勒（Ras Hantara）和奥巴纳（Opone，哈丰角）都出口玳瑁。哈丰角的出品尤其名贵，胜过其他各地[③]。《魏略》既将玳瑁和象牙、犀角一起列入大秦物产，古代一定也有产品传入中国。

从非洲之角很早运到中国的还有麒麟。麒麟从名称上就和长颈鹿相连。索马里语中的长颈鹿（giri，gerrin）正好和中国古代的神兽麒麟相合，似乎并非是明初到过亚丁湾见到过长颈鹿的马欢和巩珍的附会。索马里民族起源于亚丁湾南岸的奥罗莫人，而混有阿拉伯血统，“麒麟”的索马里语也应有一个更早的起于奥罗莫语或索马里人所操的东部库施语的来源。因为长颈鹿这种热带稀有动物，只产在谢贝利河以北的索马里和埃塞俄比亚，早先便是邦特国的特产。中国人最早听说的，是一种称为麟的神秘的动物。

麒麟起先单称麟，传说孔丘（前 551—前 479 年）生前已有麟出现。公元前 481 年，鲁哀公在山东获麟，由于不认识这种珍稀动物，于是去请教过孔丘。其实这种麟或起源于波斯语 palang，是豹子。豹子都产在西亚、非洲，古代中国北方很罕见，因此尊为瑞兽，常被当作圣人出、王道行的象征。《毛诗义疏》说麟“王者至仁则出”，和《宋书・符瑞志》说璧流离（印度蓝宝石）“王者不隐过则至”，具有同样的意义。

麟并非神秘不可见到的动物，而是现实生活中确实存在的。汉武帝时麟凤数次出现（张华《博物志》卷九）。班固《西都赋》叙述长安西郊上林苑，“其中乃有九真之麟，大宛之马，黄支之犀，条支之鸟”。麟在汉宣帝（前 74—前 48 年在位）时由九真

① 索夫译注：《厄立特里海环航记》（W. H. Schoff，The periplus of the Erythraean Sea），纽约，1912 年，第 24 页。

② 苏继庼：《岛夷志略校释》，中华书局，1981 年，第 77 页。

③ 索夫译注：《厄立特里海环航记》（W. H. Schoff，The periplus of the Erythraean Sea），纽约，1912 年，第 27 页。

进献过。《牟子理惑论》的作者到过交州，见到过“九真之麟”，说是“麇身牛尾，鹿蹄马背”。东汉时多次见麟，《东观汉记》指称章帝（76—88 年在位）时，麒麟出现了 51 次之多。4 世纪后赵石虎在位时，有郡国先后送去十六只苍麟；后凉吕光到姑臧立国时，在金泽县也有过麟。

人们最早记述的麟，并非一角兽，牟子是一例。《京房易传》也说：“麇身牛尾，狼额马蹄，有五采，腹下黄。”（《左传正义》卷五十九引）从汉代开始有说麟有肉角的。如《说文》说：“马身，牛尾，肉角。”（《太平御览》卷八八九引）《孝经右契》说：“如麇，羊头，头上有角，其末有肉。”（《太平御览》卷八八九引）麟有一角之说，起自《尔雅》《说苑》，此后这种动物和五行终始说相配合。从王莽开始，麟便成了中央土德的代表，于是越说越玄。一角之说正是谶纬家要和古来的传说相附会而“失真”的地方。自汉以来，艺术图像中的麒麟多有作一角状的。这种幻想的神兽麒麟，是麇鹿和豹子的混合体，因此显得很不真实。后来图像又变成蹄足类的天马形象。属于南朝的河南邓县彩色画像砖墓中，有独角有翼，马形蹄足，铭文标作“骐驎”，偏旁从“马”的一兽图像，是经艺术家加工过的和天马传说类似的图①。

但艺术品中也有用相当生动的写实手法勾勒图像的。徐州贾旺东汉画像石中的麒麟，从清晰的图像上可以见到九头神态不同的长颈鹿，躯高颈长，头上生有小巧的对角②，类似《说文》对麟的解释：“马身，牛尾，肉角。”有的姿态奔放，有的昂首引颈，有的反首腾跃，有的停立凝视，等候驯养人喂食，一见便是非洲长颈鹿（Giraffa camelopardalis）的逼真写照③。长颈鹿，阿拉伯语名祖剌法（zurafa，giraffe），波斯语也称作 zarāfa。但最初传入中国的并非阿拉伯称法，而是波斯语中长颈鹿的另一个称法 shotor gāv-u-palang，意思是“如牛豹的骆驼”。这个复合名词应该是起源极早的，既复杂又生动地对长颈鹿这种稀奇古怪的非洲动物作了描述。宋代对长颈鹿译作“駞牛”便取自波斯语。麒麟二字正是波斯语中的牛豹（gāv-u-palang）。这个复合名词已在汉代应用，当初便是指一种经过波斯人的媒介传入中国的非洲动物。汉武帝上林苑中已豢养麒麟，司马相如《上林赋》中列有“麒麟角端”。郭璞将“麒麟”析作“麒”和“麟”，解释“麒如麟而无角”，已显示出对这种动物的认识是幻想多于现实。

东汉画像石上的麒麟图像向我们提示，在阿杜利使者来华前后，麒麟已成为遥远

---

① 河南省文化局文物工作队：《邓县彩色画像砖墓》，文物出版社，1958 年。

② 王黎琳：《论徐州汉画像石》，载于《文物》，1980 年，第 2 期，第 55 页，图 14。

③ 明代徐达五世孙徐俌夫妇墓出土天鹿补子与麒麟补子不同，天鹿补子是长颈鹿，麒麟补子则作神奇之像。见袁俊卿、阮国林：《明徐达五世孙徐俌夫妇墓》，载于《文物》，1982 年，第 2 期，图版三之 6、7。

的非洲的象征。这种真实的异国动物，开始和古已传说的瑞兽、神兽的“麟”合而为一，于是在艺术图像中更显得神奇莫测了。其实，它却包蕴着中国和非洲之角早期交往的一段历史。

拜占庭要取得印度的香料、宝石和中国的丝绸，不得不通过阿克苏姆统治下的希米雅尔人和哈巴沙人的船主和航海商。于是拜占庭的对华贸易不但在陆上无法摆脱波斯人的操纵，而且在海上也难以超越阿克苏姆的控制。

拜占庭不甘心波斯人对丝绸贸易的垄断，由此在 6 世纪引起了两个后果。在亚洲西部，由于中国和拜占庭的叙利亚、小亚细亚丝织业的联系被波斯割断，拜占庭人开始由高加索北部取道里海北岸，从散居在中亚细亚和乌拉尔河流域的西突厥各部落手中购买中国的丝绸。哌哒人在阿姆河流域的统治倾覆以后，西突厥可汗的辖境便囊括了整个中亚细亚和西伯利亚的南部，向南一直抵达五河流域。西突厥统治下的康居商人仍然是中亚细亚最重要的丝绸商。充当过西突厥使者，在 567 年抵达君士坦丁堡的马尼克就是一个康居富商。共同的利害关系使拜占庭和西突厥之间一度使节频繁。中国蚕种传入拜占庭也在这一时期。568 年，查士丁二世（Justin Ⅱ，565—578 年在位）曾经在西突厥使者面前炫耀过他的蚕丝业，成就之大使突厥使者感到惊讶。

另一个后果是，拜占庭和萨珊波斯在红海贸易上的竞争开始激化。拜占庭利用基督教会支持阿克苏姆，对抗波斯势力向也门推进。直到 451 年查尔西顿宗教会议，埃塞俄比亚始终和主张基督只有单一本性的“唯一真神派”或“柯普特派”的埃及总主教持同一观点，因而在政治上，埃及和埃塞俄比亚可以通过基督教会取得合作。拜占庭皇帝查士丁一世（Justin Ⅰ，518—527 年在位）曾经花了很大力气去恢复罗马帝国在地中海沿岸的疆域，力求畅通红海和印度之间的商业来往。这时希米雅尔国王祖·努瓦斯信奉犹太教，和拜物教、基督教相对抗，在也门扩大了统治区域，在纳吉兰对基督徒进行迫害，给拜占庭干涉也门提供了借口。亚历山大总主教提摩西三世通过宗教关系，要求阿克苏姆确保红海商业利益。然而波斯人对海上贸易的竞争未曾受到挫败，因此，查士丁尼一世（Justinian Ⅰ，527—565 年在位）在 531 年后派使者，要求阿克苏姆从印度转运丝货，以免罗马金币流入波斯。而阿克苏姆商船却无法取得从印度转运丝货的专利①。从永昌和东南沿海运到南印度和斯里兰卡的中国丝绢，至少有一部分还是落到了波斯商人的手中。

拜占庭和波斯之间经济利益上的冲突，使得亚美尼亚和也门卷入战争的旋涡。双

① 普罗科匹厄斯：《波斯战史》（Procopius，De bello Persico），英译本，第一册，伦敦，1954 年，20：9－13。

方各自支持南阿拉伯的地方势力，进行剑拔弩张的斗争。570 年，波斯海军在红海击败阿克苏姆军队。575 年，得到波斯支持的希米雅尔埃米尔·祖·亚兹将阿克苏姆逐出也门，波斯势力已占上风。祖·亚兹的儿子和继承人赛福·祖·亚兹死后，波斯干脆派兵占领也门，一直统治到伊斯兰教的兴起。于是波斯取得了阿拉伯海的制海权，在海上扼住了拜占庭帝国的咽喉。拜占庭和波斯之间终于爆发了绵延 20 年（571—590 年）的战争。但是波斯人依靠日益壮大的航海业，在阿拉伯半岛的沿海贸易上已经站住了脚跟，从此以后，印度洋西部的航运业便以波斯湾为中心，进入一个蓬勃发展的黄金时期。

第三节　颇黎贸易和颇黎国

汉初，中国人便知道有“颇黎”这种宝石从西北地区传入。颇黎是个外来语，也可以译写成颇梨、玻瓈，甚或玻璃。颇黎一名最初是那些生在自然界的各色宝石的总称，并非宋、元以来人工烧造的硅酸盐化合物的玻璃。最早提到颇黎宝的，是公元前 2 世纪的《十洲记》，将颇黎形象化成昆仑山上的宫室：“昆仑山上有红碧颇黎宫。”（《太平御览》卷八〇八）265 年左右写成的《玄中记》更指出，在大雪山以外，“大秦国有五色颇黎，红色最贵”（《太平御览》卷八〇八）。分明是说埃及和黎凡特这些罗马东方各省出产各色宝石，尤多五色刚玉，以红宝石最名贵。

五色刚玉确是罗马对华贸易中的出口货。唐初著作因此就把颇黎称作“西国之宝”。陈藏器于 739 年成书的《本草拾遗》将颇黎写作玻瓈，指明了它的性质和来源：“玻瓈，西国之宝也，玉石之类，生土中。”陈藏器所谓“玉石之类”的定义，在 1970 年西安南郊何家村发掘唐邠王府遗址时获得的一只银罐可以作证。银罐盖里题记“颇黎”，罐内最多的是蓝宝石七块，玫瑰紫两块，绿玛瑙六块，黄精一块。在各种颇黎中，蓝宝石（sapphire）实居首位，这种宝石也就是《十洲记》中的碧颇黎。

中国传称的颇黎，就它的含义“玉石之类”看来，和汉代译自波斯语的璧瑠（billaur）相仿，而和东伊朗语中的 bolor，belor，梵文俗语 phaliha 兼包晶石和玻璃不同，显示它和印度或东伊朗语不同，有一个另成一系的语源。这个字的起源要比 4—5 世纪以来才在汉译佛典中出现的“颇梨”一名早得多。所谓“西国之宝”并非西天竺的宝石，而是和大秦五色颇黎联系在一起的产在罗马世界的五色刚玉。

在红海西岸过着游牧生活的含族贝贾人，散居在北起努比亚、南到厄立特里亚北部的广大沿海地带，在埃及和阿克苏姆之间，一直充当着骆驼商队的主角。这些贝贾商队从尼罗河谷地运出黄金和绿宝石、玻璃珠，与南方交换铁和细棉布。3 世纪时罗马更将贝贾人的牧区直接置于长枪队的控制之下。罗马对贝贾居住区的占领，一直维持到 297 年戴克里先下令撤去长枪队，改以斐罗为帝国的边境。

连接尼罗河谷和厄立特里亚的大路，长期以来是贝贾人骆驼队的贸易大道。贝贾人和阿克苏姆在政治上结成同盟，在经济上保持协同一致。贝贾人经营着非洲最大的宝石贸易。他们以贩运埃及绿宝石和努比亚蓝宝石著称于世。宝石贸易和这些骑着骆驼在沙漠往还的贝贾牧民长久不能分开，他们从事的宝石买卖也历久不衰。蓝宝石便是贝贾人叫作颇黎（bahri）的名贵宝石。伊德里西（al-Idrisi）说有一处蓝宝石矿，靠近卡尔伽绿洲①。

中世纪阿拉伯作家把贝贾人称作柏来米人，曼苏地（al-Masūdi）在《黄金草原和珠宝矿》（Murūj al-dhahab wa-ma'ādin al-jawhar）中讲到过这种厄立特里亚的柏来米人称作颇黎的蓝宝石，从阿杜利港运到印度西海岸的巴里格柴后，再由陆路经阿姆河运往中国，印度和中国皇冕上的宝饰常由这种蓝宝石连缀②。柏来米人进行的颇黎贸易，在曼苏地称述他们时，至少已有 1000 年的历史了。522 年以后到过厄立特里亚和印度的科司莫斯在《基督教列国志》中写道："印度人深好蓝宝石，王冕都镶宝石。埃塞俄比亚人从柏来米人那里收购宝石运往印度，因此获得大利。"③ 直到唐代，713 年罽宾国（迦毕试）进贡的上清珠也是这种闻名遐迩的柏来米蓝宝石。苏鹗《杜阳杂编》卷上介绍唐代宗所藏上清珠："上清珠，即开元初罽宾国所贡……其珠光明洁白，可照一室，视之则出仙人玉女云鹤绛节之像，摇动于其中。"这种富有光泽，内含奇妙图像的上清珠，是柏来米蓝宝石中的神品。蓝宝石开采和交易的历史，可以追溯到公元前 1000 年左右。埃及古墓中蓝宝石几乎和青金石同时出现，蓝宝石无非都由努比亚库施国家运去。埃塞俄比亚和波斯帝国早有海上往来，中国有关非洲颇黎的知识，大致初期也离不了波斯人作为媒介。东汉时，柏来米蓝宝石又改从五河流域转运中国。《魏略》记录了 134 年（阳嘉三年）疏勒王臣槃向汉顺帝刘保进献的海西青石、金带各一，便是地地道道的苏丹蓝宝石和黄金腰带。

苏丹是古代重要的产金地。埃及中王国时已有科帕托沙漠黄金。新王国时，埃及

---

① 伊德里西：《地理志》（al-Idrīsī, Nuzhat al-mushtāq fī ikhtirāq al-āfāq），若贝法译本（P. A. Jaubert, Géographie d'Edrisi），第 1 卷，巴黎，1836 年，第 122 页。

② 曼苏地：《黄金草原》（al-Masūdi, Les prairies d'or），法译本，第 3 卷，巴黎，1865 年，第 44 页。

③ 科司莫斯：《基督教列国志》（Cosmas, The Christian topography），英译本，伦敦，1897 年，第 371 页。

从南方运进的黄金计有科帕托金、韦韦金和库施金。科帕托金产在红海西岸瓦迪·哈麻麻特，属块金①。韦韦金出在下努比亚的瓦迪·阿拉基、瓦迪·卡格巴，运到上努比亚尼罗河上的库班淘洗，产地在西距尼罗河床150英里的东部沙漠②。库施金见于上努比亚，在第二与第三瀑布间，尼罗河西岸的塞姆纳上溯几英里的特韦沙③。苏丹是阿克苏姆从尼罗河附近取得黄金的重要来源。阿克苏姆又和青尼罗河的黑人部落通过“无声贸易”，换取法索克里外运的沙金④。科司莫斯说，红海两岸的商人都有商队到那里用盐块和铁器换取黄金，他见到过从阿高和奥山来的500名商队，深入腹地从事这种买卖。海西金带便是这种由苏丹和青尼罗河的沙金，经过阿克苏姆工匠精心制作，然后由阿杜利通过疏勒送入洛阳王宫的。

贝贾人从事的颇黎和黄金的出口贸易，成了罗马亚历山大东方贸易的一个组成部分。《魏略》对柏来米蓝宝石的来华早已载入史册，成为举国瞩目的一件大事。颇黎传入中国之早，是史有明文的了。

3世纪时在中国初见的木难珠，是另一种来自埃及的名贵绿宝石。当时埃及绿宝石被列入罗马出口货单，向印度、中国输出。3世纪初，曹植（192—232年）创作乐府四首，在《美女篇》描述“明珠交玉体，珊瑚间木难”的装饰。稍后，《玄中记》更说出了木难的老家是大秦，尽管木难使用的是个印度名称摩罗伽佗珠（mērukūta）的音转。摩罗伽佗珠最初由西亚希伯来、亚述传入印度，佛典《大智度论》说是金翅鸟口边所出的绿色珠，能解一切毒。沈怀远《南越志》却将印度佛教中的金翅鸟故事和大秦国的木难糅合在一起，指出它是大秦国珍爱的由金翅鸟沫所成的碧色珠，正是因为那时木难运到中国必须经过印度。元明时代便将木难译成阿拉伯语中的助木剌、助母剌或祖母绿了。

埃及的绿松石一向被称作玫瑰，和中亚细亚的绿松石被称为青碧、碧琳不同。汉晋之际，玫瑰继续运入中国，《广雅》将这种宝石称为“神灵滋液，百宝用，则玫瑰出”（《太平御览》卷八〇九）。说它是对外贸易繁荣时期才会出现的一种奇宝，原因

---

① 罗卡斯：《古埃及工矿》（A. Lucas，Ancient Egyptian materials and industries），伦敦，1948年，第261－262页。

② 杜汉姆：《库施王陵》（D. Dunham，The royal cemeteries of Cush），第7卷，波士顿，1959年，第130页。

③ 杜汉姆：《库施王陵》（D. Dunham，The royal cemeteries of Cush），第8卷，波士顿，1965年，第7页。

④ 科司莫斯：《基督教列国志》（Cosmas，The Christian topography），英译本，伦敦，1897年，第139－140页；奥开尔：《苏丹史：早期至1821年》（J. Arkell，A history of the Sudan：from the earliest times to 1821），伦敦，1961年，第180页。

是埃及绿松石品高道远，来之不易。6世纪以来瑟瑟出现以后，玫瑰一名才被废弃不用。元代对绿松石辨识更精，专称甸子。绿松石的甸子和蓝宝石的青蒙石，在元代都从摩加迪沙转运来华，它们仍是自古以来非洲颇黎贸易的继续。

到了中世纪晚期，中国又知道有个颇黎国。顾名思义，颇黎国便是印度洋彼岸久以柏来米蓝宝石蜚声世界的国家了。李时珍曾指出“颇黎”一名起于颇黎国，完成在1590年的《本草纲目》卷八说：“（玻瓈）本作颇黎；颇黎，国名也。其莹如水，其坚如玉，故名水玉，与水精同名。”后来谷应泰《博物要览》卷九也这样解释颇黎的得名。清汪汲《事物原会》卷二十八也说，“因颇黎国所出”，故名颇黎。颇黎当作国名虽已迟到16世纪才明白提出，然而苏丹和厄立特里亚颇黎出口的历史既然那么悠久，颇黎国的成立一定也是早有来历的了。柏来米蓝宝石和阿拉伯语中的bahr（海）同名，bahri是“海”的阴性变格，蓝宝石的色彩和蓝色的厄立特里海（印度洋）完全一致，所谓颇黎国也可以是海国。在盖伊兹语中，海国又和摩邻国意思相同。明代所知的颇黎国，更和颇黎的贩运者贝贾人难分难解。南支基督化的贝贾人土称贝留（belew）①，和“颇黎”译名仿佛。直到14世纪初，这些贝贾人在厄立特里亚南部仍有他们的辖区。颇黎国的得名，总是和经营蓝宝石贸易的贝留人，和蓝宝石在非洲大陆装船启运的厄立特里亚这个崇拜海洋的国家联系在一起，不容分解。

在东汉，更可找出一个波祇国，表明颇黎作为国名早有来历。郭宪《别国洞冥记》记述：“波祇国亦名波弋国，献神精香草，亦名荃蘼，一名春芜。一根百条，其间如竹节柔软，其皮如弦，可为布。所谓春芜布，亦名香荃布，坚密如纨冰也。握一片，满室皆香，妇人带之弥月芬馥。”波祇起源于提格雷语的玻璃birchiqo，阿姆哈拉语中的玻璃也叫borjooke。中国古代对宝石的颇黎和人工烧造的玻璃原来分得很清，玻璃概称琉璃、火齐，宝石则称颇黎。直到12世纪，玻璃才逐渐成为人工烧造的硅酸盐的代称②。但古代的贝贾人既是宝石的贩运者，又是埃及玻璃输入中国的重要中介商。居住在厄立特里亚的南支贝贾人中的贝尼·阿密部落大多操提格雷语，传到中国，以为是波祇国。波祇又名波弋，从乌弋山离国（Alexandria）的译名，可知波弋读音等于波利、颇黎。足见汉代已将贩运宝石和玻璃的贝贾人合而为一，称作波祇或波弋。明代著作家由于古代颇黎含义由宝石一变而成近代人工烧造的玻璃，更难以从名称上加以区划。总之，颇黎作为国名，可以追溯到东汉时的波弋国。

---

① 弗林特：《剑桥非洲史》（J. E. Flint, The Cambridge history of Africa），第3卷，剑桥，1977年，第100页。

② 沈福伟：《颇黎释名》，参见《中国古代史论丛》（第2辑），福建人民出版社，1982年。

不论是汉代的波弋国、唐代的摩邻国，还是明代的颇黎国，它们都是曾经称雄海上，据有厄立特里亚著名海港的埃塞俄比亚和它的贝贾人民。在罗马时代，那里曾被当作“西国”，亦即海西国罗马世界的一部分。汉语中的“颇黎”，便是从库施语系的贝贾语中借来的。

埃塞俄比亚还是出产黑颇黎的国家。黑颇黎是黑曜石。在埃塞俄比亚高原，居民自古就用这种黑色火山玻璃制造各种工具，大到生产工具和矛头，小到细薄的刀片。埃塞俄比亚西南部的湖泊区和绍阿的瓦查查大火山，以及大裂谷地区，也出产黑曜石。东部哈瓦希低地通称巴里，也富有出产黑曜石的沉积砂岩。《厄立特里海环航记》讲到阿杜利以东 800 罗马里的哈瓦基尔海湾沿岸出产黑曜石①，专门用来雕琢各种珠饰或供还愿时献礼之用。可以说，埃塞俄比亚各地都有黑曜石。埃及在古王国以前已输入黑曜石，除从地中海各岛输入外，多来自埃塞俄比亚。直到希腊罗马时代，木乃伊假面和棺柩中雕刻人像的眼珠，按照传统，仍有使用黑曜石的。《玄中记》既说大秦产五色颇黎，也一定包括埃塞俄比亚的黑曜石在内。一直到唐代为止，从中亚细亚流入长安的各种颇黎为数极多，非洲刚玉也应是来源之一。例如，643 年拂菻王波多力使者带来的赤玻璃，同年迦毕试使者进献的“状若酸枣”的颇黎，675 年拔汗那王馈赠的碧颇黎，龟兹王素稽所献银颇黎，741 年吐火罗使者进呈的红颇黎、碧颇黎，这些透明的宝珠常被王室贵族用作装饰物。1971 年陕西乾县发掘的懿德太子李重润（682—701 年）的陵墓中，有鸾鸟铜鎏金马饰三件，在团花马饰中便嵌有透明珠子。

第四节　小人国和非洲矮黑人

8 世纪的中国文献上正式有东非黑人到中国的明确记录，同时，还有一种称为侏儒的尼格利罗矮黑人也到了中国。724 年，苏门答腊的室利佛逝（尸利佛誓）使者随身带了两名侏儒，他们走的是海路；同一年从撒马尔罕到中国的康居使者也带了一名侏儒，他们走的是陆路(《册府元龟》卷九七一)。矮黑人平均身高 1.4 米左右，分别属于布希曼族（“丛林人”）和尼格利罗族。现在散居中非的尼格利罗族，平均身高只有 1.36 ~ 1.42 米。分布在东非和南非的布希曼族，最初也定居在埃塞俄比亚高原附近。埃塞俄比亚西南部的多科人（杜梅人），坦噶尼喀东部的科科人，都是布希曼族中最早

① 索夫注：《厄立特里海环航记》（W. H. Schoff, The periplus of the Erythraean Sea），纽约，1912 年，第 259 - 260 页。

的支族。此外在卢多尔夫湖和坦噶尼喀湖以东，也有布希曼和尼格利罗混血的矮黑人。矮黑人在公元前3000年的埃及法老宫中极受宠幸，通称丹迦，所熟知的有阿卡人（Akka）和胡楚人（Wo Chua）。阿卡人在公元前3000年的壁画中已经出现。出土在阿比德第五王朝法老萨胡拉时的铭文（开罗博物馆No. 3074）中，提到法老的一个侏儒来自邦特国（Punt）。侏儒在古埃及被视作太阳神雷（Re）的子孙，法老用这些侏儒保管法服，以捍卫王权。古代邦特国最初的居民，大致就是尼格利罗族的矮黑人。尼罗河上游谷地和埃塞俄比亚高原附近，是这些矮黑人最早的居住区。现在坦噶尼喀北部、埃亚西湖南部的瓦贡因果人（Wakonyingo）和瓦钦迪果人（Wakindigo），也是这种矮黑人。

非洲东部的矮黑人是中国古代传说中的那些小人国，唐李泰的《括地志》最早传播了这些知识。它介绍："小人国在大秦南，人才三尺。其耕稼之时，惧鹤所食，大秦卫助之。即僬侥国。其人穴居也。"（《史记·大宛列传》正义引）后来《文献通考》卷三三九也说："小人在大秦之南，躯才三尺。其耕种之时，惧鹤所食，大秦每卫助之，小人竭其珍以酬报。"

中国所称的小人国，拜占庭史家称为俾格曼人（矮人）。拜占庭史家普旁尼斯·曼拉（III，8，81）的著作中有红海西岸非洲内地的小人，说他们的体质最高只能和鹤相仿。曼拉还绘有地图。在他的地图上，非洲呈菱形向东西展开，南部到尼罗河上游俾格曼人居处，已濒临埃塞俄比亚海，东南瓜达富伊角以南是红海和埃塞俄比亚海，南部三角形的大陆都成了海洋①。姆波蒂俾格曼人（Mbuti Pygmies）现在居住在扎伊尔东北部的伊图利森林，生活在中非和西非至少已有5000年。曼拉的俾格曼人显然就是古代早已被带到尼罗河三角洲去的那些阿卡人。近代实地考察材料指出，阿卡人的身材在4英尺到4英尺10英寸之间②，并不比鹤高。《括地志》中小人怕被鹤所食这个譬喻，和拜占庭史家的记述如此相近，不能不相信它确实是从红海沿岸引入中国的。中西记载的相仿，说明双方有过类似的观察。至于霍屯督人的体质特征，当然更和中国人毫无血缘联系。施瓦兹任意解释中世纪900—1200年间，由于中国人成批渡过大洋到达非洲，使霍屯督人具有蒙古利亚血统③，完全是无稽之谈。

---

① 地图见汤姆逊：《古代地理学史》（J. O. Thomson，History of ancient geography），剑桥，1948年。

② 施韦因福特：《非洲腹地》（G. A. Schweinfurth，The heart of Africa），第2卷，纽约，1874年，第122页以下。

③ 施瓦兹：《中国人和非洲的联系》（H. L. Schwarz，The Chinese connection with Africa），载于《孟加拉皇家亚洲学会杂志》（JRASB），Letters，IV，1938年，第175－193页。

古代的文化遗址和各种传说表明，非洲东北各地的大火山周围的丛林，以前都是矮黑人居住的地方。埃塞俄比亚的西南部加法以南的奥莫河流域，锡达莫以西的斯特法尼湖和卢多尔夫湖以北的旷野，直到现代还有矮黑人居住。在公元前好几个世纪就已开始的库施人和尼罗特人（苏丹和含族的混血种）向南方迁徙的浪潮，对这些自古以来就居住在尼罗河上游的矮黑人必然随之产生成批外迁的振波。埃塞俄比亚高原的窑洞可能是这些矮人和苏丹黑人最早的居住地点。所以《括地志》说这些小人过着穴居的生活。《括地志》的这些知识和当时阿杜利港使者的来华，以及到达红海访问非洲的中国人有着直接的关系，所以叙述得头头是道。

但是《括地志》对小人国加上一个"即僬侥国"的按语，却完全出于误会。僬侥国在古代中国是南方的一个国家。《后汉书·明帝纪》记载公元74年农历三月，西南夷哀牢、儋耳、僬侥向汉表示归顺。据《国语》："僬侥氏长三尺，短之至也。""三尺"恐怕是"五尺"的讹刊。战国尺合今尺，在0.2217～0.231米之间，五尺之躯也不足1.2米。僬侥既和云南西部澜沧江流域的哀牢、海南岛的儋耳一起派人到达中国，最可能是住在中南半岛的矮人。《山海经·海外南经》中有周饶国，"其为人短小，冠带"。比《海外南经》早些，在公元前6世纪编成的《大荒南经》中有僬侥国："有小人名曰僬侥之国，幾姓，嘉谷是食。"幾姓和南朝的激国或徼国，都是印度科罗曼德的朱罗国简称，僬侥国至少在战国时代已被来自南印度的民族所统治。

东南亚的矮黑人是当地最古的居民。人类学调查证明，安达曼群岛的明尼可帕族，吕宋的埃塔族，霹雳的托阿拉族，身高平均都在1.5米以下。霹雳的原始民族塞芒也不超过1.51米，苏门答腊的萨盖族也只有1.56米。僬侥国大约是塞芒族或托阿拉族的部落国家。《括地志》把非洲的小人国和东南亚的僬侥当作一个地方是附会，但是小人国确也有东、西之别，就像古代传说中女国可分东、西一样。

第五节　《魏书》中的不仑、婆比与阿陁使节

4世纪后中国分裂成南朝和北朝。北魏（386—534年）统一北方后，和西域的交通、贸易重又活跃起来。北魏和非洲国家埃及、埃塞俄比亚也有贸易往来，分别通过黎凡特、印度和南阿拉伯三条渠道来实现。

北魏和黎凡特之间的贸易往来，大都通过波斯、粟特和普岚（Frōm）取得联系。普岚是波斯人对拜占庭人的称呼。456年，465年，467年，普岚曾多次派使者到魏都

平城（大同）①，这个国家在《魏书》卷一〇二和《北史》卷九七中又译成伏卢尼（Fromī）②。

埃塞俄比亚在拜占庭影响下，信奉了基督教并招募中国移民前往经商。5世纪初，埃塞俄比亚确已有了经营丝绸业的中国人，在那里帮助埃塞俄比亚抵御波斯骑兵的侵袭。公元400年左右，赫利奥多尔（Hélioddore）在《埃塞俄比亚人》中，描述海达斯帕斯率领象军，前去迎击战马也披铁甲的波斯军，相助他的有柏来米人和赛勒斯人的阵地。波斯军队终于被赛勒斯人和柏来米人所制伏，最后全部被歼。这本书最后还记述海达斯帕斯"传令接见带来丝线和丝织物的赛勒斯人的使节，这些都由该国所养的蜘蛛织成。使者们另外还带来了服装，有的染作大红，其余的全是素白色"（X，25）③。这里的赛勒斯人，显然是到达厄立特里海的中国人。

可以明白，公元4—5世纪以来，中国北方政权和拜占庭加强了联系以后，中国西部地区以商业和游牧为生的各民族也接受了基督教，并通过经商、充当雇佣军而云游四方，甚至驻足于遥远的红海地区。

北魏和南亚次大陆各国的交往非常广泛，五河流域的波路、阿钩羌、罽宾、大月氏早有使节往来，关系密切。477年更有西天竺（萨丹伐诃那）等国派使节和北魏建交。不久，扼巴里格柴和中亚交通咽喉的磨豆罗（马图腊）也在502年、509年和中国通使。502年南天竺国（潘地亚）遣使北上后，南印度的磨勒（末罗矩吒）、车勒阿驹（遮娄其）、婆罗（帕拉瓦）也和南天竺国一起，在507年派使者到北魏新都洛阳。甚至地处印度洋航行枢纽的斯里兰卡（《魏书》译作陁拔罗）在502年也和中国北方王朝有了交往。

从阿杜利港转运的货物一直输送到斯里兰卡，再由那里运送各地。印度洋地区在那时以斯里兰卡为东西方贸易的枢纽。斯里兰卡在中西贸易口上有着特别重要的地位。中国帆船常到斯里兰卡，斯里兰卡又和印度西海岸、波斯湾以及亚丁湾各港都有直接往来。522年左右到过斯里兰卡的科司莫斯，对这个达普罗巴岛（Taprobane，希腊文原意是"铜岛"，中文译作陁拔罗）在世界贸易中的转运地位有过如实的描绘："该岛适处世界中心，印度、波斯和埃塞俄比亚等国船只到这里的十分频繁。岛上居民也有船舶远航各地。从遥远的国家，如中国和其他口岸，运到这里的有丝货、沉香、丁香、檀香等物产，这些货物又从这里运往没来、卡里亚那、信德、波斯、希米雅尔和阿杜

① 《魏书》卷四下，卷六。

② 今本《魏书·西域传》从《北史》补，所以译名和《本纪》时有重出。

③ 戈岱司：《希腊拉丁作家远东古文献辑录》（George Cœdès, Textes d'auteurs grecs et latins relatifs á l'Extrême-Orient），中译本，中华书局，1987年，第114页。

利。这些地方的特产，如没来出产的胡椒，卡里亚那输出的铜、西撒姆木、棉布，信德出口的麝香、毛绒也汇集到这里，再转运更远的地方。同时该岛也将它的土产输往东西两方。”

502 年，被译作斯头的索科特拉岛派出贸易代表，和斯里兰卡（陁拔罗）、坎贝湾的苏拉史特拉（持沙那）的使者一起，到达 494 年后北魏的新都洛阳，积极发展对华贸易。索科特拉当时作为东非贸易的一个商站和香料出口处，成了印度和波斯侨商的移民地。这时东非沿海和中国北方开始有了第一次交往。

北魏和南阿拉伯的友好往来，更直接叩到了红海的大门。501 年（景明二年）有不仑、罗槃等国使者到洛阳。不仑使者自贝伦尼塞启程；罗槃是 Lubān（香）的音译，来自南阿拉伯香岸（Shiḥr Lubān）。不仑使团通中国，表明拜占庭和北中国又建立了海陆交通。507 年（正始四年）十月，南阿拉伯的希米雅尔、阿曼的艾兹提和巴里格柴的使者，随同哌哒、波斯、渴槃的政治代表一起到了洛阳。《魏书》卷八对希米雅尔（Himyarite）称作渴文提，将阿曼的艾兹提（al-Azdite）译作忸杖提，巴里格柴（Bharukaccha）写成不那杖。在以拜占庭、阿克苏姆为一方，波斯、希米雅尔为另一方，在进口中国丝绸和印度香药珠宝贸易的竞争中，艾兹提人和希米雅尔人曾经起过很大的作用。居住在阿曼的艾兹提部落的阿拉伯人，在 2 世纪由南方也门北迁以后，和业已控制阿曼的波斯总督保持着和平的关系。不久，艾兹提移民不断增长，成为阿曼境内人数最多的居民。几个世纪后，艾兹提阿曼人不论和南方的希米雅尔人，还是和北方占领巴林海岸的莱赫米人，都差不多连成了一个整体。阿拉伯半岛东岸的居民，常常惯于流徙到底格里斯河和幼发拉底河流域，在那里定居。3 世纪末在希拉建国的莱赫米王朝，就是由艾兹提部落首领马立克的外孙阿慕尔创建的。在 378 年埃塞俄比亚退出也门以后，波斯通过莱赫米王朝，支持重新恢复统治的希米雅尔王国，和以拜占庭为后盾的阿克苏姆在南部阿拉伯展开了竞争。希米雅尔和阿曼向北魏派出使者时，莱赫米王朝正处于极盛的孟迪尔三世（505—554 年在位）统治时期，他们通过波斯前往洛阳，进行官方的接触，谋求和中国发展贸易。

南阿拉伯各国和洛阳的通好，标志着在阿克苏姆和拜占庭驱动下，东罗马帝国海外贸易重又获得振兴。翌年 508 年（永平元年）有来自阿杜利的阿陁使节和斯罗、阿夷义多、婆那伽、伽师达等一起，取道于阗和北魏建交，希望能够由阿杜利和贝伦尼塞通过印度和中国直接交换商货，取得更多数量的中国缣素、绫、绮、罗、縠。这是继 100 年兜勒使者之后，阿克苏姆第二次向新兴的中国北方王朝致意，亟愿双方早先已经开创的贸易往来得以维持，并更加繁荣。所以同来的有索科特拉（斯头）、般遮罗（阿义夷多，国都在今拉姆那加尔）、巴里格柴（婆那伽、不那杖）的使节。511 年更有婆比（埃及巴比伦）使节赴华，是下埃及但尔他第一次派使团到中国。红海各国对华贸易的竞争愈演愈烈，最后双方终于只得诉诸战争。

可以看出，6 世纪以来，由于北魏和拜占庭之间自北而南分别通过陆路和海路频繁地开展贸易活动，一个类似公元初期中国和罗马帝国贸易的盛世再度出现在亚洲西部地区。这一时期，正好是拜占庭国家处于信奉一性论的阿纳斯塔修斯一世（491—518 年在位）奖励工商业的经济政策得到实现，对外贸易重现昔日荣光之时。到 513 年宗教危机引发的色雷斯军队叛乱，使拜占庭城陷于叛军包围之下，埃及和叙利亚逐渐从帝国分离出去，东方贸易便重行衰退了。

第五章
罗马时代非洲和中国的文化联系

第一节　天山南路的希腊罗马艺术

一、绘画

罗马时代，小亚细亚画派通过埃及的媒介，在印度犍陀罗美术中占有一定的地位。犍式绘画吸收了罗马绘画采用透视和晕染的技法。在3世纪的早期作品中，从主题、构图、技法方面，犍式绘画都和埃及法雍罗马木板水粉画有直接的承袭关系。1887年在法雍出土的成批绘在薄木板上的肖像画，多数属于罗马时代，少数是时间更早的托勒密时期的作品。它们上承希腊传统，运用水粉画在木板上勾勒轮廓分明，富有立体阴影的图像。犍式绘画的蓝本，1922年早经法国福歇考古队在阿富汗兴都库什山南部巴米安峡谷发现，这就给中国西部天山南路曾经流行一时的罗马式绘画和埃及法雍绘画之间的前后承接关系起到了纽带的作用。

罗布泊南汉代楼兰国都打泥城的废址米兰，在1907年以发现罗马式壁画而名噪于世。在古堡附近外方内圆的砖塔中出土的壁画，用青白略带淡红的颜料作底色，画出了白色和玫瑰色的王子、比丘和有翼的天使，身穿黄袍的佛教僧侣，和埃及法雍画风如出一辙①。画有有翼天使的护墙板共有七块，和埃及法雍托勒密时期、罗马时期古墓

① 斯坦因：《西域考古图记》（Aurel Stein，Serindia），第1卷，牛津，1921年，第499页。

画板上的希腊少女和青年并无两样。这种图像，在塔克西拉同样可以见到。塔克西拉的发掘者马歇尔在《犍陀罗美术》一书中认为是天神提婆（Deva）的像。经过恢复，从倒塌的垩土面壁画中可以见到画题所表现的是佛教故事，但构图、色调和绘画技巧完全是罗马式的①，由埃及经阿富汗直接传入罗布淖尔地区。表现在平直的大眼睛和犍式艺术中长而斜的眼眶不同，衣褶、神态和肌肉都通过晕染、用色浓淡显示出不同层次的立体状态。特别明显的是，印度佛教故事中的善牙太子和王妃所驾马车，竟是一辆罗马式的驷马车②。从同一地点出土的写有佉卢文的丝质彩幡推断，遗址在 3 世纪末以前被废弃，壁画的年代可能早到 3 世纪初。

米兰的另一座圆形佛寺也属同一时期，过道墙壁护墙板上的绘画表现的完全是罗马世俗人物。所绘天使画风与砖塔内木板画相仿，壁画构图也和法雍绘画完全一致。连续的带形画框内交替画出男女头像，头像的容貌、姿态和佛教传说或希腊神话并无任何联系。这种饰带体现了犍式艺术的传统。作画者蒂特使用佉卢文在画旁留名。由这个希腊画师和纯粹罗马格调的画风，很容易想象当年确有一批来自埃及或叙利亚的罗马画师到过敦煌以西的地方，以致他们所作绘画和新疆境内和田、吐鲁番的绘画全不相同，而和埃及法雍则可直接挂钩。

米兰佛寺带翼天使壁画

时代晚于米兰的库车、拜城千佛洞，所作绘画大多出于吐火罗画师，甚或有拜占庭画师。拜城克孜尔千佛洞和库车库木吐拉千佛洞壁画中的比丘，与其说是印度式，不如说是罗马格调。希腊火神一变而成犍陀罗式的婆罗门，裸体青年像脱胎于希腊瓶画，有翼天使、庞贝式罗马男像③，显然直接源出于法雍画派。见于各处的宴饮图中都附有古典希腊艺术中的海马和美人鱼等题材的插图④。来源地也不外是罗马统治下的埃及。

---

① 斯坦因：《西域考古图记》（Aurel Stein，Serindia），第 1 卷，牛津，1921 年，图版 40 – 45，图画 133 – 144。

② 斯坦因：《西域考古图记》（Aurel Stein，Serindia），第 1 卷，牛津，1921 年，第 517 页以后，图画 134。

③ 格伦韦德尔：《新疆古佛寺》（A. Grünwedel，Altbuddhistische Kultstätten in Chinesisch-Turkistan），柏林，1912 年，第 141 页。

④ 格伦韦德尔：《新疆古佛寺》（A. Grünwedel，Altbuddhistische Kultstätten in Chinesisch-Turkistan），柏林，1912 年，第 125 – 126 页，第 128 页。

在吐鲁番洞窟壁画中，罗马影响迟至6—7世纪依然分明。亦都护城壁画中人物采用罗马、拜占庭式的衣冠和坐式①。胜金画中的天女和巴米安中央大佛龛的天女散花图、拜城克孜尔孔雀窟中的类似图像，都同出一源②。

8世纪时唐式佛画已在吐鲁番、于阗佛教绘画中成为流行的画风，但即使这样，希腊、罗马绘画格调仍然通过犍式艺术的手法，在敦煌佛画中时隐时现，显出法雍画派东进的尾声。自然，同一时期，在新疆西部地区，这种影响要比敦煌壁画表现得更加鲜明。于阗附近丹丹·乌里克遗址出土的裸体龙女浮泳图像，体态的婀娜和眼神的迷离，竟与罗马的爱神维纳斯相仿③。

埃及法雍画派的表现手法和绘画题材，也通过7—8世纪以来在西域流传的萨珊式画题渗入了佛教石窟艺术。克孜尔千佛洞中的萨珊式对雁和埃及古画鹅鸟十分相似，同一形式的图案又出现在高昌古城遗址哈拉和卓北郊阿斯塔那2号墓出土的联珠对鸭纹锦。1967年和这件对鸭纹锦同时出土的还有延寿十六年（639年）和总章元年（668年）墓志④。萨珊式联珠对兽对禽纹图样，寻根究底，也是埃及图样的翻版，在7—8世纪成为中国西北地区流行的装饰纹样，在毛织物、丝织物、金属器皿和各种装饰中成为风行一时的画题。

二、造型艺术

最早由中国的民间艺人吸取的埃及式样的雕塑，是经过斯基泰民族由欧亚草原传扬的鹰头兽图像。鹰头兽具有鹰喙和狮身，原是古王国时期南北埃及统一的象征。上埃及原以鹰为族徽，下埃及则崇拜狮子，后来上埃及征服下埃及，于是鹰头兽的图腾应运而生，公元前3300年已出现在埃及。希腊、斯基泰民族都热衷于采用这一图像，以为神物，称为格立芬（Griffon）。这种纹饰并非如罗斯托夫采夫认为的那样出于两河

---

① 格伦韦德尔：《亦都护城考古报告》（A. Grünwedel, Bericht über archäologische Arbeiten in Idikutschari und Umgebung），柏林，1906年，图4；勒·柯克：《高昌》（Le Coq, Chotscho），1913年，图141，图53，图54。

② 格伦韦德尔：《亦都护城考古报告》（A. Grünwedel, Bericht über archäologische Arbeiten in Idikutschari und Umgebung），柏林，1906年，第152页；《新疆古佛寺》（A. Grünwedel, Altbuddhistische Kultstätten in Chinesisch-Turkistan），柏林，1912年，第167页，图383；A. 戈达尔，J. 赫金：《巴米扬佛教古物》（A. Godard, J. Hackin, Les antiquités bouddhiques de Bâmiyân），巴黎，1928年，图17。

③ 斯坦因：《古代和田》（Aurel Stein, Ancient Khotan），第2卷，牛津，1907年，图2。

④ 竺敏：《吐鲁番新发现的古代丝绸》，载于《考古》，1972年，第2期，第29页，图版捌，图2。

流域或另一个中心，实起源于埃及。

在中国北方，鹰头兽成为战国时期崛起于阴山南北的匈奴人喜爱的图案。1923年科斯洛夫在蒙古色楞格河发现的刺绣中就有这样的图像。属于公元前4世纪的内蒙古准格尔旗西沟畔匈奴墓中出土的金饰片中，鹰头兽的喙表现得尤其突出①。1981年陕西神木县出土的圆雕金鹿形鹰头兽可以视作这种艺术的高峰②。鹰头兽，也曾成为汉绮的图案输往西亚。巴尔米拉出土的汉绮图案，表现在菱格形花边中成对具有双角的鹰头兽。汉代丝织品中这些纹样的使用，目的是为了适应地中海东部文明各国的需求。

至于希腊罗马风格的雕塑艺术传入西域的时间，比之绘画更加悠久。由于20世纪三四十年代在五河流域犍陀罗国的中心塔克西拉和兴都库什山南麓迦毕试故都北郊帕格曼的发掘，以及查萨达的故址沙凯·迪里在1965年的发现，它的传播路径也得以大白于世。犍陀罗美术的故乡塔克西拉，正是在从海上直接向五河流域输送的罗马亚历山大艺术的催化和激发之下，从而兴起了这一个区域性的新文化。犍式美术的诞生，使亚洲中部和东部地区长期处在它的光环之中，开创了艺术史上的一个新时期。

希腊罗马式题材和技法的雕塑作品，在1世纪前后便由埃及流入塔克西拉和帕格曼。塔克西拉遗址，由印度考古部系统发掘，最后由马歇尔主持编纂《塔克西拉》报告三大卷，在1951年出版③。帕格曼的发掘，从1936年到1942年，一直由赫金和格希曼率领的法国考古团主持。赫金在1939年发表了《帕格曼考古研究》，格希曼在1946年由开罗法兰西东方考古研究所出版了《帕格曼—贵霜考古和历史研究》。

埃及制作的青铜和金银雕像在塔克西拉和帕格曼都有发现，题材大多是希腊罗马神像。奥古斯都时代的童神希波克拉特青铜像，是亚历山大里亚工匠的杰作，有冠冕徽记为证。同样的神像也见于帕格曼，来源也正相仿。这种西方风格的雕刻传入中国，要比同类绘画早一两个世纪。至少在公元初，已有罗马式凹刻印章，佉卢文木简封泥的罗马图像和小件雕刻品，在于阗附近的约特干、拉瓦克、尼雅等地出土。斯坦因在1901年所得的各种金属雕刻印章，有执盾和雷的艺术神雅典娜④、大神宙斯、爱神埃洛斯和大力神海克利士像。在尼雅发现的一些石质、金属质的阴刻印章，其中有些是

① 《内蒙古准格尔旗出土匈奴（战国时期）文物》，载于《文物》，1980年第7期，图版贰，图3，图5。

② 戴应新、孙嘉祥：《陕西神木县出土匈奴文物》，载于《文物》，1983年第12期，图版肆，图1。

③ 约翰·马歇尔：《塔克西拉》（John Marshall，Taxilā），3卷，秦立彦译，云南人民出版社，2002年。

④ 斯坦因：《古代和田》（Aurel Stein，Ancient Khotan），第2卷，牛津，1907年，图71，XV，24。

效法帝国时代罗马人常用的指环印章①。这些印章和雕刻品，可能是从埃及来的希腊人或从地中海来的叙利亚人就地制作的。

阿克苏出土波罗门陶塑像

犍式佛教雕塑在中国西部的流行，已在4—5世纪以后。拜城克孜尔千佛洞的雕塑和绘画一样，表现出浓重的罗马风格。喀拉沙尔附近硕尔楚克麒麟窟出土的红色衣褶泥塑佛像，尤其是隋唐时期西域犍式雕塑的典型。罗马式雕塑的向东流传，直到8世纪时在吐鲁番亦都护城出土的佛教造像中仍可看出它的余绪。

新疆境内流行泥塑模制造像。泥塑佛像都以灰泥、石膏或陶、土为材料，和塔克西拉、帕格曼所见灰泥雕塑如出一辙。塔克西拉佛教寺院从1世纪末持续到5世纪中叶古城被入侵的哌哒人毁坏时，从出土的丰富的灰泥雕塑可以知道这是五河流域流行的手工艺品。帕格曼出土塑像，石像之外，也多灰泥。灰泥在阿富汗北部昆都士附近到处都有，中亚和西域亦有出产，成为一种就地可取、易于成型的艺术材料。泥模的设计更使灰泥雕塑可以成批烧造，跟随商队和使者、信徒迅速流布。由于在锡尔卡波古城遗址中成批出土4—5世纪时的泥模浮雕，得知这种方法也源出五河流域的佛教艺术中心。帕格曼也有各种石膏和灰泥浮雕模型，常作圆形或不规则圆形，直径在15～20厘米之间，和喀拉沙尔西南硕尔楚克发现的犍式佛像灰泥模型几无两样②。因此，4—5世纪时塔克西拉的佛像也得见于喀什噶尔以东的图木舒克，库车以东的喀拉沙尔和吐鲁番的遗址中。

天山南路和塔克西拉的灰泥雕塑模型完全脱胎于埃及的圆形浮雕。圆形浮雕本来是亚历山大里亚金属雕刻匠的铸造模型。亚历山大里亚金属图样，在罗马时代是世界上无与伦比的工艺设计，技术之精，式样之富，都足供后世赞赏和临摹。向印度出口的都是这类由埃及制作的造型设计。塔克西拉出土的狄奥尼索斯或西伦纳斯的银质浮雕，正是亚历山大里亚出品的银碟中央的装饰图样，题材都是希腊罗马神话和桂冠之类，这些图样也成了帕格曼圆形浮雕的蓝本。帕格曼石膏圆形浮雕和灰泥浮雕主题多葡萄丰收和希腊神话中的爱神埃洛斯、艺术神雅典娜，无非是亚历山大里亚工艺美术的仿作。

① 斯坦因：《古代和田》（Aurel Stein，Ancient Khotan），第2卷，牛津，1907年，图29。

② 勒·柯克：《中亚晚古佛教》（Le Coq，Die buddhistische Spätantike in Mittelasien），第1卷，柏林，1922年，第12页。

和亚历山大里亚的金工模型相仿，在埃及又产生了石膏泥模。埃及北部沿着地中海滨的长堤盛产石膏。西奈半岛沿海一带多属陶土，厚度在 2 米以上。雪花石膏在西奈半岛和东部沙漠到处都有。埃及便以这种简便易得的白色石膏为原料制作泥雕，以代替繁重费工的大理石雕刻。自托勒密王朝以来，白色石膏便已大规模开采、利用，以供雕塑之用了。到了罗马统治时期，更从上埃及贝仑尼塞山运去雪花石膏制作圆形浮雕，甚至不惜从南阿拉伯的沙比采掘雪花石膏，运往埃及。这种雪花石膏当然也可以运到旁遮普和兴都库什山区，同样用于浮雕的制作。亚历山大里亚实在是西方灰泥雕塑的老家。新疆各地灰泥、石膏粉加沙的墙壁涂料，大多从阿富汗和旁遮普传入，用作壁上装饰的泥人泥物浮雕也都受到印度和埃及的启示，以致库车库木吐拉千佛洞中的一具天女小像，胸部袒露，色彩鲜明，神态富有罗马格调，竟足以和亚历山大里亚所造塑像相提并论，混而为一①，也就不足为怪了。

在建筑艺术上，埃及式样也在西域流传。多里亚石柱原是古埃及通行的建筑支柱，后来又成为希腊三大建筑柱础中的一种。这种支柱，斯坦因 1907 年在米兰遗址西藏古堡东北一英里半发现的佛寺中又重新见到过②。多里亚式石柱大致在 3—4 世纪时便由贵霜王朝的传递进入新疆东部了。

在 6 世纪，当犍式艺术中的装饰纹样在北魏统治下的中原地区逐渐被传统艺术所吸收，创造出一种新的图案时，塔克西拉古城中的依奥尼亚式柱头也一变而成带有中国风味的希腊石柱了。这种石柱以南京尧化门附近萧景、萧宏、萧绩墓，丹阳萧顺之（萧衍父）墓前希腊式瓜菱形凹纹石柱为代表。梁武帝萧衍热衷佛教，王族陵墓前所建神道石柱多系印度化的中国佛教建筑，现在南京保存有 13 处。以萧景墓为例，柱础雕有蟠螭纹，柱身呈圆形刻瓜棱直纹 20 道，上有凸出的方形神道刻文，刻文下有小方石“介砌”，线雕赤脚持花佛像和缠枝纹。柱头有盘形圆盖，蹲踞辟邪。全柱通高 650 厘米③。这种希腊式样的印度石柱传播的途径也是由埃及而印度，再进入崇信佛教的中国南方王朝的政治和文化中心。于是罗马时代的埃及建筑式样也在东海之滨的长江三角洲有了新的寄寓之所。

---

① 勒·柯克：《中亚晚古佛教》（Le Coq，Die buddhistische Spätantike in Mittelasien），第 1 卷，柏林，1922 年，图 35；参见格鲁赛：《远东史》（R. Grousset，Histoire de l'extrême-orient），第 1 卷，巴黎，1929 年。

② 斯坦因：《斯坦因西域考古记》（Aurel Stein，Serindia），中译本，新疆人民出版社，2010 年，图 51。

③ 张璜：《梁代陵墓考》（Mathias Tchang，Tombeau des Liang），上海，1912 年。徐家汇天主堂又出版同名中文节译本。参见滕固：《六朝陵墓石迹述略》，载于中央古物保管委员会《六朝陵墓调查报告》，1935 年。

此外，在新疆发掘所得的一些木雕装饰物、家具中，也有埃及风格的实物。斯坦因在于阗以北的尼雅发现过雕刻很美的靠椅一件，椅腿雕有立狮，扶手有希腊式怪物，色彩非常妍丽。这种靠椅使人想起埃及第十八王朝神秘的图坦卡蒙陵墓中出土的黄金、宝石镶嵌的宝座，宝座扶手雕有孔雀形怪鸟，四条椅腿顶部刻有狮面，腿端作狮爪。尼雅出土靠椅显然是一件王室贵族的遗物，图像的设计应该是由伊朗或经由犍陀罗传入，而它的形制竟是对公元前14世纪中叶埃及法老宝座的仿效！

楼兰出土葡萄纹木雕门楣

埃及的造型艺术也成为中国北方陶俑的仿制对象。开罗近郊齐奥普斯金字塔近旁的狮身人首的斯芬克斯像，代表了古老埃及石雕艺术的永恒传统。这种斯芬克斯像传到西亚，见于公元前7世纪乌拉尔图的雕刻中，后来有很多仿制品。巴黎卢浮博物馆收藏的一具淡红色花岗石的雕像，是迄今流传下来的一件。类似的作品后来经过萨珊波斯的传扬，流传在中国北方贵族墓葬的镇墓兽中，多见于信奉琐罗亚斯德教的有胡人血统的贵族墓葬。较早的有太安五年（459年）陕县令韦君墓出土两件镇墓兽，与西晋以后这类作品呈四足行走、背脊长刺翘伸的形状相仿，后来在北魏晚期洛阳的贵族墓葬中颇为风行，随后流行在山西、河北、山东的权贵墓葬中。1964年在河北曲阳发现北魏营州刺史韩贿的妻子高氏墓葬（524年建）。高氏的妹妹是孝文帝的文昭皇后，侄女是宣武帝的皇后，属皇亲国戚。墓中出土的两件陶质镇墓兽，均作蹲坐式样，背上都有三簇火焰式卷毛。一件人面狮身，头戴尖顶胡帽；一件兽面（狮面），张口欲噬①。后来在山东寿光李二村北魏贾思伯墓（525年建）、山西太原南郊北齐壁画墓、山东临淄大武乡崔氏墓葬群、山西太原西南郊沙沟村隋代斛律徹墓中，均见到了这类镇墓兽②。山东嘉祥英山一号隋墓出土一件陶质镇墓兽，也是狮身人首，人首是一个中国老头，高38厘米，宽12厘米③。墓主徐敏行，死于584年，由齐入隋，在隋炀帝杨广时升到驾部侍郎。狮身人首在中国北方成为镇墓陶兽，显示出中埃两国艺术的因缘是多么的久远。

① 郑绍宗：《河北曲阳发现北魏墓》，载于《考古》，1972年，第5期。

② 朱华、畅红霞：《太原隋斛律徹墓清理简报》，载于《文物》，1992年，第10期。

③ 山东省博物馆：《山东嘉祥英山一号隋墓清理简报》，载于《文物》，1981年，第4期，图13。

第二节　埃及玻璃及其制造法传入中国

埃及人是世界上最早制造玻璃的民族。传说在很早的时候，埃及人从沙中提金，以苏打作溶剂，偶然发现了玻璃的制造方法。古代埃及玻璃的原料是一种钠和钙的硅酸盐类的自然物，通常取之于苏打和石灰石，比现代玻璃含有更多的铁和铝的氧化物，以及一氧化锰和碱，另外还常有少许的镁①。凡含二氧化硅的矿物，如石英、燧石、玉髓、白长石、正长石、辉石、角闪石等石英岩矿物，经 1480℃ ~1650℃ 的高温煅烧而成的玉石，可以称为最早的人造宝石。

玻璃这种人造宝石，最初用来制作护身符。埃及第五王朝时又出现了黑色、蓝色和绿色的玻璃珠，后来又有了镶嵌用的玻璃。乳色玻璃（alabaster glass）器皿是最早制造的玻璃器皿，都以方解石（$CaCO_3$）精制，埃及称为雪花石膏。西奈半岛和东部沿海蕴藏极富，随处可取。米尼亚和阿西尤特到处都有古矿的遗迹，瓦迪·基拉维和埃尔·阿玛纳以东的赫脱纳是最早开采的矿场。埃及人老早就用它制作器皿，可以代替玉石。在第一王朝塞卡拉的阿赫墓群出土的宝石器皿中，雪花石膏占了绝大多数，杯、碗、壶、瓶，无所不有。雪花石膏也是制造玻璃的一种易得的矿物原料。

埃及第十八王朝（前 1575—前 1308 年）开创了古代埃及科学技术和物质文化的黄金时代。那时埃及已经拥有相当数量的玻璃工人，能够制造各种透明和半透明的玻璃器皿和珠子。阿门诺菲斯一世（阿门贺托一世，Amenhotep I）时，埃及玻璃更以色彩缤纷而著称，已能制造紫、黑、蓝、绿、红、白、黄七种彩色玻璃。到了阿门诺菲斯三世（Amenhotep Ⅲ，前 1388—前 1350 年在位）和他的儿子阿克那托（Akhenaten，前 1353—前 1336 年在位）执政时，底比斯和埃尔·阿玛纳的玻璃制作更是精益求精，并且大量出口，运销各国。玻璃作为一项著名的手工艺品，已为埃及奠定了世界声誉。从此，这种人造宝石炼铸的数量越来越大，制作的技巧越来越精细化，产品更加富丽鲜艳、晶莹剔透。

用雪花石膏制作的玻璃，莹润明洁，具有乳白色半透明性质。传说在周穆王（前 976—前 922 年在位）时，由西胡进献的玉杯是“白玉之精”（一作“百玉之精”），明夜照夕，置杯庭中，到翌晨，水满杯中，“汁甘而香美”，因而有“灵器”之称。这则故事见于《十洲记》（《艺文类聚》卷八三引）。这种杯或称为夜光常满杯，被认为是

① 罗卡斯：《古埃及工矿》（A. Lucas，Ancient Egyptian materials and industries），伦敦，1948 年，第 213 页。

西胡白玉所作。《山海经·海内西经》有西胡白玉山，是新疆的密尔岱山。但以往也有人以为是肃州（甘肃酒泉）所出的砆玉——属于蛇纹石（硅酸镁）——制作的夜光杯①，现在一般称为祁连山玉或酒泉玉，仍以夜光杯的美名遍传中外。但周穆王的夜光杯，即使不是完全透明的玻璃杯，也很像是用埃及乳色玻璃所造的雪花石膏杯。倒是现在酒泉的夜光杯，借用了《十洲记》中的典故。汉人所记的夜光常满杯，以“白玉之精”这样崇高的称颂来衡量，和祁连山玉这种砆玉实不相称，何况祁连山玉多以绿色为主。和田美玉自殷代以来已被黄河流域的居民所熟知，河南安阳殷墟出土过和田羊脂玉、青白玉、黄玉、墨玉制品，因此中原居民对玉石如有赞颂，一定要胜过和田瑶玉，至少它的来源是个遥远的文明古国。这样的文明古国，只有以生产雪花石膏和玻璃著名的埃及才能相当。古代运输非易，远方宝物运抵中国，更成宝中之宝。再说“夜光”一名，始用于战国晚期，或者是从印度借来的。梵文“夜光”（jargon）原意是“有色宝石”，常指风信子石②。埃及玻璃起先传入中国，正像最初发明玻璃时一样，是被当作一种有色的人造宝石看待的。宝石和玻璃肉眼常难分辨，明显的区别是玻璃有气眼。所以直到明代，仍有真假宝石的说法。“夜光”这个名称便是玻璃的最早称谓。从这两个方面立论，传说公元前10世纪，由居住在中国西北的伊朗语系民族进献的夜光常满杯，应是埃及用雪花石膏制作的乳色玻璃杯。传入中国，堪称稀有之宝，因而被誉作“百玉之精”或“白玉之精”。

埃及乳色玻璃杯传入中国极早，周穆王或许只是一种假托。由于他巡游葱岭，中国和亚洲西部的交通进入了一个空前发展的阶段，于是西方珍宝输入中国，便都托附到他那个时代。即使算不到他那个时代，埃及玻璃经过葱岭到达中国的时间也是很早的，至少也在秦汉以前的战国时代。《穆天子传》卷二中描述穆王到达春山（葱岭）之后得到玉荣、枝斯之英，枝斯一名很像是印度最早称呼玻璃的 sisakara③。周穆王时代，印度刚

阿克苏出土贴饼玻璃杯

① 伯希和：《肃州砆玉考》（P. Pelliot, Les prétendus jades de Sou-Tcheou），载于《通报》（T'oung Pao），1913年，第14卷，第258页。

② 勃朗、戴依编：《印度矿产志》（J. C. Brown & A. K. Dey, India's mineral wealth），第3版，牛津，1955年，第598页。

③ 《弥兰王问经》（Miliñdapanho），第4卷，210，331。

刚开始制造玻璃，中国人到葱岭以后便得到了这种称为“枝斯之英”的产品，于是也采五色石，加以炼制，连制造技术也一起引进了。

近几十年来考古发掘提供的实物，为中国自制玻璃的历史揭开了面纱。自从1972年河南洛阳庄淳沟两座西周早期墓中发现一枚穿孔白色料珠后，接着1975年在宝鸡茹家庄強伯墓中出土了上千件西周早中期的琉璃管、琉璃珠，中国开始自制玻璃的历史便上推到了公元前10世纪。这批琉璃管、珠经过科学鉴定，确证原料是玻璃，含硅量有高达40%的，成分中并有中国玻璃传统制造常有的铅钡，属于铅钡玻璃①，与埃及古玻璃的钠钙系统完全不同。不过西亚和印度制造铅玻璃的历史极早，印度从公元前10世纪开始已能制造玻璃，公元前3世纪到前2世纪是玻璃普及的时期②，中国铅玻璃仍有从外国传入的可能。

战国时期长江流域的楚国以生产夜光璧著称，这种夜光璧正是玻璃璧。琉璃夜晚发光，扬雄《羽猎赋》提供了确证：“方椎夜光之流离，剖明月之珠胎。”已明白流离（琉璃）也有“夜光”，“夜光”出自流离。自公元前5世纪出现夜光璧起，夜光璧便是楚国的国宝。湖南韶山东周中期墓，长沙楚墓，广州西汉初期和中期墓，都见有琉璃璧，一定就是古代的夜光璧。琉璃璧在长沙、衡阳、常德和浏阳楚墓中是常见之物。湖南战国楚墓至少已出土57件玻璃璧。长沙和广州出土的玻璃器并有碗、环、印章和串珠，上起战国，下迄汉代。韶山灌区更有琉璃剑首、剑珥、珠饰。如此之多的琉璃制品在广东、湖南出土，明明在告诉我们，南方沿海地区自公元前5世纪以来，到3—4世纪，一直是中国玻璃工业的重要基地。孙吴时交趾太守士燮（任期184—225年）每年派使者向孙权进献贡礼，其中便有“流离”。这种流离，都是当地所造。由于广州和交州地处海外贸易的前哨，又便于从滨海地区得到自然灰（硅土）作为炼制玻璃的原料，所以广州至少在公元前2世纪起，交州大致在2世纪前后，都早已拥有自己的玻璃制造业了。广州出土大量玻璃制品，这件事本身就足以说明古代广州不只是玻璃贸易的转口港，而且还是制造中心。广州玻璃制造业的兴起很可能和印度有过技术上的交流，玻璃制造技术的输送在汉代开始由西北陆道转向东南海道。

玻璃体脆易碎，不便运输。陆上转运，要经过道路崎岖的山岭，风沙弥漫的沙漠，气候多变的原野，传送玻璃非常困难。早期从西北运入的大多是玻璃珠饰和器质厚重的不透明或半透明玻璃器，产品大多来自印度。埃及玻璃制品要远销中国，不论陆路

① 杨伯达：《关于我国古玻璃史研究的几个问题》，载于《文物》，1979年，第5期。

② 狄克希特：《印度玻璃史》（M. G. Dikshit, History of Indian glass），孟买，1967年，第2页以下。

还是海道，都必须经过南亚次大陆，因此中国最初知道的外国玻璃都从印度运入。汉武帝曾将千涂国（犍陀罗）的礼品玉晶盘赐给董偃(《三辅黄图》卷三)，因为洁白透明，被誉作“与冰同洁”，而且容易坠碎，是只有埃及才能制造的纯白玻璃盘。罗马时期，亚历山大里亚成为玻璃制造一大中心，所制玻璃，透明的有蓝、绿、黄、紫、棕红等色，不透明的也有黑、白、红、蓝、黄、绿、橙等各种色彩，最珍贵的是像石英的纯白玻璃。中国名为玉晶盘的，便是经过犍陀罗转销中国的埃及优质玻璃器。

且末出土玻璃杯

印度洋季风贸易兴盛以后，运到中国的埃及玻璃也不断增多。20 世纪初在河南出土的古玻璃，经光谱分析，有 2—4 世纪的埃及制品①。洛阳也曾发现亚历山大里亚制造的玻璃珠②，并有一件后来被加拿大多仑多的安大略博物馆收藏的埃及玻璃瓶③，上面刻有雅典娜头像。埃及玻璃通过五河流域和阿富汗流入中国，一路上已有许多出土物被发现。帕格曼储藏了为数可观的罗马玻璃品，分属 1 世纪末到 3 世纪初的 150 年，印证了在相当长的时期中，这里是向中国运进埃及玻璃的贸易前哨。同类玻璃也运进了中国北方。1965 年在辽宁北票北燕权贵冯素弗墓发现的五件质薄透明的淡绿色和深绿色玻璃器中，有一件鸭形玻璃注，长 20. 5 厘米，腹径 5. 2 厘米，酷似帕格曼出土埃及制造的长 20. 2 厘米的海豚形玻璃水注。这种鱼形玻璃水注是一种起源于埃及的香水瓶，1—2 世纪流行于罗马世界④。冯素弗墓其他玻璃器也和水注一样采用铁棒技术，属于无模吹制，除碗的器形国内外都可见到外，杯、钵和残器座都是透明绿色玻璃，常见于罗马时代地中海沿岸。埃及玻璃通过中印雪山道，向北最远到了辽东大凌河流域。新疆境内，和田附近约特干和罗布淖尔的楼兰故址，过

① 塞利格曼:《东罗马和远东》(C. G. Seligman, The Roman orient and the far east)，载于《古代》(Antiquity)，1937 年，第 11 卷。

② 皮约翰:《来自中国的希腊玻璃花瓶》(José Pijoán, A Greek glass vase from China)，载于《伯林顿杂志》(Burlington Magazine)，1922 年，第 41 卷。

③ 罗斯托夫采夫:《罗马帝国社会经济史》(M. I. Rostovtzeff, The social and economic history of the Roman Empire)，第 1 卷，牛津，1926 年，第 513 页。

④ 冯墓水注见黎瑶渤:《辽宁北票县西官营子北燕冯素弗墓》，载于《文物》，1973 年，第 3 期，图版叁，图 1；帕格曼水注见赫金编：《帕格曼考古研究》(J. Hackin, Nouvelles recherches archéologiques à Begram)，巴黎，1937 年，图版 18，图 41，图 43，图 44，图 45。

去都见过玻璃器残件和玻璃珠[①]。20 世纪 50 年代后，新疆博物馆在楼兰发掘所得四块玻璃片，两块为透明玻璃，均有椭圆形磨花，另两块无磨饰的容器残片。经定量分析，这些玻璃片与 3—4 世纪的罗马玻璃的成分完全一致[②]。

南方海路的畅通，给埃及大量输出玻璃，以弥补它在东方贸易的逆差提供了条件。2—3 世纪时，中国知道的琉璃产地先有天竺，后有大秦。司马彪《续汉书》说琉璃出天竺国，《魏略》则列为大秦物产。6—7 世纪时，《周书》《北史》才知道波斯出产琉璃。此外，云南西部的哀牢族居住区也是生产琉璃的地方。《续汉书》列举哀牢夷“出水精、琉璃”。《华阳国志》《十洲记》《后汉书》都有类似的记载。水精也常充作透明玻璃。哀牢族居住区是永昌郡统辖下的哀牢、博南二县，和伊洛瓦底江下游三角洲有路相通，埃及玻璃也可以由此运进，所以史书上说永昌多异物。

至于 3—4 世纪之际成书的《广志》，列举琉璃产地更有“黄支、斯调、大秦、日（扶）南诸国”（《艺文类聚》卷八四引），其实只是埃及玻璃从印度洋东运沿途必须中转的地方。对这些国名稍加整理，便可列出一条由大秦、斯调、黄支、扶南而进入晋朝统治下的交州的玻璃运输路线。

埃及玻璃要进入中国南方市场，首先必须经过阿克苏姆的阿杜利或也门的奥赛里斯（丕林附近图尔巴），南阿拉伯的凯尼也是一个重要转口港。凯尼是埃里佐王国的港口，王都遗址在纳克布·哈吉尔（Naqbal-Hajar），港口在皮尔·阿里村（Bir Ali）西南 3. 5 公里。1961 年经英国考古学家杰弗士·马修发掘，发现许多窖藏和玻璃器。遗址最古的出土物属于公元前 2 世纪，证实了这里也是埃及玻璃东运的站点。

埃及玻璃运销印度洋东部，还要经过南印度的科罗曼德。古代黄支国境内，现在本地治里以南 3 公里的阿里卡曼陀，自 1937 年开始，经过 1945 年和 1947—1948 年间三次系统发掘，证实了这里便是《厄立特里海环航记》中的罗马转口港波杜契。出土物有大量的罗马陶器，也有罗马玻璃品。其中有一件 1 世纪型的紧口轮纹玻璃碗[③]，这种玻璃碗成了不久以后在交、广沿海仿造的蓝图。

黄支以东的扶南，地处中南半岛的水陆要冲。2 世纪时扶南王范蔓吞并了安达曼海东部重要地区，先后攻占典孙（丹那沙林）、九稚（塔库巴）、屈都昆（吉打），成了地跨克拉地峡、南控马六甲海峡的海上强国。马来半岛和暹罗湾各地的考古发掘，提

① 斯坦因：《西域考古图记》（Aurel Stein, Serindia），第 1 卷，牛津，1921 年，第 190 页，第 199 页，第 220 页，第 224 页，第 756 页，第 760 页。

② 安家瑶：《中国的早期玻璃器皿》，载于《考古学报》，1984 年，第 4 期，第 437 页。

③ 莫歇·韦勒：《罗马外纪》（R. E. M. Wheeler, Rome beyond the imperial frontiers），伦敦，1955 年，第 159 页，图 19，2。

供了许多罗马制造的铜灯、陶器、雕琢宝石和玻璃饰品，对埃及玻璃的东运也作出了见证。1937 年在马来半岛的柔佛河出土了 600 枚琉璃珠，其中 120 枚确是罗马时代埃及产品，80 枚属于印度早期制造物，其余都是粗质琉璃珠①，可能由中国南方运入。在霹雳的史令河流域和宋卡的墓葬中，也有和柔佛河相仿，同属公元最初四个世纪的罗马玻璃珠，具有棕红色、紫色和蓝色等色彩②。在罗马玻璃东运必经的柬埔寨东南部的奥一埃育村考古发掘过程中，便见到不少罗马玻璃和精细的雕刻品③。283 年由越南中部林邑送给晋朝的水精盘(《太平御览》卷七五八)，也是罗马出产的透明玻璃制品，其产地不是叙利亚便是埃及。2—3 世纪时埃及玻璃从海上运到中国的路线，经过沿途海港的考古发掘，脉络业已分明。在印度洋和南海万里波涛中，中国向埃及送去了华丽的丝绸，埃及则向中国运来了各色玻璃制品。横贯印度洋连接中国和埃及的这条海路，既是海上丝绸之路，也是海上玻璃之路。

中国南方出现埃及玻璃的时间应该是很早的。就出土实物而论，1958 年在湖南长沙烈士公园发现的三号木椁楚墓中，出土过一件半透明黄色琉璃环，并有色彩美丽的琉璃珠一枚④。琉璃环是中国自制。琉璃珠形制玲珑剔透，直径 2.5 厘米，通体深蓝，饰有白色圆圈纹和深黄色十字形纹，大环中套有小环，两端中有圆空可以贯穿，色泽艳丽，和长沙楚墓中常见琉璃珠不同。四周呈白色套环图样的红玉髓珠饰，曾见于罗泰尔、哈拉巴等地，在美索不达米亚的泰尔·阿斯玛和凯什遗址中也有出土⑤。这种图样也成了埃及玻璃珠吸收的式样，俗称蜻蜓眼式玻璃

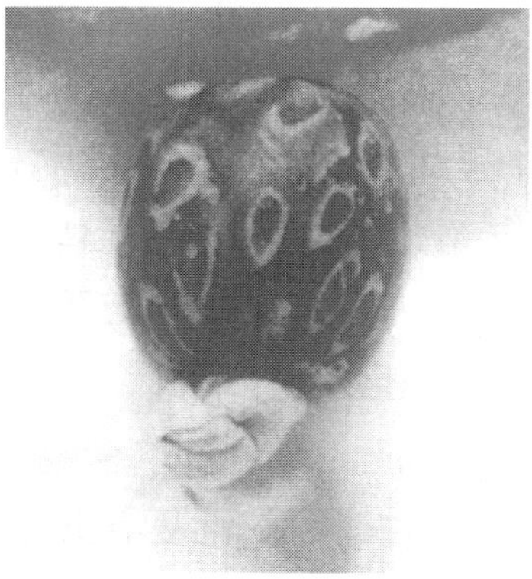

民丰出土蜻蜓眼玻璃珠

① 艾萨特：《柔佛河上的珠宝：马来亚与罗马帝国海上联系的证据》（J. R. Asiat，Ancient beads from the Johore River as evidence of an early link by Sea between Malaya and the Roman Empire），载于《皇家亚洲学会会刊》(JRAS)，1937 年，第 467 – 470 页。

② 贝克：《马来亚石板墓中的珠宝》(H. C. Beck，Beads from slab-graves in Malaya)，载于《莱佛士博物馆馆刊》(BRM)，1937 年，第 1 卷，第 2 期。

③ 戈岱司：《奥一埃育考古》(George Cœdès，Le site de go Oc Eo)，载于《亚洲艺术》（Artibus Asiae），1947 年，第 10 卷，第 193 页；约斯：《印度支那考古研究》（Olov Janse，Archaeological research in Indo-China)，第 1 卷，哈佛大学，1947 年，第 51 页以下。

④ 高至喜：《长沙烈士公园三号木椁墓清理简报》，载于《文物》，1959 年，第 10 期。

⑤ 莫歇·韦勒：《印度河文明》（R. E. M. Wheeler，The Indus civilization)，剑桥，1953 年，第 75 页。

珠。埃及出土的蜻蜓眼式玻璃珠项链，有公元前1400—前1350年的①。早期罗马玻璃也多类似的珠饰，流行地域更广及东地中海和美索不达米亚。这种西方玻璃珠至少在公元前6世纪已流入中国。在早到春秋末期的河南固始侯古堆1号墓中出土的一枚蜻蜓眼绿玻璃珠，经化学分析，属于钠钙玻璃②。同类玻璃珠已见于北方各地的，有山东临淄郎家庄战国早期墓，山东曲阜鲁国故城战国早、中期墓，山西长治分水岭270号墓春秋晚期或战国初期墓，河南洛阳中州路战国初期墓。属于战国早期的湖北随县曾侯乙墓出土73枚，是数量最多的一处。长沙楚墓的年代，据同时出土的刺绣残品，证明该墓早于公元前5世纪西伯利亚的巴泽雷克5号墓，大约在公元前6—前5世纪之际。在战国较晚时期的墓葬中，蜻蜓眼珠也见于湖南资兴、湖南湘乡、湖南长沙黑石头、广东肇庆、四川巴县、四川青川等地。在南方楚国境内，这类玻璃珠普遍流行。

现在已知最早的罗马玻璃器，是广州横枝冈西汉中期墓出土的三件玻璃碗③。三件碗器型、色泽类同，都是深蓝紫色模制成型，口弦、外壁和腹部弦纹都经打磨，弦纹磨花，和亚历山大里亚公元前1世纪的产品相仿。三件碗中的一件经定性分析，含有较多的钾和钙，属钠钙玻璃系统。广西各地出土的东汉时期玻璃碗、玻璃托盏④，多数是罗马玻璃或它的仿制品。现存中国历史博物馆的贵县东汉玻璃碗，系淡绿色透明模压抛光玻璃器，经X荧光分析，含钙极多，有较多的钾和少量的铁，也属钠钙玻璃。

目前已经光谱分析的埃及玻璃残片，是1980年在江苏邗江发掘的甘泉二号东汉墓出土的三件平底钵、盆之类的残片。玻璃片系紫黑色和乳白色相间的透明体，有线形和波纹交织花纹，似用两种不同颜色的玻璃溶液搅拌而成。残片外壁有模印的辐射形凸棱，采用模铸法制作，器物形制、纹饰风格都和国内传统不同。玻璃片经化学成分定性分析，紫色部分含有大量硅、钙和钠，相当数量的铝、铁、镁、锰，白色部分也含大量硅、钙和钠、铝、铁、镁，含量和紫色相仿，锰属小剂量，两种颜色都无铅、钡⑤。这一数据和罗马时代亚历山大里亚各色玻璃含硅量一般在60%以上，并有大量

---

① 戈特斯坦：《罗马以前和罗马早期玻璃》（S. M. Goldstein, Pre-Roman and early Roman glass），纽约，1979年，第78页。

② 张福康，程朱海，张志刚：《中国古琉璃的研究》，载于《硅酸盐学报》，1983年，第11卷，第1期。

③ 广州文物管理委员会，广州市博物馆：《广州汉墓》，文物出版社，1982年，第239页。

④ 广西文物管理委员会：《广西出土文物》，文物出版社，1978年，图142，图143。

⑤ 南京博物院：《江苏邗江甘泉二号汉墓》，载于《文物》，1981年，第11期。

的钠、钙相仿，属于罗马玻璃的钠钙系统①。甘泉二号墓的墓主，据发掘者推断，可能是死于67年的广陵王刘荆。墓葬中的玻璃制品，为东汉时代埃及玻璃成批流入中国提供了实物证据。

两晋南北朝，埃及玻璃仍不断从陆上运入西北，由海上输往交、广沿海。透明的玻璃酒器尤其受到珍重。《世说新语·排调篇》中王导以琉璃碗讽刺周顗说："此碗腹殊空，谓之宝器，何邪?""碗腹殊空"的玻璃器是透明度极高的上乘之作，可能也是从埃及运来的，因此价值昂贵，称为宝器。从出土实物看，南京象山和南京大学北园两座东晋早期墓中，都有风格特殊、制作精巧的玻璃杯。1970年南京象山东晋豪门王氏七号墓中，发现两件直桶形白色透明玻璃杯，一整一残。完整的一件，玻璃杯壁厚0.5~0.7厘米，白中呈黄绿色。口外刻有一周线纹和花瓣，腹部更有七个椭圆纹饰，底部也有长形花瓣。1972年南京大学北园东晋墓又发现白色透明玻璃杯残片，推测原物是敞口折唇腹部略鼓的玻璃杯，壁厚仅1毫米。杯口沿下和腹中部都有两道弦纹，腹中部弦纹上下有对称的直瓣形花纹。两件玻璃的形制、纹饰也和罗马时期埃及磨花玻璃制品相仿。南京大学出土的一件尤其精细绝伦，非亚历山大里亚玻璃工匠精心制作便难以有这样高水平的成就。南京象山玻璃杯白色中隐现的黄绿色，是由于烧制时杂有黄沙所致，或者由铁质和氧化锰混合而引起，这是古代埃尔·阿玛那制造玻璃时大量使用石英砾的结果②。

埃及玻璃制品流入中国，大致从公元前2世纪以前便已开始，一直持续到5—6世纪仍未中断。个别的，可能早在公元前6世纪，已有精制的埃及玻璃珠流入长沙了。从北方运进中国的玻璃大都经过帕格曼，由南方输入的玻璃大都由南印度婆皇（帕拉瓦）、婆达（潘地亚），苏门答腊岛的诃罗单、干陁利，中南半岛的丹丹、盘盘和狼牙修等国转运。在各种进口的玻璃器和玻璃珠中，特别受到推崇的是埃及的白色透明玻璃，自汉以来，便有玉晶、水精的雅称。

享有世界声誉的埃及玻璃，就像中国举世无双的丝绸一样，也必然会对中国原有

---

① 关于罗马玻璃的化学分析，参见纽曼、柯蒂伽：《古代玻璃》（B. Neumann，G. Kotyga，Antike gläser），载于《应用化学杂志》（Zeitschrift für angewandte Chemie），1925年，第38卷；罗卡斯：《古埃及工矿》（A. Lucas，Ancient Egyptian materials and industries），伦敦，1948年，第539页；贝克：《饰珠的分类和名称》（H. C. Beck，Classification and nomenclature of beads and pendants），载于《考古》（Antiquaries），1928年，第77卷；凯莱：《古玻璃分析，1790—1957》（E. R. Caley，Analyses of ancient glasses，1790—1957），纽约，1962年。

② 罗卡斯：《古埃及工矿》（A. Lucas，Ancient Egyptian materials and industries），伦敦，1948年，第214页。参见彼特利：《古埃及的艺术和工艺品》（W. M. F. Petrie，The arts and crafts of ancient Egypt），伦敦，1910年，第124-125页。

的玻璃制造业产生激励作用，进一步提高中国玻璃的产品质量，加速它的发展。汉代的玻璃产量有显著增加。除了用作装饰品以外，大量的玻璃制品都充作日用器皿，并且用作礼器和明器，产品盛行模仿玉器，用于祭礼和陪葬。琉璃璧、琉璃环、琉璃印章的成批出现，便起到了替代玉器的作用。

汉代的玻璃制品具有鲜艳的光泽，并且含有一定的钠、钙，一般含硅量不低于10%，在质地上也不比唐代以来的琉璃产品差。降至李唐，“今俗所用，皆销冶石汁，加以众药，灌而为之，尤虚脆不贞”，因此颜师古怀疑“实非真物”（《汉书・西域传》，颜师古注）。换句话说，汉晋时期的自制琉璃不仅“比之真玉，光不殊别”（《论衡・率性篇》），而且质地亦佳。以公元前1世纪前汉茂陵（陕西兴平）陪葬冢琉璃璧化学成分而论，含硅量在10%左右，钠小于2%，钙1%，钾大于1%，铅10%以下，钡2%以下。这件重1.9千克的深蓝色半透明琉璃璧已具有较高的化学稳定性、机械强度和热稳定性，烧制琉璃已有较高的技术。但汉代仍不能制造五彩缤纷胎质细薄的玻璃器，纯度高、表面磨刻花纹的透明玻璃尚非国内所能生产。

3世纪首先从埃及引进先进的玻璃制造技术的，是和非洲有直接交通的南方交、广沿海。著名炼丹家葛洪（284—364年）在《抱朴子・内篇》卷二《论仙》中首先提到仿造埃及玻璃碗，使玻璃制品进入日用器皿领域，“外国作水晶碗，实是合五种灰以作之，今交广多有得其法而铸作之者”。水晶碗也就是透明玻璃碗，所以明末谷应泰《博物要览》卷九认为玻璃与“水晶同名”，是由来已久的认识。古代水晶实在是单色透明玻璃的别称。交、广二州的设置在3世纪初。三国孙吴起先统治交州，225年始分交州为交、广二州。从225年后，交州和广州便开始有仿制外国水晶碗的工场了。交州、广州和埃及贸易频繁，双方人士常有来往，留心研究埃及透明玻璃的制造技术，因此很快便知道埃及玻璃之所以精巧，首先取决于五种成分的配制。这五种成分就是硅土、苏打、石灰、镁和氧化铝，都有一定的比例。派霍德在《埃及玻璃工业》中对第十二王朝以来埃及玻璃的化学分析①，纽曼和柯蒂伽在《古代玻璃》中对埃及玻璃选样的鉴定结果②，都表明以上五种成分是埃及古玻璃的主要原料。埃及玻璃碗由于它的耐高温性能，比中国琉璃碗更能适应骤冷骤热的要求，因而具有更多的实用价值。广州的玻璃工业吸取了先进的埃及工艺，便能按照埃及玻璃的配方，制造出本国生产的单色或多色透明玻璃碗，以及其他日用器皿。这一创举，使中国南方的玻璃制造业大步向

---

① 派霍德：《埃及玻璃工业》（H. D. Parodi, La verrerie en Égypte），开罗，1908年。

② 纽曼，柯蒂伽：《古代玻璃》（B. Neumann, G. Kotyga, Antike gläser），载于《应用化学杂志》（Zeitschrift für angewandte Chemie），1925年，第38卷。

前推进，远远超过了北方黄河流域的传统玻璃制造业，在玻璃制造工艺上跃居先进地位。这种仿造的透明玻璃器，看来并非限于在工艺上摆脱铅钡玻璃的传统，趋向于钠钙玻璃和含硅量的增大，在器物的形制、种类、装饰图样和使用吹制技术上也都开始了新的模仿。对传统产品来说，仿效外国先进产品也就具有创新的意义。

不过这种创新和工艺上的突破，究竟有它地理和行业上的局限，难以被人们普遍接受。葛洪对这一点特别感慨："乃云水精本自然之物，玉石之类，况于世间，幸有自然之金，俗人当何信其有可作之理哉?"埃及水晶玻璃制造技术传入越南北部和广东沿海极早，最早开始这种制造的中心，当然是素来拥有玻璃工业的广州了。水晶玻璃的制造，是3—4世纪历史上早已有过的事实，可惜此法以后因销路不广而失传，直到18世纪乾隆年间再由欧洲传教士纪文传入宫廷。但实际上，中国早已有过取法埃及的自制水晶玻璃器了。

由于广州在玻璃工艺上有过这些成就，我们也就有理由推测，20世纪以来，在洛阳、南京、北票和西安先后出土的一些具有罗马风格的玻璃制品，包括高足杯、平底杯、和钵、碗、珠子，至少其中的一部分完全有可能不是从埃及或印度运来，而是在广州仿造或特制的。仅从器物风格和化学成分分析，似乎也不能完全判断是国内还是国外的产品。反过来说，埃及为了扩大对华销售，可能也曾根据中国人的需要，大量生产中国玻璃饰物的仿制品。《魏略》和《后汉书》都说罗马物产中有夜光璧，便是一个例证。璧本来是中国特有的佩饰，夜光璧便是为了迎合中国的习俗，由埃及提供的特殊产品，很可能由埃及供应原料，在中国就地加工而成。广东南越王墓出土的玻璃板或者就是埃及或罗马提供的半成品。罗马向国外输送玻璃的半成品，在《厄立特里海环航记》中便已提到过了。

罗马玻璃器和它的仿制品，在式样上和非洲沿海各地流行的陶器形式也有一定的关联关系。和北燕冯素弗墓出土的侈口凹底杯同一类型的陶器也见于麦洛埃陶杯，出自非洲中部津巴布韦的利奥波特小丘遗址①。和冯墓圜底小钵相仿的大口、直形宽边、鼓腹的陶器也见于麦洛埃。这类器物又见于赞比亚的邓布韦（Dambwa）和津巴布韦的格可曼尔（Gokomere），时间都属4世纪以前。

至于长久以来被传为外国玻璃制造法在5世纪上半叶由大月氏输入中国的说法，实在是由于受到许多误解的迷惑。在不知道中国具有自制玻璃的悠久历史时，下面这个事件一直被当作中国玻璃外来说的根据。《魏书》卷一〇二大月氏传记载的一则故事说，在北魏太武帝（424—452年在位）时，有自称"能铸石为五色琉璃"的大月氏商

① 伽莱克：《大津巴布韦》（P. Garlake，Great Zimbabwe），伦敦，1973，图22，3。

人到北魏首都平城（山西大同），于是就在平城烧炼玻璃，获得了光泽胜过西方玻璃的成绩，建造了一座可容百人的琉璃宫。由于大月氏玻璃工匠传授了五色玻璃的制造技术，于是中国北方可以成批生产彩色玻璃。这个精通玻璃制造法并贩运玻璃制品的大月氏人，大约正好来自亚洲南部的玻璃制造中心塔克西拉，那里由于素来和亚历山大里亚玻璃业交流技术，一直在玻璃制造方面处于先进地位。5 世纪末塔克西拉被入侵的哌哒人所毁，遗址达摩拉查卡（Dharmarajika）和巴马拉（Bhamala）先后毁于战火①。

中国北方的玻璃业虽曾一度繁荣，然而由于社会动乱，不久技术秘密又告失传。一个世纪后，大约来自中亚何国的侨民后裔何稠模仿古法，制作绿瓷，在北方被认为是了不起的新成就。然而中国玻璃工业的重心，自汉晋以来始终在南方的长沙、广州一带。何稠所得古法，或许就是从南方借鉴的。当时隋朝已经统一南北，自有许多方便。南方的玻璃工业不但保持着原有的传统，而且通过海外自由往来，从埃及和波斯引进新的技术，不断取得新的进展。至少在 7 世纪以前，南方玻璃制造业就一直和埃及保持密切关系。

第三节　非洲医药在中国的应用

非洲药物的输入，使中国增添了不少功效卓著的新药，在一定程度上促进了中国医学的发展。7 世纪以前就被中国采用的非洲药物约有没药、苏合香、胡麻、芦荟、木香五种，治疗方法也多半从非洲引进。

没药在古埃及用作消炎、防腐。里特尔分析的六个木乃伊标本已见没药、苏合香、砂糖、沥青、麦加香膏等物②。大致在第二十王朝时，木乃伊不但使用肉桂，而且也用没药的芳香。没药在公元前 2 世纪末以精祇香的名目传入，在长安宫廷中焚烧，用以辟疫、解毒。1 世纪后被当作药物成批进入中国市场。5 世纪时徐表《南州记》以为没药是波斯松脂。没药的最早转运者是希米雅尔人，中国知道没药也从阿拉伯语的 murr，波斯语的 mor 转来，和拉丁语 myrrha 出自阿拉伯语相同。李珣《海药本草》中有没药。10 世纪后索马里没药源源运入，分成大小不等的黑色块状出售，用于散血、消肿、生

① 马歇尔：《塔克西拉》（John Marshall，Taxillā），第 1 卷，德里，1975 年，第 285 页，第 395 页。

② 里特尔：《公元前后的木乃伊》（L. Reatter，De l'embaumement avant et après Jésus-christ），罗马，1912 年，第 45 页，第 50 页，第 56 页，第 66 页，第 67 页；罗卡斯：《古埃及工矿》（A. Lucas，Ancient Egyptian materials and industries），伦敦，1948 年，第 366－367 页。

肌、止痛。

苏合香，《太清金液神丹经》称安息苏合，来自伊朗。汉代以涂魂香的名目和没药同时传入长安宫廷。2—3 世纪时用作芳香醒脑药，治疗昏厥，并已用来制丸药，被誉为一种具有起死回生的特效药。三国时交趾太守士燮重病，三日不省人事，后来服用董奉的丸药，半日便起坐，四天后能正常谈论，所服必是苏合香丸。这类丸药都由外国进口，3 世纪时来自埃塞俄比亚或也门。局方苏合香丸，以苏合香为主药，配伍安息香、麝香、冰片、丁香、檀香、青木香、沉香、香附、荜茇、乳香、诃子、朱砂、犀角、白术等药，功能极高，列入灵丹妙药之列。陶弘景《名医别录》已明确苏合香功能："主治辟恶，杀鬼精物，温虐，蛊毒，痫痓。"（《本草纲目》卷三四引）中药用作开窍逐秽药，功用比肩麝香，据说"久服通神明，轻身，长年"。8 世纪时王焘《外台秘要》卷三〇"恶肿一切毒疮肿方"有茴香（一称茴茴草），捣烂取汁，饮一升，日服三四次，滓可外敷肿处，冬中根亦可用，称为外国神方，"从永嘉（307—312 年）以来，用之起死，神效"。卷三七又用来治疗痈疽发背等症。刘梦得《传信方》所用苏合香，皮薄，子如金色，"按之即小，放之即起，良久不定，如虫动，气烈者佳也"。

苏合香油中含有苯酰肉桂脂和衍生物，也是一种有效的大小肠杀菌剂，并用作外敷药治疗疥癣。苏合还是上等的防腐剂。至少 3 世纪初，中国已仿效埃及木乃伊的办法用苏合随葬，起到保存尸体防止腐蚀的作用。晋泰康（280—289 年）时发掘襄阳城外刘表墓，离刘表死时已 80 多年，但葬者"颜色不异，犹如平生，墓中香气远闻三四里中，经月不歇"（《水经注·沔水》）。香气之所以不绝，据卢弼《三国志集解》引《述征记》，是由于刘表的儿子刘琮采用各地珍香数十石放在棺中，其中便有苏合、消疫之香。据陶弘景评述，到 6 世纪时，苏合虽都从西域运来，但"真者难别"，因此医家不敢临床使用，"不复入药，惟供合好香尔"。

胡麻，一称脂麻（今作芝麻），大量出产于非洲。公元前 2 世纪末从大宛引进。普林尼（XXII，64，132）说罗马法定药物中经常使用脂麻的油和籽。中药使用胡麻，一定也参照过罗马时代埃及和叙利亚的制药法。《本草经》以胡麻主伤中虚羸，补五内，益气力，长肌肉，填髓脑，久服轻身不老。《别录》用胡麻主坚筋骨，疗金疮，止痛，及伤寒温疟，大吐后虚热羸困，明耳目，耐饥渴，延年。脂麻油微寒，利大肠，胞衣不落；生者摩疮肿，生秃发。《抱朴子》从道家追求羽化的理想，认为饵服胡麻可以"不老，耐风湿"。

芦荟，3 世纪时至少有两个名字：狄提香和消疫香。芦荟中的索科特拉芦荟（Socotrine）和巴巴杜斯（Barbadoes）两种常供药用。芦荟叶尖，叶柄呈鞘状，包茎。古代常取芦荟茎、叶制汁，作健胃和泻下剂。中医以叶汁浓缩干燥后所成块状物充药用，所以可用于防腐，在刘表墓中使用。这种防腐法至少到 9 世纪还在使用。苏莱曼·丹吉尔在《中印游记》中，根据他亲身的经历证实，中国皇帝死后不用石灰，却用索科特拉芦荟和龙脑（Dryobalanops aromatica）入殓①。此法实是古已有之，到唐朝已很长时间了。

木香，阿拉伯用来治疗毒肿，通气。狄奥斯科立提指出一种阿拉伯姜属植物，白色，有香味，品类最高。此外更有蜡色微黑、香味极强的叙利亚种，以及黑色的产在克什米尔的印度姜属植物。索马里也是在 4—5 世纪被中国充作药用的木香的来源地，治疗办法是从阿拉伯或非洲引入的。

第四节　胡床的流行

东汉末年开始在内地使用的胡床是一种轻便的折叠凳②。《释名》对床的解释是："人所坐、卧曰床。床，装也，所以自装载也。"胡床也可以自装载，专为临时陈设而用；不用时可以折叠悬挂。《魏略》记曹魏时兖州刺史裴潜"尝作一胡床，及其去也，留以挂柱"（《三国志·魏书·裴潜传》裴注）。《北史·后妃传》叙北齐武成皇后胡氏"自武成崩后，数出诣佛寺，又与沙门昙献通。布金钱于献席下，又挂宝装胡床于献屋壁，武成平生之所御也"。这种胡床的特点是具有交叉的斜足，用时打开取得凳面的平稳，不用时加以折叠，可以随身、随车、随船携带，随时使用。梁庾肩吾《咏胡床应教》诗称，胡床"传名乃外域，入用信中京。足欹形已正，文斜体自平"。隋炀帝因忌胡人，改称交床。《资治通鉴》卷二四二胡三省注对交床作了形象的描写："交床以木交午为足，足前后皆施横木，平其底，使错之地而安。足之上端，其前后亦施横木而平其上，横木列窍以穿绳条，使之可坐。足交午处复为圆，穿贯之以铁。敛之可挟，放之可坐。以其足交，故曰交床。"

胡床的图像见于古代墓葬和壁画中。1974 年在河北磁县东陈村发掘了下葬于 547 年的东魏赵胡仁墓，墓中出土九件手持日用杂物的女侍俑，其中一件就是臂挟胡床的女侍。1973 年在陕西三原发现的唐淮安靖王李寿墓，在石椁内壁线雕的女侍图像中，也有手捧四足斜交胡床的女侍③。使用胡床的生动实例是敦煌莫高窟 420 窟隋代"商人

① 苏莱曼·丹吉尔：《中印游记》（Sulayman al-Tajir，Ancient accounts of India and China），盖尔出版公司，2010 年。

② 易水：《漫话胡床》，载于《文物》，1982 年，第 10 期。

③ 何正璜：《话说唐李寿石椁》，载于《美术》，1982 年，第 1 期。

遇盗”壁画，这幅画的左侧丛山中有一位身穿甲胄、环立许多武士的将领，坐在一张四足呈两相斜交的胡床上。胡床这种具体的形象已跃然于画家的笔触下。

这种称为胡床的轻便折叠凳源起于埃及。在第十二王朝至第十八王朝的家具中已有这类折叠凳。东汉末年由中亚传入内地。《后汉书·五行志》列举汉灵帝（168—189年在位）酷好胡俗，胡服、胡帐之外便有胡床、胡坐。胡床既经灵帝在宫廷中使用，于是“京都贵戚皆竞为之”，以后便成为洛阳权贵习用之物。魏晋南北朝和隋朝时期，胡床流行的地区逐渐由洛阳扩大到北方各地，更进而推广到江南一带，使用者也由权贵、将领普及农村乡居妇女。

胡床一经流行，不论行军作战、狩猎竞射还是家居、出行都曾见使用。人坐胡床，与传统的席地或在床上双足后屈的方式不同，取“据”或“踞”的办法，使双腿下垂，一如今日坐椅的姿态。在军事行动中，主将常踞胡床临阵指挥，以示从容不迫。《三国志·魏书·武帝纪》裴注引《曹瞒传》记述211年曹操率大军自潼关北渡黄河，突遭马超袭击，“超等奄至，公犹坐胡床不起。张郃等见事急，共引公入船”。当时曹操在大军渡河时，便坐在胡床上督军。前凉张重华将领谢艾曾弃轺车踞胡床，指挥军队和敌将麻秋所率黑槊龙骧3000人激战，稳定了军心，结果转败为胜。胡床不但被北方的将领使用，到了6世纪，南方的梁朝军队中也都使用胡床。527年梁将韦放与魏将费穆遭遇，韦放在甲胄三贯流矢的情况下，镇定指挥，“据胡床处分。于是士皆殊死战，莫不一当百”（《梁书·韦放传》）。梁将王僧辩引军进攻长沙时，突遭敌将吴藏、李贤明的偷袭，王僧辩在敌军近身时仍坐胡床，“于是指挥勇敢，遂获贤明，因即斩之”（《梁书·王僧辩传》）。

行猎、竞射中使用胡床，有魏文帝在狩猎时踞坐胡床（《三国志·魏书·苏则传》）。王济和王恺较射赌“八百里驳”时也用过胡床（《世说新语·汰侈》）。家居时胡床是一种临时陈设。王恬在沐头之后，“在中庭晒头”时，便踞坐胡床（《北堂书钞》引《郭子》）。旅行时，胡床更是一种合适的坐具。刘瓛身材纤小，儒学冠绝一时，出访时，“唯一门生持胡床随后，主人未通，便坐问答”（《南齐书·刘瓛传》）。或者在胡床上弹奏曲子，谱写乐曲。如谢镇西在大市佛图门楼上，据胡床，“弹琵琶，作大道曲”（《艺文类聚》卷四四引《语林》）。桓伊在路上应王徽之请，“踞胡床，为作三调。弄毕，便上车去，客主不交一言”（《世说新语·任诞》）。胡床到6世纪末，已普遍到村妇都在使用。《隋书·尔朱敞传》记他出逃后，“遂入一村，见长孙氏媪踞胡床而坐，敞再拜求哀，长孙氏愍之，藏于复壁”。从此以后，胡床或交床世代使用，直到今日。

第五节 中国陶瓷工艺和麦洛埃陶业

中国的先民在 10000 多年前已发明了陶器。在新石器时代晚期，居住在中国东部沿海，创造了浙江河姆渡文化并擅长航海的原始居民，便向邻近中国的东南亚各国交换过陶器和制陶技术。公元前 1 世纪初，中国西南居民成批向南迁移，进入马来半岛。在汉代，随着移民和航海活动的发展，中国的陶器遍布于东南亚各地的古遗址中。中国陶器甚至随着横渡印度洋的航海者到达了非洲东部沿海。波斯湾和非洲东部之间在波斯阿赫曼尼德王朝以来已经建立的频繁往来，也是传递中国陶器的一个途径。

除了烧成温度低的黏土陶器以外，中国在江苏、浙江、江西、福建、广东、广西、湖南等省（自治区）的新石器时代文化遗址和墓葬中都出土了为数可观的印纹硬陶。这种硬陶烧成温度高，为以后发展成带釉的瓷器铺平了道路。两汉时代，陶瓷生产取得了划时代的成就。尤其是 1 世纪，在东南沿海烧造了世界上最早的瓷器——青瓷。浙江上虞小仙坛窑址曾是发现最早的一处瓷窑遗址①。该处出土的印纹陶的纹簇，同样也见于麦洛埃的库施陶器上。后来又在浙江德清发现了起自商周，延续到战国时代的长达千年的古窑址。在火烧山和亭子桥遗址中，找到了公元前 8 世纪起开始纯烧龙窑的原始瓷遗址，成为世界瓷业的古都。汉代的陶瓷和丝绸一样，在世界上居于先进的地位。在中国和麦洛埃库施国家之间进行的文化交流中，就像中国曾按照麦洛埃陶器仿造玻璃器一样，汉代陶器和青瓷，从器形、装饰手法，甚至可能包括制造技术，都曾是麦洛埃陶工吸取外来经验的一个借鉴。这种现象，在 2—3 世纪中国帆船实现通航阿杜利以后更加明显了。

库施民族的陶器制造起源极早。王室陵墓（库罗、努里、巴克尔）之外，在努里以南、那巴达以北的萨那・阿布・邓姆（Sanam Abu Dom），麦洛埃南郊墓园、西郊墓园等许多非王室陵墓中，自公元前 8 世纪以来便有许多与王陵不同葬式的墓葬，富有浓厚的地方色彩，以陶器为主的文化形态也具有和埃及式样完全不同的特征。和埃及轮制陶器不同，库施陶器采用传统的手制技术，雕刻纹饰可以一直追溯到公元前 2000 年，到公元前 3 世纪更趋于普遍。在各种发现物中，陶器大都和埃及第二十五王朝及以后各朝相仿，但也有不少由麦洛埃当地制造而式样与埃及完全不同的。总之，麦洛

① 1976 年在上虞小仙坛发现的青瓷窑址，烧成温度达 1310℃ ±20℃。同时发现的青瓷窑址还有上虞帐子山、宁波郭堂岙、余姚上林湖等处。见李家治：《我国瓷器出现时期的研究》，载于《硅酸盐学报》，1978 年第 6 卷，第 3 期。

埃陶器制造历史极为悠久，后来才接受埃及的影响，1 世纪左右又吸收了汉代陶业的成就。

洛浦出土玻璃耳珰

麦洛埃陶业曾在陶器形制上采用汉式图样。麦洛埃陶器中有一件侈口桶身、形制特异的盆①，由牛津大学阿希莫良博物馆收藏，器表光润，器身刻有上下两排类似篆文的象形文字。它的祖型居然和比它早一千多年在中国南部出土的陶罐相似。2005 年在湖南北部宁乡炭河里西周城址曾发现一批陶器和青铜器，其中一件 A 型尊软陶器的形制便和麦洛埃陶盆完全一样②。这类陶罐后来在汉代演变成河北定县（古中山国）40 号出土金缕玉衣的中山怀王刘修墓中的陶盆③。麦洛埃陶器形制在 2—3 世纪时由麦洛埃流传到卢旺达、肯尼亚、赞比亚、津巴布韦等地，成为日用陶器中的基本模式。

汉代敞口鼓腹陶罐来源甚早。在江苏邗江甘泉 2 号汉墓中出土的 III 式陶壶④，是它的同类形式。该墓墓主是死于 1 世纪中叶的广陵王刘荆。这类器物的形式可以追溯到洛阳战国粮仓遗址中的陶罐⑤。

汉代敞口敛颈鼓腹陶罐，曾是麦洛埃陶器的重要图式。以后流布到东非和中非各地的陶罐却与汉式不尽相同，仍然保持着宁乡炭河里西周时期陶尊（罐）的款式。其中的 I 式，具有大口直形宽边、腹部鼓起的陶器，在赞比亚的邓布韦（Dambwa）有成批发现⑥，也见于津巴布韦出土的格可曼尔（Gokomere）陶器⑦。同一类型的 II 式唇口鼓腹、颈部有装饰纹样的陶器，在津巴布韦的利奥波特小丘遗址被发现，和麦洛埃式样最为相近，几乎无甚变化。在赞比亚维多利亚瀑布西北 105 公里的马契里、赞比亚

---

① 弗林特：《剑桥非洲史》（J. E. Flint，The Cambridge history of Africa），第 2 卷，剑桥，1977 年，第 288 页后图版 3 之 6（第三排左图）。

② 徐嘉林等：《湖南宁乡炭河里西周城址与墓葬发掘简报》，载于《文物》，2006 年，第 6 期，第 21 页，图三四之 12，复原照片见第 25 页图四〇A 型陶尊。

③ 刘来成：《河北定县 40 号汉墓发掘简报》，载于《文物》，1981 年，第 8 期，第 5 页，图七，9。

④ 纪仲庆：《江苏邗江甘泉二号汉墓》，载于《文物》，1981 年，第 11 期，第 3 页，图四，9。

⑤ 徐治亚，赵振华：《洛阳战国粮仓试掘纪略》，载于《文物》，1981 年，第 11 期，第 56 页，图三，9。

⑥ 法根等：《赞比亚的铁器时代文化》（B. M. Fagan，D. W. Phillipson，G. H. Daniels，Iron age cultures in Zambia），第 2 卷，伦敦，1969 年，第 3－56 页。

⑦ 伽莱克：《大津巴布韦》（P. Garlake，Great Zimbabwe），伦敦，1973 年，图 21，1。

的卡莱博瀑布①，以及津巴布韦境内的一些铁器时代遗址中，都有类似的发现。马契里林站的出土物②，经放射性碳素测定的年代约在2—3世纪。同类器物也见于津巴布韦第一期，时间在4世纪以前。传播这种称为阴纹陶器（dimple-based wares）文化的，是由肯尼亚西部高原南下，操邻近尼罗特语或库施语的非班图语居民。这些移民的东支创造了早期铁器时代的克韦尔陶器（Kwale ware），这种文化因在蒙巴萨西南30公里的克韦尔首次发现而得名。西支在肯尼亚西部的乌里维（Unrewe）遗址创造了乌里维文化。同类早期铁器时代的陶器，广泛分布在北起维多利亚湖，南至林波波河的东非地区③。克韦尔文化是出现在2—3世纪的东非文化，传播的起点可能在尼罗河中游麦洛埃古老的冶铁中心。中国和这一地区的联系，大致在公元前后开始。

格可曼尔陶器与湖南宁乡炭河里出土Ⅰ型陶罐相似（《文物》，2006年第6期第16页，图一七之3），与炭河里出土硬陶D型罐亦属同一类型（《文物》，2006年第6期第22页，图三五硬陶器之8）；甚至与2009年广东连州东汉墓出土的一件铁釜及残存支架（《文物》，2012年第2期，第35页图一七）也同出一源。西周以后，湖南宁乡受南迁的越族、蛮族文化影响，开始开发，在楚悼王（前401—前381在位）时成立洞庭、苍梧两郡。此后便出现了苍梧族群大举南迁，其中的一支受阻于岭外地区的瘴疠，转向中南半岛沿海。到汉代成立日南郡，这里便归入中国领土了。2015年湖南临澧九里楚墓群马鞍岭墓地出土战国中期（公元前4世纪）B型Ⅰ式陶罐（M2：2）、B型Ⅱ式陶罐（M9：2）（均见《湖南临澧九里马鞍岭墓地发掘简报》，载于《文物》，2020年，第5期，第10页）是这类陶罐在湖南境内长期传承的物证，以后便随南迁族群流传到了印度洋。

日南郡是公元前后中国最南的一个边郡，史籍中不久便有沿海居民沿海边西迁的记录，《外国传》（《吴时外国传》）说："从波辽国南去，乘船可三千里到屈都乾国地，有人民可二千余家，皆曰朱吾县民，叛居其中。"（《太平御览》卷七九〇屈都乾国）泰国湾东边的居民原本是从日南郡朱吾县迁去的。后来这些移民进一步西迁，才有可能远达东非沿海各地。

---

① 克拉克：《卡莱博瀑布史前遗址》（J. D. Clark，The Kalambo Falls prehistoric site），第2卷，剑桥，1974年，图12。

② 克拉克，法根：《北罗德西亚的木炭、沙土和颈饰陶器》（J. D. Clark，B. M. Fagan，Charcoals，sands and channel-decorated pottery from Northern Rhodesia），载于《美国人类学家》（American Anthropologist），1965年，第67卷，第358页。

③ 法根：《东非和南非的早期铁器时代》（B. M. Fagan，Early iron age pottery in eastern and southern Africa），载于《阿扎尼亚》（Azania），1966年，第1卷，第101页。

麦洛埃陶器不仅陶罐、陶罍和汉式相仿，就连陶碗式样也有和汉代瓷碗类似的。浙江上虞东汉瓷窑遗址出土两种式样的青瓷碗，其一口缘细薄，深腹平底，碗壁圆弧呈半球形，和麦洛埃一种碗腹上部有带形纹饰的深腹碗相像；另一种青瓷碗，口微内敛，浅腹平底，也和麦洛埃浅腹碗相仿。

汉代画像砖和壁画技法，也可以在麦洛埃陶碗上的装饰画中见出影响。这种陶碗上下大致相仿，下部仅略小于碗口，碗腹用工笔绘有各种动物，如蛇、青蛙、鸵鸟、仙鹤等图形，富有中国毛笔画的格调，而题材则是当地的。蛇是埃塞俄比亚崇拜的树、水、蛇三大原始拜物教中的神物之一，这种画风也一定经由埃塞俄比亚传入麦洛埃。

麦洛埃附近地区，沿着尼罗河两岸，在4—5世纪留下了大批墓冢，其中在麦洛埃、乌沙拉（Ushara）和坦卡西（Tanqasi）发现了一些与过去不同的文化面貌。在大批陶器中出现了大型的酒壶，有细长的颈和鼓起的腹部。像大部分麦洛埃陶器，它们并非出自轮制，常常在制造酒壶转动时在器身下部压上席纹。这些墓葬的起源大致不早于300年。能借此确定墓葬年代的只有两件进口器物，一件是亚历山大里亚式样的玻璃器，相当于200—400年；另有一件5—6世纪时的希腊式酒器。这些墓葬中出土酒器上的印纹，和浙江上虞东汉瓷窑出土的篦状印纹陶片非常相似①。此外，在麦洛埃陶器中类似天球瓶的器形（有长颈和短颈两类），似乎也可以在4—5世纪以后中国南方出现的蒜头青瓷瓶、天球瓶等同类器物上见到类似之处。

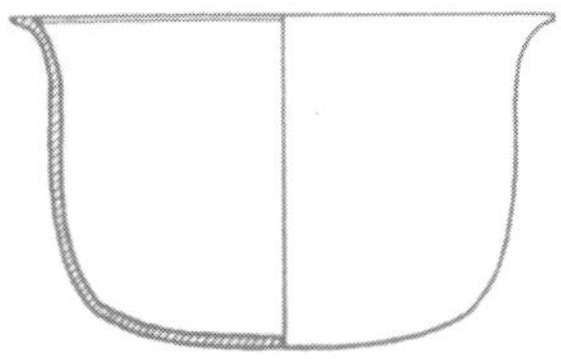

1. 湖南宁乡炭河里西周城址出土A型尊软陶器（2005年出土）

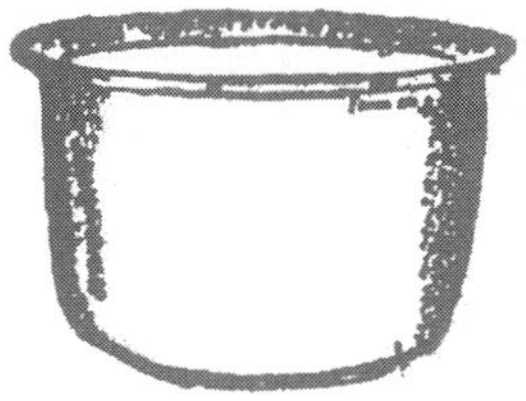

2. 麦洛埃陶盆（英国牛津大学阿希莫良博物馆藏，《剑桥非洲史》第2卷）

① 香尼：《麦洛埃》（P. L. Shinnie，Meroe，a clvilization of the Sudan），伦敦，1967年，图41。浙江上虞出土的篦状印纹陶片参见朱伯谦：《浙江上虞县发现的东汉瓷窑址》，载于《文物》，1981年，第10期，图版伍，2，9。

3．西汉陶盆（河北定县中山怀王刘修墓出土，《文物》1981 年第 8 期）

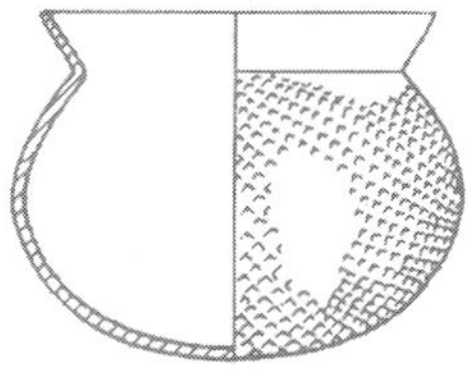

4．宁乡炭河里Ⅰ型陶罐

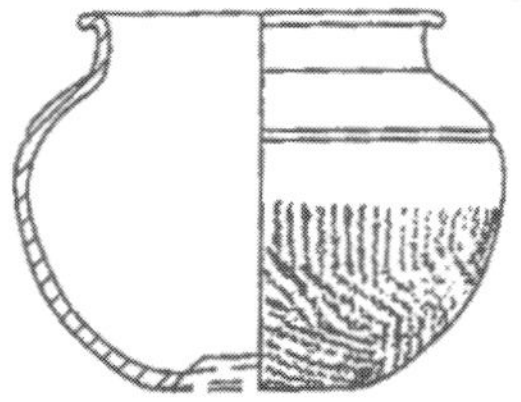

5．战国中期 B 型Ⅰ式陶罐（2015 年湖南临澧九里马鞍岭出土，《文物》2020 年第 5 期）

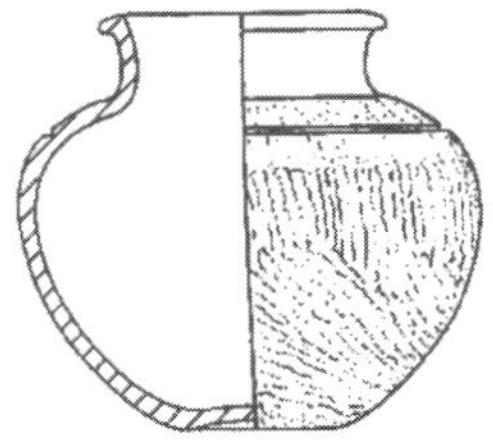

6．战国中期 B 型Ⅱ式陶罐（2015 年湖南临澧九里马鞍岭出土，《文物》2020 年第 5 期）

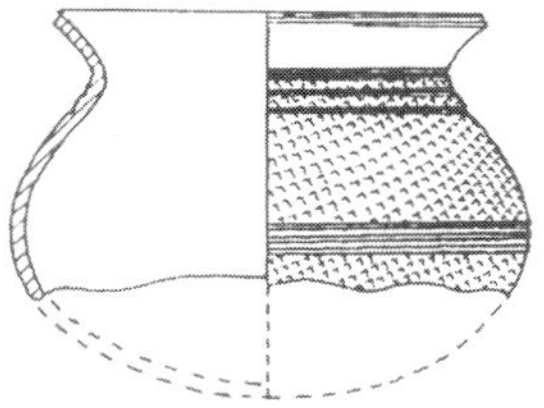

7．宁乡炭河里硬陶 D 型罐

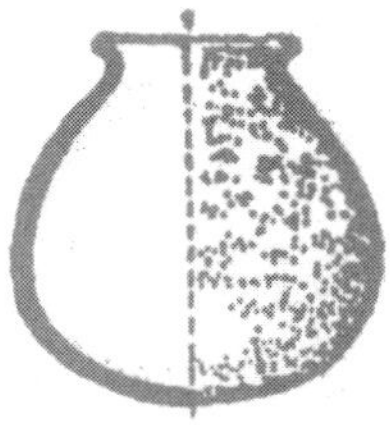

8．麦洛埃非埃及式陶器（《剑桥非洲史》第 2 卷）

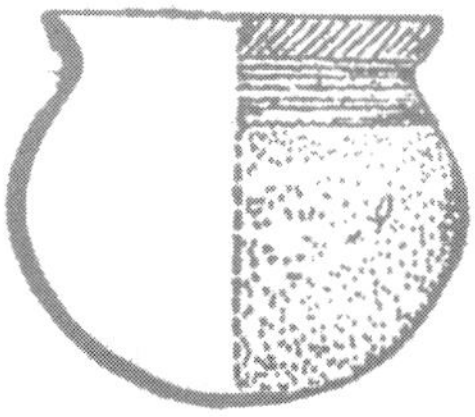

9．津巴布韦格可曼尔陶器（剑桥非洲史》第 2 卷）

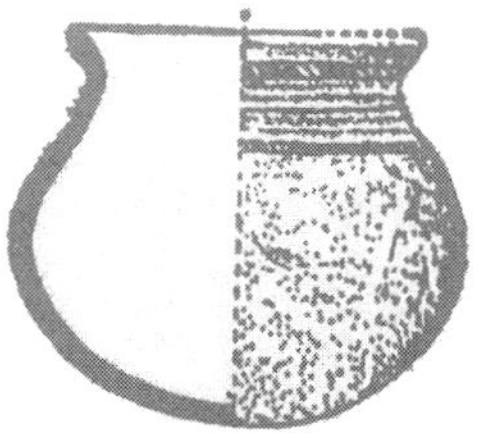

10．赞比亚马契里陶器（《剑桥非洲史》第 2 卷）

中国与非洲出土陶器对比

迟至 5 世纪，中国沿海地区和麦洛埃之间的商业和技术上的联系，也可以在史籍中找到一点线索。《宋书》卷五记述宋文帝元嘉十八年（441 年），到建康（南京）的外国使者有肃特国（粟特）、高丽国、苏靡黎国、林邑国。苏靡黎便是麦洛埃和兴迪以南、那卡以北的苏弗拉（Musawwarat es-Sofra）。苏弗拉位于尼罗河东支巴那特河（Wadi el Banat）西岸，有建于公元前 250—前 200 年间的著名的狮庙。这个古老的城市是麦洛埃的文化和宗教中心，他们的代表曾从海上去过南京，和统治中国南方的刘宋政权一定有过文化、技术的交流和协作，以致麦洛埃晚期文化具有那么多的中国气息。

第六节　中国提花技术和炼金术西传埃及

汉代丝织物品类既多，织造水平也达到了相当的高度，能够以精湛的技术处理 0.02 ~0.03 毫米的家蚕丝，纺织各种色彩、花纹和组织的丝织物。最普通的要算平纹组织的纨素，相当于现在的绢，有平纹绢和畦纹绢。从敦煌发现的“任城国亢父缣”，得知汉缣（细绢）一匹幅广二尺二寸，长四丈，据实物量得幅广 50 厘米，可以知道汉代织机的大致宽度。

中国的丝织技术对埃及产生了直接的影响。埃及在 3 世纪左右开始和拜占庭、波斯、叙利亚同时采用简单的提花机。比埃及早 1000 年，中国从公元前 8 世纪织锦时起就已使用有提花设备的平放织锦机，和希腊、罗马等国专门使用垂直的织机不同。

尉犁出土鹰蛇天伎罽

汉代绮、锦织法尤其高超。汉绮既有传统的底地平织，经斜纹显花，此外还有一种新的织法，不但底地平织，并且显花部分，同每一根有浮线的经线相邻的另一根经线也是平纹组织。根据 1959 年新疆民丰发现的汉绮，推算幅广 45 ~50 厘米的汉帛，全幅有经线 2970 ~3300 根。汉代更采用了经线起花的平纹重组织，一色的纬线可分作交织纬（明纬）和花纹纬（夹纬），二色或三色的经线，每色各一根成为一副。利用夹纬，将每副中表经和里经分开。花纹常横贯全幅，一根纬线要交结 5000 根以上的经线。纬线循环虽不过几厘米，但所需提花综也要

50 综左右①。汉锦的织法代表了当时世界丝织技术的高峰。

在江苏铜山洪楼出土东汉时代画像石上的织机，表示当时已广泛采用了脚踏板，出现了世界上最早的脚踏织机。欧洲在 6 世纪才开始出现的同类织机便是由中国传去的②，到 13 世纪才被普遍推广。根据汉代的锦、绮、文罗等高级织物，幅广 45 ~ 50 厘米所需经线要 3000 ~ 5000 根，依照花纹单元高度和纬线密度，需要提综 40 ~ 50 片之多。交织综在平纹组织是两片，斜纹组织是三片。一般平纹组织只用两个脚踏板即可。提花综却视花纹而定多寡。三国马钧改良织绫机，已用 50 综、60 综。综是提花线束，每综辅以一**籆**，用来挟持提花线束使之上举。经马钧改革，50 **籆**、60 **籆**，简化成了十二**籆**（马总《意林》卷五）。埃及使用简单的提花机，即按上述最早的说法，也比汉代的中国晚了四个世纪，直到 12 世纪末期才比较完善。欧洲出现这种提花机还要晚得多，已在 6 世纪以后了。

同一时期，由中国传入埃及的还有炼金术。罗马统治时期，亚历山大里亚一直是希腊文化的中心，拥有许多实用的物质变化知识。自从 19 世纪发现了莱顿 10 号苇纸和斯德哥尔姆苇纸以后，对于 3 世纪时用希腊文写作的化学知识，算是有了文献上的依据。出土于底比斯的莱顿 10 号苇纸，在 1885 年正式刊印，之后引起了化学史家的注意。接着，出土于亚历山大里亚的斯德哥尔姆霍尔米西斯苇纸，也在 1913 年出版，贝蒂洛在 1906 年发表了他的法译本，英译本由卡莱公布于 1926 年和 1927 年。这些苇纸描述了上釉、镀色、冶金的处方，尚无神秘的炼金术士的色彩。

300 年左右，巴诺波里斯（Panopolis）的佐西莫斯（Zosimos）编纂了一部炼金百科全书，这部书具有神秘和抽象符号的特色，标志着埃及已经应用炼金术。这部书成了以后的炼金术士森尼西（Synesius）和奥林庇多罗（Olympiodorus）撰写专门著作的依据。此时，炼金术已经规范化，并且使用了新的工具和方法。不过在拜占庭时期，炼金术并无新的进展，虽未中断，却一直处于停滞状态。

沙拉比教士森尼西，对托名希腊哲学家德谟克里特著的《物理和秘术》的物理著作做过注释③，于是书中按照西方观念看来切合实用的镀染金属和制造合金的技术都被删去，代之以神秘的炼金术。炼金术之所以显得神秘，甚至被指责为“荒诞”④，无非

① 夏鼐：《新疆新发现的古代丝织品——绮、锦和刺绣》，载于《考古学报》，1963 年，第 1 期，第 54 – 62 页。

② 卫礼泽：《中国艺术》（W. Willetts，Chinese art），伦敦，1958 年，第 233 – 234 页。

③ 霍浦金斯：《炼金术新解》（A. J. Hopkins，A modern theory of alchemy），载于《伊西斯》（Isis），1925 年，第 7 卷，第 1 分册，第 58 – 76 页。

④ 《不列颠百科全书》（Encyclopedia Britannica），第 11 版，伦敦，1910 年，第 1 卷，第 519 页。

因为炼金术并非希腊文化的产物，完全来自遥远的中国。炼金术尽管所用术语奥秘，但却显示了前所未见的关于金属置换的丰富知识，在技术上和传统的希腊科学格格不入，自成一系，因而显得难以理解。佐西莫斯和森尼西的炼金术知识只能来源于中国。佐西莫斯出生的巴诺波里斯，在上埃及底比斯以北，这地方既通贝伦尼塞港，又靠近努比亚，和麦洛埃之间文化上有交流。从中国进入埃及的炼金术，一定要经过麦洛埃的传递。

麦洛埃向以冶铁业著称。在属于 X 组的墓葬中，曾发现一具中国式样的三足烹饪器（现藏喀土穆博物馆）。奥开尔以为是 4—6 世纪之间的器皿，看来还可以早一两个世纪。这件三足烹饪器，就宽边翻唇部分装饰的中国式云纹而论，至少也是麦洛埃铁工的仿造，但也可能是从中国运去的。这件被西方考古学家称为中国式铁鼎的三足器，具有翻唇、圆口、平腹、直足而无双耳的特点，形状介于汉鼎和晋代瓷洗之间，侈口一如长治分水岭 126 号战国韩墓出土的铜鬲，是仿造铜鬲的形制。这件中国式铁鼎，似乎是当时炼丹家所用的鼎，和 2 世纪末魏伯阳《周易参同契》卷下用于烧炼神丹的鼎相仿。这种丹炉，魏伯阳说是“圆三五，寸一分，口四八，两寸唇，长尺二，厚薄均，腹齐（脐）三，坐垂温”。所述酷似宋代吴悮《丹房须知》中的蒸馏器，底座是一侈口鬲，上有坩埚子二，大小相套①。麦洛埃铁鼎应该是丹炉的底座，专供炼丹家使用。巴诺波里斯和亚历山大里亚的炼丹家可能正是通过麦洛埃工匠之手，从那里获得他们新的实验设备的。

2—5 世纪，正是中国炼丹术人才辈出，科学上硕果累累之时。魏伯阳、葛洪、陶弘景相继脱颖而出，以他们杰出的物质变化知识丰富了自然科学，在世界化学史上占有了重要的地位。佐西莫斯约晚于魏伯阳一个世纪，森尼西大致和葛洪同时，奥林庇多罗也不比陶弘景晚多少。炼丹术的知识，由于中国和埃及都在追求同一目标，从水银和其他金属制造出更多实用的金银来，因此，中国的进展，得到埃及同行密切的关注。魏伯阳曾以铅为主炼制伪金银。东汉时甘始和他的师傅韩世雄更在南海制金投海，前后四次。据曹植《辩道论》（《后汉书·方术列传》注引），投入大海的伪金有数万斤之多。炼金术便是从中国南方沿海地区传入努比亚和埃及的，正像先进的玻璃制造技术曾由那里在同一时期输入中国南方一样。中国和埃及，双方通过技术交换，各自学习对方的长处，吸取先进的科学知识，借以改进制造工艺，以求得手工业的新发展。这正是中埃文化交流史上值得传诵，而久被遗忘的千古佳话。

---

①　参见吴德铎：《烧酒问题初探》，载于《科学史集刊》，1966 年第 9 期；吴德铎：《何家村出土医药文物补证》，载于《考古》，1982 年，第 5 期，第 528 页。

第六章
唐代的中非交流

第一节　长安和丹吉尔的纽带

一、通往丹吉尔的大道

伊斯兰教兴起前的一个世纪，波斯在印度洋西部正积极扩张势力，波斯湾吸引着中国帆船，埃及和中国的联系处于低调时期。直到阿拉伯人高举伊斯兰教的旗帜，席卷西亚，占领埃及和北非，侵占西西里和西班牙，吞并中亚细亚，建立了一个地跨亚、非、欧三大洲的帝国，埃及在哈里发统治下成为伊斯兰世界的一部分。正如在古波斯帝国时期一样，埃及和中国重又成为邻国，彼此在经济和文化上的联系得以再度密切起来。

642 年 9 月，阿拉伯军队攻占了亚历山大里亚，将尼罗河畔的巴比伦作为首府，在那里建立阿穆尔清真寺，从此巴比伦便变成一座米昔儿（miṣr），意思是"卫城"，改称福斯塔特（Fusṭāṭ）了。米昔儿也成了埃及的别名。这个起源于叙利亚语的埃及古称，希伯来语叫 mizraim。虽然有了这个新名称，但直到阿拔斯王朝建立以后，中国仍习惯将埃及称为大秦。阿拔斯王朝初期，马什里克（Mashriq）和马格里布（Maghreb），即"东方"和"西方"的界限尚未明确，马什里克通常代表叙利亚、伊拉克，有时也可兼指埃及，埃及以西统称马格里布。段成式在 860 年左右写成的《酉阳杂俎》

续集卷一〇中有："大食勿斯离国石榴重五六斤。"段成式的勿斯离指马什里克，和10世纪以后专称埃及的勿斯里（Miṣr），语源应有不同。

唐代中国对伍麦叶王朝哈里发（661—750年），因它尚白，有一个特别的名称，叫白衣大食；对继承伍麦叶王朝的阿拔斯王朝哈里发（750—1258年），因为尚黑，称作黑衣大食。从651年起，到798年之间，进入长安和唐朝通好的大食使节共有39次之多。吐蕃兴起后，进占陇右，吞并安西四镇，从陆上隔断了阿拉伯帝国和唐朝的外交联系。此后，广州和阿拔斯的新都巴格达之间的海上交通便更加重要了。在中国的阿拉伯侨民和商人遍布全国，人数十分可观，长安、武威、广州、扬州尤其集中。

唐代对埃及仍沿用大秦旧名，并未目为大食的一部分。759年到过埃及的杜环就这样称呼。杜佑编《通典》，在卷一九三中也用"大秦"国名，不但引用了杜环的《经行记》，而且列举的物产和历史、风习也大多是埃及的实况。781年在陕西周至县所立《大秦景教流行中国碑》也说："大秦国南统珊瑚之海，北极众宝之山，西望仙境花林，东接长风弱水。"大秦的辖境也包括埃及在内。《旧唐书》指出："拂菻国一名大秦，在西海之上，东南与波斯接。"而《新唐书》记述东北非的摩邻国，必须"自拂菻西南度碛"，所指拂菻却仍是叙利亚。叙利亚自638年起便已被阿拉伯人占领，称为苫国。到过那里的杜环说得很确切，他说拂菻在苫国（叙利亚）西。由此可知，唐代对埃及尚无固定称呼，大多沿用旧习。

长安和福斯塔特之间有通畅的大道联系。唐朝和中亚的交通，自长安经过河西走廊，北道由交河县（吐鲁番东哈拉和卓）西展，通过天山南麓，直通碎叶城（托克玛克西南阿克·贝希姆废址）和怛逻斯城（塔拉斯河上的埃里·奥塔），同时又在天山北麓开辟了经庭州（吉木萨尔北）、弓月城（伊宁市东北大、小金城）渡伊犁河到碎叶的新路。北道在怛逻斯城和通过阿姆河的丝绸之路中段衔接。丝绸之路中段在锡尔河、阿姆河间最重要的地方是史国（沙赫里夏勃兹）和康国（撒马尔罕），由此向西经过伊朗高原，通向巴格达。南道出玉门关后，循塔里木盆地南缘西进，经过昆都士、巴尔克，也以巴格达为指归。

762年哈里发曼苏尔定都巴格达后，哈里发帝国进入了一个以巴格达为中心的伊斯兰学术昌明、文化鼎盛的时期。892年阿拉伯地理学家雅库比指出，瓦西特、巴士拉、阿瓦士、法尔斯、阿曼、也门、巴林和邻近地方装运的货物，可以在巴格达汇聚，然后上溯底格里斯河北运。同样，由摩苏尔、迪亚·拉比、阿塞拜疆和亚美尼亚也可顺底格里斯河南下。由迪亚·门达、腊卡、叙利亚边区、埃及和马格里布发运的，则通过幼发拉底河运送到巴格达这个终点卸货①。巴格达也是中国和埃及、北非互通信息的场所。

自巴格达向西15天路程，便是塔德莫尔，《新唐书》称作都盘国。再往西15天路程，所到的地方是地中海滨的拉塔基亚，《新唐书》记作罗利支国。如果折向西南，有路可通耶路撒冷，在《新唐书》中译作沙兰国。通往尼罗河三角洲的大道便从此开启。

尽管在9世纪下半叶，哈里发帝国各地总督纷纷独立，埃及也先后建立了图伦王朝（al-Tuluniyyah，868—906年）和伊赫什德王朝（al-Ikhshidiyyah，935—969年），领土伸展到黎凡特，黎巴嫩和巴勒斯坦也纳入了埃及的辖境。这些政治上的变迁，都促进了尼罗河三角洲和耶路撒冷以及黎凡特沿海城市的商业往来，从中国通向埃及的大道也就通行无阻，堪称方便。

来自亚洲的水陆通道都在尼罗河三角洲交汇在一起。地中海常年吹拂着温润的海风，从海上沟通了沿海的城市和港口。和海岸线平行的陆路更是非洲北部的大动脉，伊本·阿卜德·哈克姆直接称之为“大道”②，贝克里管它叫“正路”③。它东起苏伊士地峡，穿过锡尔提卡500公里荒凉地带，沿着的黎波里海岸向西伸展到大西洋。一路上经过巴尔卡、的黎波里、凯鲁万、塞蒂夫、提阿雷特等大站，直到非斯。这条驿道从埃及到非斯共有146站④。还有更近的捷径，可以从的黎波里经过古达米斯绿洲穿越沙漠，或者从凯鲁万通过尼弗札瓦，经瓦格拉到赛杰拉马萨。这两条都是驼队遵循的商路。沿途虽要经过遍布沙石的不毛之地哈马达高原，却并不缺少绿洲和水源。非斯东南的赛杰拉马萨是穿越撒哈拉通向西非苏丹地区的大门，从地中海滨西行的商队可以由这里沿着大路到达非斯，或者向西越过德兰山旁的顿西弗特河，和坐落在河旁的马拉喀什城取得联系。据伊斯塔克里，凯鲁万到赛杰拉马萨的陆路只有80站，而在沿海的古马拉地区的驿路则有120站。总之沿着海滨的驿路贯穿了马什里克和马格里布的主要城市和经济中心，在长时期中一直是北非的命脉。

地中海南岸的驿路又通过沿海港口和南欧、西欧各国互通往来，像犀利的触须伸向地中海，其中最西的路程在丹吉尔。丹吉尔和直布罗陀海峡对岸的安达卢西，从8

---

① 雅库比：《地理志》（al-Yaqūbī，Kitāb al-Buldān），第7卷，阿拉伯地理图书馆（BGA），1892年，第237页。

② 哈克姆：《埃及、马格里布和安达卢西的征服》（Ibn Abd al-Hakam，The conquest of Egypt and North Africa and Spain），莱顿，1920年，第196页。

③ 德·斯朗编译：《埃尔·贝克里的阿非利加和马格里布轶闻》（De Slane，Description de l'Afrique septentrionale par Abou Obeid El-Bekri），阿尔及尔，1911年，第11页。

④ 伊斯塔克里：《道程和王国》（al-Istakri，Kitab Masalik al-Mamalik：The book of the routes of states）第1卷，阿拉伯地理图书馆（BGA），1870年，第37页。

世纪起就是阿拉伯征服地区中不可分割的机体。756年伍麦叶王朝的后裔在那里建立独立王朝，929年正式改称科尔多瓦哈里发，繁荣富强程度不下于9世纪时的巴格达哈里发。另一条海上航路从突尼斯和贝贾亚通向西西里岛。9世纪阿拉伯人开始征服西西里的军事行动，到10世纪中叶奠定了牢固的统治权。直到11世纪末重新被诺曼人占领，西西里一直是向意大利传播阿拉伯文明的重要跳板。中国的各种重要的技术发明都要经过北非传入欧洲。

沿着北非的陆道，由西而东到了埃及。在中世纪早期，通常都由地中海滨的法罗马（古称皮留辛）用驮畜载运货物通过苏伊士地峡，从苏伊士湾的科尔申南航麦加的外港吉达，由吉达或亚丁换舟前往印度或中国①。被称为图拉真运河的巴帕斯蒂—巴比伦运河，虽在770年被巴格达哈里发阿布·查法·曼苏尔下令封闭，但到了法蒂玛王朝统治时期，独立的埃及又重新将运河开放使用了。这样一来，尼罗河和红海的商运便更加繁荣了。

通过这条路线，埃及的玻璃、宝石和金属器皿、毛、棉织物运到了中国。埃及的绿宝石仍是输入中国的贵重宝石。唐代所知拂菻出产的木难，实是埃及绿宝石。曼苏地提到这种绿宝石时，特意指出中国人用它做陪葬品，因而需要量越来越大②。唐代对绿松石习用“瑟瑟”一名，其中上品的价与马等，通称马价珠。马价珠中也必定有埃及出产的绿松石在内。此外，运入中国的有称为绿金精的，产于红海中泽贝尔盖特岛的翠榴石，还有名为上清珠的名贵的柏来米蓝宝石。

在阿拉伯总督治理下的马格里布，和东方的联系也有增无已。当地的柏柏尔人在伊斯兰化过程中，信奉哈立吉教派。阿拉伯语哈立吉（khariji，复数 khawārij）意即“分离者”“出走者”，是和正统派对立的异端。他们起而反对占领者。丹吉尔地区信奉苏非教派的信徒，由迈萨拉率领，在740年首举义旗，反对丹吉尔总督。战火不断向东蔓延，直到757年尼弗札瓦族的苏非信徒攻占凯鲁万，割断了伊非利基亚总督和丹吉尔总督辖区与巴格达之间的联系，使得北非成为信奉哈立吉派的柏柏尔人的天下。

此后不久，动荡不安的马格里布先后建立了三个独立的埃米尔国。其中最早的是伊巴迪派的罗斯图姆在中马格里布建立的提阿雷特国（776—909年）。接着阿拉维族人在西马格里布创立伊德里斯国（788—921年），最后是撒尼派的阿格拉布王朝（800—909年）统治了伊非利基亚和东马格里布。阿格拉布王朝和巴格达的阿拔斯哈

---

① 伊本·郭大贝：《省道志》（Ibn Khordadhbah, Kitāb al-Masālik w'al-Mamālik: The book of roads and kingdoms），第6卷，阿拉伯地理图书馆（BGA），1889年，第153－154页。

② 曼苏地：《黄金草原》（al-Masūdi, Les prairies d'or），法译本，第3卷，巴黎，1865年，第44页以下。

里发一直保持联系，所以直到 10 世纪为止，在西起丹吉尔，经过梅利利亚，东起凯鲁万、的黎波里的地中海南岸，通过两条途径和中国取得间接的联系，一条是经过叙利亚的陆路，另一条是渡越红海的海路。

非斯巴塔博物馆里陈列的该城遗物中，有属于 10 世纪时的中国镶嵌①，显示了中国和摩洛哥早就有过的文化交流。这个初建于 808 年的摩洛哥城市，是什叶派的伊德里斯王国的首都。在马格里布三个埃米尔国中，不同于其他两个富有浓厚的游牧和沙漠色彩的国家，非斯表现出发达的城市文明。新都非斯并非一次建成。它的安达卢西人区由伊德里斯一世在 789 年建成。第二区凯鲁万人区，由伊德里斯二世兴建于 809 年。在那里，首先建造了后来称为贵族清真寺的卡拉维因（凯鲁万人）清真寺，又修筑了埃米尔宫，这些建筑构成了新老非斯的精华。非斯的建成，标志着西马格里布城市经济进入前所未有的高峰，各方投靠的人士多拥向非斯。据伊本·阿比·札尔阿《文苑良友——马格里布诸王和非斯城史话》，有一批伊拉克人闻讯赶来，被安置在该城的艾因阿隆。非斯和美索不达米亚的联系因此加强，西亚文明的血液源源输入大西洋滨。非斯收藏的中国文物大约也是沙漠商队从葱岭跋涉万里运去的。

二、工艺和文化的交流

在阿拉伯人占领西亚、席卷北非以后，中国和非洲的交通也有了新的发展。从长安通往丹吉尔的大道，贯穿了中国和非洲的心脏地区。这条大道运去了中国的丝织品、瓷器和工艺品，还有麝香、大黄等著名药物。中国发明的新材料和新技术，也从这里流布到地中海滨的非洲各地。植物纤维纸、雕版印刷都在这时进入埃及和北非各地。使用绞轳操作的升降舵，在 985 年马克迪赛的《风土志》中，已见使用于出入科尔申的埃及船②。

埃及文化也通过这条大路流传长安。唐代长安流行的节日歌舞便来自埃及。704 年，正当武后末年，长安风行一种泼寒胡戏，或称乞寒胡戏，原名苏莫遮舞，是由康国、龟兹传入的拜占庭舞。初入中国还在 579 年。《北周书·宣帝纪》记静帝大象元年（579 年）十二月甲子（七日）“还宫，御正武殿，集百官及宫人、内外命妇，大列伎乐。又纵胡人乞寒，用水浇沃为戏乐”。这是一种由胡人在长安表演的西域乞寒嬉水的乐舞。这种乐舞到唐代风行北方各城市，成为民间喜闻乐见的盛会；在长安城里，更

---

① 张铁生：《中非交通史初探》，三联书店，1973 年，第 59 页。

② 马克迪赛：《风土志》（al-Muqaddasi，Ahsan al-taqāsīm fī ma'rifat al-Aqālūn：The best division for the knowledge of the provinces），英译本，加尔各答，1897 年，第 36 页；李约瑟：《中国科学技术史》（J. Needham，Science and civilization in China），剑桥，1971 年，第 4 卷，第 3 册，第 652 页。

由统治阶级倡导，非常盛行。自武后末年，每届季冬，便举行乞寒胡戏，交相泼水，鼓舞乞寒。中宗（705—710 年在位）时遍及长安、洛阳和北方各大中城市，规模越来越大。各地坊邑都有浑脱队助兴，参加者骏马胡服，旗鼓相当，腾逐喧噪，锦绣夸竞。706 年并州清源县尉吕元泰上疏谏阻，以为："旗鼓相当，军阵之势也；腾逐喧噪，战争之象也；锦绣夸竞，害女工也；征敛贫弱，伤政体也；胡服相观，非雅乐也；浑脱为号，非美名也。安可以礼义之朝法胡虏之俗，以军阵之势列庭阙之下！"① 列数六大罪状，以为不加阻止有失国格。

浑脱队加入苏莫遮，是龟兹地方的习俗。浑脱队就是头戴浑脱帽演浑脱舞的龟兹乐队。"浑脱"的原意是"中空的囊橐"。明陈士元《诸史夷语解义》说："浑脱，华言囊橐也。"北方游牧民用去骨的牛羊皮作酒器或渡船，概称"浑脱"，蒙古语中的浑脱（ughuta）系布袋、革袋②。浑脱帽就是囊状风帽。8 世纪初是乞寒胡戏在中国北方最风行之时。加入浑脱队伴舞，已和龟兹舞结合起来。用"夷歌骑舞"，再由主演者裸体跣足，挥水投泥，互相嬉乐，成为新颖的节庆盛舞，在唐朝的西域各地名为苏莫遮，或作苏摩遮、娑摩遮。苏莫遮得名于印度的一种帽子。般若译《大乘理趣六波罗蜜多经》卷一，薄伽梵论老苦时说："又如苏莫遮帽，覆人面首，令诸有情，见即戏弄。老苏莫遮亦复如是。从一城邑至一城邑，一切众生被衰老帽见皆戏弄。"苏莫遮原文当是梵语 sāmajīva，有死后再生、更活之意，用以"超度"。苏莫遮帽是"超度帽"，衰老之后等候超度，于是戴者成为戏谑对象。sāma 一词和印度古代最受重视的苏莫汁有联系。苏莫汁用以祭神。《摩奴法论》（11.6，11.7）规定的苏莫祭在常祭（每日举行）之外，还有在收获之后的大祭。饮服苏莫汁被认为可得永生，和戴苏莫遮帽便获超度有异曲同工之妙。苏莫在印度又是月神，所以苏莫遮帽大约是一种新月形的高帽③。这种风俗一经传入龟兹，便被精心设计成为一种民间舞蹈，进入内地后更发展成大型舞戏，唱的歌、奏的曲、演的戏、跳的舞、衣着打扮、面具动作都从西方传入。难怪反对者总以和传统的华风格格不入为由，深怕它博得统治集团的认可，成为内地的民间节俗。唐代皇帝、公卿权贵都乐于观赏这种盛大的节庆。中宗在神龙元年（705 年）十一月十三日到洛阳南门楼观看泼寒胡戏，后来又在景龙三年（709 年）十二月在长

---

① 董诰，阮元等：《全唐文》，卷二七〇。参见杜佑：《通典》，卷一四六；宋祁，欧阳修等：《新唐书·宋务光传》（卷一一八）。

② 羽田亨：《舞乐之浑脱》，参见滨田耕作编《古物研究》，杨鍊中译本，山西人民出版社，2015 年。

③ 焉耆明屋遗址 1957 年出土魔鬼像头部，戴有独角形帽，或即苏莫遮帽的一种。参见黄文弼：《新疆考古发掘报告（1957—1958）》，文物出版社，1983 年，图版 21，图 1，

安醴泉坊参加这种庆典。中宗的继位者睿宗也有同好，在景云二年（711 年）十二月也下令举行这种泼寒胡戏。当时还是皇太子的玄宗也穿着普通的衣着，在人群中欣赏奔呼掩袭、动作剧烈的骑舞。这种胡戏，在 709 年中宗观赏时名为“泼胡王乞寒戏”（《旧唐书·中宗纪》），是以一个泼胡王为中心人物，而以乞寒为基本情节的舞戏。

岁末乞寒，意在预祝来年丰收。这种祈年活动在亚洲西部常年干旱地区十分流行。中亚的康国，“以十二月为岁首，尚浮图法，祀祆神，出机巧技。十一月鼓舞乞寒，以水交泼为乐”（《新唐书》卷二二一下）。所以乞寒，是因夏秋无雨，康国东北的石国（塔什干）便是“三月讫九月，未尝雨，人以雪水溉田”（《新唐书》卷二二一下）。乞寒实是祈水，以利农事，本来是祆教流行地区的礼俗。鼓舞乞寒也是波斯和拜占庭的民间节庆。

康国的泼水节来自西亚。波斯王卑路斯一世（Peroz I，459—484 年在位）执政时，各地旱情严重，有求神降雨的祭奠需求，伊斯法罕居民在公历 1 月中旬（Bohman 月三十日）举行泼水节（Afrejagan）的祝愿仪式，其他各城也在旱季过后下雨时过节。这种风俗有一个更早的源起，在传说时代贾马希王（Jamahid）曾开凿地下水，解决干旱缺水问题①。伊朗高原中部是有名的无雨区，乞寒降雨的祭奠已成民间不可缺少的习俗。不仅这样，整个西亚和地中海东部都处于干旱炎热的气候之下，降水多集中在冬、春两季，因此乞寒祈水的节庆也多安排在这一段时间。这泼寒胡戏不但习见于波斯，而且也是拜占庭的旧习，和埃及的祭奠有一定的渊源关系。唐人张说曾为泼寒胡戏谱写歌曲，和声用亿岁乐，原是对“夷歌”的改编。原诗五首，其中第一首称道：

> 摩遮本出海西胡，琉璃百服紫髯须②。闻道皇恩遍宇宙，来将歌舞助欢娱。（亿岁乐）③

诗中“海西”原是大秦别称。在唐代，对拜占庭虽已用拂菻一名，但大秦这个旧称并未就此废弃。在 7 世纪初，大秦是叙利亚、埃及等拜占庭故地的统称，然而到 8 世纪中叶，至少像到过西亚和红海的杜环，对叙利亚就改用阿拉伯名称苫国了，不过

---

① 岑仲勉：《唐代戏乐之波斯语》，引《古波斯及伊兰文化》，载于《东方杂志》，1944 年，第 40 卷第 17 号。

② “琉璃百服”，岑仲勉校作“琉璃碧眼”（上引文），向达引文作“琉璃宝眼”（《唐代长安与西域文明》，三联书店，1957 年，第 73 页），都因紫髯须联想而及。百服犹言百衲，指缀有琉璃（玻璃）的色彩缤纷的服装。

③ 张说：《张说之文集》，卷一〇。另见《全唐诗》，卷八十九。

他对埃及依然以大秦相称。和杜环同时代的张说，明明是说苏莫遮舞源出埃及了。

仰赖尼罗河定期到来的洪水而开始的世界上最早的农事，是以对水的崇拜、对尼罗河的神秘信念为生命的象征的。一年一度泛滥的河水，使植物死而复苏，因而在埃及对死神的崇拜老早就和对再生的祈求联结在一起了。古埃及神灵崇拜中的谷神或江河之神的奥西里斯（Osiris），又是地狱的统治者。奥西里斯最初起源于叙利亚的一个农业神，进入埃及后成为孟德士（Mendes）的神祇①，并和当地的动物崇拜结合起来，在孟斐斯化身为隼鹰苏克利（Sokri）和牡牛哈比（Hapi）。哈比又是尼罗河神。古代雕刻的哈比神像全身青色，手执水瓶，河水便从瓶中流出。中王国时，奥西里斯变成了一个和太阳神一样具有全埃及意义的神。传说奥西里斯是一个埃及国王，由于传授了农艺，引起了他兄弟赛特的嫉妒，被杀害了。奥西里斯死后成为一个冥界的神，主宰着人类死后的审判，使人或者进入地狱，或者重获未来的生命。奥西里斯自我牺牲的行为暗示着每年泛滥的尼罗河决定了庄稼的种植和收获，象征着生命的重新开始。每年 7 月河泛期开始，到 10 月结束，从 11 月到 1 月，播种期接踵而至，节庆活动也随之而起。罗马作家普鲁塔克记述奥西里斯死在阿色月十七日，阿色月是亚历山大历的 11 月，正是河泛结束，河水重新被纳入尼罗河床之时。埃及人认为播种谷物是一种牺牲，在该月的 13、14、15、16 日这四天中要举行盛大的祭礼，以作纪念②。在公元前 1000 年的苇纸文书上，奥西里斯是头戴三瓣莲花帽的大神，显示出生的力量。这种莲瓣帽和后世印度的苏莫遮帽恐也不无关联。

西亚、中亚同样由于农事需要，也都流行这种乞寒祈年的风习。北朝末期，流风所被，中国北方各地也相继通过外来移民的媒介，沾染了这种来自西方的节俗，表现的形式虽已随时而变，但这种风气却确实传自“外蕃”。开元元年（713）十二月十日玄宗下令禁断泼寒胡戏③，开头便说：“腊月乞寒，外蕃所出，渐渍成俗，因循已久。”（《全唐文》卷二五四）711 年韩朝宗《谏作乞寒胡戏表》也称：“今之乞寒，滥觞胡俗。臣参听物议，咸言非古。”（《全唐文》卷三〇一）时间安排在腊月，而非新春，也出自中亚④。所用乐器六种，也都是古埃及早已使用的乐器。宋代陈旸《乐书》卷一五八称：“乞寒本西国外蕃康国之乐也。其乐器有大鼓、小鼓、琵琶、五弦、箜篌、

---

① 《不列颠百科全书》（Encyclopedia Britannica），第 14 版，伦敦，1929 年，第 8 卷，第58 页。

② 弗雷泽：《金枝》（J. G. Frazer, The golden bough），节本中译本，中国民间文艺出版社，1987 年，第 539 页，第 542－543 页。

③ 杜佑：《通典》，卷一四六。《旧唐书》卷八则说“开元元年十二月己亥”，己亥是十日。

④ 任半塘《唐戏弄》（上海古籍出版社，1984 年，第 674 页）驳斥玄宗禁令，以为“我自成俗，本非蕃俗。我俗在腊，而蕃俗原在暑耳”。仅就龟兹节令而言，殊非全面。

笛。”六种乐器最早都起源于苏美尔和埃及。苏美尔和埃及在公元前 3000 年已有长笛、箜篌、琵琶（三弦），古王国时期埃及绘画中早有腰鼓（筒状手鼓）①。大鼓出现较晚，但公元前 1000 年的亚述也已有了②。这些乐器和唐代十部乐中康国所用笛、正鼓、加鼓、铜钹四种不同，更可见出它源自遥远的海西了。

季冬乞寒是唐初西部边疆居民信奉袄教的民族礼俗。进入西域后，一旦和佛教礼俗结成一体，于是节期便提早到春季，舞乐的安排也更丰富多彩了。在焉耆是元日、二月八日举行娑摩遮③，娑摩遮就是苏莫遮。高昌的苏莫遮节庆是三月九日。龟兹则在七月初一。龟兹另有戴猴头狗面的婆罗遮节庆，或以为和娑摩遮是一回事④。原文“婆罗遮并服狗头猴面，男女无昼夜歌舞，八月十五日行像及透索为戏”⑤，看来是八月中的盛会。行像是按照北印度习俗，在三个月的雨季之后，于八月十五日解雨安居后庆祝七日⑥。婆罗遮原意或是 Bharāmusa（黑月），从十五日开始至月底。

苏莫遮舞最初流行在龟兹（库车），是在七月举行的驱鬼禳灾的节日盛会。唐代慧琳《一切经音义》卷四一解释：“苏莫遮，西戎胡语也，正云飒磨遮。此戏本出西龟兹国，至今由（犹）有此曲。此国浑脱、大面、拨头之类也。或作兽面，或象鬼神，假作种种面具形状。或以泥水沾洒行人，或持罥索搭钩捉人为戏。每年七月初公行此戏，七日乃停。土俗相传云：常以此法禳魇，驱趁罗刹恶鬼食啖人民之灾也。”一入内地，假面泼水的动作虽未大变，驱暑祛病的本意却成了迎新乞寒。

总之，最早起源于埃及和地中海滨的这种乞寒祈年的节俗，在 6 世纪后已分别由波斯、康国一系和印度、龟兹一系同时传入内地。这种节庆活动既经千百年的锤炼，复由波斯和印度两大文化系统的传递，变得千姿百态。尤其经过龟兹舞蹈界的改编、介绍和导引之后，变成一种可以连续演出的大型假面舞戏，伴同马队和乐队，和赤露上身的舞者同时演出，像龟兹舞中浑脱、大面、拨头之类的勇士舞同受中原人民的喜爱。713 年虽有禁演的命令，但乐曲舞伎仍未失传。1164 年的一则故事，描述薛沄遇见的奇人，酒酣后演奏“泼寒胡曼延龙爵之戏，千诡万态”（洪迈：《夷坚志》丙卷一）。虽已不一定泼水相戏，却仍有诡异多变之风。在高昌，直到 10 世纪还是民间的

① 萨迪：《新格罗夫音乐与音乐家辞典》（Stanley Sadie，The new Grove dictionary of music and musician），第 6 卷，埃及篇，伦敦，1980 年。

② 法默：《苏美尔人和亚述人的乐器》（H. G. Farmer，The musical instruments of the Sumerians and Assyrians），伦敦，1953 年。

③ 段成式：《酉阳杂俎》前集卷四境异。

④ 向达：《唐代长安与西域文明》，三联书店，1957 年，第 78－79 页，注五五。

⑤ 段成式：《酉阳杂俎》前集卷四境异。

⑥ 参见玄奘：《大唐西域记》，卷八，摩揭陀国上。

习俗。981 年宋太宗赵光义派供奉官王延德出使高昌，到 984 年回到汴梁，著有《行纪》收录在王明清《挥麈前录》卷四。《行纪》叙述高昌“妇人戴油帽，谓之苏幕遮。用开元七年历，以三月九日为寒食，余二社、冬至亦然。以银或鍮为筒，贮水激以相射，或以水交泼为戏，谓之压阳气去病”。

节庆歌舞虽溯源费劲，而医药、铸剑两项却传递有时。759 年由于去往努比亚而路过埃及的杜环，非常称赞埃及（大秦）医生的医疗技术。埃及医生以医治眼科和痢疾见长，脑外科技术尤其突出，可以“开脑出虫”。对于疾病的预防尤有独到之处，常“未病先见”，对发病机制深有研究。

埃及铸造的宝剑非常锋利，唐代视为国宝。德宗（779—805 年在位）所藏火精剑，据说是 781 年大林国所贡，一次以剑斫槛上铁狻猊，使之应声而碎。传说，“其国有山方数百里，出神铁，其山有瘴毒，不可轻为采取”。由这座出产优质铁的矿藏炼铸的剑，锋利程度不同一般。“其剑之光如电，切金玉如泥。以朽木磨之，则生烟焰；以金石击之，则火光流起。”（苏鹗：《杜阳杂编》卷上）大林是亚历山大里亚的阿拉伯名称 Iskandariyah 的尾音，大林国无非是埃及的异称。火精剑是种百炼钢剑。安史乱平以后，中埃两国的邦交又一度恢复，才有火精剑的馈赠。

唐代有许多著名的中国产品运往埃及。

唐代丝绣织成技术非常高超，产品名目繁多。锦、绣、绫、绝、䌷、绢、縠缎、纱罗，花纹绚丽，织工繁褥。而且还发展了蜡缬、夹缬、绞缬、拓印的新式印染工艺，在染缬技术上另辟天地。纱、罗、绫、䌷等优质丝织品，一方面通过中国和巴格达之间官方的经济往来流入非洲，同时也由那些在库法和巴格达的中国工匠直接设计和织造出来，运销伊斯兰世界。京兆人画工樊淑、刘泚和河东人织匠乐隈、吕礼就是 8 世纪中叶在库法传授丝织技术和美术工艺的名手。更有一些丝织品则由中国海外贸易商和阿拉伯商人直接从中国运到巴格达和席赫尔，转送非洲各地。

尉犁出土红地对人兽树纹罽袍

瓷器是唐代大量出口的另一项举世无双的名产。在 851 年回国的阿拉伯商人苏莱曼·丹吉尔（Sulaimān al-Tājir），著有《中印游记》（Akhbār as-Ṣīn Wa'l-Hind），记录他在广州亲眼见到有大批待运的瓷器，准备从海上输往印度洋各国。他对这种富有釉彩、胎质细薄的瓷器大加赞扬："中国人能用陶土作器，透明如玻璃，里面注酒，外面可见。"苏莱曼不但对精美的中国瓷器倾吐他的钦慕，而且也注意到瓷器的制造方法①。他还以外国人的身份，首先记载中国有饮茶的风尚。

自唐代开始，和陆上的丝绸之路相并列，又出现了海上的陶瓷之路②。陶瓷之路起自中国沿海的扬州、明州和广州，向西跨越印度洋，一直到达坦桑尼亚的基尔瓦和埃及的亚历山大里亚，并且进入地中海。

唐代青瓷、白瓷和彩绘瓷器都曾外销各国，流布非洲。青瓷以浙江越州（余姚）为主，婺州（金华）、岳州（岳阳）也有出产。洪州（南昌）黄褐釉瓷别具特色，长沙铜官窑的斑彩更是独树一帜。中国瓷器在非洲的泥土中埋藏极富，埃及地下保存的华瓷数量尤其可观。

19世纪起，上埃及尼罗河畔的底比斯、库斯、库夫特和红海西岸的库赛尔港都发现过华瓷③。出土物中以玉璧底碗的越窑青瓷为最早，这种瓷碗多见于慈溪上林湖窑遗址，它的年代在中唐晚期的8—9世纪之际。埃及古都福斯塔特在1912年和1920年接连发现一批青瓷和釉下饰有莲花、凤凰的刻花瓷器以及唐三彩，1964年和1966年更在遗址中央发现窑藏。出土的陶瓷残片共有60万片，分属7—8世纪到16—17世纪各个不同历史时期。其中华瓷约占2%，从8—9世纪的唐代中晚期，历经宋代、元代和明代，直到17世纪清代初期④。福斯塔特窑藏的发现，使古陶瓷大增光彩。遗物堆积如丘，数量之大，品类之富，汇为大观，确是非洲最大的一处珍藏历代中国瓷器的地下博物馆。福斯塔特所见的唐代陶瓷有唐三彩、邢州白瓷、越州窑瓷、黄褐釉瓷和长沙铜官窑瓷⑤。尤以越窑青瓷居多，内中便有可以确定年代的9世纪越瓷的残件。

红海西岸苏丹境内的艾特伯港古址（今哈拉伊卜），是古代埃及从海上进口瓷器的要地，1912年后也连续出土唐末和宋、元、明初的华瓷残件、残片1000多件。从10世纪该港初露头角时，华瓷便是当地经营的一项最重要的进口货。业经收集的发现物有唐末宋初越窑系青瓷，宋代龙泉窑青瓷、白瓷，景德镇青白瓷，14—15世纪的青花

---

① 费琅译：《苏莱曼游记》（G. Ferrand，Voyage du marchand Sulaymān），巴黎，1922年，第54页；萨瓦杰：《苏莱曼中印游记》（J. Sauvaget，'Akhbār as-Sīn Wa'l-Hind，relation de la Chine et de l'Inde，redigée en 851），巴黎，1948年，第16页，第57页。

② 三上次男：《陶瓷之道》，东京，1969年，第219－230页。

③ 温莱特：《东非早期国际贸易》（G. A. Wainwright，Early foreign trade in East Africa），载于《人类》（Man），1947年，第146页。

④ 三上次男：《陶瓷之道》，东京，1969年，第14－15页，第22－23页。

⑤ 三上次男：《陶瓷之道》，东京，1969年，第22页。

瓷残片和黑褐釉瓷。

现在常以艾哈迈德·伊本·图伦（868—884 年在位）执政时作为中国瓷器传入尼罗河三角洲的初期阶段。实际上，中国瓷器流入埃及一定还要早得多。因而图伦王朝时期，埃及已经开始模仿中国而自制瓷器和绿釉陶器了。艾哈迈德·伊本·图伦是由萨马拉的突厥统帅贝叶巴克派到福斯塔特去统辖埃及的。萨马拉在那时是阿拔斯哈里发的政治中心，拥有许多制造瓷器的工匠，埃及瓷器最初可能是由他们传授手艺、指导技术的。

若羌出土童子纹白瓷碗

10 世纪初伊本·法基在《地方志》中介绍中国的工艺，兴致勃勃地讲述中国的陶瓷和灯座[①]。波斯人把瓷器的原料高岭土叫作“中国土”（Xāki Sīnī），瓷器叫作“天朝”（fagfūrī，fagfūr-i Sīnī），后来干脆称为“中国”（Sīnī）。这个名词随同瓷器传到埃及，变成了阿拉伯语中通用的名称。正如古代丝绸长期是中国所特有，瓷器也是中国所独创，并且在整个中世纪的漫长岁月中始终遥遥领先，风靡亚非各国。福斯塔特、底比斯、库斯和苏丹境内出土的中国瓷器，是最好的见证。

中国的药物也成了埃及医生乐于使用的新药，其中就有著名的麝香和大黄。9 世纪的雅库比算是第一个提到麝香的阿拉伯作家，他认为麝香以西藏为上，粟特和中国本部所产为次[②]。曼苏地也一再称道西藏和中国本部的麝香[③]。那时吐蕃占领了青藏高原、河西走廊和天山以南地区，所以西藏的麝香包括了中国西北和青藏高原的产品。大黄，伊德里西《旅游证闻》[④]、伊本·赛德[⑤]都有记述，输出到埃及的时间大约略迟于麝香。阿布·曼苏尔品评大黄有两种，一种中国大黄（riwandi Sīnī），一种呼罗珊大

① 伊本·法基：《地方志》（Ibn al-Faqīh，Mukhtasar Kitāb al-Buldān），第 5 卷，阿拉伯地理图书馆（BGA），1885 年。

② 费琅：《阿拉伯、波斯、突厥文远东地志》（G. Ferrand，Relations de voyages et textes géographiques Arabes，Persans et Turks relatif's à l'Extreme-Orient），第 1 卷，巴黎，1913 年，第 50 页。

③ 曼苏地：《黄金草原》（al-Masūdi，Les prairies d'or），法译本，第 1 卷，巴黎，1865 年，第 353－356 页。

④ 伊德里西：《地理志》（al-Idrīsī，Nuzhat al-mushtāq fī ikhtirāq al-āfāq），若贝法译本（P. A. Jaubert，Géographie d'Edrisi），第 1 卷，巴黎，1836 年，第 187 页，第 494 页。

⑤ 费琅：《阿拉伯、波斯、突厥文远东地志》（G. Ferrand，Relations de voyages et textes géographiques Arabes，Persans et Turks relatif's à l'Extreme-Orient），第 2 卷，巴黎，1914 年，第 350 页。

黄。以中国大黄为最①，波斯语简称čīnī，阿拉伯语称作ṣīnī。

中国向非洲传播的伟大发明还有植物纤维纸。中国纸张在8世纪末叶传到埃及。这些纸张最初可能不是直接由中国运去，而是由中亚和巴格达的纸厂供应的。过了大约一个世纪，埃及也设置了纸厂，制造褴褛纸。纸厂出产的褴褛纸逐渐替代了纸草，并且满足了雕版印刷的需要。在以后的一段时期中，这些新技术又从埃及传到了摩洛哥和西班牙、意大利，因此埃及无形中成了中世纪中国向欧洲传播文明的最重要的桥梁之一。

第二节　突尼斯的埃米尔国

埃及以西，沿着地中海的非洲北部，在阿拉伯世界中称为马格里布的广大地区，在唐代也和中国有过交往。曾经有过一个“在大秦国西数千里”的暴蟠�国，要求和中国通使。《太平广记》卷八二有一则关于袁嘉祚奉命出使蟠蠛国的故事，生动地反映了对中国人来说，当时可算是极其遥远，被朝廷官员视为畏途的北非国家，在中国人心目中的地位是何等重要。

这则故事说，袁嘉祚当盐州刺史时，适逢岑羲、萧至忠当宰相，将他改调开州刺史。袁嘉祚颇感委屈，不愿就任，使岑、萧二相大为不满。袁嘉祚正在惆怅之余，放马就义井饮水。有一个人背井而坐，数次溅水使马受惊，被嘉祚大骂。那个人对他说：“眼看就要出使蟠蠛国，还不知道死在哪里，何必还要对我发怒！”嘉祚当时不解其意。第二天上朝，嘉祚果然受到岑、萧二相的召见，改派他以卫尉少卿的身份前往蟠蠛国报聘。嘉祚辞归，当天就收到委任状，非常惊惶。路过义井，又见到前一天所见的那个人，嘉祚下马叩拜。那个人安慰他说：“你不必着急，暂且不必成行。二相已命在旦夕，哪里还能惩办你?”隔了一天，果然岑、萧二相都被处决。“其蟠蠛国，在大秦国西数千里，自古未尝通。二相死，嘉祚竟不去。”②

据《新唐书》卷一二三，萧至忠在713年因勾结吐蕃，私通大食，干扰唐朝在中亚细亚的国策，结果在南山被捕并处死。袁嘉祚奉命出使蟠蠛国也在这一年，目的是为了对早先派使者到中国的蟠蠛国进行回访。蟠蠛在大秦以西，分明在北非，是伊非

① 阿布·曼苏尔：《药物学大纲》（Abu Mansur，Die pharmakologischen Grundsätze），德译本，多尔帕特，1893年，第74页。

② 又见《古今图书集成·方舆汇编·边裔典》卷八十八，西方未详诸国部汇考二。

利基亚（Ifriqīya）总督（Amīr）统辖下的阿非利加地方。阿拉伯人的伊非利基亚取自拜占庭统治下的阿非利加省，伊非利基亚是阿拉伯读音的阿非利加。

阿拉伯人自从在640年占领埃及后，便开始了向地中海南岸的进军。643年阿拉伯人占领昔兰尼加，向南打到费赞，向西攻克的黎波里。670年奥克巴·伊本·纳菲厄发动第三次远征，更越过内富萨山，在突尼斯东北部建立了凯鲁万城。7世纪末叶，阿拉伯人驱逐了盘踞在沿海的拜占庭军队，平息了闪族居民柏柏尔人的反抗，赢得了在突尼斯和中马格里布的统治地位，凯鲁万成为伊非利基亚总督的驻所。不过伊非利基亚总督始终受辖于埃及总督，将领和总督人选都由埃及人担任。哈桑·本·努曼（任期692—705年）算是第一个由哈里发任命为马格里布总督的叙利亚加萨尼族人。到穆萨·伊本·努塞尔在705年就任伊非利基亚总督，便正式脱离埃及而独立①。在努塞尔指挥下，阿拉伯人发动了强大的军事攻势，一举征服西马格里布，领土扩展到非斯以南塔菲拉勒的赛杰拉马萨。

712年努塞尔率领阿拉伯军队渡过直布罗陀海峡，此后不到两年完成了对安达卢西的征服，劫取了安达卢西巨额的财富、宝藏和奴婢。接着，努塞尔班师回京，奉命觐见大马士革的哈里发。凯旋的大军将金银财宝装满了114辆大车，浩浩荡荡从丹吉尔胜利东返。大军在714年8月路经凯鲁万，12月到达福斯塔特、巴勒斯坦，沿途受到盛况空前的迎接。努塞尔向名流显贵赠礼答谢，显赫一时，成为轰动穆斯林帝国的头号新闻。

阿拉伯军队完成统一北非的事业，渡过地中海的讯息一定很快传到了中国。传播这些消息的大约是那些在巴士拉、阿曼十分活跃的伊巴迪商人。伊巴迪是哈立吉教派中的一个分支，教友遍布阿曼、伊非利基亚各地。他们的使者一定先到长安，于是萧至忠有派人前往报聘的主意。此举虽未付之实现，却足以见出长安和福斯塔特、凯鲁万之间关系的密切。贯穿亚非两大洲的陆路，当时已因伊斯兰在东起中亚细亚、西至大西洋滨的胜利而联成一线。

唐代意欲通使的�韂蠛国，就是以凯鲁万为中心的伊非利基亚总督统辖下的的黎波里塔尼亚和突尼斯、阿尔及利亚东部地区。�韂蠛一译异密，是埃米尔最早的汉译名称。713年到达长安的大食使者，可能便是凯鲁万派出的代表团。

唐朝所以对北非的这个新兴政权很感兴趣，除了在经济上的原因（北非各地都和

① 伊本·阿西尔：《编年史集》（Ibn al-Athir，The chronicle），第4卷，第259页。见夏尔-安德烈·朱利安：《北非史》（Charles-André Julien，Histoire de l'Afrique du nord），第2卷，巴黎，1961年。

埃及连成一片，因此北非脂尾羊、肥尾羊所产细羊毛，和地中海沿岸盛产的无花果、椰枣和珊瑚都已名闻中国，作为交换的对象，北非各地也必然成为中国商品的市场）之外，更重要的是，对新兴的伊斯兰国家采取的态度，在唐朝制订对外政策的决策机构中业已成为一项争论的内容。709 年阿拉伯将领屈底波统率大军大举讨伐阿姆河以北的河中地，穆罕默德·伊本·卡西姆则取伊朗南道侵占五河流域，吐蕃从中勾结，在中国的西疆形成了非常复杂的局势。长安执政机构中也产生了联合和主战的两派。萧至忠主和，但又和吐蕃勾结，产生了派使者到北非考察的动议。无论如何，这一倾向代表了中国要求和地中海各国扩大商业往来和外交关系的愿望。这一准则，是以后几个世纪中始终由中国和非洲各国遵循的一项重要原则。

第三节　三兰国究在何处?

唐代和非洲东部的交往有了巨大的进展。促成这一巨变的因素，首先是海上交通的积极改进，特别是中国帆船可以定期出没在印度沿海和波斯湾、阿拉伯香岸，甚至远到东非的坦噶尼喀和桑给巴尔。中国帆船的印度洋航程由贾耽（730—805 年）在 801 年左右完成的《贞元十道录》加以著录。这部书原是著者所撰一部大书《古今郡国道县四夷述》的节本，海外交通的航程因此被保留在《新唐书》中。

由贾耽记录的中国帆船印度洋航线，不妨命名为贾耽航程。贾耽航程是在 7 世纪便已成为中国帆船定期通航的路线。那时波斯湾头的奥波拉还是外国船经常出入的停泊港，尚未由于航道淤塞而从 8 世纪起逐渐衰败，新兴的巴士拉港却从 638 年便出现在地图上了。

航程以波斯湾为限，分成前后两段。前段叙述从广州起航，经马六甲海峡，沿印度马拉巴海岸北上波斯湾头乌剌（奥波拉）、末罗（巴士拉）的海路。后段用倒叙法记述三兰国到乌剌的航程。《新唐书·地理志下》（卷四三下）对这段阿拉伯海航行是这样概括的：

> 自婆罗门南境，从没来国（Kūlam Malī）至乌剌国（a-Ubullah），皆缘海东岸行。其西岸之西，皆大食国。其西最南，谓之三兰国（Balād as-Sufāla）。自三兰国正北二十日行，经小国十余，至设国（al-Shiḥr）；又十日行，经小国六七，至萨伊瞿和竭国（Shahri Kalhāt），当海西岸。又西六七日行，经小国六七，至没巽国（Mezoen，Suhār）；又西北十日行，经小国十余，至拔离诃

磨难国（Bilād el-Manāma）；又一〔七〕日行至乌剌国，与东岸路合。

三兰国直到目前为止，仍然很难定它的所在①，其实正是坦噶尼喀和莫桑比克的黑人居住区。贾耽记录的三兰国似乎尚未远到赞比西河口，而只是在坦噶尼喀北部沿海。三兰国在曼苏地时代是紧接桑给国的黄金国（Arḍat-Tibr，Arḍadh-Dhahab）。大致北起桑给巴尔岛对面的瓦米河口，南至林波波河流域，都在三兰国范围以内。曼苏地又将三兰国称作桑给索法拉国（Bilād Sufālat az-Zanj）②。广义的桑给海岸也常常兼指索法拉地区。照982年的波斯文《世界境域志》（Ḥudūdal-'ālam），索法拉是桑给王居所在，它将东非海岸统统划入桑给国（Zangistān）的范围以内。索法拉由于出产象牙、豹皮、铁和黄金，8世纪后成为西拉夫和阿曼船南航的终极目标。这里又有成批的黑人被贩卖到伊斯兰世界，充当奴婢。索法拉在5—6世纪时早就是印度尼西亚岛民的航行目标。也是同一股贸易风，吸引了中国帆船在7—8世纪时出入这一地区。贾耽笔下的三兰航线，便是中国帆船通航索法拉的实践记录。

贾耽航程对航向和航期叙述分明。从三兰北航20天可以到达设国（席赫尔），再过10天到萨伊瞿和竭国（卡勒哈特），然后沿着阿拉伯半岛突出的东端，向西经六七天航行，便到了没巽国（苏哈尔）。进入波斯湾后，大约10天，停靠拔离诃磨难国（麦纳麦洲），然后再经7天就进入乌剌，重新接上波斯湾到广州的航线。

三兰航线由于海流和风向致使各段航速不一，但实航37天便可抵达苏哈尔，比之伊本·法基叙述的从阿曼到桑给海岸的阿拉伯帆船航程约需两个月③要短得多。这是由于西南季风期在非洲之角附近北航，风力强劲。伊本·哈克尔估计阿曼到桑给国（当

① 对这段航程的考释，争议较多。藤田丰八在《宋代的层檀国》（《东西交通史研究·南海篇》，东京，1932年）中，曲解文意，误认三兰是锡兰。1945年岑仲勉《自波斯湾头至东非中部之唐人航线》（《东方杂志》，1945年，第41卷，第18期；又见《中外史地考证》，中华书局，1962年）一文，将三兰定在坦噶尼喀，但语源、地点均不明了。日人家岛彦一《南亚的东方贸易港——从贾耽航程看印度洋西岸航路》（载于《东方学》第31辑，1965年）发现了亚丁的波斯语名Samran，但方向和距离仍不无疑问。曼苏地在《黄金草原》（al-Masūdi，Les prairies d'or，法译本，巴黎，1865年）第244－245节已指明红海、哈巴沙海（阿比西尼亚海）和桑给海的区界，他说经常在这条航线上往返的阿曼水手将桑给海的北界定在巴巴拉湾（亚丁湾）直至哈丰角（《郑和航海图》上的哈甫泥），以南才是桑给海。三兰国则在桑给海中的甘巴鲁岛以南，917年以前曼苏地便亲去考察过。

② 曼苏地：《检查与验证》（al-Masūdi，Kitāb al-tanbīh wa-l-ishrāf），第8卷，阿拉伯地理图书馆（BGA），1894年，第58页。

③ 伊本·法基：《地方志》（Ibn al-Faqīh，Mukhtasar kitāb al-buldān），第5卷，阿拉伯地理图书馆（BGA），1885年，第296页。

指桑给国南界甘巴罗岛附近）航程 700 法尔申（1 法尔申合 6.24 千米）①，合 2310 海里，这比曼苏地计算的 500 法尔申要可靠得多。

印度洋西部的洋流，大致在 2—3 月间东北季风转弱时，北赤道流随之增强。一支主轴在南纬 7°附近海面由北向南活动的赤道旋流，它的北界可以达到南纬 5°附近海面，正好和来自亚丁湾的北赤道流汇合。每年 3 月西南风首次吹向奔巴岛，但中途便被阻截于中心在南纬 6°的桑给巴尔岛附近海面。最初两三个月中常有大雨，到 10 月、11 月有小雨，接着便起东北风。在西南季风盛期的 8—9 月，从南纬 10°沿岸北航，要比东北季风期南航还要顺利。南纬 10°鲁伍马河口附近的姆特瓦拉是可靠的季风航行区的极限。德尔加杜角以南，帆船航行无法避开莫桑比克海峡的强风暴，航行因此非常艰难。中国帆船的三兰航线，实际终点在桑给巴尔岛西岸的翁古贾或附近的大陆。在桑给巴尔卡蒋瓦发现的四枚唐代铜币，实非出于偶然。翁古贾・库乌在阿拉伯移民来到前早有黑人居住，它是中国帆船出入的港口。因为南纬 6°左右的桑给巴尔海峡，是东非沿海安全航行和季风贸易的重要枢纽。布索格在 923 年记述，有人从阿曼到甘巴罗岛航行，结果漂至索法拉。这容易使人明了，索法拉还在甘巴鲁岛（奔巴岛）以南。在很长一个时期中，濒临莫桑比克海峡，在赞比西河口的索法拉，一直是远程航行难以抵达的地方。曼苏地说过索法拉远处于“阿曼人和西拉夫人在桑给海沿岸航行的极限之外”②。“索法拉”这个名称，并非是一个城镇的称谓，而只是相当于沿岸的“洲”或“夷”之义③。范围自不局限于一城一镇。在曼苏地以后一个世纪，情况并未改善多少。阿尔・比鲁尼对于这种航行上的冒险并不乐观，因为“在邻近桑给的索法拉海域是难以通航的，尚未有船只到那里去冒险而能返回的”④。所以中国帆船南航的界线也不能超越桑给巴尔海峡。

桑给巴尔岛的穆斯林移民来自波斯湾。在坦噶尼喀和桑给巴尔岛移民中，占有重

---

① 伊本・哈克尔：《地球形状》（Ibn Hāwqal, Sūrat al-Ard），第 2 卷，阿拉伯地理图书馆（BGA），1939 年，第 45 页。

② 曼苏地：《黄金草原》（al-Masūdi, Les prairies d'or），法译本，第 1 卷，巴黎，1862 年，第 177 页。

③ 特莱明汉：《阿拉伯地理学家和东非海岸》（J. S. Trimingham, The Arab geographers and the East African coast），参见奇蒂克等编：《东非和东方》（N. Chittick, East Africa and the Orient），纽约，1975 年，第 121 – 122 页。

④ 阿尔・比鲁尼：《印度史》（al-Bīrūnī, Alberuni's India），英译本，第 1 卷，伦敦，1910 年，第 270 页。

要地位的是设拉子人①。因此，桑给巴尔岛和波斯湾在航行上关系非常密切。中国帆船的三兰航线也不能不遵循这一基本的航行方向。翁古贾到席赫尔的帆船航程，约计1800海里，但航行费时，总航程20天，平均日航数90海里。这和阿拉伯船的远洋航速非常接近，例如布索格从奎隆到赖苏特的日航数是80海里，可见一斑。在索马里南部沿岸航行，航速还可以更高。被称为索马里海流的夏季海流，比冬季海流更明显，流速每昼夜达80~120海里，冬季海流流速仅有60海里。布索格于930—947年编集的《印度珍异记》中，指称跨越巴巴拉海（相当于哈巴沙海）进入桑给国的航程约需6~7天②。这也是一种高速航行，比这早两个世纪，已由中国帆船实践过了。

由席赫尔往东北，沿着阿拉伯半岛，通往马斯喀特南面的卡勒哈特，航程840海里，共走10天。由于阿拉伯南部沿海西南季风特盛，北航船只可以保持日航84海里的航速。卡勒哈特距离阿曼首都苏哈尔不过140海里。没巽是波斯语中的首都，故称没巽国。航程由东北转向西北，140海里要走6~7天，平均航速低于24海里，原因是阿曼湾海流复杂，所以航期迟缓。

航程最后进入波斯湾，又是一种航速。波斯湾中的麦纳麦港是西海岸最大的寄航港。麦纳麦这个阿拉伯名称，最早出现在中国典籍上绝非偶然。麦纳麦岛在古代苏美尔语和阿卡德语文献中叫尼土克，亚述语称为狄尔蒙或蒂尔蒙。罗马博物学家老普林尼称作蒂洛斯，阿拉伯地理学家通常称为台尔木或乌瓦勒。麦纳麦倒是个晚出的名字，来自该岛东北的麦纳麦城。传说古代一个国王麦纳木建造了麦纳木宫，才有这个岛名。1051年亲至哈萨海岸的波斯旅行家纳赛尔·科斯老讲到，大约926年，卡尔马提酋长阿布·塔希尔在巴林岛上建立了磨明城（al-Muminiya）。磨明大约来源于古代的麦纳木国王，便是唐代所译的拔离诃磨难了。这段波斯湾航程沿西岸北行，以麦纳麦岛为界分成两段。前段苏哈尔到麦纳麦岛，480海里，需时十天，日航只有48海里。后段麦纳麦到奥波拉286海里，据前段日航数推测，约需七天。《新唐书》中原文“一”日是“七”日的刊误。波斯湾内风向多变，航速只略胜于阿曼湾航行，仅当东非沿岸航行的三分之一略强。三兰航线整个航程约计3546海里，历时53天。

贾耽记录的三兰航线，表明7—8世纪时中国帆船业已进入哈巴沙海（Baḥral-Ḥabasha），甚至闯到了桑给海（Baḥr az-Zanj），比之曼苏地对阿曼—甘巴罗航线的记述又早了一个多世纪。

---

① 奇蒂克：《东非的设拉子移民》（N. Chittick, The“Shirazi” colonization of East Africa），载于《非洲历史学报》（JAH），1965年，第6卷，第3期，第275－294页。

② 布索格：《印度珍异记》（Buzurg Ibn Shahriyār, Adjâ îb al-Hind），法译本（Les merveilles de l'Inde），见《萨瓦杰纪念集》（Mémorial Jean Sauvaget），第1卷，大马士革，1954年，第261页。

三兰航线中的席赫尔，是阿拉伯香岸的重要中转港。中国帆船可以从南印度马拉巴的末罗（奎隆）横越阿拉伯海，在东北季风末期开赴佐法尔和席赫尔，然后沿着非洲之角继续南航。索马里境内的桑加亚和坦噶尼喀沿海的奔巴岛，是印度洋西部航行圈中中国帆船必须停靠的港口。

早在 2—3 世纪之际业已开辟阿杜利航线的中国远洋航业，是完全可以胜任这一新的使命的。作为东非航线媒介的，是那些成年累月从苏门答腊和爪哇西渡的印度尼西亚岛民。他们为中国帆船环航印度洋探测了方向，提供了先例，引导着中国帆船去追踪驾驶着阿拉伯独樯船的闪族航海家的冒险生涯，深入非洲东岸盛产大象牙和黄金的神秘国家。中国获得东非的地理知识，无需等待阿拉伯人或波斯人的传授。因为，中国的大帆船早已闯过印度洋，在远离祖国几近 7000 海里之外的航线上，为了开辟新的商业市场而不断地进行着新的冒险。

曼苏地在《黄金草原》第 246 节和第 845 节中明白地指出，阿曼船在桑给海的航程终点是甘巴罗岛（奔巴岛）、索法拉和瓦克瓦克地区，“后一地区位于桑给人领土的边缘和这一海区的下方”。第 845 节中强调：“只有桑给人渡过了源出尼罗河上游并且注入桑给海的那条运河（指谢贝利河——引者），在这一地带定居。他们的居住区一直延伸到这片领土最远的边界索法拉，那里也是阿曼和西拉夫船在桑给海航行的终点站。”曼苏地时代的索法拉地区最远还未超越鲁菲吉河，所以曼苏地又说：“桑给海的边界在索法拉、瓦克瓦克地区，那里出产大量黄金，并且拥有珍异物产，气候炎热，土地肥沃。”从这里可以得知，在阿曼船到达索法拉地区南界以前，来自东部海洋岛民的瓦克瓦克人业已超前进入莫桑比克海峡两岸，他们成了索法拉黄金向海外运输的经办人。这些人中至少有一部分是已经昆仑化的华人后裔。

索法拉由于拥有金矿在 12 世纪前已经名扬于世①。贾耽航程正是在如此之早的移民潮开始前往东非开发新天地的前后出现的，不像是为了去凑个热闹，才指明一个远在席赫尔正南的三兰国。由此看来，西方著作中认为中国人还没有在那样早就有迹象出现在非洲的说法②，实在可以收起来藏着了。因为有人宁肯相信，只有到了郑和突然出现，中国人才从大洋的那头过来，真的开始见着非洲了！

再说，贾耽记录的三兰航线，之所以没有列出从锡兰或南印度海域前往三兰的分

---

① 马奇，金斯诺士：《东非史导论》（Zoê March，G. W. Kingsnorth，An introduction to the history of East Africa），剑桥，1957 年，第 6－7 页；罗威：《东非史》（R. Reusch，History of East Africa），纽约，1961 年，第 125－131 页。

② 参见柯普兰：《东非及其入侵者》（R. Coupland，East Africa and its invaders），牛津，1956 年重印版，第 17 页以下。

叉点，一定是由于当时曾经有过多种航线的走法，他难以一一列出。况且，我们现在见到的贾耽航程，不过是摘录在10世纪编成的《新唐书·地理志》中的一种删繁就简的记录。考察在亚丁湾航行的实际情况，由于海流不同，南航与北航差别特大。夏季西南季风在亚丁湾常刮强劲的“哈里弗”风，晚间根本无法航行，海流流速比冬季海流流速每天60海里常可高出一倍，对东海岸航行造成巨大困难，但对大型的中国帆船却无太大的阻力，所以贾耽航程突兀地采用自南而北的倒叙法，记述沿途地名。当年的实况一定是中国帆船在印度洋业已成为常客，但当初的一些记事文档已经佚失。像上元（674—675年）时达奚弘通有《海南诸蕃行记》，记述他从赤土到虔那，历经三十六国的海上旅行，仅见《玉海》卷十六引用《中兴书目》，原书只留下首尾两个国名，到底虔那在什么地方便难以考订了。

贾耽航程分明是中国帆船追迹昆仑民族驾船横渡印度洋西航东非的记录。12世纪中叶西西里的阿拉伯地理学家伊德里西在《旅游证闻》（俗称《伊德里西地理志》，1154年）中根据他所见到的史料，记述马来群岛的渔民在5—6世纪时漂洋过海到达马达加斯加和东非沿岸，与当地土著彼此语言相通。另据博学的格拉纳达人伊本·赛德（Ibn Said，1214—1286，或1208—1280）从各地古籍中摘录的史料，指称昆仑人（Komr，按照法国东方学家费琅的主张，应读作“吉蔑”，Khmèr）原来与中国人一同住在大陆，后来被中国人赶入沿海的地区和海岛中，造成昆仑人的第一次大迁移。他们的国王号“古龙”（Kamrun），叫昆仑王。这项记述符合中国古史记录的中南半岛上最早成立的一大帝国扶南国的历史，昆仑人是中南半岛北部的土著居民。Khmèr今译高棉，属于孟—高棉民族，是首先由北方进入泰国湾的族群。后来昆仑族群从扎伯格岛（爪哇岛）一路顺着海流向西越过科科斯群岛、查戈斯群岛逐岛移居，漂洋过海，到达西边的大海岛昆仑（Komr，Qumr），进入马达加斯加岛和非洲东南沿海，完成第二次大迁移，那时已经是公元5世纪以后了。出产黄金的索法拉从此进入了这些新来的昆仑族移民的视野。他们和当地的桑给人混居，形成昆仑层期（昆仑桑给，Komr-Zanj）人，在周去非写于1178年的中国古籍《岭外代答》中有记录，可那时已距离昆仑族群到达东非大陆有5—6个世纪了。

昆仑人（包括高棉人、马来人、以扎伯格人为主体的印度尼西亚人）成为中国南部沿海居民向海外移民的先导，促使中国帆船跟踪越洋，进入印度洋西部海域，前去淘金，于是才有索法拉黄金国的传闻流传。在阿布·赛德抄录的史料中，甚至已经称他们到达的大昆仑岛“与锡兰岛遥遥相对”，可以推测，这些昆仑人启航的扎伯格与锡兰、马达加斯加是处在同一个三角形海区内的，因此中国船可以不必等到南下的阿曼船进入这一海域，便已采纳了经过锡兰以东的海域径直前往印度洋西南部地区的航路，探知了黄金国的秘密。对希腊人来说，他们有托勒密《地理学》可依，早就称马来半岛是个黄金国（Chrgse）了。这里在公元 2 世纪便是欧洲人心目中的黄金国，彼此之间有讯息流通、人员往还。马来半岛的黄金国离中国很近，这里的黄金贸易，在至迟 4 世纪编集的《太清金液神丹经》卷下就有记录可查。

很清楚，在公元初的海洋文明世界中，希腊人、昆仑人和中国人最先进入印度洋探寻黄金国的民族。希腊人在公元 1 世纪留下《厄立特里海环航记》传世，但希腊人还是没有到达这个远在马来半岛的黄金国，只是到了希腊语称作“铜叶岛”（Taprobane）的锡兰岛，便返航了。地处黄金国的马来人却随后与闻了西方的航海民族，于是向西边的海域顺流奋进，引领昆仑人凭借海流和信风在大洋中寻找可以立足的岛礁，直至真正的非洲大陆。前后至少用去 5 个世纪甚或更多的岁月方能达到这一步。可惜在那样早的时代，还没有文字记录他们的探险。但可以明确的史实是，11 世纪以前，马尔代夫群岛以南的印度洋南部地区是昆仑民族的天下，阿拉伯人和印度人管大洋中那些有人居住的海岛叫“瓦克瓦克”（Wākwāk）。据许多迹象推测，这个名词与中文（汉语）有关联，它的语源来自汉语的“华夏”，可以向上追溯到 3000 年前的西周时代。当时黄河流域的居民便以“华夏”民族自居，以便和周边的“夷族”加以区分。“华夏”的古读现在还保留在江浙交界的吴语方言区，因为长江三角洲太湖流域的先民在 3000 多年前周朝还未建立时，便由族群的首领古公亶父的孙子率领部分族群，千里迢迢从黄河上游的泾河迁移到了长江口的吴地，所以吴语中迄今仍保留了许多古汉语的语言。“华夏”的音读可以对上 Wū（屋）Wò（沃）。中国人每到陌生的地方，为消除隔阂，常会用客套话“华夷一家”来改善双方关系，而对自身则称“华夏”。这一自我介绍式的称谓，随后在北方民族不断掀起的南迁运动中沉积到中国东南沿海的方言中，更离开大陆跟随海外移民远播印度洋海域。阿拉伯人移居东非海岸后，便接触到了南部海域中的瓦克瓦克群岛，也就是那些被认为“面对中国”分布在赤道以南的南海和印度洋南部海域的岛民。这使我们明白了这一段历史，应该是中国南方沿海居民跟着昆仑人，尤其是马来人，在 6 世纪也进入了东南非洲。由此我们可以了解，南海和南印度海域在公元 11 世纪之前早已与中国的渔民以及中国航海界结下了不解之缘。

大批瓦克瓦克人、昆仑人在东非南部立足之后，几乎与南下的也门人和波斯人同时，彼此顺着海岸各自向着相向的方向拓展土地和财源。一本名叫《印度珍异记》的 10 世纪或最晚 11 世纪初写成的阿拉伯文手稿，记录 945 年瓦克瓦克人率领一千多艘战船围攻甘巴罗岛（今奔巴岛）的城堡，但未能得手①。瓦克瓦克人告诉当地人，他们经过一年的路程赶到这里，是为了取得他们和中国想要的商品象牙、玳瑁、貂皮、琥珀，还要掠取桑给奴去做工。这群瓦克瓦克人沿着海岸，一路打家劫舍，抢掠了桑给索法拉的几个城市和村庄。他们之所以盯上甘巴罗岛，是因为那些商船常常会被大风刮得偏离航线，只得开往有淡水和食物可以补给的甘巴罗岛。甘巴罗岛之所以如此重要，正是由于它和中国船有交往。

这些被阿拉伯人叫作瓦克瓦克的族群，不就是那些在战乱中离开大陆来到南方海洋中劫后余生的中国人吗？他们是些离别大陆，流落他乡，在海岛中求生的中国人，说是一群已被昆仑人同化的中国人也未尝不可。他们的根据地便是印度洋南部数不清的岛屿，也可以说，他们是些守候在非洲大门口的中国人，而更多的则是那些已经同化成昆仑人并且业已定居在非洲的中国人，他们理所当然地成了中国与非洲之间的传讯者。

贾耽航程是中国船和阿曼船几乎同时通航索法拉国以后留下的文字记录。索法拉正是东非的一个黄金国，这个黄金国靠着当地人与阿拉伯人、波斯人之间进行的黄金贸易才出名。印度人直到11世纪还只知道马来半岛的黄金国，全不明白东非也有黄金国。从《印度珍异记》可以知道，当时中国皇帝所在的都城叫“杭州”（Anču）②，正是五代十国时期的吴越国（907—978年）首都。当中描述了中国人金子多到用作马嚼和狗链。那时中国使用的黄金多半来自占城和马来半岛，但《印度珍异记》已指明，瓦克瓦克人所以要攻打甘巴罗为的是要和中国做买卖。可见10世纪的吴越国确已和东非有贸易关系。在波斯和阿拉伯文献中，索法拉国的实际地域也是随着这类商贸地点的向南推进，才愈发接近莫桑比克内陆的黄金产地。昆仑人进入索法拉国，却比这还要早得多。

第四节　殊奈和非洲黑人到中国

最初和唐代中国发生外交关系的非洲国家，是一个叫殊奈的国家。《唐会要》卷九

---

① 费琅：《阿拉伯波斯突厥人东方文献辑注》（G. Ferrand, Relations de voyages et textes géographiques Arabes, Persans et Turks relatif's à l'Extreme-Orient），耿昇、穆根来译，中华书局，1989年，第667页，参见第651－656页，第659－663页，第665页。

② 耿昇、穆根来译费琅《阿拉伯波斯突厥人东方文献辑注》第177页作“扬州”，有讹。

八说："殊奈国，昆仑人也。在林邑南，去交趾海行三月余日。习俗文字与婆罗门同①。绝远，未尝朝中国。贞观二年（628）十月，使至朝贡。"

据《唐会要》，殊奈属于昆仑民族，距离交趾三个多月的海程。昆仑，又称骨论，是中国古代对南海和印度洋附近棕黑色民族的泛称，西起非洲的僧祇（桑给）、南印度的突弥（泰米尔），东包中南半岛的骨堂（吉陀）、阁蔑（高棉）四大族系②。殊奈和桑给同义。波斯语、阿拉伯语称黑人"桑给"（Zang，Zing），复数 Zunug③，译成汉语是殊奈。

殊奈在距离越南北部交州三个多月海程的地方。唐代的南海航程有两种算法。从贾耽记录的波斯湾航程共需 125 天推算，三个多月航海所到的地方是阿曼或亚丁湾。另外一种沿海航行的船速，只相当于远航船速的一半或三分之一，依此推算，距离北部湾三个月所到的地方是中南半岛古曼谷湾西岸的陀洹。《旧唐书》卷一四七、《新唐书》卷二二二下，都说陀洹国距离交州三个月海程。陀洹④和殊奈没有任何类同之处，《唐会要》中的殊奈当然是在亚丁湾附近了。

桑给，唐代通称"僧祇"或"僧耆"，段成式另译仍建。殊奈国是东非桑给人居住的国家。但桑给的地理区划，历代并无一定。希腊著作中，东非黑人分布的地方叫阿扎尼亚。香角古称僧祇角，自此以南便是黑人国阿扎尼亚。《厄立特里海环航记》指出，过香角（瓜达富伊角）后便进入阿扎尼亚境内，最南可以到达拉普达（潘加尼附近）。阿扎尼亚就是黑人国，借自阿拉伯语 ağama，'ajam（野蛮的）⑤。希腊人的阿扎尼亚，包括了北起瓜达富伊角，南抵马坦杜河口的基尔瓦的东非海岸。后来又根据阿拉伯语 zeng（源出波斯语 zang）称这些地方是桑给国。托勒密《地理学》（I，17，9；IV，7，11）中写作 Ziggis akra，Zingista akra，位置在非洲的东部巴巴里亚和瓜达富伊

① 《新唐书》卷二二二下，指出"环王南有殊奈者"，"与婆罗同俗"，误"婆罗门"为"婆罗"，或指南印度的帕拉瓦王朝。

② 释玄应、释慧琳编《一切经音义》卷八十一释"昆仑"："上音昆，下音论，时俗语便，亦曰骨论，南海洲岛中夷人也。甚黑，裸形，能驯服猛兽犀象等。种类数般，即有僧祇、突弥、骨堂、阁蔑等，皆鄙贱人也。"

③ 参见罗戚：《东非史》（R. Reusch，History of East Africa），纽约，1961 年，第 115 页。

④ 陀洹，旧考土瓦，失之甚远。陀洹是扶南南迁后改名，在古曼谷湾西岸，今泰国素攀境内，有古城乌通。参见沈福伟：《扶南南迁后的中南半岛古史初探》，载于新加坡《南洋学报》，2007 年 12 月，第 61 卷，第 36 – 43 页。

⑤ 也有以为来自阿拉伯西南古国奥山，见霍林斯胡士：《东非海岸简史》（L. W. Hollingsworth，A short history of the east coast of African），伦敦，1929 年，第 15 – 16 页；甚或认为取自闪语 Z-n（Zan），意为"香"，阿扎尼亚意即"香岸"，见罗戚：《东非史》（R. Reusch，History of East Africa），纽约，1961 年，第 46 页。

角南，是面向印度洋的大陆①。科司莫斯也说，在巴巴里亚之外，进入大洋以后，就到了桑给国（Ziggion，Zinggion）②。照史坦格士解释，“Zeng 指东非国家，Zangi 当作笨人或愚者”③。这和台维在《桑给国》一书中提到的埃塞俄比亚动词“Zangea”意指他们邻近的野蛮民族相仿④。

东非沿海的桑给人居住区到9—10 世纪之交才引起阿拉伯地理学家的注意。903 年伊本·罗斯德在《旅行宝鉴》中涉及桑给时说，在瓜达富伊角以南的巴巴拉地方，居住着一些桑给部落⑤。自从伊斯塔克里地图问世后，桑给地区便明确指起自亚丁湾南部地区，由此沿着印度洋南下的地域。951 年伊斯塔克里的《道程和王国》在地图上标出了东非海岸，解释“桑给”地方“北边毗邻阿比西尼亚，位于也门、法尔斯、克尔曼和印度的对面”。桑给地方也包括亚丁湾南岸在内。

曼苏地曾在916 年以后的10 年间亲历非洲东部各地，他指出尼罗河发源于月山，月山起于桑给国，一直延伸到索法拉。桑给国受尼罗河水灌溉，向北最远达巴巴拉人和哈丰人的居地。他也讲到亚丁湾连接巴巴拉和阿比西尼亚，而巴巴拉是桑给的一部分⑥。曼苏地说的桑给国，是从青尼罗河起，一直扩展到索法拉（Sufālaes-Zanj）⑦。据他说，桑给地方长宽各有700 法尔申，纵深达4000 公里，范围之广，北起亚丁湾南到赞比西河，包括了东非沿海和中非腹地。

曼苏地将混有含族血统的尼罗特族和班图族分布的地方一概算作桑给人的居住地。曼苏地虽然知道阿比西尼亚人（库施人）和桑给人的区别，但他所指的桑给部落却也包括使用库施语的巴巴拉人。他提到在非洲东部和东南部定居的是“努比亚人、贝贾人和桑给人”，指出桑给人分布在阿比西尼亚人以东和以南的广大地区。可见，曼苏地

---

① 穆勒：《托勒密地理》（C. Müller，Ptolemaei geographia），第2 卷，巴黎，1901，第766 页；弗里曼-格伦维勒：《东非海岸》（Freeman-Grenville，The East Africa coast），牛津，1962 年，第3 –4 页。

② 弗里曼-格伦维勒：《东非海岸》（Freeman-Grenville，The East Africa coast），牛津，1962 年，第6 页。

③ 史坦格士：《波斯语—英语辞典》（F. Steingass，A comprehensive Persian-English dictionary），伦敦，1930 年，再版本。

④ 台维：《中世纪的桑给国或东非海岸》（L. -M. Devic，Le pays des Zendjs，ou La côte orientale d'Afrique au moyen âge），巴黎，1892 年，第16 页。

⑤ 伊本·罗斯德：《旅行宝鉴》（Ibn Rustah，Kitab al-a'laq al-nafisa），第7 卷，阿拉伯地理图书馆（BGA），1892 年，第367 页。

⑥ 曼苏地：《黄金草原》（al-Masūdi，Les prairies d'or），法译本，第1 卷，巴黎，1862 年，第230 –231 页。

⑦ 曼苏地：《黄金草原》（al-Masūdi，Les prairies d'or），法译本，第3 卷，巴黎，1865 年，第6 页。

还不能正确分辨含族的库施人和班图族混居区的种族特征。他所说的桑给人，不但包括散处埃塞俄比亚高原东南附近的库施族，而且包括高原西部沃累加的黑人。居住在白尼罗河西岸马拉卡尔附近的希卢克人，是带有含族血统的尼罗特部落，直到20世纪，他们仍然保持着桑给人那种半农半牧的生活习惯和选举或废黜国王的传统。总之，曼苏地的桑给人，也包括那些有含族血统的黑人在内。所以就种族分布而言，曼苏地并未将古代希腊专指索马里北部的巴巴里亚（巴巴拉）海岸当作一个独特的地理区划。很明显，至少在10世纪时，桑给人尚难以和班图人相等同①。曼苏地还曾指出，"只有桑给人越过尼罗河上游的河流，向南方移居"。他说桑给国"河谷、山脉和荒漠纵横交叉，盛产野象"。他所说的桑给人居住区，也有亚丁湾南岸在内。

结论只能是，在10世纪时，阿拉伯人所说的桑给国已有广、狭两义。广义的桑给地区，包括巴巴拉在内，起自厄立特里亚以南，向东直至黑人和含族聚居的印度洋西岸，南部则包含有大湖地区和莫桑此克。广义的桑给国，总共包括四个地区②：

（1）巴巴拉地区（Bilād al-Barbarā），辖境包含有索马里北部和摩加迪沙以北的东部沿海。

（2）桑给地区（Bilād az-Zanj），由北起谢贝利河和朱巴河口，南抵瓦米河的东非沿海城镇组成，包括附近岛屿在内。

（3）索法拉地区（Bilād as-Sufala），又称黄金国（Arḍ at-Tibr，Arḍ adh-Dhahab）。统治者居住的散纳（Ṣayūna）在赞比西河口。另一处在鲁伍马河口。坦桑尼亚的大部分和莫桑比克沿海，都在它的范围以内。

（4）瓦克瓦克地区（Arḍ al-Wāq-Wāq），连接索法拉地区和苏门答腊之间的许多岛屿。

狭义的桑给地区，则从索马里南部谢贝利河下游地区开始，向南直到基尔瓦或德尔加杜角。

班图族南迁谢贝利河下游和朱巴河流域，大约从6世纪末才开始，一直延续到9

---

① 以为两者可以等同起来的看法，是以桑给国北界起自朱巴河以南作为依据的，参见马特维也夫：《十世纪东非班图人（桑给人）的北界》[V. V. Matveyev, The northern boundaries of the Eastern Bantu (Zinj) in tenth century]，载于《第25届国际东方学家会议专刊》，莫斯科，1960年。

② 特莱明汉：《阿拉伯地理学家和东非海岸》（J. S. Trimingham, The Arab geographers and the East African coast），参见奇蒂克等编：《东非和东方》（N. Chittick, East Africa and the Orient），纽约，1975年，第120页。

世纪[①]。据阿拉伯文编年史《桑给书》[②]，在阿拉伯人移居东非前，早有黑人定居在赤道和朱巴河以南。这些土著居民被阿拉伯人叫作卡施尔（Kashur），斯瓦希里语称作涅卡人（Nyika），共分吉亚玛（Giryama）、普库莫（Pokomo）、迪戈（Digo）等九部[③]，原意是“丛林人”。他们种植玉蜀黍、豆类和稷[④]。首都叫桑加亚（Shungwaya），国王及其宫廷都在那里，距离埃塞俄比亚 12~15 天路程。桑加亚作为首都一直维持到盖拉人入侵后涅卡人被赶向南方为止。照亨丁福的解释，大致在 1200—1300 年间[⑤]，但也可能晚到 16 世纪初。也门的阿拉伯人来到东非建立摩加迪沙、蒙巴萨和基尔瓦时，便和桑加亚的黑人打过交道。以后，巴纠尼人和来自阿曼、叙利亚、希贾兹、伊拉克和也门的移民，源源不绝地进入东非。大多直接从海上驾船开航，也有从陆路通过苏亚金和巴巴拉南迁的。

在阿拉伯移民成批到达东非前，殊奈使者已和中国有过外交往来。索马里南部和肯尼亚的班图王国的使者为了发展两国的贸易，特别是向中国输出那里的乳香、没药、血竭、犀牙和奴隶，对于开展双方的经济往来极感兴趣。桑加亚，这个已被遗忘的黑人王国的都城，坐落在现在的布尔高（Bur Gao，Bur Kavo），英国人曾称为敦福特港[⑥]。殊奈使者出现在长安，显然受到昆仑儿成批移居中国的浪潮的推动。唐代诗人张籍（768—约 830 年）曾有《昆仑儿》七律一首：“昆仑家住海中洲，蛮客将来汉地游。言语解教秦吉了，波涛初过郁林洲。金环欲落曾穿耳，螺髻长卷不裹头。自爱肌肤黑如漆，行时半脱木绵裘。”诗人借用秦吉了这种岭南所产的留鸟，比喻昆仑儿的语言。秦

---

① 有人拟出具体时间是 576—879 年，参见默尔多克：《非洲民族和文化史》（G. P. Murdock，Africa：its peoples and their culture history），纽约，1959 年，第 307 页。

② 西鲁里：《索马里：各种出版及未出版的作品》（Enrico Cerulli，Somali：scritti vari editied inediti），第 1 卷，罗马，1957 年，第 229 - 357 页。摘编见伊里奥特：《巴纠尼群岛访问记》（A. G. Elliot，A visit to the Bajun Islands），载于《非洲学会学报》（JAS），第 25 卷，1925—1926 年，第 150 页以下。

③ 古朗：《东非历史、地理和商业资料》（C. Guillain，Documents sur l'histoire，la geographie et le commerce de l'Afrique Orientale），第 3 卷，巴黎，1856 年，第 242 页。

④ 手稿本没有玉蜀黍，见伊里奥特：《巴纠尼群岛访问记》（A. G. Elliot，A visit to the Bajun Islands），载于《非洲学会学报》（JAS），第 25 卷，1925—1926 年，第 151 页注 3。

⑤ 亨丁福：《东非内地的居民》（W. B. Huntingford，The peopling of the interior of East Africa by its modern Inhabitants），参见罗兰·奥立弗等编《东非史》（Roland Oliver，History of East Africa），第 1 卷，牛津，1963 年，第 89 页。

⑥ 格鲁登纳尔：《被遗忘的非洲都城》（V. L. Grottanelli，A lost African metropolis），参见罗卡斯编：《非洲研究》（J. Lukas，Afrikanistische Studien Diedrich Westermann），柏林，1955，第 231 页以下。普林斯：《桑加亚问题》（H. J. Prins，The shungwaya problem：traditional history and cultural likeness in Bantu Northeast Africa），载于《人类学》（Anthropos），1972 年，第 67 卷，第 9 - 35 页。

吉了又称鹩哥，通体羽毛黑色，声音多变，能效人言，在这里指称“肤黑如漆”口吐汉语的昆仑儿，可说是一语双关。而这种秦吉了式的语言和使用“桑给语”（Zaḥjiyya）的“秦吉丫”只有一字之差，和东非的桑给民族实在太近似了。

629年的殊奈使者，是索马里向中国派遣使节的第一次，也是继公元100年厄立特里亚的阿杜利使者，166年亚历山大里亚外交代表，441年苏丹的苏弗拉使者，502年索科特拉和贝伦尼塞使节，508年阿杜利使节，511年埃及巴比伦使节之后，非洲国家又一次向中国派遣外交代表团。殊奈使者在中国受到殷切的接待，礼部并对“西南蕃使还者，给入海程粮”（《新唐书》卷四六）。殊奈使者抵达中国，是对中国帆船出入桑给巴尔的一个反响。7世纪中国和索马里已不只限于间接的贸易往来，而且双方建立了外交关系，彼此可以直接通航。中国帆船从此可以在长达6400海里以上的航线上，经常往来于广州和桑加亚之间。正是依靠中国帆船和阿拉伯帆船开辟的这一条印度洋航线，中国和索马里的直接交往方得以实现。这不但是中索两国友好关系史上头等重要的大事，也是中国和印度洋各国、中国和整个非洲关系史上值得称颂的里程碑。

唐代有很多被充作奴婢运送到中国的非洲黑人。唐代文献中的昆仑奴，有相当一部分是从非洲来的。他们不仅跟随波斯船来到中国，而且也常常由那些出没在阿拉伯海和东非的中国船直接运送。此外，从5世纪以后成批往返于东非沿岸的苏门答腊和爪哇船，也常把非洲黑人带到中国。在724—818年之间，室利佛逝和诃陵的使者曾多次把东非黑人从苏门答腊和爪哇带到中国来。724年（开元十二年）室利佛逝使者向长安送“僧祇女一人”（《册府元龟》卷九七一）。815年（元和十年）、818年（元和十三年）抵达长安的诃陵使者又带来“僧祇僮五人”，“僧祇女二人”（《旧唐书》卷一九七，《新唐书》卷二二二下）。这些送到唐朝宫廷中的东非黑人，被官方档册郑重其事地加以记录。他们在宫廷和贵族官僚家庭中服役，人数相当可观。1954年长安南郊嘉里村唐代裴氏小娘子墓，曾出土一个高15厘米的黑人陶俑，年代是850年。陶俑头发卷曲，皮肤黝黑，很可能是居住在索马里和东非各地的班图黑人①。他们大多擅长乐舞，可算是最早将非洲黑人舞蹈传入中国的艺术使者。

这些属于第一批到达中国的东非黑人，是在印度尼西亚人渡过大洋向东非和马达加斯加岛不断进行的移民浪潮中来到苏门答腊和爪哇的。这些移民来到东南亚的历史，据说早在铁器时代以前便已开始②。印度洋中的赤道流成为推动这股海上移民的巨大动

① 杜葆仁：《从西安唐墓出土的非洲黑人陶俑谈起》，载于《文物》，1979年，第6期，第88页。

② 德尚普：《马达加斯加史》（Herbert Deschamps，Histoire de Madagascar），巴黎，1960年，第29页。

力。赤道流从爪哇、苏门答腊沿岸越过孟加拉湾，由斯里兰卡东南部流向非洲的德尔加杜角。这股强大的海流在东经66°～97°间向南越过赤道，在西南季风席卷赤道以北时，在赤道以南便转成东南贸易风，苏门答腊西岸的近海居民因此每年都可漂洋过海来到东非，直到马达加斯加岛。到了5世纪，建国马来半岛的室利佛逝国家向苏门答腊扩张势力引起的内部扰动，更推动了向西移民的热潮。移民的外来因素则是索法拉的黄金、象牙和铁器贸易，吸引了大洋彼岸岛民从事海上的贩运①。8—9世纪之际，有一批东非黑人便是通过这一途径进入中国的。所以那时在索法拉以南的韦韦地方，在阿拉伯地理学家看来，竟可以和东方的韦韦地方相并列，前者被命名为也门韦韦，后者则被称作中国（Ṣīn）韦韦②。两者之间在地理上的联系，完全可以由同一名称见出，就是因为两者之间，在赤道以南的印度洋上，通过许多岛屿构筑了一条显得非常近捷的海上通道。

第五节　甘棠使者的来华

在唐代遣使来华的非洲国家还有甘棠。《新唐书》卷二二一上记述639年（贞观十三年），甘棠使者和疏勒、朱俱波使节同时到达长安。《新唐书》更介绍："甘棠在海南，昆仑人也。"甘棠也是昆仑民族所建国家，代表了南方极远的地方。这可以从《唐会要》卷九九得到证明："甘棠在大海之南，昆仑人也。贞观十年，与朱俱波国朝贡同日至。太宗谓群臣曰，南荒西域，自远而至，其故何哉？"

甘棠作为南海航行中极为遥远的国家，似乎还只是骨堂的音转。慧琳《一切经音义》卷八一指出，昆仑语"时俗语便，亦曰骨论，南海洲岛中夷人也"。昆仑可以转作骨论，伯希和《交广印度两道考》因此推论骨堂可转成昆仑或甘棠。但这个甘棠使者在628年殊奈使臣来华以后尚且引起李世民的感叹，足见它绝非位于中南半岛的骨堂，而是甚至比殊奈更加遥远的一个非洲国家。

甘棠成为当时中国所知最西的一个昆仑国家，大约是出于阿曼语。曼苏地在《黄金草原》中，对于阿曼航海商经营甘巴罗（Qanbalū）航线给以很大的注意。他说：

---

① 华尔：《非洲史》（E. F. Ward, A history of Africa），第2卷，伦敦，1963年，第199－203页。参见乌特士：《早期印度尼西亚商业》（O. L. Wolters, Early Indonesian commerce），纽约，1967年，第151页。

② 伊本·法基：《地方志》（Ibn al-Faqīh, Mukhtasar kitāb al-Buldān），第5卷，阿拉伯地理图书馆（BGA），1885年，第7页。

"横越黑人国（Sūdān）便到了邻接的桑给地区。在那里有许多河流通向一个海湾，流入桑给海（Baḥr az-Zanj），海中有一个甘巴罗岛。岛民系一个穆斯林的社会，现在操桑给语（Zaḥjiyya）。他们在这里征服并统治了所有的桑给人，就像在地中海穆斯林征服了克里特岛一样。这件事发生在伍麦叶王朝向阿拔斯王朝过渡时期。从那里到阿曼，推测约有 500 法尔申（1415 海里），但并非航海者的精确计算。"①

曼苏地一再提到阿曼船驶往甘巴罗岛，并说这些通航桑给海的阿曼船的目的地是甘巴罗岛，还有索法拉和瓦克瓦克。"西拉夫人同样通航此海，我本人就曾从阿曼首都苏哈尔（Suḥār）随同西拉夫舶主和船长穆罕默德·伊本·宰达蒲，和通称伊本·西拉（Ibn Sīrah）的贾赫尔·伊本·阿赫默德航行，他曾和随员一起在海中失事。最后一次我从甘巴罗岛回到阿曼，是在 304 年（公历 916—917 年）。"②

曼苏地还提到甘巴罗的岛民，不仅是穆斯林，而且有巴巴拉人和哈丰人③。该岛的穆斯林也说桑给语④。照伊本·哈克尔在 943 年的计算，阿曼到桑给国的距离是 700 法尔申（1980 海里）。伊本·法基在 903 年则说，阿曼到桑给海岸约需两个月。甘巴罗岛在桑给海岸附近，初次出现在伊本·哈克尔绘制的地图上，靠近法尔斯海（Baḥr Fāris）右边海岸，正在哈巴沙国和桑给国之间荒凉地带的对面。比鲁尼在 1030 年更明白指出，它是位于经度 52°，纬度 3°的岛屿⑤。在 969 年出使穆卡拉的伊本·赛立姆也提到过甘巴罗岛，说它"是在桑给国中，并且是他们统治者所在的城市"⑥。很明显，甘巴罗岛便是奔巴岛或翁古贾岛（桑给巴尔岛）⑦。

甘巴罗岛正是和中国有过外交关系的甘棠国。甘巴罗和甘棠不过是一种音转。甘

---

① 曼苏地：《黄金草原》（al-Masūdi，Les prairies d'or），法译本，第 1 卷，巴黎，1962 年，第 112 页。

② 曼苏地：《黄金草原》（al-Masūdi，Les prairies d'or），法译本，第 1 卷，巴黎，1962 年，第 125 页。

③ 曼苏地：《检查与验证》（al-Masūdi，Kitāb al-tanbīh wa-l-ishrāf），第 8 卷，阿拉伯地理图书馆（BGA），1894 年，第 58 页。

④ 曼苏地：《黄金草原》（al-Masūdi，Les prairies d'or），法译本，第 1 卷，巴黎，1962 年，第 205 页。

⑤ 据比鲁尼《马苏迪原理》（al-Bīrūnī，Al-qānūn al-Masūdi），见托甘编：《比鲁尼世界志》（V. Togan，Birūnī's picture of the world），德里，1937 年，第 9 页。

⑥ 马克里西：《遗迹路径与殷鉴》（al-Maqrīzī，Kitāb al-mawā'iẓ wa-l-i'tibār fi dikr al-ḫiṭaṭ wa-l-āṯār），第 3 卷，G. 魏特编，开罗，1922 年，第 261－263 页。

⑦ 玉尔、柯提埃编《中国道程志》（H. Yule，H. Cordier，Cathay and the way thither，第 1 卷，伦敦，1913 年，第 138 页）认定是桑给巴尔岛或布摩罗岛，英格拉《桑给巴尔的历史和人民》（W. H. Ingrams，Zanzibar：its history and its people，伦敦，1931 年，第 82 页以下）订作奔巴岛。

巴罗可以读作 Qanmadu。l 和 t 的通转是常例，b，m 重唇音在阿拉伯语中也可以转换。西摩喀塔的 khubtan 在《景教流行中国碑》中转成了 kumdan，鄂尔浑突厥碑中的中国写作 Tabğaç，阿拉伯语中常写作 Tamghaj，都是这类例子。Qanbalū 因此可以读作 Qanmadu，Qanmadun，省译甘棠、甘堂。

甘巴罗起源于 qanbal，这是南阿拉伯人对移民点所起的称呼。现在奔巴岛上的姆坎皮（Mkumbuu），雅库特《地理辞典》称作 Mkanbalū，斯瓦希里语叫 Mknblu，是和 Mtanby 并列的两大城市之一。Mkanbalū 似乎是甘巴罗最初的遗名了。

从阿拉伯史料中，追溯奔巴岛和桑给巴尔岛的历史，现在只知道二岛兴起在 9—10 世纪①。阿拉伯文的《基尔瓦编年》（Sunna al-Kilawa）记载了哈里发阿布笃·马立克（695—705 年在位）时，什叶派的伊斯兰教徒因政治上被排挤逃到东非，不久便在桑给巴尔岛以北的东非沿岸和近海岛屿建立了许多商业据点和移民点，为以后阿拉伯人和波斯人成批移居东非铺平了道路。在中文记载中，更可以追迹到早期印度尼西亚人成群结队驾舟西航东非时期桑给海中岛民和中国之间的联系。这实在是非常了不起的事。

第六节　杜环的摩邻之行

7 世纪以前，虽然中国人对非洲的地理、交通、物产都已屡有所闻，非洲使节也多次到过中国，但还说不出一个亲自到过非洲又留下文字记载的中国人的名字。

在 751 年发生在中亚细亚的塔拉斯河畔的怛逻斯战役中，由于石国军队的背叛，高仙芝统率的两万大军，几乎全军覆没，很多中国人被大食军队所俘。《通典》作者杜佑（735—812 年）的族子杜环就是被俘人员之一。从此杜环便周游伊斯兰各国，由中亚细亚的撒马尔罕进入阿拔斯王朝的新都库法，出叙利亚，去埃及，并且到过努比亚和埃塞俄比亚。《通典》卷一九一《边防七》对杜环的西行有简短的介绍，说他是 751 年去西海，762 年（宝应初）乘商船回到广州，并且将所见所闻写成一部《经行记》。

《经行记》早已亡佚，现在留存的只是散见于《通典》的 1500 多字。卷一九三有一段专述摩邻国和大秦（埃及），是他到非洲的实地见闻：

---

① 据雅库特《地名辞典》（Yāqūt，Mu'jam al-buldān），参见胡史登菲尔编：《雅库特地理学辞典》（F. Wüstenfeld，Jacut's geographisches wörterbuch），第 2 卷，莱比锡，1866—1873 年，第 75 页。雅库特还说岛上苏丹来自库法。

摩邻国，在秧萨罗国西南，度大碛（al-Jibāl），行二千里至其国。其人黑，其俗犷。少米、麦，无草木。马食乾鱼，人飡鹘莽（khurmā），鹘莽即波斯枣也。瘴疠特甚诸国。陆行之所经，山胡则一种。法有数般，有大食法，有大秦法，有寻寻法。其寻寻烝报，于诸夷狄中最甚，当食不语。其大食法者，以弟子亲戚而作判典，纵有微过，不至相累。不食猪狗驴马等肉，不拜国王父母之尊，不信鬼神，祀天而已。其俗，每七日一假，不买卖，不出纳，唯饮酒谑浪终日。其大秦，善医眼及痢，或未病先见，或开脑出虫。

杜环一开头便说明摩邻国的位置和走法。摩邻的居民肤色黝黑，吃的是鹘莽（波斯枣）。又说，从秧萨罗国西南前往摩邻，一路要经过山胡（贝贾人）居住的地方，通过信奉大食法（伊斯兰教）、大秦法（基督教）和寻寻法（原始拜物教）的不同民族聚居区。杜环对摩邻的记述，全系亲历，绝非耳闻。杜环的这段文字，后来欧阳修编修《新唐书·大食传》时加以改写，成为“自拂菻（拜占庭）西南度碛二千里，有国曰磨邻，曰老勃萨”。磨邻便是《经行记》中的摩邻。摩邻之外，更有一个老勃萨国。

《经行记》中的秧萨罗国，别本作秋萨罗，王国维据李元阳校作秧萨罗，是耶路撒冷。从耶路撒冷西南度过大碛，总行程二千里的地方便是摩邻国的所在。这个方向和路程，指出了杜环去摩邻国的途径，是从巴勒斯坦通往红海西岸的陆路。这条大道从耶路撒冷西南，经过比尔·谢巴穿越西奈半岛，通往尼罗河三角洲。现在通过苏伊士运河区，由东向西绕越巴勒湖有南北两条商路：一条横越蒂赫沙漠北部，从巴勒湖南岸西越尼罗河。另一条沿地中海滨皮留辛平原南部，经伽斯纳从巴勒湖北岸进入尼罗河东支出海处的法罗马。这条沿着地中海的商路，也是古代埃及和叙利亚商队通行的大道。到达法罗马后，道路转向西南，通往巴比伦。从耶路撒冷到巴比伦的路程，大致和《魏略》中由且兰（耶路撒冷）经于罗（海诺科拉）到汜复（希拉波利）的走法相仿。到达巴比伦后，商旅通常溯尼罗河而上抵达阿斯旺和伊卜林，然后取直线穿越努比亚沙漠，进入尼罗河弯曲处，直到尼罗河和阿特巴拉河交汇处，才东北折向苏亚金港，再沿红海南下阿克苏姆①。这段路程正好距离耶路撒冷 2000 里。

摩邻的所在，在近一个半世纪以来一直是个未解的谜。1871 年勃莱特斯耐德在《古代中国人的阿拉伯知识》（M. Bretschneider, On the knowledge possessed by the

① 参见费奇编：《非洲历史地图》（J. D. Fage, An atlas of African history），伦敦，1966 年，图 9，图 11；弗林特：《剑桥非洲史》（J. E. Flint, The Cambridge history of Africa），第 3 卷，剑桥，1977 年，第 73 页。

ancient Chinese of the Arabs，伦敦，1871 年）这本小册子中，首先注意到唐代的摩邻国，猜测它是北非摩尔人所住的毛里塔尼亚或利比亚。1885 年德国汉学家腓特烈·夏德在他的名著《大秦国全录》中，对《新唐书》中的摩邻提出一个不同的解释，认为它是红海西岸特罗拉狄特人的居住区①。1909 年夏德又写了《中国有关东非的最早记载》，指出摩邻是个东非国家②。10 年以后，美国汉学家劳费尔更提出一个新说，主张《新唐书》中的摩邻是肯尼亚的马林迪③。摩邻的对音得到解答，因此，此说一出，摩邻便被定在马林迪了。1947 年荷兰汉学家戴闻达在伦敦大学作了《中国对非洲的发现》的专题讲演，再次宣扬了劳费尔的说法。于是马林迪说便作为定论风靡学界了④。

然而马林迪的历史未见如此悠久。马林迪的名字在杜环游历非洲时才刚刚出现。据《帕特纪年》，696 年始有阿拉伯移民东非，在马林迪建立居民点的记载。直到 12 世纪中叶，伊德里西《旅游证闻》中见到的马林迪也不过是个以制铁著称的大镇。马林迪距离耶路撒冷岂止 2000 里，足有万里之遥。摩邻的风土人情都和马林迪差得很远。说摩邻是马林迪，信者固多，但怀疑的也大有人在。英国考古学家坎克曼宁肯相信摩邻在索马里或巴巴拉海岸以北的地方⑤。苏联的维尔格斯对比了 268—451 年贝贾人在努比亚极占势力的历史，于是便以摩邻是麦洛埃⑥。但麦洛埃究竟和摩邻的原音颇有差别，维尔格斯所举例证更难和 8 世纪时的现实相同，牵强附会十分明显。甚至有人因为摩邻的风习无法和马林迪相合，反而进一步贬低中国史料的价值，说它们不但次于

---

① 夏德：《大秦国全录》（F. Hirth，China and the Roman Orient），上海，1885 年，第 204 – 205 页。

② 夏德：《中国有关东非的最早记载》（F. Hirth，Early Chinese notices of East African territories），载于《美国东方学会杂志》（JAOS），1909 年，第 30 卷，第 46 页。

③ 劳费尔：《中国伊朗编》（B. Laufer，Sino-Iranica，Chinese contributions to the history of civilization in ancient Iran），芝加哥，1919 年，第 389 页；

④ 戴闻达的论文《1416—1433 年郑和的东非航行》（J. L. Duyvendak，Sur les voyages de l'eunuque Tcheng Houo vers les côtes orientales de l'Afrique，1416—1433），见尤素甫·卡米勒编《非洲和埃及地图集》（Yusuf Kamal，Monumenta cartographica Africae et Egypti），第 4 卷，开罗，1939 年，第 1411 页以下。参见费莱西：《中世纪中国和非洲的关系》（Teobaldo Filesi，Le relazioni della Cina con l'Africa nel medio-evo），米兰，1962 年，第 39 页；奥立弗和费奇合编：《非洲简史》（R. Oliver & J. D. Fage，A short history of Africa），伦敦，1962 年，第 97 页。

⑤ 坎克曼：《评费莱西的〈中世纪中国和非洲的关系〉》（J. Kirkman，China and Africa in the middle ages），载于《非洲历史学报》（JAH），1963 年，第 4 卷，第 297 页。

⑥ 维尔格斯：《中古时期中国人所知非洲的摩邻和老勃萨国》，载于《非洲学》，1966 年，第 90 卷，第 104 – 121 页；《中古时期中国的非洲见闻和非洲民族的研究》，载于《非洲学》，1966 年，第 90 卷，第 84 – 103 页。

阿拉伯史料，而且有些出自传闻，举例便是摩邻和马林迪太不相像①。

杜环的摩邻本非马林迪。摩邻国不过是阿克苏姆的别称。阿克苏姆久已由于经营印度洋贸易而闻名遐迩。阿克苏姆在4 世纪后才皈依基督教，但它原来便崇奉海神。著名的阿克苏姆雄主埃札纳，在350 年建立的碑文中记下了阿克苏姆祀奉的大神，碑文用希腊文、沙比文和盖伊兹文（古埃塞俄比亚文）三种文字铭刻。这些大神有天神、地神和海神，在盖伊兹文中写作 Astar，Medr 和 Maḥram。海神便是摩邻大神，独立于天地之外。天、地和海洋是埃塞俄比亚人民自古崇奉的三神。Maḥram 这个字是从 haḥr（海）变来的，和阿拉伯语 baḥr 一样，都作“大海”解②。摩邻国便因崇奉摩邻大神而得名。

杜环到摩邻国，中间要经过埃及、努比亚，最后才到厄立特里亚。对于埃及，杜环仍用大秦这个旧称，因为埃及和中国的交往最早便和大秦东方贸易的繁荣难分难解。杜环非常赞赏埃及的眼科和外科技术，特别是脑外科之高明，更是世所罕见。

由阿斯旺往南直到尼罗河上游谷地的第五瀑布和它以东的地区，陆行要通过“山胡”贝贾人的居住区。贝贾牧民早在罗马和中、印贸易上充当过重要的中介商，他们的骆驼负载着埃及的各色货物往返于阿斯旺和阿杜利之间。伊斯兰教兴起后，贝贾牧民更广布于现在苏丹境内尼罗河以东直到红海之滨的广大地区。北起阿斯旺，南至厄立特里亚，自北而南分成四部。阿巴达，居住在埃及南部沙漠；毕沙林，散居阿巴达部落南面，进入努比亚直至阿特巴拉河；哈登陀，包括阿玛拉、奴拉伯、阿希拉夫、阿提加，南至托卡尔和科尔·巴拉加；最南一部贝尼·阿密，占有科尔·巴拉加，向东南散布到厄立特里亚。贝贾人的居住区都是盛产椰枣（鹘莽）的地方，居民以椰枣为主食品。8 世纪中叶，贝贾人盛行原始拜物教，基督教尚未在贝贾牧民中流布，仅在沿海地区有少数牧民业已皈依伊斯兰教。贝贾人的宗教信仰和统治埃及的阿拉伯人不同，因而被阿拉伯人目为“异教徒”（mulhidūm）。寻寻（Zimzim）原来是对萨珊波斯后期实行亲属通婚的祆教徒的贬称，后来又转称那些保留了浓厚的母权制风习的贝贾人信奉的原始拜物教。杜环特别提出，亲属通婚十分严重的“寻寻烝报”是少有的奇风异俗。

在信仰寻寻法的贝贾人地区以外，杜环还见到了信奉基督教和伊斯兰教的国家和人民。基督教在埃及、努比亚和埃塞俄比亚也是流行的宗教。埃及虽已伊斯兰化，但仍保持有数量可观的基督教徒。努比亚境内，北部以东哥拉为中心的穆卡拉王国，在7 世纪中叶后统一了阿斯旺到第五瀑布的地区，和南部建都索巴的阿勒瓦王国都以基督

---

① 奇蒂克：《东非沿岸的居民》（N. Chittick，The peopling of the east African coast），见奇蒂克等编：《东非和东方》（N. Chittick，East Africa and the Orient），纽约，1975 年，第 21 – 22 页。

② 詹姆士·哈斯丁编：《宗教和伦理学大词典》（James Hastings，Encyclopaedia of religion and ethics），第 1 卷，纽约，1955 年，第 57 页。

教为国教。埃塞俄比亚境内的阿克苏姆和埃塞俄比亚高原许多割地自据的小国，在穆斯林势力南北夹击的情势下仍然保持着基督教的传统信仰，但阿克苏姆王国的国都，却已在8世纪中叶杜环到达厄立特里亚时南迁至海克湖区的库巴。

杜环在762年回到广州。他从波斯湾搭船的时间，不能晚于761年冬季，甚或在760年冬季已经踏上返国的征途了。他到厄立特里亚去，当然在761年以前。在758—760年间，努比亚正好处于重大的政治转折点。8世纪40年代以来，努比亚的基督徒不堪埃及总督的勒索和阿拉伯牧民的困扰，双方在边境上冲突时起。758年阿拔斯王朝新任命的埃及总督上任后，正式致函东哥拉的穆卡拉国王，指责努比亚基督教王国违反652年协定，纵容贝贾牧民侵扰阿斯旺县。这件文书已于1972年在尼罗河畔的卡斯尔·伊卜林发现。阿拔斯哈里发穆塔辛姆更责令穆卡拉国王限期付清14年积欠的贡赋，交出5000名以上的奴隶。穆卡拉国王只得派儿子乔治（后继位为乔治一世）出使伊拉克，面谒哈里发。结果，双方签订了一份双边协定，重申恪守652年协定，穆卡拉赔偿的奴隶由每年改为每三年一纳。会谈结束后，哈里发穆塔辛姆派人护送乔治回国。阿拔斯王朝和中国始终保持着友善的关系，但逻斯战役中的中国俘虏大多得到了妥善的安置。杜环因为出身官宦，被俘后一直受到重用。他之所以能去非洲，一定和努比亚政治上的这件大事有关。可以推测，杜环参加了阿拔斯哈里发护送乔治回国的使团。使团由陆路取道巴勒斯坦和巴比伦到达东哥拉。最后，杜环经过厄立特里亚，由马萨瓦或达拉克乘船回到巴斯拉。使命既告成功，不久便由巴斯拉返国。

杜环的摩邻之行，完成了对埃及、苏丹和埃塞俄比亚三国的访问，可说是第一个有名可指的到过东北非洲三国的中国人。作为一个外国游历家，杜环访问非洲各国，要比阿拉伯作家伊本·哈克尔和曼苏地亲历非洲早一个半世纪。当然，杜环更是波斯游历家纳赛尔·库斯老的前辈了。至于欧洲人游历红海并写下作品的是土德拉的本哈明，他曾到过埃塞俄比亚和索科特拉，再从尼罗河返归开罗，深入到了努比亚腹地，但那时已是12世纪70年代了。杜环可以毫无愧色地算是他们的先行者。

杜环到过的摩邻国，照盖伊兹语，是厄立特里亚；照阿拉伯语，便是哈巴沙国（Bilād al-Ḥabašāt）。老勃萨国正是哈巴沙的译音。所以《新唐书》说："自拂菻西南度碛二千里，有国曰磨邻，曰老勃萨。"

第七节　拨拔力和怛干、悉怛

唐代晚期的著作中也有非洲的记载。段成式大约在860年写成的《酉阳杂俎》一书中录有许多非洲国家，对于祖拉湾和达拉克群岛以南红海西岸地区、亚丁湾南岸，以及东非尤其具有系统的知识。

段成式非常了解索马里北部沿海的拨拔力国。他在《酉阳杂俎》卷四中这样记述：

> 拨拔力国在西南海中。不食五谷，食肉而已。常针牛畜脉，取血和乳生食。无衣服，唯腰下用羊皮掩之。其妇人洁白端正，国人自掠卖与外国商人，其价数倍。土地惟有象牙及阿末香（龙涎香——引者）。波斯商人欲入此国，团集数千，赍彩布，没老幼共刺血立誓，乃市其物。自古不属外国。战用象牙排、野牛角为槊，衣甲弓矢之器。步兵二十万，大食频讨袭之。

“西南海”是中国对亚丁湾的称呼，阿拉伯地理学家给它起名巴巴拉海（Baḥr Berberā），南岸居民统称巴巴拉（Berbera，Berābir）。拨拔力是巴巴拉民族最早的汉译名称。阿拉伯古籍中开始见到巴巴拉地区，也不比段成式早多少，要到 9 世纪下半叶才有这方面的记载。10 世纪时伊本·哈克尔还把泽拉岛称作“巴巴拉镇”，是巴巴拉的唯一重要市镇。唐代的拨拔力，它的重要城市也只能是泽拉，不能像夏德那样把拨拔力当作柏培拉城。在《唐本草》中出紫真檀的昆仑盘盘国也是这个以泽拉为中心的巴巴拉地区。段成式的拨拔力国是一个拥有 20 万兵丁的游牧民族组成的国家。从《酉阳杂俎》可以知道，这些分布在索马里北部的拨拔力民族在 8—9 世纪时仍未信奉伊斯兰教，因而只有以武力抵御阿拉伯穆斯林移民。

拨拔力族究竟是什么民族呢？是以游牧为主的含族盖拉人（奥罗莫人）或索马里人。索马里人就种族和文化特征来说，和阿拉伯半岛移入的闪族明显不同，属于和库施人近亲的含族。这些库施人包括达纳基尔人、盖拉人、萨霍人和贝贾人，居住在埃塞俄比亚高原周围的低地和沿海地区。正如索马里民族学研究者拉采尔和保利奇克认为的那样，索马里人不过是一支业已阿拉伯化的盖拉族（奥罗莫族）。索马里人的传说也提供了他们在 10 世纪兴起以前，北部沿海早已有盖拉牧民居住的史实。曼苏地认为巴巴拉的居民以桑给民族的一个部落为主，混有阿比西尼亚血统①，雅库特②、阿布·

① 曼苏地：《黄金草原》（al-Masūdi，Les prairies d'or），法译本，第 3 卷，巴黎，1865 年，第 2 页。

② 据雅库特《地名辞典》（Yāqūt，Mu'jam al-buldān），参见胡史登菲尔编：《雅库特地理学辞典》（F. Wüstenfeld，Jacut's geographisches wörterbuch），莱比锡，1866—1873 年，第 4 卷，第 602 页。

菲达[1]都持同一观点。伊德里西《旅游证闻》中的巴巴拉国，是指东含族或东库施国。这个含有含族血统的桑给人部落便是盖拉族。

《酉阳杂俎》中的拨拔力国是盖拉人在索马里北部建立的国家。段成式关于拨拔力族的描述，和索马里人中最初居住在北部沿海的萨马勒族有惊人的相像。居住在索马里本部的游牧人萨马勒族，和居住在索马里南部大多从事耕种的萨卜族不同，包括迪尔、伊萨克、达鲁德和哈维耶部落。在 9 世纪中叶，这些游牧部落的青壮年人数已有 20 万，这是段成式所提供的一个十分有价值的数字。萨马勒族为争夺在旱季放牧奶驼和羊群的水源、牧场，各个部落都成了好战的集团。在伊斯兰教传入以后，除了教长外，多数人都属于战士瓦兰勒赫（“持长矛者”），各部族中以父系血统的“托尔”和特定的政治契约“赫尔”相结合的制度来调整血缘关系，而以成百上千人组成的“血缘世系宗社”结成共同的政治单元。段成式说波斯商人常团集几千人一起刺血立誓，再做买卖，这和穆斯林中的 fateha 相仿[2]，仅见于索马里的萨卜族，以及少数在外朱巴河的达鲁德和迪尔族中有这风习。照说盖拉族也有此种风气。伊奥·刘易士以为在 9—10 世纪时埃塞俄比亚东南的盖拉族开始移住非洲之角，后来就被索马里民族取而代之[3]。段成式关于拨拔力民族的最早记录，完全证明了拨拔力族是一些尚未阿拉伯化的盖拉族，他们的东移不是在索马里族之后[4]，而是要早得多。段成式笔下那些到索马里经商的波斯人、阿拉伯人和当地居民“共刺血立誓”的，正是最古老的萨马勒社团，波斯人、阿拉伯人和这些萨马勒的祖先是移民和土著的关系。从段成式提供的材料可以确信，索马里民族绝非像现存索马里民族起源传说宣扬的那样来自阿拉伯半岛。这种传说显然是后起的，具有强烈的宗教色彩。现在索马里民族的闪族特征，不是他们来自阿拉伯半岛的证据，而是长期和阿拉伯移民混居的结果。

作为萨马勒前身的盖拉族，得名于奥罗莫族在战斗中所用的进攻呼号“盖拉”。他们可能是在同阿拉伯移民的战斗中获得了盖拉人的称呼。在 9 世纪中叶，盖拉人分布在阿达勒苏丹国和它以东亚丁湾南岸的广大牧区。进入 10 世纪后，盖拉人中阿拉伯化

---

① 雷诺编译：《阿布·菲达地理志》（J. T. Reinaud，Gèographie de Aboulféda），第 1 卷，巴黎，1848 年，第 59 页。

② 理查·潘古斯特：《埃塞俄比亚经济史导论》（Richard Pankhurst，An introduction to the economic history of Ethiopia），伦敦，1961 年，第 362 页。

③ 伊奥·刘易士：《非洲之角的民族》（Ioan Lewis，Peoples of the Horn of Africa），伦敦，1955 年，第 45 – 48 页。

④ 主张盖拉族在索马里族之后东移的是霍伯特·刘易士，见他的《埃塞俄比亚和非洲之角的历史问题》（Herbert Lewis，Historical problems in Ethiopia and the Horn of Africa），载于《纽约科学院年鉴》（NYAS），1962 年，第 94 卷，第 504 – 511 页。

的支系便成了索马里人。这些拨拔力人绝非弗里曼—格伦维勒猜测的马赛人。弗里曼—格伦维勒运用马赛部落的民族学材料，来证明《新唐书·大食传》（卷二二一下）拨拔力是《帕特纪年》中马林迪的马赛牧民①。然而《新唐书》中拨拔力国的材料不过是《酉阳杂俎》的翻版。至于马赛部落的历史，现在只知道他们在16世纪才越过赤道进入坦噶尼喀东北部，他们的历史实难推到9世纪以前②。像拨拔力这样古老的民族，当然不会是晚近才兴起的半农半牧的马赛族。不难看出，《酉阳杂俎》为索马里人的祖先盖拉族和萨马勒族形成时期的历史提供了有价值的史料。

《酉阳杂俎》中另有一个怛干国，也可借以分辨拨拔力民族并非和盖拉人居住在同一地区的达纳基尔人。《酉阳杂俎》卷十六说："大食国马解人语。悉怛国、怛干国出好马。"悉怛国是散居在阿瓦什河上游以放牧为生的锡达莫（Sidamo）人居住区。怛干国是达卡利人，复数达纳基尔人。达纳基尔（Danakil）的尾音［l］常转作［n］，可以读作怛干。怛干也就是阿法尔人的阿拉伯称呼。这些达纳基尔人当时居住在厄立特里亚南部直到哈拉尔西北的沿海地区，是盖拉人以外居住在亚丁湾南岸的另一个游牧民族。巴巴拉自古以产马闻名。阿拉伯作家伊姆罗尔开斯讲到一个传说，有一匹巴巴拉马曾以惊人的纪录，从罗马帝国不停地走到阿拉伯③。名闻世界的巴巴拉马，后来又以索马里小马的美名在中世纪世代相传。几个世纪来出入阿杜利和泽拉的中国船上人员，对这些出产在埃塞俄比亚东北的巴巴拉马是非常熟悉的，所以段成式知道有悉怛国、怛干国。

第八节　《酉阳杂俎》中的孝亿和仍建

《酉阳杂俎》中还记述有东非沿海的孝亿和仍建。卷四叙述孝亿国："孝亿国界周三千余里，在平川中。以木为栅，周十余里。栅内百姓二千余家。周国大栅五百余所。气候常暖，冬不凋落。宜羊马，无驼牛。俗性质直，好客侣。躯貌长大，褰鼻黄发，绿眼赤髭，被发，面如血色。战具唯槊一色。宜五谷，出金铁，衣麻布。举俗事袄，

① 弗里曼—格伦维勒：《中世纪坦噶尼喀沿岸史》（Freeman-Grenville, The medieval history of the coast of Tanganyika），牛津，1962年，第36－37页。

② 费尔德编：《法雍、西奈、苏丹、肯尼亚人类学论丛》（H. Field, Contributions to the anthropology of the Faiyum, Sinai, Sudan, Kenya），加利福尼亚大学，1952年，第251页。

③ 台维：《中世纪的桑给国或东非海岸》（L.-M. Devic, Le pays des Zendjs, ou La côte orientale d'Afrique au moyen âge），巴黎，1892年，第52－53页。

不识佛法。有祆祠三百余所。马步甲兵一万，不尚商贩。自称孝亿人。丈夫妇人俱带。每一日造食，一月食之，常吃宿食。”

段成式描述的孝亿国位于索马里南部的桑加亚（Shungwaya）及其附近，在那里居住着很多混有库施血统的游牧部落。西建（Segeju）部落的南迁也在8—9世纪之际。他们惯于围栅而居，仍有“丛林人”的本色。照段成式提供的数字，居民总数在10万户左右，充当战士的青壮年1万人，约占总人口的2%。绿眼赤髭，似已混有波斯湾移民的血统。好客侣，而又不重商业。《帕特纪年》常将桑加亚和贝纳迪尔沿海联成一体，当地居民自古对前来贸易的客商非常友善，这个优良传统直到1332年伊本·白图泰访问摩加迪沙的时候仍未大变。

孝亿以外，《酉阳杂俎》中还有一个仍建国，它是“僧祇”或“僧耆”这些唐代常用名词的异译。该书卷四说：“仍建国，无井及河涧，所有种植待雨而生。以紫矿泥地，承雨水用之。穿井即若海水，又咸。土俗海潮落之后，平地为池，取鱼以作食。”

仍建国在孝亿以南。9世纪前，班图族和西建部落的南移便已开始，仍建正是这些肤色黝黑的民族居住的地方。“无井或河涧”是朱巴河以南、加拉纳河以北肯尼亚东北部广阔荒原的特征。那里仅有少数水井，成为牧民争逐的唯一水源。这和伊德里西所说的泽拉居民“打井取水”大不相同。由于印度洋盐度在35‰左右，特别是在赤道附近，洋面受到红海流的影响，含盐量尤高。沿海地区穿井取水也都因海水相渗，因而苦咸，难以饮用。在西南季风末期的八九月间，由南纬10°北上的赤道流，在索马里海岸和由西向东的季风流汇合，形成汹涌澎湃的急流，所以潮汐运动特多。索马里南部和肯尼亚北部沿海居民都从事渔业，在潮落之后，围池取鱼，以供食用。农耕只在谢贝利河和朱巴河附近才有，而且这两大河流中只有朱巴河是常年河流，于是“所有种植待雨而生”，完全仰仗自然的赐予，更无人工灌溉设施。

“以紫矿泥地，承雨水用之”，是一种起源极早的人工池塘，很像瓦仑在1928年见到的肯尼亚北方省还在使用的大水井。这种凿在石灰岩上深达5～12米的大水井，在20世纪初还因它们的自然状态而被当作热带暴雨在地面冲刷后出现的水塘，然而在距今1000多年前已被段成式加以描述。这种水塘用索马里盛产的编褶木属植物的脂液血竭加以胶结，被段成式讹作东南亚所产的紫矿。紫矿和血竭本不相同。苏敬《唐本草》说紫矿，“云蚁于海畔树藤皮中为之”。注释又记，紫矿色赤而黑，叶大如盘，矿从叶上出。骐𬴂竭（血竭）则色黄而赤，叶如樱桃，三角，成竭，从木中出如松脂。两者在9世纪时还互相通用。

仍建国地处热带多雨区，沿海有丰富的渔业资源，但缺少淡水和河涧，确是索马里南部沿海崖岸绵延，加拉纳河以北肯尼亚滨海区广布干旱草原的自然环境真实的写照。可见段成式描述的仍建国，是南迁后班图人的居住地。中世纪早期的桑给人，除了占多数的班图族农民，包括一部分可能属于南库施人的后裔，早就在谢贝利河和朱巴河间肥沃的谷地从事种植以外，还有少数从事狩猎和捕鱼的班图人。现在朱巴河沿岸还有这种称为利比人（瓦利比）和波尼人（瓦波尼）的居民集团，和伊德里西论述布腊瓦人崇拜岩石、以鱼为食可相印证。

段成式关于东非的记述虽然简短，却具有异乎寻常的价值。阿拉伯地理学家对桑给国的记述，是从903年伊本·罗斯德的《旅行宝鉴》（al-A'lāg al-Nafīsah）开始的。虽然雅库比在875年以后完成的《地理志》（Kitāb at-Buldān）中最早出现过桑给琥珀，但没有成文的著录。段成式比雅库比还要早10~20年，已对东非的风土叙述得一清二楚，实在难能可贵。比伊本·罗斯德早半个世纪，段成式对索马里由北而南直到肯尼亚沿海都已有明确的概念，提供了中世纪世界上对东非沿岸最早的史料。段成式的这些知识当然都是从通航三兰的中国船上人员得到的。往来于桑给巴尔岛的中国船员，中途总要停靠桑加亚或摩加迪沙。每年11月到下年2月间，乘东北季风从阿拉伯和印度来到东非的帆船，为了避免返航时遭遇西南风季节的大风浪，在5月中旬到8月中旬总有很长的间断，通常只在4月和8月才能北航。摩加迪沙或桑加亚对于乘东北季风南航，在较短的贸易季节中要求返航的船只来说，是个适当的中转港。拉木群岛、桑加亚、摩加迪沙曾是中国航海家到过的古港，他们是替段成式实地采访东非风土的旅行家。

摩加迪沙出土的“开元通宝”为7—8世纪以来中国帆船的这种航行提供了证据①。史徒尔曼研究过的摩加迪沙、马菲亚和基尔瓦出土的中国钱币中，也有少量属于唐代②。1944年在桑给巴尔岛东南马肯杜西的卡蒋瓦的一个地窖里发现了260枚中国铜币，其中有开元通宝4枚。东非出土的中国铜币，大多属于宋代，只有极少数是唐代的开元通宝。迄今为止，开元通宝仅见于桑给巴尔岛和摩加迪沙这些三兰航线必经之地，绝非出于偶然。

开元通宝从武德四年（621年）开铸以来，作为标准货币二铢四参钱，一直通用于唐代，并且屡有铸造，而非仅属开元（713—741年）年间铸造的铜币。史徒尔曼、

① 杰弗斯·马修：《葡萄牙人到来前的东非海岸》（Gervase Mathew, The East African coast until the coming of the Portuguese），见罗兰·奥立弗、杰弗斯·马修编《东非史》（Roland Oliver, Gervase Mathew, History of East Africa），第1卷，伦敦，1963年，第95页以下。

② 司徒尔曼：《东非文化史》（F. Stuhlmann, Beitrage zur kulturgeschichte von Ostafrika），柏林，1909年，第860页；格鲁登纳里：《印度洋的渔民》（V. L. Grottanelli, Pescatori dell Oceano Indiano），罗马，1956年，第63页。

英格姆、马修等列举的唐钱年代，都从713年开始，是出于误会。东非出土的开元通宝至少可以肯定是中国人和东非直接交往的结果。因为在1200年基尔瓦苏丹铸造本地的金币以前，东非各地通用的是阿拉伯金银币。阿拉伯商人在大部分场合使用姆潘得贝壳作为主要的流通手段，根本无须借助于中国铜币。很多地方，常用媒介物充作硬通货。如骆驼，在索马里一直是计算货物的计量单位。尽管靠近基尔瓦和赞比西河、萨韦河的腹地富有铜矿，津巴布韦遗址附近铜矿密布，洛马贡迪矿至少在9世纪便已开采。赞比西河上游和卡富韦河汇合处的北岸英贡贝—伊莱德遗址在1960年的发现物中，也有属于7世纪中叶或更早时候和沿海地区贸易商交换的铜条，但铜锭作为通货只限于赞比亚和津巴布韦这些产铜区。流入东非的中国铜币，显然不是贸易上的输出品，根本不是阿拉伯和印度商船进行转口贸易所用的通货。

在851年，阿拉伯商人苏莱曼·丹吉尔根据亲身经历，对波斯湾流通的中国铜币有一段精辟的论述。他说："中国人做买卖都用铜币计算，不许商人们像阿拉伯人那样使用第纳尔（金币）和迪尔汉（银币）。"中国的铜币被叫作"福禄"（fulus），"一千枚铜币等于一枚密士卡金币。一条绳上可穿一千枚铜币"①。这就是中国古代通用的缗钱。苏莱曼又说，中国人"凡要购置地产、家具、蔬菜和别的上等货物，都按价用铜币付清。这种中国铜币在波斯湾的西拉夫地方也可找到，上面铸有中国文字"②。

苏莱曼的这段话最清楚不过地说明了中国铜币是如何流进波斯湾的。在东非，中国铜币的出现，也同样只能出于到过那里的中国海外贸易商之手，理应当作中国船上人员在当地使用的遗存。它们多半是跟随远涉重洋的中国帆船到了摩加迪沙和桑给巴尔岛的翁古贾。

摩加迪沙和阿拉伯移民关系极为久远。7世纪末，叙利亚人便在这里建立了移民点。斯瓦希里语的《帕特纪年》提到，伍麦叶哈里发阿布笃·马立克·伊本·麦尔文一世（Abd al-Malik ibn Mrwān，685—705年在位）曾派人向东非移民，建立许多沿海城镇，除帕特、拉木、马林迪、蒙巴萨、桑给巴尔和基尔瓦6处之外，还有摩加迪沙等29个地点③。斯瓦希里传说称这些最早来自叙利亚的移民叫瓦苫米人（Wa-shami）。

---

① 费琅误作1600枚。

② 莱纳：《阿拉伯、波斯人印度、中国行纪》（M. Reinaud, Relation des voyages faits par les Arabes et les Persans dans l'Inde et à la Chine dans le IXe siècle），第1卷，巴黎，1845年，第72－73页；费琅译：《苏莱曼游记》（G. Ferrand, Voyage du marchand Sulaymān），巴黎，1922年，第70－71页；参见萨瓦杰：《苏莱曼中印游记》（J. Sauvaget, 'Akhbār as-Sīn Wa'l-Hind, relation de la Chine et de l'Inde, redigée en 851），巴黎，1948年。

③ 史蒂格：《桑给国》（C. H. Stigand, The land of Zing），伦敦，1913年，第29页以下，原注。

半个世纪后，在760年左右，宰德派穆斯林阿穆·宰德（Ammu Zaid）来到贝纳迪尔沿海，建立了阿拉伯移民政权。摩加迪沙已被选作重要的据点。恰好在这个中世纪东非最大的商业城市之一初露头角之际，中国人就留下了实地造访的记录。

段成式关于仍建国的材料，正好向我们宣布，大约在伍麦叶的移民初次抵达东非，苏门答腊的马来人成批绕越赤道西行的同时，中国人就已到过贝纳迪尔附近的东非大陆了。

到过贝纳迪尔的中国海员还传述过东非沿岸各种物产的奇谈，“人木”是其中之一。这种“人木”生在“大食西南二千里”的地方，具有小孩的形状。《酉阳杂俎》卷十说：“人木。大食西南二千里有国，山谷间树枝上化生人首如花，不解语，人借问，笑而已，频笑辄落。”比段成式更早的，有《通典》卷一九三大食条的一则传说：“其王常遣人乘船，将衣粮入海，经涉八年，未极西海。于海中见一方石，石上有树，枝赤叶青。树上总生小儿，长六七寸，见人不语，而皆能笑，动其手脚，头着树枝。人摘取入手，即干黑。其使得一枝还，今在大食王处。”

这则故事从8世纪以来便是见于文献的海外奇闻。《北户录》引苏冕《唐会要》（790年）也说，西海山谷间“有木生花如人首”。唐人增改的任昉《述异记》卷上叙述的传说和《通典》略同，可以看作是阿拉伯向东非移民初期，对于桑给海中珊瑚和沿岸奇特的常绿乔木最早传播的知识。

“人木”实际上是东非最普遍的常绿乔木波巴布树（Adansonia digitata）或猴面包树。波巴布树是热带草原最普遍的木棉科常绿乔木，也是原产热带非洲的长寿树木，寿命可以长达4000～5000年。开白色大花，结果木质，细长如黄瓜，可当瓢。果肉柔心甘美，可供食用，猿猴更喜采食。树皮纤维可用于编织或造纸。在索马里，波巴布树主要分布在谢贝利河上游旱季落叶多刺树林和朱巴河、谢贝利河河间地南部的稀树草原区内①。《通典》所指西海，早越过阿拉伯海，远达印度洋了。人木的产地在索马里诺加尔谷地及其以南的广大热带草原区，这是唐代著作中所知的索马里人木。实际上，波巴布树分布极广，北起埃塞俄比亚高原和曼德海峡以南沿海，南至谢贝利河口属于热带沙漠气候的狭长地带，以及非洲东部和南部草原区，直到莫桑比克为止，都出产这种波巴布树。“人木”的得名，给中国早期有关索马里植物的见闻涂上了一层神奇的色彩。

---

① 里奇—塞莫利：《赤道东非》（E. G. Richi-Sermolli，Tropical East Africa），载于《植物生态学研究动态》（Plant ecology，Reviews of research），联合国教科文组织干旱带研究第6号，斯特拉斯堡，1955年，第302－303页。

第九节　阿拉伯人和阿曼人眼中的瓦克瓦克人

博学的格拉纳达人伊本·赛德根据伊斯兰各国的图书馆收藏的典籍，编集了一份资料，并从中总结出公元后中国人向南中国海和印度洋移民的三次浪潮。他说，在中国西南边陲居住的昆仑人（Komr，阿拉伯语Ḳāmrūn）原来和中国人同住一地，后来被中国人驱出大陆，进入中南半岛各地。这在唐代新罗僧人慧超的《往五天竺国传》（敦煌传抄本）中是有记载的。后来这些族群在中南半岛建立了第一个帝国“扶南”，国王被称作“昆仑”（或说“王号古龙”）。伊本·赛德说这是昆仑族（孟—高棉族）的第一次向南迁移，这是发生在公元5世纪以前的事。后来这些族群又向马来群岛移居，许多人被迫在南中国海和印度洋东部的大小岛屿中生存下来。后来昆仑族连同那些生活在扎伯格（苏门答腊和爪哇岛）的原住民马来族群一起顺着海流，逐岛向西迁移，越过科科斯群岛、查戈斯群岛移居，直到发现了大海岛昆仑（Komr，Qumr），登上了马达加斯加的北部，甚至进入了非洲东南端的海湾地区，完成了第二次大迁移。这已经在公元5世纪以后了。

随后，阿拉伯人和阿曼的什叶派教徒向非洲东海岸发展商业势力，进行黄金、象牙和奴隶买卖，也招引了华南地区和流落在海岛中的中国人也自驾海舟进入这一地区。阿拉伯地理学家在9世纪时第一次记录了在非洲东海岸定居的昆仑人以南的地方有瓦克瓦克人（Wākwāk）。瓦克瓦克人也是来自东亚海岛或海岸的族群，但他们是和已经昆仑化的中国人不同的族群。生活在9世纪中叶的伊本·郭大贝在《道里郡国志》中第一次指出：“在中国的东方，是瓦克瓦克诸国。”① 这些国家的人很富有，金子极多，穿着和贩卖绣金丝的袍服。当时，中国正处于五代十国时期，在中国东南沿海先后出现好几个独立王国，纷纷投入海外贸易，从中获益。浙江的吴越政权（904—978）、福建的闽政权（909—945）和广东的南汉政权（917—971）先后立国，掀起新一轮的海外移民和经商热潮。

在瓦克瓦克人主政的中国沿海各国中，最具活力的是长江三角洲钱塘江畔的吴越国。这里原本是有悠久历史的丝绸和瓷器的产地和交易中心，并有漆器、药材和丰富

---

① 费琅：《阿拉伯波斯突厥人东方文献辑注》（G. Ferrand，Relations de voyages et textes géographiques Arabes，Persans et Turks relatif's à l'Extreme-Orient），耿昇、穆根来译，中华书局，1989年，第46－47页。

的生活用品。杭州城的声名已经记录在阿拉伯书目编纂家阿布尔·法拉吉（Abul Faradj）在988年完成的《书目》中，他说："标志皇帝的大供像坐落在杭州（Khān Ḳūn）地界。"①

11世纪成书的《印度珍异记》根据到过中国的穆斯林的报导，指出中国天子当时住的京都叫Anču，离广府有三十天的路程。广府有无数商船在那里停泊②。中译本将Anču译作扬州，有讹，应是杭州人念出的"杭州"。这本《印度珍异记》还记述了经常和瓦克瓦克人居住的许多岛屿做买卖的人的经历，他们声称，瓦克瓦克人居住的岛屿广布在海洋中，聚居点众多。还说："此地居民形似突厥人。从他们的技巧来看，这是一些人类最为灵巧者，在全地区范围内都非常重视发展这种本领。另外，他们非常不讲信义、奸诈和爱说谎话，在他们所从事的一切事业中都表现得非常敏捷和足智多谋。"③

远到非洲东南部的瓦克瓦克人，他们的老家不正是中国东南沿海的广东人、福建人和浙江人吗？"瓦克瓦克"的发音来源应该来自这些船民的一个常用词。吴越国的居民原本是周文王、周武王的后裔泰伯族人到太湖边立国的族群，所以吴语中至今保存有许多古音。他们自称"吾"，不用北方人自称的"咱""俺""我"。在浙东地区的方言中，常使用的惊叹语是"啊呀""嚯也"，广东人则常用"哇"。"瓦克瓦克"不是和这些方言如出一辙吗？他们先是出海捕捞，后来经商，每遇战乱便客走海外异乡，远离兵燹，勉强维持生计。而且他们有经商的头脑，能就地刳木为舟，而非洲东岸的原住民却没有舟楫，缺少远洋航行的经验，因此他们能在这一大片海外丛林和沙滩边立住脚跟，繁衍生息。瓦克瓦克人就是那些来到印度洋海域而没有被昆仑化的中国人！

指认中国人是德尔加杜角以南阿拉伯船所不去的地方的开发者，可以说是有所依据的，所以在1420年前后才会有"戎克"（Junco）绕过好望角的壮举。

---

① 费琅：《阿拉伯波斯突厥人东方文献辑注》（G. Ferrand，Relations de voyages et textes géographiques Arabes，Persans et Turks relatif's à l'Extreme-Orient），耿昇、穆根来译，中华书局，1989年，第148页。该译本译作"广府"，有讹。

② 费琅：《阿拉伯波斯突厥人东方文献辑注》（G. Ferrand，Relations de voyages et textes géographiques Arabes，Persans et Turks relatif's à l'Extreme-Orient），耿昇、穆根来译，中华书局，1989年，第177页，引易卜拉辛·本·瓦西夫的《印度珍异记》。

③ 费琅：《阿拉伯波斯突厥人东方文献辑注》（G. Ferrand，Relations de voyages et textes géographiques Arabes，Persans et Turks relatif's à l'Extreme-Orient），耿昇、穆根来译，中华书局，1989年，第666页。

第七章
宋代和东北非、东非国家的交往

第一节　中世纪的勿斯里

一、“勿斯离”和“勿斯里”释义

阿拉伯语中的“马什里克”（Mashriq）和“马格里布”（Maghreb）分别代表太阳东升和西沉的方向，所以“马什里克”意思是东方，“马格里布”则是西方。马什里克的地理概念随着阿拉伯统治地区的扩大而变化无定。伊斯兰教兴起的初期，马什里克是阿拉伯半岛。后来领土扩大到叙利亚和伊拉克，马什里克包括的地区也跟着东移。到了阿拔斯哈里发马赫迪（Mahdi，775—785 年在位）时，他将国家分成马什里克和马格里布两大部分，国都巴格达所在的底格里斯河成为东西方的分界线。以后阿拉伯人更占领了阿塞拜疆和亚美尼亚。哈仑·拉希德（Harun al-Rashid，786—809 年在位）将东西两部分分给儿子阿明和马蒙，阿明取得伊拉克和叙利亚，马蒙拥有哈马丹向东直到呼罗珊和邻近地区的广大境域。当时在多数场合，马格里布已固定地代表着埃及以西的地方，马什里克却只是相对的存在。对西马格里布而言，凯鲁万地区是马什里克；在整个非洲马格里布之外，埃及也是马什里克。

熟悉阿拉伯国家的中国人早就听说过马什里克和马格里布的名称。在《岭外代答》卷三大食诸国条中，周去非指出大食“有国千余”，而知名的有六国，包括麻离拔（米尔巴特）、麻嘉（麦加）、白达（巴格达）、吉慈尼（加兹尼）、眉路骨惇（马格里布·

阿克西）和勿斯离（马什里克）。周去非的大食六国概括了阿拔斯哈里发统治的全境，麻嘉是阿拉伯半岛，白达包括伊拉克和波斯，吉慈尼占有阿富汗和邻近地区，眉路骨惇拥有整个北非，而勿斯离正是埃及、巴尔卡和叙利亚，含义仍和《酉阳杂俎》中的勿斯离相仿。

勿斯离在《岭外代答》卷三中列有专条："有勿斯离国，其地多石山。秋露既降，日出照之，凝如糖霜，采而食之，清凉甘腴，此真甘露也。山有天生树，一岁生栗，次岁生没石子（quercus infectoria）。地产火浣布、珊瑚。"

勿斯离是个出产甘露蜜的地方。甘露有两种，一种现代波斯语叫达郎古宾（tärängubin），在波斯和中亚，近夏末时，在夜间忽然降落，黎明必须采集，可以生吃。波斯语里还有一种甘露蜜叫 xoškenjubīn，意思是"干蜜"，这种产品取自柽柳（Tamarix gallica，var. mannifera）。柽柳生在西奈半岛的山谷和波斯①。《岭外代答》中多石山的勿斯离，便是西奈半岛。这种甘露蜜是固体的，在开罗常有出售。16世纪的博物学家贝隆·德·蒙（1518—1564年）描述这种甘露蜜叫 manne，在开罗常见。另一种在商店中出售的叫 tereniabin，是液体的。前者便是埃及甘露蜜（阿拉伯语 mann），后者是阿拉伯—波斯甘露（阿拉伯语 ferenjobīn）。勿斯离的另一种产物火浣布（石棉、石绒），出在埃及和摩洛哥。珊瑚更是地中海名产。所以勿斯离绝非底格里斯河上游的摩苏尔②。

勿斯离和勿斯里，译音相仿，但原音却有区别，含义也不一样。勿斯离（马什里克）和眉路骨惇（马格里布）相对，周去非所述大食六国中的勿斯离，不仅包括马格里布以东的埃及，而且兼有叙利亚。《诸蕃志》中的勿厮离承袭《岭外代答》的勿斯离，另有勿斯里（Miṣr，Mizraim）详记埃及。赵汝适列举的大食属国有二十四国，非洲地区有毗喏耶（贝贾亚）、伽力吉（泽拉）、层拔（桑给国）、弼琶啰（巴巴拉）和勿斯离（埃及）。勿斯离在这里已和勿斯里同义，仅指埃及，另有"思莲"专称叙利亚。勿斯离和勿斯里两个译名到赵汝适写《诸蕃志》时才统一起来。

二、《诸蕃志》中的勿斯里和蜜徐篱

《诸蕃志》记述勿斯里国是巴格达哈里发的臣属国，"属白达国节制"："国人惟食

---

① 劳费尔：《中国伊朗编》（B. Laufer，Sino-Iranica，Chinese contributions to the history of civilization in ancient Iran），芝加哥，1919年，第348页。

② 勿斯离，夏德、柔克义英译本《诸蕃志译注》（F. Hirth & W. Rockhill，Chau Ju-kua，圣彼得堡，1911年，第140页）和冯承钧《诸蕃志校注》（中华书局，1956年，第64页）都误作摩苏尔。二书又未能分辨"勿斯离"和"勿斯里"原音的差别。

饼肉，不食饭。其国多旱。管下一十六州，周回六十余程。有雨则人民耕种反为之漂坏。有江水极清甘，莫知水源所出。岁旱，诸国江水皆消减，惟此水如常，田畴充足，农民藉以耕种，岁率如此。人至有七八十岁不识雨者。旧传蒲啰吽（亚伯拉罕）第三代孙名十宿（约瑟夫），曾据此国，为其无雨，恐有旱干之患，遂于近江择地置三百六十乡村，村皆种麦，递年供国人日食，每村供一日，三百六十村可足一年之食。”

中国客商对尼罗河的周期泛滥和三角洲农耕的富庶有深刻的印象。尼罗河之与埃及，就像长江之与中国一样，《诸蕃志》描绘甚详。埃及苏丹出巡时仪仗的威容，也在《诸蕃志》中重新展现，这些都是中国旅游者亲眼所见。

赵汝适说：“又有州名憩野，傍近此江（尼罗河）。”并且指出江中有水骆驼（犀牛）、水马（河马）。“憩野”（al-Qāhiran）是开罗的阿拉伯语音，意思是“凯旋城”。法蒂玛人从北非征服埃及后，在973年建设了新都开罗城。新都离巴比伦城不远，紧靠尼罗河。憩野一名传出以后，开罗便成为中国人所熟悉的世界大都会了。

《岭外代答》（1178年）和《诸蕃志》（1225年）写作之际，正是强大的法蒂玛王朝及其后继者阿尤卜王朝统治埃及时期，埃及社会面临着深刻的变化。单靠伊斯兰教的旗帜在军事征服的基础上建立起来的多民族的哈里发帝国，到了阿拔斯王朝，便因教派纷争开始分裂。最早独立的是逊尼派的科尔多瓦（756年），接着北非、小亚细亚和波斯将领也据地自立。从9世纪起，埃及先后出现了两个突厥王朝，随后在埃及历史上开创了具有辉煌文化的法蒂玛王朝（909—1171年）。909年，从波斯迁来的什叶派信徒在赛伊德·伊本·哈桑率领下夺取突尼斯，自称是先知穆罕默德的独生女法蒂玛的后裔，接着东征西讨，在914年和969年占领了亚历山大里亚和埃及首府福斯塔特，之后不久建都开罗。在阿齐兹（Aziz，975—996年在位）统治时期，法蒂玛王朝达到了鼎盛，辖境含有整个北非，领土伸向叙利亚、巴勒斯坦和阿拉伯半岛西北部，大大超过了10世纪以来龟缩在美索不达米亚的巴格达哈里发。阿拉伯史学家菲力普·希提对法蒂玛王朝有过一个中肯的评论，他说：“在政治上，法蒂玛王朝时代是埃及史上的一个新时代。自从法老时期以来，埃及初次有了充满活力而建立在宗教基础上的完全自主的政权。”①

法蒂玛王朝的君主自称哈里发，在伊斯兰教中树立起什叶派的权威地位。在法蒂玛朝兴起的前后，什叶派的势力正在政治上抬头。890年，伊斯梅尔派中的卡尔马特教派在波斯湾西岸和也门建立了一个独立的国家，在半岛上向不同教派进行争战，劫掠麦加，甚至派兵进逼巴格达。阿拉伯半岛大部分在它控制之下，时间足有一个世纪。

---

① 希提：《阿拉伯简史》（Philip Hitti，The Arabs：a short history），伦敦，1956年。

在它的威胁下，半岛上倾向阿拔斯的政权奄奄一息，也门各地小国林立。不久，945 年，波斯北部信奉什叶派的布伊家族控制了巴格达，阿拔斯哈里发从此徒拥空名。与此同时，在物质生活和精神世界中，波斯色彩逐渐渗入阿拉伯文化。因此足足有一个世纪，什叶派统治了伊斯兰世界的大部分地区，在政治上占据了最高的地位，在宗教上也进行了系统的宣传，以替代逊尼派的教义。972 年更在开罗开办爱资哈尔大学，传播伊斯梅尔教义。埃及取代伊拉克成为各地穆斯林的宗教中心。所以马克迪赛早在 985 年便已宣称："大家知道，巴格达曾经是一个富丽的城市，但现在已一下子失去了它所有的光华，湮没无闻了……今天埃及的福斯塔特（老开罗）正如过去的巴格达，就我所知，在伊斯兰世界中还无一城可与匹敌。"①

法蒂玛王朝的行政建制，依照阿拔斯哈里发的波斯体制，在埃及移植了波斯—阿拉伯文化，和西亚的联系因此有增无减。它的势力伸向红海，和印度洋的海上交通由于苏伊士地峡运河的重新开通而兴旺起来。布巴斯提和巴比伦（福斯塔特）之间的图拉真运河，在 776 年曾被哈里发曼苏尔下令封闭，到了 1000 年，苏丹哈基姆重新宣告开放。从此，埃及通过亚丁湾便可接运中国和印度、波斯湾以及东非的货物。

法蒂玛时期，阿拉伯世界经历了极大的动乱和争战。什叶派在政治上鼎盛一时，到 11 世纪便由于内部纷争而走向下坡。与之对立的是信奉逊尼派的突厥卫士重新得势起来。异军突起的塞尔柱突厥人在 1055 年控制巴格达以后，得到穆斯林国家中仍处于多数的逊尼派教徒的拥护，更挥戈西向，统治了兴都库什山到小亚细亚的广袤地域。1066 年，巴格达建立了宣扬逊尼派教义的尼札米亚大学，和埃及的什叶派在政治上和文化上大相径庭。

经过塞尔柱突厥和法蒂玛之间的 30 年战争，塞尔柱突厥帝国在 1092 年后终于分立成许多独立的公侯国，在叙利亚和巴勒斯坦之间形成突厥人和阿拉伯人的无数小邦。基督徒到耶路撒冷朝圣的通道被隔断。拜占庭帝国由于塞尔柱突厥人的觊觎而摇摇欲坠。罗马教皇乌尔本二世（Urban Ⅱ，1088—1099 年在位）乘机号召西欧基督教国家集结力量，发动远征。中世纪东方和西方之间大规模的冲突就此展开。在这场斗争中，法蒂玛王朝及其后继者统治下的埃及，由于地位的重要性而成为伊斯兰世界的中流砥柱。

欧洲十字军东征从 1095 年教皇发出呼吁开始，到 1291 年穆斯林军队重占阿卡城，十字军被逐出亚洲大陆为止。传统的说法，东征的浪潮前后共有八次。其间战争此起

① 马克迪赛：《风土志》（al-Maqdishī，Aḥsan al-taqāsīm fī maʿrifat al-aqālūn），英译本，加尔各答，1897 年，第 36 页。

彼伏，连绵不绝。1097 年十字军从君士坦丁堡开始反击塞尔柱突厥人，在 1099 年占领了黎凡特沿海的狭长地区和耶路撒冷，翌年成立耶路撒冷拉丁王国，辖境从地中海伸展到红海的亚喀巴湾。直到 1144 年为止，由于穆斯林各小国之间的勾心斗角，基督徒的远征军得以利用时机，成了叙利亚北部和巴勒斯坦的征服者。埃及和叙利亚失去了联系，中国和埃及的陆上贸易暂告中断。

穆斯林封建领主决心收复失地，从而开始了穆斯林军队和十字军角逐的第二阶段。摩苏尔的突厥王公从反击埃德塞伯国的十字军开始，乘机占领伊拉克和叙利亚，成立阿塔贝克王朝。1169 年更进占埃及。两年后，突厥库尔德族的占领军在萨拉丁・阿尤卜（Ṣalāḥ ad-Dīn ibn Ayyūb，1172—1193 年在位）统率下废黜了法蒂玛哈里发埃蒂特（al-ʿĀḍid），脱离阿塔贝克王朝而独立，在开罗建立逊尼派的阿尤卜王朝（1172—1249 年），重新确立埃及和叙利亚联合的体制，抗击十字军。萨拉丁亲率回教徒在加利利地区发动希丁之战，使基督教骑士溃不成军。埃及军队在 1187 年重新开进耶路撒冷，并在 1190 年攻占了西顿和大马士革大道上的夏基夫堡（贝尔福尔）。埃及军队以它辉煌的战果，在抗击十字军运动中起到了旗手的作用。

不久，英王狮心理查（Richard Ⅰ，1189—1199 年在位）和法王好战腓力（Philippe Ⅱ，1880—1223 年在位）、德王红胡子腓特烈（Friedrich Ⅰ，1155—1190 年在位）发起了人数最多的第三次十字军东征，在 1189 年 8 月卷土重来，登陆阿卡，由此爆发了被公认为欧洲中世纪历史上最主要的一次大战。双方终于在 1192 年 11 月 2 日缔结和约，规定提尔以南巴勒斯坦沿岸划归法兰克人。法兰克人是黎凡特居民对欧洲基督教徒的称呼。黎巴嫩和叙利亚的大部分领土仍受埃及穆斯林统治者控制。双方在长时期中形成对峙局面。1229 年十字军一度收复耶路撒冷。意大利和其他西欧城市（特别是威尼斯、热那亚和比萨）在十字军占领区获得豁免税收和课征的特权，并且根据 1208 年和阿尤卜苏丹订立的条约，把贸易从北非和黎凡特扩大到埃及，奠定了意大利城邦在黎凡特和尼罗河三角洲繁荣东方贸易的基础。

十字军东征的第三阶段和 13 世纪相始终。由于十字军的诡谲行动，在第五次到第八次东征中，埃及本土屡屡遭到攻击。其中两次，十字军矛头直指埃及，尼罗河东部入海口先后落入敌手，不过未能持久。1218 年的一次，以 1221 年缔结和约告终；1249 年的一次，法王路易九世率军攻占杜米亚特，但其他十字军却在开赴开罗的进军中被埃及悉数歼灭。

十字军虽被击退，但伊斯兰世界最终分裂的趋势不可避免。自 1055 年巴格达被塞尔柱突厥的图格勒贝克侵占后，哈里发虽保持伊斯兰世界元首的地位，仍是统一的象征，但他对伊斯兰国家的实际控制却早被地方割据政权所替代。中世纪早期那些有过悠久历史的国家和民族，正以它们旧日的荣耀覆盖哈里发的光华。帝国的瓦解已经势所难免，苟延残喘的巴格达哈里发，还未等到 1258 年旭烈兀的蒙古铁骑的蹂躏就已濒于倾覆了。

赵汝适在 1225 年写完《诸蕃志》时，耶路撒冷仍在埃及阿尤卜的奴隶雇佣军之手。埃及在伊斯兰世界中的声望，由于抗击欧洲十字军骑士团的侵略而蒸蒸日上。亚、非、欧三大洲的水陆交通，因为埃及社会经济的发展而空前繁荣，埃及在红海贸易中的地位也与日俱增，作为印度洋和大西洋、西亚和西欧之间陆梁的作用越来越突出。这时成批来到阿拉伯半岛和红海各口岸的中国水手、商人、船舶经纪人和使者，很方便地就能得到各种关于埃及的消息。开罗是中国人首先瞩目的都会。开罗不但是阿尤卜苏丹的首都，而且也是伊斯兰世界的中心，三大洲的交通枢纽和最大的都会之一。后来 14 世纪的伊本·白图泰赞扬开罗"地区辽阔，物产丰饶，商旅辐辏，房舍栉比，而且极其富丽"。他列举尼罗河中的官船和民船总共约有 36000 艘之多，通行在上埃及和亚历山大里亚、杜米亚特之间。在开罗濒临的尼罗河对岸，有专供居民游赏的景色宜人的花园，取名"乐园"。汉译开罗"憩野"可说是音义双佳。开罗的名声早已凌驾于巴格达之上，所以《诸蕃志》大食国条中说："国都号蜜徐篱。"蜜徐篱才是 Miṣr 的埃及读音的汉译，下埃及方言称 Maṣri，专称开罗，含意和那时泛称埃及的勿斯里不同，而原音却是同一个字，后者只是更加符合当地土音读法罢了。伊本·白图泰就把开罗叫做米素尔城，也就是赵汝适的蜜徐篱城。

《诸蕃志》中的大食国描述的都是开罗，而不是巴格达①。巴格达在《诸蕃志》中另有白达国加以论述。《诸蕃志》既然以蜜徐篱为大食国都所在，巴格达的地位已下降到美索不达米亚的区域性都会，所以白达国条只说，巴格达"系大食诸国之一都会"。比赵汝适仅早半个世纪，《岭外代答》卷三大食诸国条中，还承认巴格达是大食的首都："有白达国，系大食诸国之京师也。"这一变化非常现实地反映了 13 世纪初阿尤卜埃及在伊斯兰世界中已经跃居首位的历史变迁。

11 世纪下半叶，中国帆船的印度洋航线伸展到阿拉伯香岸的麻离拔（马赫拉）。麻离拔的原意是阿拉伯的马赫拉（Mahrah al-ʿArabi）或马赫拉港（Bandar al Mahrah），此地距离也门近在咫尺。也门在 11 世纪中叶统一以来，一直依附法蒂玛哈里发。1159 年，阿里·本·迈赫底·希米雅尔在扎比德建立迈赫底王朝后不久，埃及萨拉丁派兵在 1173 年推翻了迈赫底的政权。直到 1228 年，跟随阿尤卜军队南下的拉苏里家族当

① 冯承钧《诸蕃志校注》（中华书局，1956 年，第 48 页）以为开罗、巴格达、大马士革三地，未能决疑。

政，也门在六十年中一直处于埃及军队的控制之下。拉苏里政权（1228—1454 年）和埃及在红海地区协同行动，在亚丁湾和阿拉伯南部又颇有势力，所以中国帆船往返的麻离拔，也是阿尤卜埃及的口岸。《诸蕃志》一改《岭外代答》的原文，将中国帆船经过一百天航程到达的麻离拔，改成大食国条中的“方至其国”。将马赫拉的佐法尔港当作大食国的主要吞吐港，称它的国都是蜜徐篱，这都切合 13 世纪初期埃及阿尤卜国家的政治形势①。这时十字军虽未被逐出黎凡特，但是埃及牢牢地控制希贾兹和红海两岸港口，所以中国和埃及的海上贸易仍是开放的，并且由于中国大帆船的从中运输，因而也是最最安全而便利的贸易方式。

《诸蕃志》大食国条中的埃及，是国土广大、国势强盛、地处国际交通中心的国家。“其国雄壮，其地广袤。民俗侈丽，甲于诸番。天气多寒，雪厚二三尺，故贵毡毯。国都号蜜徐篱，据诸蕃冲要。”宫廷富丽堂皇，“其居以玛瑙为柱，以绿甘（大理石）为壁，以水晶为瓦，以碌石为砖，以活石为灰，帷幕之属悉用百花锦，其锦以真金线夹五色丝织成。台榻饰以珠宝，阶砌包以纯金，器皿鼎灶杂用金银。结真珠为帘，每出朝坐于帘后。”

至于开罗，更是一个富丽繁荣的都城。“街阔五丈余，就中凿二丈深四尺，以备骆驼马牛驮负物货。左右铺砌青黑石板，尤极精致，以便来往。民居屋宇与中国同，但瓦则以薄石为之。民食专仰米谷，好嗜细面蒸羊。贫者食鱼菜果实，皆甜无酸。取葡萄汁为酒，或用糖煮香药为思酥酒，又用蜜和香药作眉思打华酒，其酒大暖。巨富之家博易金银以量为秤。市肆喧哗，金银绫锦之类种种萃聚。工匠技术咸精其能。”

繁荣的开罗成为中世纪亚、非、欧三大洲的大都会，在巴格达、德里、杭州、君士坦丁堡、科尔多瓦的行列中可以说毫无愧色。开罗坐落在尼罗河三角洲的咽喉，“农民耕种无水旱之忧，有溪涧之水足以灌溉，其源不知从出。当农隙时，其水止平两岸。及农务将兴，渐渐泛溢，日增一日。差官一员，视水候至，广行劝集，齐时耕种，足用之后，水退如初”。对尼罗河定时泛滥，在退潮时进行播种的情况已有描述。

开罗“市肆喧哗”，百工荟萃，制品巧夺天工，盛况跃然纸上。比之伊本·白图泰形容开罗“居民势如潮涌，几难尽容”，赞扬开罗“确是阿拉伯人和外邦人民聚居往来的一大都会”，恰好相互对照。而赵汝适的记录比伊本·白图泰要早一个世纪。

赵汝适对开罗的繁华写得栩栩如生，对开罗民居还和中国作了比较。只能相信，这些描述是出于中国访问者或在华的开罗侨民之口。但赵汝适的写作材料，可能还不

---

① 冯承钧以为《诸蕃志》大食条“杂采诸书文，并益以新说，则谓此大食为麻离拔也可，为蜜徐篱也可，为报达亦无不可”（《诸蕃志校注》，中华书局，1956 年，第 48 页），实未明底蕴。

止于搜集亲历者的口传，而且还有对阿拉伯文献的借鉴。13 世纪初，巴格达的著名科学家、植物学家、医生和哲学家阿布笃 · 拉泰夫（'Abd al-Latīf，1162—1231 年）留下的著作可能是赵汝适的一个蓝本。他生平著作据说有 160 种。从 1193 年萨拉丁死后，他从大马士革移居开罗，在爱资哈尔大学执教，居住埃及十多年。他写的《埃及纪闻》（Relation de l'Egypt，法译本，巴黎，1810 年）共分九章，包括概论、植物、动物、古迹、建筑和船、烹饪、尼罗河、回历 597—598 年（公历 1200 年末—1202 年末）纪事等。书中对埃及的经济、地理、风土、政治都作了观察细微的记录。拉泰夫是 13 世纪时和尤纳斯齐名的百科全书式的学者，著作风行各地，老少必读。他的名著《埃及纪闻》更是在埃及流传，其中的一些章节，一定也在中国的穆斯林侨民，特别是埃及侨民中传诵，因此在泉州成为通行的阿拉伯书籍。

赵汝适对阿拉伯传说的收集还可以从他专门列作一条的遏根陀国见出。遏根陀，是赵汝适根据亚历山大里亚的阿拉伯语名 al-Iskanḍariya 的译名，取材于著名的法鲁斯岛上的灯塔。他说这座塔上下可容 2 万人，顶上有镜。外国兵船入侵，老早就可照见，预作准备。“近年为外国人投塔下，执役扫洒数年，人不疑之。忽一日得便，盗镜抛沉海中而去”。这则故事曾有许多阿拉伯作家乐于记述，曼苏地《黄金草原》（法译本，第 2 卷，巴黎，1865 年，第 434—436 页）大约是最早的。这个故事说的是，伍麦叶哈里发韦立特一世（Walid I，705—715 年在位）时，拜占庭派基督徒投顺哈里发，伪称亚历山大当年获得珍宝，建塔置镜于上，以防宝物被盗，于是哈里发派他毁掉塔和镜。此后，这一传说便成了家喻户晓的掌故。法鲁斯塔，阿拉伯语称作 manār，或 manāra。故事在 11 世纪时由奎达伊（al-Quḍāi）复述，被奎尔盖希迪在《黑夜的曙光》① 中加以引用。此后塔便逐渐倾毁。赵汝适或者也是根据阿布笃 · 拉泰夫的《埃及纪闻》转述的。

三、宋代的中埃关系

10 世纪以来，埃及最繁华的都市是开罗和地中海的港口杜米亚特（Dimyāṭ）。杜米亚特无论是在地中海还是在印度洋贸易上都是个重要的进出港。《诸蕃志》对尼罗河出海口的城市有这样的叙述：“国有大港，深二十余丈，东南濒海，支流达于诸路。港之两岸皆民居，日为墟市，舟车辐辏。麻、麦、粟、豆、糖、面、油、柴、鸡、羊、鹅、

① 奎尔盖希迪：《黑夜的曙光》（al-Qalqashand，Ṣubḥ al-A'shā），开罗，1913—1922 年，第 3 卷，第 321－322 页；福斯特：《亚历山大城》（E. M. Foster，Alexandria），伦敦，1922 年，第 133 页以下。

鸭、鱼、虾、枣圈、葡萄、杂果皆萃焉。”该港正是12世纪时繁华胜过亚历山大里亚的杜米亚特①。

杜米亚特，《岭外代答》卷三译作陀盘地，它在地中海航行业上的重要性早已远近闻名。《岭外代答》一再提道：“自大食之陀盘地国发舟，正西涉海一百日而至之（木兰皮）。”

宋代档册中的杜米亚特，一律译作陀婆离，尾音ṭi转作li。宋代建国以来，从968年开始，大食使者到中国的络绎于道。咸平三年（1000年）三月，北非使者穆吉鼻（马格里布）到中国，还国时宋朝赐给同来的舶主陀婆离银两千七百两、交倚水灌器、金镀银鞍勒马（《宋会要稿》蕃夷四之九一）。北非使者来去都乘杜米亚特船。使者可能来自摩洛哥非斯城。

大中祥符元年（1008年）十月，陀婆离船长到达中国后，又被允准跟随宋真宗（997—1022年在位）到泰山朝献，参加盛典，受到特殊的恩宠。宋朝并通过他转赠国主银饰绳床、水罐、器械、旗帜、鞍勒马等。按《宋史·马亮传》（卷二九八），这次杜米亚特使者的真姓名是蒲含沙（Abu-l-Ḥasan）。印度洋西部各国船只来华贸易，据说都是马亮就任广州知州后努力奖励、招徕的结果。1008年是中国皇帝和法蒂玛哈里发哈基姆（al-Ḥākim，996—1021年在位）正式建交的一年，中国君主对法蒂玛统治者馈赠礼品，表示了极大的敬意。

大中祥符四年（1011年），皇帝祀汾阴后土祠，埃及又派归德将军陀婆离随带大批礼物朝贺。礼品有瓶香、象牙、琥珀、细越诺、绣丝、红丝、碧白琉璃酒器、蔷薇水、千年枣等。真宗对随同到行在的埃及使者给予最高级别的接待，请使者陪位，又赐冠带服物。两国的交往亲密无间，双方对通过海道的直接贸易尽量给予优惠的待遇。天禧元年（1017年）六月，宋朝批准“大食国蕃客麻思利等回赐物色，免缘路商税之半”。麻思利一名该是勿斯里的一种译法，符合下埃及方言Masri。宋朝政府给予埃及商人从京师到港口沿途经商减税的优待。

1018年和1073年两次大食使者到访，也都是杜米亚特派出。天禧二年（1018年）五月二日，大食国遣使蒲麻勿陀婆离（Abū-l-Muḥammad），副使蒲加心（Abū-l-Qāsim）来华②。熙宁六年（1073年）七月三日，档册上明确记着：“大食国陀婆离国遣使蒲麻勿等”到中国，随带礼品有真珠、玻璃、金饰寿带、连环辔、臂钩、念珠、龙脑、乳

① 海特：《黎凡特商业史》（W. Heyd, Histoire du commerce du Levant），第1卷，莱比锡，1886年，第383-384页，第424-426页。

② 《宋会要稿》蕃夷七之二一。同书蕃夷四之九一作天禧三年五月，相差整一年。

香、象牙、千年枣、琉璃器、药物①。礼品中的绣丝、细越诺、饰带，大约就是杜米亚特所产的杜米亚迪（dimyāṭi）、达比克纺织的达比基（dabīqī）、丁尼斯制造的丁尼西（tinnisī）。这些都是埃及大量出口，在波斯和地中海各地畅销的名牌货。

杜米亚特使者在整个11世纪中都非常引人注目，在北宋宫廷中可算是最受尊敬的国使了。

由于埃及和中国的这种特殊的外交关系，双方的信息传递十分正确。当1091年4月和12月，拂菻国的使者两次从首都科尼叶（Ḳūniyah，Iconium）到达中国后，中国便知道在拂菻东南是个叫灭力沙的国家。这灭力沙就是法蒂玛王朝统治下的叙利亚。当时和宋朝通使的拂菻，是突厥人的塞尔柱王朝，领土从中亚扩展到地中海东部的小亚细亚，在马里克沙（Marik shāh，1072—1092年在位）秉政时达到了极盛。1081年10月，《宋史》记录塞尔柱王灭力伊灵改撒（Malik-i-Rum Kaisar）派景教大主教你厮都令厮孟判到汴梁（开封）献鞍马、刀剑、真珠。《宋史》介绍"拂菻国东南至灭力沙"，《宋会要》指出，拂菻国"王服红黄衣，以金线织丝布缠头"，该国"言语与灭力沙同"②。此时已经衰落的法蒂玛王朝哈里发穆斯坦绥尔（al-Mustansir，1036—1094年在位）在1073年将阿卡的军事长官白德尔·哲马利召到开罗，授权他为总司令兼内阁大臣。白德尔·哲马利果断地处理国家事务，使法蒂玛在1073—1094年有过一个短暂的复兴时期，他的封号总司令（Amīr al-Juyūsh）威名四扬，传到中国成了法蒂玛王朝的象征。这就是"灭力沙"的来历。

宋代中国和阿拉伯外交关系十分密切，使节往来繁多。北宋（960—1127年）时期，大食使者来华时有所闻。宋代档册中的大食，有一些明白注明地区。《宋史》卷四九〇说："其国部属各异名，故有勿巡（苏哈尔），有陀婆离（杜米亚特），有俞卢和地（基卢普—格迪），有麻啰跋（马赫拉的佐法尔）等国，然皆冠以大食。"但许多场合，却只提大食国使者。大食究竟是巴格达哈里发，还是埃及法蒂玛哈里发？自955年巴格达哈里发被布伊家族控制后，阿拔斯哈里发便形同虚设，而埃及法蒂玛哈里发却极端重视红海贸易，通过泽拉和也门与印度、中国大力开展海上贸易。《宋史·大食传》中的诃黎佛（哈里发）使者都是埃及法蒂玛所遣。《宋史》卷四九〇载："（开宝）七年（974年），国王诃黎佛又遣使不啰海（亚伯拉罕），九年（976年）又遣使蒲希密（阿布·希米雅尔），皆以方物来贡。"976年的一次，《宋会要》称，"大食国王珂黎佛遣使莆（蒲）希密来贡方物"（《宋会要稿》蕃夷七之五）。蒲·希密（阿布·希

① 《宋会要稿》蕃夷七之三三。

② 《宋会要稿》蕃夷四之一九。

米雅尔）是希米雅尔航行中国的老船长，屡次受法蒂玛哈里发的委派和中国打交道，在淳化四年（993 年）时又到了中国。这一次同来的，还有泽拉港的阿法尔酋长李亚勿（阿里·阿法尔）。要通过希米雅尔、泽拉和中国打交道的哈里发，当然是埃及法蒂玛王朝的了。

麦加也是宋初中埃关系中不可缺少的一环。大中祥符九年（1016 年），宋朝对广州运进的外国货做了规定，除部分送交汴梁外，其余就地收购，规定“每国使、副、判官各一人；其防援官，大食、注辇、三佛齐、阇婆等国勿过二十人，占城、丹流眉、渤泥、古逻、摩迦等国勿过十人，并来往给券料”（《宋会要稿》蕃夷七之二〇）。摩迦便是麦加，也是早在宋初就和中国建交的国家。

10 世纪中叶到 11 世纪下半叶的一个多世纪中，大食使者或船长到广州、汴梁向中国赠送礼物，从事商业活动的，都是埃及（杜米亚特）和希贾兹（麦加）、希米雅尔（亚丁）、马赫拉（佐法尔港）、阿法尔（泽拉）酋长国派遣的贸易船。这些酋长国的统治者和埃及法蒂玛王朝都有依扶关系，所以它们和中国的外交和商业活动也成了中国和埃及友好关系不可或缺的组成部分，为宋代中埃海上交通指出了路径。在埃及卷入十字军战争以后，中国和阿拉伯世界的外交关系虽然暂告中断，但民间的贸易非但未见削弱，反而随着地中海东西贸易的加强而获得了新的发展。

中国于 12 世纪以来开辟的麻离拔航线，和阿曼在东方贸易上的衰退相呼应，正好显示了红海和东非对印度、中国的经济往来日益增长的趋势。《岭外代答》卷三指出阿拉伯半岛的麻离拔是中国商人可以很方便地往返的阿拉伯港口。它说：“大食者，诸国之总名也，有国千余，所知名者特数国耳。有麻离拔国。广州自中冬以后发船，乘北风行，约四十日，到地名蓝里，博买苏木、白锡、长白藤。住至次冬，再乘东北风，六十日顺风方到此国。”这条直达航线，从广州到麻离拔实航 100 天，中间只需在苏门答腊的蓝里（亚齐）停靠，大大节省了往返的时间。麻离拔航线比之《岭外代答》卷二提到的故临（奎隆）航线要长 30 天。从广州到故临，当时也有直达航线：40 天到蓝里后，经 30 天便可到故临了。从直航距离知道，麻离拔比故临要远 30 天。而且此国远在印度以西东大食海（阿拉伯海）西岸，所以列入大食知名的国家。《岭外代答》卷二海外诸番国条列举占城、真腊是窊里诸国的都会，远则麻离拔国是大食诸国的都会，又其外则木兰皮国（北非穆拉比德）是极西诸国的都会，序次分明，可知麻离拔在印度西海岸之西。这麻离拔便是《宋史》卷四九〇的麻啰跋，宋代档册通常写作麻罗拔，“哲宗元祐三年十一月，大食麻啰拔国遣人入贡，即此麻离拔也”（《岭外代答》卷三）。

大食麻离拔当然不在印度西海岸①，而是中世纪最繁荣的香料贸易港佐法尔。佐法尔是濒临马赫拉的卡马尔湾的一个港口，在中古晚期已经被毁，后来又成为马赫拉以东，现在阿曼境内的一个地区。马赫拉是中国人从海上远赴阿拉伯的第一个港口，因此对佐法尔称为“阿拉伯的马赫拉”（Mahrah al-ʻArabi）或“马赫拉港”（Mahrah Bandar），《岭外代答》译作麻离拔，《诸蕃志》改译麻罗拔，“拔”字指“港”（bandar）。

《诸蕃志》卷上记述大食国：“大食在泉之西北，去泉州最远，番舶艰于直达。自泉发船，四十余日至蓝里博易住冬，次年再发，顺风六十余日方至其国。”《诸蕃志》根据当时情况，已将麻离拔航线的起点改为泉州，终点虽说是大食，却仍是佐法尔港。这时埃及阿尤卜王朝建立已久，势力达到南阿拉伯，埃及在阿拉伯国家中已成主要的支柱，开罗代替巴格达成为大食的国都，佐法尔便是进入红海的前哨了。同书麻嘉国说：“麻嘉国，自麻啰拔国西去，陆行八十余程方到。”从麻啰拔可以经过陆路到达麻嘉（麦加），这些都足证麻离拔或麻啰拔绝非南印度的马拉巴。马拉巴在《诸蕃志》卷上南毗条中专称麻哩抹。《诸蕃志》中的麻啰抹则是索马里南部的贝纳迪尔沿岸。赵汝适对三者的区别非常清楚。

麻离拔航线的开辟，使双方人士得以继续自由来往，从广州或泉州到埃及更方便了。双方的信息因此可以超乎过去的速度迅速传递，双方的经济和文化合作也可以在比之过去更加广阔的范围得到实现。

中国的许多发明，如火药、火器和航海罗盘，在 13 世纪前后都迅速传入埃及。中国和尼罗河之间的陆路虽然受到巴勒斯坦战争的严重干扰，然而经过红海通往中国的海上大动脉在大部分时间里仍然通行无阻。1182 年基督教徒的舰队曾自埃兰闯入红海，埃及海军立即起而反击，阻挡了意大利沿海各共和国指望征服埃及，好使它们的商船进入红海，分享印度洋商业利润的企图。

当时印度洋各国和地中海交换的商品，名目繁多。赵汝适列举的有真珠、象牙、犀角、乳香、龙涎、木香、丁香、肉荳蔻、安息香、芦荟、没药、血竭、阿魏、腽肭脐、鹏砂、琉璃（玻璃）、玻瓈（晶石）、砗磲、珊瑚树、猫儿睛、栀子花、蔷薇水、

---

① 麻离拔，夏德、柔克义英译本《诸蕃志译注》（F. Hirth & W. Rockhill，Chau Ju-kua，圣彼得堡，1911 年）以为是米尔巴特（Mirbat）；冯承钧《诸蕃志校注》（中华书局，1956 年）以为“似为 Malabar 之对音”（第 48 页注 2），更将麻离拔（麻罗拔）和麻哩抹、麻啰抹三地混而为一（第 21 页注 2，第 31 页注 1，第 135 页注 2）；张星烺也将麻离拔、麻罗拔和麻罗抹一概当作马拉巴（《中西交通史料汇编》，中华书局，1997 年，第 2 册，第 171 页，第 261 页，第 262 页；第 6 册，第 369 页）。对麻离拔航线的考订，见沈福伟：《十二世纪的中国帆船和印度洋航路》，载于《历史学》季刊，1979 年，第 2 期。

没石子、黄蜡、织金软锦、驼毛布、兜罗绵（棉布）、异缎等 28 种。可以归成香药、犀牙、珠宝、织物、玻璃、化妆品六类。大部分都是中国需要运进的货物。

当时埃及人确已居住在中国南方海港。大约广州、泉州、杭州、扬州都是他们经常往来的都会。泉州东岳山西坡在 1965 年冬发现过“蕃客墓”的墓碑，墓碑在一块白花岗岩上刻有“蕃客墓”三个汉字，下有阿拉伯文小字“埃及”。汉字上有三行阿拉伯文大字，上刻墓主“伊本·阿卜杜拉·穆罕默德·伊本·哈桑”之名。所刻阿拉伯文字体，比之泉州已出土的宋元阿拉伯文石刻更加古朴，墓碑又用宋代常用的白石刻制，推断墓主是 11—12 世纪时的埃及人①。扬州、杭州、泉州都有宋代的清真寺，有些就是埃及侨民捐资构筑。他们往来于两国之间，与各阶层人士广泛接触，双方互通情报，加速了中埃之间的经济和文化活动交流。所以宋代中国和埃及，不论是商业还是科学知识包括航海技术的交流都很活跃。

四、华瓷的输出

瓷器在 10 世纪后已跃居中国出口货中的第一位，在非洲同样开辟了广阔的市场。埃及也从往返佐法尔的中国帆船转运瓷器。马克里西为法蒂玛王朝的文物宝库所列的清单中，有几件上釉的中国瓷器作为珍品入藏，它们可能是中国皇帝的礼品。福斯塔特古城出土的宋元青瓷，有釉下刻花或印花，大都是宋初越窑系产品和龙泉窑烧造。还有福建建窑、广东阳江广窑烧造的青瓷，景德镇青白瓷，德化等南方各窑的白瓷以及北方定窑系白瓷。开罗东郊离著名的爱资哈尔清真寺不远，有一座人工的马拉小丘（Tel Qat el Mara），还有马木鲁克时期以后由于扩建市街堆积而成的马勒小丘（Bâb Darb el Mahruq），这些地方都曾出土精美的中国陶瓷残片，从南宋延续到明清时期，有南宋、元、明时期的龙泉青瓷，南宋、元、明时期景德镇的青白瓷，以及元、明清时期的青花器，明清五彩瓷器。这些都表明开罗的富室邸宅风行陈设和装饰华瓷。19 世纪初，穆罕默德·阿里曾在开罗市街东端法蒂玛时期的城墙南部一隅建造清真寺。据美国乔治·史卡隆（George T. Scanlon）说，在清真寺近旁的城墙作过发掘，见有宋代陶瓷残片。

霍城出土元代卷草纹青花瓷盘

在地中海滨的亚历山大里亚，1964 年发掘 4 世纪罗马建筑遗址时，也找到了龙泉

① 志诚：《蕃客墓及其有关问题试谈》，载于《海交史研究》，1978 年，创刊号，第 22－26 页。

青瓷残片，发掘队成员台莱萨·布坎萨（Teresa Borkansa）鉴定是 12—14 世纪的文物。当地富豪住宅也有陈设华瓷之风①。

埃及南部阿斯旺附近的哈伊达姆，出土过 12—14 世纪前半叶南宋和元代的青瓷。在修建阿斯旺水库时，于阿布·辛贝勒神庙南约 5 公里的杰贝勒·阿达（Jebel Adda），根据考古调查的主持者英国人马丁·明斯（Martin Minnes）和史卡隆提供的材料，也有 12—14 世纪宋元青瓷的发现。

红海西岸的古港艾特伯发现宋元青瓷极多，尤以 12 世纪至 14 世纪上半叶南宋和元代的青瓷数量最大。

瓷器对于法蒂玛王朝和阿尤卜王朝的埃及极富吸引力，它们成了埃及在中世纪最热爱的中国商品。这些瓷器大都由泉州和广州开航的中国船运往红海和亚丁湾的海港，少数北方的白瓷，例如辽白瓷，当是通过中亚细亚输往埃及的。

直到 12 世纪，青瓷一直是在埃及非常畅销的名牌货，它们也是引人瞩目的礼品。著名的阿尤卜苏丹萨拉丁因富有青瓷而名噪一时，中国青瓷在欧洲就因此被称为萨拉东（Saladon）。欧洲人当时只知道这是埃及苏丹特有的精美器皿。在 1171 年萨拉丁向大马士革苏丹努尔丁所赠礼品中，便有 40 件青瓷②。中国瓷器最初被欧洲人欣赏的正是青瓷。毫无疑问，大马士革和埃及的一些濒临地中海的港口成了瓷器传向欧洲的大门。

埃及工匠从 11 世纪起，开始用埃及瓷土大量仿造宋代青瓷。14—15 世纪时又模仿新颖的青花白瓷，造型、纹饰一如中国，而刻上阿拉伯瓷工名字。福斯塔特出土的古瓷中，也有不少是埃及工匠的作品。1168 年埃及为抵抗十字军，在撤军前决定将福斯塔特全城付之一炬，这对于鉴别出土华瓷的年代也是一个标志③。

五、影戏的传播

在宋代传入埃及的还有民间戏剧影戏。影戏以平面的傀儡在半明半暗的布景上取影，也是傀儡的一种。傀儡戏在中国起源极早，本是丧家乐，汉末始用于嘉会，称魁垒子，从此傀儡戏流行起来。北宋时汴京出现了以纸造形的影戏，后来改用羊皮、牛

---

① 三上次男：《陶瓷之道》，东京，1969 年，第 43 页。

② 卡勒：《伊斯兰世界的中国瓷器》（Paul Kahle，Chinese porcelain in the lands of Islam），载于《东方陶瓷学刊》（TOCS），伦敦，1940－1941 年，第 27－46 页。

③ 阿希顿：《中国和埃及》（Leigh Ashton，China and Egypt），载于《东方陶瓷学刊》（TOCS），伦敦，1933－1934 年，第 62 页；霍布森：《福斯塔特出土的华瓷》（R. L. Hobson，Chinese porcelain from Fostat），载于《伯林顿杂志》（Burlington Magazine），伦敦，1932 年 9 月，第 61 卷，第 109 页。

皮、驴皮雕形，因此又称皮影戏。吴自牧《梦粱录》说：“更有弄影戏者，元汴京初以素纸雕镞，自后人巧工精，以羊皮雕形，用以彩色妆饰，不致损坏。杭城有贾四郎、王昇、王闰卿等，熟于摆布，立讲无差，其话本与讲史书者颇同。”皮影不致损坏，人物关节拼合而成，可以转动，演出时靠灯光衬托，别具效果，在南宋临安十分流行。

影戏已见于宋人的见闻录中。张耒《明道杂志》初记汴京有影戏，演的是民间传说三国时期斩关羽的故事。高承《事物纪原》更明确说宋仁宗时“加缘饰作影人，始为魏、吴、蜀三分战争之像”。汴京的影戏，最初演三国故事。弄影戏的人一边讲故事，一边用指头提弄傀儡，表演情节。影戏在临安、泉州盛行后，很快传到了印度。影戏的梵名车耶那吒迦（Chaya-nataka），意思是“影子游戏”，最早表演的故事叫“都昙伽陀”，演罗摩和悉多的故事。戏中一个重要角色是猴王安伽陀（Angada）。这是一本献给古查拉邦国王鸠摩罗·波罗迪伐（Kumara Paladeva，1143—1172 年在位）的戏。大约南宋初年，东南沿海影戏流行之后，便被印度傀儡戏吸收过去了。傀儡在印度、埃及都是古已有之，起源极早，但皮影戏却是从中国传去的。

相传蒙古人西征，皮影戏也随之传入波斯、阿拉伯、突厥人居地。埃及皮影戏的内容有些地方和土耳其的皮影戏“黑眼”（Karagöz）相近，很能说明两者的关系。土耳其皮影戏虽盛行于 16 世纪，但起源也很早。埃及皮影戏可能是由 12—13 世纪时成批移居尼罗河的突厥武士带去的。埃及最早的皮影戏，是由一个叫穆罕默德·伊本·台尼埃尔（Muḥammad ibn Dāniyāl）的医生创作的三个剧本。这些剧本在 13 世纪完成，尚有残本流传，所写都是有关婚姻、媒妁题材的讽刺诗文，以诙谐、讥嘲见长。奥斯曼帝国盛行皮影戏，16 世纪起从叙利亚迅速传往北非和希腊诸岛。法国人在 18 世纪又从土耳其人或埃及人那里知道皮影戏，称为“中国影戏”（Ombres Chinoises）。1774 年，法朗索瓦—多明尼·赛拉芬（François-Dominique Seraphin）在凡尔赛第一次开设影戏院，1781 年迁往巴黎大宫（Palais Royal），在巴黎首次公演的剧本是《断桥》。他的外甥继承他的事业直到 1859 年。法国在 19 世纪中叶流行中国式的指头傀儡。1847 年起，乔治·桑和她的儿子莫里斯（Maurice）在诺海（Nohant）主持这种傀儡戏的演出，莫里斯在 30 年中写了 100 部以上的剧本。1887 年法人亨利·里维埃（Henri Rivière）在巴黎黑猫咖啡馆（Chat Noir Cafè）建立影戏院，演出的皮影戏既有台词，又有音乐，在十年中颇享盛誉。法国所演中国影戏都和中国杖头傀儡相仿，在图像前使用隐线系杖，和布景成直角调动。后来英国的影戏（Galanty Show）也用这种傀儡。20 世纪 20 年代以来，德国电影导演洛特·莱尼格（Lotte Reiniger）也拍过这种黑白的皮影戏。

第二节　红海附近的层檀和霞勿擅、伽力吉

层檀是熙宁（1068—1077 年）、元丰（1078—1085 年）年间和中国建交的国家中最引人注目的国家。熙宁四年（1071 年）层檀国使者层伽尼第一次从海上到达广州。元丰四年（1081 年）层檀再次派层伽尼来到中国，从六月二十三日到广州后，便在那里逗留了一年多。到元丰六年（1083 年）正月十三日，使者在宋朝政府的隆重接待下抵达开封。

宋人周辉《清波别志》卷中，介绍层檀国是个具有悠久历史，已经“传国五百年十世”的国家，国主名亚美罗亚眉兰（Amīr al-Umarā'）。物产非常富饶，有稻、麦、粟、胡羊、山羊、沙牛、水牛、驼、马、鱼、犀、象、薰陆、沈水香、血竭、没药、鹏砂、阿魏、苏合香、真珠、玻璃、葡萄、千年枣，以及密、沙、华三种酒。周辉说层檀是“南海旁国也”，从层檀到勿巡是水程 20 天。又说，从海道到中国，要经过勿巡（苏哈尔）、古林（奎隆）、三佛齐（占卑），顺风昼夜要走 160 多天。

元丰年间主管接待外宾的主客郎中庞元英，曾经亲自接待过层檀的使节。他在《文昌杂录》卷一列举层檀是他负责接待过的印度洋地区十四国中的一个：“其十三曰层檀，东至海（Baḥr Berberā），西至胡卢没国（Wadi al-Ḥammāmāt），南至霞勿檀国（Bilād al-Ḥabashah），北至利吉蛮国（al-Yamāmah）”。

层檀的位置正好在印度洋和阿拉伯海的彼岸，它是麦加的外港吉达（Judda）。庞元英介绍层檀的地理位置，首先指出它“东至海”，东面凭靠巴巴拉海（Baḥr Berberā）。巴巴拉海是阿拉伯地理学家对亚丁湾的称呼，也即哈巴沙海（Baḥr al-Ḥabashah）的一部分。李焘（1115—1184）《续资治通鉴长编》卷三三二（中华书局，1990 年，第 7998 页）记载层檀国是照录官方文书，称“国城距海二十里”，是指吉达到“国城”麦加有 20 法尔申的路程，约合 110 公里。知不足斋丛书本《清波别志》记“国城距海二千里”。阿拉伯人视红海是海湾，只有出了红海到巴巴拉海了，才算入海。层檀向西通过红海可抵苏丹沿海的瓦迪·哈麻麻特，古译胡卢没。瓦迪·哈麻麻特最重要的海港是艾特伯（今哈拉伊卜），应该是宋人所知胡卢没国的真正所在。层檀以南，无论西南、东南都是埃塞俄比亚，阿拉伯人对这个基督教国家习惯称作哈巴沙，霞勿擅是宋代的译法，原文“霞勿檀”是“霞勿擅”的刊讹。唐代杜环称这里是摩邻国。在层檀东北是阿拉伯半岛中部的也门麦，庞元英译作利吉蛮，也是哈里发帝国的一省。宋代的层檀国，从对音和地理位置来看，都是红海东岸麦加的外港吉达。这里有水路向西可去努比亚的艾特伯，东南和也门及其要港亚丁濒水相望，往东进入哈巴

沙海，和印度、中国相通。

层檀的位置既已清楚，就不能把这个国家当作层拔（桑给国）①。同样，也很难以为层檀译自 Zängistan，被当作贝纳迪尔沿海和桑给海岸②。波斯文《世界境域志》中的桑给斯坦（Zängistan），不是宋代史籍中的层檀国，而是东非的桑给国。书中对桑给国有这样的描述："这是南方最大的国家。它东部有些地区和阇婆格相邻，北部靠近大海，西部有些地区和阿比西尼亚相接。它的南部是山脉，沙土产金。该国和法尔斯、克尔曼和信德相对。人民丰颐、粗骨、卷发，天性泼野。他们奇黑。对阿比西尼亚人和阇婆格人极其仇视。"它的城镇有梅尔卡（Muljān）、索法拉，后者是桑给王住所③。当时的索法拉城该是蒙巴萨。

庞元英记述层檀传国有十世五百年，是从 571 年穆罕默德诞生算起，到 1071 年吉达使者来华，不多不少刚好五个世纪。国主"亚美罗亚眉兰"，原意是"总司令、大元帅"，《岭外代答》译作麻罗弗。麦加和中国通使，是在亚丁湾、阿拉伯海国家和中国掀起新一轮海上往来的高潮的牵动下实现的。

位处亚丁湾南岸的泽拉一直是和也门、亚丁极其密切的姊妹港，宋初正处于兴旺时期，是阿达勒酋长国的主要港口，曾臣服于埃塞俄比亚。埃塞俄比亚在宋初仍被中国人以大秦相称，泽拉成了大秦的属国。埃塞俄比亚，照阿拉伯名称是霞勿擅，但 10 世纪时的中国翻译却仍沿用古称大秦。6—7 世纪中，也门的古莱氏人二次向泽拉移民，第一次在阿克苏姆王卡莱布入侵也门（525—526 年）以后，第二次在伊斯兰教兴起后。反对阿里的古莱氏人，在 656—657 年从麦加再次大批迁往泽拉，成立泽拉埃米尔国。在伊斯兰化的阿拉伯人移居以后，泽拉的居民就成为阿拉伯人和达纳基尔（阿法尔）人的混合民族。泽拉方言就是这种阿拉伯化的阿法尔语。阿法尔的船长，换句话说，泽拉的船主李亚勿（Ali Afar）在淳化四年（993 年）曾追随多次往返中国的希米雅尔船长蒲希密到达中国。这一次，大食副酋长李亚勿和蒲希密同到海南，舶主蒲希密"以老病不能诣阙，乃以方物附亚勿来献"。李亚勿到了开封，宋太宗赵匡义询问国

---

① 此说自夏德、柔克义开始（F. Hirth & W. Rockhill, Chau Ju-kua，圣彼得堡，1911 年，第 127 页），传述有人，见理查·潘古斯特《埃塞俄比亚经济史导论》（Richard Pankhurst, An introduction to the economic history of Ethiopia），伦敦，1961 年，第 364 页。而夏德当年不过是因为不知"层檀"所在，而随意改为"层拔"。

② 此说见魏特莱《中非关系述略》（Paul Wheatley, Analecta Sino-Africana recensa），参见奇蒂克等编：《东非和东方》（N. Chittick, East Africa and the Orient），纽约，1975 年，第 88 页，第 104 页。

③ 阿拉姆：《世界境域志》（Hudūd al-'ālam, The regions of the world），英译本，伦敦，1937 年，第 163 页。又 1970 年再版本。

情，李亚勿如实相告："与大秦国相邻，为其统属。今本国所管之民才及数千。有都城介山海间。""又问其山泽所出。对曰，惟犀象香药。问，犀象以何法可取？对曰，象用象媒诱至，渐以大绳羁縻之耳。犀则使人升大树，操弓矢，伺其至，射而杀之。其小者不用弓矢可以捕获。"（《宋史》卷四九〇）捕犀所用弓矢，便是《宋史》所说用药箭捕杀。药箭是当地人用密儿拉属（Myrrha）和尖药木属（Aco kanthera）植物的液汁涂沫箭镞制成的毒箭，又称毒药箭。这种办法，在宋代大量进口和使用犀牙的宫廷里还是前所未闻的新鲜事。

自此以后，阿达勒酋长国的使者便多次出入广州。至道元年（995年）二月一日，"大食国舶主蒲押陀黎以方物来贡"（《宋会要稿》蕃夷七之一三）。四年之后，咸平二年（999年）阿达勒的泽拉商船再次在闰三月抵达广州，派阿拉伯"蕃客"蒲押提黎献象牙4株，椟香200斤，千年枣、白砂糖、葡萄各1琉璃瓶，蔷薇水40瓶，充作真宗登位的贺礼。六月二十七日，蒲押提黎派判官文茂到京贡献（《宋会要稿》蕃夷四之九一）。押陀黎、押提黎都是阿达勒的古译，最初到中国来的是海外贸易商。到了咸平六年（1003年），泽拉埃米尔正式派使者到中国，受到宋朝隆重接待："六月，其王阿弥遣使婆罗钦、三摩泥等来贡方物。是岁承天节，其使与蒲端、三佛齐使皆在馆，诏赐袭衣，仍预大宴。"（《宋会要稿》蕃夷四之九一）这次来华的阿拉伯埃米尔国使者叫三摩泥（al-Sōmālī），从三摩泥一名显示出索马里民族也从泽拉派出代表。粤音ni和li不分，索马里才译成三摩泥。另一使者婆罗钦（Abuʻal-Rashīd），应是也门或希贾兹移民。使者在承天节受到了国宴的招待。大中祥符元年（1008年），李亚勿船长又遣使者李麻勿进献玉圭，受到宋朝的隆重接待，给予器币、袍带。

吉达经营的印度洋贸易，在十字军东侵以前胜过也门和马赫拉，埃及、黎凡特和埃塞俄比亚的许多物产都集中到吉达输往亚洲东部各国。《清波别志》列举的许多吉达物产，有许多来自非洲和非洲之角，其中有非洲之角的象牙、犀角，达拉克和波斯湾的真珠，索马里和香岸的薰陆、没药、苏合香，索科特拉岛的血竭，波斯的阿魏，埃及和黎凡特的玻璃，还有波斯和阿拉伯时兴的三种酒：蜜酒（葡萄酒）、沙酒（甜酒）、华酒（眉思打华，蜜酒）。11世纪下半叶，埃及法蒂玛王朝和阿尤卜王朝积极发展对外贸易，吉达作为中埃贸易的中转港，和中国往来频繁，受到中国的格外重视，特地破格记下层檀国的封域、风俗、物产。十字军运动兴起后，层檀国和宋朝的官方关系便中断了，但民间贸易尚在继续发展。

吉达和艾特伯这个国际贸易港之间的关系，更超过了贸易上的往来，已经成为法蒂玛红海国际联运港的有机整体。艾特伯港从1058年起，整整三个世纪中，一直是红海西岸最重要的海港。艾特伯和阿斯旺、库斯这些尼罗河畔的城市，各有陆路相通，通过阿斯旺可以接上卡尔伽绿洲通向达尔富尔的商队的大道。艾特伯又是到麦加朝圣的国际大道必经之地。非洲北部各地穆斯林都涌向艾特伯渡过红海，到麦加去巡礼，以取得最高荣誉。

《诸蕃志》列举大食属国，在东北非洲有弼琶啰、伽力吉。伽力吉原音是 Khalidj（海湾）。阿拉伯地理学家用巴巴拉湾（al-Khalīdj al-Berberī）称呼亚丁湾，红海被叫作阿拉伯湾（al-Khalīdj al-ʽArabī），伽力吉便是埃及以南红海西岸直到亚丁湾南岸泽拉附近地区的通称。今日的苏丹、埃塞俄比亚都在这一范围以内。从伽力吉出产香狸来看，它的港口应是埃塞俄比亚的泽拉港。

11 世纪末叶以前的一个多世纪中，红海以及亚丁湾的麦加、泽拉和希米雅尔（亚丁），先后与广州建立了直达的海上航线，把杜米亚特和广州联成一线。泽拉通过它蛛网交叉的水陆通道，联结着整个非洲、也门和波斯湾，它一度是中国交结的最重要的海上国家。

第三节　三麻兰和麻啰抹

赵汝适《诸蕃志》对东非有了系统的记载，特别对索马里民族作了完整的介绍。赵汝适知道它北部有弼琶啰国，在南部则是和弼琶啰交界的中理国。

索马里作为一个民族，在宋初就已出现在中国的官方档册上了。《宋会要》首先记录 1003 年有个使者三摩泥来自亚丁湾的泽拉，又提到大中祥符四年（1011 年）有一个三麻兰国的船长聚兰，曾和阿曼的苏哈尔船长、贝纳迪尔的摩加迪沙船长以及埃及杜米亚特使者，一起到宋京开封朝贺。该年二月十七日，“三麻兰国（索马里）舶主聚兰、勿巡国（苏哈尔）舶主蒲加心・乌惶、蒲婆众国（摩加迪沙）麻勿和勒、大食国使陀婆离（埃及杜米亚特）、延州诸族军暮尾埋并诣行在朝贡”①。国家档案中还特别记明，这几国都是印度洋沿岸国家，“皆海上小国也”②。他们曾向北宋朝廷赠送瓶香（上等乳香）、象牙。索马里船长聚兰并非真姓名，而是该船长的来源地的名字。宋代通常对外国人以籍取名，“聚兰”译出的是有索马里人居住的著名海港和埃米尔国泽拉。蒲婆众国只此一见。摩加迪沙（Mogadišo，Mukadisho）的波斯语源 mui wa mwisho，意思是“边远之城”，音译蒲婆众，是因［m］转作［b］音，以“婆众”译出 mwisho

① 《宋会要稿》蕃夷七之一八。

② 《宋会要稿》蕃夷四之九五。

（边远）一词。使者麻勿和勒大约是波斯湾移民，所以使用这个波斯语名。和泽拉船长同时赴华的埃及、摩加迪沙和阿曼使者都是印度洋附近国家。据伊德里西《旅游证闻》，12 世纪上半叶泽拉港有很多外商，其中最多的是往返于苏伊士湾的科尔申和泽拉之间的埃及船①。11 世纪初，宋朝和这些印度洋国家都建立了外交关系，并且进行官方贸易。这一次到达中国的至少有一艘泽拉船和一艘阿曼船。三麻兰船长到达广州，是继杜米亚特船长两次访华后到达中国的另一艘非洲国家的船舶。蒲婆众使者麻勿和勒，或者搭乘阿曼船，也可能乘的是另一条从东非起航的船。

11 世纪初的三麻兰，相当于阿拉伯地理书中的巴巴拉地方。巴巴拉在《诸蕃志》中译作弼琶啰（Bilād al-Barbarā）。阿拉伯作家认为巴巴拉国等于非洲之角的含族居住地。为了和北非柏柏尔人区分，阿拉伯人常用"黑巴巴拉人"称呼索马里北部含族混居区居民。伊本·卡尔敦（Ibn Khaldun）描述这里说："位于印度洋西岸泽拉以南的是巴巴拉人的村落，它们一个接一个地沿着（印度洋）南岸向第六区延伸。那里向东，桑给国便与他们相接。"②

《诸蕃志》也有类似的叙述："弼琶啰国有四州，余皆村落，各以豪强相尚。事天不事佛。土多骆驼、绵羊，以骆驼肉并乳及烧饼为常馔。产龙涎、大象牙及大犀角。象牙有重百余斤，犀角重十余斤。亦多木香、苏合香油、没药。玳瑁至厚，他国悉就贩焉。"这里还出产骆驼鹤（鸵鸟）、徂蜡（长颈鹿）和三色骡子（斑马）。弼琶啰的四州是泽拉、柏培尔、哈尔格萨和哈拉尔，相当于索马里北区，和南区的中理有明确的分野。

《诸蕃志》介绍中理："国有山与弼琶啰国隔界，周围四千里，大半无人烟。山出血竭、芦荟，水出玳瑁、龙涎。"赵汝适认定中理国在巴巴拉本部以外，两者以豪德高原东北的卡卡山脉为界，往南是周围 4000 里人烟稀少的南部地区。因从北部山地南迁的索马里民族而得名，称作中理国。中理是南部阿拉伯读音中的索马里。中理国产鲸，居民多以捕鲸为业。牛、羊、骆驼甚多，乳香尤其有名。"中理国人露头跣足，缠布不敢著衫，惟宰相及王之左右乃著衫缠头以别。"中理国的统治者是摩加迪沙和梅尔卡在哈拉维尼人管辖下的阿拉伯穆斯林，所以穿着和土著居民明显不同。索马里人使用 maro，以布缠身，著衫的是阿拉伯人的 thawb。缠布和著衫，分别用巧妙的音义译出了当地不同民族的服装特点。

---

① 伊德里西：《地理志》（al-Idrīsī，Nuzhat al-mushtāq fī ikhtirāq al-āfāq），若贝法译本（P. A. Jaubert，Géographie d'Edrisi），第 1 卷，巴黎，1836 年，第 28－29 页。

② 伊本·卡尔敦：《历史学导论》（Ibn Khaldūn，The muqaddimah，an introduction to history），罗森塔尔（Franz Rosenthal）英译本，第 1 卷，纽约，1958 年，第 123 页。

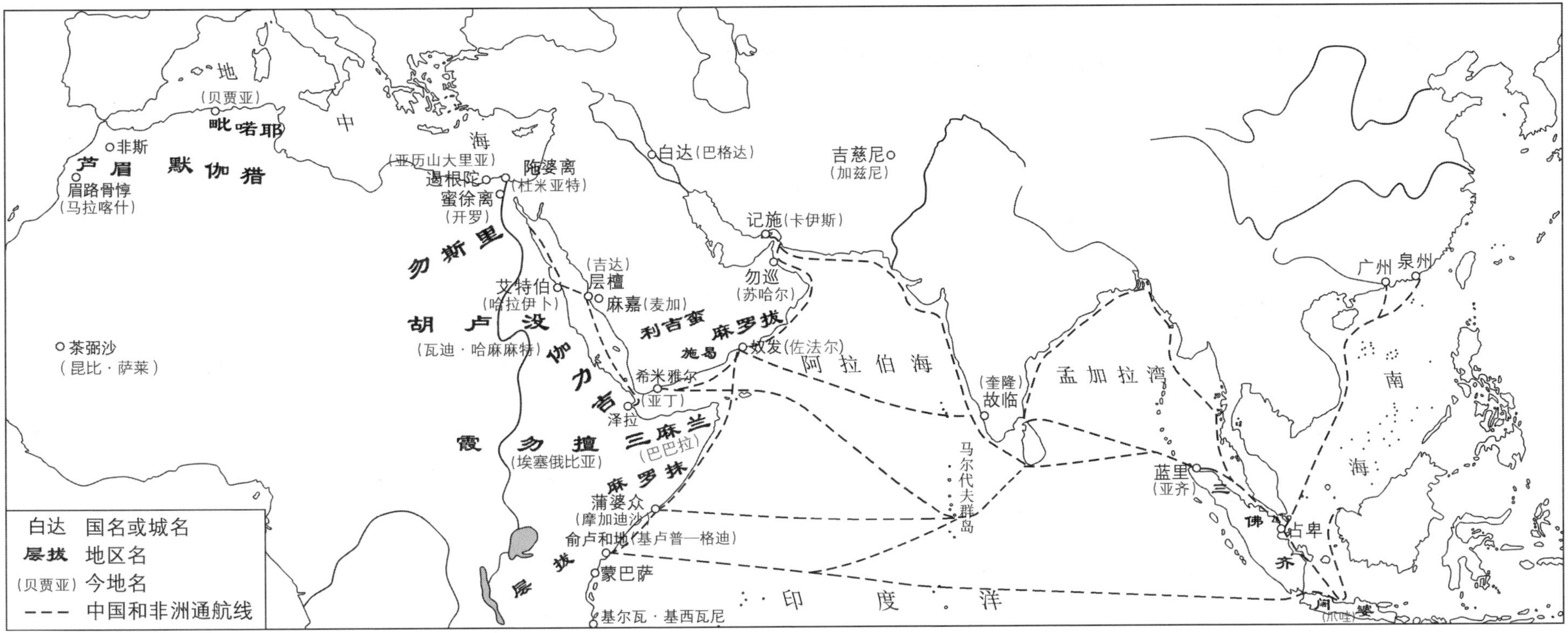

10—13 世纪中国和非洲海上交通示意图

赵汝适提到的那些珍贵动物，都是索马里和埃塞俄比亚区特有的动物。索马里鸵鸟（Struthio molybdophanes）在非洲之角各地都可见到。被称为徂蜡（zarafa）的长颈鹿（Giraffa camelopardalis）是从阿拉伯语译出的，宋初又称作驰牛，出自波斯语 Shotor-gāv-u-palang。徂蜡“状如骆驼，而大如牛，色黄，前脚高五尺，后低三尺，头高向上，皮厚一寸”（赵汝适《诸蕃志》卷上）。这种皮色美观，呈栗褐色，带黄色条纹的长颈鹿只产于埃塞俄比亚区，是非洲的稀有动物。还有被赵汝适称为骡子，具有红、白、黑三色相间条纹的斑马（Equus boehmi）。这种斑马形如骡身，具浅黄、白色和黑色条纹，见于北纬 1°30′以南，变种格列维斑马（Equus grevyi）则分布到北纬 10°。大象牙、大犀角更是中国久已向往的非洲特产。还有那些具有异香或特殊功效，甚至传说能起死回生的奇香，这些都是中国人已经一清二楚的非洲名牌货。对于那些长十余丈、身高二丈余的大鲸，索马里南部居民更从脑髓及眼睛取油，多的可满 300 多墱，和灰可修船舶，或者用于点灯，肋骨可取作屋桁，脊骨和骨节用来当门扇、门臼。伊德里西和加兹维尼都说，鲸油取自真甲鲸（Physeter macrocephalus）①，是印度洋西岸贝纳迪尔的特产。

索马里更有候鸟群聚，“每岁有飞禽泊郊外，不计其数，日出则绝不见其影。国人张罗取食之，其味极佳。惟暮春有之，交夏而绝，至来岁复然”。中理候鸟是斑色鹌鹑（Coturnix delegorguei），老家在赤道非洲，4—5 月雨季来临便群飞北方，4 月中旬达到顶峰，9—10 月间再度南迁②。这些地理和气候的描写，只能是到过那里的中国人的实地见闻。

传说中理国人能够行使呼风唤雨的巫术，使外国商船“进退不可知”。马可·波罗也知道索科特拉岛人的妖术，能咒使逆风逼船后退③。这些传说反映出印度洋西部赤道风暴的危害。索马里处在赤道季风将气流从南半球输往北半球的地区，所以西南季风期，索马里北部常刮强劲的西南风，索马里语称为“哈里弗”，近岸海浪翻滚，贝纳迪尔沿海常有强大的岸流，小船无法停靠或出航④。索科特拉岛附近是红海暖流和北赤道

---

① 莱纳：《阿拉伯、波斯人印度、中国行纪》（M. Reinaud, Relation des voyages faits par les Arabes et les Persans dans l'Inde et à la Chine dans le IXe siècle），第 1 卷，巴黎，1845 年，第 145 – 146 页。

② 普莱德，格兰特：《非洲鸟类手册：东部和东北非》（W. M. Praed & H. B. Grunt, African handbook of birds: Eastern & North-Eastern Africa），伦敦，1952 年，第 266 页。

③ 玉尔译注：《马可·波罗游记》（H. Yule, The travels of Marco Polo），第 2 卷，伦敦，1871 年，第 399 页。

④ 克拉克：《在英属索马里》（D. M. Clarke, In British Somaliland），载于《海员》，1956 年第 4 期，第 21 卷，第 43 – 47 页。

流汇合的地方，在季风转换期风向尤其多变，西南季风盛期风暴特多，航海者因此视为畏途。要不是中国海员有过东非沿岸航行的丰富经验，《诸蕃志》就不会有这样详细的记录。

中理，闽南话读如申理①，和三麻兰一样，也是索马里民族的早期译名。但早期的三麻兰濒临亚丁湾，仅和《诸蕃志》中的弼琶啰国相类，和中理的地理区划完全不同。因此，三麻兰一名在11世纪初的出现，足以证实索马里民族中的萨马勒族很早便已分布在西起泽拉、东至香角的索马里北方。10世纪以来，索马里民族正是从亚丁湾南岸向印度洋滨海区和内地法凡河流域扩散的。从那时起，萨马勒族中人数最多的达鲁德部落已由朔尔高原西南向奥加登移动，哈维耶部落则沿印度洋向南推进，班图族被迫南移谢贝利河谷地。到了13世纪，地理学家伊本·赛德（Ibn Said）指出，当时一部分哈维耶人已在阿拉伯人建立的梅尔卡附近定居。在西方，这项材料被当作有关索马里部落的最早记录，但比起《宋会要》的三摩泥、三麻兰和赵汝适的中理则要晚很多。从11到13世纪的三个世纪，正是索马里人由北而南在印度洋沿岸扩展的年代，索马里的汉译名称三麻兰和中理在不同地域上的运用，正好反映了索马里境内民族的变迁。《伊斯兰百科辞典》认为索马里（Sōmāli）一名最初出现在埃塞俄比亚王伊萨克（I-saac，1414—1429年在位）的凯歌中②，其实最早记录这个名称的却是中国人。

宋代索马里的对华贸易港，北方有泽拉，南方有新兴的摩加迪沙。北方的泽拉是北宋时期中索贸易的主要港口，对华贸易以输出香药见称，乳香、没药、木香、苏合香是其中的大宗货物，犀角、象牙和玳瑁也是重要出口货。

随着时间的推移，南方的摩加迪沙在印度洋国际贸易上充当着极其活跃的角色，因而在对华贸易方面，也超过了北方的泽拉。摩加迪沙是贝纳迪尔沿岸的主要港口和贸易基地。908年，巴林海岸的哈萨有七个兄弟分乘三艘大船，以武力征服了贝纳迪尔沿岸直到蒙巴萨的许多居住点，建立了一个逊尼派苏菲教徒的埃米尔国。布腊瓦虽然有时被当作首府，但只有摩加迪沙这个最大的商业城市才当得起沿海首屈一指的都会。10世纪末基尔瓦设拉子政权建立以后，阿拉伯移民拥向东非，促进了贝纳迪尔的对外贸易。由于航行季节的制约，摩加迪沙成了东非沿海和亚丁、阿曼之间三角联系的不可或缺的中转港，从而控制了索法拉的黄金和象牙贸易。摩加迪沙又和经过马尔代夫群岛横越大洋的航行联系在一起，展现了中世纪探索印度洋航行的波澜壮阔的幕布。

---

① 孙海棠：《二十世纪中外大地图》，“索谋里”下注“申理”，新民学会，1906年。

② 吉布等编：《伊斯兰百科辞典》（A. R. Gibb etc，The encyclopadia of Islam），第1卷，Berberā条，伦敦，1960年。

而在这些惊心动魄的海上探索者的行列中就有中国的海员。

中国帆船也在 11 世纪下半叶，由马拉巴开往贝纳迪尔，正式开辟了非常便利的东非航线①。自 1898 年以来，中国铜币在摩加迪沙和布腊瓦连续有发现②，上起北宋咸平（998—1003 年），下迄明清③，延续年代之久在东非出土的中国铜币中首屈一指，显示了中国人在当地进行的交易十分兴旺。这些钱币都是出入索马里的中国船上人员的遗存，而摩加迪沙，尤其是中国帆船常到的东非港口。

中国人因此早已熟悉北起伊塔拉、南至基斯马尤的贝纳迪尔海岸，称为“贝纳迪尔洲”（Barr al-banādir）。闽南音［b］常读作［m］，赵汝适译作“麻啰抹”。麻啰抹和阿拉伯香岸的麻罗拔不同，是东非的象牙之国。元代汪大渊另有一个译名“班达里”④。麻啰抹是盛产象牙、没药和木香的地方。据《诸蕃志》象牙条，象牙在“大食诸国惟麻啰抹最多”，“积至十余株，方搬至大食，以舟运载与三佛齐、日啰亭交易”。宋代皇室使用象辂，官员多佩象牙笏、带，12 世纪后象牙进口因此激增，色白纹细端直的大象牙多从麻啰抹运进。中国一跃而成为索马里象牙最大的主顾，摩加迪沙成为对华象牙贸易的最大港口。

宋代进口货中有相当一部分来自索马里。太平兴国七年（982 年）所定八种禁榷物中的玳瑁、犀牙、乳香，至少有一部分是从索马里运出的；通行药物 37 种中的木香、芦荟、没药、安息香和琥珀，更大多产于索马里。南宋时代，对非贸易有增无已。1133 年（绍兴三年）户部奏准的一个进口货单，规定送往京师杭州的珍贵货物中有牙、犀、乳香、乌文木、木香、苏合油、龙涎香、血竭、安息香、琥珀十项，和上、中、下三等药犀，这些都是索马里出产或主产于索马里的进口货。可以在进口港就地发卖的货物中有没药、芦荟等索马里香药。不久进口数额续有增长，因此绍兴十一年（1141 年）规定大部分货物都可就地交易。没药、木香、玳瑁、乳香、血竭、龙涎香、

---

① 沈福伟：《十二世纪的中国帆船和印度洋航路》，载于《历史学》季刊，1979 年第 2 期，第 60－81 页，特别是第 66－69 页。

② 夏德，柔克义：《诸蕃志译注》（F. Hirth & W. Rockhill, Chau Ju-kua），英译本，圣彼得堡，1911 年，第 55 页，第 57 页。

③ 弗里曼—格伦维勒：《摩加迪沙发现的钱币》（Freeman-Grenville, Coins from Mogadishu），载于《钱币年鉴》（The Numismatic Chronicle），1963 年，第 3 卷，第 179 页以下；理查・潘古斯特：《埃塞俄比亚经济史导论》（Richard Pankhurst, An introduction to the economic history of Ethiopia），伦敦，1961 年，第 407－408 页。

④ 班达里，柔克义、伯希和都以为是卡里科特以北的梵答剌亦纳，参见伯希和《马可・波罗游记考释》（P. Pelliot, Notes on Marco Polo），第 3 卷，巴黎，1963 年，第 20 页。但在这里，汪大渊实际上指的是称作古里佛的地方。有关考订见沈福伟：《郑和时代的东西洋考》，载于《郑和下西洋论文集》（二），南京大学出版社，1985 年，第 223－226 页。

安息香、琥珀、芦荟等大多数在索马里和亚丁湾出产的货物，成批运到中国，货物充盈，商务繁荣，政府决定开放贸易，于是索马里产品从此活跃在广州和泉州的市场上。

中索贸易虽然由于中国帆船出入摩加迪沙得以直接进行，但由当地直接向中国起运的终究只占少数。索马里的大部分货物都先汇聚香岸的佐法尔港或也门的亚丁，再由华船运回广州和泉州；一部分由阿拉伯船送往苏门答腊，再转运来华。自从1228年也门的拉苏里王朝建立后，泽拉港也成为也门控制下的海港。13世纪时迪曼希基用索马里的土名阿达勒（Awdal，Adal）称呼泽拉。13世纪中叶，泽拉由于也门的统治，对外没有直接的贸易。陈元靓《事林广记》卷五方国杂志大食弼琶啰国下记述："本国不发舡，为无国主故也。"但间接的贸易往来，通过拉苏里统治下的南阿拉伯，双方仍然维持不息。

第四节　南海大食俞卢和地：基卢普—格迪

宋代出现的南海大食，是阿拉伯移民在东非沿岸建立的商业城镇和穆斯林政权中位于肯尼亚境内，辖有塔纳河和萨巴基河的马林迪王国，和它南面的蒙巴萨地区。庞元英在《文昌杂录》卷一特别提到南海中的阇婆（爪哇）"在大食之北"。时隔一个多世纪，《诸蕃志》卷上阇婆国条再次证实了有一个位于阇婆之南的南海大食。赵汝适说阇婆（爪哇）"南至海三日程，泛海五日至大食国"。原文"泛海五日至大食国"至少是"三月"或"五十日"的刊误。三个月的航行，正好是在同一个东北季风期从爪哇通过巽他海峡越过印度洋前往阿拉伯各国的航程。所到的阿拉伯国家既在爪哇之南，从印度洋南部海流考察，经过巽他海峡到达的大食，不是阿拉伯半岛，而是东非海岸附近的阿拉伯人移民地。这些移民地，北起摩加迪沙、拉木群岛、马林迪、蒙巴萨，南至奔巴岛、桑给巴尔岛和基尔瓦，由来自波斯湾、也门和阿曼的移民建立了贸易站和穆斯林城邦。

庞元英在11世纪80年代接待过的大食使者，也是东非阿拉伯城镇的穆斯林代表。所以庞元英所知道的大食，"本波斯之别种，在波斯国之西，其人目深，举体皆黑"。目深体黑本是昆仑人的特征，并非闪族的阿拉伯人。太平兴国二年（977年）来华的大食使者，他的随从"皆目深体黑"，都是昆仑民族中的桑给人。这些桑给人在9世纪已遍布于波斯湾，构成了南伊拉克垦殖沼泽地的奴隶人口中的主要力量。868—883年在巴士拉由阿里·伊本·穆罕默德领导的黑奴起义，也是以东非桑给人为主体的奴隶起义。10世纪时统治阿拉伯半岛东部地区的卡尔马特军队中，仅在阿曼一地，桑给人便占了6000名之多。直到985年卡尔马特人的统治崩溃为止，桑给人在890年兴起的卡尔马特教派运动中一直是极占势力的民族。977年大食使者的随员中，就有这些桑给人在内。这些目深体黑的大食人就是中国古史上南海大食的居民，在民族成分上和马来人及其近支塞伦人的马来波斯相近。因此南海大食在马来波斯之西，位于爪哇之南。

庞元英在元丰年间（1078—1085年）接待过目深体黑的大食使者究竟来自何处？照比鲁尼在1030年的叙述，那时桑给王居住在甘巴罗岛（奔巴岛），地处经线52°，纬线3°①。甘巴罗是中国帆船在7—8世纪时已经有过来往的地方，很可能在11世纪又有使节到汴梁（开封）。但伊德里西在1154年却说，桑给国的国王居住在蒙巴萨，那么当时到达中国的正是蒙巴萨使者了。据《桑给书》，在蒙巴萨，桑给部落早已成为阿拉伯人的一支了②。

9—10世纪常常成群结队驾驶大小船只蜂拥到达东非沿海的阇婆格（苏门答腊和爪哇）居民，显然推动了这些东非黑人和苏门答腊、爪哇之间的贸易，也使他们取道印度洋南部地区和中国进行商业联系。伊德里西对这些桑给人的贸易这样写过：

> 桑给人无船出海，但阿曼以及属于印度的许多岛屿却有船开往他们那里。他们在那里和桑给人交换货物。阇婆格（Zabaj）群岛居民乘着大小船只，到桑给国用他们的货物做买卖，因为他们彼此通晓语言。③

布索格在《印度珍异记》中也讲道，在945年远东瓦克瓦克（阇婆格）人驾驶1000艘船侵入东非沿海，甘巴罗岛（奔巴岛）也受到攻击。他们征服了索法拉地区。换句话说，坦噶尼喀、莫桑比克沿海城镇都曾受到瓦克瓦克人的侵袭。原因是：“他们发现那里的物产，如象牙、玳瑁、豹皮、琥珀，对他们的国家和中国非常有用，更由于他们想向桑给输出东西，并且借助这里身强力壮的桑给奴（僧祇奴）从事艰苦的劳作。”④

---

① 据比鲁尼《马苏迪原理》（al-Bīrūnī，Kitāb al-qānūn al-Ma'sudī），见托甘编：《比鲁尼世界志》（V. Togan，Birūnī's picture of the world），德里，1937年，第9页。

② 西鲁里：《索马里：各种出版及未出版的作品》（E. Cerulli，Somalia：scritti vari editi ed inediti），第1卷，罗马，1957年，第238页，第265页。

③ 费琅：《阿拉伯、波斯、突厥文远东地志》（G. Ferrand，Relations de voyages et textes géographiques Arabes，Persans et Turks relatif's à l'Extreme-Orient），第1卷，巴黎，1913年，第58页；弗里曼—格伦维勒：《东非海岸》（Freeman-Grenville，The East Africa coast），牛津，1962年，第19页。

④ 布索格：《印度珍异记》（Buzurg Ibn Shahriyār，Adjâ îb al-Hind），法译本（Les merveilles de l'Inde），见《萨瓦杰纪念集》（Mémorial Jean Sauvaget），第1卷，大马士革，1954年，第301页。

此时出现在非洲沿海的入侵者，是些已经到过基尔瓦以南非洲大陆和沿海岛屿的瓦克瓦克人，他们一路赶来，抵达甘巴罗岛要花一年时间。①

马来人的海上活动，给中国航海家参与印度洋西部地区的航行提供了许多方便。虽则中国帆船通常并不采取经由爪哇的东非航路，但爪哇的居民却确实曾由那里横渡大洋，到达桑给海岸交换商品。推动他们这样远涉重洋的一个因素是，好用这些东非的特产去换取中国的名牌货。这是由爪哇人作媒介的中国—爪哇—坦桑尼亚贸易路线。

11 世纪起，中国的海外贸易商不但在苏门答腊建立了牢固的贸易基地，而且也在马尔代夫群岛、东非沿海的曼达岛和桑给巴尔岛设立了新的贸易站。中国帆船也经常出没在这些地方，将斯瓦希里海岸重新划入了它们的运行圈中。那时被阿拉伯人称为桑奈建群岛（黑人群岛）的许多岛屿，东起爪哇、苏门答腊，西至拉木、奔巴、桑给巴尔和马达加斯加，大部分地方都成了中国贸易商努力扩展的市场。

伊德里西的《旅游证闻》对桑给海岸对面印度洋中广为分布的桑奈建群岛在贸易中的重要地位曾有细致的论述。他说："桑给海岸的对面是范围广大、岛屿众多的桑奈建群岛。它们的居民极黑，他们种植的任何东西，诸如蜀黍、甘蔗、樟脑等都是黑的……桑奈建群岛中还有一个叫安札比（al-Anjebi）的岛屿，它的主要城镇在桑给巴尔语中叫翁富贾（al-Anfuja），它的居民属混居，但多数是穆斯林。"他还称赞"那里商业颇盛，市场各色货物俱全"②。

费琅根据巴黎抄本翻译的伊德里西著作中，对安札比岛的翁富贾另有一个正确的译名，称为安示巴岛的翁古贾，离开非洲大陆只有 160 公里。桑奈建群岛中最西的翁古贾坐落在桑给巴尔岛南部，全称翁古贾·库乌（Unguja Kuu）是一处业经发掘的古老居民点。这里对中国贸易商是个重要据点。伊德里西指出："中国人每遇国内骚乱，或者由于印度局势动荡，战乱不止，影响商业往来，便转到桑奈建及其所属岛屿进行贸易。由于他们公平正直，风俗淳厚，经营得法，因而和当地居民关系融洽。该岛（翁古贾岛）人丁兴旺，外来者也多能安居乐业。"③ 伊德里西明白告诉我们，整个桑奈建群岛，从爪哇到桑给巴尔岛，都有中国海外贸易商的营业处，他们大多是驾驶着

---

① 费琅：《阿拉伯波斯突厥人东方文献辑注》（G. Ferrand, Relations de voyages et textes géographiques Arabes, Persans et Turks relatif's à l'Extreme-Orient），耿昇、穆根来译，中华书局，1989 年，第 667 页。

② 伊德里西：《地理志》（al-Idrīsī, Nuzhat al-mushtāq fī ikhtirāq al-āfāq），若贝法译本（P. A. Jaubert, Géographie d'Edrisi），第 1 卷，巴黎，1836 年，第 59 页以下。

③ 伊德里西：《地理志》（al-Idrīsī, Nuzhat al-mushtāq fī ikhtirāq al-āfāq），若贝法译本（P. A. Jaubert, Géographie d'Edrisi），第 1 卷，巴黎，1836 年，第 59 页以下。

本国的帆船前往那里的。这些穿梭在印度洋海岛间经商的中国人，便是早先被阿拉伯人称作瓦克瓦克人的中国船民，大约在1050年前后成了开辟从巽他海峡横渡印度洋航线的中国帆船贸易商的先锋。

伊德里西又提到肯尼亚北部沿海拉木群岛中的曼德（al-Maid），也是中国船经常停靠的地方①。这便是历史悠久的曼达岛，8世纪初已有阿拉伯移民定居了。

11世纪初，爪哇的王族埃伦伽（Erlanga，1019—1049年在位）联合苏门答腊的三佛齐和爪哇的地方势力，建立起一个庞大的山帝王国（Salindra），曾经盛极一时。埃伦伽去世后，帝国分崩离析，于是分布在瓦克瓦克群岛中的中国人穿越巽他海峡，大约在1050年前后，追踪到达克拉地峡的阿拉伯船的东非航线，另辟捷径，奔赴肯尼亚境内的黄金、象牙交易港埠，将拥有充足的资源和工艺成品的中国货直接推到了基尔瓦这个新兴王国的家门口，从此绵延到15世纪。

这些经常往返斯瓦希里海岸的中国帆船，终于促成俞卢和地国派遣蒲啰诜（Abu-l-Ḥasan）在熙宁六年（1073年）十二月十六日到汴梁进献乳香等物。宋廷按照广州牌价付给使者钱2900贯，另外又回赠2000两银子，以示谢意②。庞元英列举熙宁、元丰年间接待的外国使节中也有俞卢和地，在南方十五国中列为十五，在勿巡（苏哈尔）和层檀（吉达）之后："其十五曰俞卢和地，在海南。"南方十五国，只有俞卢和地在"海南"，相应的地点，只有印度洋南部肯尼亚沿海的基卢普和格迪两个古城。

格迪遗址的发现，是20世纪50年代肯尼亚考古的重大成果。格迪北距马林迪16公里，历史上是个重要城市，曾经喧嚣一时。遗址离海6.4公里，3公里外有一处叫米达（Mida）的海滨港湾。格迪这个名字是个盖拉语名，意思是贵城。格迪的原名，见于一本尚未出版的普科莫（Pokomo）部落史，那里记载了格迪·基利马尼（Gedi Kilimani），意思是"坐落在山丘上的格迪"。在1635年的贝蒂洛非洲地图（不列颠博物院收藏）上还能看到，在马林迪和基利菲之间有一个名叫Quelman的城市，便是格迪·基利马尼了③。

格迪遗址，先后在1954年发掘了大清真寺，1960年发现了年代在1399年前刻有铭文的墓葬，1963年又发掘了宫殿遗址。发掘者詹姆士·坎克曼根据大量的龙泉青瓷，

① 伊德里西：《地理志》（al-Idrīsī, Nuzhat al-mushtāq fī ikhtirāq al-āfāq），若贝法译本（P. A. Jaubert, Géographie d'Edrisi），第1卷，巴黎，1836年，第89页以下。

② 《宋会要稿》蕃夷四之九二。

③ 奥开尔逊：《葡萄牙人在东南非：1600—1700年》（E. Axelson, Portuguese in South-East Africa, 1600—1700），约翰内斯堡，1960年，第96页地图。

推测格迪城出现的时间在12—13世纪①。这显然已将出土遗物的年代大大后推。格迪附近有珍贵金属、象牙和奴隶可供出口，它南部面临小海湾，拥有良好的水源，是马林迪和蒙巴萨之间唯一能供应淡水的处所。这些条件使格迪在10—16世纪处于海外贸易的繁荣期②。中国瓷器，以越州余姚窑、龙泉窑、景德镇青白瓷，广东佛山青瓷数量最多，其他如宋元白瓷，14—16世纪青花瓷，甚至元明之际的釉里红，以及多色和单色釉陶都有出土，延续时代之长，在东非也不多见。彩色釉陶，不论刻纹还是凹雕都很少见。龙泉瓷则随处可见，几乎和格迪的历史同时并存。宋瓷成了格迪城的畅销品。格迪和中国的贸易关系，在某种程度上竟可说胜过了它与母国的关系。其中相当一部分瓷器，可能是从苏门答腊和爪哇起航的船只运输的。

格迪南面3公里的基卢普，建立在米达港湾的一座小岛上，类似格迪的外港。虽然发掘者在1952年即已宣称③，根据出土瓷器，基卢普是一座兴起于13世纪初，终止于16世纪末的小城镇，但从出土的大量五彩釉陶可以知道在建城以前，当地已有大量居民。而且，出土的五彩釉陶有一种在底纹上画有细线的类似萨珊银器的纹饰。因此完全有理由认为，基卢普的出现一定也远在13世纪以前。基卢普出土华瓷之多，在东非各地名列前茅，不难想见它和中国贸易之盛况。

俞卢和地使者，就是基卢普和格迪两个城市向中国派出的外交代表。他们在印度洋贸易新的繁荣时期来到之际，表现出对于开展对华贸易强烈的兴趣。中国的档案记录，也对基卢普和格迪出现的历史年代提供了一定的线索和证据，足见中国的物质文明对于当地所具有的吸引力之强了。

第五节　昆仑层期和层拔

朱巴河以南广大的东非海岸和附近岛屿，宋代都将它们包括在层拔和昆仑层期这两个国家中了。

---

①　坎克曼：《阿拉伯城市格迪：大清真寺的挖掘、建筑和发现》（J. S. Kirkman, The Arab city of Gedi, excavations at the Great Mosque, architecture and finds），牛津，1954年；坎克曼：《肯尼亚沿海对印度洋贸易与文明的贡献》（J. S. Kirkman, The Coast of Kenya as a factor in the trade and culture of the Indian Ocean），见米歇尔·莫拉特编：《东方和印度洋商业公司》（Michel Mollat, Sociétés et compagnies de commerce en Orient et dans l'océan Indien），巴黎，1970年，第247－253页。

②　邓布尔：《非洲人》（Dunble, The African），纽约，1976年，第37页。

③　坎克曼：《基卢普考古》（J. S. Kirkman, The excavations at Kilepwa），载于《考古学报》（The Antiquaries Journal），牛津，1952年，第32卷，第168－184页。

周去非在1178年写成的《岭外代答》卷三这样记述昆仑层期国：

西南海上有昆仑层期国，连接大海岛。常有大鹏飞，蔽日移晷。有野骆驼，大鹏遇则吞之。或拾鹏翅，截其管，堪作水桶。又有骆驼鹤，身项长六七尺，有翼能飞，但不高耳。食杂物炎火，或烧赤热铜铁与之食。土产大象牙、犀角。又海岛多野人，身如黑漆，拳发，诱以食而擒之，动以千万，卖为蕃奴。

周去非从中国航海家那里知道，印度洋彼岸的昆仑层期国是阿拉伯黑奴贩卖的重要来源地。这个昆仑层期国实际相当于曼苏地的桑给索法拉国（Bilād Sufālat az-Zanj）或伊德里西的索法拉国（Ard Sufāla）。昆仑层期由昆仑和桑给二名合成，昆仑的对音是Qumr。最初提到Qumr的是花剌子模的madīnat al-Qumr。伊德里西则有Jazīrat al-Qumr，雅库特《地理辞典》（Yāqūt，Mu'jam al-buldān）、伊本·赛德《大地经纬拓展书》（ibn Sa'id，Baṣt al-ard）同样有这个名称，都指马达加斯加岛。Qumr这个字或者和Qamar（月）有联系，希腊地理学家托勒密称为月山。照曼苏地的论述，月山遍及非洲东部大陆。用Qumr（昆仑）来概括尼罗河上游直到莫桑比克海峡的大陆和岛屿并无不可，虽则伊本·卡尔敦并不这样主张①。但阿布·菲达（1273—1331年）在叙述马林迪时明明说过："镇西是个海湾，有发源于昆仑山（月山）的河水流入。湾旁有许多属于桑给人的巨宅，昆仑人的民居在它的南边。"② 马林迪，据同一作者，是桑给王的居地。昆仑显然是和桑给不同的当地居民。桑给人并非纯粹的黑人，已混有含族、闪族和尼罗特人的血统。比阿布·菲达早一个世纪，中国文献上的昆仑层期国也具有同样的含义，特别指出这个国家"连接大海岛"。大海岛就是马达加斯加岛。比赵汝适早半个世纪的周去非，对东非沿岸便只知道这个昆仑层期国，它的南界和大海岛马达加斯加相连，北界则未加界说。

《诸蕃志》中的昆仑层期和《岭外代答》所录内容相仿。唯一的不同是，赵汝适将"海岛多野人"改成"西有海岛"。"西有海岛"是包括许多岛屿的桑给群岛中最西的岛屿。从曼苏地到雅库特，包括《印度珍异记》的作者布索格，都说桑给国有许多海岛，其中最西的著名海岛是岛城基尔瓦·基西瓦尼。基尔瓦·基西瓦尼正是桑给国

① 伊本·卡尔敦：《历史学导论》（Ibn Khaldūn，The muqaddimah，an introduction to history），罗森塔尔（Franz Rosenthal）英译本，第1卷，纽约，1958年，第101页。

② 雷诺编译：《阿布·菲达地理志》（J. T. Reinaud，Gèographie de Aboulféda），第1卷，巴黎，1848年，第206页。

的统治中心，也是从坦噶尼喀的姆里马地区前往科摩罗群岛（Angazija）、马达加斯加岛（al-Qumr）和黄金国索法拉（Sufālat adh-Dhahab）的起航处。在1月份东北季风盛期，来自北方的帆船最南可达德尔加杜角以北的米金达尼，但它的不变率不过40%，所以只有基尔瓦·基西瓦尼才是中世纪印度洋季风贸易的南部极限。

基尔瓦虽早在8世纪就有伍麦叶哈里发派来的移民，但要到976年波斯人在这里建立设拉子王朝后，基尔瓦才开始兴旺发达起来。此后，桑给海岸各移民地之间也陆续建立了一定的政治上的联系。基尔瓦·基西瓦尼逐渐成为北起奔巴、桑给巴尔，南至姆里马地区和莫桑比克北部的广大黑人居住地的政治和商业中心。《基尔瓦编年》（Kitāb al-Sulwa fī Akhbār Kilwa）提供的材料说，苏莱曼·哈桑（1161—1179年在位）当基尔瓦苏丹期间，北起摩加迪沙，南至赞比西河以南的索法拉，加上奔巴、桑给巴尔、马菲亚诸岛都在他管辖之下。葡萄牙编年史家德·巴罗斯提到他的头衔是“索法拉、奔巴、马菲亚、桑给巴尔和洋中一切岛屿的主宰”，领土跨有南北2600公里，东西包括据说宽达1600公里的东非大陆和沿海岛屿。苏丹的势力扩张到卢旺达、乌隆迪、马拉维、赞比亚、埃塞俄比亚南部和扎伊尔东部。在苏莱曼·哈桑统治期间，通向马拉维湖、坦噶尼喀湖、维多利亚湖的商路畅通，一直指向埃塞俄比亚和赞比亚。这样广泛的统治造成了历史上盛传的桑给帝国，但东非沿海和内地的统一不但为时极短，而且控制也非常松懈，实际上包括了许多各自独立的酋长国和穆斯林移民点，并未出现强有力的政治或军事统治。各沿海城镇在贸易上的竞争更多于政治上的联合或臣服，武装力量的建立也不过是为了进行大规模的奴隶贩卖，和争夺索法拉黄金、象牙贸易的控制权。黑奴的贩卖，使阿拉伯和波斯的商人、奴隶贩子从奔巴岛对岸的通戈尼和桑给巴尔岛对岸的乌通德维一直深入到塔波拉和坦噶尼喀湖边。瓦米河口南岸的乌通德维是基尔瓦苏丹所设立的两处军事据点中的波尼（Al-Bānes）①。伊德里西说从蒙巴萨到波尼，陆行6天，水路150英里，所到的地方是当日坦噶尼喀的奴隶贸易的口岸乌通德维。另一处杜纳（Tuh-net），按照伊德里西，是在波尼向南八天路程的地

① 古朗根据伊本·赛德提到的波尼纳（Banina），认为是现在的巴加莫约，参见古朗：《东非历史、地理和商业资料》（C. Guillain, Documents sur l'histoire, la geographie et le commerce de l'Afrique orientale），Ⅰ，巴黎，1856年；又见史德贝克：《阿拉伯地理学家所志中世纪东非》（F. Storbeck, Die berichte der Arabischen geographen des Mittelalters üeber Ostafrika），柏林，1913年，第39页。罗威《东非史》（R. Reusch, History of East Africa，纽约，1961年，第124页）以为是萨达尼，此说近似，而未被史学界采纳。弗里曼—格伦维勒《中世纪坦噶尼喀沿岸史》（Freeman-Grenville, The medieval history of the coast of Tanganyika，牛津，1962年）认为在潘加尼河口的潘加尼，《非洲通史》（D. T. 尼昂主编，中译本，第4卷，中国对外翻译出版公司，1992年，第379页）采用了这一说法。

方，如果走水路也是150英里①。此地大致是鲁菲季河口对岸马菲亚岛西南的基西马尼古址。这两处军事重镇都在基尔瓦以北，足以控制索法拉到蒙巴萨的航运和交通。

基尔瓦·基西瓦尼不但是设拉子苏丹国的首都，而且也是坦桑尼亚境内最南的良港，又是来自鲁伍马河上游和马拉维湖岸区的奴隶集中地，周去非因此以为奴隶就来自这个海岛。他描述的昆仑层期和苏莱曼·哈桑统治下的桑给国应该是一致的。

昆仑这个名词，还是传统用来称呼南海和印度洋附近黑色和浅棕色民族的种族名称。在阿拉伯传说中，亚洲高原的昆仑（Komr）民族不断向南迁移，进入中南半岛和马来群岛的称为Kamrun，以后又迁往非洲东岸和马达加斯加岛，仍称Komr。伊本·赛德在1250年左右讲到有一些被中国驱赶出来的昆仑人（Qumr）曾远抵马达加斯加岛，马达加斯加岛便由此得名昆仑。周去非使用昆仑层期（Komr-Zangi）这个名称，表示层期国并未超出昆仑民族的居住范围，仍在唐代义净早已规定的昆仑民族的界说以内。12世纪时的层期国又正好是基尔瓦的苏丹国。伊德里西对于昆仑（马达加斯加岛）的岛民和索法拉、桑奈建之间来往极多的事实颇有兴趣，周去非也从到过东非和基尔瓦·基西瓦尼的中国船员那里知道昆仑层期和一个大海岛（马达加斯加岛）相近。阿拉伯文、波斯文中的Komr Zangi，Komr Zengistan，其实是阿拉伯地志中“桑给地区中的昆仑岛”的意思，此岛才是马达加斯加岛，并非后世所称的科摩罗群岛。周去非的昆仑层期当然不只是甘巴卢（奔巴岛）的音译，更不会是马达加斯加岛②。因为这个马达加斯加岛只是桑给国的一部分而已。

周去非所说的骆驼鹤，是非洲鸵鸟，传说此鸟“食杂物炎火，或烧赤热铜铁与之食”，是因为那里气候炎热，和出产铜铁的地方相近。马林迪、蒙巴萨地区的冶铁业和莫桑比克的铁矿，赞比亚、津巴布韦的铜矿，是这种传说的真实含义。在阿拉伯作家中，伊德里西算是最早比较详细地记述莫桑比克沿海和索法拉国的商业和采矿业的。在莫桑比克沿海，他提到的重要商站有金塔玛和登代玛，两地从索法拉矿山采铁运销印度。登代玛算是索法拉的主要城镇。此外，散纳（Ṣayūna）和布卡（Bukha）也是索法拉的两个大城，散纳居民更多，有印度人、桑给人和其他土著部落。该城靠近海湾，

---

① 伊德里西：《地理志》（al-Idrīsī，Nuzhat al-mushtāq fī ikhtirāq al-āfāq），若贝法译本（P. A. Jaubert，Géographie d'Edrisi），第1卷，巴黎，1836年，第57－58页。

② 伯希和秉承费琅的说法，以为昆仑层期是层期国的昆仑岛，仍将此国当作马达加斯加岛。见《马可·波罗游记考释》（P. Pelliot，Notes on Marco Polo），第2卷，巴黎，1963年，第780页；又见李约瑟：《中国科学技术史》（J. Needham，Science and civilization in China），剑桥，1971年，第4卷，第3册，第560页后，图989。

并有良港供常来的外国船停泊①。阿布·菲达更明白指出散纳位于源自月山的大河的入海口，是索法拉各族人民的都城，索法拉王居所在②。散纳相当于赞比西河口的西纳，布卡则在贝拉附近。周去非仅比伊德里西晚24年，比起后来的伊本·赛德和伊本·白图泰关于坦噶尼喀沿海和内地的记述都要早得多。诚然，周去非的文字简约，内容也不精细，这是因为他本人从未去过非洲，广州和基尔瓦的距离又远远胜过阿拉伯和这些地方的间隔。

1225年赵汝适写《诸蕃志》，除了记述昆仑层期，还有层拔国：

> 层拔国在胡茶辣国南海岛中，西接大山。其人民皆大食种落，遵大食教度，缠青番布，蹑红皮鞋。日食饭面、烧饼、羊肉，乡村山林多障岫层叠。地气暖无寒。产象牙、生金、龙涎、黄檀香。每岁胡茶辣国及大食边海等处发船贩易。以白布、瓷器、赤铜、红吉贝为货。

层拔，现在译作桑给巴尔。这个名称出现在13世纪，是对那些自从12世纪以来业已伊斯兰化的统辖着朱巴河以南非洲沿海和附近许多岛屿的黑人居住区的统称。桑给巴尔，波斯语写作Zengībār，阿拉伯语是Zangibar，13世纪的波斯作家加兹维尼写作Zangbār，阿拉伯地理学家雅库特使用Zangabār。bar借自泰米尔语中的-param，在那时是个新名词。

这个在胡茶辣（古查拉特）以南海岛中的黑人国，并非仅仅是桑给巴尔岛。桑给巴尔岛在那时有它自己的专门名称。在比《诸蕃志》仅早一年的《地理辞典》（Mu'jam al-Buldān）中，作者雅库特根据桑给巴尔岛的土名翁古贾（Unguja）称作朗古贾（Languja）。他说桑给巴尔岛是"桑给国的一个大岛，是该国国王居住的地方。和大陆沿岸通商的船只要到那里去检修"。他指出岛上的居民是穆斯林。在另一处有关奔巴岛的描述中，他将奔巴命名为绿岛（Jazrīat al-Khaḍrā'），他说："绿岛是桑给国在印度洋中的另一个大岛，既长又宽。四周盐海围绕。"桑给巴尔的范围大致并不下于伊德里西的桑给国，拉木群岛以南，广及坦噶尼喀的北部沿海，鲁非基河以北东非沿岸和岛屿都在其中。和赵汝适同时代的阿拉伯著作，一致认为不论奔巴岛还是桑给巴尔岛都只是桑给国中的一个岛屿，并且各有自己特殊的名称——绿岛、朗古贾岛。

---

① 伊德里西：《地理志》（al-Idrīsī，Nuzhat al-mushtāq fī ikhtirāq al-āfāq），若贝法译本（P. A. Jaubert，Géographie d'Edrisi），第1卷，巴黎，1836年，第64页。

② 雷诺编译：《阿布·菲达地理志》（J. T. Reinaud，Gèographie de Aboulféda），第1卷，巴黎，1848年，第152页。

赵汝适在对《岭外代答》的昆仑层期国改动的一处“西有海岛”之外，又加上一个层拔国，这是由于他对于基尔瓦苏丹国和东非沿岸有了比周去非更进一步的认识。东非沿岸半阿拉伯人半班图人的斯瓦希里民族的形成，也是阿拉伯—波斯移民和当地含族（库施族）、班图族居民融合的结果。阿拉伯语中的 Sāhil，复数 Swāhil，意思是“沿岸”。斯瓦希里居民被称为 Wa-Swahili，他们的语言称为 Kiswahili。东非各地的斯瓦希里民族，由于移民来源和历史条件的不同，因而在种族和方言上也有各种差异。在拉木以北直到贝纳迪尔海岸，沿海居民是由阿拉伯人、叙利亚人和含族、索马里人，以及少数班图黑人混合而成的，他们的语言是阿拉伯语、含语（东库施语）和班图语的综合，并含有索马里语、阿拉美语、希伯来语词汇。阿拉伯语在发音和用词上的影响特别强烈。在马林迪和蒙巴萨地区，美索不达米亚阿拉伯语和班图语的因素互相影响。在语言上，阿曼语以及波斯、土耳其、印度和俾路支词汇构成了这一地区斯瓦希里语中的另一些因素。在坦桑尼亚，斯瓦希里居民是由班图和波斯—阿拉伯民族形成的。东非沿岸的斯瓦希里居民，大致可以蒙巴萨及符贝奇为界线，分成南北两支，北支在蒙巴萨以北，主要由阿拉伯人、含族和班图族合成；南支在蒙巴萨以南，完全由波斯—阿拉伯族和纯粹的班图族组成。赵汝适的层拔和昆仑层期，正好相当于斯瓦希里民族的南北两部分。层拔，北起贝纳迪尔南端朱巴河口，南至蒙巴萨地区，以蒙巴萨为中心；昆仑层期，北起奔巴海峡，南至莫桑比克，其中心是基尔瓦·基西瓦尼。

13 世纪的桑给国是从贝纳迪尔沿海开始，向南延伸到蒙巴萨附近的。波斯地理学家加兹维尼在指明阿比西尼亚位置时，才明确了这一点。他在《列国志》（Āthīr al-Bilād）中写道：“阿比西尼亚是个大国，从此向北是巴巴拉湾，东和南接连桑给国，其西则是贝贾人的居地。”① 这时的阿比西尼亚（埃塞俄比亚）占有巴巴拉沿岸的良港，桑给人的居住地才退到奥加登以东的印度洋滨。和加兹维尼同时代的西班牙摩尔人伊本·赛德到过东非，照他的观察，桑给国是从摩加迪沙开始的东非沿海黑人国家，它的国都是蒙巴萨②。死于 1327 年的迪曼希基（Kitāb nukhbat al-ḍahr）也将摩加迪沙置于桑给地方。

雅库特的《地理辞典》列有桑给国的地理位置：“在赤道以南，华盖星之下。”又

① 胡史登菲尔编：《加兹维尼的〈列国志〉和〈玄怪录〉》（F. Wüstenfeld，“Denkmälerder Länder” und “Wunder derSchöpfung” von Kazwīnī），第 2 卷，德译版，葛丁根，1848—1849 年，第 12 页。近有 1950 年贝鲁特重印本。

② 费琅：《阿拉伯、波斯、突厥文远东地志》（G. Ferrand，Relations de voyages et textes géographiques Arabes，Persans et Turks relatif's à l'Extreme-Orient），第 2 卷，巴黎，1914 年，第 321－322 页。

说：“桑给国北疆和巴巴拉相接，此地与亚丁邻近。”① 在另一处更明白提到：“摩加迪沙是位于也门以南的巴巴拉地方和桑给国边界的城市。”② 雅库特确是以谢贝利河南岸的摩加迪沙作为巴巴拉和桑给人居住区的分界，摩加迪沙的阿拉伯人则统治了巴巴拉沿海地区。巴巴拉地方和桑给国的界限，随着索马里人向贝纳迪尔海岸的移民，在13世纪已由谢贝利河流域逐渐推向朱巴河了。

1332年访问摩加迪沙的伊本·白图泰，对巴巴拉和桑给国所作的界说也和雅库特相吻合，伊本·白图泰的巴巴拉位于索马里北部，桑给则是奥加登以东向南延伸的沿海平原。在伊本·白图泰时代，和桑给国南部邻接的地区才叫斯瓦希里地方。到过蒙巴萨的伊本·白图泰提到，斯瓦希里地方是从桑给巴尔海峡附近向南延伸的坦桑尼亚大陆。伊本·白图泰说他到蒙巴萨后，“在蒙巴萨和斯瓦希里人居地之间，须经为期两天的水路”。换句话说，从潘加尼附近向南的东非大陆，是被阿拉伯人称为斯瓦希里的地方。赵汝适关于东非沿海具有比阿拉伯人更加精确的地理区划观念，他对起自贝纳迪尔的索马里南部地区别称中理。赵汝适的层拔国大致相当于阿拉伯人的桑给国，是在以摩加迪沙为主要城市的麻罗抹（贝纳迪尔）以南，包括肯尼亚沿海的国家。赵汝适的昆仑层期则相当于阿拉伯人的斯瓦希里地万，辖有坦噶尼喀和莫桑比克北部，以及奔巴、桑给巴尔、马菲亚诸岛，远达科摩罗群岛和马达加斯加岛的广大地区。

赵汝适以为昆仑层期“西有海岛”，是对尚属未知境域的南非大陆的一种推测，因为直到那时为止，人们所知道的非洲大陆，仅止于马达加斯加岛以西莫桑比克海峡对岸出产铜铁和黄金的一大片土地，再往西去，估计还有“海岛”。这“海岛”是对南非大陆的猜测，当时的地理知识到此已面临一个极限了。

---

① 胡史登菲尔编：《雅库特地理学辞典》（F. Wüstenfeld，Jacut's geographisches wörterbuch），Ⅰ，德译版，莱比锡，1866－1873年，第501－502页。

② 胡史登菲尔编：《雅库特地理学辞典》（F. Wüstenfeld，Jacut's geographisches wörterbuch），Ⅳ，德译版，莱比锡，1866－1873年，第602页。

第八章
唐宋时期的中非贸易

第一节　市舶制度和唐宋贸易港的变迁

唐帝国和阿拉伯哈里发帝国是中世纪早期世界上两个拥有广袤的领土、繁荣的经济、绚烂的文化和强大的军事实力的伟大国家。双方通过陆上贸易往来频繁。更重要的是，唐代南海贸易有了巨大的发展。航海技术的提高，造船业的发达，使海上交通进入一个新的阶段。北宋建立后，更积极鼓励和招徕海外贸易。到了南宋，从海上贸易取得的税收更成为国家财政收入的一项重要来源，通过海舶进行的商业活动超过了西北的陆上贸易。

唐代最重要的对外贸易港，都偏于南海，广州和交州名列前茅。这两处古港自公元前后便是南海贸易的基地。唐代越南北部的交州在中国版图之内，位于南海的前哨。广州自 7 世纪以来更一跃而成为印度洋航业的中心。从广州起航的中国帆船通航印度洋各地，东南亚各国船只都以广州为最大的停泊港，非洲使节来华也在广州登岸。广州外商云集，有数万户，阿拉伯人、波斯人尤占多数，由蕃长或蕃酋统辖。7—9 世纪，广州和交州在对外贸易中常呈现交替兴衰的关系。广州是唐代岭南节度使治所，又是外交使节出入要地，水运港口和商业都会。每逢地方官侵刻过深，商船就难免另找他港交易。广州衰败之年，常常就是交州繁荣之时。

唐朝中期，天宝（742—756 年）以后，陆道不畅，加之阿拔斯王朝阿拉伯人努力开拓远东贸易，促使海道代兴。丝绸之外，陶瓷更成为重要的外销商品。丝绸、瓷器从唐代起便是中国传统的两大出口货。海外贸易的繁荣，使中央政府决意在广州设置市舶司，专门管理税收，增加国库收入。714 年发生了岭南市舶使周庆立勾结波斯僧及烈广造奇巧进献玄宗被弹劾的事。市舶司大约早到 7 世纪末便有了。唐朝在广州设立市舶使专管海外朝贡和对外贸易，似由 684 年广州都督路元睿被马来半岛的昆仑国商人杀死促成。市舶司采用民贩其货、官抽其税的办法，比 6 世纪时由州郡政府用半价收购，转手再出售，从中取利数倍①的情形有所收敛，然而海船到港，既有“下碇之税”，又有“阅货之燕”，层层敲剥，仍然极为可观。市舶司对海外货物征收下碇之税，又称舶脚。唐代在舶脚之外，对进口货采取收市（征购）、进奉（献礼）的办法，余下的才许自由交易。对各地有重复抽税的，834 年特地做了规定，一次抽税、收市、进奉之后，便可听任来往流通了②。阿拉伯商人苏莱曼·丹吉尔说，外国海舶到广州后，政府定期抽取十分之三的货物，余货由原主拍卖③。唐朝政府从交、广海外贸易中攫取了大量财货。

阿拉伯地理学家对中国沿海的对外贸易港也有记载。伊本·郭大贝的《省道志》中列举中国沿海有四大名港，南起龙景（al-Lukin），四日后可到广府（Khanfu），八天后到越府（Djanfu），往经六天是江都（Kantu）。龙景在越南南部的比景（北景），往北是广州、明州、扬州④。广州、扬州外商最多，阿拉伯商船大都出入比景、广州，最远经商扬州。

五代时刘隐、刘岩兄弟割据岭南，从 907 年到 971 年，先后统治 65 年，交、广重镇都在刘氏南汉政权控制之下。

到了宋代，海外贸易更进入一个大发展时期。北宋建立之初就很重视市舶之利，立即着手组织海舶出航，招徕外国商船来华，重振南海贸易。同时在广州、杭州、明州分别设立市舶司管理海舶出入和货物的征榷、贸易。971 年南汉政权覆灭，宋廷立即在广州设立市舶司，任命知州兼领市舶使。989 年又在杭州设立两浙市舶司。999 年，杭州、明州都设置市舶司，开放贸易。福州、泉州也常有东南亚和琉球商船出入，因此，1087 年在泉州增设市舶司。1088 年又在山东密州板桥设市舶司管理海外贸易。

---

①　《梁书》卷三三《王僧孺传》。

②　《全唐文》卷七五《太和八年疾愈德音》，又见《册府元龟》卷一七〇。

③　莱纳：《阿拉伯、波斯人印度、中国行纪》（M. Reinaud, Relation des voyages faits par les Arabes et les Persans dans l’Inde et à la Chine dans le IXe siècle），第 1 卷，巴黎，1845 年，第 34 页。

④　沈福伟：《论唐代对外贸易的四大海港》，载于《海交史研究》，1986 年，第 2 期，第 19－32 页。

崇宁二年（1103年），由于一度裁撤的杭州、明州市舶司的恢复，泉州改为专任提举市舶司，确立了两浙、福建、广南三路市舶司管理海外贸易的制度①。1166年又结束了两浙路提举市舶司，泉州、广州便成为了南宋并列的两大市舶司。宋代对外贸易港，从广州到板桥，遍布沿海。广州、泉州、明州、杭州并列为四大海港。但一直到12世纪初，广州在对外贸易上仍然遥遥领先，明州、杭州、泉州都居其次。埃及、摩洛哥和泽拉的使者与贸易船仍都停靠广州，出入岭南和汴梁（开封）之间。

南宋时期，偏安长江以南的宋朝政府，由于军政费用日益浩大，可供剥削的土地和人民却大大减缩，于是更加注意将市舶之利列为国家的一项财源。泉州由于介于广州和杭州之间，闽北和江西、浙江的陆路交通日益改善，货流通畅，外国商船多就近停靠。泉州和福州、漳州各地的造船业蒸蒸日上，外销的丝绸、瓷器也跟着大有起色。到绍兴末年（1162年），泉州在对外贸易方面已发展到和广州并驾齐驱。1159年提举两浙市舶张阐概述，三路舶司每年从抽分（征税）及和买（征购）中可得净利200万缗②。而1160年南宋政府的全部岁入不过4500万缗，广州和泉州市舶的岁入，便占到4%以上。到13世纪中叶，两浙和福建船舶出海，多从泉州启碇。吴自牧《梦粱录》卷一二说："若欲船泛外国买卖，则自泉州便可出洋。"泉州已和广州一样成为东南沿海和东南亚、印度洋各国，甚至远到埃及互相交往的门户了。

第二节　宋代中非贸易的路线和型式

宋代中国和非洲各国的经济往来，主要仰赖于印度洋海道。

宋初海外贸易，在982年前完全由政府控制，在汴梁设置榷易院，规定进口香药宝货非出官库的禁止私自贸易，对运进货物进行"抽解"，征收十分之一的进口税。不久，进口货物增多，政府对交易的尺度放宽。982年时，除将珠贝、玳瑁、犀象、镔铁、鼊皮、珊瑚、玛瑙、乳香八项列入"禁榷"物资由政府统购外，列举通行药物37种由政府博买半数进行"官市"，其余由民间自由买卖。大致抽解占十分之一，官市和自由买卖各占十分之四③。禁榷物中的玳瑁、犀象、镔铁、珊瑚、乳香，有些就来自阿拉伯和非洲，尤其乳香长期以来一直是进口的大宗货物。通行药物中的木香、檀香、

① 王象之：《舆地纪胜》，卷一三〇，引《九朝通略》。

② 《建炎以来系年要录》卷一八三，绍兴二十九年九月壬午条。

③ 《宋会要稿》职官四四之二。

芦荟、没药、安息香、乌樠木、琥珀，也有非洲产品在内。木香、没药的主产地就是索马里。

广州、明州、杭州自宋初就和大食、古逻（奎隆）、阇婆（爪哇）、占城（越南中部，新州）、勃泥（文莱）、麻逸（菲律宾）、三佛齐（占卑）互通贸易，中国以金银、缗钱、铅锡、杂色帛、瓷器交换这些国家的香药、犀象、珊瑚、琥珀、珠琲、镔铁、鼊皮、玳瑁、玛瑙、车渠、水精、蕃布、乌樠、苏木等物①。14 项主要进口货中，香药、犀象中相当一部分来自非洲和阿拉伯香岸；作为玻璃别称的水精，主要由埃及、印度输入；珊瑚、琥珀、珠琲、玳瑁、乌樠等五项，广泛产于南海各地，但其中也应有来自红海和非洲的。

南宋时期，进出口贸易成倍增长。禁榷、博买的舶货，本来必须上供京师香药库，但因运送量越来越大，各级官吏从中勒扣，政府不胜负担，于是大部分进口货只得在停泊港就地出售，政府征购的限于乳香和牛皮筋角等可造军器的货物。绍兴三年（1133 年）十二月十七日户部奏准蕃物名色单子中，开列发送杭州的货物有 130 项，金银之外，乳香、象牙、犀角、檀香、乌文木、木香、琉璃、苏合油、腽肭脐、龙涎香、血碣（竭）、安息香、红花等都是非洲名产，香药占到发运物项目的半数以上。其中乳香一项，货单中就列有下述名称：

> 乳香　揀香　上色瓶乳香　中色瓶香　下色瓶香　上色袋香
> 中色袋香　下色袋香　塌香　黑塌香　水湿黑塌香
> 斫削拣选低下水湿黑塌香

犀一项下有：

> 犀　上等螺犀　中等螺犀　下等螺犀　上等药犀　中等药犀
> 下等药犀

同一个单子中规定可以在进口港就地发售的 91 项货物中，有御碌香、芦荟、没药、白胶香、乌黑香这些非洲香药。从非洲和阿拉伯香岸进口的香药，不但占去了进口香药品种中的大部分，而且在数量上也占绝对多数。仅 1077 年运到中国的乳香就有 35.4 万斤。南宋初年建炎以后，更鼓励乳香大量运入，尽数由市舶司征购。

① 《宋会要稿》职官四四之一。

绍兴十一年（1141 年）十一月户部重新裁定准许在当地交易的货物单，共计 336 项，其中来自非洲的有没药、木香、玳瑁、乳香、苏合油、血竭、腽肭脐、龙涎香、安息香、琥珀、芦荟、翡翠、檀香、白附子、乌香、红花、琉璃、琉璃珠、药犀、御碌香、薰陆香、龟头犀等。在 1133 年规定必须发送杭州货单中的非洲货，这时仅有象牙、犀角、乌文木三项仍被列为珍贵物品，必须作为“上供”按纲发送京师。象牙、犀角用作各级官员佩戴的象笏、犀带，自然要推非洲所产大象、巨犀最为合适。乌文木是珍贵的建筑、造船材料，极为罕见。其余各项，包括乳香、龙涎香、血竭、安息香、木香，由于非洲和南阿拉伯的运输量迅速增长，以致完全不必专门起纲发运京师了。

1164 年后，宋廷对一些优质进口货常选择良好的加重抽解。犀象，十分抽二分，征购四分；真珠，十分抽一分，征购六分。来自非洲的犀角、象牙，大都仍由政府收购。

虽然大部分非洲香药和犀牙都由海上运到中国南方，但西北陆道在茶马交易方面仍然非常活跃。有相当一部分乳香、安息香是由于阗或龟兹的回鹘贡使运到关中的。10 世纪喀喇汗国崛起于中亚细亚，伊斯兰教便在葱岭东西广泛传播。1001 年尤素甫·喀迪尔汗（Yusuf Kadir Han，998—1032 年在位）占领于阗，1009 年派使者和宋朝通好。直到 1124 年，于阗连年通贡，一百多年中共有 31 次①。龟兹和宋朝，在 1001—1096 年间共通贡 20 次②。这些回鹘商队常将珊瑚、琥珀、乳香、木香、龙涎、安悉（息）香、苏合香油、象牙、腽肭脐等阿拉伯和非洲产品，从波斯湾运入黄河流域。1071 年于阗贡物中有珠、玉、珊瑚、翡翠、象牙、乳香、木香、琥珀、花蕊布、硇砂、龙盐（涎）、药物、铁甲马③。乳香、木香、象牙、龙涎、翡翠④大都产在索马里、埃塞俄比亚和埃及，珊瑚、琥珀也有北非、东非出产的。由于非洲香药仍取葱岭古道东运，以致出使漠北的洪皓在《松漠纪闻》中以为回鹘就是香料产地，说当地香有乳香、安息、笃耨。乳香、安息香都从香岸、索马里运入，笃耨香（Pistacia terebinthus）本出自柬埔寨，洪皓所说笃耨实是梵语杜噜香（turuska），古称苏合香。苏合香油和笃耨味同，《诸蕃志》卷下介绍苏合香油可比笃耨：“苏合香油，出大食国，气味大抵类笃耨，以浓而无滓为上。”苏合香自古产于亚丁湾，中世纪时苏合香油大多产在叙利亚和拜占庭。直到建炎三年（1129 年），阿拉伯使者仍由陆路进入熙州贩运珠玉，因政局

---

① 据《宋会要》，961—971 年间共通贡七次。

② 据《宋会要》，962—984 年间共通贡四次。

③ 《宋会要稿》蕃夷七之三二。

④ 翡翠，本指缅甸所产硬玉，但其中一定有相当数量是埃及绿宝石。

动乱，宋朝财政支绌，被赵构下令拒绝①。此后，宋室南渡，陆路贸易便告中断。通过西北陆道的间接的转口贸易和蓬勃发展的海上贸易相比，完全无足轻重了。

中国的出口货，以杂色帛、瓷器、茶、铅、锡、铜为主②。铜钱是铸铜原料，东南亚各国和斯里兰卡极为重视，在当地照样流通。“蕃夷得中国钱，分库藏贮，以为镇国之宝。故入蕃者非铜钱不往，而蕃货亦非铜钱不售。”③ 这情况同样适用于东非。中国帆船开赴印度洋西部沿海的，也随带大量铜钱。宋代钱币从摩加迪沙到基尔瓦·基西瓦尼的广大地区都有发现。摩加迪沙和布腊瓦出土宋钱，从北宋咸平（998—1003 年）到南宋咸淳（1265—1274 年），还有南唐中主李璟（943—961 年在位）所铸铜钱④和明代永乐通宝。肯尼亚的格迪出土庆元（1195—1200 年）通宝和绍定（1228—1233 年）通宝各一枚。坦桑尼亚的基尔瓦·基西瓦尼发现的中国钱币以宋代居多，有北宋太宗（976—997 年）、仁宗（1023—1063 年）、神宗（1068—1085 年）、哲宗（1086—1100 年）、徽宗（1101—1125 年）年间，和南宋高宗（1127—1162 年）、宁宗（1195—1224 年）时期所铸的，出土过淳化（990—994 年）元宝一枚，熙宁（1068—1077 年）元宝四枚，政和（1111—1117 年）通宝一枚⑤。基西马尼·马菲亚在 1916 年也见有宋钱三枚，其中有神宗时期的一枚⑥，还有绍兴（1131—1162 年）元宝⑦。桑给巴尔岛早在 1888 年便由英国领事约翰·柯克搜集出土宋代钱币⑧。该岛马肯杜西 1944 年发现过大批钱币，176 枚铜币中属于北宋（960—1127 年）的有 108 枚，南宋时期的有 56 枚，也是宋币占了多数。坎克曼说，南宋铜币多混杂在 14—15 世纪物中，在

---

① 《宋会要稿》蕃夷七之二二。

② 《宋会要稿》刑法二之一四四，《宋史》卷一八六互市舶法。

③ 《宋会要稿》刑法二之一四四。

④ 胡尔塞韦：《索马里发现的中国钱币》（F. P. Hulsewé，Chinese coins found in Somaliland），载于《通报》（T'oung Pao），1959 年，第 47 卷，第 1－2 期，第 81－83 页；弗里曼—格伦维勒：《摩加迪沙发现的钱币》（Freeman-Grenville，Coins from Mogadishu），载于《钱币年鉴》（NC），1963 年，第 3 卷，第 179 页以下。

⑤ 司徒尔曼：《东非文化史》（F. Stuhlmann，Beiträge zur kulturgeschichte von Ostafrika），柏林，1909 年，第 860 页；华尔克：《基尔瓦出土钱币》（J. Walker，Some coins from Kilwa），载于《钱币年鉴》（NC），1939 年，第 5 卷，第 225 页；华尔克：《新发现的基尔瓦钱币》（J. Walker，Some new coins from Kilwa），载于《坦噶尼喀汇刊》（Tanganyika Notes and Records），1956 年，第 61 期。

⑥ 皮尔斯：《桑给巴尔：东非岛屿大都市》（F. B. Pearce，Zanzibar，the island metropolis of Eastern Africa），伦敦，1920 年，第 344 页。

⑦ 英格拉：《桑给巴尔的历史和人民》（W. H. Ingrams，Zanzibar：its history and its people），伦敦，1931 年，第 89 页。

⑧ 夏德：《古代瓷器》（F. Hirth，Ancient porcelain，a study in Chinese medieval industry and trade），莱比锡，1888 年。

桑给巴尔到处可见①。这些钱币多半是由中国船上人员带到当地的。

丝绸、瓷器是中国出口货的两大台柱。各色丝织物行销埃及、泽拉、摩加迪沙、蒙巴萨和桑给巴尔。但因东非气候湿润，地下难以久藏，所以不见于考古发掘。1219年后，宋朝改变用金银收购进口货办法，规定市舶司都用绢帛、锦绮、瓷漆之类作为博买的本钱②，丝织物外销更多。但采用官卖办法，不受外商欢迎。

霍城出土元代龙纹白瓷碗

自宋开始，瓷器在出口货中的比重已逐渐凌驾于丝织品之上。华瓷产量之大，品种之多，花色之富，质量之高，绝非阿拉伯、埃及、波斯刚刚开始仿制的产品可比拟，而且适合海上巨舶的长途运输，因而远销非洲各地。12世纪初，陶瓷便是理想的压舱物，随船远涉重洋。《萍洲可谈》卷二记述中国的“舶船深阔各数十丈，商人分占贮货，人得数尺许，下以贮物，夜卧其上。货多陶器，大小相套，无少隙地”。宋代南方各省瓷业有很大发展。南宋时南方瓷业生产已逐渐胜过北方，大大促进了陶瓷的外销。南方多原生高岭土和瓷石，因而南方各窑瓷胎氧化硅含量较高，不像北方各窑瓷胎氧化铝和氧化钛含量高，适合用较重还原焰烧成。南方各窑制造的瓷器细洁莹泽，具有半透明度、观感白度和较高的强度和硬度③。南宋时杭州有官窑瓷，景德镇有对定窑、钧窑的仿造，以及越州、龙泉、建窑的青瓷，吉州窑的黑釉和釉下彩绘瓷，广州西村窑的青白釉，都是外销瓷器。龙泉青瓷、景德镇青白瓷在非洲十分流行。宋元之际，德化窑的青白瓷器也加入了外销瓷的行列，随之远销东非。

宋代瓷器行销非洲，北起埃及，南抵莫桑比克和津巴布韦。非洲出土华瓷的遗址约有80处，东非沿海便有60多处。英国弗里曼—格伦维勒在坦桑尼亚沿海和附近岛屿见到有华瓷的遗址46处。各地外销非洲的华瓷，根据出土物鉴别，浙江龙泉窑青瓷延续时间最长，自11世纪直到16世纪，在外销非洲的瓷器窑口中居于突出的地位，在宋代风靡非洲各地的瓷器中更是首屈一指。

非洲出土宋元瓷器的地点很多，可以亚丁湾为界分成南北两区。埃及、苏丹、泽

---

① 费莱西：《中世纪中国和非洲的关系》（Teobaldo Filesi，Le relazioni della Cina con l'Africa nel medio-evo），米兰，1962年，第78页；

② 《宋史》卷一八五。

③ 周仁：《中国历代名窑陶瓷工艺的初步科学总结》，载于《考古学报》，1960年，第1期；又见《中国古陶瓷研究论文集》，轻工业出版社，1982年，第115－133页。

拉、柏培拉、哈拉尔、达加布尔为北区；南区沿印度洋西海岸由北而南，有摩加迪沙、基斯马尤附近的科埃马群岛、布尔高、帕特岛、曼达岛、拉木岛、恩瓦纳、曼布鲁伊、格迪、基卢普、马林迪、基利菲、姆纳拉尼、蒙巴萨、奔巴岛、桑给巴尔岛、马菲亚岛、基尔瓦·基西瓦尼、松戈·姆纳拉岛和圣吉·亚·卡提岛。

埃及福斯塔特发现华瓷最多，共计达12000片。据日本小山富士夫的分类，其中有唐到宋初越窑系青瓷，唐、宋、元、明白瓷，宋、元龙泉窑青瓷，元代青花器，以及明清两代青花和彩瓷。出土瓷片属于唐代的有越窑青瓷229片，邢窑白瓷300片左右，晚唐长沙窑瓷4片，唐三彩（釉陶）2片。宋代白瓷、龙泉青瓷都将埃及划入运销半径以内，从海陆两路同时运输。毫无疑问，从法蒂玛王朝起，埃及便成了中国瓷器在非洲最大的主顾。数量可观的华瓷分布在亚丁湾附近直到德尔加杜角以北的东非各地。泽拉和摩加迪沙都有重要发现。格迪出土的中国瓷器仅次于摩加迪沙。12世纪以来，精美的中国瓷器逐渐成为埃塞俄比亚、索马里、肯尼亚和坦桑尼亚沿海居民使用餐具的主要供应来源，并且装饰了帕特、马菲亚岛附近朱阿尼岛的库阿、基尔瓦·基西瓦尼、圣吉·亚·卡提、松戈·姆纳拉贵胄和富商的厅堂。帕特和库阿的房屋有专门陈列瓷器的壁橱①。肯尼亚沿岸出土的青瓷最早是8世纪末②。恩瓦纳、格迪、基卢普都有许多12—13世纪的瓷器。坦桑尼亚从北部边境到南方鲁菲基河下游，30处遗址中出土了400件中国瓷器。1920年，皮尔斯在奔巴岛自达戈尼（Ndagoni）到姆坦布韦（Mtambwe）发现的华瓷，自宋至明，收藏在维多利亚和阿尔伯特博物馆③。姆坎皮角（Ras Mkumbuu）也见过宋瓷。奔巴岛出土的华瓷属于13—15世纪的最多④。桑给巴尔岛对岸的通戈尼也出土过宋瓷。坦桑尼亚南部基尔瓦也从13世纪开始大量进口华瓷。泰纳在1948—1949年便在基尔瓦·基西瓦尼进行发掘，出土的瓷器自宋代龙泉窑起，延续到16世纪晚明时期⑤。纳维尔·奇蒂克接着在1958年继续工作，收获更多，大规

① 杰弗斯·马修：《东非和南阿拉伯沿海的华瓷》（Gervase Mathew, Chinese porcelain in East Africa and on the coast of South Arabia），载于《东方艺术》（Oriental Art），1956年，新编第2卷，第2期。

② 坎克曼：《1948—1956年肯尼亚历史考古》（J. Kirkman, Historical archaeology in Kenya, 1948—1956），载于《考古学报》（The Antiquaries Journal），1957年，第37卷，第1－2期，第16－28页。

③ 皮尔斯：《桑给巴尔：东非岛屿大都市》（F. B. Pearce, Zanzibar, the island metropolis of Eastern Africa），伦敦，1920年，第357页。

④ 坎克曼：《奔巴岛姆坎皮角访古》（J. S. Kirkman, Excavations at Ras Mkumbuu on the Island of Pemba），载于《坦噶尼喀汇刊》（TNR），1959年，第53期，第161－178页。

⑤ 泰纳：《基尔瓦出土的中国陶瓷》（E. S. Tanner, Some Chinese pottery found at Kilwa Kisiwani），载于《坦噶尼喀汇刊》（TNR），1952年，第32期，第83－84页。

模的田野发掘直至1965年方告结束。苏丹宫殿、陵墓、浴池、石构建筑相继复现，始建于1150年的星期五清真寺也重新矗立在人们面前。出土的中国瓷器以青瓷和青花瓷最多，有龙泉窑青瓷，景德镇青白瓷和青花瓷，以及磁州窑白釉赭花瓷和德化窑白瓷。历时宋、元、明、清，宋瓷较少，元、明时期华瓷输入最多。碗、盘、钵、瓶、壶、罐各类日常生活器皿应有尽有。这些都显示出基尔瓦对华瓷的进口在13世纪左右开始，以后三个世纪中历久不衰，增长迅速①。基尔瓦东南的小岛松戈·姆纳拉也发现了13—15世纪的中国瓷器残件②。

中国瓷器更由阿拉伯商人的转运，通过索法拉湾和林波波河口的转运口，在11世纪以后便已流入津巴布韦和德兰士瓦这样的东南非洲内地。津巴布韦的故都大津巴布韦，自1891年班特（J. T. Bent）发现几片中国青瓷以后，在半个多世纪以内出土了近百片华瓷，其中最为可观的是1903年哈尔在椭圆形建筑以北100米的伦得废墟发现的分属13件器物的43片青瓷。出土华瓷除少数几片白瓷和两片15世纪的青花瓷以外，多数是15世纪以前，特别是1250年津巴布韦兴盛以后运到那里的青瓷③。位于德兰士瓦境内林波波河南岸的马庞古布韦遗址也见到过两块青瓷片，属于12—13世纪，是南宋时期的制造物。这些发现堪称巨大的成就。

东非历史学家和考古学家依靠各地出土的中国瓷器来追溯当地历史，甚至仰赖华瓷借以连缀东非沿岸的历史。英国考古学家莫歇·韦勒在坦噶尼喀56处遗址连续获得可喜的发现后，在1955年曾满怀信心地预告，10世纪以来早已湮没无闻的坦噶尼喀沿岸的历史，将靠这些中国瓷器重新延续成篇④。纳维尔·奇蒂克根据在拉木的发现，也

---

① 奇蒂克：《基尔瓦笔记》（H. N. Chittick，Notes on Kilwa），载于《坦噶尼喀汇刊》（TNR），1959年，第53期，第179－203页；奇蒂克：《基尔瓦和东非的阿拉伯移民点》（H. N. Chittick，Kilwa and the Arab settlement of the East African coast），载于《非洲历史学报》（JAH），1963年，第4卷，第2期，第179－190页，又见费奇、奥立弗编：《史前非洲》（J. D. Fage & R. Oliver，Papers in African prehistory），剑桥，1970年；奇蒂克：《基尔瓦：东非海岸的一个伊斯兰贸易城市》（H. N. Chittick，Kilwa：an Islamic trading city on the East African coast），内罗毕，1974年，第308－312页。

② 杰弗斯·马修：《松戈·姆纳拉》（G. Mathew，Songo Mnara），载于《坦噶尼喀汇刊》（TNR），1959年，第53期，第155－160页。

③ 伽莱克：《进口陶瓷在阐释罗德西亚铁器时代上的意义》（P. S. Garlake，The value of imported ceramics in the dating and interpretation of the Rhodesian Iron Age），载于《非洲历史学报》（JAH），1958年，第9卷，第1期，第13－33页。

④ 莫歇·韦勒：《东非考古》（E. M. Wheeler，Archaeology in East Africa），载于《坦噶尼喀汇刊》（TNR），1955年，第40期，第43页。

用瓷片编年法将该岛的历史追叙到了9世纪①。

在印度尼西亚对东非沿岸地区文化的影响方面，例如在陶器的形制和装饰手法上，特别是南苏门答腊的沙—呼因、卡拉纳陶器（双耳罐、三耳罐、陶瓮）对马尔加什陶器的影响②，实在也有着比之苏门答腊更为深远的背景，那便是来自中国的因素。

从10世纪末到13世纪初，在整个宋代，中国和非洲各国曾经通过建交、贸易、通航等多种方式建立直接的交往，也借助于阿拉伯人、印度人和苏门答腊人，彼此进行过更加广泛的接触。这段历史可以分成三个阶段，或者说，在宋代，中国和非洲各国曾经形成了友好往来的三个高潮。

第一个阶段是1000—1094年，这是宋代中非关系的第一个高潮。在这个时期中，中国和红海地区的贸易急剧增长。埃及法蒂玛王朝在穆伊兹（al-Muizz，952—975年在位）统治下开始疏远什叶派，向巴格达阿拔斯哈里发靠拢，从波斯湾和印度进口家具、地毯、珠宝和纺织品，改变了原来穿羊皮、住帐幕的部落酋长的生活，发展了城市经济。1000年，杜米亚特船长首次到中国。此后几年，埃及法蒂玛政权多次和中国往来，互通贸易。一直到1073年，埃及使者一再从海路访问中国。埃及积极和中国开展外交关系，带动了亚丁湾南岸的泽拉，贝纳迪尔的摩加迪沙，和希贾兹的麦加、吉达纷纷派使者来华发展商务。11世纪下半叶艾特伯港兴起后，埃及的印度洋贸易都以这里为海运的起讫点，艾特伯和它对岸的吉达之间的转运关系也因此大大加强。这种往来最后以1094年麻离拔（佐法尔）和邈黎（奎隆）、大食（埃及）使者联袂来华达到了高峰。1095年十字军东征，红海贸易大受干扰，中国和埃及的直接贸易便中断了。

第二个阶段是1068—1190年。由于中国帆船开航摩加迪沙和东非沿岸各地，印度洋贸易出现了一个新的局面，使中非关系进入了一个新的历史时期。这时东非社会由于和伊斯兰世界以及印度尼西亚海上联系的广泛开展，正在经历着巨大的变革。11世纪下半叶，中国帆船在马尔代夫群岛，肯尼亚北部沿海的曼达岛，以及桑给巴尔岛的翁古贾设立了新的贸易站，重新经营东非航业。从此中国帆船的象牙、香药贸易便从泽拉转向摩加迪沙和翁古贾。12世纪中国更开辟了麻离拔航线，一年内经过100天的航行，可以从广州直航佐法尔。航线的开辟时间大约在1140年前，来自阿拉伯香岸的进口货大为增加，因此政府在1141年对进口货的征购办法重新作了安排。

12世纪以来，出现了穆斯林向东非移居的热潮，波斯湾各地移民拥向贝纳迪尔沿

① 奇蒂克：《拉木群岛的发掘》（N. Chittick，Discoveries in the Lamu Archipelago），载于《阿扎尼亚》（Azania），1967年，第2卷，第40－55页。

② 苏尔汉：《马尔加什陶器》（W. G. Solheim，Review of la poterie Malgache），载于《亚洲剪影》（Asian Perspective），1966年，第8卷，第132－133页。

海以及桑加亚地区，并且经营着索法拉地区的黄金、象牙和奴隶贸易，使摩加迪沙的商业迅速出现前所未有的繁荣，索法拉黄金的外销也远远超过了以往的水平。12 世纪末，设拉子人终于在基尔瓦·基西瓦尼和马菲亚占领了地盘，成为当地的统治者①。正好在东非伊斯兰化的时期，中国海外贸易商也加入了穆斯林商人的队伍，成为东非象牙、香药外销的重要客商。中国瓷器向东非的销售，也从这时起成倍地增长。对于自 9—10 世纪从西拉夫装运陶器，到 11 世纪才开始进口伊斯兰彩陶的东非北部沿海，也就意味着开始面临中国日用瓷器的激烈竞争。尤其值得注意的是，一道全新的世界贸易景观正在稳步升起，那就是从 11 世纪下半叶起，中国帆船的印度洋货运线在航程上超过了穆斯林商人经营的东方贸易线。

第三个阶段是 1191—1260 年，中国和红海地区的商业重新进入繁荣时期。在斯瓦希里沿海，中国瓷器打开了销路，东非这个市场完全纳入了中国的印度洋贸易网中。第三次十字军东征（1189—1192 年）被抵制后，埃及和欧洲各国签订和约，获得了暂时的休战。埃及阿尤卜王朝通过也门和中国的贸易往来重新有了起色。从那时起，中国所称道的大食国都便是开罗，而不再是巴格达了。中国确认阿尤卜埃及是伊斯兰世界的中心。中国帆船在苏门答腊、佐法尔、亚丁和桑给巴尔的广大海域内和阿拉伯帆船，以及 13 世纪后来到东非的印度贸易船进行商业竞争。13 世纪中国帆船更开展了从苏门答腊南部横越印度洋直航肯尼亚沿岸俞卢和地（基卢普—格迪）的航线，大大加速了中国和东非之间的直接贸易。尽管索法拉象牙、黄金输出成为许多斯瓦希里海港繁荣的基础，但东非深海航行受到贸易季节的制约，从阿拉伯半岛南航的船只，通常只能将桑给巴尔或它附近的大陆作为航行的终端，再往南去，不但季风来得晚，去得早，而且风信微弱，风暴时起。桑给巴尔以南，南纬 8°～15°，正是赤道风暴形成区。西印度洋这类风暴每年至少有五次以上。亚丁湾南航船只在东北季风期必须推迟起航日期，在西南季风期只能选择 4 月或 8 月作为返航的时机，因此明显地影响到贸易季节的长短。据 13 世纪伊本·莫杰维（Ibn al-Mujāwir）记述，回历 626 年（1228—1229 年）在亚丁和昆尔（马达加斯加岛）之间航行的阿拉伯船，要分三个季节，亚丁到摩加迪沙是一个季节，摩加迪沙到基尔瓦又是一个航期，基尔瓦到昆尔又要等待下一个

① 杰弗斯·马修：《葡萄牙人到来前的东非海岸》（Gervase Mathew, The East African coast until the coming of the Portuguese），见罗兰·奥立弗、杰弗斯·马修编《东非史》（Roland Oliver & Gervase Mathew, History of East Africa），第 1 卷，伦敦，1963 年，第 94－128 页。奇蒂克：《东非的设拉子移民》（N. Chittick, The "Shirazi" colonization of East Africa），载于《非洲历史学报》（JAH），1965 年，第 6 卷，第 3 期，第 275－294 页。

季节①。每届航期短促，以致往返费时。

13 世纪时由于中国帆船和古查拉特船只积极参与东非深海航行，出入索法拉地区的阿拉伯商人只得将深海贸易线重新向北转移到摩加迪沙等港口②。摩加迪沙是东非物产北运的货仓。东非内地的货物由较小的“腹地”运到沿海的“外港”后，可以在一年中的其他季节通过近海航行陆续集中在这个中转港，等待外运。中国商人却因为他们拥有设备精良的大帆船，可以在较之阿拉伯商人更加稳妥的航线上，在较长的贸易季节中进行象牙贸易，销售瓷器。尤其是广州这个对外贸易港，从 12 世纪以来鼓励商民长期外出“住蕃”，借贷资本，不计年份，总是加倍（《萍洲可谈》卷二），有利于帆船经营印度洋贸易。正是主要通过这些中国船向东非运去了大量的瓷器，而不是直到现在，如许多外国学者相信的，是由阿拉伯船和印度船作为中介商运去的③。那时阿拉伯帆船的运行圈，在东边已收缩到苏门答腊，而在印度洋西部地区，他们却同样面临中国帆船的商业竞争。

第三节　非洲香药的输入

一、乳香

长期以来，乳香一直是印度洋西部地区的特产。叶廷珪《名香谱》以为乳香“一名薰陆香，出大食国之南”（宋陈敬《香谱》引）。产区包括阿拉伯香岸、佐法尔和索马里。宋代尤以索马里最突出，由中国帆船直接输入，所以知道产地在大食国南部地区，也兼指东非而言。

---

①　伊本·莫杰维：《阿拉伯旅游指南》（Ibn al-Mujāwir, Tarīkh al-Mustabṣir），第 1 卷，莱顿，1951 年，第 117 页。

②　巴希尔·达托，阿布托尔·谢列夫：《不同时期内海港和贸易路线的型式》，载于《坦桑尼亚图志》，伦敦大学，1971 年。

③　戴闻达：《中国对非洲的发现》（J. L. Duyvendak, China's discovery of Africa），伦敦，1949 年，第 26 页；胡拉尼：《中古早期阿拉伯的印度洋航业》（G. F. Hourani, Arab seafaring: in the Indian Ocean in ancient and early Medieval Times），普林斯顿，1951 年，第 75 页；弗里曼—格伦维勒：《中世纪坦噶尼喀沿岸史》（Freeman-Grenville, The medieval history of the coast of Tanganyika），牛津，1962 年，第 36 页；魏特莱：《桑给国：中国对东非的认识》（P. Wheatley, The land of Zanj: Chinese knowledge of East Africa），见斯特尔、普鲁泰罗编：《地理学家和热带》（R. Stell & R. Prothero, Geographers and the tropics），利物浦，1964 年，第 139－187 页。

唐宋时代，乳香是进口货中的大宗。8 世纪中叶，海南岛万安州海盗冯若芳每年劫取波斯舶二三艘，取得大量的乳香和苏木，会客时，用乳头香做灯烛，一烧百余斤，当时已是罕见的盛况。追求奢靡生活的封建贵族更用乳香作涂料。《开元天宝遗事》说，杨国忠曾用“沉香为阁，檀香为栏，以麝香、乳香筛土和为泥饰壁”，春季木芍药盛开时聚客登阁赏花。宰相元载曾用出于阗的香草芸辉涂壁，造芸辉堂。芸辉是尼雅俗语中的香草，“香草名也，出于阗国，其香洁白如玉，入土不朽烂，舂之为屑，以涂其壁，故号芸辉”（《杜阳杂编》卷上）。大约借自阿拉伯语中的 lūbān（香）。于阗也是输入乳香的渠道，北宋时更加明显。到了五代，上层权贵更用各种名香精工制作工艺品。后唐龙辉殿灵芳园所安假山，便是以“沉香为山阜，蔷薇水、苏合油为江池，苓藿、丁香为林树，薰陆为城郭，黄紫檀为屋宇，白檀为人物，方围一丈三尺”（《清异录》卷下），可算穷极侈丽了。

各种香料的应用，在宋代由于统治集团追求奢靡生活，城市商品经济的发达而空前膨胀。宫廷贵族大量耗费诸香宫烛，上等阶层普遍具有焚香、薰香和使用香脂化妆的积习。北宋末，大官僚蔡京飨客，曾一次使用数十两名香焚薰（庄季裕《鸡肋编》卷下）。相当可观的一部分则用于入药。宋代对国外用药广泛吸收、仿制，乳香是用得最多的一种。根据长期的临床实践，乳香常制成各种丸、散、丹药，供吞服或外敷。《政和证类本草》所收乳香丸有八种，乳香散三种，乳香丹一种。

宋代都以乳香本名薰陆，“以其滴下如乳头者谓之乳头香，熔塌在地上者谓之塌香”（《梦溪笔谈》卷二六）。赵汝适根据市舶司检验乳香的实物，分当时对外贸易的进口货中“殿最”的乳香为十三品，最上等的是楝香，圆大如指头，俗称滴乳。次者是瓶乳、瓶香（上、中、下）、袋香（上、中、下），最次是乳塌、黑塌、水湿黑塌。最末者称斫削、缠末，共九等十三品。这个分类和《宋会要稿》职官四四之一八至一九所列货单完全一致，比赵彦卫分乳香为六等又进一步。宋代进口货单中提到乳香，通常是各色乳香的泛称，否则便是楝香的别称。

13 世纪前，乳香进口大多集中在广州。1077 年毕仲衍《中书备对》列举，明州、杭州、广州三处市舶司总共博买乳香 354449 斤，其中明州仅收 4739 斤，杭州只收 637 斤。乳香这项数额最大的进口货，足以衡量各港的繁荣程度。南宋时，泉州港的乳香进口数显著上升，1130 年泉州抽买的乳香共计 86780 斤，逐渐接近广州的数额。南宋政府更明令规定扩大乳香进口。1133 年赵构下令，今后“将中国有用之物，如乳香药物及民间常使香货，并多数博买。内乳香一色客算尤广，所差官自当体国招诱博买”。乳香一直被当作急需物资，要求尽量运送京师。

宋代乳香多数来自非洲。《诸蕃志》卷下乳香条说，乳香“出大食之麻啰拔、施曷

（席赫尔）、奴发（佐法尔）三国深山穷谷中”。麻啰拔的佐法尔港实际上是阿拉伯最大的乳香输出港，产地却在汉达拉毛、佐法尔地区和索马里。此处的麻啰拔应该是麻啰抹国，即同书卷上的中理国，作者在记述中理国时说“大食惟此国出乳香”足资佐证。中理也就是麻啰抹（贝纳迪尔）所在。南宋时期，直接由贝纳迪尔沿海运到中国的乳香，占据了进口额的绝大多数，直到元明时代，仍然维持不衰。明代且更有从云南运入的乳香。《殊域周咨录》（1583 年）卷九云南百夷条产物中有乳香，当从缅甸运进。

二、龙涎香

龙涎香是一种极名贵的香。龙涎色泽，按时间长短和品类，宋人张世南《游宦纪闻》分作褐白、褐黑两色，明人黄省曾《西洋朝贡典录》分为白、黄、黑三色：“其黄者如胶，黑者如五灵（五灵脂），白者如药煎”。李时珍《本草纲目》更细分为黄白、黄黑、紫黑三色：“其状初若脂胶，黄白色；干则成块，黄黑色，如百（白）药煎而腻理；久则紫黑，如五灵脂而光泽。”其说本自宋代陈敬《香谱》。

龙涎香的名称初见于咸通九年（868 年），唐懿宗同昌公主用澄水帛消暑，“澄水帛长八九尺，似布而细，明薄可鉴，云，其中有龙涎，故能消暑毒也”（《杜阳杂编》卷下）。略早于懿宗，在德宗会昌（841—846 年）时，曾焚过龙火香（同上），或者也是龙涎别名。懿宗（859—873 年在位）时宫廷中曾特制一种长仅二寸却经夜不熄的香烛，据说“郁烈之气可闻于百步，余烟出其上，即成楼阁台殿之状”。这种香烛一定是龙涎香烛了。龙涎制烛，完全仿自阿拉伯宫廷。825 年哈里发马门（Maʻmun，813—833 年在位）和他的宰相的女儿布朗结婚，曾经点燃一支 200 磅重的龙涎香烛，把黑夜照耀得如同白昼。懿宗时唐政府和阿拉伯关系如此密切，宫廷生活中互相仿效的例子有很多，龙涎香烛不过其中之一。

到了宋代，宫廷中又进而采用龙涎、沉、脑烛照明。叶绍翁《四朝闻见录》乙集中说，政和（1111—1118 年）、宣和（1119—1125 年）年间，用龙涎、龙脑屑灌蜡烛，两行分列数百枚，“焰明而香滃，钧天之所无也”。奢侈的程度比之唐代有过之无不及。南宋杭州宫廷中也有这种惯例，周密《武林旧事》卷三有所记载。

关于龙涎的来源，唐代段成式已知拨拔力地方出阿末香。阿末（ʻanbar）是个阿拉伯语名，有人以为或出索马里语①。从时代看，那时索马里民族才刚形成，更可能出于东部库施语或班图语。雅库比在885年列举的龙涎有七种：席赫尔（'Anbar-Shuhrī）、萨曼基（'Anbar-Samaki）、麦那克里（'Anbar-Manāqirī）、桑给（'Anbar-Zanji）、夏拉希特（'Anbar-Shalāhit）、卡卡里（'Anbar-Qūqullī）、印度（'Anbar-Hindī），以席赫尔龙涎最佳②。稍晚一些，阿布·宰德（Abu Zayd）说，头等的龙涎香出在巴巴拉海岸、桑给地区和席赫尔沿海③。龙涎香的主产地在非洲之角和东非沿海。阿末香一名从唐代起，到明代还在使用。明初马欢《瀛涯胜览》译作俺八儿香。屠隆《考槃余事》说"唵叭香，一名黑香，以软净色明者为佳，手指可捻为丸者妙甚，惟都中有之"，品质也有优劣。

南宋龙涎进口渐多。陈敬《香谱》卷二所列香方中，含有真龙涎的有亚里木吃兰脾龙涎香、扬吉志龙涎香（四方）、古龙涎香（一方）、出尘香（九方）。亚里木吃兰脾香是由亚里木（Chaliam）转运的马尔代夫龙涎，亚里木位于南印度班普尔河口，是卡利科特的古称④，吃兰脾系马尔代夫的起来溜（Cardive）。扬吉志即希贾兹，元代译作押济思。当时希贾兹占领了香岸，此香出在席赫尔。古龙涎是稀见的桑给龙涎。"出尘（塵）"当是"出窟"，旧称聚窟洲，即索科特拉岛。四种龙涎，三种出在非洲及其附近海面。由于输入龙涎增多，周去非在岭南的所见所闻也有所增广，对龙涎的来历和特点有所辨识。《岭外代答》卷七说这种香出在阿拉伯海和索马里海域，总称西海。"大食西海多龙，枕石一睡，涎沫浮水，积而能坚。鲛人采之，以为至宝。新者色白，稍久则紫，甚久则黑。因至番禺，尝见之，不熏不莸，似浮石而轻也。人云龙涎有异香，或云龙涎气腥能发众香，皆非也。龙涎于香，本无损益，但能聚烟耳。和香而用真龙涎，焚之一铢，翠烟浮空，结而不散，座客可用一剪分烟缕。此其所以然者，蜃气楼台之余烈也。"

和周去非同时代的伊德里西，指出这种香产在阿拉伯沿海："阿曼海中出上等龙涎

---

① 魏特莱：《宋代进口货分地考》（Paul Wheatley, Geographical notes on some commodities involved in Sung maritime trade），载于《皇家亚洲学会马来西亚分会期刊》（JMBRAS），1959年，第32卷，第125－130页。

② 雅库比：《地理志》（al-Ya'qūbī, Kitāb al-Buldān），第7卷，阿拉伯地理图书馆（BGA），1892年，第367页。

③ 胡塞恩·奈纳：《阿拉伯地理学家所知的南印度》（Husayn Nainar, Arab geographers' knowledge of Southern India），马德拉斯，1942年，第190页。

④ 胡塞恩·奈纳：《阿拉伯地理学家所知的南印度》（Husayn Nainar, Arab geographers' knowledge of Southern India），马德拉斯，1942年，第190页。

香，香从海中深处涌出，随波入岸。人们以为是一种动物的分泌物，其实不然。”[①] 阿拉伯地理学家不相信龙涎是一种动物分泌物，中国的海员则因为熟悉阿拉伯海（阿曼海）和桑给海（印度洋），早知道这是印度洋彼岸海生动物的分泌物。元代周致中也说，大食勿拔国（米尔巴特）产大鱼（鲸），“又有龙涎成块，泊岸，人竟取为货卖”（《异域志》卷上）。但真正名贵的龙涎，却多产在索马里南部沿海。这就是《诸蕃志》中的中理国，“山出血竭、芦荟，水出玳瑁、龙涎。其龙涎不知所出，忽见成块，或三五斤，或十斤，飘泊岸下，土人竞分之。或船在海中蓦见采得”。后来马可·波罗也讲到索科特拉岛民捕鲸，因而出产鲸脑[②]。据说，桑给巴尔除象牙输出以外，又富于龙涎香和犀角[③]。

龙涎香传说是龙的涎沫，其实上等龙涎是真甲鲸（Physeter macrocephalus）分泌的胆汁凝块[④]。也有产自抹香鲸（Physeter catodon）的。所以 16 世纪时黄省曾以为“或得之鱼腹，其大如斗，圆如珠”。10 世纪起，龙涎产区广及赤道附近，东非、南阿拉伯沿海、马尔代夫群岛和苏门答腊附近岛屿都产龙涎。宋代赵彦卫列举三佛齐以西各国进口货中有龙涎，足见龙涎产于马六甲海峡以西各地。

但古代最早出产龙涎的地方是索马里海岸。《厄立特里海环航记》业已提到阿拉伯人在东非收购龙涎香。这位佚名作者还将龙涎和乳香、肉桂、象牙、犀角、玳瑁一同列入东非的重要产品。桑给海岸的渔民是老早知道采集龙涎的。阿拉伯人、波斯人从那里进口龙涎，后来又到马尔代夫群岛和尼科巴群岛贩卖龙涎香。绍兴二十六年（1156 年）十二月二十五日三佛齐国进奉使司马杰到杭州进献的龙涎，一块竟重 36 斤（《宋会要稿》蕃夷七之四八）。《岛夷志略》中的龙涎屿，以出产龙涎闻名，《郑和航海图》标明该岛在帽山（Pulo Wei）以西的朗多岛（Rondo）[⑤]，10 世纪时岛民才开始

---

① 夏德，柔克义：《诸蕃志译注》（F. Hirth & W. Rockhill, Chau Ju-kua），英译本，圣彼得堡，1911 年，第 237 页。

② 玉尔译注：《马可·波罗游记》（H. Yule, The travels of Marco Polo），第 2 卷，伦敦，1871 年，第 399 – 404 页；伯希和：《马可·波罗游记考释》（P. Pelliot, Notes on Marco Polo），第 1 卷，巴黎，1959 年，第 32 – 38 页。

③ 玉尔译注：《马可·波罗游记》（H. Yule, The travels of Marco Polo），第 2 卷，伦敦，1871 年，第 416 页。

④ 山田健太郎：《阿拉伯人和中国人的龙涎香印度洋贸易简史》（Yamada Kentaro, A short history of ambergris by the Arabs and Chinese in the Indian Ocean），载于《近畿大学世界经济研究所报告》（Report of the Institute of World Economics, Kinki University），1955 年，第 8 卷，第 1 – 26 页；1956 年，第 11 卷，第 1 – 32 页。

⑤ 格里尼以为是勃拉斯岛，见格里尼：《托勒密东亚地志研究》（E. Gerini, Research on Ptolemy's geography of Eastern Asia），伦敦，1919 年，第 691 页。

采集龙涎。曼苏地注意到尼科巴的裸人驾驶木船出售龙涎①。《岛夷志略》称“此地前代无人居之，间有他番之人用完木凿舟驾使以拾之，转鬻于他国”。马来人知道龙涎香也是从波斯人、阿拉伯人那里传去的，所以马来语也借用阿拉伯语。

宋代进口的龙涎中已经杂有印度洋东部所产次等产品，所以龙涎价格相差甚大。桑给龙涎已被尊为古龙涎。蔡絛《铁围山丛谈》卷五讲了一个政和四年（1114 年）的故事，当时人们在清理宫廷库藏时发现了琉璃缶二大篚，满贮龙涎香。存放的年代，有说是五代时阿拉伯的献礼，有说是真宗（997—1022 年在位）时的遗物。待库藏的龙涎分赐大臣近侍后，因发现“辄作异花气，芬郁满座，终日略不歇”，于是重新收回，命名为“古龙涎”，作为诸香中的珍品。

宋代龙涎来源既杂，才有真假之别。真龙涎是来自东非和阿拉伯海的上等龙涎，其价如金。假龙涎则是海外各地所产次品，刘郁《西使记》（1263 年）所谓犀牛粪的便是。真龙涎是众香中的极品。蔡絛记述龙涎香一瓶可值百缗，用作佩香，以金玉为穴，贯以青丝，“佩于颈，时于衣领间摩挲以相示”。张知甫在《可书》中记述他亲眼所见外商贩卖上等龙涎的故事。这故事说，有一外商出售真龙涎香二钱，索价 30 万缗。明节皇后出价 20 万缗还不愿成交，于是命开封府查验真赝。检验者问有什么特征可以分辨。外商回答：“浮于水则鱼集，熏衣则香不竭。”经检验，果然不错。30 万缗的价钱已相当于 1077 年杭州、明州、广州三处市舶司博买乳香总数所得 313374 贯之数。真龙涎固然价值连城，但统治者宫廷生活的奢靡和对国库的肆意挥霍，于此也可说达到了顶峰。而在东非，从斯瓦希里语《帕特纪年》中巴肯伯（Bakiumbe）为获得龙涎征服曼达岛的脍炙人口的故事中，我们也可知道龙涎对一个苏丹也是如何丰厚的献礼。难怪经过万里迢迢的海运，商人竟可信口抬价了。

11 世纪时真龙涎一钱竟可售价 15 万缗。到了 15 世纪初，龙涎仍是贵重如金的名香。明人费信《星槎胜览》龙涎屿条说：“货于苏门（答腊）之市，价亦非轻，官秤一两，用彼国金钱十二个，一斤该金钱一百九十二个，准中国铜钱四万九千文，尤其贵也。”苏门答腊西北岸所产龙涎要算来源最近，品质也较次，明初已能由远洋帆船大批运到，一两尚值 3062 文半，和南宋时广州时价一两 5 万 ~6 万甚至 10 万文相比，已经贱到 1/16 ~1/20 甚至以下，和张知甫见到的龙涎绝品更相差到几万倍之多。张知甫所见真龙涎一定是来自索马里的上等龙涎。这种龙涎经过精心加工，所以价格奇昂。

龙涎也是阿拉伯和非洲各国使者的贵重礼品。1071 年层檀（吉达）使者献物有白

① 曼苏地：《黄金草原》（al-Masūdi，Les prairies d'or），法译本，第 1 卷，巴黎，1865 年，第 339 页。

龙涎、黑龙涎香，1072 年勿巡（苏哈尔）使者辛押陀罗献物中也有龙涎香。东非各地使者当然更常以龙涎相赠了。这种真龙涎、古龙涎不但具有耐燃和聚烟两大特点，而且还有消暑的功效，《杜阳杂编》《岁时广记》均有记载。显然和马尔代夫龙涎“嗅之无香，火烧惟有腥气”大不相同。

上品龙涎所以具有特异的香气，不但因为原产品质地优良，而且因为采用蕃栀子（Gardenia florida）和香炼制。《岭外代答》卷七介绍蕃栀子出大食国，晒干后外销。广州龙涎由于使用蕃栀，所以具有香气。蕃栀之外，素馨、茉莉也可炼香。宋代陈善《扪虱新话》卷十五说：“制龙涎香者无素馨花（Jasminum grandiflorum），多以茉莉（Jasminum sambac）代之。郑德素侍其父漕广中，能言广中事，云，素馨唯蕃巷种者尤香，恐亦别有法耳。龙涎以得蕃巷花为正。”有些龙涎是在广州加工炼制的，但办法还是学的阿拉伯。阿拉伯用龙涎调制香膏，用于化妆和烹调，而中国因其价贵，仅用作熏香。

龙涎之香得自提炼之功，而且必以阿拉伯人（包括埃及人）移植的素馨花或外来的蕃栀子混合配制才成正品。13 世纪后，龙涎能发众香这个优点更加清楚，合用的各色香料也更广泛。《岛夷志略》说得很透辟：“涎之色，或黑于乌香，或类于浮石，闻之微有腥气，然用之合诸香，则味尤清远。虽茄蓝木（伽罗香）、梅花脑（龙脑）、檀、麝、栀子花、沉速木（沉水香）、蔷薇水众香，必待此以发之。”

龙涎之香不但有待于众香的配制，各色香药的功能也有赖于龙涎的保存。元、明时代使用龙涎和诸香。李时珍时，“龙涎，方药鲜用，惟入诸香。云，能收脑、麝，数十年不散”（《本草纲目》卷四三）。13 世纪后，马尔代夫群岛和尼科巴群岛的龙涎成批运华，但东非龙涎仍以品质优良列入上品。明代龙涎和唵叭竟有并列的。《遵生八笺》中的撒馡兰香方中，有龙涎五分、唵叭五分，这是因为品质有别，来源不同。唵叭又称黑香，香方中有黑香饼，都以唵叭为主料。唵叭品质在龙涎之下，大都得自南海各地，或炼制极差；龙涎则由东非和阿拉伯沿海运来。张世南《游宦纪闻》对东非龙涎功能、品类辨别极精：“龙出没于海上，吐出涎沫有三品：一曰泛水，一曰渗沙，一曰鱼食。泛水，轻浮水面，善水者伺龙出没随而取之；渗沙，乃被涛浪漂泊洲屿，凝积多年，风雨浸淫，气味尽渗入沙中；鱼食，乃因龙吐涎，鱼竞食之，复化成粪，散于沙碛，其气腥秽。惟泛水者可入香用，余二者不堪。”明张燮《东西洋考》说：“又鱼食亦有二种，海旁有花若木芙蓉，花落海，大鱼吞之腹中，先食龙涎花，咽入，久即胀闷，昂头向石上吐沫，干枯可用；惟粪者不佳，若散碎，皆取自沙渗，力薄。欲辨真伪，投没水中，须臾突起，直浮水面。或取一钱口含之，微有腥气，经一宿，细沫已咽，余结胶舌上，取出就淖，称之亦重一钱，将淖者又干之，其重如故。虽极干枯，用银簪烧热，钻入枯中，抽簪出，其涎引丝不绝。验此，不分褐白、褐黑皆真。”

龙涎特有的异常胶结，使它能散发众香，经久不绝，所以波斯语称为撒八儿。撒八儿，据伯希和考订是 Šahbarī，这个字是波斯语 Šaḥboī（“王香”）在波斯本土方言上的转讹，又可作 Sahabiri①。波斯人很早就把龙涎当作众香之王。和这个“王香”类似的，在 6 世纪初徐表的《南州记》中有“神香”。“神”一字双关，阿拉伯语或闪语中的 Zan（神）是“香”，“神”字又有“神品”、“极品”的意思，类似波斯语中的王香。神香大约可算是龙涎最早的称呼了，这个名称在唐代也见使用过。总之，龙涎是 6 世纪起从东非运入中国的名贵香料，由于远产于斯瓦希里沿海，始终被列入外国珍异的前列。

三、苏合香

唐代，苏合香分别从西北陆路和南海输送到中国。《唐本草》说：“今从西域及昆仑来，紫赤色，与紫真檀相似，坚实，极芬香，惟重如石，烧之灰白者好。”（《本草纲目》卷三四引）

宋代进口货单中有苏合香油或苏合香。苏合香油更多的是枫香树膏制品，《诸蕃志》列举产于白达、芦眉、吉慈尼和弼琶啰国。东非苏合香油确已运到中国。白达和吉慈尼的苏合香也有部分是从非洲之角运去后再加工的。“以浓而无滓为上，蕃人多用以涂身。闽人患大风者亦仿之。可合软香，及入医用。”

宋代所见的苏合香，大抵都是阿丁枫。阿丁枫在宋初广州已有移栽。《图经本草》评述：“今广州虽有苏合香，但类苏木，无香气。药中只用如膏油者，极芬烈。陶隐居以为狮子屎者，亦是指此膏油者言之尔。”（《本草纲目》卷三四引）这类植物，见于《梦溪笔谈》卷二六：“今之苏合香，如坚木，赤色。又有苏合油，如䊦胶，今多用此为苏合香。”和刘禹锡《传信方》所用苏合香已不相同。

四、芦荟

唐代大量使用的芦荟，多来自索马里。李珣《海药本草》记芦荟的产地、性状：“生波斯国，状如黑饧，乃树脂也。”（《本草纲目》卷三四引）芦荟（Aloe abyssinica）一名借自波斯语。比李殉早近 200 年的《本草拾遗》中另有一个名称“讷会”，在宋代

---

① 勃莱特史耐德：《来自东亚的中世纪研究》（E. Bretschneider, Medieval researches from Eastern Asiatic Sources），第 1 卷，伦敦，1910 年，第 152 页。

《开宝本草》中又叫“奴会”。讷会或奴会是音译阿拉伯语 alua，波斯语 alwā。波斯不出芦荟，伊斯塔克里将芦荟列入西拉夫港的进口货中。《诸蕃志》以为产在奴发：“芦荟出大食奴发国，草属也，其状如鲎尾，土人采而以玉器捣研之，熬而成膏，置诸皮袋中，名曰芦荟。”奴发今译佐法尔，是索马里芦荟的主要中转港，中古初期地属波斯，因此才将芦荟当作波斯产物。《诸蕃志》中理国条又指出了芦荟的真正产地在索马里南部沿海。13 世纪时索马里芦荟常通过佐法尔运到苏门答腊，再进入中国。

五、血竭

古代索马里一直是血竭的唯一供应地。

659 年苏敬著《唐本草》，指出血竭本名麒麟竭，和紫铆（紫矿）不同。此后，东非血竭便二名同时通用，或称血竭，或仍用麒麟竭。868 年同昌公主下嫁韦保衡时，乘七宝步辇，有五色香囊，中贮四种异国所献名香，其中的瑞麟香正是索马里紫檀属血竭或编褶木属血竭。索科特拉岛上的海格山，以盛产龙血树血竭闻名世界。

唐代因麒麟竭色泽红艳，才改称血竭，取“如血之注”，或负载运转“一如血结”的含义。11 世纪时《图经本草》作者苏颂解释血竭的得名是因“其脂液从木中流出，滴下如胶饴状，久而坚凝乃成竭，赤作血色，故亦谓之血竭”。

唐宋时代血竭的内涵很复杂，在东非血竭之外，还有广产于南海各地的棕榈科藤椰属蔓生灌木大赤藤（Daemonorops draco）的树脂，也称血竭，用来入药①。这种血竭在宋代进口货单中或称紫藤香。明人著作《瀛涯胜览》《西洋番国志》《东西洋考》所列血竭产地很多，苏门答腊的旧港（巴邻旁）、哑齐（亚齐），马来半岛的柔佛、丁机宜（丁加奴），中南半岛的暹罗（泰国），加里曼丹的思吉港（苏吉丹）、文郎马神（马辰）都有出产。《瀛涯胜览》暹罗条所出藤结，按照《西洋朝贡典录》，属于假血竭，是苏门答腊所产棕榈科藤椰属多年生藤本麒麟血藤（Calamus draco）的树脂 jĕrnang，闽音译作藤结（藤竭），也见于东南亚其他地方，品质较劣。所以后人对东非所产血竭，仍多乐于采用麒麟竭一名，以示贵重和不同于众。

至于《岛夷志略》淡邈、旧港条产麒麟粒，就是东南亚华侨习称的紫铆碾碎净化后的虫胶粒。这个名称还保留了“麒麟竭”最初的含意。

《诸蕃志》中还提到一种假血竭，是降真香汁（马来语 kayu laka）所制。到 15 世纪，这种假血竭又演变成麒麟血藤所产的藤竭，品类当然和东非血竭相去甚远。

---

① 参见谢弗尔：《玫瑰木、龙血和紫矿》（E. H. Schafer, Rosewood, Dragon's blood, and Lac），载于《美国东方学会杂志》（JAOS），1957 年，第 77 卷，第 129 – 136 页。

古代列入海药的各种血竭，以东非所产的为上品。自从非洲血竭在 6—7 世纪后成批东运，紫矿和藤椰属树脂就被另眼看待。宋代血竭也是大量进口的非洲货。在官方档册著录的贡品中仍多用麒麟竭的名目。太平兴国二年（977 年）八月泉州节度使陈洪进和儿子漳州刺史陈文颢进贺皇帝登位的礼物中就有麒麟竭 200 斤。元丰年间（1078—1085 年）层檀使者礼物中也有麒麟竭，这种麒麟竭便是出在中理国的索马里血竭。

六、没药

直到 10 世纪，由于波斯商人的贩运，中国人还以为没药出在波斯。《开宝本草》（968—975 年）说："没药生波斯国。"在中国，索马里没药（Commiphora molmol）一直享有盛名，是重要的中药材之一。宋代从东非大量进口。《诸蕃志》卷上记弼琶啰国"多没药"。卷下又说："没药出大食麻啰抹国（贝纳迪尔）。其树高大，如中国之松，皮厚一二寸，采时先掘树下为坎，用斧伐其皮，脂溢于坎中，旬余方取之。"当时中国帆船出没索马里，所以对没药的产地也就一目了然了。

非洲之外，阿拉伯香岸也是阿拉伯没药（Commiphora abyssinica，Commiphora schimperi）的产地。但索马里没药由于品质优良，始终列为上品。这种没药明净光洁无毛，称为净没药，和外有带毛兽皮，内含沙砾、木屑等杂质的狗皮没药不同。阿拉伯没药大多属后一类。直到现在，索马里哈拉尔的没药还是最优等的产品。

七、木香

7 世纪初，从商业来源立论，《唐本草》分木香为两种："此有二种，当以昆仑来者为佳，西胡来者不善。叶似羊蹄而长大，花如菊花，结实黄黑，所在亦有之。"（《本草纲目》卷十四引）昆仑、西胡分指木香运输的水陆两路。西胡由叙利亚、波斯运到葱岭以东。昆仑一道经印度洋运入，主产地是索马里。

宋代对木香和青木香分得很清。1133 年的进口货单中，既有木香，又有青木香。青木香，现在称为川木香。上等木香都从东非、古查拉特进口。《诸蕃志》列举南尼华罗（古查拉特）土产上等木香，又说木香出大食麻啰抹国（贝纳迪尔），而弼琶啰国（巴巴拉）也多木香，施曷（席赫尔或香岸）、奴发（佐法尔）次之。当时进口木香以索马里为主，南阿拉伯和古查拉特居其次。《云麓漫钞》卷五还提到佛罗安、朋丰（彭亨）、达啰啼达磨（洛坤）等马来半岛的木香，其中的多数是转运的阿拉伯、索马里木香。

必须指出的是，李时珍的《本草纲目》卷十四将木香和蜜香混为一谈。他说木香

“本名蜜香，因其香气如蜜也”。据《本草经》，木香的别名是木蜜香，蜜香又叫木蜜（Hovenia dulcis）。木蜜的别名很多，汉代《异物志》已有“香树”之称；由于寿命很长，传说生千岁，《魏王花木志》《广志》又称为千岁树。菊科的木蜜香（木香）和瑞香科的木蜜（蜜香）本是不同科属的两种植物。明代《事物原会》卷二七已指出李时珍的错误：“《本草》本名蜜香，缘沉香中有蜜香，遂讹此为木香耳。今人又呼蔷薇为木香，愈乱真矣。”① 但明人都明白称索马里、阿拉伯、印度木香是“西木香”。《殊域周咨录》卷九云南百夷产物中有木香，又有西木香，西木香一定是通过缅甸运进云南的。

八、安息香

安息香在唐代是一种名贵香膏，又称辟邪香。在同昌公主七宝步辇所佩名香中，辟邪香与瑞麟香并列，同为四大名香之一。此香来自非洲之角。“辟邪”的波斯语名似乎是 pīrzed，baīzed，和另一种波斯伞形科植物黼齐（barzed，白松香）读音相近。但安息香树高三丈，而后者属于高约三米无花实的灌木②，两者大不相同。段成式说，安息香“烧之通神明，辟众恶”。到了 13 世纪，泉州进口的安息香却不宜焚烧，和近代取来供熏香料和香油料的用法相同。赵汝适还明确提到当时的安息香出三佛齐国，“其香乃树之脂也。其形色类核桃瓤，而不宜于烧，然能发众香，故人取之以和香焉”。

赵汝适所见的安息香，不同于段成式时代来自非洲的香，倒和《海药本草》中的安息香相像。李珣介绍此香：“生南海波斯国，树中脂也。状若桃胶，秋月采之。”这种香产于马来群岛的小安息香树（Styrax benzoin），10 世纪以后运进中国的不少。这种香多半用来“和香”。非洲安息香也仍有从索马里、摩洛哥输入的。

到了明代，屠隆《考槃余事》记安息香成分也很复杂，指出“都中有数种，总名安息。其最佳者，刘鹤所制月麟香、聚仙香、沉速香三种，百花香即下矣”。可见安息香也是可以多方合成的香。但据高濂《遵生八笺》所录聚仙香、沉速香方，根本不见有安息香。聚仙香以黄檀、沉香、速香、乳香、麝香等和蜜合成；沉速香方以沉、速、檀香、唵叭香、乳香、麝香、苏合油与蜜合成。可见那时的安息香已徒存虚名了。

---

① 今人仍有沿袭这一讹说的，见冯承钧：《诸蕃志校注》，中华书局，1956 年，第 121 页。而且周嘉胄《香乘》卷四又说“蜜香，即木香，一名没香，一名木蜜，一名阿蹉”，将阿拉米语 asa，即一种桃金娘科乔木没树（Myrtus commtunis）所产的没香也和蜜香视作一物。可见在明代对蜜香一名的理解之杂。

② 夏德：《中国有关东非的最早记载》（F. Hirth，Early Chinese notices of East African territories），载于《美国东方学会杂志》（JAOS），1909 年，第 30 卷，第 21 页以下。

九、乌　香

乌香是阿拉伯胶，宋代仍用《魏略》的古名芸胶，又作乌香、乌黑香。产地也是索马里，还有埃塞俄比亚高原北部的塞纳尔、北非和红海东岸的阿西尔。乌香并非乌里香，可以绍兴十一年（1141 年）户部奏准就地出卖进口货单中两者同时出现为证。《宋会要稿》职官四四之一九则有乌黑香①。

十、白胶香

宋代进口货单中的白胶香，是出产在犹地亚、埃塞俄比亚和埃及的一种橄榄科常青树阿勃参。阿勃参是阿拉米语中的 afursama（apursāmā）。希腊语的 balsām，阿拉伯语的 balessan，都作“香膏”解，阿勃参即古代有名的吉利香膏（Balm of gilead，Amyris gileadensis，Balsamodendron giliadense）。香膏取自勃参树这种常绿灌木或树。勃参树是热带植物，多生长在阿拉伯南部、麦加附近和埃塞俄比亚，古代移植到巴勒斯坦。段成式《酉阳杂俎》卷一八便以为它出在拂林：“阿勃参出拂林国。长一丈余，皮青白色。叶细，两两相对。花似蔓菁，正黄。子似胡椒，赤色。斫其枝，汁如油，以涂疥癣，无不瘥者。其油极贵，价重于金。”

勃参树有两层红色树皮，甚薄，内皮甚厚，色绿。树种稀少，栽培不易。从树枝流出的浅绿色香胶，是治疗创伤的特效药，向来价比黄金。史特拉波《地理学》（XVI，ii，41）在记述哲利科平原的巴尔酥麻园时，说勃参树“是一种有香味的灌木”，树皮上流下的“液汁很像多油的牛乳”，“可治头痛、初发期的眼睛红肿和目光模糊等症，极为有效”。

照狄奥斯科立提《药物学》（P. Dioscorides，De materia medica，I，18），勃参树除了约旦河流域犹地亚（原文误作印度）的鲁尔以外，埃及也有出产。11—17 世纪初，勃参树在埃及得到栽培，在开罗城北玛特拉有这种树，由王室派专人看管。但到 1615 年这种树就在埃及断种了。艾儒略《职方外纪》称为“拔尔撒摩”，《本草纲目拾遗》卷六也采用了同样的名字入药。

十一、御碌香

唐宋时代，檀香也是大量进口的香，御碌香是其中的一种。《图经本草》分辨檀香有黄、白、紫三种。《诸蕃志》卷下介绍马来群岛的檀香：“色黄者谓之黄檀，紫者谓

---

① 苏继庼讹以两者为一物，考作沉香的一种。参见苏继庼：《岛夷志略校释》，中华书局，1981 年，第 47 页。

之紫檀，轻而脆者谓之沙檀”。黄檀简称檀木（Dalbergia hupeana）。紫檀（Pterocarpus santalinus）生长在印度洋沿岸，《唐本草》有“紫真檀出昆仑盘盘国。虽不生中华，人间遍有之”的评语。这里的昆仑盘盘国是巴巴拉海岸，由巴巴拉海岸转运得名，不同于马来半岛的盘盘国。唐代昆仑已泛指印度洋西部地区。紫檀遍生东非。《岛夷志略》层摇罗出产的红檀，又称安哥拉紫檀（Pterocarpus angolensis），是肯尼亚和坦桑尼亚旱区落叶疏树旷野林中主要的经济木材，莫桑比克旱区森林也有这种安哥拉紫檀。

另有一种黄檀香，《诸蕃志》说出在层拔。层拔或层摇罗，都是贝纳迪尔以南的东非黑人居住区。东非近海出产的黄檀（Afzelia quanzensis），颜色淡黄，坚硬、沉重，可做家具。10 世纪伊斯塔克里所记西拉夫大宗进口货中，有黑人国的檀香木。13 世纪雅库特将檀香列入摩加迪沙四大出口货中，和龙涎、象牙、乌文木相并列。紫檀和黄檀都是东非的重要输出物。宋代进口货中的御碌香，当是这种黄檀香。御碌是俞卢和地的异译，来自马林迪以南的基卢普—格迪。

十二、红花

红花又名红蓝花、燕支花，或称黄蓝。西汉时虽已在西北种植，但唐宋时代，中国人大量使用红花作为廉价的红色染料，需求极大，东南沿海仍须从海外输入。红花作为丝织品染红的主要原料，在 1133 年进口货单中列入起发京师送纳项目之内。红花的来源只有两处：印度和埃塞俄比亚。两地都是用红花代替昂贵的番红花（saffron），染制同样深黄色的颜料。在埃塞俄比亚，红花简称洎夫（suf），是用来染黄的唯一染料。宋代进口的红花也来自埃塞俄比亚和印度。

十三、腽肭脐

宋代从海外进口的腽肭脐，出产在埃塞俄比亚，叫香狸蜜①，产自香狸（Viverra zibetha）肾部。这种香狸蜜历来是泽拉向阿拉伯各国的重要出口货。《诸蕃志》卷下：“腽肭脐出大食伽力吉国。其形如猾，脚高如犬。其色或红或黑，其走如飞，猎者张网于海滨捕之。取其肾而渍以油，名腽肭脐。番惟渤泥最多。”腽肭脐是腽肭兽的肾，产地伽力吉国，《诸蕃志译注》原考阿拉伯的卡勒哈特，但和香狸产地全不相干。伽力吉是濒临亚丁湾的泽拉及其附近出产香狸的埃塞俄比亚。

腽肭兽最早称猞猢兽，又称猞猇，都是香狸的本名。《抱朴子》中已知勃焚洲出猞

---

① 理查·潘古斯特：《埃塞俄比亚经济史导论》（Richard Pankhurst, An introduction to the economic history of Ethiopia），伦敦，1961 年，第 364 页。

猸：“勃焚洲在南海中，薰绿水胶所出，胶如枫脂矣，所以不可多得者，止患狤猸兽啖人。”（《通典》卷一八八引）葛洪所说的勃焚洲并非婆罗洲，而是非洲的巴巴拉海岸，勃焚可称是巴巴拉的最早译名。巴巴拉素产乳香（薰绿、熏陆）。乳香在 4 世纪的中国尚属珍品，传说所以珍贵是由于专吃熏陆树的狤猸为害。这一传说巧妙地把乳香和香狸的产地结合在一起，在那时，只有巴巴拉海岸才可相当。希罗多德以为，在阿拉伯守护乳香树的是有各种斑纹的形体不大的飞蛇，这和那些行走如飞的香狸非常类似。这是经过传说加工的香狸故事。稍后，《酉阳杂俎》将勃焚洲改成勃樊洲，以狤猸为狤貀，描述狤貀状似獭，头身四肢无毛，仅从鼻上竟脊至尾有青毛。这已不同于《抱朴子》，而是婆罗洲西南沿海所产海狸了。所以《集韵》不采《酉阳杂俎》，以为“狤猸，一作狤猸，兽名，出西域，噉薰陆香，身无毛”。只有末一句“身无毛”仍是海狸的特征，并非香狸。香狸，灵猫科狸属，与鼬科的海狸不同。香狸，又叫灵猫，遍身有黄黑色斑纹毛，尾毛有黑白环纹，阴部香囊能发香气。宋代海上进口货单中有腽肭脐，绍兴二十六年（1156 年）三佛齐国使者到杭州所献礼物中便有腽肭脐 28 两。中国不但从海上运入非洲腽肭脐，而且也通过西北陆道进口。1073 年于阗的贡物乳香、木香、腽肭脐，全是非洲和阿拉伯香岸的特产。

腽肭兽常和《说文》中的骨豽，《唐韵》中的骨貀相混。骨貀，《类篇》作貀貀。貀，《唐韵》《集韵》，女滑切，音肭。据《尔雅·释兽》，貀无前足，状如狸。骨貀实是海狸，一称海獭（Enhydra lutris）。但 8 世纪陈藏器的《本草拾遗》却说，骨貀兽生突厥国，“其状似狐而大，长尾，脐似麝香，黄赤色，如烂骨”。据说当地称为“阿慈勃他你”，这个名称源出阿拉伯语的香狸 al-zabād。在这里，陈藏器已将东突厥语称貂属动物的骨豽（kuna）和“似狐长尾”的腽肭混为一物。腽肭陆生，骨豽水栖。腽肭产于亚丁湾南岸，骨豽产于黄海、东海和南海，尤以加里曼丹（婆罗洲）为多。

从名称上看，历代所传，可分两大系统。腽肭早称狤猸、狤猸，是香狸。骨豽、骨貀、狤貀则是海狸。唐宋以来海路畅通，二物都从海外运入，因而名称、产地、特征常相混淆。另外还有被南北朝时雷敩《炮炙论》称为腽肭脐赝品的水乌龙的肾，则是海狗（Callorhinus curilensis）肾。真正的香狸蜜，则是从泽拉外销的名产。

第四节　中国对非洲犀牙、珠宝等货的进口

一、象牙

唐代中国从索马里北部和亚丁湾南岸成批运入非洲大象牙。中古时期，中国已逐

渐成为象牙的重要输入国。非洲象牙既大且廉，纹理细密，最适于雕刻。中国用进口的象牙制作各种笏、带、车辂、牙雕、牙箱和餐具（牙箸），需求大大增加。同一时期，印度和东南亚的象牙供应日渐减少，东非象牙成为中国直接贸易的重要进口物。商人苏莱曼最早提到东非象牙用作中国贵妇的凤冠①。阿杜利港衰败后，巴巴拉的泽拉和贝纳迪尔的摩加迪沙成了非洲象牙贸易的最大输出港。

巴巴拉的象牙出口历史悠久。《诸蕃志》中的弼琶啰国，所产象牙有重百余斤，犀角重十余斤的。当地人好猎善射，使用药箭捕象。桑给海岸的象牙输出后来居上，吸引了越来越多的印度、印度尼西亚和中国商船，就是因为像昆仑层期这样的地方出产大象牙、大犀角，资源雄厚。

曼苏地把贝纳迪尔和莫桑比克间的桑给国看作象牙之国。他说："这个国家被河谷、山脉、荒漠所割裂，盛产野象。"又说："桑给人捕杀野象，在于取得大象牙。每株象牙重达 25 千克以上。"大多数"象牙都运到阿曼，再由此转运印度和中国，以致输入伊斯兰国家的只占少数"②。曼苏地将黑人国繁荣的象牙出口作为东非和印度洋贸易的一个重要项目，他指出这一贸易的中心是索法拉的腹地③。在 10 世纪之后的 200 年内，中国对非洲象牙的需求有增无减。曼苏地已经知道中国的藩臣和文武官员朝见皇帝都要使用象牙朝笏。伊德里西更直接指出："印度和中国的国王，都以重金购买象牙，象牙越长则售价越高。"④ 象牙贸易是中世纪中国和非洲经济往来中最重要的项目。12 世纪起，象牙贸易的范围随着东非海上交通的开发逐步向南伸展。坦桑尼亚南部和莫桑比克的索法拉，在 12 世纪阿拉伯人大量移居后，也发展成印度洋贸易网中不可或缺的一环。象牙和黄金都是索法拉极富诱惑力的特产。黄金在当地居民中已普遍到人人皆用。象牙则始终十分珍贵，人们馈赠礼物都用象牙，原因就在于象牙可以畅销印度和中国。曼苏地非常中肯地评论这一事实，由于这种国际市场上的需求历久不衰，象牙一直是有用的外销货，"否则伊斯兰国家的象牙就成平常之物了"。

伊德里西还指出，宋代皇室用象牙制作象轿，所以中国的象牙进口激增。宋代宫

---

① 莱纳：《阿拉伯、波斯人印度、中国行纪》（M. Reinaud, Relation des voyages faits par les Arabes et les Persans dans l'Inde et à la Chine dans le IXe siècle），第 1 卷，巴黎，1845 年，第 25 页。

② 曼苏地：《黄金草原》（al-Masūdi, Les prairies d'or），法译本，第 3 卷，巴黎，1865 年，第 8 页。

③ 弗里曼—格伦维勒：《东非海岸》（Freeman-Grenville, The East Africa coast），牛津，1962 年，第 15 页。

④ 伊德里西：《地理志》（al-Idrīsī, Nuzhat al-mushtāq fī ikhtirāq al-āfāq），若贝法译本（P. A. Jaubert, Géographie d'Edrisi），第 1 卷，巴黎，1836 年，第 97 页。译文讹将象牙改为象，以为"象越高则价越昂"。

廷中皇帝所用五辂（玉、金、象、革、木）中有象辂，驾六赭白马，驾士四十人。宋辂起于唐代五辂。唐有象辂，“行道所乘也，黄质，象饰末”（《新唐书》卷二四《车服志》）。宋代承袭唐代，有七宝辇，以象牙易真珠。少府监下有文思院，掌造金银、犀玉、工巧之物，象牙用途因此更广。

赵汝适对中国 13 世纪进口的象牙有系统的论述，叙述过非洲捕象的景象：“象生于深山穷谷中，时出野外蹂践，人莫敢近。猎者用神劲弓，以药箭射之，象负箭而遁，未及一二里许，药发即毙。猎者随毙取其牙埋诸土中，积至十余株，方搬至大食。以舟运载与三佛齐、日啰亭交易。大者重五十斤至百斤，其株端直，其色洁白，其纹细籀者，大食出也。真腊、占城所产，株小色红，重不过十数斤至二三十斤，又有牙尖，止可作小香叠用。或曰象媒诱致，恐此乃驯象也。”赵汝适还指出：“象牙出大食诸国及真腊、占城二国，以大食者为上，真腊、占城者为下。大食诸国惟麻啰抹最多。”伽力吉（埃塞俄比亚沿海和贝纳迪尔沿海）是中国进口象牙的主要来源地，坦桑尼亚和莫桑比克象牙也都运送这里，等待中国船去贩运。

象牙不仅是阿拉伯船东运苏门答腊的重要出口货，而且也是到达非洲的中国帆船追求的主要商品。参与东非象牙贩运的中国船并非都从广州、泉州出发，至少有相当多是由苏门答腊起航的。许多沿海船只为免政府征用为军事服务，便流亡南海各地，所以赵汝适的记录仍难以给象牙贸易勾勒完整的轮廓。12 世纪时象牙是政府抽税的一项大宗货物，“象牙重及三十斤，并乳香，抽外尽官市，盖榷货也。商人有象牙稍大者，必截为三斤以下，规免官市”（《萍洲可谈》卷二）。象牙课税既重，官市又贱，商人便想方设法用转运或化整为零的办法加以抵制。当时政府规定，往返苏门答腊的中国船只由于贸易季节的缩短可以受到奖励，这就从另一渠道抵偿了苛重的抽解。只有从阿拉伯半岛和摩加迪沙直接运来的象牙才保存着原来的货色。1131 年大食使者蒲亚里带来大象牙 209 株，大犀 35 株，到达广州后，按例象牙每斤估钱 2 贯 600 文，共计 5 万余贯。市舶司一时难以筹款，因此只将大象牙 100 株、犀角 25 株送到杭州，用来解笏造带，其余就地通过官市出售，借以取利。因此只有在象牙贸易项下，阿拉伯商人直到 12 世纪中叶还保持着贸易上的有利地位，受到中国政府的欢迎。

二、犀角

唐宋时代选用粟文的犀角作腰带、带銙，或者制作杯盘器皿之类，同时用作解毒解热药，用途日广。连伊本·郭大贝也知道，中国人用犀角作腰带，已成富家的传统①。非洲犀更以通天犀闻名。

刘恂《岭表录异》卷中对犀的种类记述很详："岭表所产犀牛大约似牛而猪头，脚似象，蹄有三甲。首有二角，一在额上为兕犀（Dicerorhinus sumatrensis），一在鼻上较小为胡帽犀（Rhinoceros unicornis）。鼻上者皆窘束而花点少，多有奇文。牯犀（Diceros bicornis）亦有二角，皆谓毛犀。俱有粟文，堪为腰带。千百犀中或遇有通者，花点大小奇异，固无常定。有偏花路通，有顶花大而根花小者，谓之倒插通。此二种亦五色无常矣。若通白黑分明，花点差奇，则价计巨万，乃希世之宝也。"犀角以中通而有花点的为上品。猎人生取的叫生角，自然脱落的叫倒山角。《诸蕃志》记述犀角"角之纹如泡，以白多黑少者为上"。

从海上进口的是犀角中的上品。《图经本草》指出："（犀角）今出南海者为上，黔蜀者次之。"9—10世纪时进口的上等犀角以下缅甸来的最多，阿拉伯人称为拉摩国（Rahma）。苏莱曼和曼苏地都熟悉这种贸易。唐代习称堕和罗犀，"犀中最大，一株有重七八斤者"（《岭表录异》卷中）。堕和罗位处克拉地峡，正好是当时中国和印度洋各国贸易的前哨。据曼苏地，10世纪时阿拉伯船和中国船常在箇罗（塔库巴）会合，所以广州所知道的堕和罗犀不一定都是当地所产，而一定有阿拉伯船运来的非洲大犀角在内。

宋代犀角来源很多，《诸蕃志》提到交趾、占城、单马令、凌牙斯加以及阇婆、天竺、弼琶啰等都出产犀牛。特别是弼琶啰大犀角，重十多斤，远胜著名的堕和罗犀。《宋朝事实类苑》卷六十一列举犀的品种，也以阿拉伯世界的犀角为上品，这种犀就是非洲犀，其中尤以通天犀为最。该书说："犀之类不一，生邕管之西及交趾者，角文如麻实，理燥少温润。来自舶上，生大食者，文如茱萸，理润而缀，光彩莹彻，甚类犬鼻，若傅以膏。其有花文而尤异者，曰通天犀……若绘画然，为世所贵，其价不赀，莫知其所以然也。"11世纪以后，犀角从非洲运来的越来越多。

作为药物，犀角的用途随着医术的发展也越来越广。西汉《神农本草经》中的犀角只是"主百毒鬼疰"，东汉末《名医别录》用犀角治"伤寒瘟疫，头痛寒热，诸毒气"。唐代名医孙思邈著的中国医方《千金方》中有犀角地黄汤，以犀角主治泻火止血。犀角用作药方的需求量也增大了。

《岛夷志略》中的曼陀郎（姆纳腊尼），坐落在通向塔波拉和埃亚西湖内地大道的

---

① 伊本·郭大贝：《省道志》（Ibn Khurradadhbeh, Le livre des routes et des provinces），梅纳（de Meynard）辑译，载于《亚洲杂志》（Journal Asiatique），1865年，第5卷，第290页。

出海口，以出产犀角闻名，也是中国帆船直接进口犀角的东非港口。在 13 世纪，一定有许多犀角是从那里北运马林迪和摩加迪沙，然后发送中国的。

三、玳瑁

唐代玳瑁（瑇瑁）多从广东海南岛附近取得。《本草拾遗》《图经本草》和《桂海虞衡志》都有记述，背甲十三片“黑白斑文相错鳞差，以成一背”。《诸蕃志》说玳瑁“老者甲厚而黑白分明，少者甲薄而花字模糊”。该书指明玳瑁产在渤泥（加里曼丹）、三屿（巴拉望）、蒲哩噜（波利略）、阇婆（北加浪岸）。《岛夷志略》说喃哑哩（亚齐）也产玳瑁。但《诸蕃志》声明，巴巴拉各州“玳瑁至厚，他国悉就贩焉”。泽拉、摩加迪沙也是印度洋玳瑁贸易的主要港口，雅库特（IV，602）在摩加迪沙的主要出口货檀木、龙涎、象牙之外也举有玳瑁。12—13 世纪中国帆船也从索马里运进大批优良的大玳瑁。

玳瑁以甲片入药，主治小儿惊风、热病发狂、痈肿疮毒，具有定惊、解毒、清热的作用，而且还有查验毒物的奇效。《图经本草》：“入药须用生者乃灵。凡遇饮食有毒，则必自摇动，死者则不能神矣。今人多用杂龟筒作器皿，皆杀取之，又经煮拍，故生者殊难得。”（《本草纲目》卷四五引）由于进口量增多，玳瑁大批从海外运来，只能杀取，又经煮拍，用作解毒物的常见于宫廷或官府之中，大量的则是充当各种装饰品。

四、琥珀

6 世纪时的《梁书》卷五四将琥珀和珊瑚、金碧一同列入大秦珍物，是埃及向印度、中国输出的高档货。中世纪中国古籍都说波斯产琥珀，波斯实际上是个世界性的琥珀市场。波斯琥珀来源有二，除了从波罗的海、地中海运来的，还有从阿拉伯海和桑给海输入的。雅库比在 885 年首次提到桑给琥珀，说是仅次于香岸所产，常运往亚丁销售。10 世纪时，亚丁湾和印度洋西岸琥珀产量大增。曼苏地说桑给海岸和阿拉伯香岸附近琥珀极多（I，333），又说“最佳的琥珀，见于桑给诸岛和海边，系圆而纯蓝，有的大如鸵鸟蛋，或约略相仿”（I，334）。据伊本·哈克尔（I，22），达拉克君主向札比德赠送的礼品中有琥珀。雅库特在《地理辞典》（I，502）中指出东非琥珀已是一项值得注意的产品。他说桑给有很多岛屿，“在岸边可以找到只有这里才有的许多琥珀”。广顺元年（951 年）进口的大琥珀 20 颗（《册府元龟》卷九七二），或者就是桑给琥珀。

琥珀不但是一种装饰品，而且也是一种药物。《名医别录》始将琥珀列入药物，用治平肝、安神、利水、祛瘀。琥珀在古代墓葬中常有出土。宋代琥珀大量进口，宋初列入37种通行药物中。1141年颁布的准许就地出卖的货单中，琥珀和土琥珀分列两项，土琥珀或指从海上转运的云南琥珀。琥珀也从西北陆上成批运进。来自于阗、龟兹和甘州回鹘的货物中，琥珀、乳香是可和中亚、宋代西域所产美玉、良马相并列的例见之物。据《宋会要》，每次以入贡为名运进的琥珀，少则40~50斤，多则几百斤，分明从波斯湾或五河流域运入，其中桑给琥珀有相当可观的数量。到了明代，桑给琥珀和地中海琥珀又从麦加陆运中国，所以当时中国人知道天方国出产一种名贵的金珀①。

五、珊瑚

《唐本草》总括珊瑚来源有三："珊瑚生南海，又从波斯国及狮子国来。"南海以外，红海和地中海珊瑚都经波斯或斯里兰卡运到中国。地中海珊瑚枝柯繁茂，形姿丰发，由于采集、运输的艰困，成为财富的象征。晋代石崇珊瑚高六七尺，已成绝品，用来和王恺比富。《诸蕃志》对北非珊瑚的描述，和《通典》铁网珊瑚一脉相承："珊瑚树出大食毗喏耶国。树生于海之至深处，初生色白，渐渐长苗拆甲，历一岁许，色间变黄，支格交错，高极三四尺，大者围尺。土人以丝绳系五爪铁锚儿，用乌铅为坠，抛掷海中，发其根，以索系于舟上，绞车搭起。不能常有，蓦得一枝，肌理敷腻，见风则干硬，变为干红色。以最高者为贵。若失时不举，则致蠹败。"

13世纪时确知珊瑚是阿尔及利亚贝贾亚的名产。《诸蕃志》又说北非沿海的默伽腊和埃及都是珊瑚的重要产地和外销区。《事林广记》对默伽腊珊瑚也有详细记述："默伽腊国，有国王。海出珊瑚树，国人采之。用索缚十字木，将麻线乱绞在十字上，用石坠入水中棹舡，拖索刮取其树。古云铁网取珊瑚，盖此类也。"默伽腊包括了整个北非，而出产珊瑚的主要是贝贾亚和突尼斯两个滨海城市。红海也是宋代珊瑚的一个来源地。元代刘郁出使过波斯，1263年著有《西使记》，书中也称道红海珊瑚："珊瑚出西南海，取以铁网，高有至三尺者。"西南海出珊瑚，就是阿拉伯地理学家所称红海珊瑚。

六、真珠

宋代进口真珠，都从阿拉伯、科罗曼德、斯里兰卡、苏门答腊运入。《诸蕃志》介绍："真珠出大食国之海岛上，又出西难（Sirendib）、监篦（Kampar）二国。广西、湖

---

①《大明一统志》（1461）卷九十。

北亦有之，但不若大食、监篦之明净耳。”每当采珠，一次用船30～40只，同时派人入水采集。所采的蚌叫“珠母”，采后置于地坎中，一个多月后蚌壳腐烂，取出真珠。“珠大率以圆洁明净者为上，圆者置诸盘中，终日不停。”外商“多置夹襦内及伞柄中，规免抽解”。阿拉伯各地，如阿曼、法尔士、巴林、达拉克群岛都产真珠。波斯湾采珠业名闻世界。伊德里西（I，375）说：“波斯湾中采珠场计有三百，采珠者多住阿瓦勒（麦纳麦）岛上，都城叫巴林。”非洲真珠来华当属少数，但也有记载。如1073年陀婆离国（杜米亚特）使者蒲麻勿所献物品中有真珠。《清波别志》载层檀产真珠。层檀船屡次来华，也一定有真珠交易，但大多私匿，以免抽税，所以难知曲直。

七、椰枣

椰枣早在3世纪就从南方海上传入中国，称海枣。不久又有经中亚运进的，起名千年枣。7世纪后由阿拉伯、波斯商人作为珍贵礼品赠献给唐宋宫廷，又有作为外国侨民食品大量运到广州的，从此便称波斯枣了。唐昭宗（888—904年在位）时刘恂《岭表录异》卷中说：“恂曾于番酋家食本国将来者，色类沙糖，皮肉软烂，饵之乃火烁水蒸之味也。其核与北中枣殊异，两头不尖，双卷而圆，如小块紫矿。恂亦收而种之，久无萌芽，是蒸熟也。”① 不过波斯枣只是椰枣的俗称，千年枣才是从北魏以来直到唐朝宫廷中习用的官方称呼。

唐宋时期，椰枣还未大量销售。椰枣的名声多半仰赖“波斯枣”品质甜美、富有域外风味而传扬四方。《酉阳杂俎》卷一八说，波斯枣“有核，熟则紫黑，状类干枣，味甘如饴，可食”。在唐代，椰枣的波斯名称窟莽（khurmā）和埃及名称无漏同时并存，并且一直流传到近代。元代窟莽别译苦鲁麻或忽鹿麻，被误作巴旦杏（Prunus communis）。《格致镜原》卷七四引《绀珠》说“忽鹿麻出哈密，杏如枣甘，仁如巴豆”，以枣甘和杏混为一谈。明代李时珍《本草纲目》卷三十一以窟莽为树，苦鲁麻为果，是不明两者语源。明代，波斯枣的名称已渐湮没时，“无漏子”的称呼却一直被牢记着。这个事实隐约地点出了椰枣的老家不在波斯，而在更加遥远的非洲大陆。

椰枣在唐代既称波斯枣、无漏子，有时也叫千年枣。宋初改称万岁枣。974年三佛齐贡品有万岁枣、扁桃（巴旦杏）。但仍通用千年枣的名称。1011年三麻兰使者，1073年陀婆离使者的礼品中都有千年枣（《宋会要稿》蕃夷四之九五，蕃夷七之三三）。有时又称大食枣或番枣。1157年初（绍兴二十六年十二月二十五日）三佛齐使者带来礼品大食枣十六琉璃瓶（《宋会要稿》蕃夷七之四八），1178年三佛齐使者又献番枣二琉

① 见《太平御览》卷九六五。《唐人说荟》本无最后一句。

璃瓶（《宋会要稿》蕃夷七之五六）。番枣自然就是大食枣，从红海或亚丁湾彼岸的非洲运来。《诸蕃志》中盛产千年枣的地方有阿曼、巴斯拉，在非洲有以埃及为中心的大食。《清波别志》中有索马里和吉达的千年枣。在宋代，椰枣也是一种进口的非洲和阿拉伯土产。明代改称万年枣（《瀛涯胜览》阿丹），在《大明一统志》中又叫万岁枣，就是现在俗称的伊拉克蜜枣。

八、乌文木

2—3 世纪时，埃塞俄比亚乌文木已输入中国。10 世纪时乌文木是东非重要的外销木材。伊斯塔克里讲到安尔达希最重要的城市西拉夫每年从桑给国进口乌文木、檀香木等各种名贵木材。雅库特更将乌文木列入摩加迪沙四大出口货之一。乌文木种类极多，因此人们怀疑摩加迪沙输出的只是类似乌文木的一种黑色木材①。10 世纪初乌文木都经东南亚流入中国。阿布·宰德·哈桑提到马来半岛的箇罗（塔库巴）是乌木、檀香、苏木、象牙、樟脑的集散地，也是中国商船出入接运的港口。宋代乌文木是一种重要进口货，乌文木又或写作乌纹木。乌婪木也是乌文木的一种写法。至于乌**樠**则都来自中南半岛，因占语称 mökia，而有“**樠**”的音译。973 年钱俶向宋朝进献乌纹木椅子、踏床子（《宋会要稿》蕃夷七之一〇），978 年又进献乌楠木御食案、御床，两种木材来源当有不同。

九、棉布

宋代进口的棉布名称繁多。有统称为蕃布（蕃头布、蕃显布、蕃青斑布、青花蕃布、青蕃棋盘小布、毛施布）的，大多指印度和阿拉伯棉布②。有以花色命名的，如花蕊布、吉贝花布、吉贝纱、白叠布。或以产品称呼，如兜罗绵毯。照《诸蕃志》吉贝条，棉布按品质分四等：“最坚厚者谓之兜罗绵，次曰番布，次曰木棉，又次曰吉布。或染以杂色，异纹炳然，幅有阔至五六尺者。”

12 世纪的非洲棉布，以突尼斯和马赫迪亚最有名。在穆瓦希德王朝（Muwahhidun，1147—1269）统治下，突尼斯城的外销商品中便有棉布，它东南的海港城市马赫迪亚以纺织各色棉布运销地中海和阿拉伯各国著称。迪曼希基（al-Damashqi）在 1226—1242 年间写的《陆海奇观》（Kitab nukhba al-dahr）中有专论波斯湾中卡伊斯岛的，指

---

①　台维：《中世纪的桑给国或东非海岸》（L. -M. Devic，Le pays des Zendjs，ou La côte orientale d'Afrique au moyen âge），巴黎，1892 年，第 61－62 页。

②　毛施布即南印度的细白棉布。伊德里西《地理志》（al-Idrīsī，Géographie d'Edrisi，若贝法译本，第 1 卷，巴黎，1836 年，第 105 页）也提到喀布尔棉布输往中国。

出当地居民穿着来自西方马赫迪亚（Mahdiyya）的棉布。这种棉布也就是元代汪大渊《岛夷志略》特番里条的麻逸布。这里“麻逸”的译名借用菲律宾的麻逸。这种非洲棉布，也随同阿拉伯棉布流传中国。非洲东部纺织的棉布也有它的特色。到14世纪，摩加迪沙棉布在埃及享有极高的声誉。彩色棉布，斯瓦希里语名nguonyingi①，也具有悠久的历史。

十、火浣布

古代中国人以石棉为奇宝，汉魏时从西北不断传入。东汉豪门梁冀、东晋贵胄石崇各以火浣布争胜。埃及石棉也在晋时流入广州。唐代同昌公主有火蚕绵，“云出炎洲，絮衣一袭用一两，稍过度，则熇蒸之气，不可近也”（《杜阳杂编》卷下）。炎洲，古称火洲。据东汉杨孚《异物志》，火洲在斯调国（斯里兰卡）附近②。稍后，三国时《扶南土俗传》又说，火洲在苏禄海附近马五（五马）州之东③。马五州，据《太平御览》卷九八一，《法苑珠林》卷三六华香篇引《吴时外国传》，都作五马州，是丁香的土名gaumadi。最早传入中国的火浣布来源不同，葛洪已分析火浣布有三种。

750年波斯使者带到长安的礼物中有火毛绣，是精绣的石棉布。照伊本·法基在902年的著录，火浣布出克尔曼，所以南北朝以来都以为波斯出产火浣布。宋代上党也出石棉，苏颂称为“不灰木”或“滑石之根”。元祐七年（1092年）五月二十四日，广州向汴梁进献大食国进奉的火浣布，被藏于瑞物阁，视作国宝。这件国宝来自埃及。12世纪初火浣布更成批从海上运入。蔡絛《铁围山丛谈》说：“及哲宗朝，始得火浣布七寸，大以为异。政和（1111—1117年）初，进火浣布者已将半仞矣。其后盈筥而至。大抵若今之木棉布，色微青黲，盖投之火中则洁白，非鼠毛也。御府使人自纺緷绩，为中褥布袍之属。”这比之唐代宗宠姬薛瑶英从国外所得不足一二两的龙绡衣已普遍多了。火浣布正是埃及名产，《岭外代答》卷三、《诸蕃志》勿斯离国都已称述。据伊本·哈克尔，摩洛哥也有石棉矿。周密《志雅堂杂钞》卷上、卷下都有火浣布，其一得自泉州，直接由埃及海运中国。非洲石棉布，17世纪时也从非洲苏丹传到中国的南京，据说由一种类似印度托达树的树根的底部制成④。

---

① 苏顿的论文，见孔柴基编：《赤道非洲经济史》（Z. A. & J. M. Konczacki，An economic history of Tropical Africa），第1卷，伦敦，1977年。

② 《三国志·魏志》卷四裴注引《异物志》。

③ 杜佑《通典》卷一八八引《梁书·南蛮传》（卷五四）略同。

④ 李约瑟：《中国科学技术史》（J. Needham，Science and civilization in China），中译本，科学出版社，1976年，第5卷地学，第25章矿物学。

十一、明矾

照普林尼（XXXV，52），埃及、西班牙、亚美尼亚、马其顿、本都和阿非利加（突尼斯附近）都是出产明矾的地方。《海药本草》说波斯、大秦所出白矾，“色白而莹净，内有棘针文……入丹灶家，功力逾于河西石门者”。波斯不出明矾，波斯白矾都从埃及转运。中世纪明矾主产于小亚细亚，埃及也有出产，唐宋时代有运到中国的。

十二、翡　翠

翡翠，本鸟名，但张衡《西京赋》叙珠玉时以翡翠火齐并举，可见自 1 世纪以来已指硬玉（jadeite）①。这种硬玉，3500 年以来仅见于缅甸。在宋代，翡翠被当作绿宝石的代称。绿宝石是刚玉中的一种，和硬玉不同。宋代杜绾《石谱》（1133 年）也有翡翠。此名似起源于藏缅语系，和起自波斯语的“碧”（firūza）相仿，与唐代流行的“瑟瑟”不同。

翡翠在宋代也是海上进口物的一种，来源有二：一是上缅甸孟拱、孟密的硬玉②；二是埃及的绿宝石。1073 年陀婆离（杜米亚特）使者带到中国的玻璃、金饰、寿带、琉璃器，其中玻璃也是埃及绿宝石。自 9 世纪下半叶起，在阿斯旺和红海之间的地区发现了金矿和绿宝石矿，中心在瓦迪·阿拉奇（Wādī al-ʻAllāqī）③。除阿拉伯和埃及商人开采以外，绿宝石矿也有属于法蒂玛国库管理的，都雇佣苏丹奴隶或贝贾劳工开采。《岛夷志略》中出产青琅玕（绿宝石）的哩伽塔（纳卡塔）④，位于柏培拉城以东，瓜达富伊角以西，也是埃及绿宝石的转运口，所以被当作青琅玕的产地。此外，宋代于阗贡使随带货物中也有翡翠。

十三、琉璃

琉璃、琉璃珠都是宋代从海上成批输入的货物。另有一种用作装饰的药珠（《宋

① 《后汉书》《华阳国志》称哀牢夷出翡翠，亦非指翠鸟。梁徐陵《玉台新咏序》以翡翠、琉璃对比，琉璃以青色著，常是璧琉璃（蓝宝石）的省称，翡翠在这里当也是碧色的玉石。

② 印度马代亚普拉迪什的邦达拉县（Bhandara）马哈尔各（Mahalgeon）所产绿色石英岩中的一种（aventurimes），近代常被充作硬玉，运到云南腾越加以雕琢。参见勃朗、戴依编：《印度矿产志》（J. C. Brown & A. K. Dey，India's mineral wealth），第 3 版，牛津，1955 年，第 627 页。宋代进口翡翠恐也杂有此类赝品。

③ 弗林特：《剑桥非洲史》（J. E. Flint，The Cambridge history of Africa），第 3 卷，剑桥，1977 年，第 72 页。

④ 苏继庼《岛夷志略校释》（中华书局，1981 年，第 352 页注 5），把绿柱石（beryl）译作绿宝石，以青琅玕为青金石、咀姆碌等，在名称上颇有混淆。

史》卷一五二《舆服志》)，是《岛夷志略》中的烧珠，都是玻璃质的琉璃珠。

宋代进口的琉璃主要来源于阿拉伯。《诸蕃志》介绍：“琉璃出大食诸国，烧炼之法与中国同，其法用铅硝石膏烧成，大食则添入南鹏砂，故滋润不烈，最耐寒暑，宿水不坏，以此贵重于中国。”阿拉伯琉璃因烧炼得法，经久耐用，巴格达、加兹尼、马拉喀什和埃及所产碾花琉璃尤有特色。琉璃器也是阿拉伯使者的贵重礼物，杜米亚特使者便几次以琉璃钟、琉璃器馈赠。更有透明玻璃，称水晶琉璃器或琉璃水精器（《宋会要稿》蕃夷七之三一，三二)，尤其名贵。

第九章
元代印度洋航运转变期中的中非交通与交流

第一节　马木鲁克和中国

一、马木鲁克和东西方贸易

埃及从法蒂玛王朝以来，雇佣大批突厥奴隶充当开罗宫廷的禁军和卫戍部队，15世纪埃及作家马克里西称为“突厥奴隶军”（al-ʿabīd al-mamālīk al-Atrāk）。1250年，突厥奴隶军推翻了阿尤卜王朝，新王朝便以奴隶（mamlūk，复数mamālīk）为名，称马木鲁克王朝。此后250年中，马木鲁克的军事统帅先后建立了伯海里（Bahri，1250—1390年）和布尔杰（Burji，1382—1517年）两个奴隶王朝。突厥人或蒙古人、塞卡西亚人的苏丹主宰着埃及、巴勒斯坦和叙利亚的土地，开始了中东历史上著名的马木鲁克时期。

马木鲁克王朝成立之初，大敌当前，局势十分危急。13世纪中叶，崛起在亚洲东部的蒙古人正蜂拥西进，势如破竹。1258年巴格达终于陷落，最后一名哈里发被蒙古统帅废黜。旭烈兀统率的蒙古铁骑渡过幼发拉底河，在1260年春攻占大马士革。不久，所向披靡的蒙古军在耶路撒冷以北阿因·札卢特平原被马木鲁克苏丹古突兹（Qutuz，1259—1260年在位）统帅的大军阻住进路。古突兹的先锋拜巴尔斯指挥马木鲁克的阿拉伯、突厥联军，歼灭了怯的不花统率的蒙古大军。埃及军乘胜克复大马士革，阻挡了蒙古军的西进，扭转了战局。拜巴尔斯乘机夺取政权，在开罗另立哈里发，作为伊斯兰世界统一的象征。在马木鲁克时期，花剌子模、突厥、格鲁吉亚和叙利亚各地的王公贵酋都流亡埃及，投靠马木鲁克苏丹，埃及确已成为和蒙古人统治的伊儿汗国抗衡的穆斯林各国的中坚力量。

此后40年中，马木鲁克苏丹既要驱迫那些在黎凡特曾经和蒙古军勾结的法兰克人，又面临着时刻准备西侵的蒙古大军的进犯。伊儿汗的蒙古君主在基督教和伊斯兰教之间时有选择，常常不得不屈从于穆斯林地方势力，造成马木鲁克与蒙古人、法兰克人之间时而联合时而攻袭的有利时机①。1281年和1300年、1303年，埃及苏丹先后三次击退渡过幼发拉底河重新攻占大马士革的蒙古军，并在1291年将法兰克人逐出黎凡特的最后一个据点阿卡城。马木鲁克从此得以在幼发拉底河和小亚细亚的鲁姆、亚美尼亚一线和伊儿汗、拜占庭鼎足而立。

尽管蒙古人的西侵造成了美索不达米亚地区的东西对峙，十字军东征的多次发动更使中东陷入骚扰和阻隔，并曾直接威胁埃及沿海，但地中海和亚洲东部以及印度洋各国的联系非但没有中断，反而受到周期性的激励。欧洲贵族和骑士对东方物质文明的向慕，进一步刺激了十字军占领下的黎凡特海岸和意大利城市的国际贸易。到十字军运动结束时，从东方运往欧洲的货物，在两个世纪中大约增长了10倍。中国的丝绸、瓷器、麝香、大黄、硫黄、焰硝，印度和东南亚的胡椒、丁香、豆蔻等香料，药材、棉纱，以及中东的毡毯、金银饰品和糖果、锦缎，都是日趋奢靡的欧洲各国上层集团所追求的物品。威尼斯、热那亚、佛罗伦萨等意大利城邦操纵的地中海贸易，在相当程度上都必须通过马木鲁克占领下的黎凡特和尼罗河三角洲。马木鲁克利用基督徒经过地中海滨的雅法到耶路撒冷朝圣，控制亚历山大里亚和黎凡特诸港进行的转口贸易，通过征收重税获取巨利。印度胡椒是黎凡特从东方运来的大宗货物，甚至一度在市场上充作通货。胡椒税也成了马木鲁克苏丹巧取豪夺的对象，从15%提高到15世纪时的160%。马木鲁克成了亚洲和欧洲之间东西方贸易的桥梁，规模比之罗马帝国亚历山大的东方贸易有过之而无不及。

埃及在纳赛尔（al-Malik al-Nāṣir Muḥammad，1293—1340年在位）统治时期重新获得了安宁。纳赛尔九岁登基，中间两度被废（1294—1298年，1309—1310年），但在

① 明诺尔斯基：《13至15世纪中东的西方势力》（V. Minorsky, The Middle-East in western politics in the 13th, 14th and 15th centuries），载于《皇家中亚学会杂志》（JRCAS），1940年，第27卷，第427页以下。

1304年后，纳赛尔和皈依伊斯兰教的伊儿汗合尔班答（1304—1316年在位）一直维持着边境的和平。纳赛尔的长期在位，也使马木鲁克得以处在一个稳定的环境之中。在金帐汗国、拜占庭这些马木鲁克的老盟国以外，还有十来个国家和马木鲁克有过使节往还，其中有中国、阿拉贡、德里苏丹和埃塞俄比亚，甚至马里的统治者曼萨·坎坎·穆萨也在1325年途经开罗去麦加朝圣。

纳赛尔在征收苛捐杂税挥霍浪费之余，也曾对船舶、奴隶、马匹、甘蔗、食盐等给予免税。卡拉米（Kārimi）商人因此可以迅速发展他们的商务，形成一个有特殊势力的阶层。他们财力雄厚，富者常拥有百万以上第纳尔的资金。在国内由主管部门（dīwan al-matjar）管辖这些卡拉米商人。他们缴纳重金后，便可获得苏丹特许，从事国际贸易，牟取高额利润。他们在红海和印度洋拥有几百艘商船，每个码头都有他们的经纪人。卡拉米商人的足迹遍及努比亚、埃塞俄比亚、西苏丹、印度、印度尼西亚，并到了中国的长江流域。杭州城里便有埃及卡拉米富商。

马木鲁克也通过伊儿汗国和意大利城邦与遥远的中国取得贸易上的联系。14世纪以来，威尼斯、热那亚以外，佛罗伦萨、马赛和巴塞罗那的商人也蜂拥而至，纷纷和马木鲁克取得条约的保障，在亚历山大里亚建立各自的货栈（funduq），并派驻自己的领事。马木鲁克苏丹也派出卫队保护外商。在伊儿汗国，意大利商人在合尔班答时期操纵了伊朗和西方各国的贸易，促使东西方的商业往来迅速增长。由于威尼斯在商战中击败了它的对手热那亚，因而在14世纪独占了黎凡特贸易的全部份额，成为伊儿汗向西方经销印度和中国商品的最大的主顾。

那时中国的出口货很大一部分要经过印度洋运到亚丁湾，再转销黎凡特和杜米亚特、亚历山大里亚、贝贾亚、丹吉尔等地中海滨的非洲港口。叙利亚木香、波罗的海琥珀都由黎凡特东运，运输的途径有二：陆路横贯阿拉伯半岛直运也门和哈萨海岸等地，海路由红海通往亚丁湾和南印度，再转运中国。

通过马木鲁克占领下的黎凡特各大城市，来自马拉喀什、突尼斯的商队，和大不里士、撒马尔罕、大都（北京）的商队互换货物，彼此通商。意大利城邦、犹太和穆斯林商人，是经常出入马木鲁克从事国际贸易的主要商业阶层，中国必须经过他们的中介才能和地中海各国建立正常的往来。所以陈大震、吕桂孙《南海志》（1304年）中和广州通商的非洲国家有六个，其中勿斯离（埃及）、芦眉（摩洛哥）、墨加鲁（北非突尼斯、阿尔及利亚、利比亚西部）都是地中海沿岸国家，此外深入西非的茶弼沙（古加纳）也都有来往。

二、北京和开罗的交往

马木鲁克王朝诞生之初，便面临伊儿汗国和基督教骑士团的夹击，因此马木鲁克一开始便通过外交途径，和北邻拜占庭、钦察汗国保持友善关系，以确保里海和地中海地区的均势。从13世纪中叶到14世纪中叶的一个世纪中，马木鲁克和钦察汗国、伊儿汗国之间便是根据这一相互制约的均衡政策而保持了良好的关系，并且通过两者和中国的元朝展开了外交往来。

在和伊儿汗的斗争中，马木鲁克苏丹一向依靠金帐汗伯勒克（1257—1266年在位）。据说在阿因·札卢特战役中，旭烈兀军出乎意外地遭到了伯勒克军队的进攻①，以惨败告终。此说虽言之有理，然无确据。伯勒克容许金帐汗国的臣民自由信仰伊斯兰教。1261年伯勒克和埃及拜巴尔斯互派大使，埃及大使前往克里米亚的苏达克，金帐大使抵达亚历山大里亚。1263年双方缔结盟约，共同反对伊儿汗国②。两国在宗教信仰和对外政策上完全一致，在地中海国际事务中的步调得以统一起来。

蒙哥·帖木儿（1267—1280年在位）统治下的金帐汗国曾和开罗马木鲁克苏丹联姻，以增强国势。1256年后，原由伊儿汗总督控制的小亚细亚的突厥人重新抬头，摆脱了蒙古人的统治。这些变化构成了对伊儿汗的不利环境。伊儿汗阿八哈（1265—1282年在位）和阿鲁浑（1284—1291年在位）于是蓄意联络西方基督教国家，争取结成反穆斯林的国际联盟。1277年伊儿汗国的使者曾远赴伦敦，1287—1288年北京的景教徒苏马奉阿鲁浑之命出使西欧，在巴黎会见美男腓力，在波尔铎与英皇爱德华一世相会，到罗马进谒教皇尼古拉四世。但阿鲁浑的国策招致了国内穆斯林权贵的抵触。此后，西欧基督教国家和伊儿汗结盟抗击马木鲁克的活动一直进行到1308年，终未获得显著成效。

处于三强之间的拜占庭，刚刚从十字军的占领下恢复元气。拜占庭皇帝米哈伊尔八世帕雷洛格（Michael Ⅷ Palaiololgo，1259—1282年在位）被迫与列强多方周旋，曾以女儿下嫁旭烈兀，旭烈兀死后改嫁阿八哈。1265年伯勒克派诺盖统率钦察和保加利亚联军进攻拜占庭，米哈伊尔八世被迫议和，在1273年又以另一女儿尤福洛西许婚诺盖。米哈伊尔八世在晚年又和马木鲁克苏丹盖拉温重归于好。南北海路，终于畅通无阻③。

---

① 莱希：《蒙古人的世界帝国》（Klaus Lach，Das Mongolische Weltreich），威斯巴登，1968年，第313页。

② 马克里西：《马木鲁克苏丹史》（al-Maqrizi，Histoire des Sultans Mamelouks），法译本，第1卷，巴黎，1837年，第211页；多桑：《蒙古史》（Mouradja d'Ohsson，Histoire des mongols dépuis Tchinguiz-khan jusqu'à Timour Bey ou Tamerlan），第3卷，阿姆斯特丹，1834—1852年，第380－381页。

③ 瓦西里也夫：《拜占庭帝国史》（A. Vasiliev，History of the Byzantine Empire），麦迪孙，1958年，第601页；柴基洛夫：《金帐汗和埃及外交史》（S. Zakirov，The Golden Horde diplomatic relations with Egypt），莫斯科，1966年。

在中东国际关系的变乱中，拜占廷早就希望和中国的蒙古大汗取得直接的联系，这种联系毫无疑问将会改善拜占廷和伊儿汗的关系。所以早在 1262 年便有发郎使者来到上都。由拜占庭皇帝米哈伊尔八世派遣的使者出发时还在 1259 年，大约在大马士革从马木鲁克人手中转归蒙古人的前后，旭烈兀下令驱逐叙利亚法兰克人，蒙古大军正在向黎凡特挺进之际。元初王恽《中堂事记》叙述发郎使者在中统二年五月七日到达上都（开平）："是日，发郎国遣人贡献卉服诸物。其使自本土达上都已逾三年。说其国在回纥极西徼，常昼不夜。"这里指出发郎的位置在回纥极西的边外，也就是与突厥民族邻近的地方，又说那里的特点是"常昼不夜"。"常昼不夜"的本意可能有二：一是按地理实况，常昼不夜出现极光的地方是在北极圈内，至少要远到 55°N 以北才有此类自然景观。拜占庭可能以此夸耀它国土的广袤，可以达到波罗的海以北的地方。拜占庭受塞尔柱突厥侵扰多年，小亚细亚地方多半已归属塞尔柱人建立的罗姆苏丹国，拜占庭在内乱外祸中只得与马木鲁克人和钦察人建立联盟关系。钦察汗国正是希腊东正教流行的地区，因此拜占廷可以借此夸说他的国境广达常昼无夜的地方。二是所谓常昼不夜，只是就字义解释的一处地方。"常昼不夜"意即"日出"。拉丁语称地中海东部滨海之地为 Levare，即"升起"，意思是"日出之地"。从罗马时代起，这里由于是罗马世界的极东部，所以便有黎凡特（Levant）之称，《魏略》译作驴分。但在 13 世纪，这里的法兰克人领地已被穆斯林逐出境外，所以这个"常昼无夜"的地方，不能是黎凡特，只能是和突厥邻接的拜占庭。

《中堂事记》还说发郎国"妇人颇妍美，男子例碧眼黄发。所经途有二海，一则逾月，一则期月可度"。这是指从地中海历黑海，再经里海到上都的途径。发郎国使到达开平极受欢迎，"上嘉其远来，回赐金帛甚渥"。这一次的通使，使忽必烈决意和地中海东部的马木鲁克人和法兰克人国家建立外交关系。

元世祖忽必烈支持伊儿汗，对中东国际局势的变化也很关注。1281 年伊儿汗大军在希姆斯惨败于马木鲁克军队，不久伊儿汗阿八哈去世。元朝在 1282 年冬十月便派阿耽出使地中海和埃及。《元史》卷一二称这两地是法里郎和阿鲁乾伯国①。法里郎和发郎、佛郎不是同一个地方。元使所到的法里郎，如果是拜占庭首都君士坦丁堡，那么也是元期和欧洲的一次使节往来。但那时的拜占庭，从 1282 年起是安德罗尼库斯二世（Andronicus Ⅱ，1282—1328 年在位）统治时期，领土已龟缩在马尔马拉海周边地区，

① 阿鲁乾伯，苏继庼（《岛夷志略校释》，中华书局，1981 年，第 146 页）当作乾伯，以为《志略》中的监毗。但《元史》明说是阿鲁乾伯国，"乾"读作"乾坤"的"乾"。

丧失了它作为大国的地位，从此变成一个小国了①。元使所到的法里郎只能是意大利半岛东北部的费拉拉大公国②，那是亚德里亚海西岸靠着商业资本活跃在地中海上的一个商贸城邦国。所以元使接着便到阿鲁乾伯国。阿鲁乾伯，指的是埃及马木鲁克苏丹盖拉温，这是中国使者在历史上第一次正式访问开罗。当时的马木鲁克兵强马壮，国势达于鼎盛。盖拉温（Qalāwūn，1279—1290年在位）是伯海里马木鲁克的一位杰出的君主，原是钦察汗国的突厥奴隶，后来废黜幼主，夺取了政权。“伯国”指伯海里（Bahri）系的马木鲁克（1250—1390年），这些马木鲁克人原来是阿尤卜王朝苏丹雇佣的突厥人和蒙古人，曾被安置在尼罗河中的罗德洲上，后来充作禁卫军，成为伯海里系（河洲系）马木鲁克的军官和苏丹，盖拉温也是其中的一人。在希姆斯战役后，正当伊儿汗改奉伊斯兰教之时，盖拉温加强了他和金帐汗、拜占庭皇帝以及热那亚、法兰西、卡斯提尔、西西里等国国王原有的友谊关系，锡兰和中国的使者也相继到达开罗。元使阿耽在开罗和盖拉温的谈判一定十分成功，因为马木鲁克本来愿意保持叙利亚领土的安宁，而伊儿汗阿八哈和他的后继者阿鲁浑却一意想把穆斯林军队从叙利亚驱逐出去。中国和埃及的谈判还包括双方通过陆上和海道进一步发展贸易往来。拥有雄厚的海上航运力量的中国商人，得到政府以高利贷形式发放资金的“斡脱”穆斯林，和聚集了巨额资金的埃及卡拉米商人，都亟愿通过马拉巴和也门改善双方的商业待遇，力求在丝绸和香料贸易上有更大的发展。当时埃及战胜了基督教骑士团，盖拉温和基督教王国的推罗亲王在1285年7月缔结和约。盖拉温获得了“胜利之王”（al-Malik al-Mansūr）的称号，积极鼓励发展印度洋商业，通过红海经营东西方贸易。1288年盖拉温颁发航海护照给侨居也门、印度、马来半岛和中国的埃及客商，鼓励他们招徕外商前往黎凡特和埃及③。元使阿耽的初访开罗，显然是颇有成效的一次外交活动。

纳赛尔统治时期，中国使者第二次访问了开罗。1304年伊儿汗合尔班答即位，元朝成宗派使者到大不里士，向伊儿汗宣告盘踞中亚40多年的都哇、察八儿已向元朝求和，西北陆道重告通畅。1305年合尔班答致法王腓力四世的信中也通知对方，成吉思汗后裔的各宗王业已和好，从中国到伊儿汗已联合为一个整体，东西交通重新恢复如初。

1322年马木鲁克的属地希贾兹也派使者到中国，《元史》卷二八译作押济思国。

---

① 乔治·奥斯特洛格尔斯基：《拜占庭帝国史》（George Ostrogorsky, History of the Byzantine State），陈志强中译本，青海人民出版社，2006年，第406页以下。

② 沈福伟：《中国与欧洲文明》，山西教育出版社，2019年，第189页。

③ 马克里西：《马木鲁克苏丹史》（al-Maqrizi, Histoire des Sultans Mamelouks），法译本，第2卷，巴黎，1845年，第97页。

使者的来华，增进了元朝政府对印度洋和地中海贸易链的了解，间接促成了元朝在1323年重新开放海外贸易的决定。此后30年中，由于中东保持着和平，特别是1323年马木鲁克苏丹纳赛尔和伊儿汗合尔班答的儿子不赛因缔结了和约，一直遵守到1335年不赛因去世，北京可以顺利地通过大不里士与大马士革和开罗互通音讯。在希贾兹使者来华后，1323年元使再到开罗。哈马的统治者阿布·菲达（Abū al-Fidā，1273—1332年）在《人类史纲》（Mukhtaṣar taʻrīkh al-Baṣhar）中记述，中国使节在到达开罗后，向纳赛尔·穆罕默德·伊本·加洛苏丹馈赠大批礼物，其中有700匹织有苏丹尊号的花锦。使者经历的路程，从大都（北京）算起，约有10000公里。元使二次出访开罗，正是中非关系史的壮举，在历史上仅有罗马奥古斯都在位时中国使者到罗马进谒，1336年元顺帝遣使阿维农教皇差可相媲。

中国和埃及的接触，还可通过塔什干，由里海北岸取道黑海的特莱皮松到达阿勒颇和开罗。1314年后，金帐汗国和马木鲁克的使节往返于道。1320年，月思别汗和马木鲁克苏丹互相联姻。月思别汗在和察合台后王的战事平息后，也和元朝保持着联系，一直持续到他的儿子扎尼别（1342—1356年在位）即位。

在这时，埃及天马也通过金帐汗国到达大都。至正二年七月十八日（1342年8月19日），有拂郎国献天马，元顺帝在慈仁殿接见使者，观赏天马。又命翰林学士承旨夔请周朗画成《茀郎天马图》，揭傒斯作《天马赞》题画。朝臣纷纷以诗赋称颂，在北京宫廷中哄传一时。伯希和认为这个拂郎国使者是阿维农教皇派到北京的新任大主教马黎诺里①。《天马图》直到1815年还见于内府收藏。拂郎含义本极广泛，马黎诺里所献天马实来自埃及或黎凡特的阿拉伯良种马。

1342年拂郎使者所献天马，非同其他骏马，高八尺三寸，长一丈一尺三寸多，全身漆黑，仅后两蹄白色。“金辔重勒，驭者其国人，黄须碧眼，服二色窄衣。言语不可通，以意谕之。”（周伯琦《近光集》）朱德润《存复斋文集》卷五，据基督教徒毗陵监郡岳忽难说，至正二年献黑马的拂郎国便是佛菻国，延祐（1314—1320年）年间已和大都通使。1342年拂郎天马经钦察汗国，渡过七海，由里海以北的草原路送到北京。所经七海是地中海、多岛海（爱琴海）、马尔马拉海、黑海、亚速海、里海、咸海②。陆仁《乾乾居士集》有《天马歌》：

---

① 伯希和：《唐元时代中亚及东亚之基督教徒》（Paul Pelliot，Chrétiens d'Asie centrale et d'Extrême-Orient），载于《通报》（T'oung Pao），1914年，第623－644页，中译文见冯承钧：《西域南海史地考证译丛》，中华书局，1956年，第79页。

② 张星烺：《中西交通史料汇编》，第1册，中华书局，1977年，第267页注1。

> 佛郎之国邈西域，流沙弥漫七海隔。浪波横天马横涉，马其犹龙弗颠踣。东逾月窟过回纥，陆地不毛千里赤。

许有壬《至正集》卷十有《应制天马歌》：

> 佛郎国在月窟西，八尺真龙入维絷。七逾大海四阅年，滦京今日才朝天。

拂郎或佛郎，两人都说在月窟西或西海以西。月窟亦即月思别汗的金帐汗国，诗文中都注明天马由地中海北运罗斯草原到达北京。这种马是所谓龙种马，也是埃及名马。马臻《霞外集》有《题画海南入贡天马图》，所见天马“毛如泼墨耳插筒”，也是雄姿挺昂的黑马，并且取道南海。拂郎天马来自埃及，由此更多一见证。

所谓天马实是西马。1327年察合台槊思班、伊儿汗不赛因等派出的使团向北京馈赠的礼物中有文豹、西马、佩刀和珠宝。西马、佩刀都是马木鲁克的名产。叙利亚钢刀早已蜚声世界，亚历山大里亚也以制作精绝的佩刀闻名。西马，则是阿拉伯马。《岛夷志略》天堂条说：“地产西马，高八尺许。”刘郁《西使记》称之为龙种马：“龙种马出西海中，有鳞角，牝马有驹不敢同牧，被引入海，不复出。”这种龙种马便是产在埃及、希贾兹和巴勒斯坦的阿拉伯良种马，来源地都是马木鲁克。元代的拂郎或佛郎，实指红海、地中海以西各国，并非欧洲国家或拜占庭的专称。明代严从简《殊域周咨录》因此竟以为“拂菻古名密昔儿”，其误原出于此。

埃及的武器和良马也通过金帐汗国传入中国。1358年金帐汗扎尼别派出的使者到达北京，带来的礼品中有“大撒哈剌（Sakelat，宽幅毛绒）、察亦儿（Kiraly）、米西儿（Miṣr）刀、弓、锁子甲及青、白西马各二匹”。匈牙利（察亦儿）和埃及（米西儿）的武器，以及青色、白色的阿拉伯西马，都被当作珍贵的礼品，通过钦察草原运到了元朝的大都。

埃及和中国的贸易商互相往来，交接频繁，彼此侨居在异国的土地上。马木鲁克商人不但旅居中国，而且还成了穆斯林侨民的头目。1345年伊本·白图泰（ibn Baṭūṭah）在杭州逗留期间，曾游历第三区伊斯兰教徒居住处，访问过埃及富商埃富卡·丁·奥斯曼的寓所，该区因他的名声被命名为奥斯曼区。奥斯曼曾捐资兴办医院，这所医院该是仿效开罗盖拉温所建著名的胜利医院（Bīmāristān al-Manṣūrī）而开办的。胜利医院是埃及最早而又重要的医院，兼有学校和清真寺的职能。杭州的奥斯曼医院大约也和著名的真教寺在一起。当时埃及人侨居中国的，多数集中在杭州和泉州。当伊本·白图泰在亚历山大里亚拜会著名学者伊玛目鲍尔汉·阿尔丁（Burhān al-Dīn），准备启程游历亚洲时，鲍尔汉要他向印度、信德和中国的穆斯林兄弟致意。他在中国的弟兄也叫鲍尔汉·阿尔丁。泉州的“回回”居住区中有很多阿拉伯人，也有埃及人和摩洛哥人。伊本·白图泰在建宁曾遇到他的同乡休达人毛雷格瓦门丁。白图泰对毛雷格瓦门丁在万里迢迢的中国经商致富，拥有财产巨万的情况又惊又佩。毛雷格瓦门丁的兄弟从事西非的黄金贸易，白图泰在他返国后进行的尼日尔河之行途中，和他们又不期而遇。13—14 世纪时摩洛哥商人的足迹已不仅限于一水之隔的比利牛斯半岛，以及在经济和文化上处于比邻的中马格里布和西苏丹，而且远到印度洋和中国。他们的商业活动圈，早已超过了古代亚洲大陆上的粟特人和波斯人。

由于和马木鲁克的属境往来频繁而诱发前往中国的穆斯林，还有摩加迪沙的有识之士。伊本·白图泰在 1342 年抵达印度曼格洛尔以南的歇立城时，在清真寺内遇见了一位名叫赛尔德的摩加迪沙法学家。他告诉白图泰：“我曾在麦加和麦地那各居住十四年，曾旅行去印度和中国。”① 赛尔德肯定到过泉州，在那里居住过，或者也去过杭州。

随着基督教的布道活动，埃及的基督教传教士也到了中国的别失八里。圣方济各教派早在 13 世纪下半叶便在金帐汗国获得成功，13 世纪末更在伊儿汗国建立了传教中心，并由此进一步向中国传教。1321 年察合台汗国分裂成东西两部后，在东部地区，圣方济各教派开始了多年的历史。亚历山大里亚传教士法兰西斯因精通医术，曾给察合台后王也先不花治疗癌肿，因此得到了察合台后王的优待礼遇。法兰西斯被聘为御医，受尊重如父，因而乘机传教。从此基督教传教士都得到了土地和特权，并可在国中自由传教。也先不花的七岁幼子，据说也受基督洗礼，取名约翰。基督教因法兰西斯的汗马功劳得以在别失八里行中书省昌盛起来。

不久，也先不花死去，汗位被阿里苏丹所篡。他强迫基督教徒改奉伊斯兰教，导致 1340 年阿力麻里城的七位天主教徒横遭杀害。比萨人巴托洛缪在 14 世纪末所著《圣徒传》记述在阿力麻里城殉教的，有阿力麻里主教李嘉德、亚历山大里亚人法兰西斯、西班牙人巴斯喀尔、普洛旺斯人雷曼德四个在职教士，以及修士亚历山大里亚人劳伦斯、普洛旺斯人彼得。阿力麻里城教会归中国总主教管理区统辖，教务受北京总主教的指导。亚历山大里亚人法兰西斯和劳伦斯远离故国，在伊犁河畔阿力麻里城传布基督教，并以医术扬名天山南北，最后又在中国边区以身殉教。他们的事迹，在 1338 年 12 月自阿维农城启程往北京的马黎诺里使团路过阿力麻里城时，正好发生不久，引起了使团的崇敬。

---

① 伊本·白图泰：《伊本·白图泰游记》，马金鹏译，宁夏人民出版社，1985 年，第 486 页。

到过马木鲁克的中国人，现在能够列举姓名的为数极少，汪大渊是其中引人注目的人物。他从红海经过埃及到了丹吉尔，并在《岛夷志略》中记述了马鲁涧（马木鲁克）和特番利（杜米亚特）海港。生在山西霍县，精通波斯语的马可斯·贝尼尔（1224—1317年）在1278年得到伊儿汗的景教教长马邓哈的许可，和北京人拉班·巴苏马（教名）一道到过马木鲁克王朝管辖下的巴勒斯坦去朝圣。他们的西游和西班牙阿拉伯人爱薜的留居中国形成一个有趣的对比。不过汪大渊和贝尼尔都未留在那里。汪大渊不久返国，贝尼尔在1280年后定居巴格达和马拉格，不再回国。

因为北京和开罗的交往，双方对彼此非常了解。阿拉伯作家艾哈曼德·西巴布·艾丁（Ahmed Sibab Eddin，1246—1338年）对于元朝中国通用纸币是很熟悉的，他说："中国用桑树纤维制成长方形的纸币，充作通货，上盖皇帝尊号。如纸糜烂，可向政府兑换新纸，只需略交工本费便行，和我们向财政部门用金银兑换铸币并无两样。"①

元代周致中也记有埃及这个伊斯兰国家②，所撰《异域志》卷上有大食无斯离国。卷下有勿斯里国，则又承袭《诸蕃志》。该书大食无斯离国条说："出甘露，秋露降，暴之成糖霜，食之甘美。山有天生果子名蒲芦，可采食。次年复生，名麻茶泽；三年再生，名没石子。产麦、桃、榴等物，地窖之物数十年不坏。"

三、中国和埃及的文化交流

中国和埃及在这一时期的文化和科学技术交往，比过去任何时候都更活跃。中国发明的航海罗盘、火药和火器，先后从埃及传到北非各地，流入欧洲各国。中国的瓷器，无论工艺流程还是色样都直接影响到埃及的瓷器制造。埃及的科学技术也被中国所吸收，促进了中国天文、医药和制糖技术的提高。

1. 中国火器、制瓷和医药在埃及

中国的火药和火器在12—13世纪先后传入埃及。13世纪中叶，埃及已能自制火药，用于军事。中国的火箭、火炮也被用来配备马木鲁克的军队，并进一步有所改进。马木鲁克和金帐汗国素有盟约，双方为对付伊儿汗国，时常在外交和军事上协同行动。拔都早在欧洲战场上使用火炮。马木鲁克的火炮制作技术，特别是毒药烟球和筒形火炮马达发的制造，极有可能是从金帐汗那里引进，并继续研究改进的。西方筒形火炮的制作是从埃及开始的，并且在以后经过西欧各国的改良，技术性能得到了迅速的

---

① 谢富尔：《中国和穆斯林的关系》（C. Schefer，Les relations des peuples musulmans avec les Chinois），载于《语言学校百年纪念刊》（Centenaire de l'Ecole des langues Orientales Vivantes），巴黎，1895年，第17页。

② 周致中纂集：《异域志》，夷门广牍本。

提高。

元明时期中国瓷器也风行埃及。埃及首都开罗大约设有专门出售瓷器的商店。据伊本·白图泰亲见，在马木鲁克统辖下的大马士革确有这种店铺。1325 年，他路经大马士革时，有一个年轻女奴在街上失手摔坏了一件中国瓷碟，为免主人鞭打，她立即到铺子里买了一件同样的瓷碟①。埃及红海沿海和尼罗河之间的城市和港口，如库赛尔、库斯陆续出土的华瓷有这个时期的产品。这时埃及仍从艾特伯港运进瓷器。福斯塔特遗址中有元代龙泉青瓷、白瓷、青白瓷和早期的青花瓷器，以及广东各窑烧造的褐釉瓷。瓷器像纸、印刷术、罗盘和火器等中国重大发明一样，埃及也是这种通向欧洲的文化传递的接力赛中极为关键的一站。15 世纪时中国瓷器在欧洲还很罕见。埃及苏丹在 15 世纪中叶向威尼斯的执政赠送中国青花瓷，不久又向权贵洛伦佐·德·美狄西赠送更多的青花器②。埃及马木鲁克苏丹阿布勒菲达·哈马丹在 1461 年向威尼斯执政马利皮埃洛赠送过 20 件中国精美瓷器，属于最早输入欧洲的明瓷中的一批③。这些都是埃及从中国进口的精品。

法国的弗洛里蒙·罗伯达（Florimond Robertet）拥有欧洲最早收藏的一批瓷器。他曾充任查理八世、路易十二、法兰西斯一世的财政大臣。在 16 世纪初他对藏品的说明中提道："精美瓷器，第一批是由东欧人首次由东方返国时运抵欧洲的，色白而俊丽，并绘有小幅图画。"④ 这批藏品中的瓷器至今已无遗存，所以难以分辨究竟是中国何地何种产品。但华瓷在欧洲之为王室贵族的珍品可以推见。在 16 世纪初葡萄牙人抵达印度和中国以前，所有欧洲进口的瓷器，大约都经过埃及和威尼斯商人之手，所以数量微少，价格奇昂。即使在葡萄牙人贩运瓷器以后，由于路途遥远，风险难保，中国瓷器在欧洲市场上仍然价贵如银。

中国的医药受到阿拉伯学术界的重视。伊斯兰世界最著名的本草学家是伊本·贝塔尔（ibn al-Baitār，1197—1248 年），他出生在安达卢西亚的马拉加，在西班牙和北非各地收集植物标本，1224 年后到埃及，供职于阿尤卜王朝苏丹卡米勒的宫廷，任首席

---

① 吉柏编译：《伊本·白图泰亚非游记：1325—1354 年》（R. Gibb，Ibn Baṭūṭah：travels in Asia and Africa，1325 - 1354），伦敦，1929 年，第 70 页。马金鹏中译本《伊本·白图泰游记》（宁夏人民出版社，1985 年）第 91 页记的是，打碎瓷碟的奴隶可以到发放器皿补助金的地方取得补助。

② J. 艾伊斯：《早期明式瓷器》（Early Ming taste in porcelain），载于《维多利亚和阿尔伯特博物馆通讯》（Victoria and Albert Museum Bulletin），1966 年，第 2 卷，第 1 期，第 25 页。

③ 大卫·怀特豪斯：《中世纪欧洲的华瓷》（David Whitehouse，Chinese porcelain in Medieval Europe），载于《中世纪考古》（Medieval Archeology），1973 年，第 16 卷，第 75 页。

④ M. 彼尔德莱：《东印度公司瓷器》（M. Beurdeley，Porcelain of the East India Companies），英译本，伦敦，1962 年，第 103 页。

本草学家。1248 年伊本 · 贝塔尔死在大马士革，留下两部名著，一部叫《医方汇编》，一部叫《药学集成》。《医方汇编》（Kitāb al-jāmi' fi-l-adwiya al-mufrada）汇集了动物、植物、矿物三界的药物，是一部希腊、阿拉伯医学科学集大成的巨著。书中论证的项目共有 1400 个，其中 300 个项目是新增的，包括 200 多种植物。书中引证的作家有 150 人，希腊人有 20 人。这部医学名著中也注意到许多中国药物的应用，如肉桂、杧果、秋葵、薄荷以及硝石。秋葵（Abelmoschus manihot），伊本 · 贝塔尔称作 ward sīni（中国玫瑰），通称 nisrīn，花大而美，供观赏，或食用，或入药。薄荷，伊本 · 贝塔尔称作 šah-ṣinī，是用一种植物液汁所制成的黑色小薄片，用作治头痛发热、伤口发炎的清凉剂。伊本 · 贝塔尔既然曾久居埃及，所以也是首先注意到中国药物的马木鲁克本草学家。他可能参考过 1108 年由唐慎微主编的《经史证类备急本草》。后者将文字说明和图经合而为一，并有制药和单方，共收药品 1558 种，胜过伊本 · 贝塔尔收集的药物数量。

伊儿汗合赞的宰相拉施德丁 · 哈姆达尼（Rashid al-Din al-Hamdani，1247—1318 年）曾主持了中国医药大典的编纂，在 1313 年左右完成了《伊儿汗的中国科学宝鉴》这部巨著。该书对中医和中草药作了系统的总结，继伊本 · 西纳（ibn Sīna，979—1037 年）的《医典》之后，专门介绍了中国在脉学（诊断学）、解剖学、胚胎学、妇科学、药物学等方面的成就，对伊斯兰世界中很有威望的埃及医学界也有影响。特别是中草药的应用，给阿拉伯药物学打开了更加广阔的天地。

2. 马木鲁克科学技术在中国

埃及在制糖技术方面对 13 世纪中国南方糖业的发展起了很大的作用。马可 · 波罗根据他在福建的实地考察，在《马可 · 波罗游记》中赞扬中国南方出产的蔗糖超过了世界其他地方的食糖产量。他说，“永春城在未归大汗以前，人民只知煮浆，冷却凝成黑渣，不知炼糖。自归大汗后，朝廷中的巴比伦人（开罗人）奉命来此，教民用树灰净糖之法”，制出了优质的白砂糖。

自从 3 世纪初我国南方交州制造甘蔗饧（裴注《三国志 · 吴志》卷三）后，从东汉末到唐初的蔗糖大多是浓缩糖浆，只是含有多量糖蜜的赤砂糖，并不比饴糖精美①。砂糖的出产，大约只是在 5—6 世纪之交的江东、广东、庐陵才有。647 年从摩揭陀国传入熬糖法，用扬州诸蔗加上牛乳，制出了“色味愈西域远甚”的白砂糖，关中、四川和江东从此有了白砂糖。但 12 世纪以来南方沿海各地仍从阿拉伯和印度进口“蕃糖”。这些白砂糖的输入为数颇多，1141 年被政府列入就地发售的货物项目中。食糖需要量

① 袁翰青：《中国化学史论文集》，三联书店，1956 年，第 142 页。

的增加，甘蔗产量的提高，促进了福建各地自制蔗糖。永春产糖极多，常供应大都，才被选作引进阿拉伯制糖工艺的试点。于是在产糖区的福建，食糖加工技术又有了改进。南方的福建在开罗技师的指导下，取得了熬取上等白糖的经验，对于推动南方产蔗区大量生产白砂糖具有深远的意义。

自13世纪中叶以后，阿拉伯人只在两门科学中维持着他们的领导地位，一门是天文历算，包括三角学和解析几何；另一门是医学，特别是眼科学，在世界上处于领先的地位。在天文历算科学中作出贡献的，是以波斯天文学家纳速剌丁·杜西（Naṣīr al-Dīn al-Ṭūsī，1201—1274年）为首的一批主要用阿拉伯语写作的波斯科学家。大不里士附近马拉格的天文台和图书馆，是这些伊儿汗科学家的研究中心。在马拉格从事研究的科学家和学者、工程师来自世界各地，远到西班牙和中国都有学者参加。天文台在1260年由旭烈兀委托纳速剌丁·杜西筹建完成，接着便开始了用波斯文写作《伊儿汗天文表》的编制工作，并且围绕着天文表的推算，整理了希腊和阿拉伯科学遗产，完成了天文、历法、数学和占星、医学等多方面的研究项目。

参加马拉格天文台筹建工作的有叙利亚天文学家乌尔迪·迪曼希基，叙利亚的雅各派基督教徒阿布尔·法拉杰和西班牙穆斯林阿布·舍克尔，他们都属于早期参与马拉格研究行列的著名科学家。阿布·舍克尔全名Muḥyī al-Milla wa-l-Dīn Yaḥyā ibn Muḥammad ibn Abī-al-shukr al-Maghribī al-Andalusī，是一个具有柏柏尔血统的生在科尔多瓦统治下安达卢西亚的西班牙穆斯林。他的生卒年代和生平事迹在阿拉伯文献中都不清楚，有14种阿拉伯文科学著作归属于他的名下，这些著作涉及天文、几何、占星、历法和观星仪等多种科学。阿布·舍克尔曾在马拉格参与研究中国的天文历法，为《伊儿汗天文表》的国际合作作出了贡献。他在马拉格的中国科学家中，诸如随同旭烈兀西征的中国天文学家和忽必烈派去的学者傅穆斋等人，具有领导的地位。在元代，曾在大都工作了一辈子的回回天文学家爱薛（Ngai-Sie，1227—1308年），很像这个在阿拉伯科学史上生平不详，而在中国的历史上却一直非常引人瞩目的阿布·舍克尔。

《元史》卷一三四有一篇爱薛传，说他原籍拂林，死后封拂林忠献王。爱薛久居叙利亚，并非拜占庭人①，是个阿拉伯血统的景教徒，又称回回爱薛。爱薛精通几种语言，阿拉伯语、波斯语是当时国际通用语，当然非常熟谙。元定宗贵由（1246—1248年在位）时爱薛已到中国，在宫廷任职，并擅长天文、医学。爱薛在忽必烈（1260—1294年在位）登位后继续受到宠幸，1263年起由他专管西域星历、医药二司，后来又

---

① 多桑《蒙古史》（Mouradja d'Ohsson, Histoire des mongols dépuis Tchinguiz-khan jusqu'à Timour Bey ou Tamerlan，第2卷，阿姆斯特丹，1834－1852年，第377页）考证爱薛为拜占庭人。

创立京师医药院，用阿拉伯医药治疗穆斯林，1273 年改为广惠司，仍由爱薛主持。京师医药院的组织，很可能模仿了大马士革的穆斯林医院，因为他在那里居住过。1283 年爱薛作为副使，伴随孛罗丞相出使伊儿汗阿鲁浑的宫廷。据程钜夫《拂林忠献王神道碑》（《雪楼集》卷五）和拉施德丁《史集》（Jāmi al-tawārīkh），1284 年冬使团到达撒莱·满速里牙。此后孛罗便久住不归，爱薛则在 1287 年返国。1288 年初，他和扎马剌丁共同主持秘书监的司天台。以后更由秘书监领崇福司使，管理基督教事务，并升任翰林学士承旨，兼修国史。武宗即位后，在至大元年（1308 年）六月死于上都。

爱薛另有一个名字叫阿实克岱①。元代姚燧《牧庵集》卷二中有一篇《考崇福使阿实克岱追封秦国忠翊公制》。阿实克岱的原名便是阿布·舍克尔（abị al-shukr），只是尾音 r 转作 t 音。阿布·舍克尔到过叙利亚，又出生在安达卢西亚，被当作拂林人，亦即法郎人，是合乎情理的。他又是阿拉伯世界的公民，所以在中国被称作回回爱薛。他的宗教信仰，可能幼年崇信伊斯兰教，后来改宗基督教。他和叙利亚的百科全书科学家阿布·法拉杰（Abu al-Faraj，1226—1283 年）相处甚密，也可推想他们同是基督的信徒。在马拉格，阿布·法拉杰是个常来常往的科学家。1272—1273 年他讲解托勒密，爱薛为了配合他的讲授特地选编了《行星体系萃编》（Khulāṣat al-mijisṭi）。《行星体系》（一译《天文大集》）原是托勒密天文学的代表作，也是阿拉伯天文学接受的希腊遗产。选编的进行，和其他科学著作的完成，需要依赖爱薛在他出国进行科学访问期间多年的辛劳才得以完成。据《神道碑》，爱薛在 1283—1287 年奉使伊儿汗参加马拉格的科学研究以前，至少"已屡使绝域"。根据他在中国的经历可以推出，在 1265—1267 年，1270—1273 年，1283—1286 年，爱薛曾三次前往伊朗。最值得注意的一次科学考察，是在 1270—1272 年间，由他率领一批中国天文学家前往马拉格天文台，参与《伊儿汗天文表》的国际协作，终于使天文表能够按照旭烈兀限定的 12 年时间，在 1272 年前后宣告完成②。

爱薛是一个在中国和穆斯林非洲之间架起了科学桥梁的西班牙科学家。他早年在叙利亚从事研究工作，一定也去过开罗，因为开罗和大马士革都是在马木鲁克统治下的伊斯兰世界的科学基地。作为一名马木鲁克的天文学家和医学家，他早年定居中国，成为北京蒙古大汗的一个归化的臣民。马拉格天文研究的国际协作，至少中国方面是在他领衔主持之下进行的。他的几重身份使得那时的天文研究具有西起大西洋，东至

① 陈垣：《元也里可温考》，参见《陈垣学术论文集》（一），中华书局，1980 年，第 18 页。

② 沈福伟：《元代爱薛事迹新论》，参见《中外关系史论丛》第 2 辑，世界知识出版社，1987 年，第 90－109 页。

渤海湾，在各种不同信仰和民族的地区进行合作的广泛性。

阿拉伯的天文、历算、占星、医学著作，在元代介绍到中国的颇有一些。收藏这类书籍最多的秘书监回回司天台，在至元十年（1273 年）十月藏有阿拉伯文、波斯文书籍 23 种，每种分若干册，称为若干部①。其中有一些是非洲科学家的著作：

（1）《麦者思的造司天仪式》十五部。麦者思的指古代埃及的希腊天文学家托勒密的《行星体系》（《天文大集》），称 al-Magest。“仪式”是“萃编”的音译。这部书由爱薛编订，取名《行星体系萃编》。

（2）《罕里连窟允解算法段目》三部。罕里连窟是 13 世纪最杰出的阿拉伯数学家阿里·马拉喀什的省译。这位摩洛哥数学家全名 Abū ʿAlī al-Hasan ibn ʿAlī ibn Umar al-Marrākushī，又称阿布尔·哈桑·阿里（Abū-l-Ḥasan ʿAlī）。罕里连窟的对音便是哈桑·阿里·马拉喀什，马拉喀什被省略首末两个音节，只译出连窟。主要著作《始终归元论》（Jāmi ʿal-mabādi wa-l-ghāyat），又名《原理与答案》，中译名《允解算法》可算十分贴切。此书在 1262 年阿里·马拉喀什去世前的七年写成，用数学方法和实验方法解释天文学上的各项命题，被推举为中世纪实用天文学的最佳著作。

（3）《积尺诸家历》四十八部。积尺（al-Zīj）是天文表。阿拉伯天文学上承希腊天文学家希巴库、托勒密，在中世纪又和波斯天文学融合交汇。《诸家历》可能便是 1272 年左右由波斯天文学家纳速拉丁·杜西主持编制的《伊儿汗天文表》（al-Zīj al-Ilkhānī），因为只有这部天文表才集合了各国历法的精粹。这部天文表用波斯文写作，共分四卷：第一卷分纂希腊、阿拉伯、波斯和中国历法，第二卷行星运行，第三卷天文历，第四卷占星术。在该书第一卷中，中国历法和希腊、阿拉伯、波斯历法并列，代表了世界天文学的四大流派。《天文表》收录了当时最新的观测数据，还广泛吸收了希巴库（Hipparchus）、托勒密（Ptolemy）、哈里发麦门时代的天文学家，以及巴塔尼（al-Battānī）、伊本·阿拉姆（ibn Aʿlam）、伊本·尤纳斯（ibn Yūnus）的星历，因称《积尺诸家历》。埃及的天文学上起希腊时代的托勒密，下至阿里·伊本·尤纳斯的星历，对阿拉伯天文学的发展作出了重大的贡献。阿里·伊本·尤纳斯在 1009 年死于开罗，称得上托勒密之后埃及最伟大的天文学家。他在法蒂玛哈里发哈基姆（996—1021 年在位）时代，使用穆盖塔木山天文台的浑天仪编制历表，称作哈基姆天文表。哈基姆天文表和伊儿汗天文表是郭守敬修历时最有权威的两部伊斯兰天文学家编制的历

① 王士点、商企翁：《秘书监志》卷七回回书籍。

表①，《积尺诸家历》中便有埃及科学家的劳作在内。

（4）《者瓦希剌别认宝具》五部。阿拉伯人对矿物、宝石深有研究，用阿拉伯语写成的宝石鉴赏方面的著作在五十种以上。最驰名的是埃及宝石商希哈卜丁·帖法希（Shihāb al-Dīn al-Tīfāshi）的《宝石审美》（Azhār al-afkār fi jawāhir al-aḥjār），直译《关于宝石的思想之花》。帖法希1253年在开罗去世，是一个宝石收藏家和通俗作家。他在这本有关宝石的论著中，阐述了24种宝石的来源、产地、纯度、价格，以及在医药和魔法上的作用。书中引证的都是阿拉伯著作，只有普林尼和托名亚里士多德的《宝石鉴赏》是例外。者瓦希剌音译了jawāhir（宝石），《别认宝具》是中文译名。

阿拉伯文的天文、历算书籍，通过在北京主管司天台的穆斯林科学工作者的介绍，推动了中国天文学的发展，对郭守敬等人制订《授时历》也起了参考订正的作用。郭守敬等人在《授时历》中多次应用沈括的“会圆术”，在推算赤道积度、赤道内外度方面开辟了通往球面三角法的新途径。球面三角法在古希腊已被运用在天文计算方面，印度、阿拉伯也各有千秋。哈桑·马拉喀什的《始终归元论》便使用了三角法和图解法，使球面三角法的运用有了新的进展，使用了正弦、正矢、余弧、余切。郭守敬在天文计算中运用这一新的方法，似乎直接受到非洲穆斯林天文学家的影响，扎马鲁丁、爱薛或其他在北京的阿拉伯天文工作者是起了开路的作用的。

在医学方面，现在北京国家图书馆收藏的《回回药方》② 四册，是元末编译的阿拉伯医方残本，其中也有埃及医学和药物学家的贡献。此书刻于明初，残存四册。第一册目录卷之下，列有卷十九至卷三十六的目录，计58页。第二册卷之十二，计目录4页，正文63页，为中风门。第三册卷之三十，计目录3页，正文63页，为杂证门之下。第四册卷之三十四，计目录3页，正文49页，为金疮门、折伤门、针灸门、汤火门、棒疮门、治人齿所伤门③。所涉医学有内科、妇科、儿科、外科、正骨、针灸药剂等分科。

《回回药方》用中文写成，附有一些波斯文，它的原本该是在穆斯林东方通用的阿拉伯药典。这样的著作共有三部。伊本·西那（ibn Sīnā，980—1037年）的巨著《医典》（al-Qānūn fi al-ṭibb）直到17世纪还在东西方各地通用。元秘书监收藏的书籍中唯一的一种医书《忒毕医经》十三部，应该就是这部《医典》，忒毕（ṭibb）是阿拉伯语“医典”。另一部是著名本草学家伊本·贝塔尔的杰作《医方汇编》，所列药物共1400

① 勒·朋说郭守敬参考过尤纳斯的《哈基姆天文表》，参见勒·朋：《阿拉伯文明》（Le Bon, La civilisation des Arabes），巴黎，1884年，第497页。实际上郭守敬在大都见得到的本子是《伊儿汗天文表》。

② 宋岘：《回回药方考释》，中华书局，2000年。

③ 宋大仁：《中国和阿拉伯的医药交流》，载于《历史研究》，1959年，第1期，第85页。

项，包括动物、植物、矿物三界，总结了希腊和阿拉伯资料，并加以研究补充，成为一部最完备的医方大全。第三部是在穆斯林东方非常流行的《官药手册和贵人宝鉴》（Minhaj al-dukkān wa-dusṭūr al-a'yān），作者库欣·阿塔尔（al-Kūhīn al-'Aṭṭār），是埃及的犹太药学家，1260 年左右在开罗写成这部名著。全书共分 25 章，有些内容大约和伊本·贝塔尔交流过。伊本·贝塔尔和库钦·阿塔尔，都是元朝编译《回回药方》时作为主要依据的非洲医学家。

元末明初朱辕仲修《大元本草》，在外部、余部中附列了不少国外的药物。据许衡《至正集》卷三一《大元本草序》，其中很多是出产在西亚、非洲和印度的药方，常常是药店里买不到，连知道的人也很少的药品。但即使这样，这部本草的作者也没有放过，录下了许多名目，显示出中国的药学家对伊斯兰世界的医药事业的关注。

3. 中国的埃及式建筑

元代，埃及的穆斯林商人曾在泉州、广州、杭州等地修筑清真寺和医院，也是根据叙利亚和埃及流行的建筑式样仿建的。中国现存最早的清真寺，是泉州通淮街始建于 1009 年的清净寺（圣友寺），在 14 世纪时又整修一新。该寺甬道后墙尚存两横列阿拉伯文石刻。1911 年荷兰人白参（Max van-Benchem）首先发表过石刻的译文①，后又屡经重译。石刻全文是：

> 本地人士的第一座礼拜寺，便是这座公认最古老、悠久、吉祥的礼拜寺，建于伊斯兰历 400 年（1009—1010）的艾苏哈卜大寺。三百年后，艾哈曼德·伊本·穆罕默德·贾德斯（Ahmad ibn Muhammed al-Quds），即设拉子著名的鲁克伯哈只，重修此寺，扩建了高悬的穹顶、宽裕的甬道、崇高的寺门和崭新的窗牖，在伊斯兰历 711 年（1310—1311）竣工。此举为博取至高无上的真主的喜悦。愿真主宽恕他，宽恕阿里派教徒，宽恕穆罕默德和他的家属。②

① 白参：《泉州清净寺阿拉伯文碑记》（Max van-Benchem，Mémoires sur les Antiquités Musulmanes de Ts'iuan-tcheou），载于《通报》（T'oung Pao），1911 年，第 12 卷，第 704－716 页。中译文由王云翔译，载于《历史建筑》1958 年第 3、4 期合刊本。

② 译文据马坚《清净寺大门甬道后墙上阿拉伯文字石刻》（参见吴文良：《泉州宗教石刻》，中国科学院出版社，1957 年，第 21 页），庄为玑、陈达生《泉州伊斯兰教寺址的新研究》（载于《泉州文史》1980 年，第 4 辑），加以润饰。

该寺门楼建筑式样与12—14世纪阿勒颇、开罗的一些寺院、陵墓非常相像。门楼取狭长尖拱，入门穹顶用蛛网状尖拱小室盖石刻拼叠。甬道的建筑风格和式样也都和阿尤卜、马木鲁克的伊斯兰建筑如出一辙，代表了当时风行伊斯兰世界的突厥王朝的建筑艺术。

白参早在1911年就指出清净寺和开罗两所14世纪教寺建筑，即哈桑苏丹的玛德拉萨寺和巴尔古克苏丹陵的法拉杰苏丹修道院相仿。同样的式样也见于1237年阿勒颇的利巴特·纳希里寺，1299年在开罗建造的宰因丁·尤素甫玛德拉萨陵，1313年毕斯坦的谢克贝耶兹德圣殿①。清净寺的建筑式样尤其和开罗的宰因丁·尤素甫玛德拉萨陵（Zayn al-Din Yusuf），毕斯坦的谢克贝耶兹德圣殿（Shaykh Bayazid）几无任何不同，正是那时流行的马木鲁克建筑结构。马木鲁克的建筑学派，起先以努尔王朝和阿尤卜王朝的建筑物为楷模，后来因为接纳了大批从蒙古人的铁骑下西走的莫苏尔、巴格达和大马士革的穆斯林建筑师和美术家，吸取了叙利亚—美索不达米亚学派的建筑风格，经过改良，成为当时穆斯林建筑的代表式样。泉州清净寺的重建，便是在这样的潮流指导下，在中国的滨海城市诞生的一座马木鲁克建筑。

杭州崇新门（明代称清泰门）内荐桥以西文锦坊南的真教寺，是元延祐年间（1314—1320年）回回大师阿老丁所建。“寺基高五六尺，扃镝森固，罕得阑入者，俗称礼拜寺。”② 伊本·白图泰在杭州见到的大清真寺是奥斯曼家族所建，阿老丁或是埃富卡丁·奥斯曼的先祖奥斯曼·本·阿法的名字。所建礼拜寺当然也是马木鲁克流行的式样，但遗址今日已无所见。

第二节　中国帆船通航非洲

元初奖励海外贸易，但同时实行官本贸易，设置发放高利贷的斡脱总管府，以轻于平常一半以上的低息八厘贷给从事对外贸易的海商。市舶制度大致承袭宋朝，严格管理出海船只和进口货物。对海外贸易采用官办方式，与私商争夺市舶之利，由政府配备船只、资金，选拔人员出海，所得利润70%归公，30%归贸易商③。对从事海外贸易的舶商，大船给公验，小船发公凭，每大船一艘，带柴水船、八橹船各一，验凭

① 比尔曼，边沁等：《伊斯兰百科全书》（P. Bearman，T. Bianquis，etc，The encyclopaedia of Islam），第二版，伦敦，1960年，图版XXVI，图版XXVII，图版XXVIII。

② 田汝成：《西湖游览志》卷一八。

③ 《元史》卷九四《食货志》，《元史》卷二〇五《卢世荣传》。

随船出海①。所以伊本·白图泰说，中国船有三种：船、柴和舸。印度的俱蓝（奎隆）是中国帆船在印度洋上最大的停泊港。在到达马拉巴的各国船只中，马可·波罗和伊本·白图泰异口同声地指出，遥遥领先的是中国船。从马拉巴西运的货运量，在13世纪末，据说还不到东运苏门答腊和中国的货物的十分之一②。马拉巴以东的海运业已完全操于中国商船之手。中国商船的吨位，在印度洋各国名列前茅。

元代富商大舶，“挂十丈之竿，建八翼之橹，长年顿指南车坐浮庋上，百夫建鼓番休整如官府令。栀碇必良，綍纤必精，载必异国绝产。”③ 元代海船和徐兢在宣和（1119—1125年）年间出使高丽时使用的2000斛海舶相仿。据《经世大典·海运》（见《永乐大典》卷一五九四九），元代千料船载重千石。当时以120斤为一石。2000斛海舶相当于120吨。这种船大约只限于南海航行。马六甲海峡以西的远航船，必须经受长距离的深海航行，船只都在300—500吨左右。

13—14世纪之交，中国的造船技术十分先进。中国的远洋帆船具有良好的稳定性，配备有先进的隔舱、充足的货位和首屈一指的导航设备。元末《本草衍义补》将罗盘称作定盘针。定盘针精确度很高。航海界根据罗盘指引航向，制订了周密的航路，就是称为“针路”的帆船航线。同时开始绘成针路图，加以使用。中国海舶的舶龄比之水运渡船大致十年改造还要短些，一般在六至七年间便要更新改建，所以历久不衰，造型新颖。

元朝统治者为了推行官本贸易，屡次禁令商人私自出海。即便这样，蒙古人、汉人出海到忻都、回回去经商、侨居的却越来越多。“回回”地方包括波斯湾、阿拉伯海、红海和东非各国，其中有相当数量的汉人便驾驶海舶前往亚丁湾和斯瓦希里沿海经商，在印度洋长年侨居不归。

中国帆船在13世纪下半叶所到的非洲和阿拉伯港口，北起吉达，南至基尔瓦。吉达在1322年和中国通使后，适逢马木鲁克苏丹和伊儿汗缔结和约，于是元朝的海禁便正式撤销，私人出海完全合法化了。亚丁和摩加迪沙是华船经常定期往返的港口。在那里，以埃及为一方、东非为另一方的货物，便可由中国帆船接运回国。《马可·波罗游记》说：“亚丁有海港，从印度运送货物到这里的船只很多。商人又从这里用小船转运。航行七天之后，登岸卸货，由骆驼负载。陆行三十日，到尼罗河，再水运亚历山

① 《元史》卷一〇四《刑法志》。

② 玉尔译注：《马可·波罗游记》（H. Yule, The travels of Marco Polo），第2卷，伦敦，1871年，第390页。

③ 任士林：《送叶伯几序》，参见《任松乡先生文集》卷四，清光绪十六年（1890）孙锵补刻本。

大里亚。”马可·波罗又说，亚历山大里亚的穆斯林通过亚丁运进胡椒和其他香料。吉达和红海西岸的艾特伯、库赛尔是接运亚丁货物的非洲港口，从那里再转运开罗或亚历山大里亚。特别是吉达港，越到中世纪后期，它和北非的联系便越加频繁。

坦噶尼喀南部的基尔瓦，位于季风贸易的极限德尔加杜角以北，是印度洋西部近海贸易的终点站。基尔瓦在《大德南海志》中叫麻加里，[k] [h] 音转十分明显。麻加里是继设拉子朝兴起的马赫迪里（Mahdalī，Mahādila）家族建立的同名王朝，原系也门西南赛义德的望族马赫迪里，或称阿布尔·莫瓦希布。汪大渊为了考察国际贸易，最后也曾到过这里，他将基尔瓦·基西瓦尼译成加将门里，将麻加里译作麻那里。那时马赫迪里苏丹由于东非沿海政治形势突变，迁到了桑给巴尔岛。从基尔瓦再往南去，莫桑比克海峡两岸的岛屿和沿海地带是穆斯林商人在非洲南部最后的航行目标。非洲东南最大的岛屿马达加斯加岛，不但阿拉伯商人早已知晓，而且也是中国帆船曾经去过的地方。《岛夷志略》万里石塘条以航海界的实际经验分析南海和印度洋岛屿分布的脉络，以为：

> 石塘之骨，由潮州而生。迤逦如长蛇，横亘海中，越海诸国，俗云万里石塘。以余推之，岂止万里而已哉！舶由岱屿门，挂四帆，乘风破浪，海上若飞。至西洋或百日之外。以一日一夜行百里计之，万里曾不足，故源其地脉历历可考。一脉至爪哇，一脉至勃泥及古里地闷，一脉至西洋遐昆仑之地。

遐昆仑，苏继庼考作阿拉伯语 Jazirat al Qumr（昆仑岛）①，十分贴切。在汪大渊之前，一定已有中国航海家驾驶本国的海舶抵达那里。

元代到非洲的中国人不少，也留下了非洲见闻。元人周致中《异域志》所录非洲国家，不仅有义渠（突尼斯）、马罗（摩洛哥）、弼琶啰（巴巴拉），而且有印度洋西岸的孝臆（桑加亚）、黑暗（基卢普—格迪）、入不（蒙巴萨）、担波（乌通德维），还有三伏驮（基尔瓦）。

《异域志》中的孝臆国，前段和《酉阳杂俎》并无不同，后段则加上《酉阳杂俎》中仍建国的“国无河井，种植待雨出而生，以紫矿泥地，承雨水用之”，更加证实了孝臆确是桑加亚及其附近的班图族居住区。

《异域志》有黑暗国，“地产犀牛。与回鹘同，即南海中回回也。未尝入中国。其俗皆与西洋同”。“黑暗”二字即基卢普—格迪（Kilpwa-Gedi）两个滨海城镇的首音。

---

① 苏继庼：《岛夷志略校释》，中华书局，1981 年，第 320 页。

这里和马林迪近在咫尺，是由海上进入马林迪的必由之路。汪大渊到过马林迪，记在“层摇罗”条下。“南海回回”一名，和宋代的”“南海大食”意义相仿，宋代又称俞卢和地。这里自11世纪以来便是和中国南方具有通商关系的一个穆斯林商业城镇，并在以后的五个世纪中一直在中国典籍中占有特殊的地位。

入不国，或译层拔，便是桑给国。伊本·赛德指出它的王都在蒙巴萨①。周致中记述这里：“有城池，种田，出胡椒。其地至〔南〕，即热南回回也。其国颇富商贾之利。”蒙巴萨和它以南的桑给巴尔岛关系极为密切，同处季风贸易的安全航行圈的南界。入不这个名称代表了肯尼亚沿海和桑给巴尔岛的穆斯林政权。《大德南海志》中的层拔是个和蒙巴萨不同的地方，或指桑给巴尔岛。蒙巴萨商人是南至基尔瓦、北去摩加迪沙和亚丁的常客，14世纪时富足的程度已差可和摩加迪沙相比。

周致中还提到担波国和三伏驮国，两地都在坦噶尼喀沿海。担波是桑给巴尔岛对岸大陆瓦米河口的乌通德维（Utondwe），首音［u］被略去，“波”读如“陂”。这里是象牙和奴隶贩卖的口岸，有通往坦噶尼喀西北的大道，深入维多利亚湖腹地。《异域志》说担波国“有城池，民种田。天气常热，地无霜雪。出狮子。与回回无异，有国君主之，番商交于邻国”。桑给巴尔岛的穆斯林酋长控制着从乌通德维通往内地的贸易线，所以说“有国君主之”，和邻近地区都有商业往来。

《异域志》中最南的一国是三伏驮，亦即索法拉黄金国（Sufālat adh-Dhahab）的音转。“三佛”指索法拉，“驮”是阿拉伯语中的黄金（Dhahab）。明人编集的《三才图会》以为在越南中部，是个误会。这索法拉国的中心是基尔瓦·基西瓦尼。基尔瓦自13世纪30年代起，作为摩加迪沙和马达加斯加岛之间从事索法拉黄金贸易的一个环节而为世人所知。从基尔瓦有陆路遥通内地象牙贸易的两大中心：恩扬英布（塔波拉）和乌季季。在白图泰到达基尔瓦时，已有大路从那里通往西非②。基尔瓦苏丹为了防止附近黑人部落的袭击，将连接大陆的地岬西部切断，基尔瓦便成了一个神秘的岛城。礼拜五清真寺，著名的胡苏尼·库布瓦（Husuni Kubwa）王宫和货栈，都建成于14世纪初。所以白图泰见到的基尔瓦，是一座美丽坚固的城池。伊本·白图泰又指出，14世纪的索法拉国已从基尔瓦向南迁徙，转到更加接近黄金产地的另一个出海口，现在

---

① 费琅：《阿拉伯、波斯、突厥文远东地志》（G. Ferrand, Relations de voyages et textes géographiques Arabes, Persans et Turks relatif's à l'Extreme-Orient），第2卷，巴黎，1914年，第321－322页。

② 参见法根：《中南部非洲的早期贸易和原材料》（B. M. Fagan, Early trade and raw materials in South Central Africa），载于《非洲历史学报》（JAH），1969年，第10卷，第1期。但杰弗斯·马修（Gervase Mathew）对此表示怀疑。

莫桑比克北部的莫桑比克岛。但这里远处安全航行圈以南，华船罕至，因此周致中写来，也很神秘："在西南海中，有山插环流千里，名大铁围山，人不可跻攀，今古无人得到此，天地设险之所也。惟有一窍可入，国人守之，其安南皆不能入。内有良田，珍宝出焉。"描述莫桑比克岛是从海南难以进入的地方，拥有良田和许多珍宝。

中国帆船到了元代，才确实进入基尔瓦地区，甚至远抵莫桑比克岛，这是由于它在开辟横越印度洋中南部的远洋航路的同时，又在印度洋西部地区广泛经营区间贸易，才能使这些离开本国的海港极其遥远的中国船，能够以马拉巴或苏门答腊为基地，参与基尔瓦—亚丁—马拉巴的三角贸易。元代已将摩加迪沙航线纳入中国帆船的印度洋航行圈内定期周转，加强了和这个依靠黄金贸易起家的东非港口的往来。摩加迪沙航线的最早记录是由《岛夷志略》针路、班达里、加里那等条得到的。针路条说："自马军山水路，由麻来坟（马拉巴）至此地，则山多卤股，田下等，少耕植。民种薯及葫芦、西瓜，兼采海螺、螃蛤、虾食之。"又说："地产芎蕉。贝八子通暹准钱使用。"针路是马尔代夫群岛中的肯迪科卢岛，明代称加平年溜。汪大渊在这里记述了从两个不同方向通向肯迪科卢岛的航线：一条自东非沿岸的马军山，"马军"译自"梅尔卡"(Muljān)，马军山指梅尔卡沿海的崖岸；另一条自南印度马拉巴的卡里科特西航，至肯迪科卢岛①。肯迪科卢岛适当南印度和东非航路的中枢。班达里（摩加迪沙）、加里那（基林迪尼）条中的青白花碗，便是由中国直接运去，至少是通过马拉巴的中国货栈转运的。

宋代以来出现的南海大食，到了元代又有南海回回或热南回回之称。在这里，基卢普—格迪实际上处于另一条直达航线的终点。这条航路不同于摩加迪沙航线，东起苏门答腊北端或南端的巽他海峡，是和取道斯里兰卡西行的北线平行的南线。南线通过查戈斯群岛和塞舌耳群岛附近的海域，以南纬 3°20′的格迪为终点港。南海回回、热南回回的直通航路，是由 10 世纪左右闯过大洋的马来人首创的，中国帆船也接着跟踪而入。大约在 13 世纪时确是已有中国人了。中国文献上南海回回、热南回回的真实意义，便在于它是一条新航路的终点。这条航路充分利用了印度洋中终年往复的赤道流。

14 世纪时，摩加迪沙航线更延伸到基尔瓦 · 基西瓦尼和德尔加杜角以北，这是可以由《岛夷志略》的作者汪大渊亲身的经历作证的。苏州和杭州出产的五色绸缎运到马林迪和基尔瓦，正是中国海外贸易商和斯瓦希里居民进行直接交易的重要项目。但

① 针路，藤田丰八《岛夷志略校注》疑为马尔代夫之一岛，以麻来坟为马拉巴。苏继庼《岛夷志略校释》（中华书局，1981 年，第 127 页）以马军山水路为马来半岛巴克强河。对马军山、麻来坟的考订都以同一航向理解。原文"自""又"重叠，"由麻来坟至此地"，应正作"或由麻来坟至此地"。

中国帆船长途运输的货物中，更多的是转口贸易物。这些货物有运到东非的苏木、铅针、水银、各色棉布、“土细绢”、丁香、荳蔻、荜茇、斗锡、酒，还有运到亚丁和埃及的紫金、白铜、硫黄、铜线等货，它们大多是从苏门答腊或南印度转运的。东南亚的香料、铅锡，印度的棉布、荜茇，亚丁湾的细绢、白铜，索法拉的黄金和米谷，都是中国帆船在印度洋商业网中进行转口贸易的大宗货物。这些货物的转运，使中国船只能够在印度洋东西两岸定期往返，在基尔瓦全盛时期的 14 世纪参与索法拉的象牙、黄金贸易，并取得较高的商业利润。

元代的中非贸易诚然不是阿拉伯人或印度人所能垄断的。即使那些以为中非贸易多半通过间接的途径才能进行的学者也不敢否定，进入印度洋西部的中国船只数量确是直线上升的①。不但如此，实际上在 13 世纪末叶到 14 世纪中叶之间，相当一部分中非贸易是由中国帆船直接进行的，任何中间商不足以起到包办的作用。由广州或泉州经苏门答腊到摩加迪沙的航线，是中国和东非之间路线最短的一条航线，在那时业已成为中国帆船经营东非贸易的主要航路。亲访东非的汪大渊在介绍层摇罗（马林迪）时说，当地土地贫瘠，多种薯芋充食。商船到那里，如果运去米谷，则极受欢迎，可以获得大利。又说加将门里（基尔瓦）一年稻谷三熟，用来外销。马赫迪里朝的基尔瓦苏丹确是通过摩加迪沙直接向亚丁输送稻米的②。米谷交易是印度东非贸易的一部分，连拉克代夫群岛、马尔代夫群岛也都和科罗曼德、孟加拉有这种交易。中国商船开展了运输米谷的业务，参加了东非的粮运。华船大约有相当一部分是用粮食作为压舱物的。这样既方便了中国船员的粮食供应，又可沿途补给杂粮，满足转口贸易的需要。层摇罗需要多种薯芋充食，而中国薯芋（Dioscorea esculenta，Lour，Chinese yam）向来是中国岭南地区的重要粮食作物，因此也是中国帆船和东非居民交流的农产品。

在非洲贸易的货单中，汪大渊提到瓷器的地方不多，多是牙箱、花银、沙金、五色丝绸、锦缎、高良姜、苏木、银器、铁器、铁条、铜鼎、铅针和棉布③。只有在运到索马里南部的摩加迪沙、肯尼亚的姆纳拉尼的中国货中有青白瓷和青瓷器。基林迪尼算是中国船运输青花瓷器的南界，这一点对于从事印度洋远航的中国海舶来说是很有航业上的特色的。这些美观大方的瓷碗和瓷壶，从中国直接运到摩加迪沙或格迪，也

---

①　理查·潘古斯特：《埃塞俄比亚经济史导论》（Richard Pankhurst，An introduction to the economic history of Ethiopia），伦敦，1961 年，第 362 页以下。

②　弗林特：《剑桥非洲史》（J. E. Flint，The Cambridge history of Africa），第 3 卷，剑桥，1977 年，第 217 页。

③　参见《岛夷志略》马鲁涧、特番里、挞吉那、阿思里、哩伽塔、班达里、加里那、曼陀郎、层摇罗、麻那里、加将门里、千里马等条。

可以由马拉巴接运到基林迪尼，随船而去的有沿岸居民急需的谷物，用作交换大象牙、大犀角、贵重香料和黄金的支付手段。这一时期运到东非的中国瓷器，有一部分是由也门和印度商人连同阿拉伯绿瓷一起运去的。14 世纪时福建德化窑制有阿拉伯铭文的青花白瓷大盘和三彩大盘已在马来半岛发现①，因此值得注意的是，东非出土的阿拉伯绿瓷可能也有中国的仿制品在内。无论如何，就坎克曼已经研究过的肯尼亚出土的青瓷中，元代制品的存在是无可怀疑的，姆纳拉尼出土的华瓷正是从 14 世纪开始的。何况阿拉伯绿瓷也曾效法宋代的绿釉彩绘瓷器，宋代江西吉州窑的彩绘瓷器对于阿拉伯绿瓷一定有过影响。虽然中国瓷器输入非洲并不从 13 世纪开始，华瓷由中国海舶直接运到东非也不会迟于 13 世纪末叶，但是由于受到航运周期的限制和货运的吸引，大部分中国船宁愿以印度西海岸和亚丁湾作为航行的终点，在 13 世纪也门移民大批南迁基尔瓦以前尤其如此。在 1323 年元朝允许对外自由贸易，具有高容积货位的巨型船舶更常以马拉巴海岸作为返航的起点之前，进入东非的中国帆船相对而言都是货位较小的海舶。

肯尼亚北部马林迪地区是印度洋西部值得注意的华瓷出土地。马林迪仰赖它南面的基卢普—格迪发展对外贸易，这里在宋代已有“俞卢和地”国的译名，和中国有过使节往来。马林迪西南 16 公里的格迪古城，据遗址发掘者推测，是一座约有 3000 人聚居的据点，在中世纪已有阿拉伯移民。这里出土的华瓷在东非各地中十分醒目。2011 年中国派出一个六人专家组参加中国和肯尼亚合作的拉木群岛地区考古项目，协助肯尼亚鉴定了当地出土的 1257 件瓷器标本。其中属于龙泉窑的 737 件，景德镇窑的 469 件，福建各窑 30 件，广东各窑 14 件，磁州窑 1 件，不明窑口的有 6 件。按制造年代分类，在 1251 件可以断代的瓷器中，南宋时期的 2 件均为景德镇青白瓷；元代共 289 件，其中龙泉窑 257 件，福建窑 30 件，广东窑 2 件，磁州窑 1 件；元末明初的共 218 件，其中龙泉窑 182 件，景德镇窑 20 件；明代早期（1368—1464）瓷器共 296 件，其中龙泉窑 294 件，景德镇窑 2 件；明代中期（1465—1521）瓷器共 101 件，景德镇青花瓷占绝对多数，并有龙泉窑 4 件，广东窑 6 件；明代后期（1522—1644）瓷器共 362 件，其中景德镇窑 356 件，广东窑 6 件②。

这一次的鉴定，明白了以往许多在东非被认定属元代的龙泉窑瓷，实际上是南宋的瓷器；根据可判断为明代初期的瓷器统计分析，可以确认明代早期正是中国外销瓷

① 韩槐准：《旧柔佛之研究》，载于新加坡《南洋学报》，1948 年，第 5 卷，第 2 期，第 18 页；又参见韩槐准：《南洋遗留的中国古外销陶瓷》，新加坡，1960 年。

② 秦大树等：《肯尼亚滨海省格迪古城遗址出土中国瓷器》，载于《文物》，2012 年，第 11 期，第 37－66 页。

的一个高峰时期。由此可以弄清楚，2004 年曼谷大学东南亚陶瓷博物馆馆长布朗（R. Brown）根据东南亚 15 艘沉船出土陶瓷，以为华瓷在 1325—1380 年存在外销考古的缺口，1352—1487 年没有外销的青花瓷的论断是完全错误的。可以确定，肯尼亚不但发现了元代的青花瓷，而且出土的明代从成化年间（1465—1487 年）开始至正德时期（1506—1521 年）的青花瓷数量大幅度上升，显示这里是一个值得注意的华瓷外销地区。可以相信，在宣德年间（1426—1435 年）停止了官办的大粽宝船远航以后，参加印度洋贸易的中国帆船仍然将东非列入它们的运营范围内，只是规模不如以前官方贸易之盛大了。

商业利润的吸引和印度洋货运发展的客观需要，促使停泊在东非海岸的中国船只以米谷交易和贩运丝绸来代替直接由中国运送瓷器。因此元代已由景德镇大量烧制的色泽清新明快、纹饰富丽匀净的青花瓷器最远只运到肯尼亚沿海。直到 14 世纪上半叶为止，瓷器在中国和东非的直接交易中都还没有成为中国帆船的主要货物，正是由于在中国和非洲的换货项目中，另有不同于印度洋东部地区和波斯湾的传统产品的缘故。

造成这种情况的原因之一是，设计精良的中国帆船能够赶上东非沿海的贸易季节，参加斯瓦希里海岸的沿海贸易。从印度和马尔代夫群岛到达东非的中国船，通常只在摩加迪沙、马林迪和基林迪尼三个港口停靠，而将索法拉贸易的货运任务让给斯瓦希里的转运商。中国船可以在每年初冬乘东北季风到达非洲港口，赶在西南季风风暴期前的四月北返索马里贝纳迪尔海岸或亚丁，在风浪减弱的八月份重返马拉巴。这比之通常每年“遇冬汛北风发舶”“次年夏汛南风回帆”[①] 要增加一年。犹如宋代中国商船到阿拉伯半岛的，比之到南印度的只要一年就可往返，航期更要延长一样，采取奎隆—摩加迪沙—亚丁三角路线的中国船，在同样的贸易期内，比之宋代华船可以有更大的运行区间。同时，采取这种三角贸易可以使中国海舶在比也门商船略长的时间内从事更大规模的印度洋贸易。

中国帆船在东非运送的货物，主要有基尔瓦的谷物、黄金、象牙和沿海各地的铁条、香料、棉布和阿拉伯粗色釉陶。元代使用钞币，而基尔瓦苏丹又自铸金银钱币，索法拉的黄金帮助中国商人换取也门的商货。在东非，除了以货换货的方式外，元代中国商人宁可以花银作为支付手段，来取得从事沿海贸易的货物。所以东非贸易，花银是不可缺少的一个项目。1200 年左右，基尔瓦设拉子苏丹开始铸造钱币，初期多是铜币，仅有少数镌有阿里・本・哈桑名字的银币。花银的输入对基尔瓦贸易具有特殊的意义。1296 年、1309 年元朝一再下令禁止海舶以金银从事交易，说明当时金银外流已很严重。

---

① 《通制条格》卷一八，关市，市舶。

这一时期正当基尔瓦经济繁荣，斯瓦希里沿海加速伊斯兰化，吸引了印度和中国贸易商以更大的兴趣去开辟东非市场。基尔瓦的经济繁荣完全建筑在索法拉象牙、黄金贸易的兴旺，和阿拉伯人经营的浅海转运贸易的发达的基础之上。这些因素对于输入丝绸、瓷器和开辟印度棉纱、烧珠、铁器和稻谷市场十分富有刺激性。印度和中国的东非贸易热潮，又转而产生了两个不同的效果。其一是，阿拉伯人经营的季风贸易中心重新向北转移。从也门南下的阿拉伯单桅船要争取更长的贸易季节，必须缩短航程，让更多的货运由不断增加的斯瓦希里居民所从事的沿海贸易去填补。因此大部分阿拉伯贸易船只到马林迪、蒙巴萨或潘加尼为止，这就进一步促进了东非沿海北部诸港的繁荣。其二是，和东非出口货大量增加，大批非洲货运往印度西海岸的同时，东非居民（包括移民）也在迅速增加，促使沿海地区需要进口的谷物和日用品（包括衣料和餐具、容器）随之上升，而运输的费用却在相对下降。中国帆船可以和印度船、阿拉伯船一样，在大致相仿的条件下前往东非季风贸易港进行交易，因而扩大了中非直接贸易的机会。

13 世纪上半叶起，基尔瓦开始大量进口华瓷，对各种烧珠，特别是缠丝色珠的需要也有明显的增长。这些玻璃珠的产地可能不仅像通常推测的那样来自印度，也有相当一部分由中国帆船运去。14 世纪时华瓷深入东非居民的日常生活，普遍到家家使用，伊斯兰陶瓷反而稀见，仅有亚丁陶器仍在使用。元瓷在坦桑尼亚已见于桑给巴尔岛的契瓦卡（Chwaka），桑岛对岸萨达尼以北曼菲伊（Mafui）、潘加尼（Pangani）和巴加莫约以南的卡奥莱（Kaole）的古墓中①。卡奥莱出土的褐色瓷碗，有施墨绿釉和水绿釉的②。出土物都属日用器皿。到基尔瓦在 1330 年左右替代摩加迪沙进入全盛时期时，中国和东非的贸易同样也跨入了高峰时期。基尔瓦附近的小岛松戈·姆纳拉发现的中国瓷器，以及马达加斯加出土的 14 世纪中国釉陶③，都是这时通过基尔瓦输入的。因此，13 世纪以来，在中国和也门航线上，中国帆船可以越来越多地取道东非从事三角贸易，而超越了霍尔木兹海峡的北线。后者正是元朝直到 1323 年为止一直都在竭力提倡官本贸易所努力发展的航运方向。到海禁撤销，海外贸易开放后，中国帆船便可自由和合法地开赴亚丁和斯瓦希里海岸了。在 15 世纪埃及对印度和地中海之间的贸易垄

---

① 弗里曼—格伦维勒：《坦噶尼喀出土华瓷》（Freeman-Grenville, Chinese porcelain in Tanganyika），载于《坦噶尼喀汇刊》（TNR），1955 年，第 41 期，第 65 页。

② 亨特：《卡奥莱古墓》（A. Hunter, A note on some tombs at Kaole），载于《坦噶尼喀汇刊》（TNR），1954 年，第 37 期，第 134－137 页。

③ 格兰迪迪耶：《马达加斯加人种学》（A. & G. Grandidier, Ethnographie de Madagascar, 5 vols），巴黎，1908—1928 年。

断地位逐步强化以后，从事东非转口贸易的利益也更加显著了。所以 14 世纪末，埃及和中国已经成为摩加迪沙的两大贸易方向①。

马达加斯加岛的中国移民，一定也是在元代开始定居在那里的。1614 年彼得·凯里厄（Peter Kaerius）在地图集中的一幅说明中注明，马达加斯加岛的一些白色土著居民，"推测是由中国移植而来的"②。马达加斯加出土的中国釉陶，以及元代中国帆船的南航，汪大渊到达基尔瓦及其附近岛屿，都显示出中国移民的足迹，已经沿着东非海岸，走上了通向科摩罗群岛和马达加斯加的道路。据《马可·波罗游记》第一八五章，从马八儿（印度科罗曼德）来到摩加迪沙（Mogelasio）和桑给巴尔岛的航行非常迅速，只要 20 天便可到达，而返航时则须三个月之久。原因在于一年之中，海水不论何季都向南奔流，流速之大很难想象。中国移民沿着赤道流向南航行，他们来到"热南回回"的境域，最远便登上了马达加斯加岛的土地。

第三节　元朝和埃塞俄比亚的建交

元代的海外关系到 1282 年（至元二十年）有了新的起色，它的标志便是中国使者阿耽奉派到阿鲁乾伯国，和埃及马木鲁克苏丹正式建立了外交关系。由于中国使者杨庭璧从 1279 年起，两次到奎隆进行访问，广泛开展外交活动，印度洋和非洲各国都陆续和中国建立邦交，进行贸易往来，中国的印度洋航业因此得以空前壮大。

埃塞俄比亚是最早交结元朝的非洲国家之一。在阿耽出使埃及之后一年，至元二十一年（1283 年）九月，就有古答奴国"因商人阿剌畏等来言，自愿效顺"（《元史》卷一二）。古答奴商人闻讯前往中国，表示希望通商。新兴的埃塞俄比亚所罗门王朝原先便是以阿姆哈拉为中心的基督教世家。古答奴在阿姆哈拉以西，是冈达拉的古译。埃塞俄比亚和开罗一直有商队相通，每年有两次骆驼商队由开罗顺尼罗河南下，到达上游的塞纳尔。这条陆路虽然不如海道安全，但海道自有它的局限。埃及南航船只，在红海中仅有三个月可以畅通，加上马萨瓦港无法停靠大船，因此货运有限。而通过尼罗河上游的陆路却始终是一条敞开的大路，突尼斯商人便经常通过开罗南下塞纳尔。

---

①　杰弗斯·马修：《非洲商路杂论》（Gervase Mathew, Some reflections on African trade routes），载于阿克拉非洲研究所《研究动态》（Research Review），1967 年，第 3 卷，第 3 期；又见孔柴基编：《赤道非洲经济史》（Z. A. & J. M. Konczacki ed, An economic history of tropical Africa），第 1 卷，伦敦，1977 年。

②　这幅地图重刊在《坦噶尼喀汇刊》（TNR），1937 年，第 3 期，第 1 页对面。

在16世纪葡萄牙神父阿尔瓦雷士访问埃塞俄比亚的时候，这条大道便已有几千年历史了①。据德·马雷在1698年转述埃塞俄比亚贸易大臣哈只·赛伊（Haji Sei）的议论，在这条路上往来的商队甚至连税款也无须缴纳就能到处通行②。一年两度从开罗到东哥拉的商队，25天后便可由塞纳尔到达冈达拉③。冈达拉和马萨瓦港也有商路可通。经过埃塞俄比亚高原绍阿的巴莱拉城，北面有路通到马萨瓦，东南有商队定期通行东非沿岸城市摩加迪沙和马林迪，马萨瓦港便通过这些商队和东非各重要港口直接打交道④。继冈达拉之后，印度洋西部各国陆续和元朝建立了友好的商务关系。

1287年，据《元史》记载有女人国向中国派出善于潜泳的"海人"。这种"海人"就是伊本·白图泰等人在印度洋所见的埃塞俄比亚水手。女人国的传说由来已久，《诸蕃志》中有东女国、西女国。西女国在西海中，"以女为国王，妇人为吏职，男子为军士"，并且"生子从母姓。气候多寒，以射猎为业，出与大秦、天竺博易，其利数倍"。元代时期的女人国一定就是这个住在气候寒冷地区、以射猎为生的民族，很像埃及史家马克里西论述的贝贾人。居住在埃塞俄比亚高原东北部和厄立特里亚的贝尼·阿密人，直到15世纪初都还没有固定的宗教信仰，过着母权制的生活。他们从事商业，和埃塞俄比亚、印度都有交易，他们是厄立特里亚和努比亚之间的主要中介商。女人国的传说又和埃塞俄比亚所罗门王朝的世系交结在一起。公元前10世纪时埃塞俄比亚的马克达女王（Makeda），据说和北上耶路撒冷觐见所罗门王的示巴女王巴尔基（Bilqīs）是同一人。《国王丰功纪年》（The glory of kings）中的传说，记述马克达女王从耶路撒冷归来后，在厄立特里亚生下一子，后来继承王位，称作孟尼利克一世，开始了所罗门世系的统治。这个故事初见于325年前君士坦丁堡圣索菲亚教堂中的藏书，14世纪中最后成为现在流传的版本。马克达女王的故事对于13世纪下半叶重新恢复了统治权的所罗门世系无疑是富有传奇色彩，而且是给王权增添神圣的光圈的，所以传到中国，所罗门王朝统治下的埃塞俄比亚成了女人国。女人国的使者，一定来自马萨瓦港。

埃塞俄比亚这个红海西岸的古国信奉基督教，而蒙古统治者也倾向基督教，两国

---

① 阿尔瓦雷士：《葡萄牙大使出使阿比西尼亚纪实》（F. Alvarez, Narrative of the Portuguese embassy to Abyssinia, during the years 1520 - 1527），英译本，斯坦利勋爵（Lord Stanley of Alderley）编译，伦敦，1881年，第153页。

② 贝卡里编：《16至19世纪西方人的埃塞俄比亚纪事》（C. Beccari, Rerum Aethiopicarum scriptores occidentales inediti a saeculo XVI ad XIX），第3卷，罗马，1903—1917年，第346页。

③ 贝卡里编：《16至19世纪西方人的埃塞俄比亚纪事》（C. Beccari, Rerum Aethiopicarum scriptores occidentales inediti a saeculo XVI ad XIX），第14卷，罗马，1903—1917年，第181 - 182页。

④ 克劳福德：《1400 - 1524年的埃塞俄比亚行程》（S. Crawford, Ethiopian Itineraries, circa 1400 - 1524），剑桥，1958年，第193页。

的交往超过了一般的贸易关系。至元二十八年（1291 年）九月，元朝更派特使到俱蓝、马八儿和于马都三国。出使马八儿和于马都的是礼部侍郎别铁木儿、亦列失金和陕西脱西，出使俱蓝的则是礼部尚书铁里、侍郎阿老瓦丁和不剌。于马都的原音，是当时埃塞俄比亚基督教会崇奉的圣者塔克拉·海马诺特（Takla Haymanot，1215—1313 年）。海马诺特世代信奉基督教。9 世纪时，海马诺特的十八世祖先已移居阿姆哈拉的达文特，直到 12 世纪中叶，这个基督教世家一直和绍阿的穆斯林苏丹国冲突不已。到了 13 世纪下半叶，阿姆哈拉成为埃塞俄比亚高原基督教国家的政治中心。海马诺特领导教会，支持年轻的叶海诺·阿姆拉克（Yekunno Amlak，1270—1285 年在位），推翻了阿高人建立了 133 年的扎格维王朝，恢复了古代所罗门世系的王朝，一直维持到 19 世纪中叶。12 世纪以来欧洲盛传非洲出现一个约翰教长国，就在于信奉基督教的埃塞俄比亚曾被十字军期望为罗马教皇在东方的有力支柱。所罗门王朝重建之后，圣塔克拉·海马诺特的声名远扬，在埃及，信徒们甚至以他的名字作为祈求防治疯狗伤害的祷词。海马诺特的名字，成了埃塞俄比亚重建所罗门光荣的象征。元朝统治者有意要在伊斯兰世界以外的基督教国家确立友好关系，以取得中东（西亚）国际关系的某种平衡，因此派使者前往。

埃塞俄比亚在叶海诺·阿姆拉克的孙子阿姆达·齐荣（Amda Siyon I，1314—1344 年在位）继位后，迎来了一段和平昌盛的时期，它的领土包括邻近的果杰姆·达蒙、海迪亚，并且吞并了阿瓦什河流域的伊法特穆斯林政权，成为它的臣属。阿姆达·齐荣仿效他的先祖，继续向中国派遣使节。《元史》卷三〇，在致和元年（1328 年），有雅济国遣使通好，雅济便是阿姆达·齐荣的省译。伊法特的臣服，使埃塞俄比亚完全可以通过哈拉尔和泽拉港向和中国通航。此后，1332 年虽曾发生过伊法特的海克丁二世和他的弟弟西埃特丁率领的武装叛乱，但穆斯林酋长国的联合行动终被镇压下去。此后，穆斯林各小国为了抵制所罗门王朝的扩展，在哈拉尔平原组织了一个穆斯林君主国的联合体阿达勒苏丹国。阿姆达·齐荣主动和元朝通使，似乎希望在亚丁湾南岸的海外贸易方面给穆斯林的商业垄断打开一个缺口。

埃塞俄比亚很想通过泽拉重新使自己成为中国和埃及之间谋求经常往来的链条的一环。在埃塞俄比亚对外贸易上占有重要地位的达拉克，由于它的穆斯林统治者在商业上的垄断和敲诈，使得新兴的所罗门王朝决意向南寻求新的出海口，将注意力集中在泽拉内地的更加富庶的穆斯林苏丹国身上。因此达拉克从 13 世纪下半叶起立即失去了它昔日的重要地位，变得微不足道了。所罗门王朝和札比德的也门总督都想直接控制马萨瓦和泽拉。莫法扎尔在 14 世纪描述的泽拉并无君主，却分属七个部落。居民是穆斯林，传道者在公众面前朗诵七个头领的名字①。在以后200年中，拉苏里王朝的也门尽管在亚丁湾南岸进行军事扩张，控制泽拉的却是阿达勒的瓦拉斯马王朝。

泽拉和内地的商路通过哈拉尔四通八达。泽拉和绍阿的巴莱拉城之间的陆路尤其便当。泽拉的商队受到基督徒和穆斯林双方的保护，因此相当安全，深受埃塞俄比亚和索马里内地居民的欢迎。印度坎贝的大船将大批香料、贵重衣料和丝绸运到泽拉，其中有部分丝织品是从到达印度马拉巴的中国船转运的。泽拉的出口货远达西奈和开罗②。埃塞俄比亚商人也曾远到科泽科特去经商③。

在和印度、中国的海上交通上，泽拉也是仅次于亚丁，比之红海和邻近其他各港更加重要的一个海港。伊本·赛德指出泽拉是埃塞俄比亚奴隶和马匹输出的中心④，阿布·菲达也说泽拉是哈巴沙人使用的十分兴旺的港口⑤。伊本·白图泰见到的这个亚丁湾繁荣的海港，是“拥有一个巨大商场的大城市”⑥。由于泽拉和亚丁、印度之间商务频繁，所以往返于亚丁和科泽科特、坎贝之间的中国帆船，也像印度船一样使用哈巴沙卫士，船舶经纪人拥有埃塞俄比亚卫队，出入随行，护卫左右⑦。元朝由广州起航的船只常到科泽科特，泉州船经常出入佐法尔港和亚丁，都要和泽拉的埃塞俄比亚人进行交易，互换货物。

通过贸易关系，中国的日用瓷器在泽拉成了不胫而走的畅销货。在索马里和埃塞俄比亚北部边境毁灭于16世纪的12处废墟中出土的华瓷，大多属于13世纪至16世纪。在内地的哈拉尔和达加布尔（Dagahbur）、埃伊克（Eik）都发现过南宋和元明时期的陶瓷残片，多数是青瓷和青花瓷，也有16世纪初的釉里红。有的出土物深入到内

---

① 莫法札尔：《马木鲁克苏丹史》（Moufazzal Ibn Abil-Fazaïl, Histoire des Sultans Mamlouks），布洛歇特（E. Blochet）编译，载于《东方巡察》（Patriologia Orientalis），1919年，第12卷，第387页。

② 阿尔瓦雷士：《葡萄牙大使出使阿比西尼亚纪实》（F. Alvarez, Narrative of the Portuguese embassy to Abyssinia, during the years 1520–1527），英译本，斯坦利勋爵（Lord Stanley of Alderley）编译，伦敦，1881年，第204页。

③ 瓦尔瑟马：《卢多维科·迪·瓦尔瑟马游记：1503—1508年》（The travels of Ludovico di Varthema, 1503—1508），英译本，伦敦，1863年，第60页。

④ 台维：《中世纪的桑给国或东非海岸》（L.-M. Devic, Le pays des Zendjs, ou La côte orientale d'Afrique au moyen âge），巴黎，1892年，第54–55页。

⑤ 台维：《中世纪的桑给国或东非海岸》（L.-M. Devic, Le pays des Zendjs, ou La côte orientale d'Afrique au moyen âge），巴黎，1892年，第54–55页。

⑥ 吉柏编译：《伊本·白图泰游记》（R. Gibb, The travels of Ibn Battuta），剑桥，1958年，第110页。

⑦ 吉柏编译：《伊本·白图泰游记》（R. Gibb, The travels of Ibn Battuta），剑桥，1958年，第236页。

地 300 公里的地方①。泽拉港外的沙埃丁岛（Sa'ad al-Din）是出入泽拉港的船只必经之地，在 14—15 世纪时仍极繁盛。从那里出土的同类华瓷碎片可以知道，阿达勒苏丹国曾由泽拉港成批运进中国瓷器。瓷器已经深入索马里人和埃塞俄比亚穆斯林的生活，随着索马里和奥罗莫牧民的迁徙，以及阿拉伯商人的周转，在各地扩散开来。

第四节　印度洋西部非洲国家的通使

东非印度洋沿岸国家和元朝正式往来，是从 1285 年（至元二十二年）开始的。该年九月，速木都剌、马答两国都派使者到大都觐见忽必烈。马答是摩加迪沙这个城市初次译成的中文名字。阿拉伯语摩加迪沙都读作 makdashau，maqdašau，斯瓦希里语念成 mogadišo②，常习惯读成 mogedaxo，mogedascio。元代档册完全根据摩加迪沙的阿拉伯语读法译出，正确无误。《马可·波罗游记》中被误传的马达加斯加（Madeigascar），在主要手稿中读如 mogelasio，取自 magadicho 或 mogdicho③。亨利·玉尔也早就指出马可·波罗描述的所谓马达加斯加实际上都是摩加迪沙④，所以马可·波罗的“马达加斯加”位于索科特拉和桑给巴尔岛之间，并说大汗曾派使者去过那里。现在的马达加斯加岛名是由阿拉伯移民之后才起的，借自 makdashau，magadoxo⑤。设拉子人据说是摩加迪沙最早的移住民，后来阿拉伯马达干、哈拉维尼人相继来到，到 16 世纪哈拉维尼又被莫扎法尔家族取而代之，统治了摩加迪沙⑥。过去误传马可·波罗所提中国使者访

---

① 杰弗斯·马修：《东非和南阿拉伯沿海的华瓷》（Gervase Mathew，Chinese porcelain in East Africa and on the coast of South Arabia），载于《东方艺术》（Oriental Art），1956 年，新编第 2 卷第 2 期，第 51 页。

② 费琅：《三个阿拉伯—马达加斯加词源》（G. Ferrand，Trois étymologies Arabico-Malgaches），载于《巴黎语言学会回忆录》（Mémoires de la Société Linguistique de Paris），1905—1906 年，第 13 卷，第 414 页。

③ 格兰迪迪耶：《马达加斯加地理史》（Alfred Grandidier，Histoire de la géographie de Madagascar），巴黎，1892 年，第 26 页。

④ 玉尔译注：《马可·波罗游记》（H. Yule，The travels of Marco Polo），第 2 卷，伦敦，1871 年，第 413－414 页。

⑤ 达姆斯编：《德·巴布萨文集》（M. L. Dames，The book of Duarte Barbosa），第 1 卷，伦敦，1918 年，第 24 页。

⑥ 西鲁里：《索马里：各种出版及未出版的作品》（E. Cerulli，Somalia：scritti vari editi ed inediti），第 2 卷，罗马，1959 年，第 238－244 页。

问马达加斯加岛，实际上访问的是摩加迪沙①，错误不在马可·波罗。忽必烈所派的使者大约就是至元十九年（1282年）二月第二次抵达俱蓝（奎隆）的杨庭璧，他在游说印度西海岸的苏木达后，又去过东非，四月还到那旺，说服了那旺的国主，去摩加迪沙也应是这一次。

1285年摩加迪沙使者来华，一定是对早先中国代表团抵达那里的回访。摩加迪沙组织的使团很可能是乘中国船，直航苏门答腊，和苏门答腊（亚齐）使团一起赴华，在泉州登岸，再北上大都的。

摩加迪沙，按照雅库特的描述，它的居民是纯正的阿拉伯人（I，501）。当地人大多是这些外来者，而不是附近的黑人部落。他又说："外国商人来到此地，常受欢迎，可以自由买卖，顺利交易。主要出口货是檀木、琥珀和玳瑁，但此地也有从其他国家运进的各色货物。"（Ⅳ，602）阿布·菲达称赞摩加迪沙是"桑给和阿比西尼亚的一座大城"。在1332年亲访摩加迪沙的伊本·白图泰，也说"这是一座很大的并有许多富商聚居的城市"。白图泰曾结识后来成为谢克的阿布·贝克尔·伊本·奥莫尔。据白图泰说，当地的行政管理和伊斯兰国家不同，完全由贵族、检察官、法官组成的长老会（Mutakaddimuna）操纵，成为一个在基尔瓦苏丹强盛时期既受到它控制，而保持着一定独立地位的城邦。在13世纪，摩加迪沙不只是中非贸易最重要的东非港口，而且由于它和埃及之间在文化、宗教和贸易上的密切联系，因而也构成了中国和埃及之间在印度洋上有数的几个链锁之一。

摩加迪沙通使后的一年，至元二十三年（1286年）九月，印度、斯里兰卡、苏门答腊、马来岛鸟和东非十国使者同时来华。《元史》卷十四记有马八儿、须门那、僧急里、南无力、马兰丹、那旺、丁呵儿、来来、急阑亦带、苏木都剌十国各派使者到中国。其中有远到斯瓦希里沿岸的马兰丹（马林迪）和那旺（帕特岛）。马林迪（Malindi），伊德里西称作Mulanda，是当地的读法，［t］、［d］本有音转，闽南音常多［n］尾音，Mulanda因此译作马兰丹。马林迪在12世纪中叶已经成为肯尼亚和东非的重镇，以制铁业闻名。马林迪王国辖境包有塔纳河和萨巴基河，移民都来自库法②。伊德里西和伊本·赛德都称述它的重要性。13世纪下半叶，马林迪不但是东非重要港口，并且是肯尼亚沿岸的政治和经济中心。1289年马八儿向中国赠送花驴两匹，这种花驴正是东非大陆特产的斑马，它们最初大概便是从马林迪或摩加迪沙起运的。

---

① 伯希和：《马可·波罗游记考释》（P. Pelliot，Notes on Marco Polo），第2卷，巴黎，1963年，第779－781页。

② 西鲁里：《索马里：各种出版及未出版的作品》（E. Cerulli，Somalia：scritti vari editi ed inediti），第1卷，罗马，1957年，第260页。

同年派使者到中国的那旺，是肯尼亚北部沿海的帕特酋长国。据《帕特纪年》，1203—1204 年间，基尔瓦苏丹哈桑·伊本·苏莱曼统治期间，马斯喀特叶莱比贵族伊本·莫达法尔·那佛尼（Sulayman ibn Sulayman ibn Mudhafar en-Nebhani）逃亡到帕特，建立了延续五个世纪以上的那佛尼王朝的统治。在艾哈曼德·伊本·穆罕默德（1271—1291 年在位）执政时和中国建立的友好关系，不妨可以当成是阿曼和中国的传统往来在不同历史阶段中的新发展。1275 年设拉子人入侵阿曼，赶走了统治者马立克·奥莫尔·伊本·那佛尼，那佛尼的后代继续亡命东非，并且统治了帕特。这些阿曼人和印度洋东部地区的海上关系，使得 12 世纪以来拉木群岛和中国的传统往来维持不息，在肯尼亚和中国之间架起了友谊的桥梁。

索马里南部散居基温尤（Kiwayu）和桑给亚（Shungwaya）间的迪基尔牧民，那时正在扩张势力。他们在 1288 年也向元朝派过使者，作为对元朝使船和官方贸易船的回应。《元史》卷十五所记至元二十五年鬼国、建都来使中的鬼国，也是后来汪大渊亲临其境的鬼屈部落，和印度的使臣一起到过中国，大约是从桑给亚或摩加迪沙南面的梅尔卡起航的。

蒙巴萨也在这一时期和元朝有过外交上的往来。大德四年（1300 年），蘸八（桑给巴尔）和爪哇、暹国等国家的使节 22 人一起到北京进谒元成宗铁木耳。翌年，“马来忽”（马尔代夫）等海岛也派使者到中国。和桑给巴尔的蒙巴萨使者同时来华的还有大西洋滨的吊吉而（丹吉尔），他们都取道马尔代夫群岛这一条由中国帆船经营的新航线，分别从亚丁或摩加迪沙横渡印度洋。中国帆船也随使者远航非洲。《经世大典·站赤》记大德五年（1301 年）“使臣答术丁等钦赍圣旨，悬带虎符，前赴马合答束番国，征取狮豹等物，往回应付二年分例”。同年，“又爱祖丁等使四起，正从三十五名，前往刁吉儿地取豹子稀奇之物，往回应付三年分例”①。前述马答是马合答束的简称。刁吉儿是吊吉而的异译，比之去摩加迪沙更远一年。元朝使者足迹已至北非和东非。远到大西洋滨和肯尼亚南部的蒙巴萨，都和中国有直接的贸易和外交关系。

在基尔瓦苏丹苏莱曼·伊本·哈桑（1294—1308 年在位）统治期间，蒙巴萨作为桑给帝国最繁荣的城邦，曾试图摆脱基尔瓦的羁绊。在苏丹巡视蒙巴萨时，当地叛党起而刺杀苏丹。蒙巴萨成为继摩加迪沙之后，足以和基尔瓦争夺索法拉象牙和奴隶贸易的强大对手，所以伊本·赛德在 13 世纪下半叶以蒙巴萨为桑给国的首都。它的使者前往北京，是在印度洋上积极展开对华贸易的一个表示。《大德南海志》中和广州通商的拔肥，是阿拉伯文 Bandar Vumba kuu（符贝奇港）的音译。符贝奇在蒙巴萨以南，

---

① 《永乐大典》卷一九四一九。

是邻近蒙巴萨的一处港口，为10 世纪以后波斯湾移民在东非海岸开辟的15 个移民点之一①。元朝通使的非洲国家以蒙巴萨为最南，所以有“热南回回”之称。

元朝从非洲运进的货物最可观的是象牙和豹皮。1263 年元朝专门设立犀象牙局，掌管两都宫殿营缮、犀象龙床、卓器、系腰等事，下分雕木局、牙局，都是至元十一年（1274 年）设置的。牙局“掌宫殿象牙龙床之工”，隶属大都留守司。1280 年忽必烈也仿效宋朝，始制象轿（《元史》卷一一）。1325 年泰定帝又造象辇（《元史》卷二九）。象牙需要量之大，可以想见。另一种东非产物豹皮也经由水陆两路源源运入中国。在 14 世纪陆道畅通后，经过驿道来到北京的穆斯林商人很多以豹或豹皮作常用的礼品。豹皮被穆斯林普遍用作马鞍，需要量也很可观。至大元年（1308 年）中书省臣曾对这种陆上贸易加以议论：“回回商人，持玺书，佩虎符，乘驿马，名求珍异，既而以一豹上献，复邀回赐，似此甚众。”（《元史》卷二二）元朝政府因此穷于应付。豹皮都产在埃塞俄比亚、索马里和东非各地。伊本·哈克尔讲到埃塞俄比亚豹皮常运往也门。曼苏地指出桑给国出产豹皮，人民多用作衣服或输往伊斯兰国家②。伊德里西同样提到豹皮在东非是和象牙、铁器一样重要的外销物③。豹皮大批运华，是和东非与波斯湾之间贸易的日益扩大联系在一起的，它们和象牙运输大多由华船直接插手不同，多半由穆斯林商人一手包揽。

第五节　元代舆图中的非洲

中国航海家对非洲的实地考察，使他们能够亲自了解在地中海、红海、印度洋环绕下的非洲沿海的情况，并有可能搜集到在当地居民中流传的一些地理知识，因而能够在 14 世纪中叶绘制出极为正确的非洲地图。

元代最杰出的地图学家朱思本（1273—1333 年）用网格画方的绘图技术，在 1311—1320 年绘制的《舆图》原本已不可见，要推论朱思本当初在巨幅地图上是否画有非洲，实在难以证实。《贞一斋杂著》所录《舆地图自序》和罗洪先《广舆图》所录朱思本

① 柯普兰：《东非及其入侵者》（R. Coupland, East Africa and its invaders），牛津，1956 年，第 25 页。

② 曼苏地：《黄金草原》（al-Masūdi, Les prairies d'or），法译本，第 3 卷，巴黎，1865 年，第 2 页。

③ 费琅：《阿拉伯、波斯、突厥文远东地志》（G. Ferrand, Relations de voyages et textes géographiques Arabes, Persans et Turks relatif 's à l'Extreme-Orient），第 1 卷，巴黎，1914 年，第 60 页。

《舆图旧序》都说："至若涨海之东南，沙漠之西北，诸番异域虽朝贡时至，而辽绝罕稽，言之者既不能详，详者又未必可信，故于斯类姑用阙如。"表明原图未有外国地图。罗洪先（1504—1564 年）在 1540 年以朱思本地图为蓝本加以增补的《广舆图》，在许多方面已非原本所可比证，其中的海图是据郑若曾《筹海图编》所增的，并不能像福克斯认为的那样，可作为朱思本在 1312—1315 年已在地图上标出非洲大陆的根据①。

虽然无从查考朱思本的《舆图》是否包括欧洲和非洲在内的世界地图，但在朱思本一个多世纪以前，中国早已有了境域超过欧、亚、非三大洲的世界地图，已可以由墓葬出土的木板地图得到证实。河北宣化在 1974—1993 年发掘了九座辽墓，在一座 1093 年的张匡正墓中，发现了描绘在墓顶木板上的彩色世界地图。在这一举世罕见的地图中，亚洲大陆处于正中，欧洲被缩小，非洲按惯例被绘成一个上宽下窄向东南角弯出的大陆。另外在中国内陆的东南，出现了一个伸向澳洲的半岛；在图的右上角，是和亚洲大陆连成一片的北美大陆，北美大陆的下方则是绘成狭长的带形的南美洲。这幅地图所包含的地理知识，远远超过了当时西方世界由伊德里西绘出的仅有欧、亚、非三洲的地图。稍后由伊朗天文学家纳速拉丁·杜西在 1331 年手绘的地图，也和伊德里西的地图相差无几，黑海和地中海被绘成一片相连的内海，阿拉伯半岛以东的印度和马来半岛只是稍微向南凸出，注明是印度（Hind），再往东北沿海是印度支那（Hin-di-sīn），再北是中国（Ṣīn），全部陆地都在于此了。

和朱思本同时代的地理学家，在绘制世界地图上取得重大进展的是李泽民和释清濬。李泽民在 14 世纪 30 年代绘成《声教广被图》，是一幅世界地图，但已佚失。

释清濬（1328—1392 年）在元代已绘出了《广轮疆理图》，入明以后继续受以重任，出任僧录司左觉义、南京灵谷禅寺住持，在 14 世纪 80 年代编制了《混一疆理图》②。图上都绘出了非洲和欧洲。李泽民和释清濬所绘的地图在 1399 年由高丽使团的金士衡带回朝鲜，在 1402 年由李荟和权近合编成《混一疆理历代国都之图》。这幅经过朝鲜制图专家改绘的元朝世界地图，原图已经散佚，现在有 1500 年左右保存在日本

① 李约瑟：《中国科学技术史》（J. Needham，Science and civilization in China），剑桥，1971 年，第 3 卷，第 554 页；福克斯：《元代朱思本地图和广舆图》（W. Fuchs，The "Mongol Atlas" of China by Chu Ssu-pen and the Kuang-yü-t'u），北京公教大学《华裔学志》（the Catholic University of Peking，Monumenta Serica）丛书，第 8 册，1946 年。

② 据明代叶盛《水东日记摘抄》卷四（《纪录汇编》本），清濬有《广轮疆理图》，以方格绘成。严节跋文说图是至正庚子（1360 年）绘成的。但此书刊印时未录原图。据明嘉靖三十二年（1553）刻本《水东日记》卷十七，有明人摹写的地图，但详在中国本部，外域部分已多半被略去。此图当是清濬在明初参与绘制的《大明混一图》的前身。

京都的复印本流传①。

现在可以看到原件的是由北京故宫收藏的释清濬参与绘制的《大明混一图》，1995 年由文物出版社录入《中国古代地图・明代》一书，同时收进了汪前进、胡启松、刘若芳合写的《绢本彩绘大明混一图研究》，确定原图完成在洪武二十二年（1389 年）六月至九月间。此图曾应南非国民议会的要求，在 2002 年 11 月 12 日开普敦召开的"南非国民议会千年项目地图展"上展出，引起轰动。从这幅世界地图可以知道元朝地图学家绘制的世界地图，特别是在搜集欧洲和非洲的地理资料方面业已取得了惊人的成就。图中的欧洲部分标出近 100 个地名，非洲部分则有 35 个地名。埃及的亚历山大里亚被绘上一个灯塔，作为特殊的标记，以显示它独一无二的地位。特别引人注目的是，非洲已被正确地绘成一个倒三角形，它的尖端正向着南方，而在同时代的阿拉伯和欧洲地图上，非洲的南部总被绘成向东方伸展的形状。穆罕默德・卡兹维尼（Zakarīya' ibn Muḥammad al-Qazwīnī，1203—1283 年）绘制的地图是如此②。波斯科学家纳速剌丁・杜西在 1331 年留下的《天文学记要》手稿中的世界地图③，以及马黎诺・塞纳托（Marino Sanuto，1266—1321 年）为十字军所作的地图④，非洲都成了向东南斜伸的菱形大陆，继续保持着伊德里西绘制的世界地图中非洲的基本轮廓。14 世纪的中国地图却纠正了这一错误，正确无误地将非洲画成一个三角形的大陆，充分表明，中国航海家在对印度洋西部地区深入季风区以南进行探测以后，获得了对非洲大陆及其附近岛屿的大量真实资料，因此才能获得这一划时代的巨大成就。

自从 1050 年前后中国帆船开通俞卢和地直航线之后，中国和东非之间便能在创纪录的 50 天左右实现季风航行。当时到达箇罗（克拉地峡）的阿拉伯船，都到此为止，买卖成交后，另取一道，绕过苏门答腊西端前往东非销货，再北返母国。阿拉伯船和中国船在克拉地峡通过货物的接运，双方都能获益，运输成本大为降低，促使中国的海商重新见到东非贸易的利好，努力去恢复一度萧条的南印度洋贸易。但是阿拉伯船较中国远洋船要小许多，视基尔瓦以南的海域为畏途，生怕掉入凶险莫测的海沟，葬

---

① 中村拓：《朝鲜人收藏的中国古代世界地图》（Hirosi Nakamura，Old Chinese world maps preserved by the Koreans），载于《世界地图史杂志》（Imago Mundi），1947 年，第 4 期，第 3 页以下，图 1。

② 尤素甫・卡米勒：《非洲和埃及地图集》（Yusuf Kamal，Monumenta cartographica Africae et Aegypti），第 3 卷，开罗，1935 年，第 1050 页。

③ 李约瑟：《中国科学技术史》（J. Needham，Science and civilization in China），剑桥，1971 年，第 3 卷，第 563 页，图 238。

④ 萨尔顿：《科学史导论》（George Sarton，Introduction to the history of science），第 3 卷，巴尔的摩，1947 年，第 769 页；皮斯莱：《现代地理学的开创》（C. R. Beazley，The dawn of modern geography），第 3 卷，牛津，1906 年，第 520 页。

身海底。相反，中国帆船则能闯过难关，与阿拉伯船形成对比，成为竞争的力量。同时也使阿拉伯地理学家关于非洲南端与苏门答腊岛之间的海程计算出现了与实际并不相符的结论，以为非洲南部一定是一个向东弯向苏门答腊的尖角，所以扎伯格岛民和中国船民都能快去快回。著名学者伊本·卡尔敦和比他早300年的比鲁尼一样，相信中国海和印度海同属一个气候区，过了摩加迪沙城再向东便是索法拉地区。索法拉地区的尾端，是绵延千里的瓦克瓦克地区。这两个地区贯穿了第七地带到第十地带，被认为处在南方环海的一个分流口上。因此阿拉伯地理学家直到14世纪仍然将索法拉地区横列在瓦克瓦克地带上，无法制作出比中国地理学家更加切合实际的非洲地图。

非洲地图上标出的地名，显示出中国地理学家对非洲东部沿海和北部沿着地中海、靠近大西洋的周边具有比较正确的实际知识。图中由北而南贯穿非洲内陆的湖泊，实际上是由埃塞俄比亚高原的一些湖沼，和在肯尼亚、乌干达、卢旺达、坦桑尼亚、扎伊尔、赞比亚、马拉维、莫桑比克境内散布的许多带形湖泊所构成的。湖泊东南和海岸线平行的长河标明“哈纳亦思津”，基本上将尼罗河和东非各大河连接到了一起，下游两条支流通向海岸，画出了莫桑比克境内的赞比西河和林波波河。图中湖泊区南端标字“这不鲁麻”，意思是“月山”。关于非洲南部的地理观念，仍然按照中世纪阿拉伯地理学家认为的那样，月山是从埃塞俄比亚绵延到索法拉的主要山脉，尼罗河也发源在这里。月山以南，中国的航海家和地理学家都妄无所闻，因此在地图上出现一个尖端，在月山以西的非洲西海岸仅标出“桑骨八”（黑人国）。在紧靠非洲南部大陆的岛屿上有注记“桑骨奴”，意思是“黑奴”。13—14世纪黑奴的贩运中心是基尔瓦·基西瓦尼，也就是地图上业已放大的沿海岛屿。在非洲的西北角还画出了阿速尔群岛。阿速尔群岛在1394年后才由葡萄牙人正式发现，阿拉伯地理学家伊德里西和伊本·卡尔敦都没有提到过这个群岛，倒是中国地图上早就标出了这组位于旧大陆极西端的岛屿。这些都显示出中国的地图学家对非洲的北部，起自大西洋滨向东顺着地中海转入红海，向南沿着印度洋的西海岸直到莫桑比克的索法拉，都具有非常确切的地理观念。

元代绘制非洲地图的成功，和中国人当时移居红海和非洲各地，足以提供当地的知识难以分开，同时也是中国的使者、航海家和贸易商不断进入非洲，随时注意搜集地理资料所致。早在1286年，为编纂《大元一统志》，元政府便广泛搜集阿拉伯国家的地图；1287年，更由秘书监命令福建道，通知出海的穆斯林将波斯文“剌那麻”

（rāhnāma）奉献给秘书监，“刺那麻”就是各种“指路簿”①。因此中国政府能够编绘世界地图。环绕海洋的非洲周边，凡是可以通航的地方，在14世纪都有中国人去过。航海家汪大渊是其中的佼佼者，他西去大西洋滨邻近阿速尔群岛的丹吉尔，向南到了基尔瓦·基西瓦尼。基尔瓦·基西瓦尼以南莫桑比克境内的索法拉，便是周致中《异域志》中的三佛驮这个神奇的海外之国，它的范围不止限于坦噶尼喀南部的基尔瓦。

元代的非洲地图，经由朝鲜传入日本，同时也被明代地图学家罗洪先增补成《广舆图》，1555年正式付梓。此后胡松、韩君恩、史霍冀、钱岱等不断修订扩充，在嘉靖四十三年（1564年）史霍冀编集的《舆地总图》上也刻有非洲南部的正确图形②。中国地图对非洲的正确绘制，比之欧洲1375年的卡塔兰地图，1459年弗拉·毛罗地图上出现的三角形非洲图像都要早些。在绘制世界地图的过程中，首先矫正了传统的非洲地形观念，并超出了三大洲的范畴的，是中国的地图学家。元代重新启用了方格绘图法，秉承了这一制图学的光辉传统，为绘制世界地图竖立了丰碑。这是14世纪中国绘制世界地图的一项了不起的成就。

---

① 陈得芝：《元代海外交通与明初郑和下西洋》，见《郑和下西洋论文集》（二），南京大学出版社，1985年，第199页；陈得芝：《元代海外交通的发展与明初郑和下西洋》，见《郑和下西洋研究文选》（1905—2005），海洋出版社，2005年，第55页。

② 李约瑟：《中国科学技术史》（J. Needham，Science and civilization in China），剑桥，1971年，第4卷，第3册，第499页。

第十章
汪大渊的非洲见闻

第一节　《岛夷志略》简介

14 世纪上半叶，中国和非洲的旅行家互相访问，彼此远涉万里之外的异国寻求最新的知识，以期增进了解，加强彼此的经济合作和文化交流。在摩洛哥游历家伊本・白图泰访问中国之前，中国航海家汪大渊在 1328 年从泉州开始了他周游东南亚和印度洋各国的世界旅行，在非洲和地中海各地进行商业考察。他在 1328 年到 1339 年的 12 年中，前后两次跟随中国商船出海，并在归国后的 1339 年根据亲身经历写成《岛夷志略》一书。1349 年吴鉴编印《清源续志》，适逢汪大渊在泉州，于是请他作了修订，附刊于《清源续志》。据 1349 年吴序，有“校之五年旧志，大有径庭矣”的话。五年旧志指元顺帝至元五年（1339 年）的旧作。刊印的这本书是应吴鉴之请新编的，较之旧作尤胜多多了。1350 年汪大渊回到故乡西江（南昌），又在西江将此书单行本重新刊刻问世。现在所传各抄本，便都出于西江刊本。

汪大渊两次出入于全国最大的国际贸易港泉州，长期在东南亚和印度洋各地从事海上贸易。《岛夷志略》记录了他的游踪。全书共有 100 条记事，99 条都是一个地方的专篇。每经一地，叙述山川、土俗、风景之外，更记明航路、物产和贸易的货物与货流，是一本名副其实的海外贸易手册。对于 14 世纪中叶东南亚、印度次大陆、阿拉伯海与红海邻近地区，以及东非洲，提供了民俗、地理、经济、商业和航海方面的重要资料。书中涉及的国家和地区，在本国的台湾、西沙群岛之外，有亚洲的菲律宾、印度尼西亚、马来西亚、新加坡、越南、柬埔寨、泰国、缅甸、加里曼丹、孟加拉、印度、巴基斯坦、斯里兰卡、马尔代夫、沙特阿拉伯和也门，非洲的埃及、苏丹、摩洛哥、索马里、肯尼亚和坦桑尼亚。

汪大渊在后序中自己声明，书中所述，“皆身所游览，耳目所亲见”，游程之广，贯穿了整个旧大陆。他的足迹，东至菲律宾、马鲁古，西到埃及和摩洛哥，南面抵达南纬9°的基尔瓦·基西瓦尼，扣到了莫桑比克海峡的北门。汪大渊采访了中世纪最广阔的海上贸易区，遍历亚、非两大洲富庶之区。从太平洋边的马鲁古一直到大西洋滨的丹吉尔，都成了他考察的新世界。他到过亚、非两大洲的很多地方，不但熟悉整个印度洋，而且还到过马六甲海峡以东的南海各地，进入马鲁古海和班达海；向西一直闯过红海，连地中海南岸的杜米亚特和丹吉尔港，他都一一身历其境，了如指掌。他在东起班达海，西至红海，北抵波斯湾，南至东南非洲的广大海域中，记述了中国远洋贸易船如何用本国的特产以及沿途转运的货物在当地进行交易的实况，给中国帆船直接参与南海和印度洋贸易提供了可以信赖的原始记录，而这些珍贵的知识恰好是迄今为止尚未完全被欧洲的汉学家和东方学家弄明白的。丰富的航海经验，渊博的地理知识，热忱而又诚挚的商业活动，使他成为18世纪以前中国历史上有名有姓的足迹最广的伟大的海上旅行家。

根据《岛夷志略》揣测，汪大渊前后两次环航印度洋，费时约有九年。第一次航行，在1328年冬到1332年夏，他将主要精力放在东南亚和印度次大陆各地，作了周游南海和印度洋北部的航行。他在这次航行中到了菲律宾的马尼拉（麻里噜）、吕宋（麻逸）、明都洛（明多朗）、巴拉望（三岛）、苏禄，印度尼西亚的马鲁古（文老古）、班达（文诞）、帝汶（古里地闷），爪哇岛上的北加浪岸（爪哇）、井里汶（遐来勿）、杜板（打板）、戎牙路（重迦卢），到过泰国的吞武里（罗斛）、洛坤（单马令）、北大年（龙牙犀角），马来西亚的彭亨（彭坑）、吉兰丹、丁家奴（丁家庐）、柔佛（罗卫），文莱的万年港，新加坡的龙牙门，苏门答腊岛的巨港、占卑和亚齐，又经出产龙涎香的龙涎屿，然后横渡大洋，到达科伦坡（高浪阜），环航印度次大陆后又去卡伊斯岛（甘埋里）和马斯喀特（麻呵斯离），然后结束了他的第一次印度洋航行。马斯喀特是他首次航行的终点港，从此返航，在1332年7月回到泉州。在这个航行圈中，到处都有中国帆船可以接送。首次航行的成功，使少年汪大渊积累了南海与印度洋航行和贸易方面的丰富知识，开阔了眼界，因而更加向往着进一步了解伊斯兰世界的国际贸易，投身到更加宽广的国际市场中去。

这时沟通红海和地中海的商业活动具备了胜过波斯湾的运输活力，东非的黄金和象牙市场又吸引着波斯湾和亚丁湾阿拉伯移民蜂拥南下。这股浪潮也吸引着以汪大渊为代表的中国海外贸易商和航业界人士，因此汪大渊的第二次印度洋航行，便是以非洲之行为特色的一次远洋航行。在这次航行中，他首先访问了孟加拉（朋加剌），顺科罗曼德海岸西至马拉巴。然后他乘着阿拉伯船，不仅到麦加去朝圣，而且考察了非洲北部（包括东北非洲）的四个城市和港口，还到过东非沿岸的九个海港和岛屿，完成了他周游非洲的计划。

汪大渊在麦加朝圣之后，便以全副精力去实现周游非洲的理想。他由红海北上埃及，从吉达港渡海，最近的登陆地点是上埃及（阿思里）的艾特伯港，从此。他就踏上了非洲大陆的土地，此后便顺尼罗河而下到达埃及首都开罗（马鲁涧），再至杜米亚特（特番利），泛舟地中海，游历伊本·白图泰的故乡丹吉尔（挞吉那）。然后东返红海，出曼德海峡，在索马里北部的纳卡塔（哩伽塔）稍停之后，再绕过瓜达富伊角南航。汪大渊在东非沿海首先访问了摩加迪沙（班达里），然后继续他的东非之行，接连造访肯尼亚的马林迪（层摇罗）、姆纳拉尼（曼陀郎）、基林迪尼（加里那）、桑给巴尔岛（麻那里），最后到达坦桑尼亚南部的基尔瓦·基西瓦尼（加将门里）和莫桑比克的克利马内（千里马）。这里便是汪大渊第二次印度洋航行的终点，从这里北返摩加迪沙或桑给巴尔岛之后，又可乘中国帆船返回泉州了。这一次航行大约在第一次航行之后的两年开始，从 1334 年冬一直继续到 1339 年夏返国，用了比前一次更长的时间。非洲在印度洋和地中海国际贸易上的重要性，在《岛夷志略》中作出了比较完整的叙述。

第二节　《岛夷志略》记述的非洲

汪大渊从事的航海事业和贸易活动，大大超过了他的前辈。他的知识的渊博和观察的精细都反映在《岛夷志略》这部书中。《岛夷志略》虽然历经中外学者研究，先后有了沈曾植的《广证》（1912 年）、藤田丰八《校注》（1914 年），以及苏继庼《校释》（1981 年），并有柔克义、伯希和的考证，但许多非洲地名仍然湮没无闻，或被误植，以致《岛夷志略》的真正价值，汪大渊游踪最远的地方，仍然陷于迷雾之中。

无论如何，汪大渊却是直到他生活的那个时代周游非洲的第一个有据可查的中国人。他西到摩洛哥的丹吉尔，见到了大西洋的波涛；他东南抵达姆希韦姆库鲁河以北坦桑尼亚南部的林迪区，直到季风航行的南界。他到过埃及首都开罗，见到了摩加迪沙和基尔瓦这些东非的政治中心，访问过那些已有几百年和中国交往历史的古老的海港杜米亚特、格迪和桑给巴尔岛。他对于非洲地理、民族的熟悉程度，不能不在这部书重新得到确切解释的今天令人惊讶。

《岛夷志略》中关于非洲的记述，可以称为纲领的是马鲁涧。当时的开罗是伯海里家族（1250—1390年）统治下强大的马木鲁克王朝的首都。马木鲁克，汪大渊称为马鲁涧。他综述马鲁涧的全文是：

国与遐迩沙喃（耶路撒冷）之后山接壤，民乐业而富。周回广一万八千余里。西洋国悉臣属焉。有酋长，元临漳人，陈其姓也。幼能读书，长练兵事。国初领兵镇甘州，遂入此国讨境不复返。兹地产马，故多马军。动侵番国，以兵凡若干万。岁以正月三日则建高坛，以受兵贺。所至之地，即成聚落一所。民间互易，而卒无扰攘之患，盖以刑法之重如此。观其威逼诸番，严行赏罚，亦豪酋中之表表者乎。

汪大渊赞扬马木鲁克是个国境广达18000多里的大国，地中海和红海各国都受它操纵，连印度马拉巴海岸也和它有特殊优惠的商业来往。由于马木鲁克执行奖励贸易、保护民间买卖的政策，所以商品交换非常活跃，居民生活宽裕。埃及作为伊斯兰世界的中坚，不但占领了黎凡特和叙利亚南部，将希贾兹、也门置于它的控制之下，就连努比亚、埃塞俄比亚的所罗门王朝都与它订有盟约。汪大渊一路由也门北上，对马木鲁克在印度洋西部地区的政治势力和经济活力有切合实际的观察和体会。东西方之间通过埃及的国际贸易空前繁荣，埃及和威尼斯、热那亚等意大利城邦以及西班牙的基督教国家互换商货，从香料、丝绸的西运中获取高额利润。对于欣欣向荣的伯海里王朝，汪大渊赞赏它法度分明，措施得宜，在当时世界外交和国际贸易中自有一种出类拔萃的优越地位，确有一个大国的威严和风度。他提到临漳陈姓将领由于西征而侨居埃及，很可能此人便是阿因·札卢特战役中被马木鲁克所俘的蒙古将领。

汪大渊在到达开罗前，先渡红海到上埃及的阿思里。在汪大渊的第二次出航中，他一定是由马拉巴的海港，换乘了阿拉伯船先去了红海，因为《志略》中并无马赫拉或亚丁的记载。是他首先向中国报道了这个“极西南达国里之地”的黄金大道。他在阿思里条中起首就说：

极西南达国里之地，无山林之限，风起则飞沙扑面，人不敢行。居人编竹以蔽之。气候热，半年之间多不见雨。掘井而饮，深至二三百丈①，味甘而美。其地防原，宜种麦，或潮水至原下，则其地上润，麦苗自秀。

俗恶。男女编发，以牛毛为绳，接发梢至齐膝为奇。以鸟羽为衣，捣麦作饼为食。民不善煮海为盐。地产大绵布、小布匹。贸易之货，用银、铁器、青烧珠之属。

阿（音乌）思里的原音是上埃及伍曼西拉（Humaithirā），在14世纪是上埃及和努比亚交界的艾特伯荒野。埃及南部少雨而产棉花。红海西岸北有阿拉伯沙漠，南有努比亚沙漠，附近风沙弥漫。绿洲居民常立栅筑寨聚居。沙漠中甘泉自涌，遍布井泉，在山岩和沙丘中汇成涓涓泉流，足供沙漠驼队的水源，水味甜润，号称甘泉。在14世纪上半叶，上埃及最重要的海港是艾特伯港（ʿArdhāb）。艾特伯港是非洲穆斯林朝圣道路在红海西岸的终端。虽然自十字军被逐后，从开罗取道西奈半岛进入希贾兹的陆路正式开放，成为朝圣者新的通途，但艾特伯港直到14世纪中叶，作为朝圣者前往麦加的出入口的重要性并未因此减少。因此汪大渊在那个时候能够知道有一条大路直通西南方向的加纳。这条路通过阿斯旺，穿越上埃及利比亚沙漠绿洲，通过达尔富尔、加涅姆和卡诺，沿着尼日尔河，可以到达加奥和廷巴克图等西苏丹最重要的贸易城市，并且上溯尼日尔河上游马里帝国的首都。

14世纪中叶，正是马里处于极盛时期，政治势力伸展到加奥以外的豪萨地区。代替吉代的加纳，马里国王松迪亚塔（Sundiata，约1225—1255年在位）在1325年建立起一个新的王朝。但是直到16—17世纪，廷巴克图的西苏丹历史学家还把加纳和马里当作一个国家，因为加纳不过是北方曼迪族的索宁凯人建立的王朝，而马里则是南方曼迪族的曼丁古人统属的国家。曼迪的商人和移民从东北和西北两面进入撒哈拉，和埃及、巴尔卡的绿洲有定期的商业往来。所以汪大渊知道在埃及绿洲商路的西端有个名叫国里的国家，“国里”便是中国人最早知道的加纳（Ghana），也就是佐海赖（al-Zuhrī）的“黑人国”（Gnāwa）的首都。尾音［na］，［la］有音转。它的旧都在撒哈拉沙漠南缘的昆比·萨莱（Kumbi Saleh）。根据乌玛里和伊本·卡尔敦的材料，加纳在1240年被松迪亚塔洗劫之后，仍然继续存在到14世纪。汪大渊的见闻也证实了这一点。

在汪大渊到达开罗之前十年，马里的雄主曼萨·坎坎·穆萨（Mansa Kankan Musa，1312—1337年在位）在1324到1325年间进行了一场富丽堂皇、十分阔绰的朝圣旅行。

① “丈”代表阿拉伯的腕尺，1丈约合1.14腕尺，1腕尺等于0.5883米，1丈合0.6606米。

他的队伍浩浩荡荡，穿越沙漠，通过摩洛哥，取道开罗，前往麦加。随从人员据说达8000名，其中500名奴仆，每人随带黄金2千克。朝觐团带着黄金随处使用、捐助，致使开罗黄金市价下跌12%左右。这次朝圣使马里国王名闻世界，马略卡的犹太制图家在1339年编制的世界地图上也有了马里国王的图像。去过麦加、到过开罗的汪大渊一定听到过这次轰动伊斯兰世界的朝圣，所以他特别注意到西非国家加纳。尼日尔河畔的商业重镇廷巴克图也是马里帝国的交通枢纽，从那里和摩洛哥的非斯、突尼斯的尼弗札瓦、利比亚的的黎波里都有商路可通。并且在13—14世纪时已经有一条近路，从东北方向经过霍加尔和费赞通往奥季拉直达开罗。费赞的商路和南方经过达尔富尔的商路，像两条大动脉从埃及南北直插尼日尔河中游，连接着马里帝国的心脏①。这两条路都可能是汪大渊简略提到的西南通夕阳西下处的黄金国“茶弼沙”的大路。

汪大渊最先探悉这个遥远的黄金国名叫“国里”（加纳）。我们完全有理由推测，汪大渊在第一次航海中到达波斯湾后，就已听说过马里君主带着他的臣民一路挥金如土地前往麦加朝觐的故事，因此决定了随后他的第二次西航。这第二次航海正是以考察马鲁涧的盛况，和探察通向西苏丹与东非南部黄金国的商路为主要目标，并且准备得比第一次更为周密的非洲商务考察。

茶弼沙是传闻已有几个世纪之久的西非黄金国。《大德南海志》开列的151个诸蕃国名单中，已有这个茶弼沙，是在13世纪末已和广州有通商关系的国家。大德是元代第二个大汗成宗的年号（1297—1307），在《永乐大典》卷一一九〇七广字广州府三舶货中列有这个国家②。广州的商人要到这个西非国，或茶弼沙的商人要到广州签约成交，比较方便的途径，应该就是汪大渊指出的由艾特伯港出入的这条陆上黄金大道。黄金和其他商货可以由西非的廷巴克图、加奥向东，经过加涅姆、博尔努、达尔富尔运到艾特伯，或摆渡到对岸的吉达。广东的商人可以登上下蕃的海舶前往佐法尔或亚丁，再换乘阿拉伯船到达艾特伯，走陆路穿越撒哈拉沙漠，前往当时尚被当作尼罗河支流的尼日尔河流域的黄金国加纳或黄金交易集市。艾特伯由于是一个民间输送黄金到海外的出海口，受到伯海里马木鲁克苏丹的掌控，便被广东商人以茶弼沙相称了。当汪大渊踏上艾特伯之后，一定打听到了真正的黄金国还远在千里之外，所以赶快北上地中海，再去寻访是否另有其他路径可以一通黄金国。汪大渊所以在他的游记中始终没有点明非洲的黄金国，原因是元代执行的是禁止私人买卖黄金，只准推行纸质钱

① 参见费奇：《西非史纲》（J. D. Fage，A history of West Africa，an introductory survey），剑桥，1969年，图3；费奇：《非洲历史地图》（J. D. Fage，An atlas of African history），伦敦，1978年，图9，图11。

② 《永乐大典》影印本，中华书局，1960年，第二十函。

币的钞法。

汪大渊比多数广东商人更清楚，艾特伯才是运到中国的加纳黄金的第一个启运港。汪大渊也是记述这条横贯非洲中部撒哈拉大沙漠的东西交通大动脉的第一个中国人。

艾特伯港附近居民编发，风俗习惯都像是贝贾人。努比亚在公元6世纪建立过信奉基督教的东古拉王国，1317年被信奉伊斯兰教的坎兹部落征服，改信伊斯兰教。1319年在东古拉成立穆卡拉（Muqurra）王国，贸易路线改向南方延展。艾特伯尽管在1272年8月遭到穆卡拉基督教军队的侵扰，但埃及非常重视这个海港，在1276年后屡次进行南征，击败穆卡拉人。在汪大渊前往这里以前的1323年便有过这一类的军事征服①。埃及在艾特伯港特设税务所管理进出口贸易，尼罗河畔的库斯和艾特伯间的商路一直在贝贾哈达里巴部族的保护之下②。在伊本·白图泰到达这里时，哈达里巴酋长可以从当地关税中获得三分之二的报酬③。这种关系构成了埃及和哈达里巴人联合的象征。

艾特伯港在1426年被破坏以前，可算是红海北部最重要的非洲港口，从1058年至1368年一直在波斯湾和地中海之间起着商业通道作用④。它的遗址在现在苏丹境内哈拉伊卜以北20公里。这里已经发现许多青瓷碎片和早期青花瓷器，一片青瓷上还有八思巴蒙古字⑤。

汪大渊在离别开罗以后，来到埃及在地中海的最大港口杜米亚特（Dumyāṭ，特番里）。他说此地："国居西南角，名为小食。"由于临溪（尼罗河）又通海，土地沃饶，他对尼罗河三角洲作了如下的描述：

> 厥土涂泥，厥田沃饶临溪，溪又通海。海口有闸，春月则放水灌田耕种，时雨降则闭闸，或岁旱则开焉。民无水旱之忧，长有丰稔之庆，故号为乐土。

---

① 奥法海，史拨尔丁：《苏丹王国》（R. S. O'Fahey & J. L. Spaulding, Kingdoms of the Sudan），伦敦，1974年，第16页，第187页。

② 卡曼利尔：《红海》，第1卷，第75－80页；尤素甫·法德尔·哈桑：《阿拉伯人和苏丹》（Yusuf Fadl Hassan, The Arabs and the Sudan），爱丁堡，1967年，第68－74页。

③ 吉柏编译：《伊本·白图泰游记》（R. Gibb, The travels of Ibn Battuta），第2卷，剑桥，1958年，第362－363页。

④ 海特：《黎凡特商业史》（W. Heyd, Histoire du commerce du Levant），莱比锡，1923年，第1卷，第380－383页；第2卷，第58－60页，第444页。

⑤ 杰弗斯·马修：《东非和南阿拉伯沿海的华瓷》（Gervase Mathew, Chinese porcelain in East Africa and on the coast of South Arabia），载于《东方艺术》（Oriental Art），1956年，第2卷第2期，第51页。

埃及由于尼罗河定期泛滥，土地肥沃，有“黑土”（khem）之称。伊本·白图泰考察过尼罗河的涨潮，他说：

> 尼罗河的水位在6月份开始上涨。当河水上涨到16腕尺（约9.1米——引者），苏丹的土地税便有了保证。如果再上涨1腕尺（合10米——引者），那末当年的土地就会十分肥沃，丰收在握。如果上涨到18腕尺（合10.58米——引者），河水就会毁坏田地、村庄，随之而来的将是瘟疫的蔓延。如果河水只上涨到15腕尺（合8.82米——引者），那末就会歉收，连土地税都难以缴纳了①。

汪大渊在杜米亚特看到了尼罗河三角洲常年得以丰收，全靠海口建有水闸，可以调节水量，使得农民免于“水旱之忧”“长有丰稔之庆”，因此获得了“乐土”的美号。水闸也就是地峡，介于尼罗河口和海滨的小岛间，称巴塞克（al-Barzakh）。他钦羡“乐土”出产的绵羊身高四尺多，波罗大如斗，甜瓜的周长竟有三四尺。这波罗就是伊本·白图泰在这里见到的波罗蜜。而且白图泰还看到到处都是香蕉树。在杜米亚特，中国的五色丝绸、锦缎、铜鼎、红油布都是畅销货。

汪大渊的地中海之行，选择直布罗陀海峡为目标，从杜米亚特登上名闻世界的阿拉伯大帆船“木兰舟”，毅然向另一个浩瀚的大洋驶去。船只停靠在丹吉尔，航海者便仿佛到了太阳沉落的地方。汪大渊踏上了丹吉尔的土地，到达大西洋滨，确实感到这里是旧大陆的边缘，阿拉伯人称为马格里布（“极西”）的地方了，闽南话中［r］收声常读如［n］，丹吉尔因此可转成挞吉那。这地方“气候半热，天常阴晦”。汪大渊到达丹吉尔已在1336年冬季，地中海气候冬季多雨，所以天常阴晦。当时丹吉尔在非斯的马林王朝统治之下，拥有发达的纺织业和玻璃制造业，居民用软锦作衣料，很需要中国出产的五色绸缎。“女资纺织为生，男采鸦鹘石为活”，纺织和采矿成为男女分工的主要行业。安息香、琉璃瓶、硼砂和栀子花是当地的四大名产。当地居民乐于用米谷换取沙金、花银、五色缎、铁鼎、铜线、硫黄、水银等进口货。

丹吉尔的最大特色是“国居达里之地，即古之西域”。说“西域”是由于摩洛哥处于阿拉伯世界的极西，有西马格里布之称。摩洛哥北部可泛称丹吉尔地区，北濒地中海，有和海岸线并行的古马拉山，西临大西洋，有东西绵亘的德兰山脉（高阿特拉斯山脉）横贯其间，形成山势平坦的高原。柏柏尔居民肤色较黑，“俗与羌同，男女身

① 李光斌译：《异境奇观：伊本·白图泰游记》，海洋出版社，2008年，第40页。

汪大渊探测非洲路线

面如漆”。过的是半农半牧的生活。在游牧民的布特尔人中，达里萨人是四大著名部族之一，它的无数分支遍布在西马格里布各地。“达里”这个名称正是达里萨的最佳音译，由此就足证挞吉那在直布罗陀海峡的大西洋之滨，既非印度，也非伊朗①。丹吉尔

① 此两说见苏继庼：《岛夷志略校释》，中华书局，1981 年，第 306 – 308 页；附录桑田六郎《岛夷志略新证》，第 403 – 411 页。

是达里族居地，在它东面的里夫地区，是城居民的巴拉尼斯人中的古马拉族居地，南面是散处乌姆雷卜亚河以北靠近大西洋的柏尔加瓦塔部族的住地。

马格里布分布极广的扎纳塔族也是达里萨族的分支，在西马格里布，沿着乌季达、非斯和塔扎走廊，直到大西洋的平原，都有他们的足迹①。汪大渊关于达里萨民族的简短记述，比之马格里布最伟大的史学家和思想家伊本·卡尔敦（1332—1406年）关于柏柏尔民族的分类和居住区域的资料要早将近半个世纪。挞吉那的物产都和《诸蕃志》中的芦眉国相仿。对于古称“西域”的地方，汪大渊已经以亲身的经历加以证实，他算是由东而西走遍了旧大陆，成了古代到达大西洋边的唯一知名的中国人。

在结束北非的旅行之后，汪大渊重由杜米亚特南航，开始他在东非的航行。他首先记录的地方是在亚丁湾南岸索马里的纳卡塔，他译作哩伽塔。他写道：“国居辽西（Ras Aser）之界，乃国王海（Al-Baḥr al-Muhit）之滨。田瘠，宜种黍。”该地“气候秋热而夏凉。俗尚朴。男女瘦长，其形古怪”，“穿布桶衣，系皂布梢”。纳卡塔居民“以牛乳为食。地产青琅玕、珊瑚树，其树或长一丈有余，或七八尺许，围一尺有余。秋冬民间皆用船采取，以横木系破网及纱线于其上，仍以索缚木两头，人于船上牵以拖之，则其树槎牙，挂挽而上”。

伊德里西列举巴巴拉地区自西向东直到瓜达富伊角之间的港口，有曼坎伯（Mancuba）、阿卡特（Acant）、纳卡塔（Nacati，或Bacati）、贝达（Batta）、约赫（Juah）、瓜丰（Qarfuna）②。纳卡塔在瓜达富伊角以西，柏培拉以东。瓜达富伊角又称香角、奴隶角，中世纪艾兹提部落的阿曼人常驾船南航，到这里贩卖奴隶，运往波斯湾，辽西便是阿拉伯语“奴隶角”。国王海应是“环海”之讹。中古阿拉伯作家将索科特拉岛（Usquṭrah）以西以南的海域称为哈巴沙海（al-Baḥr al-Habashī），再往南去是桑给海（Baḥr as-Zanj）。奴隶角在现在的地图上译作阿赛尔角，西端有贝雷达（Bereeda）。这片海域受到南下的红海海流的冲击，形成高山似的巨浪扑来，使阿曼船受尽惊吓③。哈巴沙海在罗马时代便有Eritrea（Ereathrean）之称，意思是“呈环状展开的海”。今本《岛夷志略》中的“国王海”这一名词的原文一定是“圜海”。汪大渊的原书在元代有

① 伊本·卡尔敦：《史鉴》（Ibn Khaldūn，Kitāb al-'Ibar），第6卷，开罗，1868年，第90－91页，第102页以下；伊本·卡尔敦：《柏柏尔人和北非穆斯林王朝史》（Ibn Khaldūn，Histoire des Berbères et des dynasties musulmanes de l'Afrique），德·斯朗（de Slane）法译本，巴黎，1925年，第1卷，第170页以下。

② 台维：《中世纪的桑给国或东非海岸》（L.-M. Devic，Le pays des Zendjs，ou La côte orientale d'Afrique au moyen âge），巴黎，1892年，第66－67页。

③ 曼苏地：《黄金草原》，耿昇译，青海人民出版社，1998年，第141－142页。

过木刻本，但到明代已经没有留存了，从此以后只有抄本流传，传写者不明“圜”字的阿拉伯语原意，随意改为“国”字，又觉“国海”不通，于是凭空冒出了一个“国王海”的新名词。Muhit 这个词在发音上易和 malik（“国王”，复数 muluk）相混，闽南音［h］常作［k］发音，才有国王海之称。此海西部相当于亚丁湾，古称巴巴拉海（Baḥr Berberā），纳卡塔的地位使它成为由席赫尔或亚丁南航的阿拉伯单桅船的停靠站，因此得知直到这时，汪大渊乘的还是阿拉伯船南航摩加迪沙。

绕过瓜达富伊角，进入印度洋西岸以后，汪大渊首先停留的港口是贝纳迪尔海岸最大的商业重镇摩加迪沙。班达里这个名称应该出于 Barr al-banādir 的音转，［d］、［n］，［d］、［l］都可通转。但也更像是由伊德里西在贝纳迪尔标出的 Badūna 直接译出①。“地与鬼屈波思（恩）国为邻，山峙而石盘，田瘠谷少。”早在 13 世纪，贝纳迪尔沿海索马里族中的哈维耶牧民已经进入梅尔卡的阿拉伯移民地附近，分布在伊塔拉和梅尔卡之间。在他们的南方是迪基尔人。汪大渊提到的鬼屈波思国，正确地说是鬼屈波恩国，波恩（Bo-qar）在索马里语中是“氏族首领、族长”的意思，鬼屈波恩等于鬼屈族居住地。斯瓦希里语《帕特纪年》的一个版本，一再提到哈维耶牧民散居的 50 个村落，此外还提到他们发动的战争，由基温尤（Kiwayu）、杜拉（Tula）、桑给亚（Shungwaya）扩展到所有的港口布腊瓦、梅尔卡和摩加迪沙（Mukdishu）。和摩加迪沙相邻的便是这些居住在基温尤的迪基尔部落。

中国出产的各种色缎、青白瓷、铁器、五色烧珠，在摩加迪沙是大宗商品。当地出产甸子（绿松石）、鸦忽石（刚玉）、兜罗绵（各色棉布）、木绵花（棉花）、青蒙石（蓝宝石或绿柱石）。甸子、青蒙石都从埃及运来，销往印度洋各国。青蒙石，古称青石，是著名的柏来米蓝宝石。“蒙”字译自贝贾语中蓝宝石的 bahri，开首［b］音念作［m］，才有“蒙”音；或者是从波斯语 mung（绿豆）译出的，以蒙石称绿柱石，可称音义两佳。鸦忽石、兜罗绵有从印度和阿拉伯运进的②。当地也出产各种彩色棉布。伊本·白图泰仅比汪大渊早几年，在 1331 年到了摩加迪沙，称赞这是一座壮观的大城。

---

① 班达里，柔克义、伯希和以为是马拉巴的梵答剌亦纳，参见伯希和《马可·波罗游记考释》（P. Pelliot，Notes on Marco Polo），第 3 卷，巴黎，1963 年，第 20 页。冯承钧《中国南洋交通史》（上海古籍出版社，2012 年，第 88 页）、苏继庼《岛夷志略校释》（中华书局，1981 年，第 255 页）也采此说。故址在科泽科特北 26 公里处。详见沈福伟：《郑和时代的东西洋考》，载于《郑和下西洋论文集》（二），南京大学出版社，1985 年，第 223 - 224 页。

② 阿拉伯棉布和谷物是运往东非摩加迪沙、布腊瓦、马林迪、蒙巴萨和基尔瓦的主要货物，参见阿曼多·科特索编译：《皮雷士东游记》（Armando Cortesão，The Suma oriental of Tomé Pires：an account of the East，from the Red Sea to Japan），伦敦，哈克鲁特学会（Hakluyt Society），1944 年，第 1 卷，第 14 页。

他说那里生产的棉花运往埃及的很多。他介绍当地出产的布匹，以摩加迪沙布最为出名，是无上珍品，运销埃及等地。中国的四大商品所以风行贝纳迪尔，实在具有很大的普遍意义。

离开索马里，汪大渊在肯尼亚的三个城市一一考察，留下可贵的记录。层摇罗是他首先停泊的地方。“国居大食之西南，崖无林，地多淳，田瘠谷少，故多种薯（Dioseorea alata），以代粮食。”当地居民多从事捕鱼和狩猎。外来船只如运去米谷，可以获得大利。层摇罗，是根据当时阿拉伯人的通称翻译的，今译桑给巴尔。雅库特首次使用这个名称，写作 Zangabār；和他同时代的波斯地理学家加兹维尼写成 Zankbār，用的是波斯语写法。汪大渊的层摇罗，是肯尼亚最重要的海港城市马林迪。比汪大渊略早一些，阿布・菲达非常明确地提到桑给王便住在马林迪[①]。伊本・白图泰从摩加迪沙搭船到了蒙巴萨岛。他没有到过马林迪，但他知道马林迪是斯瓦希里国，那里到蒙巴萨走陆路还有两天路程。

肯尼亚北部沿海遍布荒凉的崖岩，马林迪正好在横贯内地的莽原附近，地瘠田少。然而阿拉伯人在季风期间经营的沿海贸易，使马林迪成为仅次于摩加迪沙和基尔瓦的东非重要海港之一。马林迪出产的红檀、紫蔗、象牙、龙涎、生金、鸭嘴胆矾（含水硫酸铜）是肯尼亚北部具有代表性的出口物，从塔纳河内地源源不绝地通过马林迪运销海外。红檀、象牙、龙涎、生金和鸭嘴胆矾都是十分吸引中国商船的非洲货。在所有非洲各地的出口货单中，以马林迪为代表的桑给国是最具有非洲特色的。因此中国远洋帆船从元代开始，来到东非的大都要停靠马林迪，带去的牙箱、花银、五色缎，数量大约比较可观。

基利菲南面的姆纳拉尼（Mnarani），是汪大渊到过的肯尼亚第二个城市，他称作曼陀郎，和伊德里西提到的 Madouna 完全吻合。根据伊德里西，曼陀郎离开马林迪航程三昼夜。“国界西北隅，与播宁接壤。壤瘠，宜种麦。酋长七尺有余。”姆纳拉尼是和基里菲（Kilifi）、基托加（Kitoka）相邻的移民点，遗址亦即古基里菲，考古发现有精美的伊斯兰寺院和墓葬[②]。并有铸铁业。姆纳拉尼西北加拉纳河和潘加尼河流域的黑人居民桑巴拉，以炼铸铁器著名，统治者是叫作“图利”的铁匠。汪大渊非常赞扬沿海的阿拉伯移民和这些桑巴拉族和平相处，而且“累世结姻，颇有朱陈村之俗焉”。用《白香山集》中徐州朱陈村一村两姓世代联姻的典故，刻画出基里菲的阿拉伯移民和土

---

① 雷诺编译：《阿布・菲达地理志》（J. T. Reinaud，Gèographie de Aboulféda），第 1 卷，巴黎，1848 年，第 206 页。

② 坎克曼：《基里菲的姆纳拉尼：清真寺和坟墓》（J. S. Kirkman，Mnarani of Kilifi：the mosques and tombs），载于《东方艺术》（Oriental Art），1959 年，第 3 卷，第 95 页。

著居民的亲密合作，将桑巴拉族的阿拉伯化传为海外佳话。

姆纳拉尼农产品非常丰厚，棉花以外，西瓜重达50多斤，石榴大如斗。并且出产名贵犀角。可以交换的货物有中国的青瓷、高良姜、五色布，其余大多是印度和马来半岛、苏门答腊出产的丁香、豆蔻、荜茇、斗锡和酒等香料、棉布和日用品。

在肯尼亚南部，汪大渊来到蒙巴萨的古城基林迪尼（Kilindini），《岛夷志略》译作加里那。他看到的基林迪尼，“国近具山，其地硗确，田瘠谷少”。具山指非洲最高峰乞力马扎罗山，主峰基博山，海拔5895米，山巅终年积雪，山下瓦查戛部落至今奉作神山，有赤道雪山之称。当地的特产有白牛和大尾羊。当汪大渊到基林迪尼时，神奇的白牛已只留下一个过去的传说。据传该国近海港口附近山岩中原产白牛，由酋长管属繁衍，后因向海外出售换取黄金，致使白牛绝种。这故事反映了当地居民困于土地贫瘠而弃农经商的情况。汪大渊只见到过大尾羊，“高大者二百余斤，逢春则割其尾，用番药搽之，次年其尾复生如故”。在那里，青白花碗、细绢、苏木、铁条、水银都可销售。

东非沿海，汪大渊明白记录销售青白花碗的仅加里那一地。这类青白花碗正是元代始创，随即风行印度洋的昂贵商品，并非只指青白瓷中的印花盘碗。在《岛夷志略》中可以见到有14处记述了中国船用“青白花瓷器”“青白花器”“青白花碗”作贸易之货，直销东南亚、印度次大陆、波斯湾、阿拉伯海、红海和东非地区。属于东南亚的有三岛（菲律宾）、丹马令（泰国）、戎（泰国）、龙牙犀角（马来西亚）、丁家庐（马来西亚）、苏洛鬲（马来西亚）、爪哇、东冲古剌、喃哑哩（以上印度尼西亚）、朋加剌（孟加拉）、天竺（印度）、甘埋里（伊朗）、天堂（麦加，沙特阿拉伯），都是重要的海洋国家与转口贸易的枢纽。加里那是桑给王建有宫室的地方，是基尔瓦苏丹国的第二个大城蒙巴萨的旧址，所以居然也有中国船直销的青白花碗及其他还未一一列举的青白花瓷器在东非的运销中心。青花瓷在14世纪上半叶要直销东非季风贸易区，一定不能是那些在南海各地时常要停靠的中国船所承运的货物，只能是通过巽他海峡直航“海南回回”的中国帆船才会采纳的货单。由此可以相信，在欧洲人开通好望角—巽他海峡的航路之前，正是那些中国帆船成了欧洲船的先导，而不是阿拉伯船或马来船。

汪大渊到过桑给巴尔岛，这里现在是坦噶尼喀和桑给巴尔联合组建的坦桑尼亚联合共和国的一个大岛，中世纪印度洋季风航行多以这里为终端。汪大渊译称麻那里，是马赫迪里建立的同名王朝，他曾在东非沿海建立过桑给帝国。在1336年汪大渊出访该地时，这一王朝的统治中心曾一度移驻桑给巴尔岛①。汪大渊记述麻那里：

> 界迷黎（Mrima）之东南，居垣角（Unguja）之绝岛。石有楠树万枝，周围皆水。有蠔如山立，人少至之。土薄田瘠，气候不齐。俗侈。男女辫发以带捎，臂用金钿。穿五色绢短衫，以朋加剌布为独幅裙系之。地产骆驼，高九尺，土人以之负重。

《帕特纪年》宣称，帕特苏丹奥莫尔·本·穆罕默德（Omar bin Muhammad，1331—1348 年在位）曾侵扰所有斯瓦希里的城镇，占有了从帕特直到德尔加杜角以南克林巴群岛的城镇。“这些地方都臣服于他，除了桑给巴尔。他当年未能统治桑给巴尔；那里还未达到要拥有一个国王的地步。”② 桑给巴尔在这一时段中，仍能在动荡的大陆以外保持独立的地位，全靠它与亚丁湾、波斯湾、南印度和孟加拉有着繁荣的海上贸易关系。当地男女“辫发以带捎”，是典型的斯瓦希里化了的亚丁人的打扮。男女流行臂上用金钿，因为在它南面的索发拉就是黄金国。麻那里人身上穿的五色绢短衫，也都由波斯、印度甚或中国运去，孟加拉布在当地更是最受喜爱的裙料。当地所以能保持少见的侈丽之风，使这么多的舶来品依旧维持着麻那里人的日常生活，全都靠了这批来自也门的阿拉伯人和北方一直保持着繁忙的季风贸易，致使控制了大陆沿海政权的地方势力无法摆布。

最后，在 1338 年初，汪大渊历尽艰辛以后，终于到达了他努力寻访的昆仑古国的首都基尔瓦·基西瓦尼（Kilwa Kisiwani）。基尔瓦在那时虽然已不再是基尔瓦苏丹国的政治中心，但仍是东非最大的海港，索法拉黄金、象牙贸易的经济中心。基西瓦尼，汪大渊用闽南话译作加将门里。《岛夷志略》中记述加将门里：“去加里那（基林迪尼）二千余里。乔木成林，修竹高节。其地堰潴，田肥美，一岁三收谷。通商贩于他国。”

伊本·白图泰称这里叫 Quiloa，认为是最美丽的城市之一。他十分赞赏那些木结构的房屋建筑，房顶用编成长方形的荆笆覆盖，再抹上一层灰泥，防止渗水。白图泰特别提到，这里的居民有文身的习俗。这一习俗和春秋、战国时代长江下游三角洲（今苏南、浙东、浙西）吴越民族的习俗类同。

---

① 沈福伟：《简论汪大渊对印度洋区域贸易的考察》，载于《中国史研究》，2004 年，第 2 期，第 135－138 页。

② 乔·葛莱：《桑给巴尔史：从中世纪到 1856 年》（John Gray，History of Zanzibar，from the Middle Ages to 1856），伦敦，1962 年，第 22 页。

汪大渊非常欣赏基尔瓦环境的优美，乔木既密，修竹成荫。所种谷物，一年可以三熟。坦噶尼喀从东北向西南有一条雨量稀少，萃萃蝇分布的荒野地带，姆里马区正好在它的东南，因此有比较开阔的沃土，可以生产粮食。

基尔瓦·基西瓦尼位于紧靠大陆的一个小岛，控制着通往内地的陆道贸易和莫桑比克的黄金输出。基尔瓦·基西瓦尼的居民，“男女挽髻，穿长衫，丛杂回人居之”，是个十足的穆斯林都会。继波斯设拉子移民之后，从也门南迁的阿布尔·莫瓦希布的新统治者使基尔瓦成为朝气蓬勃的强大城邦，完全操纵了索法拉的对外贸易，1330 年左右在商业上超越了摩加迪沙，正处在全盛时期。

伊本·白图泰在汪大渊来之前的 1332 年间到过基尔瓦。当时的苏丹阿布尔·莫瓦希布·哈桑·伊本·苏莱曼（1309—1335 年在位），或称阿布尔·莫札法尔·哈桑，是位精明强干的苏丹。他发动了对桑给人的战争，使基尔瓦到尼亚萨湖的商队大道重新畅通，并在沿途设置哨所维护商旅安全。希贾兹、伊拉克和波斯南部的移民纷纷来到坦噶尼喀和肯尼亚。哈桑·伊本·苏莱曼成为统治桑给海岸的最有作为的几个苏丹中的最后一个。在他统治期间，蒙巴萨的叛乱被平服，由藩属重新成为苏丹直接控制的一省。

汪大渊到基尔瓦·基西瓦尼时，正当前任苏丹死后，他的弟弟达乌德·伊本·苏莱曼（1335—1358 年在位）继位。达乌德对土著居民瓦阿姆利（又称 kāfir al-Muli）进行兼并战争，致使税收短缺。战争更增加了对黑奴的掠夺和输出。汪大渊对这种奴隶贩卖活动作了调查，知道黑人少年多被卖到孟加拉去，“其土商每兴贩黑囝，往朋加剌互市，银钱之多寡，随其大小高下而议价”。基尔瓦的出口货有象牙、兜罗绵和花布。棉花种植和花布纺织非常繁荣。象牙输出更是基尔瓦的主要财源。来自姆瓦纳木塔帕和马尼卡的象牙和黄金，分别由布齐河口的索法拉镇和它北方的克利马内河古河道北运基尔瓦·基西瓦尼。照伊本·白图泰的论述，由于黄金富足，当地居民不再视作珍宝，都以象牙为贵，黄金已降低为普通的金属。对于中国贸易船来说也是一样，对象牙远胜于对黄金的追求，因为索法拉的大象牙乃是举世无双的珍品，由于地处边远，价格仍较低廉。中国船运去的“贸易之货，用苏杭五色缎、南北丝、土细绢、巫峇布之属”，都是最时尚的商品。这类交易物，只有取道巽他海峡直航肯尼亚和坦噶尼喀沿岸的中国船才乐意采办。在汪大渊时代，东非三大海港城市班达里（摩加迪沙）、加里那（基林迪尼）和加将门里（基尔瓦·基西瓦尼）中，惟有肯尼亚和坦桑尼亚境内的两大城市才是华船长途航行首选的目的港。

汪大渊环航印度洋、周游非洲的航行，远至坦噶尼喀沿海的罗婆斯。罗婆斯是伊德里西讲过的基尔瓦苏丹在北方建立的两个军事据点中的波尼（al-Benes）。从蒙巴萨往南到波尼，陆行要6天，水路才150英里①。这个地方在西方学者的著作中被定在潘加尼到萨达尼、巴加莫约的大陆沿岸②。还有一处叫杜纳（Tuhnet），是在波尼向南走水路150英里的地方。汪大渊对罗婆斯有过确切的描述："国与麻加那之右山联属，奇峰磊磊，如天马奔驰。形势临海，风俗野朴。不织不衣，以鸟羽掩身。食无烟火，惟有茹毛饮血、巢居穴处而已。"这个地方在元代周致中《异域录》中叫担波国，是当年从内地贩运奴隶的口岸乌通德维（Utondwe），在巴加莫约之北，萨达尼以南。萨达尼的南面有姆利加吉河（Mligaji River），自西而东入海。"麻加那之右山"指西面的东非高原诸山，其东北是乞力马扎罗山的南支乌桑巴拉（Usambara）山，南联瓦米河和鲁武河下游的崖岸。麻加那是Mligaji的对译。汪大渊去过这一地方，见到当地人停滞在"茹毛饮血"阶段，体验到文明差异之大，以致感慨万分。

汪大渊在东非沿海最远到了莫桑比克中部赞比西河三角洲北岸的克利马内（Quelimane），这里有充足的淡水供应。汪大渊将这里译作"千里马"，记述此处：

> 北与大奋山（Tamassa——引者）截界，溪水护市，四时澄澈，形势宽容。田瘠谷少，气候乍热。俗淳。男女断发，身系丝布。煮海为盐，酿桂屑为酒。有酋长。地产翠羽、百合、薯蓣。贸易之货，用铁条、粗碗、苏木、铅、针之属。

莫桑比克沿海，是一片平野、沙洲与红树林，北部和西部内陆则属纳穆利（Namuli）、米兰热（Milange）、塔玛萨（Tamassa）等大山及其坡地。物产靠煮海为盐，酿桂屑为酒，仅有翠羽、百合、薯蓣可以维持生计。日用百货全赖游弋于基尔瓦·基西瓦尼和科摩罗群岛的阿拉伯商船运去。中国商船从那时起也偶尔加入这一地区的交易，用铁条、粗碗、苏木、铅、针之类的金属制品和器皿作为交换的货物。但汪大渊只字未提索法拉地区视为普通之物的黄金。中国的初级瓷器在这里也颇为流行，可以从汪大渊的记事文中得到印证。因此从上个世纪起，这里的瓷片也有出土。

津巴布韦境内的大津巴布韦、德赫罗·德赫罗等七处13—16世纪的遗址，在1905

---

① 伊德里西：《地理志》（al-Idrīsī, Nuzhat al-mushtāq fī ikhtirāq al-āfāq），若贝法译本（P. A. Jaubert, Géographie d'Edrisi），第1卷，巴黎，1836年，第57－58页。。

② 波尼（罗婆斯），《非洲通史》（D. T. 尼昂主编，中译本，第4卷，中国对外翻译出版公司，1992年，第379页）译作巴纳斯，以为是坦噶以南潘加尼河口的潘加尼（Pangani）。此说是弗里曼—格伦维尔《中世纪坦噶尼喀沿岸史》（Freeman-Grenville, The medieval history of the coast of Tanganyika）的主张。

年经考古学家兰德尔·麦克埃维尔（D. Randall-MacIver）调查和有选择的发掘，认为是班图族创建的石头房子，绍纳语称为“津巴布韦”（Dzimba dzambwe）。1906 年他在纽约出版《中世纪罗德西亚》（Medieval Rhodesia）一书，列举大津巴布韦从 1891 年起就有零星的中国青瓷、白瓷片被发现。1903 年在一处窖藏中出土过 13 件器物的 43 片青瓷，其中有龙泉窑中哥窑的冰裂纹翠青色瓷片。津巴布韦博物馆收藏了近期发现的 10 多片青瓷。南非开普敦博物馆保存有 1930 年在伦敦展出的该遗址出土的瓷片，其中两片青花瓷经不列颠博物馆霍布生鉴定，属于 15 世纪。这一遗址出土的华瓷约有 90 片以上。另外还有三处遗址，一处在东面边境上的乌姆塔利，1905 年发现过 1 片翠青色青瓷；另一处在首都哈拉雷东南的姆托科，1930 年获得 1 片青瓷；还有在南部西尼科尔森附近，出土过 1 片青色瓷片。四处遗址出土的瓷片多数属于 15 世纪以前，只有 2 片青花瓷和若干白瓷片是 15 世纪产品①。从青花瓷片的出土可以知道，这类产品的销售，确实有可能在 14 世纪已经由华船直接从巽他海峡运到了基尔瓦地区。

当年汪大渊在基尔瓦打听到往南还有一个莫诺莫特帕王国，才不远千里赶往克利马内，但得知王国的城市还远在千里之外的内陆，便只能扫兴地走回头路了。

1338 年春，汪大渊踏上了返国的路程，到 1339 年夏，重新回到祖国繁华的商港泉州。那时从东非返国，大致已和从阿拉伯半岛返回中国沿海所费的时间不相上下了。

汪大渊以他亲身的航海实践写下的《岛夷志略》，是一部足以和他同时代的欧洲旅行家马可·波罗和非洲游历家伊本·白图泰留下的游记并列的伟大著作。他在非洲东部海岸的航行，给以后中国航海家探索印度洋南部地区起到了开导的作用。作为海外贸易家和游历家的汪大渊，实际上正是郑和及其远航船队的伟大先驱。他游历非洲的时间，在伊本·白图泰到达中国之前，并且他造访了白图泰的故乡摩洛哥的古马拉地区（近代以里夫地区著称）。中非游历家的互相寻访，是历史的巧合，也是长期以来中非人民之间相互交往、互慕互敬的结果。在中古时代，远东的中国和极西的摩洛哥代表着旧大陆的东西两极，游历家的往来，因此几乎跨越了整个地球。

---

① 参见马文宽：《大津巴布韦与中国瓷器》，载于《海交史研究》，1985 年，第 2 期。

第十一章 摩洛哥旅行家伊本·白图泰和中国

第一节　旅行家伊本·白图泰

丹吉尔的旅行家周游世界的，有元代到过中国的以伊本·白图泰（Ibn Baṭṭūṭa）著称的使者。他全名阿布·阿布杜拉·穆罕默德·伊本·阿布杜拉·伊本·穆罕默德·伊本·易卜拉欣·拉瓦蒂·丹哲·伊本·白图泰（Abū Abdullāh Muḥammad Ibn Abdullāh Ibn Muḥammad Ibn Ibrāhīm al-Luwāṭī al-Tanǧī Ibn Baṭṭuṭa，伊斯兰教历 703—780 年，公历 1304 年 2 月 24 日—1378 年）。伊本·白图泰一生游历了亚洲和非洲许多地方，最早描述了西非未发现地区，向伊斯兰国家报道了印度的富庶，还去过西班牙，足迹遍及三大洲。伊本·白图泰在 1325 年 6 月 20 日由丹吉尔出发前往伊斯兰圣地麦加朝觐，向世界拉开了他旅行生涯的序幕。他在第一次旅行中花了 24 年的时间周游亚洲各国，到麦加第四次朝觐后，于 1349 年返回家乡非斯。此后不久，他又离开非斯，到比利牛斯半岛的安达卢西亚游历，进行了他对欧洲的第二次旅行。最后在 1354 年由尼日尔河畔的塔卡达回到摩洛哥国都非斯，完成了第三次旅行，结束了总行程达 12 万公里的旅行，前后历时 30 年①。

① 参见伊万·赫尔贝克：《伊本·白图泰旅游年谱》（Ivan Hrbek, The chronology of Ibn Baṭṭūṭa's travels），载于《东方文献学》（Archiv Orientālni），1962 年，第 30 卷，第 409 – 486 页；李光斌译：《异境奇观：伊本·白图泰游记》，海洋出版社，2008 年，第 722 页，附录五“伊本·白图泰的人生档案”。

伊本·白图泰的世界见闻，打开了处于世界极西地区伊斯兰信徒的眼界，向他们展现了一个绚丽多姿、充满豪情和追求理想的东方世界，得到非斯埃米尔阿布·安纳（Abū ʽInān，1348—1358 年在位）的赏识，授命秘书穆罕默德·伊本·朱宰将白图泰的经历加以笔录。经过一年多的勤奋工作，游记在 1355 年 12 月 9 日最后完成。法国侵占摩洛哥后，伊本·朱宰笔录的原本被收藏在巴黎国家图书馆。

"旅行家"的称号本来是伊斯兰国家对博洽多闻的穆斯林的尊称，伊本·朱宰认为伊本·白图泰不仅是"谢赫（总教长），法学家，聪明可靠的学者"，而且是伊斯兰世界中"云游大地、走遍四方的旅行家"。乔治·萨尔顿认为，即使称之为伊斯兰最伟大的旅行家也毫不过分①。

伊本·白图泰的《游记》原名《异域奇闻揽胜》（Tuḥfat al-nuẓẓār fi gharāʽib al-amṣar wa-ʽajāʽib al-asfār），对阿拉伯国家、小亚细亚的突厥族，中亚的蒙古统治者，印度洋沿岸各国，以及西非苏丹民族，都有翔实的描述。他以他特有的机智和博学，通过细心的观察，用质朴的语言给中世纪闪放异彩的阿拉伯、突厥、印度和中国文明提供了一幅生动的图景。自从 1858 年阿拉伯文、法文对照本刊行后，世界各国到 21 世纪初已有 30 多种全译或节译本问世②。

游记按照经历的先后可分四部。第一部记述他三次到麦加朝觐和游历东非、美索不达米亚、黑海和中亚细亚，占去了游记一半的篇幅。第二部，用全书四分之一的篇幅记述了他在印度的见闻。第三、四部亦占四分之一，是他寻访中国并返回非斯，以及格拉纳达和西非之行，在最后首次报道了马里苏丹国的真实情况。

伊本·白图泰从大西洋滨的家乡丹吉尔沿着地中海，开始云游四方的旅程。他说亚历山大里亚只有中国的泉州、印度的卡利科特和奎隆、克里米亚半岛上基督徒统治下的苏达克港可以相比。他见到米昔儿（开罗）"真是人山人海"，除了中国的汗八里（北京）以外，可算是世界上最大的都市了。这时的中国和非洲各自拥有地球上最大的都会。伊本·白图泰从开罗上溯尼罗河到阿图瓦尼城，向东穿越沙漠到红海西岸的艾

① 萨尔顿：《科学史导论》（George Sarton，Introduction to the history of science），第 3 卷，巴尔的摩，1947 年，第 1614 页。

② 阿拉伯文、法文对照本（Voyages d'Ibn Batoutah）由戴凡曼（C. Defrémery）和圣吉纳蒂（R. Sanguinetti）编译，由巴黎亚洲学会（Société Asiatique）于 1853—1858 年分 5 卷出版，1893 年又出 4 卷本。英译本（The travels of Ibn Baṭṭūṭa）由吉柏（A. R. Gibb）译注，1958—1971 年出版 3 卷本，1994 年哈克鲁特学会（Hakluyt Society）出版 4 卷本（A. R. Gibb & C. F. Beckingham）。马金鹏中译本《伊本·白图泰游记》根据埃及教育部 1934 年颁布的校订本，由阿拉伯文译出，1985 年由宁夏人民出版社出版，该本是节本。2008 年海洋出版社出版了李光斌根据摩洛哥阿卜杜勒·哈迪·塔奇校注的全译本翻译的《异境奇观：伊本·白图泰游记》，共 954 页。

特伯港，恰逢马木鲁克人和贝贾人发生战事，只能折返开罗，取道巴勒斯坦到大马士革，前往麦加朝觐。然后经马什德到巴斯拉，游历库希斯坦和卢利斯坦，寻访伊斯法罕和设拉子、库法、巴格达、莫苏尔等波斯、伊拉克城市，再往麦加第二次朝觐，从1327年留住到1328年。

此后伊本·白图泰从麦加取道亚丁，开始他印度洋西岸的沿海航行，先后访问了泽拉、摩加迪沙、蒙巴萨等非洲港口，直达南方的基尔瓦。从那里北返阿曼，前往霍尔木兹新城、卡伊斯、巴林、哈萨等波斯湾港口，经瓦哈布横越阿拉伯半岛，在1331年第三次巡礼麦加，见到了前来朝觐的埃及苏丹纳赛尔。

于是伊本·白图泰从吉达渡海，经上埃及到巴勒贝斯进入叙利亚，然后到罗姆地区。经过马札尔城，到高加索山麓毕史·塔格（五山），谒见钦察汗月祖伯（1312—1342年在位）。再至不里阿耳城，前往阿斯特拉罕，充当月祖伯汗可敦拜占庭公主贝雅龙的随从，离钦察国都萨莱到阿凯克，绕黑海到拜占庭国都君士坦丁堡。不久，白图泰重回萨莱，经过花剌子模城往布哈拉进谒察合台塔尔马史尔汗。然后游历呼罗珊、喀布尔，由卡菲尔翻越兴都库什山，前往德里，在1333年9月到五河流域，进入印度。游记的上册就此结束。

游记的下册向人们展示的是白图泰在印度和中国的见闻，以及重返故国和西非与格拉纳达之行。

白图泰曾到拉哈尔城，他记错了，说那是在印度河入海的地方。一路上经过曼尔坦，到达德里，谒见苏丹阿布·木札希特·穆罕默德·沙，被留住宫廷八年，充任德里马立克教派总法官。

1341年元顺帝脱欢帖木儿遣使德里，要求重建喀拉格里山麓萨姆哈里的佛寺，供中国佛教徒顶礼。苏丹授命白图泰率领使团前往中国答谢，白图泰的中国之行就此开始，但进行极不顺利。1342年7月22日（回历743年2月17日）使团离开德里，到达坎贝后，由坎代哈尔登舟，计有三艘使船，南航科泽科特，等候季风，准备乘中国海舶前往广州。不幸发生海事，使团失散，白图泰只得改赴奎隆，在胡纳尔和马尔代夫群岛间历经风霜之后，1343年12月27日离开马尔代夫前往斯里兰卡的巴塔拉①。此后一度在马八儿国都马都拉逗留，然后重返奎隆，继至马尔代夫，再转往孟加拉。43天后航抵恒河口的萨德卡万（吉大港，Chittagong），前往阿萨密寻访隐居在迦摩罗波山中的伊斯兰教长。

① 白图泰自述他在回历745年（1344年）8月9日离开马尔代夫群岛航向锡兰（斯里兰卡），但从前后三年经历排列，此处745年实系744年之误。

于是孟加拉的琐纳儿卡万（15 世纪马欢译称琐纳儿港）成了白图泰实现他出使中国夙愿的起航港。在那里他搭上中国船，先去苏门答腊，等待东北季风过去，在此期间游历马来半岛的哥谷罗，这地方他称为摩勒爪哇（马来阇婆）。然后经过 34 天航行，进入称为喀希勒海（静海）的卡里马塔海峡海域，抵达塔瓦利西地区（Tawalisi，中爪哇）。在 1345 年春，由爪哇的凯鲁凯尔港出发前往中国。凯鲁凯尔就是《瀛涯胜览》中位于泗水向东船行 70～80 里的埠头章姑（Changkir），满者伯夷都城在此地西南一天半的路程。从章姑或泗水经过 17 天的顺风航行，白图泰抵达泉州，踏上了中国的土地。

伊本·白图泰在季风交替期进入喀希勒海。据他描述，这里“海上没有风，海面不起浪，尽管海域辽阔，可是海面并无波涛”。他搭乘的中国船，由三艘小船在前拖引，靠划桨前行。经过 37 天航行，到达目的地塔瓦利西国，他说：“因为这个国家的国王叫塔瓦利西，因此得名。”白图泰的这些知识一定是从船上的中国海员那儿得来的，他们告诉他国王叫“大王殿下”，用闽南话译出，于是白图泰便称作塔瓦利西国。他介绍该国：“塔瓦利西国疆土辽阔，国力强盛，国王可与中国大汗相并列。他拥有众多的船只，曾与中国人作战，后来中国人与他达成协议，才停战。国人崇佛。他们像突厥人那样俊秀，多数人肤色红棕色，性格豪爽、勇猛。此地女子也都长于骑射，打起仗来与男子一样英武。”

这样的描述清楚地告诉我们，只有满者伯夷（Madjapahit，1293—1451 年）时期的爪哇才是塔瓦利西国所在的地方，而不可能在菲律宾或文莱。比伊本·白图泰早十多年，南昌人汪大渊也到过中爪哇，他在《岛夷志略》爪哇条中有如下叙述：

> 爪哇即古阇婆国。门遮把逸山（满者伯夷山——引者）系官场所居，宫室壮丽，地广人稠，实甲东洋诸番。旧传国王系雷震石中而出，令女子为酋以长之。其田膏沃，地平衍，谷米富饶，倍于他国。民不为盗，道不拾遗。谚云“太平阇婆”者此也。俗朴，男子椎髻，裹打布，惟酋长留发。……
>
> 地产青盐，系晒成；胡椒，每岁万斤；极细坚耐色印布、绵羊、鹦鹉之类。药物皆自他国来也。货用硝珠、金银、青缎、色绢、青白花碗、铁器之属。

这时的满者伯夷国势强盛，疆土拓展到苏门答腊和马来半岛。第二代君主查耶纳卡拉（Jayanagara，1309—1328 年在位）时，靠禁卫军头目卡查马达平息内部叛乱。卡查马达受到重用，前后辅政 33 年，使国疆拓展，财富陡增。1328 年查耶纳卡拉死后，王位由他的异母妹妹吉达尔查继承，号“迪利波伐纳”（Trivbhuvana，1329—1349 年在位），是位难得的女性统帅。汪大渊和伊本·白图泰先后寻访爪哇，亲聆该国国势之盛。以伊本·白图泰的记述可以知道，在西南季风盛期，从中爪哇到泉州的中国大型海船只需 17 天便可抵达目的港了。

白图泰在中国先后到过秦尼秦尼（广州），又从泉州走水路迂回福建、浙江到行在（杭州），然后沿运河北上汗八里（北京）。据他自述，由于战事发生，白图泰没有见到大汗，便被护送回印，从泉州登上去印度的中国船。他在中国各地游历，大约花费了 11 个月左右。1347 年 4 月，白图泰到达佐法尔港，继续他在波斯湾的游历，重访巴格达，西过塔德木尔、大马士革，经耶路撒冷进埃及，到艾特伯渡海，赴麦加第六次朝觐，最后在 1349 年（回历 749 年）11 月返抵非斯。

作为旅行生涯的尾声，不久白图泰又开始了他在安达卢西亚的旅行。接着在 1352 年初转向撒哈拉以南神秘的黄金之国，由赛杰拉马萨前往马里国都尼阿尼，最后又去廷巴克图、塔加扎，再回到非斯。这时白图泰已年近半百，他在对直布罗陀的崖岸来说显得过分遥远和神奇的地区里度过了无比丰富的大半生。他以自身的旅行经历了正处于中世纪末期亚非大陆的许多不同色调的国家，看到了这个时期东方文明由辉煌的顶峰走向下坡的迹象。1348 年从亚速海蔓延的黑死病（鼠疫），被热那亚人带入欧洲各地，并且席卷地中海，开罗、加沙、大马士革相继罹难，饥馑随之而来，都是伊本·白图泰亲眼所见的。在他的晚年，帖木儿崛起于中亚，伊斯兰文明再度面临蒙古铁骑扫荡的严峻考验，在内部酝酿着一个由奥斯曼土耳其人崭露头角的新帝国，非洲在东西方交通上的地位显得更加重要了。

第二节　伊本·白图泰在中国的旅程

伊本·白图泰踏上中国的土地后，在大约一年的时间里在这个美好的国家旅行。尽管在他所到的地方到处都有和他同样信仰的穆斯林，但他仍然难以对这个国家产生热爱。他说：“中国地区尽管十分美丽，但不能引起我的兴趣，由于异教气味浓厚，反而使我心绪烦乱。”白图泰在印度和中国的见闻使得遥远的马格里布（西方）人深感惊奇，难以置信。伊斯兰史家伊本·卡尔敦在《历史导论》中介绍当时舆论对白图泰游记的评价，说道：“他介绍印度苏丹的情况，都使人惊奇不已，如印度国王离京外巡时，统计京城男女老少的人口，发给他们六个月的赏赐费。国王回京时，万人空巷出城隆重欢迎，围着国王载歌载舞。欢迎会上于国王面前架设石炮，弹散金银币以谢主恩，直至国王升朝方止。如此种种，人们都窃窃私语道：这纯系一派胡言。”①

《游记》虽然经过东方学者根据许多伊斯兰旅行家的见闻和历史文献加以研究，证实了白图泰记载的可靠，然而由于年代的错列和某些记事的模糊，白图泰中国游记的真实性仍是个悬而未决的疑案。亨利·玉尔在《中国道程志》中认为白图泰根本未尝涉足中国北方，费琅在《阿拉伯、波斯、突厥文远东地志》中干脆否认白图泰到过印度支那和中国。这些指责主要的依据，在于对摩勒爪哇地名的考订和原文的理解有出入，对白图泰南海和中国游程的日期计算上有错误，对他在中国的旅行路线和个别地名的考订有分歧，以及没有对白图泰所记大汗出征平叛和战死的史实给予适当的解释。

白图泰在离开孟加拉前往中国的途中，曾到摩勒爪哇的哥谷罗港，这地方亨利·玉尔以为是暹罗（泰国），其实是马来半岛西岸的塔库巴或拉温。白图泰见到大象很多，“每家店主把象拴在门前，供回家时骑乘。中国、契丹人也这样安排”。最后一句话引起了误会，使玉尔和费琅得出了白图泰未到中国的结论，因为中国没有这么多的象。但原文很明白地告诉我们，在哥谷罗那里有许多侨居的中国人，包括北方人和南方人，他们也像当地人一样使用大象代步和运货。这是 14 世纪华人移居马来半岛的绝好资料。

白图泰在中国的游程没有记下确切的日期，因此多数学者认为他在 1347 年到过中国。然而从年代排列来看，这是完全不可能的，白图泰只能在 1345—1346 年间在中国逗留过不足一年时间。有两个日期可以给我们提供计算白图泰在华时间的依据：一个是白图泰自述，在回历 745 年 8 月 9 日，他离开马尔代夫群岛，航向锡兰；另一个是白图泰自述，离开中国之后，于回历 747 年 9 月航抵南印度奎隆。在这两个日期之间，正好是两年稍多一点的时间里，白图泰游历了科罗曼德海岸，然后重又回到马尔代夫去探望他年已两岁的儿子，之后决意东渡孟加拉，然后取道马来亚、爪哇抵达泉州，游历广州、杭州和北京以后，重返泉州，西航印度。根据白图泰自己交代的游历时间，这段经历不是两年，而恰恰是三年，因此他在 746 年离开马尔代夫前往锡兰的日期，实际上是 744 年 8 月 9 日（1343 年 12 月 27 日）。

根据游记，白图泰在回历 8 月抵达锡兰后，不久就北航马都拉，在那里住了两三个月，大约在 12 月去奎隆，住了三个月。推测在 745 年 3 月重返马尔代夫，准备从他的前妻那儿领回已快两周岁的孩子。从这里也可以证明他上次离开马尔代夫的日期记错了一年，因为白图泰是在 743 年 10 月 2 日在马累岛和女苏丹的继母结婚的，到 745

① 马金鹏译：《伊本·白图泰游记》，宁夏人民出版社，1985 年，第 7 页；李光斌译：《异境奇观：伊本·白图泰游记》，海洋出版社，2008 年，第 719 页。

年时孩子可算两岁了。之后，他又去马拉巴地区，大约到6、7月间才抵达孟加拉，两个多月后离境南航。白图泰离开孟加拉琐纳儿港前往泉州的过程，历记航程和逗留时间总共是160天。大约在9月初从琐纳儿起航，到746年2月抵达泉州。

由白图泰离开中国到达奎隆的日期，也可约略推算他离开中国的日期。游记叙述他在回历747年9月到达奎隆，中间自离开泉州返国起经过212天。虽然白图泰没有到达奎隆的确期，但如果以9月15日作为计算的起点，也就是从1346年12月30日起，上推212天，便得到他离开泉州的日期是747年1月11日（1346年5月4日）。这个日期即使不是最确定的日期，至少也是十分相近的，误差至多不超14日。

白图泰在中国的旅程，可以分成两段。

第一段，由泉州北上汗八里（北京）。根据游记中自述的旅程和逗留的日期，再加上估计停留的时间，大约是204天，其中可以确定不变的时间是196天，估计停留时间是8天。

白图泰北上的路程是从泉州经海路到福州，沿闽江、建溪至闽北重镇建宁府，由南浦溪北航浦城，然后舍舟登陆，取仙霞关岭道到江山县南清湖渡，再走水路经江山港、衢江、兰江、桐江、富春江到行在（杭州），沿运河北上到达北京。

白图泰到达泉州后，在等候大汗复命期间曾去广州，大约先在泉州住5天，经27天的水路到广州，在那里住了14天，由原路返归泉州（估计航程仍为27天）。回到泉州，接获大汗覆书，准备北上，大约又住3天。出发后10天到达建宁府。建宁府，中译本作干江府，或译康阳府，菲立普以为是江山县，失之过远。玉尔考作江西建昌府，以为白图泰由闽江北上，复沿汝水、赣江而下，经鄱阳湖沿长江东下，再走运河到杭州[①]，是完全不了解闽浙交通所致。建宁出产茶叶，是闽浙、闽赣交通要道，府治建安县，濒临建溪，距离浙江衢州（衢县）700里[②]。建宁府北境属县浦城和衢州府南境属县江山中隔仙霞岭，自宋绍兴年间整修岭路以后，商旅称快。从浦城县城西至江山县南15里的清湖渡，中间215里，都称仙霞岭路[③]。白图泰在到达建宁后，住在穆斯林谢赫佐习伦丁·古尔俩尼家中，遇到了他在印度见过的同乡法学家毛雷格瓦门丁·休达。异地逢故友，分外高兴，一住15天。毛雷格瓦门丁陪着他乘船送了4天，直到一座小城拜旺·古图鲁，这就是浦城。“拜旺”译出了“浦”音，“古图鲁”是“城镇”。3天后，白图泰辞别了这位法学家，搭船启程，17天后抵达行在（杭州）。白图泰没有

① 张星烺：《中西交通史料汇编》，第2册，中华书局，1977年，第84页。

② 《元和郡县图志》卷二九，建州；《元丰九域志》卷九，建州。

③ 顾祖禹：《读史方舆纪要》卷八九重险，仙霞。

交代中间舍舟登陆，因为他的叙述很简略。看来白图泰并未一离开浦城便走陆路，而是乘船溯南浦溪而上，直抵城北 50 里的鱼梁山。到了那里，便不得不登岭而上了。自南而北，鱼梁岭、梨岭、枫岭、小竿岭、大竿岭、仙霞岭六大山岭盘旋曲折，70 多里险道尽在其中，总称仙霞岭。过岭至峡口、清湖渡，便可继续登舟①。这一段驿站都归杭州路管辖，有马站 4 处，马 400 匹；水站 6 处，船 345 只②。白图泰在杭州观光，总共住了 15 天，然后经过 64 天的水路，通过运河抵达北京，在城东通州登岸，中间历数驿站 50 余站③。

第二段路程，自北京按照原路返归泉州，假定所花路程时间相同，则返程实际是 95 天，估计在杭州、建宁逗留 5 天，总数是 100 天。从假定的离泉日期 747 年 1 月 11 日向上倒算 100 天，是 746 年 9 月 29 日（1346 年 1 月 23 日），这个日期便是白图泰离开北京的时刻。但这一天正好是农历正月初二，因此白图泰实际离开北京大约是在过了元宵节以后，也就是在 14 天以后，回历 746 年 10 月 13 日（1346 年 2 月 6 日）。这样一来，白图泰回到奎隆的时间一定是在回历 747 年的 3 月底了。

白图泰北上和南下的路程既经算出，离开北京的日期也大致可以确定，由此扣除他在行旅过程中所费的 304 天，再和他初抵泉州的估算日期加以比较，便可对他在北京逗留的时间有个比较实际的概念了。这个概念可以和从他由孟加拉起航东来的假定日期衔接起来。如果假定白图泰在 745 年 9 月 1 日离开琐纳儿港，那么 160 天以后抵达泉州的日期，是 746 年 2 月 13 日。从这个日期往后推算 204 天得到的日期，即同年 9 月 11 日（1346 年 1 月 5 日），便是他抵达北京的日期。和白图泰离京日期相比，不难得知 1346 年整个 1 月，白图泰正好在北京。游记自述在旅行家一行到达可汗京城后不几天，大汗兵败身亡的消息传遍城中，全城张灯结彩，鼓号喧天举行庆祝达一月之久。在元顺帝时代，可汗绝无率军出征喀喇和林和别失八里，讨伐叛乱的堂兄弟非鲁兹遭到失败的事。当白图泰到达北京之前，发生的一件大事是，伪称燕帖古思太子的陈望叔被诛杀。《元史》卷四一把这件事记在“至正五年十一月甲午，《至正条格》成。奉元路陈望叔伪称燕帖古思太子，伏诛”。这件事发生在农历十一月甲午（十四日）之后，即阳历 12 月 8 日以后。事件的中心人物燕帖古思是顺帝脱欢帖木儿的堂弟，文宗的儿子。1340 年 6 月明宗的长子脱欢帖木儿追发文宗谋害明宗的大案，撤文宗庙主，

① 唐宋明三代计算江山至浦城的距离均为 350 里，见《元和郡县图志》《元丰九域志》《嘉靖建宁府志》。顾祖禹《读史方舆纪要》则说两地相距 230 里（卷九三），和现代公路里程相近。

② 《经世大典·站赤》，《永乐大典》卷一九四二二，第七二四七页上。

③ 《经世大典·站赤》，《永乐大典》卷一九四二〇，第七二二二页下。

将文宗皇后原定继承顺帝的燕帖古思流放高丽，中途加以杀害①。早先拥立文宗上台的权臣伯颜一派全被打击下去。顺帝又为明宗大修陵墓，被白图泰误作为新故的大汗所建。由于白图泰对将近十年的宫廷政变了解不足，因此对他莅临大都时元朝政治形势的追叙大多失实。当白图泰抵达北京时，秉政的非鲁兹实际正是顺帝，亦即燕帖古思的堂兄。顺帝没有接见白图泰。当时任中书右丞相的是阿鲁图，别儿怯不花为中书左丞相，两相倾轧已见端倪②，加上至正五年是大饥之年，流民载道，“近畿饥民争赴京城”③，在京贫民都仰给赈济④，对于白图泰这样一位早已失去原先使命的穆斯林旅行家来说，当然不可能有什么明确的指令了。

至于白图泰在北京遇上的一连一个月的节庆，大约是从圣诞节开始，又凑上农历正旦。元代北京有许多信奉也里可温的蒙古人、色目人，庆祝圣诞年年在所必行。圣诞节适当回历746年8月30日（1345年12月25日），农历正旦合回历746年9月28日（1346年1月22日）。这段时间也是北方各处饥民云集北京，政府只得“粜米万石，即近郊寺观为糜食之”的时刻⑤，这些情景大约也使这位不太了解中国国情的白图泰一时困惑了。由此却使我们可以推知，白图泰大约是在745年8月16日（1344年12月23日）离开孟加拉琐纳儿港踏上中国的旅途的。依此推算的日期是，746年1月29日（1345年6月1日）抵达泉州，746年10月13日（1346年2月6日）离开北京，最后在747年1月25日（1346年5月18日）从泉州重返印度。白图泰在北京实际逗留的时间是一个半月。

白图泰在中国游历的日程可作以下的排列：

回历/公历	行程
1. 746. 1. 29/1345. 6. 1	抵达泉州，约住5天。
2. 746. 2. 4/1345. 6. 6	去广州，水程27天。
3. 746. 3. 2/1345. 7. 3	抵达广州，住14天。
4. 746. 3. 16/1345. 7. 17	离开广州返回泉州，水程仍为27天。
5. 746. 4. 13/1345. 8. 13	重抵泉州，约住3天。
6. 746. 4. 16/1345. 8. 16	离泉北上，10天后抵建宁。
7. 746. 4. 26/1345. 8. 26	抵达建宁，住15天。

① 《元史》卷三六《文宗纪》，《元史》卷四〇《顺帝纪》。
② 《元史》卷一三九《阿鲁图传》。
③ 《元史》卷一四〇《铁木儿塔识传》。
④ 《元史》卷一四〇《别儿怯不花传》。
⑤ 《元史》卷一四〇《铁木儿塔识传》。

8．746. 5. 12/1345. 9. 10　　出发去浦城，水程 4 天。
9．746. 5. 16/1345. 9. 14　　抵达浦城，住 3 天。
10．746. 5. 19/1345. 9. 17　　离浦城去杭州，中经 17 天。
11．746. 6. 6/1345. 10. 4　　抵达杭州，住 15 天。
12．746. 6. 21/1345. 10. 19　　离杭州去北京，中经 64 天水程。
13．746. 8. 26/1345. 12. 22　　抵达北京，约住 46 天。
14．746. 10. 13/1346. 2. 6　　由北京南下，旅程花费 95 天，中间逗留约 5 天，共 100 天。
15．747. 1. 25/1346. 5. 18　　离开泉州，返归印度。

上述设定伊本·白图泰离开泉州返归印度的日期，大约比之实际情况提早了两个多月。因为白图泰在泉州搭乘了爪哇船以后，航行并不顺利，启程 10 天便遇上恶风，漂流 42 天后才到苏门答腊登岸；停留两个多月之后，再搭 40 天船，在回历 747 年 9 月抵达南印度奎隆，在那里过斋月礼拜，时间是公元 1347 年 1 月 15 日；随后北上科泽科特，因无法去德里复命，便决定归国，航行 28 天，到达佐法尔时已是回历 748 年 1 月（回历 748 年 1 月 1 日为公历 1347 年 4 月 12 日），其间费时 240 天以上。由此前推，白图泰离开泉州是在 1346 年 7 月以前，正当季风替换，因此航行遭遇不测。据此推算白图泰在中国逗留的时间大概在一年左右，最长不超过 14 个月，即从 1345 年 6 月到 1346 年 6 月或 7 月。

由此前推，伊本·白图泰在中国的行程可以是这样：

回历/公历　　　　**行程**

1．746. 1. 29/1345. 6. 1　　抵达泉州，约住 10 天。
2．746. 2. 9/1345. 6. 11　　去广州，水程 27 天。
3．746. 3. 7/1345. 7. 8　　抵达广州，住 15 天。
4．746. 3. 22/1345. 7. 23　　离开广州，返回泉州，水程仍为 27 天。
5．746. 4. 19/1345. 8. 19　　重抵泉州，约住 5 天。
6．746. 4. 24/1345. 8. 24　　离泉州去杭州，10 天后抵建宁。
7．746. 5. 5/1345. 9. 3　　抵达建宁，住 15 天。
8．746. 5. 20/1345. 9. 18　　出发去浦城，水程 4 天。
9．746. 5. 24/1345. 9. 22　　抵达浦城，住 3 天。
10．746. 5. 27/1345. 9. 25　　离浦城去杭州，中经 17 天。
11．746. 6. 14/1345. 10. 12　　抵达杭州，住 10 天。
12．746. 6. 24/1345. 10. 22　　离杭州去北京，中经 64 天水程。

13. 746.8.30/1345.12.25　抵达北京，约住60天。
14. 746.11.1/1346.2.16　由北京南下，经杭州、建宁至泉州，全程约历时100天。
15. 747.2.11/1346.5.28　离别泉州，搭海船返国。

第三节　伊本·白图泰中国游记

伊本·白图泰在游记中用中国（Sin）称呼南中国，对北中国则用契丹（Kitai），两者界线在杭州，以北为契丹，以南是中国，实际上是以长江为界。游记首先叙述中国的物产、法制和社会，然后按照旅程先后描述所到的城市。游记有叙述有议论。作者在遨游世界各文明国家之后，可以充分运用他广博的知识和精细的观察，来判断正处在大变革中的中国文明的历史价值。他赞扬了中国人民的聪明智慧，中国物质文明的丰富和法制的严明。伊本·白图泰经常乐于将中国和埃及、摩洛哥的农业、商业和城市经济加以评比，因为埃及在伊斯兰世界中具有崇高地位，摩洛哥是他的家乡，而中国则是亚洲的一种高度发达的文明的代表。

一、中国物产富饶、技艺超群

游记开首就说："中国地大物博，水果、五谷、黄金、白银应有尽有，世上任何地区都无法与之媲美。"① 游记从横贯中国全境的黄河开场。他说，这条河需航行六个月，才在广州入海。和当时中国的许多外国人一样，白图泰以为长江既通大运河（Sarū），又通广州。他列举世界上有十条大河，尼罗河、幼发拉底河、底格里斯河、锡尔河、阿姆河以外，还有印度河、耶木那河、埃蒂尔河（乌拉尔河），以及中国境内的Sarū河。Sarū河岸边有汗八里城，可以通到杭州，最远到达广州。实际上他知道的中国内河是当时最有名的大运河。所以他起始以为这条河叫阿布海叶河（意思是"生命之父"），又根据蒙古语称作"锡尔河"，说这个名字很像印度的苏禄河。锡尔河是蒙古语Xir Muren（"母亲河"）的音译，在蒙古语中称"黄河"时用这个名词②。

中国地广物饶　"沿河遍布村庄、田禾、果园和市镇，比埃及尼罗河人烟更加稠

---

① 此处及以下译文以马金鹏中译本（《伊本·白图泰游记》，宁夏人民出版社，1985年）为主，参考张星烺中译文（《中西交通史料汇编》，第2册，中华书局，1977年，第50－106页）和吉柏英译文（A. R. Gibb & C. F. Beckingham，The travels of Ibn Battuta，4卷本，剑桥，1994年）。

② 李光斌译：《异境奇观：伊本·白图泰游记》，海洋出版社，2008年，第537页注①。

密。沿岸水车不计其数。而且出产蔗糖极多，糖质较之埃及蔗糖实有过之而无不及。还有葡萄和李。我原以为大马士革的奥斯曼李品质绝优，举世无双，然而见到中国李后便足以改变这一想法。中国出产的优质西瓜，也和花剌子模、伊斯法罕的西瓜不相上下。我国所产水果，中国无一不有，而且更加香甜。小麦在中国也很多，是我所见到的最好的品种。所产小扁豆、豌豆，也堪称世界之最。”

中国瓷器　“瓷器只产在泉州和广州城，用当地山中的陶土烧制。用陶土加上一种矿石一起烧炼，三天以后取出，泼上冷水，再使它膨胀。上等瓷器，须候一月之久，但也不能过长。次等的熔胚时间不足十天。瓷器在中国的售价就像陶器在我国一样，甚至更加便宜。中国瓷器运销印度等地区，直到我的故乡马格里布。这种瓷器在当世确是首屈一指。”

中国丝业十分兴旺　“所有中国人都很看重金银器。那里丝绸产量极多，使贫民也能穿着丝绸。如果没有商人转运，丝绸便一钱不值了。棉布在中国价值昂贵，一件布衣可换多件绸衣。中国商界风尚，将金银都熔铸成锭，每锭约重一堪塔尔，常存放在门楼里。有五锭的，可戴指环一枚；有十锭的，可戴指环二枚；有十五锭的，称为富商（赛蒂），相当于埃及的商会董事（卡拉米）。”

中国人用煤块充作燃料　“中国和契丹居民，他们不用木炭，用一种像我国陶土的泥块作燃料。用象驮运来，轧成碎块，大小和我国的木炭相仿，烧着时像木炭，火力胜似木炭。烧后成灰，和水晒干，还可再烧，直到全成灰烬为止。用这种土块另外加上一些矿石，就可烧制瓷器。”

中国人技艺高超　“中国人比其他民族有更高超的技巧和艺术才华。这业经世界公认，见于许多人的著作中。他们的绘画精绝人寰，可说得天独厚，世界上任何民族，即使罗姆人也只能望而却步。”

白图泰用他自己在北京的经历，说明中国的画家只要见到一面，便可将对方的肖像惟妙惟肖地画下来。当时白图泰一行穿着伊拉克服装，前往皇宫，经过画市，未经察觉，画师们便将他们一行诸人的肖像画好。等他们出宫时，画像已张贴墙上了。据说这是中国人对过往人士必须进行的惯例。

二、中国航业发达、法制严明

白图泰来到中国以前，已在印度科泽科特见到各国帆船云集，中国船就有十三艘。中国海舶的设备尤其完善，规模又极宏大。白图泰见到的华船依照大小分成“船”（艅，船队）、“柴”（柴水船，补给船，海船）和“舸”（八橹船，划桨船）三类，完全符合元代出海船只的规定。大船可役使千人，有三至十帆，拥有四层甲板，内有房舱、官舱和货舱。他说，马拉巴各港口中，中国帆船常到的有科泽科特、奎隆和歇立三港，前两个是入列世界五大港的印度海港。还有地中海的亚历山大港、亚速海滨的苏达克港，是些可以与泉州港匹敌的大海港。还有一个印度海港梵答剌亦纳则是避风港，华船常在那里过冬。14 世纪上半叶华船在南印度西海岸常到的海港总共是四个。这些情况和汪大渊记述的马拉巴海港大致相仿。白图泰特意指出，中国人拥有许多船只，常派总管分赴各国经营。接着说："世界上没有比中国人更富有的了。"他在科泽科特等待华船起航达三个月之久，"因为中国海域全由中国船只航行"。中印之间航业全操于华人之手。

中国政府对海外贸易船的查验非常严格。白图泰说："中国法律规定，凡船只出海，水上巡官必率录事登船查验，将船上弓箭手、仆役和水手都一一登记，方准放行。船舶返航，巡官再度盘查，核对记录。如与登记不符，或有失误，例须船主负责。船主必须提供缺员已死、逃亡或诸如此类的证件，否则，当局即可予以法办。一俟手续完毕，便由船主将船上货物据实申报。之后，才许船客登岸。官吏对申报货物加以检查，如有暗藏私货，则全船货物一概充公。"白图泰认为这是极不公道的措施，并说，这是他在伊斯兰国家和异教国家中都未见过的。白图泰根据他自己的体会和经历对中国的社会秩序予以高度的赞扬，他说："对商旅说来，中国地区是最安全最完美的地区。一个单身旅客，即使携带大量财物，行程九个月，也尽可放心。"因为每一驿站都有旅店，有官吏率骑步兵丁管理，从广州到北京各站都是如此。

三、中国都市的盛况

泉州　泉州自唐末环城遍植刺桐（Erythrina indica），因此传称刺桐城（Zeitun）。白图泰说，刺桐城"是一座巨大的城市，出产的锦缎和绸子也以刺桐命名"。这个刺桐，实际上可能是"彩缎"的谐音。"刺桐"的汉语对音，法国东方学家费琅复原成 Zitun，与阿拉伯语的同形字 Zaytūn（油橄榄）谐和①，白图泰对这座不产橄榄的城市被命名为"橄榄城"难以理解。从马可·波罗到伊本·白图泰称呼泉州的对音来说，这座繁忙的海港城市，对欧洲和伊斯兰世界所以具有相当的魅力，全在于从 13 世纪起，这里便以输出"彩缎"出了名。道理就在 12 世纪以来，长江三角洲的苏州和杭州出现了生产一种名叫"彩缎"的新工艺，使传统的丝绸工业上了一个新的台阶。这种

---

① 费琅：《阿拉伯波斯突厥人东方文献辑注》（G. Ferrand, Relations de voyages et textes géographiques Arabes, Persans et Turks relatif's à l'Extreme-Orient），耿昇、穆根来译，中华书局，1989 年，第 508 页注 1。

彩缎改在泉州出洋，比之运到广州要便捷得多，促使泉州对南海和印度洋的商贸活动如虎添翼，取得了新的动力。汪大渊称这种丝织业的顶级产品叫“五色缎”或“苏杭色缎”，记录了它们在世界各地的运销情况，已经远到波斯湾和非洲。由于彩缎大批外销，致使泉州名声大振。彩缎、色缎一跃而成为来自地中海的西方人士最为赞赏的顶尖商货。

白图泰又说：“刺桐港是世界巨港之一，甚至可以称作世界最大的海港。我亲见港中寄碇的大船便有上百艘，小船更多得不可胜数。这里大海伸入陆地，成一港湾。港口和大江连接，成为天然良港。城中住户都有花园和天井，房舍就建在正中，很像我国的赛杰拉马萨城，因而城市有这么大。”① 赛杰拉马萨是摩洛哥东南著名的花园城，通向西非和撒哈拉沙漠路的大门。这座古城位于非斯的东南，在757年就有了，从那时起，就是西苏丹出产的砂金向地中海出口，并运进当地需要的岩盐以及日用百货的交易中心。砂金在当地被打造成金条和金币后运往丹吉尔，再转输给欧洲和地中海国家。

白图泰在泉州遇到的穆斯林有埃达比、卡泽龙等地的波斯人，大不里士的富商赛里夫丁，以及和他同乡的休达人法官。

广州　白图泰称作秦克兰或秦尼秦尼。他以为阿布海叶河（原称黄河，此处实指珠江——引者）在这里入海。“广州是一大都市，街市优美，最盛的是瓷业。瓷器从这里运往中国各地和印度、也门。”“城中有一个穆斯林居住区，内有清真大寺和道堂。并设有法官和谢赫·伊斯兰（总教长）。”

秦尼秦尼（Suinu Suini）是“中国的穗城”②，秦克兰原意是“又大又多的”稻穗。广州有2200年历史，传说有五名天使自天而下，撒下五色稻穗，于是有了农耕文化，因此有穗城和五羊城的城建传说。广州作为对海外贸易的大港，从那时以来便享有盛誉。13世纪中国人所知道的西苏丹黄金国荼弼沙正是通过伊本·白图泰的故乡丹吉尔输出黄金，才使伊斯兰世界和中国的海港城市广州、泉州结成贸易伙伴，彼此有了人员往来。在白图泰访问广州时，这里仍是华瓷外销最大的港口，景德镇的青花瓷、青白瓷及釉彩瓷，广东各窑口的白瓷，一直是海舶最佳的压舱物，所以广州港依然是南中国一大海港。

建宁府　白图泰在北上途中曾在此城住过14天，他的印象是：“这是座宏壮富丽

---

①　吉柏、贝克汉姆译：《伊本·白图泰游记》（A. R. Gibb & C. F. Beckingham, The travels of Ibn Battuta），第4卷，剑桥，1994年，第894页。

②　李光斌译：《异境奇观：伊本·白图泰游记》，海洋出版社，2008年，第537页注②。

的大城，地处大平原中，四周绕有园圃，正像大马士革的欧塔郊区。”据说有四重城墙，中国人住在正中，城区最大。由里向外是穆斯林居住区和官府、卫队驻扎区，外城是役卒奴仆住地。

杭州 白图泰称为“行在”（Khimsā）。到了杭州，这位曾经周游世界，出入德里、开罗的印度、埃及苏丹宫廷的大旅行家，对杭州城的繁华和宏大使用了最高的词汇来加以颂扬。他说：“行在城的宏大，须三日才能穿越全城，游览该城需投宿就餐。”城里居住了不少穆斯林，其中最有威望的是埃及人奥斯曼·本·阿法的后裔。奥斯曼同族极多，“子孙在这里的穆斯林中最负盛名”。

宋代杭州城分九厢，照白图泰的划分有六城，大小相包，其实是居住区域各有分界。第一城驻守兵将。第二城，进犹太门，住犹太人、基督徒和拜日教的土耳其人，宋代称崇新门（俗称荐桥门），在正东。第三城，住穆斯林，“城区优美，市街布局和伊斯兰地区并无两样”。清真寺（真教寺）穆斯林多是苏菲派信徒。明代田汝成《西湖游览志》卷一八说：“真教寺在文锦坊南，元延祐（1314—1320 年）间，回回大师阿老丁所建。”元代将中亚、西亚、欧洲和非洲侨民称色目人，“往往编管江、浙、闽、广之间，而杭州尤夥”。因此该区穆斯林最多。白图泰提到的第四城，是官衙所在，优美胜于各区。城中有织造局和军械局，工匠共有 5000～6000 人。至于五、六两城区，和第四城是同一地方，西迄涌金门，濒临西子湖。那里住居民、百工和步射兵丁。特产有著名的杭罗和竹笥、藤篇，曾运销印度和呼罗珊。

北京 白图泰称为“汗八里”（王城、大都）。他对可汗的宫殿有专节描述。他说王宫位于城市中央，建筑多精工雕刻的木结构，布局独具风格。有门七座，其第五门系首相官衙所在，同时有礼部、财部、司法和邮驿四座官衙。第六门是皇帝所住。第七门由青年男仆守护，共有阿比西尼亚人、印度人和中国人三座拱墙，都由中国人任队长。他还看到了可汗的陵墓，实际上是一座地下宫殿。元帝均葬起辇谷，白图泰所见或是神御殿，旧称影堂，明宗帝后供于大天源延圣寺，顺帝后在大普庆寺。祭祀分常祭、节祭，常祭每月初一日、初八日、十五日、二十三日，节祭元日、清明、蕤宾、重阳、冬至、忌辰①。白图泰见到的祭祀大约就是神御殿的仪式。

伊本·白图泰有关中国现状的记述，尽管不乏欠缺之处，但这正好反映了文明的隔阂与差异，正是这种隔阂和差异使他会对所见所闻产生讹解。但他在印度和中国到处能见到和他一样具有相同的信仰和知识的老乡，讲述了许多生动有趣的故事，在中国人看来，都不是虚构或抄袭的，绝非一个没有到过中国却能判断如此之多中国现状

① 《元史》卷七五《祭祀四》。

的穆斯林所能作出。例如，白图泰说，黄河（他称作阿布海叶河）可以联通广州。这是因为隋唐时代从洛阳开凿大运河，可以通达长江下游，而长江和广州之间有水路联运，于是从那时起，远方来客便以为黄河可以直通广州。元代在大都（北京）和钱塘江边的杭州之间疏通了大运河，到达广州、泉州、杭州的西方人士不了解杭州是大运河的南端，又讹认作可以联通广州。元代京杭大运河长达 1794 公里，是到过中国一隅的欧洲人和非洲人士无法想象的，在全球范围内堪称绝顶伟大的水利工程。他们即使到了中国，甚至跨越过长江和黄河，也只能将大运河和黄河、长江这样的天然江河混到了一块儿，因此在中世纪，外国人都没有对中国的大运河作过描述，反倒以为黄河或长江可以往南边联通广州入海。他们根本不了解黄河或长江各有其向东的入海口。如果能换一个视角，也就可以断定，14 世纪大运河的水量一定远远胜过今天的大运河。可惜今天我们已无法和白图泰进行跨越时空的对话了。

自从人类实现了环球航行，人类方始具备了比以前更加宽广的视野。迄今旅行家和航海家留下的游记和航海志已经成千上万，但能超越伊本·白图泰的似乎还难以列举。白图泰游记是他对文明世界和发达国家长期考察留下的记录，至今已经成为一份珍贵的历史遗产。他是在 15 世纪大航海时代来临之前的、唯一的一位从大西洋东岸抵达太平洋西岸的穆斯林大旅行家。

第十二章
10—16世纪北非、西非和中国的交流

第一节 《岭外代答》和《诸蕃志》中的北非

一、芦眉国

11世纪统一王朝穆拉比德（al-Murabiṭun，al-Murabti，1056—1147年）成立以后，摩洛哥便名扬中国了。穆拉比德的开创者优素甫·本·塔士芬（Yūsuf ibn Tāshfīn，1061—1106年在位）选定在摩洛哥南部德兰山西麓，富饶的苏斯平原和撒哈拉沙漠之间，兴建首都马拉喀什城。1062年定都以后，经过近百年的营建，成为北非的一座名城。《岭外代答》卷三大食诸国条描述马拉喀什："有眉路骨惇国，居七重之城，自上古用黑光大石叠就。每城相去千步，有番塔三百余。内一塔高八十丈，内有三百六十房。人皆缠头搭项，寒即以色毛缎为衣，以肉面为食，以金银为钱。所谓鲛绡、蔷薇水、栀子花、摩娑石、硼砂，皆其所产也。"

马拉喀什（al-Marrākush）既是穆拉比德王朝的政治中心，又是西马格里布的大都会，后来欧洲人便讹作摩洛哥了。周去非的眉路骨惇既可代表西马格里布，同时又确实是马拉喀什城。《诸蕃志》又有一种新的读法，书中的芦眉国只译开首两个音节，而将马拉喀什省作眉路骨："芦眉国，自麻啰拔（佐法尔港）西陆行三百余程始到，亦名

眉路骨国。”眉路骨是现在摩洛哥最早的中译名。柏柏尔人在北非和安达卢西亚建立了统一王朝穆拉比德，《岭外代答》将它译作“木兰皮”，所以稍后的《诸蕃志》也有木兰皮国的专条，国都便是马拉喀什，西班牙的塞维利亚是陪都。芦眉国根本不是小亚细亚的罗姆国。到马拉喀什去的中国人，那时都由佐法尔西去，走陆路要 300 多法尔申，约合 2000 多公里。关于摩洛哥的物产，赵汝适比周去非又详细一步：“有四万户织锦为业。地产绞绡、金字越诺布、间金间丝织锦绮、摩娑石、无名异、蔷薇水、栀子花、苏合油、硼砂，及上等碾花琉璃。人家好畜驼、马、犬。”

马拉喀什城堡的围墙始建于 1062 年，后来在 1120 年穆拉比德的阿里时期又加整修。在马拉喀什山麓地区的阿迈尔高和塔斯吉穆德也建立过两个城堡，遗址迄今犹在。穆瓦希德时期，马拉喀什又修建了麦秸拌泥土砌成的要塞围墙，墙上有大门多重，都用赭红色石块砌成尖顶拱门，像古罗马城一样。这些城堡和寨门使马拉喀什得了“七重城”的称号。古代中国常用“七”代表众多，七重城马拉喀什是拥有多数城堡的城市。

马拉喀什城中有北非最优美雄壮的建筑库杜比亚高塔，坐落在由穆拉比德王宫废墟上建造的库杜比亚（Kutubiyya）清真寺内，1157 年动工，完成在雅各布·曼苏尔（Ya'qub Abu Yūsuf al-Manṣūr，1184—1198 年在位）统治下的穆瓦希德全盛时期，是现仍保存完整的穆瓦希德建筑。曼苏尔建造过拉巴特的哈桑清真寺，在西方伊斯兰世界仅次于萨马腊大清真寺，但后来毁于战火。库杜比亚清真寺是纪念他打败西班牙人而立的，1195 年竣工。清真寺呈长方形平面，祈祷大厅辟有 17 道柱廊，与“齐布拉”相垂直，长方形露天庭院两边回廊进深有 4 个廊道，规模空前。当初在黏合石块的泥浆中用了近万袋香料掺和，使清真寺不时散发出浓郁的芳香，迄今依稀可辨。寺内高塔又称香塔。高塔装饰华丽，高度超过 67 米，离城 30 公里就隐现空中了。高塔的平面呈正方形，共高六层，每层有房 60 间，因而有 360 房之说。每层有一个大厅，塔顶中央有一座气楼，上有三个镀金的铜球耸立空中①。周去非、赵汝适的叙述，一定是出自到过那里的人士的亲身见闻。

12 世纪的摩洛哥拥有发达的丝、棉纺织业，并有精巧的手工艺，包括制造碾花玻璃、香水和刺绣。阿尔梅里亚在穆瓦希德时代拥有丝织机 800 台。以图样繁缛、色彩绚丽著称的摩洛哥毡毯，也在那时应运而生。非斯的金丝刺绣和金银丝织品名闻世界。

---

①　泰拉斯：《13 世纪前的西班牙—莫尔艺术》（H. Terrasse，L'Art Hispano-Mauresque des origines au XIIIe siècle），巴黎，1932 年，第 308 页。

绞绡就是金银丝花边，金字越诺布是一种高级的缕金锦缎①。

至于骆驼和马更是北非主要的力畜。马格里布分布甚广的草地和牧场，既是理想的牧羊地，也是躯干较小的和阿拉伯马相近的马匹和骆驼合适的游息场所。骆驼自西亚和埃及传入后，大约从 3 世纪起开始在马格里布广泛使用，不久就成为穿越沙漠和绿洲纵横交叉的商队交通网中最得力的运输工具。马拉喀什和巴尔卡之间遍布着牧羊和牧马的游牧人②。骆驼的饲养和放牧更遍地皆有，除了在中马格里布气候温和多雨的丘陵区（“伊尔克”）和干燥的沙漠区定期往返流转，从事饲养、放牧骆驼又兼营农业的以外，还有依靠骆驼为生，居住在沙漠边缘专事放牧骆驼的广大牧驼民，现代欧洲作家称为“大牧民”或“大牧驼民”③。有在摩洛哥南部沙漠、德腊河和塔菲拉勒的穆拉萨姆人，阿尔及利亚沙漠中心例如霍贾尔地区的图阿雷格人，常年往返于撒哈拉沙漠和苏丹黑人地区，过着运送货物和传播物质文化的专业运输队的生活。马拉喀什就是通向撒哈拉沙漠的驼队的起点，所以普遍畜养骆驼和马。

二、毗喏耶

《诸蕃志》大食属国中列举的北非国家有毗喏耶。毗喏耶是阿拉伯语的贝贾亚（Bijāya），作为伊非里基亚（Ifrīḳiya）的首要城市，代表了东部马格里布（al-Maghrib al-Adna），专指东起锡尔特湾，西至阿尔及利亚特莱姆森的北非沿海地区。

973 年法蒂玛王朝东迁建都开罗以后，任命桑哈贾人的首领齐里担任伊非里基亚的总督，从此开始了马格里布东部独立的历史。中古阿拉伯作家并无东马格里布这个名词，而用相当于这一地方的伊非里基亚，有时也称凯鲁万地区④。比赵汝适晚一个世纪的阿布·菲达所说的伊非里基亚就是马格里布的东部地区。

伊非里基亚和马拉喀什是马格里布最富有活力的地区。齐里王朝在 1048 年承认巴

---

① 参见里卡尔：《摩洛哥刺绣》（P. Ricard, Les broderies Marocaines），阿尔及尔，1919 年；古瓦雄：《非斯的金丝刺绣及与丝绸刺绣的关系》（A. M. Goichon, La broderie au fil d'or à Fès: ses rapports avec la broderie de soie, ses accessoires de passementerie），载于《赫斯帕里斯》（Hespéris），1939 年，第 26 卷，第 49－97 页。

② 哥蒂埃：《北非往昔》（E. F. Gautier, Le passé de l'Afrique du Nord），巴黎，1946 年，第 103－104 页。

③ 乔治·马塞：《中世纪柏柏里亚穆斯林和东方》（George Marçais, La Berbérie Musulmane et l'Orient au Moyen age），巴黎，1946 年，第 36 页。

④ 德·斯朗编译：《埃尔·贝克里的阿非利加和马格里布轶闻》（De Slane, Description de l'Afrique septentrionale par Abou Obeid El-Bekri），阿尔及尔，1911 年，第 47 页；雷诺、德·斯朗编校：《阿布·菲达地理志》（J. T. Reinaud&De Slane, Gèographie de Aboulféda），巴黎，1890 年，第 122 页。

格达的阿拔斯哈里发是最高政权，伊非里基亚和东方的联系因此大有发展，商人、工匠、医生和学者成批西行，对伊非里基亚的城市生活和文化艺术产生了深远的影响。而在 1040 年由齐里王朝分裂出去的哈马德国反而改变初衷，重新接受开罗的册封。在 1090 年哈马德苏丹曼苏尔由卡拉迁都地中海边的贝贾亚后，哈马德进入昌盛时期，一度攻占中马格里布的都城特累姆森，将领土扩展到阿尔及利亚的西境。中马格里布在哈马德国家统治下，出现过繁荣兴旺的景象，并且在以后相当长的时间中，都是马格里布动荡不安的舞台上影响东西的地区。尽管穆瓦希德人在 1152 年灭亡了哈马德国，贝贾亚却从此跃居北非最重要的城市之一。

伊非里基亚拥有贝贾亚那样具备规模巨大的造船业和发达的海上贸易的港口，因此在穆瓦希德人占领伊非里基亚的前后，贝贾亚一直是它地中海上的欧洲近邻觊觎的对象，先有热那亚人在 1136 年的入侵，接着两西西里的诺曼国王罗哲尔二世攻灭了齐里王朝。两西西里的舰队出没在贝贾亚和突尼斯沿海。贝贾亚既是骆驼商队云集和海舶出没的要港，和诺曼人统治下的意大利南部和比利牛斯半岛上的基督教国家在经济上有相互依存的关系。伊德里西描述贝贾亚的繁华时写道："这里是船舶寄碇之所，商队集中之处。贝贾亚是个大货栈，贸易发达，城市居民富裕，而且在各种艺术和技艺方面都显出比其他地方要高明。该城的商人和西非商人，还有撒哈拉以及东方的贸易商保持联系，储存了品种繁多的货物。城市四郊都是可耕的平原，足以收获大量小麦、大麦和水果。邻近山丘林立的树木，提供了优质的树脂和柏油。所以这里又能制造巨舶、海船和帆船。"贝贾亚的居民从事采矿，开采富铁矿。"总之，这座城市的各项手工业都很发达。"

在贝贾亚的出口货中有珊瑚，中世纪名闻世界的铁网珊瑚就在贝贾亚附近沿海出产。《诸蕃志》卷下特意指出："珊瑚树出大食毗喏耶国。"1236 年建国的哈夫斯王朝，以突尼斯城作为首都。突尼斯丰富的出口货单中，珊瑚是和谷物、椰枣、橄榄油、纺织品、毛毯和毛皮、皮革并列的一项，而在它的进口货中，有丝绸、草药、香料、大麻纤维和棉花、五金。丝绸中至少也有从中国运去的。

贝贾亚居民效法西班牙的奢华风尚，在北非文化上别树一帜，因而在西欧和北非之间，贝贾亚是仅次于摩洛哥的文化桥梁。在纸张和印刷术传入欧洲的过程中，贝贾亚这个地中海城市是起了一定作用的，因为它曾在两西西里国王的统治下承认了诺曼伯爵的宗主权。

三、统一王朝木兰皮、默伽猎

《诸蕃志》中列有专条的北非国家，芦眉以外，还有默伽猎、木兰皮。木兰皮的材料大致出自《岭外代答》。默伽猎一名初见于《岭外代答》卷三航海外夷，将它和埃及一起列入最远的国家："若夫默伽猎国、勿斯里等国，其远也不知其几万里矣。"《诸蕃志》对默伽猎有专门介绍：

> 默伽猎国王逐日诵经拜天，打缠头，着毛缎番衫，穿红皮鞋。教度与大食国一同。王每出入乘马，以大食佛经用一函乘在骆驼背前行。管下五百余州，各有城市。有兵百万，出入皆乘马。人民食饼肉，有麦无米。牛羊、骆驼、果实之属甚多。海水深二十丈，产珊瑚树。

默伽猎原是"马格里布"的对音。阿拉伯人最初征服北非，埃及以西都称马格里布，泛指东起巴尔卡、的黎波里，西至丹吉尔的地区①。和广义的伊非里基亚（"阿非利加"的阿拉伯读法）同义，而和特定概念上的伊非里基亚不同，后者仅领有的黎波里西部，以及突尼斯和阿尔及利亚东部直到君士坦丁省贝贾亚的地方，相当于马格里布东部。早期阿拉伯作家也用马格里布称呼从伊非里基亚往西直到大西洋海滨的北非。从11世纪起，阿拉伯地理学家更把木卢亚河以西的马格里布分出来，单独称为"马格里布"②。阿布·菲达干脆称作"西马格里布"③。从此马格里布成了摩洛哥的专名，和它的古都马拉喀什（安达卢西语摩洛哥）同享盛名，而另有一个"中马格里布"相当于阿尔及利亚中西部地区。赵汝适《诸蕃志》中的默伽猎不仅是马格里布这个地理名词，而且是统辖500余州拥兵百万的统一王朝。在赵汝适写作《诸蕃志》时，只有建都马拉喀什的穆瓦希德王朝（al-Muwaḥḥidūn，1147—1269年）才拥有这样广大的势力。

默伽猎在11世纪时原本只是摩洛哥，但穆瓦希德人既然统治了整个北非，默伽猎也成了穆瓦希德帝国。穆瓦希德不但是北非的主人，而且在哈里发尤素甫一世阿布·雅各布（Abū Yaqūb Yūsuf，1163—1184年在位）时期，整个穆斯林西班牙在1172年都承认了穆瓦希德人的政权，北非和西班牙就此不能分开了。在这个跨越地中海的柏柏尔帝国中间担负着统治桥梁的是一支强大到足以维系帝国内部联系，并且对付诺曼人武装侵袭和商业竞争的海上力量。而这支强大的舰队最初是在穆瓦希德人占领加

① 哈克姆：《埃及、马格里布和安达卢西的征服》（Ibn Abd al-Hakam，The conquest of Egypt and North Africa and Spain），莱顿，1920年，第192页，第203-204页。

② 德·斯朗编译：《埃尔·贝克里的阿非利加和马格里布轶闻》（De Slane，Description de l'Afrique septentrionale par Abou Obeid El-Bekri），阿尔及尔，1911年，第76页。

③ 雷诺、德·斯朗编校：《阿布·菲达地理志》（J. T. Reinaud & De Slane，Gèographie de Aboulféda），巴黎，1890年，第122页。

的斯时由迈蒙人的强大舰队所提供的。

北非的统一王朝，先有桑哈贾人在摩洛哥和西班牙安达卢西亚建立的穆拉比德王朝，《岭外代答》和《诸蕃志》都叫木兰皮国。周去非和赵汝适笔下的木兰皮，早已是继穆拉比德统治北非的穆瓦希德国家了。不过穆拉比德人的残余力量还未就此消失。12 世纪末和 13 世纪初，阿里和他的兄弟叶海亚在伊非里基亚曾一度重建穆拉比德政权，领土从波尼伸展到内富萨山，并且几乎在半个世纪中，一直是马拉喀什统一王朝骚扰不安的东部地区中的动乱力量。穆瓦希德人拥有庞大的舰队和商船队，所以周去非只知道木兰皮是以巨舶称雄地中海的国家。《岭外代答》卷三说："大食国西有巨海（地中海），海之西有国不可胜计。大食巨舰所可至者，木兰皮国尔。盖自大食之陀盘地国（杜米亚特）发舟，正西涉海一百日而至之。一舟容千人①。舟中有酒食肆、机杼之属。言舟之大者，莫木兰若也。今人谓木兰舟，得非言其莫大者乎？木兰皮国所产极异，麦粒长二寸，瓜围六尺，米麦窖地数十年不坏。产胡羊，高数尺，尾大如扇，春剖腹取脂数十斤，再缝而活，不取，则羊以肥死②。其国相传又陆行二百程，日晷长三时，秋月西风忽起，人兽速就水饮乃生，稍迟以渴死。"

周去非盛赞木兰舟，在《岭外代答》卷六中还有一段："又大食国更越西海至木兰皮国，则其舟又加大矣。一舟容千人，舟上有机杼市井，或不遇便风，则数年而后达，非甚巨舟不可至也。今世所谓木兰舟，未必不以至大言也。"

这里明白指出地中海叫西海，是由于它位于大食国之西。地中海中部盛行西北风，所以自东向西的航行缓慢。罗马时代，自意大利半岛西岸的奥斯提亚港前往亚历山大里亚，顺风只需航行两周，回程却要迂回两个月。到了中世纪，只有打造更大的船才能抵挡西风和西北风，而要抵达木兰皮国的都城马拉喀什，必须驶进大西洋再南下，所以要花上一百天之久。尽管穆瓦希德人在周去非写作《岭外代答》时已在 1170 年将首都迁移到了塞维利亚，到 1212 年穆瓦希德人被基督教联军打败后，便逃回摩洛哥去了，而周去非根本分辨不了穆拉比德和穆瓦希德这两个先后建立的柏柏尔人王朝有何区别，所以他所说的木兰皮国当然指马拉喀什了。

地中海所以被称作"巨海"，是因为地中海是从东地中海到达木兰皮国和波罗的海各国的航路必经之地，古人将地中海和大西洋连到了一起。所以直到 16 世纪章璜《图书编》（1613 年正式出版）绘制《山海舆地全图》，地中海和黑海、波罗的海以及大西

① 原文"一舟容数千人"，与卷六校勘，"数"是衍文。

② 这段话后来成了对大食国的胡羊的描述，《本草纲目》卷五〇上引《方国志》："大食国出胡羊，高三尺余。其尾如扇，每岁春月割取脂，再缝合之，不取，则胀死。"马格里布的肥尾羊是被通称为阿拉伯羊的。

洋，全都成了一片汪洋。

木兰皮的巨舶到了14世纪仍然享有盛名。元代白珽在《湛渊静语》中说："舟之最大者，莫若木兰皮国。其舟内有市井买卖、机坊酒肆之类，柁长数丈，中积数年粮食。"那时摩洛哥商人到中国沿海的大有人在，木兰皮舟因此盛传东方。

《诸蕃志》除了重复周去非笔录的材料，竭力赞扬木兰皮巨舶和畜产以外，还仔细记述北非各种丰富的农产品："国之所产极异，麦粒长三寸，瓜围六尺，可食二三十人，榴重五斤，桃重二斤，香圆重二十余斤，莴苣菜每茎可重十余斤，其叶长三四尺。米麦开地窖藏之，数十年不坏。"

北非沿海地区，特别是大西洋沿岸高原地区，雨水充足。西马格里布沿海和德兰山脉（高阿特拉斯和中阿特拉斯山）有丰盈的水源，突尼斯西部和北部高地，的黎波里的内富萨山和巴尔卡的绿山地区都是土地膏腴的农业区。穆瓦希德时期，农业被称为"福地"。在南部，从马拉喀什以南直到埃及，绿洲连绵，小麦、大麦随处皆有。绿洲经常建设灌溉工程，精耕细作。伊非里基亚在罗马时代就以农业闻名，粮食、油脂和皮毛是大宗出口货。中世纪的贝贾亚是出产粮食的谷仓，农业和园艺都有优良的品种。《诸蕃志》中长三寸的麦粒是二粒小麦，无花果、石榴、杏、梨、木瓜、枸橼（香圆）、胡桃、鹰嘴豆、萝卜、甜瓜、葱、蒜、兰芹，都是传统名产，其中杏、梨、桃都是中国原产果木，在这里扎根已久。桃、杏在公元初已移植到亚洲西部，罗马博物学家老普林尼称桃是波斯树（Persica arbor），称杏是亚美尼亚树（Prunus armenniaca）。15世纪麦加的桃子有重4~5斤的。在阿丹（亚丁）也有桃、杏。梨在中亚、麦加和摩洛哥都有出产。马拉喀什的东部阿盖达尔橄榄园在13世纪已开辟，并有柑橘园和杏园。柑橘是摩洛哥至今最畅销的水果，所产小橘子甘甜可口，类似广东的砂糖橘。

马格里布的高地和绿洲也是广大的牧场，牧羊人为数众多。马拉喀什东部高原和阿尔及利亚地区尤其是特殊的牧区。巴尔卡更以羊种纯良、脂膏肥腴闻名。牧民常在夏天从草地枯焦的低地牧场转向气候温和、青草繁茂的高地牧场，或在干燥的平原追逐水源，在冬雨季节再转向气候适宜、不乏水泉的低地牧场①。马和骆驼都从亚洲引进，常表现出水土不服的情况，在西非尤其如此。到一定时期，必须从沙漠的东边输入新马或新的骆驼，从而加速了含族游牧部落在地理上的流动。这些游牧民的迁移构成了一幅社会矛盾和民族矛盾交织成的复杂图景。12世纪中叶，从阿拉伯半岛成群结

---

① 参见伊本·卡尔敦《历史学导论》（Ibn Khaldûn，The muqaddimah，开罗，1904年，第121页）中的"游牧民文化"，又见罗森塔尔英译本（Franz Rosenthal，The muqaddimah，an introduction to history），第1卷，纽约，1958年。

队移入非洲的游牧部落希拉勒人完全控制了伊非里基亚，深入到阿尔及利亚；最后到达的阿拉伯马基勒人，则沿着撒哈拉的边界向摩洛哥推进。这两支阿拉伯游牧部落和札纳塔人结成同盟，组成一个十分强大的牧民社会。他们成了后期穆瓦希德王朝动荡不安的社会中和定居民相对抗的强大力量。游牧部落的移居和劫掠，使许多地区的农业荒废，改成牧场，而在那些继续从事农业的地方，农民的收入也被迫大大降低。

在赵汝适写作《诸蕃志》时，北非的牧民社会正在政治上逐步膨胀。穆拉比德人依靠阿拉伯牧民希拉勒人或苏莱姆人，在伊非里基亚重建政权。当穆瓦希德哈里发雅各布·曼苏尔（1185—1198 年在位）以军事上的优势压倒加尼亚的穆拉比德人以后，决定把三个阿拉伯游牧部落迁往摩洛哥，结果使摩洛哥也陷于游牧部落的骚扰之中而不能自拔。牧民社会对北非的影响如此之大，马、牛、羊、骆驼的饲养在交通运输、军事和食物供应上能起到左右北非社会的作用。阿拉伯牧民移居北非，对改良北非的畜类起过积极的作用，所以阿拉伯大尾羊、肥尾羊的名声越来越大，为万里之外的中国人所熟知。

《岭外代答》和《诸蕃志》当然并未完全反映出 12—13 世纪之际中国和北非交往的全貌。这两本有关外国的志书是从残存的《永乐大典》中辑出的，可说是中古世界地理的重要著作，提到了旧大陆西端的国家。《诸蕃志》更是一部和伊德里西《旅游证闻》（Nuzhat al-Mushtāq fī ikhtirāq al-āfāk）相仿佛的地理辞典。《岭外代答》和《诸蕃志》中的北非国家，有代表西马格里布的眉路骨惇（芦眉），和包括马格里布中部和西部的默伽猎这两个地理名词，在《诸蕃志》大食属国中又见有东马格里布的毗喏耶，三者综合而成埃及以西的北非地区。《诸蕃志》实际上集合了 11 世纪以来直到 13 世纪上半叶中国人关于北非历史上的地理区划和民族分布的知识。正在这段时间中，中国的造纸法和航海罗盘也传入了地中海的阿拉伯国家。一定不仅有北非的阿拉伯人或柏柏尔人到过中国，而且还有从泉州或广州去造访地中海滨充满异国情调的阿拉伯外邦的中国人。这些中国人正是 14 世纪 30 年代游历北非的汪大渊的先驱。

第二节　茶弼沙传说

一、黄金国加纳

《岭外代答》卷三讲到过，从木兰皮国陆行 200 程，约 1300 公里，有一条通向撒哈拉沙漠的大路。那里日晷要长三时，一到秋季就刮起沙漠中的热风（samūm），热风按照阿拉伯语音可称“西风”。这条沙漠之路究竟通往哪里呢？在《诸蕃志》中终于找到了答案。《诸蕃志》中有个茶弼沙国：“城方一千余里。王著战袍，缚金带，顶金冠，穿皂靴。妇人著真珠衫。土产金宝极多。人民住屋有七层，每一层乃一人家。其国光明，系太阳没入之地。至晚，日入，其声极震，洪于雷霆。每于城门用千人吹角鸣锣击鼓，杂混日声，不然，则孕妇及小儿闻日声惊死。”

《纪古滇说》和《岛夷志略》都有这个茶弼沙国，汪大渊将它列入末后传闻之国，没有亲自访问过。他最远到了丹吉尔，并且注意到丹吉尔出口货中有砂金。茶弼沙这个神秘的黄金国，离丹吉尔这个口岸还有相当一段路程。他在造访红海西岸的艾特伯港时，打听到从那里往西南方向有路可通一个名叫“国里”的黄金国，但是路程太远，只得转向地中海南岸继续考察。元代广州和茶弼沙有贸易关系，看来指的正是加纳黄金转向东北非洲输出的艾特伯港。丹吉尔在 1300 年向元朝派过使节，一定是通过印度洋的海路，所以《大德南海志》中有这个和广州通商的茶弼沙国①。元代周致中《异域志》卷上把茶弼沙讹作沙弼茶国，或者是由于将茶弼沙的阿拉伯文写法倒读成自左而右了，于是成了沙弼茶。但从文意上看，说的仍是同一个茶弼沙：“乃太阳西没之地。有异人名狙葛尼到此，遂立文字。每至晚，日入，声若雷霆，国王每于城上聚千人吹角鸣锣击鼓混杂日声，不然则人皆惊死。汉有人至之。”末句“汉有人至之”，或是“有汉人至之”。中国商人一定有到过那里的。《大德南海志》中和广州通商的国家中，便有这个茶弼沙国。

茶弼沙，阿拉伯人称为 Djabulsa，Djabirso，Djaborso，塔巴里《编年史》有描述②。传说这个国家位于西方日没之处，而且以黄金闻名。在非洲西部，这样的地方只能是加纳。伊本·默纳布贝赫在 738 年时追述麦洛埃被阿克苏姆王埃札纳吞并后，库施人便奔向西方夕阳落山的地方。曼苏地复述这个传说时说，那些库施移民到达的是“札哈瓦、加涅姆、马尔卡、卡夫卡夫和加纳，以及其他登代米赫（食人者）人的国家”。加纳便是这样一个极西的国家。800 年阿拉伯天文学家穆罕默德·本·易卜拉欣·法扎里（al-Fazārī）在《占星学理》（al-Musaṭṭaḥ）中标出赛杰拉马萨的位置，在它的南面，更有一个“加纳——黄金之国”。在阿拉伯语中，阿散蒂人和布勒人地区出产的金砂叫“提卜尔”，西苏丹在中世纪阿拉伯著作中便是“金砂之国”（Bilād adh-Tibr）。

西苏丹的黄金在迦太基时代已经吸引着地中海沿岸居民向非洲腹地去探险。迦太

① 陈大震，吕桂孙：《大德南海志》卷七，《宋元方志丛刊》，中华书局 1990 年影印本，第 8432 页。

② 塔巴里：《先知和国王编年史》（al-Tabarī，Ta'rīkh al-rusul wa'l-mulūk：The annals of the prophets and kings），德·琼耶（de Goeje）编译，莱顿，1879—1901 年，第 1 卷，第 68 页。

基在地中海的汉诺移民点常常从越过撒哈拉沙漠的商队那里获得金砂，吸引着他们在公元前 6 世纪多次派出船队向西非海岸探索宝藏。黄金诱使哈比布·本·阿比·乌贝达率领一支穆斯林军队在 734 年深入苏丹。虽然他们不能立足于毗连西苏丹的南撒哈拉地区，但伊本·哈克姆却提到他们满载而归，从苏斯和西苏丹带回了许多金子。不久之后，来自地中海边的摩洛哥和黄金国的联系便变成经常的商队贸易了。9 世纪以来，阿拉伯作家雅库比、伊本·法基、贝克里都知道黄金国加纳。科尔多瓦人贝克里在 1067 年完成的《列国志》（Kitab al-masalik wal-mamalik：Roads and kingdoms）中说，南方费拉维人出产黄金，黄金散布在塞内加尔河发源的地方，他们以同等数量的金子换取北方的食盐。据贝克里报道，采盐的地方在离赛杰拉马萨 20 天路程的特特乌谷地。这些岩盐出产在陶德尼、特卡札、塔曼腊塞特和比尔马等处，必须由阿拉伯、柏柏尔或图阿雷格商队穿越撒哈拉运到苏丹。盐商南下的目的是为了取得黄金，而黄金的开采却掌握在加纳的国王和权贵手中。

贝克里说，在加纳首都，11 世纪时人们还信哈瓦立吉派的伊斯兰教，他们属于伊巴迪人（Ibadites）。统治这里的马里国王因为听信他们请了巫师祝祷降雨成功，便信奉了该教，使用了 al-Musulmani 的尊号。穆拉比德人征服加纳后，这里才被迫改奉正宗的伊斯兰教。据 12 世纪的佐海赖（al-Zuhrī），那些和北非塔赫尔特、瓦格拉有商贸关系的塔特迈卡地方的柏柏尔人 Bann Tammak 部落也跟着改宗正统的伊斯兰教。贩运金砂的是瓦格拉的阿迪木黑人（Adiemm-blacks），他们是商人，专门将金砂从尼日尔河上游的艾尔塞尼（Irseni）转运到别的国家去。这地方距离马里的首都还远，伊德里西称作俾里萨（Barissa）。

黄金国加纳是西苏丹最古老的文化中心，大约在 3—4 世纪已经出现柏柏尔人的国家联盟，直到 10 世纪北方曼迪族的索宁凯人发动政变，才开始建立起黑人王朝。1600 年由穆罕默德·卡提写成的《探索者史》（Ta'rīkh al-Fattāsh）中，明白提到卡亚马加帝国的首都是昆比。卡亚马加是加纳帝国的第一个国王，在帝国的主要臣民索宁凯人使用的瓦科雷语中，卡亚马加便是“黄金之王”。古代的加纳国建立在尼日尔河上游和象牙海岸北部，国都昆比便是古代的加纳城。雅库特《地理辞典》对加纳有专门的描述：“加纳是马格里布以南的一座大城，和苏丹人居地相连。商人要到黄金之国去，必须聚集在这里，然后向沙漠进发。没有这座城市，就无法做这样的长途跋涉，因为该城正好位于马格里布和苏丹地区之间，所以特别重要。人们在这里储粮积谷，向苏丹地区进发。”

从贝克里的《列国志》可以知道，位于尼日尔河以北的加纳城，包括两个相距 10 公里的城市，国王和穆斯林商人分居两城，两城中间则是居民的住宅。为了寻求早被浮沙湮没的加纳古都，考古工作者花费了很长的时间，作出了艰巨的努力。法国的托马森和雷蒙·莫尼从1939年开始在巴马科以北330公里的昆比·萨莱遗址进行发掘，1951年才使古都的穆斯林城重现于世。城约1英里见方，居民估计30000人。发掘物有精致的铁制武器和农具，还有称金子的玻璃秤砣①。附近的王城总该更加富丽堂皇了。

二、西苏丹的古道

处在日落地方的茶弼沙和西苏丹的黄金产地连在一起。从散布在撒哈拉岩壁上的绘画和雕刻，可以证实在罗马时期以前，就有两条横贯撒哈拉的路线从北非通向尼日尔河和塞内加尔河上游的砂金沉积地，阿拉伯人通常称为瓦格拉的地区。一条从摩洛哥南部经过瓦丹（毛里塔尼亚西北部）通向尼日尔河上游，一条从利比亚沿海的费赞联通尼日尔河湾，费赞的东北连接奥季拉绿洲，西北和地中海南岸的的黎波里相连。不论从的黎波里还是摩洛哥出发，最古老的商队和移民的道路都要经过赛杰拉马萨地区，再启程前往苏丹边境的加纳城。整个行程要两个半月。赛杰拉马萨以图瓦特绿洲附近的塔菲拉勒闻名，从757年后便存在了，到第四代埃米尔亚萨阿·本·阿比·卡西姆（790—823年在位）时才初具都城规模。后来经过扩建，赛杰拉马萨城（今埃富特）在穆拉比德王朝时成为马格里布最大的城市之一。

阿拉伯和柏柏尔人的商队用骆驼驮载苏丹居民急需的岩盐，在赛杰拉马萨作好穿越沙漠的一切准备，储备大量饮水，通过蒙面的柏柏尔人累姆图纳族居住的阿德腊尔，“横越刮着干炙的沙漠热风的大沙漠”（雅库特），进入萨希尔（荒漠）地区。每支商队至少拥有50~60匹骆驼。他们最南不能越过尼日尔河套以南的干草原区，因为再往南去，萃萃蝇就会使他们的牲口成批伤亡。这条古道北起非斯或梅克内斯，是移民、贸易和行军的大道，形成西非和地中海沿岸地区最主要的一条大道，也就是“苏丹之路”②。

《岭外代答》和《诸蕃志》关于撒哈拉沙漠西风的见闻，和阿拉伯地理著作中的描述几无两样。这两本书虽然对撒哈拉贸易知之甚少，叙述过于简约，却足以和茶弼沙国的黄金贸易连缀在一起了。

---

① 托马森，莫尼：《昆比·萨莱的发掘》（P. Thomassey & R. Mauny, Campagne de fouilles à Koumbi Saleh），载于《法兰西黑非洲研究所集刊》（BIFAN），1951年，第13卷，第438－462页；莫尼：《加纳问题》（R. Mauny, The question of Ghana），载于《非洲》（Africa），1954年，第24卷，第3期，第200－213页。

② 哥蒂埃：《北非往昔》（E. F. Gautier, Le passé de l'Afrique du Nord），巴黎，1946年，第317页。

西苏丹的农民和撒哈拉牧民之间进行的商品交换，构成了苏丹经济生活中一个不可或缺的极其重要的方面。牧民和商队驮运岩盐和铜器、陶器，从苏丹农民那里换取蜀黍、谷物、布匹和黄金。岩盐和黄金的贸易成为西苏丹社会必须依赖马格里布的重要经济基础。巴利阿里群岛，特别是马利奥卡岛的犹太移民地，则从马格里布商人那里将黄金转运给欧洲各国。

加纳城和尼日尔河中游的库加（加奥）曾是10世纪以来苏丹最大的贸易中心，重要商道都通往这两处地方。加纳国王从岩盐贸易中征收税款，取得大笔财富，并且控制了黄金的开采和交换，以防贬值。贝克里说："国内上等的金子来自离首都十八天路程的吉阿鲁镇，那里的城市和乡村都住着尼格罗人。这个国家矿山中开采的金块全归国王所有，国王则把遍地皆是的金沙留给他的人民。如果不采取这种措施，黄金就会因过多而贬值。"

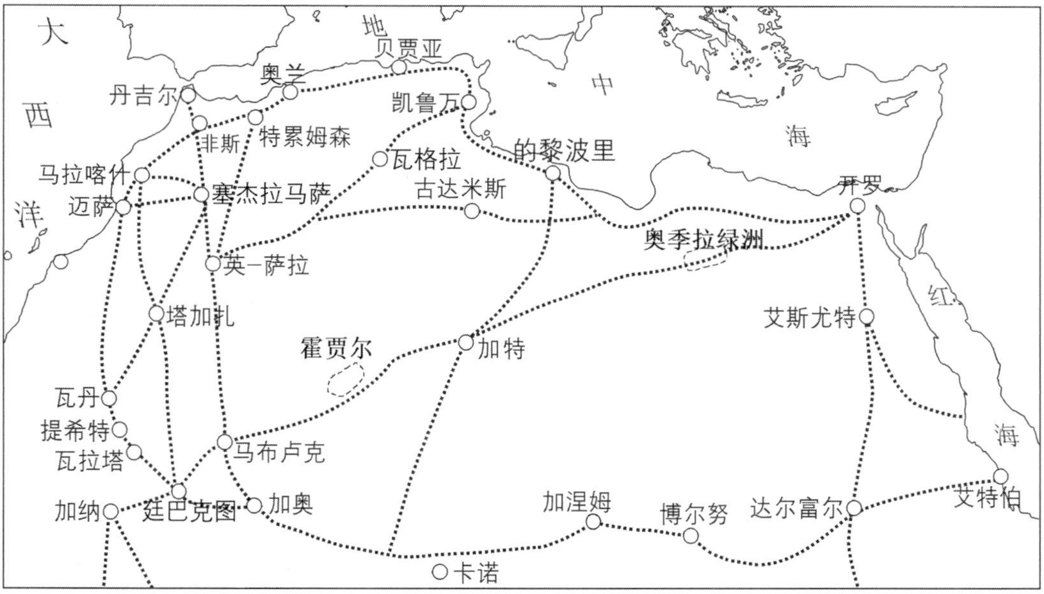

13 世纪非洲北部道路示意图

中古时期，苏丹对食盐的需要还未因人口激增而膨胀，苏丹农民可供交换的农产品和纺织品也很有限，所以黄金作为交换的手段，一直处在头等重要的地位。

苏丹居民和撒哈拉商队贸易的中心加纳，在中世纪维持了几个世纪之久。1076 年穆拉比德首领阿布·贝克尔攻占了加纳城，控制了黄金贸易，索宁凯人多转向南方，以逃避伊斯兰化。由于连年战争和北方牧民的任意糟蹋，邻近沙漠地区的自然生态平衡遭到破坏，使沙漠向南扩展，塔菲拉勒和西撒哈拉的商路遭到阻断，加纳的社会经济因此一蹶不振。12 世纪以后黄金和食盐贸易的中心转到比鲁（毛里塔尼亚东南部瓦拉塔）。1240年操北方曼丁哥语的马里王国统治者占领了加纳城，加纳只能转往南方另建首都。13世纪以后直到1591年摩洛哥军队在唐迪比附近战胜桑海军队，占领尼亚芬克到加奥的尼日尔河中游地区，贸易中心便完全转到廷巴克图。商道从这里通向北方的陶德尼绿洲和塔加扎、瓦格拉、古达米斯和费赞，直达突尼斯、的黎波里，或经奥季拉绿洲连通开罗。13世纪中叶由于马里王国向西扩张，西非黄金产区转向塞内加尔河上游，原本仰赖拜占庭金币和阿拉伯第纳尔金币的地中海世界，由意大利城邦国家（热那亚、佛罗伦萨、佩鲁贾、威尼斯）牵头，再加上卡斯提尔和英吉利相继铸造金币，促使黄金需求量大增。威尼斯原本是地中海最大的食盐和各类农产品的供应商，并且从1314年起跟着热那亚成立了佛兰德帆船队，进入大西洋，到达布鲁日。热那亚更早到1277年就已和佛兰德建立了定期航班的联系。热那亚和威尼斯的船队与北非各地的商贸活动因此活跃起来，黄金贸易跟着盛极一时①。

与中国广州通过海路有黄金贸易的茶弼沙，多半是经由廷巴克图、加奥、加涅姆、博尔努、达尔富尔运到红海边的艾特伯，或摆渡到对岸的吉达。广东的商人可以登上下蕃的海舶，或者在阿拉伯半岛换乘阿拉伯船到达艾特伯港，走陆路穿越撒哈拉沙漠到达尼罗河支流的西非黄金产地加纳城。艾特伯由于黄金贸易订有盟约，受伯海里马木鲁克苏丹掌控，才以茶弼沙称呼艾特伯。汪大渊到达这里后，称作阿（音乌）思里，是他首先向中国报道了这个“极西南达国里之地”的黄金贸易大道。

古代加纳金饰十分普遍。贝克里告诉我们，加纳国王在大帐接见他的臣民，帐外侍候着披挂金制戎装的马，国王左右有亲王、大臣侍奉，他们的发髻中编有金丝。接见礼以手敲长形木鼓和碟巴（deba）开始。在《诸蕃志》中，便一变而成日落时鼓角吹打和遍地金宝的传说。

伊本·白图泰游记证实了业已占领黄金国之后的马里王国依然保存了同样的议事大典。伊本·白图泰结束中国之行后回到家乡，最后一次旅行是寻访正在兴盛起来的西苏丹。1349年他到达马里城，谒见国王曼萨·苏莱曼苏丹（1341—1360年在位）。苏丹的接见所是座拱形建筑。苏丹要在里面议事，就会从一个拱门的上方挂出一块埃及手帕，侍卫随即敲响金鼓，吹奏铜号，300名手持弓箭、短矛、皮盾的奴隶便出门侍立，牵出两匹鞍马，以及两只可以防止遭毒眼之害的公羊②。12—13世纪中国典籍中提到的茶弼沙国每日在日落时动用千人吹角鸣锣击鼓的乐舞礼仪，讲的就是在地中海

---

① 费尔南·布罗代尔：《15至18世纪的物质文明、经济和资本主义》（Fernand Braudel，Civilisation materielle，economie et capitalisme：XVe－XVIIIe siecle），中译本，第3卷，商务印书馆，2017年，第144－146页。

② 李光斌译：《异境奇观：伊本·白图泰游记》，海洋出版社，2008年，第612页。

和印度洋盛传的非洲鼓舞。

代表茶弼沙文化的非洲鼓舞，是西苏丹最有地区特色的民族乐舞，从 9 世纪以来在阿拉伯典籍中已有记载。它是尼日尔河中上游曼丁哥文化最具影响力的乐舞。演出时人们双手击鼓，配以号角和锣鼓，男女边舞边唱，齐庆丰收，预祝吉祥。非洲手鼓叫 Djemba，金贝鼓是个最合适的译名。最早传说是缘于苏苏族、曼丁哥族的铁匠模仿石臼打磨谷物。他们采用塞内加尔、马里、科特迪瓦出产的硬木，制作成具有沙漏外形的臼状长鼓。硬木有丁巴（dimba）、林伽（lenge）、伊罗戈（iroko）、卡特（khad）、杜哥拉（dugura）等多种。制作时将硬木掏空，在两端开口，形成上大下小的鼓身，在大口上使用山羊皮做鼓面。据说最早的鼓面采用的是一种富有灵气的怪兽奇卜拉弗皮（Gabraffe），这种动物是由长颈鹿与斑马杂交而生的，中国古代所传的麒麟便是这类少见的怪兽。后来还使用羚羊皮、斑马皮、鹿皮、小牛皮制鼓面。演奏者双手击鼓，分别以快慢不一的节奏拍出低、中、高三种音色的乐曲，男女随兴起舞，手舞足蹈。这种非洲手鼓比之刚果鼓（Congo）、邦戈鼓（Bongo）要古老，是起源最早的打击乐器。13 世纪马里王国正当盛世，金贝鼓成了苏丹地区众多部落采用的打击乐器，连代表世界另一端的中国也盛传不已了。

撒哈拉沙漠炎日的烤炙使商旅感到苦恼，挣扎于生死之间。从 11 月到次年 3 月的干旱季节，沙漠中刮着被称为哈马丹（Harmattan）风的东北贸易风，掩蔽了暗淡的冬日，吸收了植物、树木和皮肤中的水分，使空气十分干燥。在苏丹北部，哈马丹风持续的时间更长，往往狂风蔽日。在南方海拔 1500 米的滨海区，除了仲冬海风抵挡了沙漠风的去路，也常年处于哈马丹风的笼罩之下。所以这极西的地方被认为是日落之处，产生了日落时声震天地，不鸣角击鼓则人被惊死的传说。《诸蕃志》中的茶弼沙既在日落之处，又好击鼓鸣角，富于黄金，就是位于非洲极西，建立在尼日尔河上游和塞内加尔河之间的加纳国，它的境域大致相当于现在的马里和毛里塔尼亚的东南部。

第三节　丹吉尔使者远赴元朝大都

马木鲁克和中国的交往，推动了整个北非和亚洲东部的联系。元人周致中《异域志》卷下中的北非国家有义渠国、马罗国和眉路骨国。

义渠国译自“伊非里基亚”（Ifrīkya），即利比亚西部和突尼斯。“义渠国，在大秦之西。人死则烧之，熏尸烟上，谓之登烟霞。出犀象宝货。其人与回鹘同。”所谓与回鹘同，是恪守伊斯兰的风俗习惯和宗教信仰。“在大秦之西”，似本自唐代称埃及为大秦。

马罗国和眉路骨国是一个地方，后者袭自《岭外代答》。马罗国译自“马格里布”。元代所称的马格里布，相当于西马格里布和中马格里布，包括阿尔及利亚和摩洛哥。周致中记述“马罗国，出异宝，生头香，即西戎之国。其方多产宝物，人至丑恶可畏”。各种异宝中有生头香、头香，《瀛涯胜览》满剌加条作打麻儿香（damar laut），《岛夷志略》彭坑条称为打白香。打麻儿香是种优质树脂，可以点照当灯，可以溶涂船缝。伊德里西也提到过贝贾亚附近森林所产油脂可以造船。马格里布各地所产这类树脂很多，足供造船之用。《异域志》中生头香也有中马格里布的产品在内，可见包含地域之广。周致中称马罗是“西戎之国”，和汪大渊介绍挞吉那（丹吉尔）是“古之西域”意思相仿。当地居民柏柏尔人肤色黝黑，但体躯壮健。不论从伊非里基亚地区的的黎波里，还是马格里布的非斯，都有路通往西非的新兴城市廷巴克图，那里离茶弼沙国就不远了。所以《大德南海志》中记录和广州通商的北非国家有芦眉（马拉喀什）、墨加鲁（非斯）和茶弼沙（距离中国海港最近的黄金输出港为艾特伯，汪大渊将它放在埃及苏丹掌控下的上埃及边区）。

13 世纪中叶，替代统一王朝穆瓦希德，在摩洛哥兴起了马林王朝（1258—1420年）。马林王朝由散居在塔菲拉勒和菲杰格之间札纳塔族的一个支族马林（Banū Marīn）部族创建。马林族在 1248 年穆瓦希德哈里发赛德死后不久，便占领了非斯、塔札、梅克内斯等重要城市，以非斯为中心和马拉喀什的穆瓦希德相对抗。1269 年，阿布·尤素甫·雅各布（Abū Yūsuf Ya'qūb，1258—1286 年在位）最后占领了马拉喀什，结束了穆瓦希德的统治。

马林王朝和元朝也有过通使的事实。大德四年（1300 年）六月，吊吉而（丹吉尔）的使者和蘸八（桑给海岸的蒙巴萨）、爪哇、暹国（泰国南部）的使节共 22 人一起到达北京（《元史》卷二〇）。取道印度洋到达北京的吊吉而使者，是从丹吉尔来的摩尔人。吊吉而一作“吊吉儿”，这里出产豹皮，又是西非黄金的输出港。从这里到中国来回一次要三年，比从中国到摩加迪沙还要远一年，所以这地方不会在南印度，而在北非的大西洋滨。这时非斯的马林王朝在阿布·雅各布·纳赛尔（Abū Ya'qūb al-Nāsir，1286—1306 年在位）统治下，正处在全盛时期。他既统治了直到阿尔及尔为止的马格里布，又和西班牙卡斯提尔支持下的反对派取得暂时的妥协，可以在曼苏拉的宫中接见伊非里基亚、埃及和麦加的使团。在丹吉尔使者抵达北京的上一年，阿布·雅各布和占据中马格里布的阿布笃·瓦迪（Abd al-Wadid）王朝展开生死搏斗的大业即将告成，他的军队占领了阿尔及利亚沿海，围困阿布笃·瓦迪王朝首都特累姆森已经八年，并在特累姆森对面修筑曼苏拉城，夺取了特累姆森和欧洲人的商业往来。丹吉尔使者因此可以非常顺利地由麦加乘船来到中国。

丹吉尔使者的来华，或者是先有中国航海商到过那里促成的。丹吉尔正处于格拉纳达埃米尔向摩洛哥北部渗透政治势力的前沿，充当着西班牙和马格里布之间的跳板。丹吉尔使者和西班牙克拉维约东使的路线虽然不同，一经红海入印度洋，一自黑海入高加索、伊朗至中亚，时代相差100年，而从性质而论却有类似之处，那就是他们都想在东方蒙古帝国那里获得新的支持。《经世大典·站赤》曾记1301年元朝立即派爱祖丁等使四起，“前往刁吉儿地取豹子希奇之物，往回应付三年分例”。来去一回需时三年①。这刁吉儿也就是《元史》中的吊吉而。

第四节 明代鲁密和日落国

一、肉速回回鲁密的通使

马木鲁克和中国的友好关系在非洲产生的振波，最远到达了大西洋滨的西班牙和摩洛哥。《国榷》卷一七记述永乐二十一年（1423年）二月，鲁迷国使者到北京②。这件事在《明太宗实录》卷二五六永乐二十一年二月辛酉记作：“肉速回回哈只阿黑麻来朝贡方物，命礼部宴赍之。”阿里麻显然是使者的姓氏。阿里麻来中国该是走的海路，乘的是那时通行印度洋的中国船。从《明实录》得知，谈迁所记的鲁迷在官方档册中称肉速回回，“肉速”即“尤素甫”，这是伊比利亚半岛上的穆斯林政权奈斯尔王朝（1232—1492年）第一次和中国通使。“肉速”是王朝的开创者穆罕默德·伊本·尤素福（Muhammud ibn Yūsuf，1232—1273年在位）的译名，使者来自格拉纳达。这一次被谈迁称作鲁迷的使者，或者就是张天复《皇舆考》卷十二和何乔远《名山藏》卷一〇七记述永乐年间派使者到中国的鲁密，因为阿拉伯人同样也称卡斯提尔人叫Rumi。使者并非来自罗马。

明代的一些典籍，似乎对鲁密和鲁迷这两个不同的国家已难以分辨。永乐年间来华的使者是鲁密国所派，嘉靖年间开始五次派使节到中国的鲁迷国，则是别一个国家，那是奥斯曼帝国。

---

① 伯希和《马可·波罗游记考释》（P. Pelliot，Notes on Marco Polo，巴黎，1963年，第830页）以吊吉而为印度迈索尔的Deogiri王国，然刁吉儿地方比《经世大典》所记马合答束还远一年，可以明白应是地中海国家。

② 谈迁：《国榷》，卷十七，中华书局标点本，1958年，第1200页。

奈斯尔王朝曾是中国和西非黄金国之间的贸易桥梁。这个欧洲土地上最后的摩尔人王朝，在1492年1月2日被卡斯提尔人灭亡。末代苏丹艾卜·阿卜杜拉最后退居到摩洛哥的非斯，1534年在那里去世。永乐年间，从格拉纳达派到北京的鲁密国使节，一定是由于风闻郑和多次率领庞大的船队去印度西海岸和波斯湾所致。1419年后明王朝从南京迁都北京，促使亚洲西部的伊斯兰国家通过美索不达米亚和中国西部的贸易关系拉近了彼此的距离，于是格拉纳达也派出使节，循着以往卡斯提尔和帖木儿帝国之间联络的路线深入中国内地。这是一次显示东亚大陆和欧洲最西端国家之间海陆交通十分畅通的远程旅途。这一次使节联系，通过格拉纳达，将地中海西部世界和东亚大陆串联在一起，影响所及至于北非沿海，称得上是欧洲人环航地球以前最值得引人注目的使节往还了。

二、日落国的黎波里

日落国是与明朝通好的一个北非国家。

北非沿海久已存在着通向尼日尔河流域黄金产区的沙漠商路，这些商路在地中海西部的重要出海口有摩洛哥的丹吉尔，突尼斯的突尼斯，利比亚的的黎波里。13世纪起，黄金国马里到开罗之间更多了一条捷径，自开罗经过奥季拉绿洲向霍贾尔和费赞进发，可直通尼日尔河中游的加奥。这使开罗和西非的联系更加畅通，促使西非的穆斯林或经开罗，或通过达尔富尔的商路去红海西岸的港口艾特伯，前往麦加去朝圣。日落国使节因此可以通过这两条商路由吉达港转往中国。

麦加和中国南部的海上交通，从13世纪起有增无已。汪大渊在访问麦加国以后已经指明：“云南有路可通，一年之上，可至其地；西洋亦有路通。名为天堂。”这是说，云南有陆路通往伊洛瓦底江三角洲，然后走海路去麦加，同时从西洋国科泽科特也有海上定期航班可通麦加。麦加和埃及、尼弗札瓦、古达米斯的商路相通，有捷径通到尼日尔河河套，去塔菲拉勒和廷巴克图的商队也比以前更加活跃，朝圣热几乎席卷了北部半个非洲。朝圣者从麦加带回了印度和中国的讯息。在郑和下西洋期间，这样的讯息很快传到了北非。《明史》卷三三二中就记下了一则日落国使者来华的事迹：

> 日落国，永乐中来贡。弘治元年（1488年），其王亦思罕答儿·鲁密·帖里牙（Iskandar al-Amīr Ṭarābalus al-Gharb）复贡。使臣奏求纻丝、夏布、磁器，诏皆予之。

这件事原本出自《明孝宗实录》卷十四，弘治元年五月庚辰：

赐迤西地面锁鲁檀马哈木阿民、斡子伯王琵琶、银壶、金碗各一事，迤西阿黑麻曲儿干王、迤西日落国亦思刊答儿·鲁密·帖里牙王纻丝、磁器、夏布等物；从其请也。

日落国的使者早在永乐年间就到过中国，在《明太宗实录》中没有记录，《大明会典》则根本未见这个日落国①。只说是："日落国永乐中朝贡。"张天复《皇舆考》卷十二（《四库全书存目丛书》，史部166册，齐鲁书社，1996年，第455页）列举永乐中来朝的十六国中有鲁密，有日落，同样不明年月。现有的史料无法解决永乐年间日落国使节来华的具体年月，更没有具体记事。重要的是弘治元年日落国有了第二次使节，这一年与日落国同来北京的还有中亚两个伊斯兰国家的使节，一个是乌兹别克（斡子伯）王苏丹马哈木·埃米尔（Sultan Muhammud el-Amir）的使节，另一个是撒马尔罕的统治者苏丹阿合马·米儿咱（Sultan Ahmud Mirza）的使节。帖木儿王朝不赛因汗在1469年去世后，他的王位就由早先已被任命为河中地区长官的长子阿合马继任，住在撒马尔罕。他的几个弟弟纷纷独占一方，相互攻袭。这时帖木儿王朝已经衰败，蒙兀儿人和乌兹别克人、哈萨克人活跃在河中地区的政治舞台上，参与河中地区的王位继承战争。塔什干的统治者苏丹马哈木在1487年蒙兀儿羽奴思汗死后继承王位，与撒马尔罕政权不合，在风云突变之际，彼此都需要取得明王朝的支持，因此各有使节派往北京。

至于日落国的使节，那是很远的一个伊斯兰国家派遣的。这个国家的首脑亦思罕答儿·鲁密·帖里牙是继70～80年前那次派遣使节之后，又一次和明朝通使的。日落国向来不明白在什么地方，以致常有人会把这个国家和阿拉伯人传说中西方盛产黄金的茶弼沙国混而为一。西非尼日尔河盛产金砂的茶弼沙，确有一条商路直通的黎波里，将黄金输送到地中海国家，但从来也没有人把的黎波里当成那个神秘而遥远的茶弼沙国。然而"帖里牙"这个名字却正确地讲明了它的所在位置。帖里牙是"西方的的黎波里"的音译，这个名称是专门用来和地中海东部黎凡特的另一个的黎波里相区别的。所以"日落国"不过是明代的档册中对阿拉伯文"马格里布"的一个意译名称。"马格里布"是阿拉伯对北非沿海自利比亚以西地区的一个地理名称，所以元代汪大渊访问这一地区时，曾说这里就是早先被称作"西域"的地方。明朝的通译干脆就把这个

① 何乔远《名山藏·王享记三》卷一〇七（《续修四库全书》第427册，上海古籍出版社，682页）。

直到大西洋为止的阿拉伯世界西部地区，形象化地译作“日落国”了。尽管“日落国”其实只是这一地区中只占极少地方的一个国家，这个国家的首领是个埃米尔，出现“鲁密”的译音只是由于 Iskandar 与“埃米尔”连读的结果，容易使人与鲁密国连到一起，于是问题变得更加复杂起来。其实“帖里牙”已作为国名，暗示了这一使节的出发地点。

明朝的官员也不是完全不明白，“日落国”其实不只是一个小小的帖里牙，所有地中海西部地区的国家都可列入“日落诸国”的范围。1533 年（嘉靖十二年）天方、哈烈、吐鲁番使节入贡，称王的竟有百余人。礼官夏言、枢臣王宪等指出，西域称王的原来只有吐鲁番、天方、撒马尔罕。“如日落诸国，称名虽多，朝贡绝少。”（《明史》卷三三二）这里所称的“日落诸国”，大致来源于元代佛菻国使者到北京后，宣称他们国境之大包有“日没之处”，实际上相当于地中海西部地区。

元代朱德润有《异域说》（《存复斋文集》卷五）一文，记述至正丁亥（1347 年）冬，他本人客寓京口乾元宫的宝俭斋，有昆陵监郡岳忽难、平阳同知散竺台偕来访。据基督徒岳忽难（Yuhannan）相告，“自言在延祐（1314—1320 年）间，忝宿卫近侍。时有佛菻国使来朝，备言其域当日没之处”。当时在安德罗尼库斯二世（Andronicus Ⅱ，1282—1328 年在位）统治时期的拜占庭，中央集权体制受到王室内部分裂势力的冲击，中央权威进一步削弱，帝国的领土已经四分五裂，帝国实际上已只是龟缩到爱琴海北部的一个小国了，保加利亚和正在崛起的塞尔维亚夺走了巴尔干半岛的大部分土地，意大利城市共和国继续控制海上航道，希腊和塞萨利都处在以法国和那波利王国为主的法兰克人的控制下；在帝国东部，对奥斯曼人和拉丁人同样敌视的塞尔柱人，却因此而逐渐和拜占庭人取得了谅解。西方反对拜占庭的势力组成了一股反拜占庭联合阵线。1307 年教皇克莱门特五世（Clement V，1305—1314 年在位）宣布开除拜占庭皇帝教籍，加泰隆军团乘机进入了塞萨利。然而这批雇佣军又和法兰克人发生冲突，最后消灭了在底比斯和雅典已有一个世纪之久的法兰克人势力，成立加泰隆公国，统治了雅典 70 多年。岳忽难提到的佛菻使者可能来自雅典，受阿维农教皇约翰二十二世（John ⅩⅩⅡ，1316—1334 年在位）委派，向北京的元仁宗通报西方的国情，详细介绍了“其域当日没之处”，阐明了地中海西部地区欧洲的政治形势。“日没之处”的含义无非是“地中海西部地区”，在欧洲人眼里，是指爱琴海以西的欧洲；在阿拉伯人和柏柏尔人眼里，是指锡尔特湾以西的马格里布，大致相当于 25°E 以西的地中海西部地区。元顺帝至元二年（1336 年）致阿维农教皇本尼狄克十二世（Benedict Ⅻ，1334—1342 年在位）的国书称：“咨尔西方日没处，七海之外，法兰克基督教徒之主，罗马教皇”，国书中要求教皇在使臣归国时，“为朕购求西方良马，以及日没处之珍宝”，要取得欧洲的良马和各种珍稀的产品。到了 16 世纪的明代，对地中海西部各国便改口叫“日落诸国”了，意思是“日落之处各国”。这个“国家”（民族）用的是多数，不只是某一个国家，原因是从永乐朝已有这一地区的一个国家向北京派过使节，当时便对它取名“日落国”了，根据的是阿拉伯语的“马格里布”，使者说他们是马格里布国家。后来这个国家又有了第二次使节来华，宣称其国叫帖里牙，于是真相大白。但这不等于说，地中海西部地区就只有这个国家与明朝有使节关系，因为其他的国家仍用的是他们的国名或统治者家族的名号。例如“肉速回回”或鲁迷，就是属于同一地区的另外一些国家。

第十三章
明初中非交流的新高潮

第一节　明朝和埃及的外交关系

马木鲁克在布尔吉王朝（Burji，1382—1517 年）建立后，也曾和新兴的明朝遣使通好。《明史·西域传》说，米昔儿（一名密思儿）在永乐年间（1403—1424 年）曾派使者到中国，朝廷隆重接待，“命五日一给酒馔、果饵”，使者入境后沿途受到礼遇。

15 世纪初，朱棣登位不久，在 1405 年 7 月 11 日（永乐三年六月十五日）派郑和率领宝船队到印度洋海域。船队还未开航，九月，行人闻良辅从印度返国。朱棣根据他的报告，立即向番速儿（班卒儿）、米囊葛卜（米南加保）、吕宋、麻叶瓮（棉兰老）、南巫里（亚齐）、娑罗（苏禄）六国发出诏书，派使者联络①。其中的番速儿，亦是伊斯兰国家②，和南巫里同样位于苏门答腊岛西北部，正当下西洋船队的航行要冲。那时足以代表伊斯兰国家的是辖境包括希贾兹的埃及马木鲁克。马木鲁克在 1380 年帖木儿侵略伊朗后，成为伊朗贵胄的庇护者。1405 年帖木儿死后，伊朗获得光复，从 1395 年起被拘于撒马尔罕的中国使者傅安也在 1407 年归国。马木鲁克苏丹纳赛尔·

① 谈迁：《国榷》，卷十三，中华书局标点本，1958 年，第 960 页。

② 番速儿，在苏门答腊岛西部，卡兹维尼只说 Faysūr 是印度的一国，出产樟脑最佳。参见胡珊·奈纳：《阿拉伯地理学家所知的南印度》（Husayn Nainar，Arab geographers' knowledge of Southern India），马德拉斯，1942 年，第 86 页。

法拉杰（al-Nasir Faraj，1399—1412 年在位）在 1405 年曾一度被废，不久复位。他曾向中国派过使者。郑和的船队一再到达亚丁，甚至派人去了麦加，远赴埃及。永乐五年（1407 年）九月，郑和率团队第二次下西洋，所到各国中出现加异勒、剌撒以及阿拉伯海域。所以随后便有这些地方的使者前来中国。永乐七年（1409 年）九月，郑和第三次下西洋。船队在解决了信奉印度教的锡兰王亚烈苦奈儿对船队加以阻难的障碍后，将他俘归。永乐九年（1411 年）六月，船队回到太仓刘家港，郑和借着迎接孟加拉使者的名义，设宴慰劳下西洋将领，庆祝孟加拉通航和开通乌斯藏与孟加拉间的陆路交通。七月乙亥，古里国王、柯枝国王、南巫里国王、爪哇国王都到金陵（南京）入贡，其中有加异勒国，派遣的是头目葛卜者麻（Gabriel Mar）。从此这个加异勒国每次都派使者跟着宝船到中国。加异勒一国，无法在《郑和航海图》上找到，过去认为在南印度马八儿境内，考作 Cail，Kayal，以为在翼城（向达《郑和航海图》第42 页）。但这个加异勒使者，是开罗（al-Qāhira）的犹太商团领袖，所以既非印度人，也不是伊斯兰教徒，但作为七天使之一的 Gabriel 却是与伊斯兰教很有教义上的传授关系的。第三次下西洋，宝船队扫清了印度洋东部商圈中的反对派的阻挡，到达非洲之角的剌撒（Ras Aser，Ras Acer），也就是元代汪大渊译作“辽西”的地方。广义的剌撒相当于“非洲之角”，由亚丁湾南岸的塔朱拉湾转过阿赛尔角直到摩加迪沙以北，中世纪阿拉伯地理学家称作“麻罗抹”（Berbera，或 Berābir）。这里的人被雅库特（iv，602，1866—1877 年版）称为“野蛮的黑人”，是住在桑给和哈巴沙之间的居民。最大的城市有柏培拉，但到郑和下西洋时已渐衰落，所以宝船只去剌撒，即可南下东非各港。宝船队在剌撒建立了由印度南下东非的第一站。这个剌撒在《郑和航海图》上列在阿丹（亚丁）对面（以南）的大山边，由此向西北展开的地名还有失里儿、罗法。失里儿是索马里北部的古港泽拉（Zaylaʿ），罗法还在它的北面，应在马萨瓦或更北的艾特伯港（alʿAydhāb），地处 Ras Elba，与“罗法”的译名相当，可以和“朝圣”的路径对应，对岸有大道通向希贾兹。这三处地方在向达《郑和航海图》中都失考。第三次下西洋的船队不但去了加异勒、剌撒这样的一些在赤道以北的非洲地方，而且还往南远赴比剌（Biki）、孙剌（Sufāla）这些在莫桑比克境内的古港。这些古港是连阿拉伯帆船也不会在同一个季风期中由亚丁湾去东非经商时连续到达的目的港。第三次下西洋真可以说是中国帆船一鼓作气地开通了北起尼罗河三角洲、南至莫桑比克海峡的非洲航程的壮举。

纳赛尔·法拉杰向中国派出使者，是他在复位后对中国发展印度洋贸易所做出的有力而合宜的呼应。1421 年，开罗政局动荡，先后出现三位苏丹，最后苏丹的位置归了阿失剌福·赛福丁·白尔斯贝（Malek al-Ashraf Barsbāy，1422—1438 年在位）。

马木鲁克商人常驻印度的很多，专门从事印度和意大利之间的转口贸易。胡椒的贩运尤其繁忙，埃及代理商卡拉米到处谋取巨利。因此明朝政府在发展印度洋贸易的初期就注意到马木鲁克这个非洲的强国。这时埃及早已将非洲各港，如艾特伯、萨瓦金圈入它的势力范围，连达拉克群岛也不例外。通过政治的渗透和军事力量的控制，埃及对希贾兹的统治加强了。东方各国的商船，由于也门内部的不安，有一个时期纷纷绕越也门各港，特别是亚丁，北上红海和吉达打交道，从而直接和埃及发生关系。

郑和下西洋的宝船队也是这样，第一次便开赴亚丁和吉达①，第三次仍以吉达为目的港②，第四次也去过亚丁和埃及的港口（例如艾特伯），最后在第七次也有通事等七人乘古里国船到了麦加。第四次下西洋，从1413年12月（永乐十一年十一月）起航，到1415年8月12日（永乐十三年七月初八）返回，这次阿拉伯语通译马欢曾随船第一次出航。在他写的《瀛涯胜览》卷首纪行诗中就提到大食（麦加）、米息（埃及艾特伯），可能还到过开罗。诗云，自苏门答腊分䑸：

自此分䑸往锡兰，
柯枝古里连诸番。
弱水南滨溜山国，
去路茫茫更险艰。
欲投西域遥凝目，
但见波光接天绿。
舟人矫首混西东，
惟指星辰定南北。
忽鲁谟斯近海傍，
大宛米息通行商。

宝船所到的地方，以天方最远，但埃及在非洲的港口，如艾特伯、库赛尔，宝船一定也曾分头去过，它们和吉达一样都属于马木鲁克王朝。

郑和下西洋船队从第三次起已将印度洋贸易伸展到产金国源头所在的索发拉。寻找黄金、增加黄金储备是世界各国的共同诉求。1252年，地中海经济区一度出现黄金价格低于白银的情况，导致各国竞相铸造金币。1347年，黑死病由黑海的卡发城随船

① 谈迁：《国榷》，卷十三，中华书局标点本，1958年，第964页。
② 谈迁：《国榷》，卷十五，中华书局标点本，1958年，第1064页。

传染到西西里，后席卷欧洲。英法百年战争（1337—1453 年）期间，双方又将黄金当作赎金任意敲剥对方，结果物价飞涨，社会动乱，致使欧洲在 15 世纪陷入“金荒”，影响印度洋经济世界也陷入这一困境。欧洲的黄金原本取自亚洲和非洲，西非几内亚湾的黄金矿、亚丁湾的埃塞俄比亚港口和东非索法拉黄金国成为各国贸易商最为关注的“金源”，于是掀起葡萄牙人从大西洋寻找前往几内亚湾的海道，中国航海界和穆斯林贸易商运输索法拉黄金和埃塞俄比亚金块的商业浪涛。14—15 世纪，几内亚湾黄金主要流向开罗，后者形成了几内亚黄金最大的贸易市场；其次则向东通达红海西岸的艾特伯港，再向东则有泽拉港（《航海图》上的失里儿）、剌撒（柏培拉）。东非索法拉黄金的贸易则由基尔瓦苏丹国（麻林国）所操控。郑和下西洋船队运回大批黄金，实物近年虽已有发现，但记录却完全阙如，只知道费信《星槎胜览》记剌撒：“货用金银、段绢、磁器、米谷、胡椒、檀香、金银之属。”《星槎胜览》记阿丹国、木骨都束国、不剌哇国、竹步国四个国家“货用金银”。马欢《瀛涯胜览》记阿丹国：“凡国人打造级细金银首饰等项生活，甚精妙，绝胜天下。”亚丁是红海和阿拉伯世界金银交易和制作的一大市场。第七次下西洋，宝船队确实从阿丹和天方派过人员到了开罗，受到苏丹的接见①。

黄金和白银的比价关系常常表现出物价与社会供需关系的天平秤的两端的关系。明代中国通用纸币和铜钱（含铅六成），黄金、白银可以兑换纸币，但纸币不准兑取金银。而明政府却无充足的金银储备，因此无法稳定兑换的标准。明初洪武、永乐两代，黄金与白银的兑换比例大致呈 1∶4 逐渐贬值至 1∶5 的走势，每两黄金可以兑换 4～5 两白银（俗称“银子”）②。永乐年间，国家尚有足够的黄金储备。在南海和印度洋贸易中，除了对等的各类实物交易以外，由于各国币制不一，明政府必须支付一定的金银，尤其是白银，因此加大了进口黄金白银的需求，这项使命落在了郑和宝船队的肩头。因此，保持和开罗的塞卡西亚人主持下的布尔杰马木鲁克王朝的联系，取得基尔瓦苏丹的贸易合作十分重要。加异勒、阿丹、天方、木骨多束、麻林、比剌、孙剌实际上成了下西洋船队在金融领域的目的港，阿丹（亚丁）、剌撒（阿赛尔角或柏培拉）、木

① 家岛彦一：《郑和分䑸访问也门》，载于《中外关系史译丛》第二辑，1986 年，第 44－60 页。

② 参见沈福伟：《中国与欧洲文明》，山西教育出版社，2018 年，第 6 章，第 7 节，（四）明朝整顿财政，融入白银货币体制。

骨多束（摩加迪沙）尤其成了三根擎天柱，支撑了宝船的黄金交易市场①。这些国家和地区在第一次下西洋以后便陆续进入了中国官方贸易网。而且，随着时间的推移，在印度洋西部贸易网的三大方向中，非洲所占的贸易额迅速出现了超越阿拉伯半岛（阿丹、天方、祖法儿）和波斯湾（忽鲁谟斯）的势头。中国帆船也参与了东非和红海地区的三角贸易，向这一地区运去的商品已不只是丝绸（锦绮纱罗绫绢）、瓷器和铁器、铜器、锡器等日用器皿，而且也经销胡椒、各种细香料（沉香、豆蔻、肉桂、丁香）和棉布、丝布（丝绒和丝毛混纺物）以及米、麦、薯芋等谷物和粮食作物。由东非运往中国的乳香、血竭、龙涎香、钴蓝等香药和染料，自然比之由阿拉伯半岛运出的价格要优惠得多。基尔瓦苏丹国②的经济在14世纪有进一步的发展，促使大型宝船支撑下的东方贸易推进到了强风区以南的坦桑尼亚和莫桑比克沿岸。1416年麻林国使节赴华以后，苏丹国北部各地开通了与中国的地区贸易，中国宝船被阻挡在索马里海域，很少继续南下。因此，《郑和航海图》始终没有出现最南边的孙剌（索法拉）这样的地名，而描述的是一条经南巫里（苏门答腊北端）、龙涎屿通向东非虎尾礁（桑给巴尔岛）向北直奔哈甫儿雨（哈丰角），往南通过石城山（基尔瓦岛）到达金屿（莫桑比克岛），再转向白沙（查戈斯群岛）开往揽邦（苏门答腊东南端）和爪哇国的航路，清晰地记录了宝船越过苏门答腊西端（中经马六甲海峡）和东南端巽他海峡开通东非航路的全貌。

作为回应，永乐十七年（1419年）九月有马六甲等十七国入贡。永乐十九年（1421年）正月十六国入贡，其中有加异勒、剌撒、阿丹、忽鲁谟斯、木骨多束等国。永乐二十一年（1423年）九月有十六国组成的1200人使团赴北京，朱棣派王子出面接待。宣德时郑和第七次下西洋，目的国中仍有加异勒、剌撒、阿丹、忽鲁谟斯、木骨都束、甘巴里等友邦国家。宣德八年（1433年）闰八月，古里国王、柯枝国王、锡兰国王、阿丹国王、佐法儿（祖法儿）国王、甘巴里国王、忽鲁谟斯国王以及加勒、天方国都派使者入朝。这些国王留下了臣僚或嘱命使节，一直留在中国，直到正统元年（1436年）闰六月，“癸巳，古里、苏门答拉、锡兰山、柯枝、天方、加异勒、阿丹、忽鲁谟斯、祖法儿、甘巴里、真腊贡使同爪哇俱还国，赐敕”（《国榷》，中华书局，1958年，第1522页）。

---

① 参见《布罗代尔文集》（Mélanges F. Braudel，巴黎，1973年，第1卷，第65－81页）刊载的巴根论文《土耳其物价的变动，1490—1655》（O. L. Barkan，Les mouvements des prix en Turquie entre 1490 et 1655）。

② 即《郑和航海图》中的麻林地，《明实录》《国榷》《明史》中的麻林国（Bilad al-Mahdili）。

郑和结束第七次远航后，埃及和明朝的外交关系还在持续。在 1436 年（正统元年）苏丹阿失剌福（Malek al-Ashref，1422—1438 年在位）时①，再次有埃及使者出现在北京。明朝对苏丹回赠彩币十表里，纱、罗各三匹，白氎丝布、白将乐布各五匹，洗白布二十匹，并对苏丹的妻室和使臣分别馈赠礼物。这些丝织物迄今可以在伦敦的维多利亚和阿尔伯特博物馆中见到②。阿失剌福苏丹是马木鲁克后期享有盛名的巴尔斯贝。在他统治时期，马木鲁克面临的政治和经济危机已经十分明显，难以挽回。马木鲁克和塞尔柱人，后来又和小亚细亚新兴的奥斯曼土耳其人处于尖锐的对立状态。埃及还必须对付地中海上以塞浦路斯为巢穴的海盗们声势嚣张的骚扰。在商业上，为了增加财政收入，政府从 1429 年起规定，胡椒的出售不再由国家插手，全由卡拉米商人同欧洲商人直接成交。胡椒价格因此暴涨，原价 50 第纳尔的胡椒运到亚历山大里亚，本来只涨到 80 第纳尔，现在转手要卖 130 第纳尔。埃及和欧洲各国的关系因此日渐紧张。

巴尔斯贝派使者通过陆道前往北京谒见中国皇帝朱祁镇，礼官依撒马尔罕初次通使时的格例赉赐。由于明朝已经处于财政收缩时期，对这种贸易性质的国际往来的兴趣已经大为减弱，所以并未大力奖励。马木鲁克苏丹是否有意从中国获得支持，以增加抵御土尔克曼人的力量呢？但明朝政府对葱岭以西各国，最远只能和撒马尔罕、哈烈保持一定的政治关系，而和麦加的联系，宗教和贸易的成分更多于它的政治因素。明朝政府实在无力在动荡的中东局势中插手，因而没有积极开展和马木鲁克的外交关系，埃及使者从此也就“不复至”了。

开罗的吉尼扎秘档（Geniza Documents）③ 记录犹太商人经营的信贷和商贸网络包括了北非的伊弗利加、凯鲁万到埃及、埃塞俄比亚和印度之间的穆斯林商业世界，郑和下西洋的讯息因此很快传遍了红海、地中海，鼓动了永乐年间先后有热那亚人占领下希俄斯岛（Chios Island）派出的沙哈鲁使节，尚未占领君士坦丁堡的奥斯曼土耳其的阿速使节，以及称作鲁密国的伊比利亚半岛南部格拉纳达的奈斯尔王朝（1232—

---

① 《明史》卷三三二误作“正统六年，王锁鲁檀阿失剌福复来贡”。六年原是元年之误。伯希和也误作 1441 年。参见伯希和：《埃及与远东关系的早期报道》（P. Pelliot，Les anciens rapports entre l'Egypte et l'Extrême Orient），载于《国际地理大会记录》（Compte Rendu du Congrès International de Géographie），1925 年，第 5 卷，第 21－27 页。

② 戴闻达：《中国对非洲的发现》（J. L. Duyvendak，China's discovery of Africa），伦敦，1949 年，图版 IV。

③ 戈泰因：《开罗吉尼扎秘档》（S. D. Goitein，The Cairo Geniza as a source for the history of Muslim civilisation），载于《伊斯兰研究》（Studia Islamica），1955 年，第 3 卷，第 75－91 页。

1492年）的穆斯林政权的使节前往中国通好。这些国家的使节来自欧洲①。还有地中海南岸伊弗里亚的日落国，都有使节联络中国。从中撮合的则是埃及的卡拉米犹太商团。

虽然中埃外交关系并未得到有力发展，但中国和埃及的贸易关系还是维持了相当一段时间。中国和红海的海上贸易，在15世纪一直持续未断，而且在陆上和麦加有商路可通，和埃及仍有直接的往来。1407年后，撒马尔罕以西各国和明朝之间的交通大开，麦加常派使者和商队从陆道进嘉峪关。陆路须经一年才达中国②。麦加的商旅、使者常和撒马尔罕以及西域的吐鲁番、哈密的商队同往河西走廊。正德年间（1506—1521年），四次往谒北京，“称王者率一人，多不过三人，余但称头目而已”。到1533年（嘉靖十二年），称王的竟多到27人，入境之后沿途一切费用都由中国地方当局负责。商队规模越来越大，期望从赉赐贸易中取得更多的优待。中国虽做出五年一次的规定，来华的使节和商队仍然大大超过此数。嘉靖二十六年（1547年）明政府只得重新规定，麦加、哈烈和撒马尔罕使节从哈密入境的，只许三年或五年一次，每次只选30～50人到北京。嘉靖二十二年（1543年）后，麦加每隔5～6年派出一次商队来华，一直到万历（1573—1619年）年间未有间断。他们以金珀、宝石、真珠、毛皮、天马等换取金银、缎匹、色绢、青白花瓷器、铁鼎、铁铫等物。

这个时期埃及进口的华瓷，便有许多通过希贾兹获得。希贾兹对岸的艾特伯也见过明代青花瓷残片，当属明初烧造。福斯塔特遗址中的明瓷，除青瓷、白瓷、青白瓷和青花器以外，也有明代中叶非常流行的五彩瓷器残片。

埃及在15世纪继续仿制各种明式青花瓷。青花瓷从造型、图样、格调都直接影响了埃及制瓷业，成为当地瓷工的楷模。明初瓷器为了适应外销，也曾对伊斯兰陶瓷加以借鉴，制造出深受伊斯兰国家欢迎的杯、盘、壶、尊等日用器皿，如仿阿拉伯有短流单柄圆腹壶、空心座等。从元代起成为瓷器中最流行的器型的高足杯，便受到伊斯兰国家的影响。明代制造的高足杯，仍然保持着元代的造型。有人认为明初高足杯借自地中海或更古的近东式样③。除了东北新石器时代晚期已经出现陶高足杯④，元明之

---

① 沈福伟：《中国与欧洲文明》，山西教育出版社，2018年，第222－226页。

② 《星槎胜览》卷二天方国，《殊域周咨录》卷十二天方国。

③ 马辛托希：《中国青花瓷》（Duncan Macintosh，Chinese blue and white porcelain），弗蒙特，1977年，第35页。

④ 金银高足杯通常认为是春秋、战国时期由草原民族斯基泰人从欧洲传入中国的，参见延塞：《草原帝国在古代与远东和欧洲的关系》（O. Janse，L'empire des steppes et les relations entre l'Europe et l'Extrême-Orient dans l'Antiquité），载于《亚洲艺术杂志》（Revue des Arts Asiatiques），1935年，第9卷。但陶高足杯已发现于辽东昭乌达盟的小河沿文化，这种文化与河北仰韶文化有联系，属于新石器时代晚期，距今约五千年。

际高足瓷杯的大量生产，可说是这种器型第二次由地中海流入中国了。

15 世纪末，绕过好望角的新航路的开辟，对于一向由马木鲁克和威尼斯独占的亚洲和欧洲之间的转口贸易是个无情的打击。尤其不幸的是，马木鲁克海军在和葡萄牙人的海上角逐中，终于被撵出阿拉伯海。16 世纪以来，整个印度洋国际贸易网被葡萄牙殖民势力所打乱，代之以欧洲殖民者的新垄断。中国东南沿海贸易也同时遭到葡萄牙和西班牙海盗船的侵扰。在这样的情况下，中国和希贾兹、巴勒斯坦间的陆上商队，对于促进和维系红海和埃及的东方商业网就具有了不同往常的新的意义。

在 16 世纪，阿拉伯商人继续经营着从红海北上到开罗和亚历山大里亚，和从波斯湾穿越叙利亚草原到黎凡特的贸易。他们常常以 400 ~ 600 匹的骆驼组成浩浩荡荡的商队，把中国、印度以及马来群岛的香料、丝绸、药物、瓷器、颜料、珠宝和也门的咖啡运到埃及。他们的商队有时也直接奔赴中国的祁连山区，使得中国和埃及之间在长时期中依然可以互相感到彼此跳动着的脉搏。

但是伊斯兰世界内部的激烈变化，也像非洲在沿海各地所经受的严峻考验一样，摧残了这种远方的商队贸易。这个变化就是马木鲁克被奥斯曼土耳其所征服，亚洲西部和地中海南岸都成为奥斯曼帝国的一部分，埃及重新降为一个行省。介于亚、非、欧三大洲之间的中东的政治和经济中心，重新由地中海东南岸转向北方了。

第二节　郑和下西洋和印度洋国际贸易

明初洪武年间（1368—1398 年），由于国内社会治安的需要，和元朝不同，政府采取消极的海禁政策，禁止沿海私商进行海上贸易，对外实行官方的朝贡贸易。海外贸易只对王室权贵开放，国内市场终于面临完全封闭的状态。官办的“朝贡”和“赍赐”贸易，在进出口项目和数额上，都无法替代私商经营的海外贸易。海外华侨在南海和印度洋各国经商的传统横遭阻拦，和蓬勃发展的印度洋国际贸易完全不相适应。因此，海禁虽严，走私活动却日甚一日。从 14 世纪下半叶到 15 世纪初的半个世纪中，在印度洋西部地区，由于穆斯林商人的竞争，中国和非洲之间的直接贸易一度退缩。但不久，在 15 世纪上半叶就迎来了中非关系大发展的时代。

海外贸易的大发展，是由明成祖朱棣（1403—1424 年在位）执政期间积极开展官方贸易开始的。从永乐三年（1405 年）起，到宣德八年（1433 年）为止，明政府派出以郑和（1371—1433 年）为首的宝船队，七次前往印度洋各国，进行了举世闻名的下西洋的壮举。郑和率领的船队，向西所到的地方，以波斯湾的霍尔木兹、红海的吉达、印度洋西岸的摩加迪沙和基尔瓦为目的港，航线遍布南海和印度洋东西两部。正是郑和和他的副手，跟随着前代航海家的足迹，继往开来，将中国远洋航业的光荣传统推向了一个新的高峰。

明政府通过宝船贸易，不仅使四方珍宝、细货源源运到中国，深受民间欢迎的“番香番货”在国内市场上可以通行无阻，而且支持了那些侨居国外，拥有大批船只和海上武装的华商，取得了与他们的合作。对海外私商，明政府一变过去的消极抵制，成为积极的支持者，从而在开通马六甲海峡航路，改善明朝和亚洲一些国家的关系上取得了有力的进展。

通过屡下西洋进行的大规模定期的官方贸易，使得明朝政府和印度洋各国处于特定的政治关系之中。苏门答腊以西，印度西海岸的科泽科特是“西洋大国”，也是印度洋各国交通的枢纽。科泽科特以东，完全属于中国的商业势力范围。明朝政府和沿岸各国在宗藩关系的维系下，通过中国商船拥有最大的贸易额。这种宗藩关系是由明朝政府从日本起，在马六甲、锡兰山、柯枝、科泽科特等地册封镇国之山，和使者向各地国王颁发明朝《大统历》作为象征的。因此，郑和下西洋，也有人认为，到了科泽科特才算是出国的开始。何乔远《名山藏》卷一〇七《王享记三》说：“郑和下番，自古里（科泽科特）始，西洋诸番之会也。”这是由于长期以来，至少从 12 世纪开始，中国人形成了一个观念：印度次大陆以西的海域才是浩瀚无际的茫茫大洋，印度洋东部海域连同南海各地，由于中国航海家对它们了如指掌，已被当作“内海”了。

1405 年 12 月，郑和第一次率领庞大船队出国，便到科泽科特，授予国王“诰命银印”，并且起建碑庭。永乐年间，科泽科特向中国派使者共 10 次之多。印度洋各国都和科泽科特使者同来，1416 年科泽科特和马六甲等 19 国使者到中国，1419 年的使团共 17 个国家，以后在 1421 年、1422 年和 1423 年，连续三年，每年都有 16 个国家的使者奔赴中国，而科泽科特总以西洋大国列于首位。1423 年的一次，使团成员共有 1200 人之多。非洲国家，主要是东非各国，都积极参与这一国际性的政治和经济活动。中国帆船经营的印度洋贸易，在西部地区的重心已从阿拉伯半岛进而转向整个非洲。

第三节　船队五访东非洲

郑和率领的船队，每次宝船数在 40 艘到 63 艘之间，随从官兵 27000 多人。每艘宝船的排水量约在1000吨左右①。宝船以外，配备有护航战船、专用客船、后勤船。每次下西洋，动用的船只总数在200～300艘之间。大批船只出航以后，按照预定的航行计划，分成各个支队，在不同的海域中，根据特定的航路，在各自划定的地区内定期往返，以完成特定的政治使命和货物的交易。宝船队都装备有先进的罗盘导航仪器，并且根据历代航海经验编制了针经图式和航海地图，指导航行。

郑和的宝船队，从第三次出航开始，便对东非各国给以极大的关注，从此以后连续对东非海岸进行了五次访问，直到在1433年最后一次大䑸宝船返国为止。

船队对非洲的访问：

第一次（总第三次），1409年12月—1411年6月。船队初访摩加迪沙、朱巴和布腊瓦，远赴比剌（莫桑比克港）和孙剌（索法拉港）。到达的其他港口，有科泽科特、奎隆、锡兰、吉达和霍尔木兹。

第二次（总第四次），1413年12月—1415年7月②。宝船继续开赴吉达，并到过埃及在非洲的港口。在东非，宝船沿着上次航行的路线，再度访问摩加迪沙、布腊瓦，并继续向南深入到基尔瓦、莫桑比克港和索法拉港。也是一次航线最长，进入季风航行区外的长征。

第三次（总第五次），1417年12月—1419年7月。郑和奉命伴送科泽科特、马尔代夫、摩加迪沙、布腊瓦、基尔瓦等国的使节回国，又一次进入东非海域，远抵基尔瓦和索法拉港。

第四次（总第六次），1421年2月—1422年8月。郑和统率船队护送科泽科特等16国使团返国，其中一支分遣队到达摩加迪沙和桑给巴尔岛。这是1420年12月从南京迁都北京以后进行的下西洋船队。由于准备工作自1419年9月即已着手，因此在1421年正月船队得以正式奉命起航。

第五次（总第七次），1431年12月—1433年7月。这次船队遍历20个国家，是宣德改元后模仿永乐年间的惯例十分盛大的一次，宝船总共动用61艘，官兵有27550名。船队到了霍尔木兹和吉达港，并访问了摩加迪沙和布腊瓦、朱巴。

---

①　清代《淮关统志》有计算海船载重的算式，计算用料用龙骨（丈）×舱深（丈）×10，所得尺数即是造船用料。《明史·郑和传》记载宝船尺度（长四十四丈、广十八丈），有1616年成书的《东西洋考》所记荷兰舟（长三十丈、横广五六丈）可以比较。据新发现的文献南京祖堂山出土的《大明都知监太监洪公寿藏铭》，宝船有五千料的大福船，以最低值推算出的载重量为500吨。见祁海宁：《论洪保墓寿藏铭的出土与大号宝船研究的几个基本问题》，载于《郑和研究》，2012年第1期。

②　返航时间，据《明太宗实录》卷一六六。

上述五次航行，都将东非列入宝船的运行圈内，成为郑和指挥的船队的有效航程。每次离开中国沿海出航的船队，从出发到返航的时间至少在一年半以上。据《前闻记》，最末一次的航行历时较长，计自宣德五年（1430年）闰十二月六日由龙湾开船，到翌年十二月九日才离开福建五虎门，正式开洋，至1433年7月返航，实际在国外航行所费时间有20个月，仅次于首次航行的22个月。由于宝船制造坚固，抗风力强，续航能力比过去所造船只有显著的提高，因而可以采用新的航路由苏门答腊岛或斯里兰卡直航摩加迪沙、布腊瓦。这是郑和宝船队在提高船队续航能力、开辟长途航线上超越前人的伟大成就。到达索马里南部诸港的中国船，完全可以在同一个季风期内跟上由霍尔木兹或科泽科特归国的大䑸宝船。只有少数超越这一航行范围，深入肯尼亚、坦桑尼亚沿海各港，甚至远抵莫桑比克港口的船只，由于活动范围的扩大，航程的遥远，中途等候季风的需要，才会推迟它们返航的时间表。即使这样，这些沿着东非海岸南航的船只归国的日期，一般也不过比之大䑸宝船的返航推迟一年左右①。

宝船访问东非，通常都从第四次算起，1414年初才有宝船驶往摩加迪沙。但在四年前，郑和统率大䑸宝船队开航霍尔木兹，已派一支船队分赴摩加迪沙。《明太宗实录》卷八三列举这次航行所到十三国中，虽不见有非洲国家，但世居郑和船队每次出海必须集结的太仓，先后任职南京吏部验封司主事、北京兵部职方郎中的陆容（1436—1494年），在《菽园杂记》卷三对这次航行记载特详，曾赋予它以全新的意义：

> 永乐七年（1409），太监郑和、王景弘、侯显等统率官兵二万七千有奇，驾宝船四十八艘，赍奉诏旨赏赐，历东南诸蕃，以通西洋。是岁九月，由太仓刘家港开船出海。所历诸蕃地面，曰占城国，曰灵山，曰昆仑山，曰宾童龙国，曰真腊国，曰暹罗国，曰假马里丁，曰交阑山，曰爪哇国，曰旧港，曰重迦逻，曰吉里地闷，曰满剌加国，曰麻逸冻，曰彭坑，曰东西竺，曰龙牙加邈，曰九州山，曰阿鲁，曰淡洋，曰苏门答剌，曰花面王，曰龙屿，曰翠岚屿，曰锡兰山，曰溜山洋，曰大葛阑，曰阿（柯）枝国，曰榜葛剌，曰卜剌哇，曰竹步，曰木骨都束，曰阿丹，曰剌撒，曰佐法儿国，曰忽鲁谟斯，曰天方，曰琉球，曰三岛国，曰浡泥国，曰苏禄国。至永乐二十二年（1424年）八月十五日诏书停止。诸蕃风俗土产，详见太仓费信所上《星槎胜览》。

① 参见《明太宗实录》卷二六三，永乐二十一年九月条，周鼎掌管的一支驶往孟加拉的分遣队，在第六次下西洋的船队返航后一年，才于1423年9月回到国内。

（《纪录汇编》卷一八一）①

陆容的记述，根据的是《星槎胜览》最早的传抄本。他列举宝船去过天方，已得到《国榷》卷一五在1411年6月郑和返国时所作总结的证实。陆容提出这次所用宝船48艘，也和《明太宗实录》卷七五永乐六年正月丁卯的造船记录符合。他提到这次航行的统领中有侯显，更显示出1413年2月出使尼泊尔的侯显也率领过船队由海上通过孟加拉进入印度内地。这支分遣船队一如《星槎胜览》所记录的，正是在这次航行中开辟了南印度小葛兰到木骨都束和从斯里兰卡的别罗里至卜剌哇的新航线。陆容根据他见到的原始记录，明确第三次下西洋时，宝船队的行踪已遍及东海、南海、苏禄海和印度洋各地，确定宝船所到极西诸国的范围，北起忽鲁谟斯，深入红海的天方，南至木骨都束、卜剌哇、竹步，已将东非索马里各港列入宝船运行圈中，因而使下西洋的规模扩大到印度洋西部沿海南北各地，为以后各次航行选择了最大的航行目标和规模。因此，可以毫不夸张地说，第三次航行是历次下西洋的壮举中最具有创新意义的一次航行。

《明太宗实录》记录郑和这次所到的国家，不但很不完整，而且遗漏了极其重要的锡兰和忽鲁谟斯，《国榷》卷一五、《星槎胜览》、《明史》却都有记录。同样，第三次航行所到的天方，仅见于《菽园杂记》和《国榷》。《国榷》卷一五，永乐九年六月，对这次下西洋作了总结："和使西洋，自占城西南通国以十数，苏门答剌最远。自苏门而往，通国以六七数，柯枝最远。自柯枝而往，通国六七数，天方最远。盖去中国数万余里矣。由是明月之珠，鸦鹘之石，伽南沉速之香，麟狮孔翠之奇，梅脑薇露之珍，珊瑚瑶琨之美，皆充舶而归焉。"②

《菽园杂记》的可靠性由《国榷》得到旁证，郑和第三次航行时派船到过东非因而也是可信的。《星槎胜览》所述东非航路，也一定有第三次出航时首次通行东非的记录在内。因此，在1413年进行第四次下西洋时，郑和才能开辟苏门答剌—溜山—摩加迪沙航线。

第四次航行，《明太宗实录》卷一三四记永乐十年十一月下诏，列举到达的国家，有满剌加、爪哇、占城、苏门答剌、阿鲁、柯枝、古里、喃渤利（南巫里）、彭亨（彭坑）、急兰丹、加异勒、忽鲁谟斯、比剌、溜山、孙剌共15个。根据马欢《瀛涯胜览》

① 陆容所列各国中脱漏小葛阑（兰）、古里和龙牙门三处，或系刻本所讹。最后一句文字，大约也是丛书编者所按。

② 谈迁：《国榷》，卷十五，中华书局标点本，1958年，第1064页。

卷首纪行诗，还到过埃及，至少到了马木鲁克势力控制下的艾特伯港或吉达港。由《明太宗实录》卷一六九记录1415年麻林通使，卷一八二记1416年麻林、木骨都束，卜剌哇通贡，这次宝船一定也去过麻林、木骨都束和卜剌哇三个地方①。宝船所到的比剌、孙剌在东南非。《明史》卷三二六将麻林列入“去中国绝远”的国家，同样，比剌、孙剌两国，“郑和亦尝赍敕往赐，以去中华绝远，二国贡使竟不至”。麻林和比剌、孙剌都在非洲的东南部。

麻林，自1848年徐继畬《瀛环志略》卷八阿非利加以为肯尼亚北部马林迪以后，许多学者都简单地以对音比订为马林迪②，在《武备志·航海图》上相应的地名有麻林地。由于麻林地位于门肥赤（符贝奇）以南二指的地方，以前都认为是海图绘制上的误植，现在有以为是林迪的。马林迪，其实是另有专名的。明代《三才图会》称为入不国，是桑给国的首府，“至应天府行三年”。明初和中国有过来往，但不称麻林。麻林是13世纪末接替基尔瓦设拉子朝的马赫迪里朝（Mahdalī，Mahādila），中译名省去中间的音节，仅译首末两个音节。航海图上的麻林地，便是基尔瓦国，“麻林”是音译，“地”等于“国”（Bilād）。蒙巴萨、奔巴是基尔瓦最重要的省份。蒙巴萨以南，包括坦噶尼喀沿海的姆里马（Mrima，滨海）地区，都是苏丹直属领地，也就是中文所译的“麻林地”。航海图上的麻林地，大致和明代档册上与中国通使的麻林国相当，它的中心是基尔瓦苏丹国的首都基尔瓦·基西瓦尼。

比剌和孙剌，比麻林还要远得多。比剌，过去都读作“比剌”（Bila，Bira），有以为在赞比西河口的赞比拉（Zembere）或德拉戈阿湾旁的比罗格拉斯（Belugaras）的，已经远到莫桑比克南部洛伦索·马贵斯了③。孙剌，早在1933年，伯希和便指责过柔克义考作巽他的错误，但没有指明具体地点④。15世纪莫桑比克境内最主要的港口有二，一是北部的莫桑比克港（南纬15°4′），一是贝拉南面、布齐河口的索法拉港（南纬20°12′）。比剌就是莫桑比克（Mozambique）的“比克”，斯瓦希里语称Musambiki，

---

① 冯承钧：《中国南洋交通史》，商务印书馆，1937年，第97页；谈迁：《国榷》，中华书局标点本，1958年，第1126页，第1135－1136页。

② 劳费尔在《中国伊朗编》（B. Laufer，Sino-Iranica，Chinese contributions to the history of civilization in ancient Iran，芝加哥，1919年）中重提这一说法，从此欧洲汉学家和非洲史家都沿袭这一译名的考订。

③ 罗荣邦的试释，见他在1960年西雅图年会上提出的论文《葡萄牙人东来前印度洋上的中国远征队》（Lo Jung-pang，Chinese explorations of the Indian Ocean before the advent of the Portuguese）。

④ 伯希和：《郑和下西洋考》（P. Pelliot，Les grands voyages maritimes Chinois au début du XVe siècle），载于《通报》（T'oung Pao），1933年，第30卷，第237－452页；冯承钧中译本，商务印书馆，1934年，第68页。

Msambiki，约 1550 年成书的《基尔瓦史》（History of Kilwa）写作 Musanbïh ①。孙剌则是赞比西河以南的索法拉古港。前者是尼亚萨湖南部和赞比西河上游铜矿、黄金和象牙的输出港，后者接连津巴布韦古址，同样是象牙、奴隶贸易的出海口。郑和、王景弘指挥下的宝船在第四次下西洋时，便到过莫桑比克境内的这两处港口，闯进了德拉戈阿湾附近的南非风暴区，远远超过了季风航行的制约。索法拉港是在近代以前中国帆船向西所到达的最远的一个海港。由于中国宝船亲临基尔瓦，自此以后，在好多年中，基尔瓦苏丹便积极和中国遣使通好，带动了索马里、肯尼亚和坦桑尼亚沿海各地和中国的外交和经济往来，出现了中非关系史上的一个新的高潮。

宝船队第五次、第六次的出航，都是由于郑和奉命伴送科泽科特、马六甲、摩加迪沙和基尔瓦使团回国。这时东非沿海，自贝纳迪尔到姆里马，都成了宝船出没的海区。这两次航行，算是现在国外史学界所知的宝船到达非洲的次数②。即使这样，甚至还有人在否认在中国和东非之间有了直接的贸易往来③。他们忘记了在同一时期，基尔瓦苏丹国所以能够大量进口华瓷，使中国的瓷器不论在贝纳迪尔，还是肯尼亚和坦噶尼喀，都能以压倒的优势超过伊斯兰陶瓷，主要的途径，至少在 15 世纪上半叶，并非仰赖于坎贝船，而是由中国宝船直接肩负起来的。

第四节　《航海图》上的非洲针路

宝船队历次从长江口太仓刘家港启碇，到福建闽江口长乐县五虎门作最后的集结，然后开洋。宝船队在进入预定航区后，可分成数支分遣队，各自独立活动，然后在季风贸易期间按时返航。五次进入东非海域的，该是宝船的一支分遣队。

宣德六年（1431 年），当规模宏大，足以和 1405 年首次下西洋的宝船队媲美的官船整队作最后一次史无前例的出航时，郑和亲自撰写碑文，立在船队集结的太仓刘家

---

①　以上均见比尔曼、边沁等编：《伊斯兰百科全书》（The encyclopaedia of Islam），第 7 卷，1990 年，第 245 页。

②　戴闻达：《1416—1433 年郑和的东非航行》（J. L. Duyvendak，Sur les voyages de l'eunuque Tcheng Houo vers les côtes orientales de l'Afrique，1416—1433），载于尤素甫·卡米勒编《非洲和埃及地图集》（Yusuf Kamal，Monumenta cartographica Africae et Aegypti），第 4 册，开罗，1939 年；魏特莱：《中非关系述略》（Paul Wheatley，Analecta Sino-Africana recensa），载于奇蒂克等编：《东非和东方》（N. Chittick，East Africa and the Orient），纽约，1975 年，第 90 页。

③　苏顿：《东非海岸》（J. E. G. Sutton，The East African coast），内罗毕，1966 年。

港和福建长乐南山寺[1]，对以前六下西洋的壮举加以颂扬。长乐南山寺碑文说，每次出航，都由朝廷“命和等统率官校旗军数万人，乘巨舶百余艘，赍币往赉之，所以宣德化而柔远人也。自永乐三年奉使西洋，迨今七次，所历番国，由占城国、爪哇国、三佛齐国、暹罗国，直逾南天竺、锡兰山国，古里国、柯枝国，抵于西域忽鲁谟斯国、阿丹国、木骨都束国，大小凡三十余国，涉沧溟十万余里”。

宝船队的出航有专门记录针路的航海地图的指引。地图保存在茅元仪编著的《武备志》卷二四〇，原名《自宝船厂开船从龙江关出水直抵外国诸番图》，过去曾被认为是为第七次下西洋准备的一幅航海图[2]，习称《郑和航海图》。但从非洲航路来看，地图至少在 1413 年第四次下西洋时便已使用了。根据原图所记地名的详备情况，特别是东非沿岸地名，可以相信，地图至少在 1413—1415 年间便已具有实航指南性质了。图上有从苏门答剌港通往溜山和木骨都束的航线。《航海图》采用一字展开式的长卷，从南京西三汊河口以南的宝船厂开始，历经太仓刘家港、福建五虎山，正式开洋，详细地记录了航海所用针路，列举地名五百个以上。

宝船首抵越南中部的新州（归仁），经昆仑山（康道尔岛）、白礁（布拉卡岛），通过淡马锡（新加坡）对岸的长腰屿（万岛），经龙牙门（石叻门）过吉利门岛到满剌加（马六甲），航路顺苏门答腊北岸甘杯港、巴碌头抵达苏门答剌港，“用乾戌针十二更船平龙涎屿”，西航船队由亚齐西端海中的龙涎屿（朗多岛）分航。《航海图》注明：“龙涎屿开船过洋，用丹辛针四十更船，又用辛酉针五十更船，见锡兰山（唐特拉岬）。”由斯里兰卡到马尔代夫的航线主要有两条，一条“用辛戌针五十更收起来（肯迪科卢岛）”，一条“用庚酉针四十五更收官屿（马累岛）”。船过马累可直航摩加迪沙，过肯迪科卢可折向瓜达富伊角、哈丰角。针路：“官屿溜用庚酉针一百五十更，船收木骨都束。”

《航海图》记录的东非航路计有三条：一条由斯里兰卡南部的别罗里（皮林格）经马累岛到摩加迪沙；另一条由小葛兰（奎隆）到摩加迪沙；还有一条航线通过马累岛前往埃尔或瓜达富伊角，再通往亚丁或东转科泽科特。后者是由亚丁到斯里兰卡的安全航行线的一部分，航程偏南，略呈弧形迂回。

又据参加第三次航行的费信所著《星槎胜览》，东非航线共有两条，一条自锡兰山

---

① 郑和在刘家港天妃宫所立石刻《通番事迹记》，原碑在 1937 年前佚失，但碑文早被搜集在钱穀《吴都文粹续集》卷二八。郑和在长乐南山寺所立《天妃之神灵应碑》，原碑现仍存长乐，碑文见郑鹤声编：《郑和遗事汇编》，中华书局，1948 年；巩珍：《西洋番国志》，附录，中华书局，1961 年。

② 向达：《郑和航海图》，中华书局，1961 年，序言第 4 页。

国别罗里南去，顺风二十一昼夜，可至卜剌哇国；一条自小葛兰国顺风二十昼夜，可至木骨都束国。根据在第四次航行首次出航的马欢所著《瀛涯胜览》，有自苏门答剌国开船，过小帽山（威岛）投西北，好风行十日，可到溜山国。这条航线的目的港当然也是摩加迪沙。

由中国通往东非各港的航路，在印度洋海域，一个重要的分叉点在苏门答腊岛北部苏门答剌港以西的帽山（威岛）。

苏门答剌港位于苏门答腊北部巴昔河口的苏门答剌（Samudra）村，从那里可以越过南巫里洋直抵马累岛，然后西北通航埃尔，正西直抵摩加迪沙，西南可通布腊瓦。由此继续南航，肯尼亚、坦噶尼喀各港便一一列入华船航程以内。

别罗里是印度洋上通往东非各地的另一处重要中转港，是孟加拉—基尔瓦航线的必经之地，从那里最便利的航线是经过马尔代夫海域直航布腊瓦的路线。另外，还有通过马累岛通往摩加迪沙的航线。

根据《航海图》针路标明的航路，从福建五虎山到马六甲共 126 更，再到苏门答剌港 42 更，苏门答剌到别罗里 102 更，由此经官屿溜（马累岛）到摩加迪沙 195 更，总计自福建五虎山到摩加迪沙，全程 465 更。按《指南广义》和《台海使槎录》，60 里为一更，总计 27900 里，合 7300 海里。从中国沿海到摩加迪沙，实际航行日程不过 60 天左右，就可完成一次 7000 海里以上的远洋航行，平均日航数达到 120 海里。如果以苏门答剌直航马累的航线计算，那么从中国到索马里贝纳迪尔的航程更可缩短到 6800 海里，中途只需在马来半岛的马六甲，苏门答腊巴昔河口的苏门答剌港和马尔代夫群岛的马累岛三处停靠，进行贸易，获取给养。大致在冬季东北季风期从福建起航的船只，到苏门答腊休整一段时间，并开航孟加拉贸易以后，再在翌年东北季风期间赶到东非。由于苏门答剌港和摩加迪沙之间的新航线可以绕过斯里兰卡，到达贝纳迪尔的船只还有时间可以在同一贸易季节南航基尔瓦·基西瓦尼，然后在西南季风期径回中国。

《航海图》上的东非沿海针路起自麻林地以南，这就说明麻林地尚非中国帆船远航的极限。据图，麻林地附近的东非沿海针路标明："在华盖星五指内去，到北辰星四指，坐斗上山势，坐癸丑针，六十五更，船收葛儿得风、哈甫儿雨。"东非沿海自南而北，针路至于瓜达富伊角，再向北，便是亚丁港了。这是南航华船在返航途中采取的一种走法，从瓜达富伊转回科泽科特或马尔代夫群岛，以便在贸易上取得更多的利益。由此可见，中国帆船确曾参与东非沿海和马拉巴之间的中转贸易，但华船既不通过亚丁前往东非，也不在返航途中北上亚丁再东转印度。

《航海图》列举的东非地名，过去只知道有起自"哈甫泥"直到"麻林地"的 14 处，而且由于在地名识读上产生误会，以致认为地图上地名有上下颠倒的错误。其实

《航海图》上的地名，按照前后列成两排，排列方向自北而南，十分整齐。

第一排地名，最和海岸线靠近，有：

航海图原名	今地名
木儿立哈必儿	贝拉港
黑儿	埃尔
十剌哇（卜剌哇）	布腊瓦
慢八撒	蒙巴萨
门肥赤	符贝奇
葛答干	基林迪尼
麻林地	基尔瓦苏丹国

第二排地名，列在海岸线偏南的地方，有些地名如抹儿干别、八骨都束并不与第一排地名重叠，而呈交叉排列，有：

航海图原名	今地名
哈甫泥	哈丰角
剌思那呵	那苏阿德角
抹儿干别	梅雷格
木骨都束	摩加迪沙
木鲁旺	梅尔卡
起荅儿（起芥儿）	基卢普—格迪
者即剌哈则剌（者即剌哈贝剌）	甘巴罗岛（奔巴岛）

从《航海图》上的这些地名可以看出，除了麻林地这个专指麻林国的地名以外，所有地名都在索马里和肯尼亚沿岸。原图地名所以分成两组，估计是由两支以上不同的船队根据航行实迹绘出的地图进行拼接的结果。两组地名应该是对这一地区实际通航的船队采取不同的停靠路线所形成。第一排地名中的重要港口是布腊瓦、蒙巴萨和符贝奇；第二排地名中的重要港口是摩加迪沙、格迪—基卢普和甘巴罗岛（奔巴岛）。大致可以看出，由于贸易货物的不同，中国帆船通常会避开供货与销货相近的港口，如走摩加迪沙、格迪—基卢普、奔巴岛的船只，不走布腊瓦、蒙巴萨、符贝奇航线，因此在货物营销上也彼此叉开，避免重叠，以期在同一个季风期间可以在大范围内完

成商品的全额营销。

图上14个地点，按照现在相当的地方①，自北而南，可以排成这样的次序：

哈丰角（哈甫泥）
贝拉港（木儿立哈必儿）
埃尔（黑儿）
那苏阿德角（剌斯那呵）
梅雷格（抹儿干别）
摩加迪沙（木骨都束）
梅尔卡（木鲁旺）
布腊瓦（卜剌哇，原图讹作“十剌哇”）
格迪—基卢普（起芥儿，原图作“起荅儿”）
蒙巴萨（慢八撒）
符贝奇（门肥赤）
基林迪尼（葛答干）
奔巴岛（者即剌哈贝剌，原图作“者即剌哈则剌”）
麻林地（基尔瓦苏丹国）

地图上的慢八撒和门肥赤，都在华盖七指的地方，过去解释是一在大陆，一指海岛。魏特莱别有所见，以为慢八撒是蒙巴萨，门肥赤则是马菲亚岛的另一写法Monfiyeh的译音②。Monfiyeh与“门肥”相近，却对不上“赤”，除非“门肥赤”是“门肥亦”之讹。《航海图》列出慢八撒和门肥赤都是华盖七指，相距极近，所以门肥赤不能是马菲亚岛。“门肥赤”该是闽南话符贝奇（Vumba Kuu）的译音，此地是一古港。阿拉伯文的《基尔瓦编年》将蒙巴萨拼作Manfia，原稿又可读作Manfasat，慢八撒的译名由此而来。和蒙巴萨相距不足1°的符贝奇，在肯尼亚和坦噶尼喀边界，遗址在曼哈梅雷勒（Mehamalale），门肥赤的译名便是由当地的读法而来。中国船去过那里，所以熟知当地土名。地图上的葛答干在门肥赤南，麻林地北，最合适的地方是蒙巴萨西南附近的基林迪尼，亦即蒙巴萨的古址。考古证明这里是一个文化中心，又称托加（Tuaka）。

---

① 参阅沈福伟：《14至15世纪中国帆船的非洲航程》，载于《历史研究》，2005年，第6期，第119－134页。

② 魏特莱：《中非关系述略》（Paul Wheatley，Analecta Sino-Africana recensa），载于奇蒂克等编：《东非和东方》（N. Chittick，East Africa and the Orient），纽约，1975年，第112页。

葛答干是个复合名词，由基林迪尼的首音和托加结合。这个地方在《明史》中称作千里达，和明朝有过外交往来。

蒙巴萨和基林迪尼以南的麻林地，在《明史》上称麻林国。据图在华盖星五指的地方，和蒙巴萨相距二指。一指的距离约在1°30′以上，但东非沿海航行，一指的实际距离常在2°或3°以上，例如图列木骨都束和黑儿相差一指，实际摩加迪沙和埃尔的纬度相差6°。同样，麻林地和蒙巴萨的距离也可以差到6°之远，蒙巴萨（南纬4°4′）以南的基尔瓦·基西瓦尼（南纬8°56′）便在二指的航程以内。

《航海图》上的地名，学术界有过不同的考释。哈甫泥，菲利普斯将它改成Ha-pu-hsi，译作Habash，成了埃塞俄比亚①。哈甫泥和黑儿只差一指，当然当作埃尔以北2°的哈丰角最合适。黑儿这个地名，明明在哈丰角附近，是个音译名称，菲利普斯却误解成黑人国，当作索法拉②，魏特莱解释是桑给国③。者即剌哈则剌，有人改作者郎剌哈则剌，向达按照者即剌哈则剌考订，以为是布腊瓦和朱巴河口间的Djogiri④。其实"者即剌"是阿拉伯语的"岛"，"哈则剌"为"哈贝剌"的刊讹，是甘巴罗岛（Kanbalu），今称奔巴岛，在桑给巴尔岛以北。起荅儿，或当作起吞儿，或以为是起若儿，李约瑟考订此地是chyula山丘⑤。葛答干，密尔斯释作莫桑比克以北16公里康杜西湾中的Quitangonia岛⑥。麻林地，李约瑟对马林迪的解释提出过不同看法，以为可能是南纬15°的莫桑比克港⑦。有人则主张是坦噶尼喀南部的林迪区，"麻"是斯瓦希里语格麻（"这个"）的省译。

在中世纪晚期，中国的航海家备有各式各样的航海图。《两种海道针经》中的《顺

① 菲利普斯：《印度锡兰海港考》（George Philips, The seaports of India and Ceylon, described by Chinese voyages of the 15th century），载于《皇家亚洲学会中国分会学报》（JCBRAS），1885年，第20卷，第222－224页；理查·潘古斯特：《埃塞俄比亚经济史导论》（Richard Pankhurst, An introduction to the economic history of Ethiopia），伦敦，1961年，第371页。

② 菲利普斯：《印度锡兰海港考》（George Philips, The seaports of India and Ceylon, described by Chinese voyages of the 15th century），载于《皇家亚洲学会中国分会学报》（JCBRAS），1885年，第20卷，第222－224页。

③ 魏特莱：《中非关系述略》（Paul Wheatley, Analecta Sino-Africana recensa），载于奇蒂克等编：《东非和东方》（N. Chittick, East Africa and the Orient），纽约，1975年，第112页。

④ 向达：《郑和航海图》，中华书局，1961年，序言第12页。

⑤ 李约瑟：《中国科学技术史》（J. Needham, Science and civilization in China），剑桥，1971年，第4卷，第3册，第498页注g。

⑥ 李约瑟：《中国科学技术史》（J. Needham, Science and civilization in China），剑桥，1971年，第4卷，第3册，第498页。

⑦ 李约瑟：《中国科学技术史》（J. Needham, Science and civilization in China），剑桥，1971年，第4卷，第3册，第498页。

风相送》和《指南正法》，这些传抄的针位编①是其中保留下来的少数实物。黄叔璥《台海使槎录》说："舟子各洋皆有秘本，云系明王三保所遗，余借录，名曰洋更。"王三保，《海岛逸志》卷二称他是宣德年间下西洋的太监，是《西洋番国志》中的王景弘。总之，航海地图在15世纪上半叶已很详备了。

《航海图》在葡萄牙航海家之前详细记录了东非沿岸的城镇和港口。尽管地图采用中国的传统画法，在比例上尚欠妥善，在技法上不够精细，然而早已摆脱了由政府和地理学家在早些时候根据陈旧的"夷夏有别"观念以极不合理和几乎不成比例的画法绘制的地图的局限，因而富有实用的价值。它是迄今所见最古的海图，在古老的非洲地图中尤其难能可贵。

第五节　《航海图》上的坦桑尼亚和莫桑比克

《航海图》上历来被认为在东非的14个地名，根据以上的考释，几乎全在索马里和肯尼亚沿岸，只有者即剌哈贝剌（奔巴岛）和麻林地（基尔瓦苏丹国）向南跨入坦桑尼亚境内。

《航海图》上的麻林地，前面有一个特殊的标志，被认为是东非所特有的柱墓（pillard tomb），所以这个麻林地不是具体的海港或城市，只能是表示基尔瓦苏丹国的"麻林国"。《明史》将这里译作"麻林国"，是最妥善不过了。东非最早的柱墓出现在13世纪，在基卢普和奔巴岛的姆肯皮角可以见到实物，是在墓地前竖起的四角、六角或八角形的刻有花纹的柱子，柱顶常用瓷瓶覆盖。目前发现的15世纪用青花瓷装饰的柱墓多到20多处，传说是下西洋的中国船员所建，后来在当地传习成风。《航海图》既用柱墓来表示苏丹国的中心地区，又用针路指出"在华盖星五指内去到"，在和蒙巴萨（4°4′S）相距二指的地方，业经航海天文学计算证明，与基尔瓦·基西瓦尼（8°56′S）相当，正好符合在符贝奇以南的坦桑尼亚境域，不但在东非航行上处于由季风区进入弱风区的界线，而且也进入了马赫迪里苏丹国的直属领地和苏丹的政治中心。《航海图》上能清楚辨认的东非大陆岸线，到麻林地，也同时消失在图卷的底部。但与此相

---

① 田汝康《〈渡海方程〉——中国第一本刻印的水路簿》（中文稿收录于《中国科技史探索》，李国豪编，上海古籍出版社，1982年；英文稿"The first printed Chinese rutter – Duhai Fangcheng"载于《通报》，1982年，第68卷，第1－3期，第76－90页）提出了一个新问题，他认为牛津大学劳德手稿145号，即称为《顺风相送》的水路簿，是1537年正式刻印的《渡海方程》的传抄本，早在郑和下西洋之前便已被航海家使用了。

接的图卷，在苏门答腊岛的南部（实际方位是西部），确有另一条岸线隐现于水面以南，似乎和麻林地岸线遥相呼应。这条岸线自西而东，起点在虎尾礁西的无名岛，自无名岛东南与苏门答腊岛并行展开，直至图上的凉伞屿才重又消失在图卷的底部。自虎尾礁、石城山、凉伞屿向东，直到白沙为止的岛屿，总共有十处地名，在《新编郑和航海图集》中都被当作苏门答腊岛西岸沿海诸岛加以排列①，所经航路被画在这些岛屿之北（实际方位是以东），离苏门答腊岛海岸极近，但航路既未标出针路，而且苏门答腊岛西岸常年出现变幻莫测高达 6 米的拍岸浪，可以延伸到 1000 米以外的海面。在帆船航行时代，直至 18 世纪尚为航海者所忌，所以这些岛屿是否是苏门答腊岛海域中的岛屿，是很成问题的。何况自虎尾礁到凉伞屿的岛屿明显都与非洲大陆岸线邻接，凉伞屿以下南傅山、沉礁、金屿、双屿（共有二岛）、九屿（应有九岛）、沙糖礁、白沙之南是否有岸线，因图卷的限制，极有可能已被裁略，所以十处地名极有理由应被视作靠近东非沿岸的岛屿，绝非苏门答腊海域中的岛礁。

《航海图》靠近南印度洋岸线的第一个岛屿名虎尾礁。当年下西洋队伍中有许多江浙人，按方言念是“虎尼礁”，相当于斯瓦希里语中翁古贾岛（Unguja）的“古贾”，“礁”是音译阿拉伯语的“岛”（jazirat），放在词尾是中国化的用法，就是桑给巴尔岛。虎尾礁左边一个无名岛，是通巴图岛。航路从通巴图岛北转，可以衔接肯尼亚南境的门肥赤（符贝奇）。虎尾礁东北注“有人家”的小岛，是夸莱岛（Kwale Island），也是个古移民点。夸莱岛右边的山形岛是马菲亚岛。自此以后一段岸线指出“有人家”的小岛（松戈松戈岛，Songo Songo Island），旁边有“石城山”的岛屿，是设拉子王朝的国都基尔瓦·基西瓦尼（Kilwa Kisiwani）。当年为切断大陆上的异族入侵，移民者在此开河切断陆路，基尔瓦因此成一岛屿。岛上有农田，宫室、城堡都在北面。此后经过一长段航路，才出现凉伞屿，是坦桑尼亚沿海的米金达尼湾和纳通达角（Ras Natunda）。岸线由此折入图卷底部而消失。

凉伞屿右边有大岛南傅山，相当于德尔加杜角。南傅山的对音是该地北部鲁伍马河口的纳穆伊兰加（Namuyilanga）。南傅山右面的小岛沉礁，是莫桑比克沿海的马特莫岛，或它稍南边的伊博岛。航程在南傅山以南已进入东非航行的极限无风区。

沉礁右边的一个大岛金屿，只有莫桑比克岛可当。在阿拉伯领航员马季德（Ahmad ibn Madjid）的三份《航海志》中写作 Musanbidji，斯瓦希里语称作 Musambiki。莫桑比克

① 海军海洋测绘研究所，大连海运学院航海史研究室编：《新编郑和航海图集》，人民交通出版社，1985 年，第 64－65 页对接第 56－57 页原图；向达：《郑和航海图》，中华书局，1961 年，第 57－59 页对接第 47－55 页。

岛最早的名字是“索法拉国”或“索法拉地”（Bilād al-Sufāla），位于南纬15°4′，几个世纪以来就以输出黄金闻名海外，因此人们追踪黄金国，便不断将索法拉国的位置顺着东非海岸推向南边。至少在14世纪中国人还相信索法拉国在莫桑比克岛，元人周致中《异域志》就把这里称作“三佛驮”（“索法拉黄金国”）。莫桑比克岛和更南边的索法拉港，一北一南，构成了莫诺莫托帕国的对外窗口。但这里的黄金、象牙出口贸易，却受到基尔瓦苏丹国的控制。郑和时代，据文献记载，中国宝船至少在第四次、第五次下西洋期间，已深入到比剌（Biki）和孙剌（Sufāla）这样遥远的地方。这两处地方都在今天的莫桑比克境内，前者叫莫桑比克岛，简称比剌，《航海图》上有金屿相当；后者叫索法拉港，文献上叫孙剌，《航海图》上无法找到。但由此也多了一个证据，说明《航海图》至少早在1415年第四次下西洋结束时已经存在，而孙剌港还没有来得及画到地图上去，因为此地不在印度洋西部航程以内，属于分支船只才去的境域。

金屿以东的双屿，指科摩罗群岛中的大科摩罗岛（Grande Comore）和它南面的莫埃利岛（Mohéli）。《航海图》上北面印有“屿”字的岛是大科摩罗岛，图上南面印有“双”字的岛是莫埃利岛。两岛为自东而西进入莫桑比克海峡北端的大门，因此有“双屿”之名。

双屿以东的九屿，在科摩罗群岛以东的印度洋中，是南纬9°～10°，东经46°～51°间现在属于塞舌尔的许多岛礁的总称，自西而东有阿尔达布拉群岛、阿桑普申岛、科斯莫莱多群岛、普罗维登斯群岛、塞尔夫岛和法夸尔群岛。弗拉·毛罗地图中的绿色群岛大致和中国海员习称的九屿相当。其东的沙糖礁，在法夸尔群岛以东，相当于阿加莱加群岛的一些岛礁，处于中印度洋海岭北端。

沙糖礁以东的白沙，是位于阿加莱加群岛东北的查戈斯群岛，北连溜山洋，处在南纬5°～8°，东经71°～73°之间，由迪戈加西亚等5个环礁岛屿和一些小岛组成，居民多黑人。此地的纬度与巽他海峡相同，相当于从基尔瓦东航巽他海峡的中途，往东为东印度洋海岭所在的一片汪洋，中国航海家习称附近海域为乌龟洋。手抄本《针位编》记永乐十九年（1421年）杨敏、郑和与李恺等三人率领宝船队到孟加拉等国周航，到洪熙元年（1425年）途经乌龟洋，遭遇暴风袭击。乌龟洋处在孟加拉—基尔瓦航线的中途，也是东非大陆通航巽他海峡的必经要道。《航海图》上的白沙，画法与众不同，以细密的黑点表示众多的环礁，就中有五个特大的黑点，正好显示出迪戈加西亚等5个环礁，是以确定这里是盛产玳瑁的查戈斯群岛。查戈斯群岛的位置正处于贸易风形成区。当西南季风席卷印度洋北部时，在南纬20°以北常年由东向西的南赤道流在临近赤道时直接形成东南贸易风，通过查戈斯群岛的船只可以顺利开赴基尔瓦，到8—9月间西南季风期间，赤道流越过赤道，沿东非海岸南下的赤道逆流因此消失，东非海流从南纬10°直向北流，有利于到达莫桑比克岛和基尔瓦的帆船可以顺风破浪迅速东返，直达巽他海峡的揽邦①。

《航海图》从白沙到揽邦港的航路，全程并无岛屿，完全符合这一海区在帆船航程中是一片汪洋的事实。这一段航程的长途超过了从凉伞屿到白沙沿途岛屿连绵的海域，反映出绘图者具备的缩尺比例理念，在 15 世纪初已经十分贴近航海实际。《航海图》将印度洋中的岛屿全部画在航路以南的海域，只有临近苏门答腊岛南部的毗宋屿和椰子塘、揽邦港才画在航路以北。毗宋屿以北的苏岛地名是旧港，清楚地表明整个印度洋航路要过了明打威群岛才逐渐靠向苏门答腊岛，最后穿越马鞍山（伯图阿岛，Pulan Betua）进入揽邦港。

郑和统率的下西洋宝船贸易队在欧洲人进行大航海以前，业已完成了对印度洋深海贸易的探测。越过南海的中国帆船，可以从不同的地点起航，开赴非洲，从事三角贸易或远洋贸易，用中国的丝绸、瓷器、花银、铁器和从中途运去的大米、香料、布匹，换取当地出产的乳香、没药、龙涎香、紫檀木、铜、胆矾、钴料、象牙、犀角等物品，以及最有名的索法拉黄金。

《航海图》展示的非洲航程大致有 6 种走法。

（1）小葛兰—摩加迪沙（或布腊瓦）—葛答干（基林迪尼）—小葛兰；

（2）锡兰山（别罗里）—摩加迪沙（或布腊瓦）—葛答干（基林迪尼）—锡兰山；

（3）帽山（威岛）—葛答干—基尔瓦—帽山；

（4）帽山—符贝奇（或蒙巴萨）—哈丰角—马累岛（马尔代夫）—帽山；

（5）帽山—符贝奇（或蒙巴萨）—基尔瓦—莫桑比克岛—科摩罗群岛—查戈斯群岛—巽他（揽邦）；

（6）巽他（揽邦）—查戈斯群岛—科摩罗群岛—莫桑比克岛—基尔瓦—符贝奇—帽山（或基尔瓦—桑给巴尔岛—帽山）。

非洲东部海域十分宽广，面向印度洋的岸线长达 4000 公里以上，大部分地区处在赤道以南。中国帆船对这部分海域的进一步探索，促使在澳洲航线发现以前，环航印度洋的全部航路获得了实现。在中国的海外贸易网络中，非洲沿海地区的地位已上升到第四类地区，仅次于东南亚、马拉巴海岸和波斯湾，超过了阿拉伯地区，将阿拉伯贸易的中介地位减少到最低限度，从而在 1453 年土耳其人攻占君士坦丁堡并席卷阿拉伯世界以前，构筑起一个具有中华特色的印度洋贸易网。

---

① 参阅史维特洛普、约翰孙等：《海洋：物理、化学和生物》（H. U. Sverdrup, M. W. Johnson, R. H. Fleming, The oceans: Their physics, chemistry, and general biology），纽约，1942 年，第 695 - 696 页。

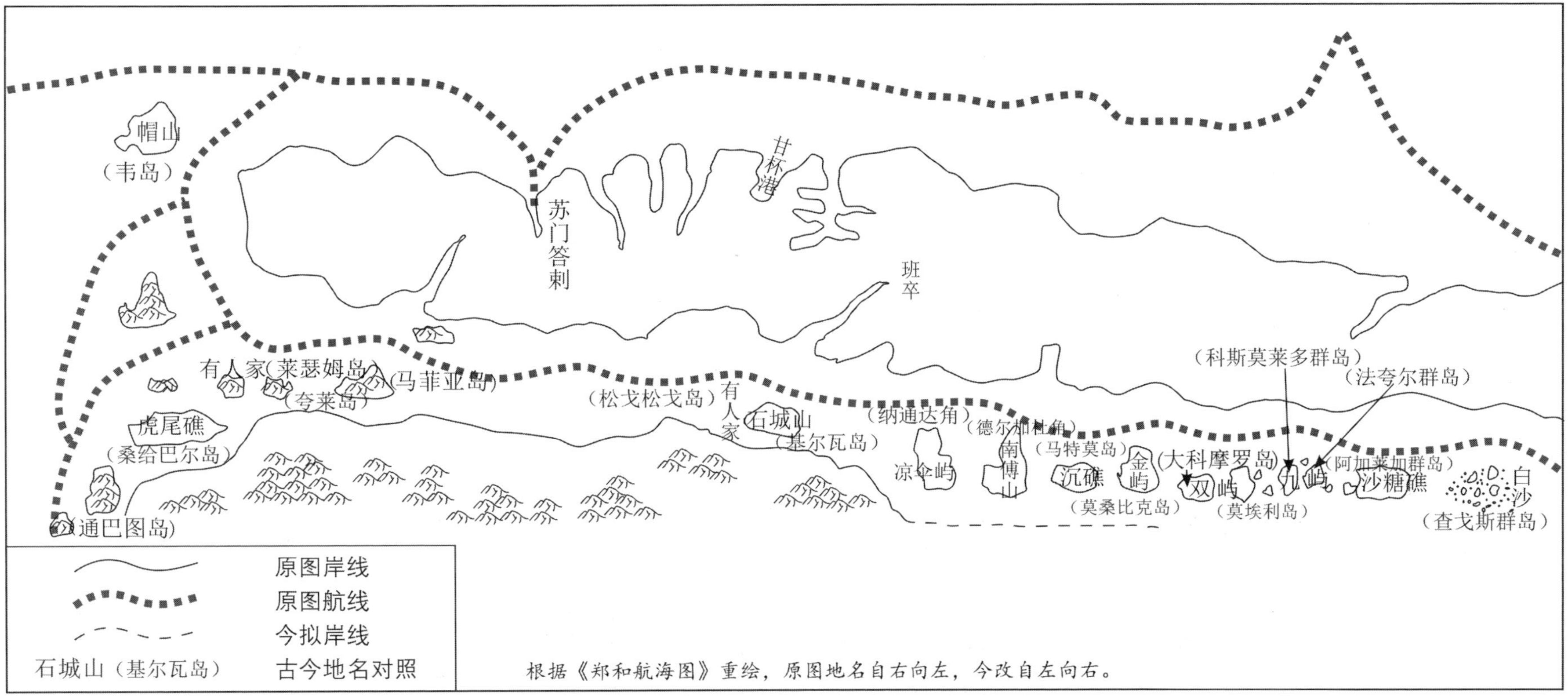

《郑和航海图》坦桑尼亚、莫桑比克沿岸古今地名对照图

郑和宝船队进行的非洲航程，从本国在长江口的海运基地太仓刘家港计程，最远到达莫桑比克岛和索法拉港的航程已有 12000 海里，与 1498 年瓦斯科·达·伽马从直布罗陀直航印度西海岸卡利卡特的航程相比毫无逊色，可时间却早了 70 多年！

第六节　中非贸易的兴旺

中国和非洲之间的交往在 15 世纪达到了顶峰。在东非，这种联系和整个印度洋文明的发展凝结在一起，呈现出一片繁华的景象。从 13 至 15 世纪，东非社会正在经历巨大的变革。移民的增加和沿海贸易的不断扩大，对非洲腹地出产的象牙、黄金、铜、铁和各种稀有金属矿的需要，甚至奴隶的贩卖，也随着上升。大陆沿海和附近岛屿上的一些居民点和小集镇开始城市化，港口设备逐步完善，足以容纳大型海船的停泊。贸易的范围和经营的项目都在扩大。基尔瓦苏丹在第一次统一的基础上铸造的钱币，象征着沿海各城邦在经济上的渐趋一致和商品交换的发达程度正在迅速增长。

既然东非的腹地贸易和印度洋国际贸易紧扣在一起，于是每年成群结队横越大洋或顺着季风流南下的阿拉伯人、波斯人、印度人以及中国人，便成了推动东非经济发展的重要力量。散居在印度洋附近的含族和班图人，在 13—14 世纪间逐渐伊斯兰化，许多美丽的清真寺在东海岸建立起来。在基尔瓦·基西瓦尼，奔巴的姆肯皮，马林迪西南的格迪和基林菲，经过考古发掘，现在还能看到这些分属于 12 世纪末叶、13 世纪中叶和 15 世纪中叶，而被誉为肯尼亚和坦桑尼亚最优美的建筑的遗址。

东非社会消费能力的提高，使它需要进口的工业制造品大为增长。中国和东非之间的经济关系，在这个时期，已不再是由中国比较单纯地输入非洲的矿产和各种天然的资源，或者由中国帆船从事中转贸易，而像印度洋各地一样，东非也成了华瓷和丝织物的一个广大的市场。

一、华瓷在非洲

郑和下西洋的船队，主要目的在于扩大贸易。1411 年的一次，更明确“诏中使郑和赐命互市”①。就是在官办的招牌下可以从事自由贸易。正是在这时，宝船到了非洲。当时中国帆船带到东非的货物，据《星槎胜览》，有色缎、色绢、金银、檀香、米、豆、土珠、胡椒和瓷器。绢缎、瓷器、金银多直接从中国运去，米、豆、胡椒都从苏

① 郑晓：《皇明四夷考》，卷下，阿丹条。

门答腊和南印度转贩。除了金银作为硬通货以外，以上其余五项是中国帆船在东非的主要贸易物。特别是瓷器的出口，在印度洋西部地区更占有显耀的地位，成为远胜伊斯兰陶瓷的畅销品。

属于这个时期的遗物，在马林迪附近和蒙巴萨的遗址中，在马菲亚附近朱阿尼岛上的库阿、松戈·姆纳拉岛和基尔瓦发掘出来的古迹中，和苏塔纳巴德、内沙布尔的粗陶罐、印度串珠和红玉髓雕制的首饰、麦加地毯一起出土的，有非常引人注目的青花瓷器和青、白瓷。由于元代青花瓷的发现和研究并不很久，在产品鉴定上极有可能疏漏，所以在东非出土的许多被称为明代的青花器中，一定也有许多是 14 世纪上半叶的产品。库阿和帕特阔绰的住宅中，有专门用来陈列名贵的中国瓷器的壁橱。瓷器在这些地方，也是从 14 世纪起一直到 19 世纪为止的坟场中不可或缺的纪念品。这些来自大洋彼岸泱泱大国的精美器皿，像具有魔力的宝石一样，吸引着非洲纯朴的居民，象征着幸福、吉祥、如意和对未来的憧憬。瓷器在东非的价值，远远超过了日常用品和装饰的意义，而逐渐具有宗教和精神寄托的内涵了。

明朝瓷器的制造，盛于永乐、宣德、成化年间。永乐和宣德时的青花，宣德的祭红，成化（1465—1487 年）年间制作的釉下五色彩绘瓷器更是名重一时，古今独步。《万历野获编》评述明瓷，“窑器最贵成化，次则宣德”。瓷器款式由日用器皿发展到装饰工艺、家具等各个门类。江西景德镇窑业空前发达，著名工匠汇聚一堂，用吹釉法代替过去的蘸釉技术，精制发色明丽的青花瓷，烧造彩绘瓷器和各种高温色釉，使景德镇成为世界闻名的瓷都。

式样繁富、制作精细的中国瓷器，都从浙江、福建和江西的瓷窑直接运到东非各地。它们是政府各级官员之间馈赠的佳品，同时也是自由交易的商货。从亚丁湾南岸索马里和埃塞俄比亚边境的古城遗址，到南非东部德兰士凯海岸的废墟，到处都散布着元明时期的瓷器。从 14 至 16 世纪甚至更晚一些时候来自中国的白瓷、青瓷、酱釉，以及著名的青花瓷器的遗物，在 1963 年完成东非海岸的浩繁的考古发现时，已经有了十分可观的收获。1963 年在古称邦陀兰的德兰士凯海岸四处居民点中，特别在圣·约翰附近和姆西卡巴，都发现了 15 至 16 世纪初期的青花残瓷。这些瓷片，经杰弗斯·马修鉴定，绝非漂流物。他认为是伊斯兰商人到达那里时带去的①，但有一些更可能是那些去过索法拉的中国商船直接运去的。

---

① 杰弗斯·马修：《非洲商路杂论》（Gervase Mathew，Some reflections on African trade routes），载于阿克拉非洲研究所《研究动态》（Research Review），1967 年，第 3 卷，第 3 期；又见孔柴基编：《赤道非洲经济史》（Z. A. & J. M. Konczacki ed，An economic history of tropical Africa），第 1 卷，伦敦，1977 年。

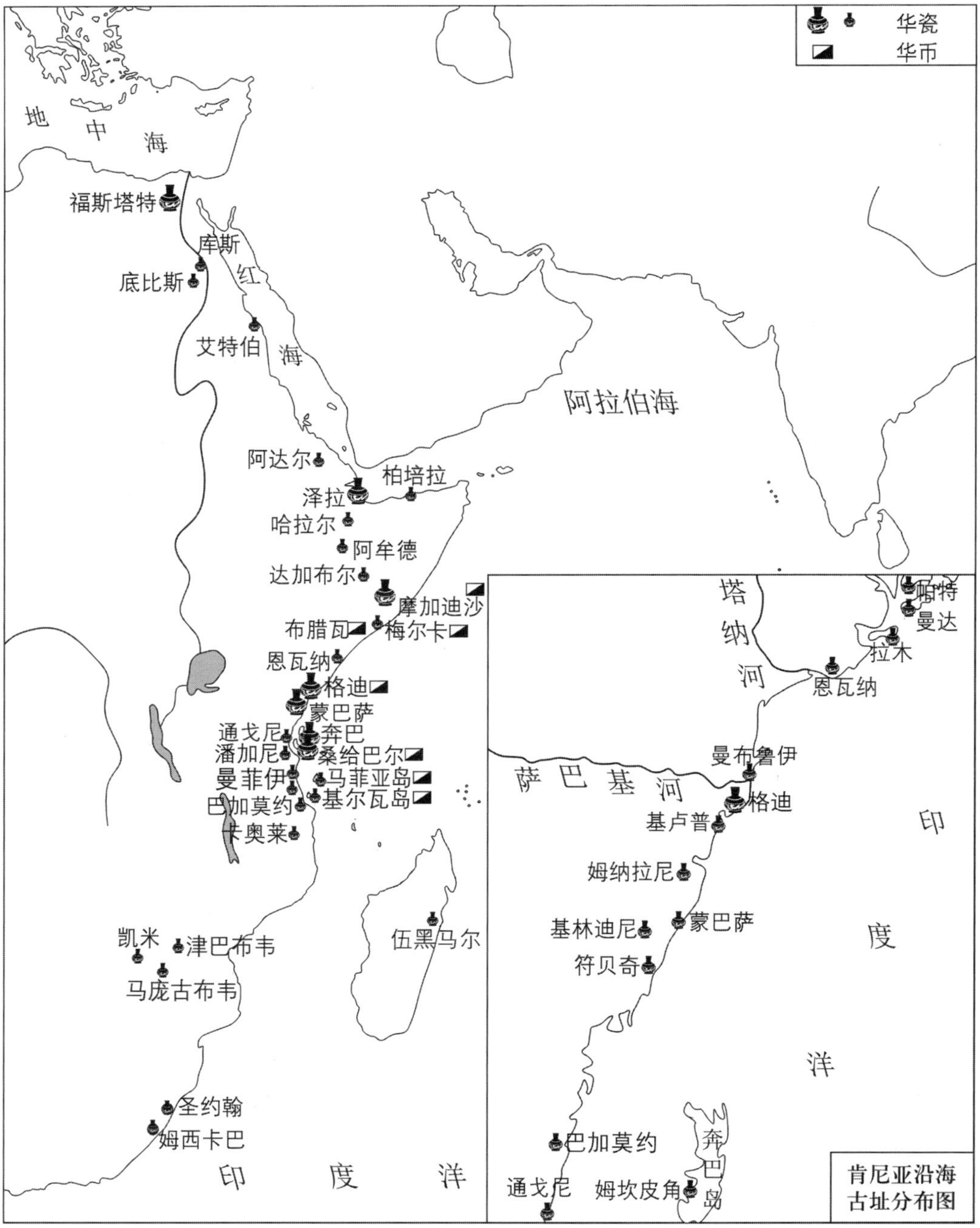

非洲出土中国陶瓷和钱币示意图

在索马里北部边境的阿牟德（Amud）、阿巴拉（Abara）和伽杰萨（Gargesa），这些阿达勒苏丹国的晚期城市，发掘了数达二三百座的石头房子，筑有高近 6 米的围墙。从中掘得 26 枚埃及布尔吉王朝的银币，其中最早的是巴尔科克苏丹（Barqug，1382—1399 年在位）时的，最晚的属于奎伊特拜苏丹（Qaitbey，1468—1489 年在位）。同时出土了一批元、明时代的瓷器，其中有青花白瓷、青花碗、冰裂纹的浅蓝釉和褐釉器残片，从 14 至 16 世纪，历时三个世纪。摩加迪沙出土瓷片的丰富程度冠于东非各地。当地居民曾大量使用中国瓷器当作日用器皿，出土物中最多的便是明初的青花白瓷①。在巴纠尼沿海的休拉、格米、索瓦依、莱西尼也都发现了明瓷。

肯尼亚沿海出土华瓷最多的是古城格迪。明朝时，格迪曾和中国直接通使，官方档册中译称奇剌泥。格迪出土的华瓷，从 1325 年以后起，数量越来越大②。当地发现的祭红瓶，发掘者坎克曼认为是中国宝船队赠送的礼品。15 世纪正是格迪的黄金时代，城市改建一新，瓷器继续进口。青花瓷碗直至 15 世纪末一直处于突出的地位。许多青花瓷属于宣德以后的类型。在宝船停办后，这种进口并未就此停顿。青花碗中比较少见的是镀有锡釉的，或在白色胎身上有釉下阿拉伯铭文的。这两种式样在 14 世纪时便已有了，到 15 世纪就更加多了，出土物都和伊拉克瓦西特在 1945 年发现的相仿。格迪的瓷器还有白瓷、青白瓷、处州瓷碗，以及褐釉中型瓷坛。光亮的铅釉陶器，色彩众多，青、绿、黄、黑、紫各色都有，这些釉陶在 15 世纪中叶完全代替了早先的黄里带黑的陶器。格迪的瓷器，伴随着格迪在 1529 年遭到蒙巴萨远征队毁灭性的攻击而终结。

格迪西南的基卢普，《明史》译称夏剌比，在 1952 年前经过发掘，也发现有许多属于 14—16 世纪的华瓷。1948 年出土的一件 14 世纪的龙纹青花壶尤其值得注目。

基利菲位于蒙巴萨以北，经过考古发掘，在清真寺的大门上可以见到上方嵌有中国的青花瓷盘，大多是 15 世纪或 16 世纪的制造物③。基利菲邻近的姆纳拉尼和基卢普一样，出土物中也是 15 世纪的青花瓷占了多数，少量的窖藏物则表示它一直存在到 16 世纪为止。

肯尼亚沿海各港还可以见到风格独特的柱墓，墓地前常竖有四角形或六角、八角形的柱子，柱上刻有花纹，并镶有中国青花瓷器。在曼布鲁伊，用陶碗作柱子的装饰，

---

① 杰弗斯·马修：《非洲商路杂论》（Gervase Mathew，Some reflections on African trade routes），载于阿克拉非洲研究所《研究动态》（Research Review），1967 年，第 3 卷，第 3 期；又见孔柴基编：《赤道非洲经济史》（Z. A. & J. M. Konczacki ed，An economic history of tropical Africa），第 1 卷，伦敦，1977 年。

② 坎克曼：《格迪铭文墓》（J. S. Kirkman，The tomb of the dated inscription at Gedi），载于《皇家人类学研究所临时论文》（Occasional Papers of the Royal Anthropological Institute），1960 年，第 14 卷；坎克曼：《阿拉伯城市格迪》（J. S. Kirkman，The Arab city of Gedi），牛津，1954 年，第 108 – 133 页，图版 IV，第 149 页。

③ 坎克曼：《基利菲的姆纳拉尼》（J. S. Kirkman，Mnarani of Kilifi），载于《东方学》（Ars Orientalis），1959 年，第 3 卷，第 95 – 111 页。

柱高常达5米。鉴别柱墓所用青花瓷，大多是16—17世纪的产品，也有早到15世纪的①。这种柱墓共有20多处，传说是下西洋的中国船员所建，后来成为当地的习俗。木质的柱墓在沙捞越也有。但东非最早的柱墓属于13世纪，见于基卢普和奔巴岛的姆肯皮角，柱顶常用瓷瓶覆盖②。

肯尼亚北部塔纳河口的恩瓦纳（Ungwana），在基皮尼以北，是出土瓷器的另一处重要遗址。恩瓦纳，葡萄牙人称作霍加镇（Hoja），有伊斯兰教的寺院和大清真寺，是一座存在于1200—1700年左右的古城。恩瓦纳第四期发掘物中，有许多属于宣德以后的青花瓷，第五期、第六期文物也都以嘉靖（1522—1566年）、万历（1573—1619年）时期的瓷器作为分期的标志。葡萄牙史家特里史丹·达·柯赫在1505年提到此地，说霍加谢克是开罗阿失剌福苏丹（al-Ashraf Kansuh El Ghuri，1500—1516年在位）的臣下，和埃及有贸易往来。出土物中有亚历山大里亚制造的水绿釉彩碗。在霍加，也像在摩加迪沙一样，明朝和埃及代表着当地对外贸易的两个主要方向。华瓷在那里的销售，到万历以后才告中断。

在坦桑尼亚，出土的华瓷，从14世纪中叶直到19世纪中叶，包括明清两代，也有元代的。基尔瓦·基西瓦尼出土的瓷器足以证明明代华瓷在姆里马地区已经压倒了伊斯兰瓷器。福建德化青花瓷器也曾远销坦噶尼喀，其中出土的圆圈点纹边饰的青花碗（现藏牛津大学东方艺术博物馆）③，和福建安溪福昌窑址发现的清代青花碗，造型、釉色、纹饰都极相似④。这种瓷器也在德化的桐岭、岭兜、后井、东头、石排格、后所、宏祠、布伏山、垵园、窑垄、石僻子、竹林子、苏田等窑址出土过⑤，在宝船下西洋时已带到了坦噶尼喀沿海。16至17世纪之际，德化青花瓷器仍是外销坦桑尼亚的华瓷，达累斯萨拉姆博物馆收藏的当地出土的吉祥纹青花盘和粗边青花盘，经调查，在德化洞上窑、下玲石坊窑、石排格窑，以及后所、大垄口、内坂等窑都有发现⑥。中国

---

① 坎克曼：《马林迪和曼布鲁伊的柱墓》（J. S. Kirkman，The great pillars of Malindi and Mambrui），载于《东方艺术》（Oriental Art），1958年，新编第4卷，第2期。

② 坎克曼：《肯尼亚沿海考古发掘的若干结论：1948—1966年》（J. S. Kirkman，Some conclusions from archaeological excavations on the coast of Kenya，1948－1966），参见奇蒂克等编：《东非和东方》（N. Chittick，East Africa and the Orient），纽约，1975年，第229页。

③ 《文物》，1963年，第1期，第16页，图7。

④ 《文物》，1977年，第7期，图版伍，图1，福昌窑左：II式碗（高4.8～7厘米，口径11～14厘米，足径4.1～5.3厘米），图样见第62页图版一〇，图5。

⑤ 徐本章、苏光耀、叶文程：《略谈德化窑的古外销瓷器》，载于《考古》，1979年，第2期，第151页。

⑥ 徐本章、苏光耀、叶文程：《略谈德化窑的古外销瓷器》，载于《考古》，1979年，第2期，第151页。

瓷器，特别是15世纪以来大量烧造的青花器，已深入到东非社会的各个角落，进入非洲居民的日常生活之中。

15世纪以来，华瓷在东非各地的销售一反过去以青瓷为主的传统，大量出口青花瓷器。东非各地出土青花粗碗数量很大，表明青花器不但在上层社会非常流行，而且也被东非沿海社会中下阶层普遍采用。15世纪起在东非发现的华瓷中，青瓷已退居次要地位。釉里红、五彩瓷这些新产品同样运销东非。不论青花还是彩瓷，花样纹饰都是越到后期越趋向繁缛宏富，花鸟、山水、风景、人物不一而足，色样新颖，图像绚丽，变化无穷，在非洲普遍受到热爱，其程度也不亚于东南亚各国。

明代永乐、宣德官窑青花瓷器所用青料偏重国外进口，和索马里大有关系。据《宣德鼎彝谱》，当时用作青瓷色料的无名异（锰矿石）原先就来自伊斯兰地区。王世懋在1589年前写成的《窥天外乘》中明确讲到永乐、宣德内府造瓷集中在景德镇："永乐、宣德间内府烧造，迄今为贵。其时以鬃眼、甜白为常，以苏麻离青为饰，以鲜红为宝。"1591年黄一正著《事物绀珠》所记，也和王世懋相仿。但在同年高谦写的《遵生八笺》卷一四中，"苏麻离青"成了"苏渤泥青"。据清代蓝浦《景德镇陶录》（1815年），自明代闽人温处叔《陶纪》起，已将苏麻离青当作苏泥渤青了，清人著作才相沿成习，朱琰《陶说》（1774年）、唐衡铨《文房肆考》（1778年）无一不是如此①。近人都以为这种发色明艳的青料来自勃泥。这种进口青料在《江西大志·陶书》（1556年）中，直称"回青"或"陶用回青"，指明它来自伊斯兰国家。明代苏门答腊所产回回青，见于严从简《殊域周咨录》卷九苏门答剌条，也应来自阿拉伯各地。苏门答剌港到索马里摩加迪沙，在郑和时代便有直达航线，这条航线的开辟似也和瓷器原料的供给有关。后来，回青更成为嘉靖青花的特征，在正德（1506—1521年）年间已开始用于烧窑。《窥天外乘》记："回青者，出外国。正德间，大珰镇云南，得之，以炼石为伪宝。其价初倍黄金。已知其可烧窑器，用之果佳。"在进口青料中，苏麻离青使用在前，回青进口在后。

苏麻离这个外来名词，自有它的原音，但说法很多。有当作唐代使用的smalte的，也有疑作元代进口回回石头中的淡绿色劣等宝石"撒卜泥"（sabuni）的②，但仅音近而已。苏麻离青既起于永乐、宣德年间，这时正好宝船贸易盛行，摩加迪沙等索马里沿海各港是宝船经常出入之地，从苏门答腊到贝纳迪尔的直达航线也早经通航，苏麻

① 盐田力藏在《中国陶器精鉴》（东京，1939年）已指出"苏泥渤青"是"苏渤泥青"的倒置。

② 汪庆正：《青花料考》，载于《文物》，1982年，第8期，第62页。

离青实际上是索马里青，苏麻离、索马里两者原是一地。14 世纪上半叶到过摩加迪沙的汪大渊，说那里出产一种青蒙石。青蒙石亦即海青色的 bahri 宝石（蓝宝石），或者也用来指称当地出产的钴土矿（$Co_2O_3 \cdot 2H_2O$）。"蒙"字也可能借自波斯语中的绿豆（Mung），因为这种青料可以烧出蓝中泛绿的色彩。这种矿石至少自 14 世纪便从索马里运进中国了。北宋《政和证类本草》卷五中的礞石，有青、白两种，以青者入药，章鸿钊《石雅》说是云母之属，恐非汪大渊所见的青蒙石。

进口青料和元明青花瓷的烧造关系极其密切。迄今经过科学鉴定的元代和明初青花瓷的青料，都是含锰量（MnO/CoO）低、含铁量（Fe_2O_3/CoO）高的进口钴料①。1978 年中国科学院上海硅酸盐研究所对北宋、元代和明清各代的一些青花瓷釉的标本作了分析，宣德青花瓷盘的含锰量仅 0.81，而含铁量高达 5.81，认为它是引进的苏麻离青②。宣德青花的代表作具有蓝中泛绿，深的部分呈黑色，大的成为黑斑，小的成黑点的特点，就是由于青料中含锰不多，含铁量却很高③。

使用这种进口钴料呈色的青花器发色鲜明幽艳，色性稳定。土耳其伊斯坦布尔的托普·卡皮·萨莱伊博物馆（Top Kapu Sarayi Müzesi）搜集的 80 件世所珍重的元代青花器，伊朗阿德比尔神庙（Ardebil Shrine）珍藏的 37 件元代大型青花器，大致都是使用进口钴料的产品。苏麻离青在宣德后断绝，成化官窑后期主要用的是江西饶州乐平县的陂塘青，也叫平等青。正德后期和嘉靖官窑大量采用进口回青，但也和国产江西瑞州石子青配合使用，直到万历前期都是如此。万历二十四年（1596 年）后才改用浙江青料为主④。

回青初得于云南，而云南在元代便通天堂（麦加），所以回青的输出港也是在亚丁湾附近，产地仍不出索马里。明代画家所用颜料石青，俗称大青，李时珍《本草纲目》卷一〇金石部说："楚蜀诸处亦有之。而今货石青者，有天青、大青、西夷回回青、佛头青种种不同，而回青尤贵。"西夷回回青也即回青，佛头青也是其中之一。宋应星《天工开物》卷中也有介绍："又回青乃西域大青，美者亦名佛头青，上料无名异出火

① 伽纳《中国青花器使用的进口和国产钴料》（Harry Garner, The use of imported and native cobalt in Chinese blue and white），载于《东方学》（Ars Orientalis），1956 年，第 2 期，第 48 页；陈尧成、张志刚、郭演仪：《景德镇元明清青花的着色和显微结构特征》，载于《中国陶瓷》，1981 年，第 2 期，第 39－50 页。

② 陈尧成、张志刚、郭演仪：《历代青花瓷器和青花料着色料的研究》，载于《硅酸盐学报》，1978 年，第 4 期。

③ 周仁等：《景德镇瓷器的研究》，科学出版社，1958 年；又见周仁等：《中国古陶瓷研究论文集》，轻工业出版社，1983 年，第 80 页。

④ 中国硅酸盐学会编：《中国陶瓷史》，文物出版社，1982 年，第 371 页，第 374－376 页。

似之。”佛头青显然也因产地佛头得名。和佛头类似的伊斯兰国家地名有贝纳迪尔（Banādīr），“佛头”源出于此。这个名称和伊德里西《旅游证闻》中的 Baduna 更接近，总之，是在摩加迪沙附近的贝纳迪尔。中非铜矿所产钴料，大约也由此转运出口。明初摩加迪沙、布腊瓦直达航线的开辟由此可以更加明了它的经济意义了。

明朝常以色缎、色绢、绫锦、纱罗、纻丝赠送各国。明代制作的八段锦，图样富丽，织工致密，各色缎绢、纱罗更是细洁、光润，色泽鲜艳。虽然在穆斯林社会上，印度绸、设拉子锦缎罗纱、大马士革缎子、巴格达条纹绢（ʻattābi）、库法丝头巾（kufiyah）、波斯波纹绸（tāftah）、埃及丝织帷幕风行一时，但中国丝织工艺仍以它达到的极高的水平精益求精、推陈出新而在国际市场上享有极高的声誉。中国织造的绚丽夺目的绸缎，成为帕特、拉木、马林迪、蒙巴萨、奔巴、桑给巴尔、美菲亚和基尔瓦的统治阶层必不可少的衣料，南京、苏州、杭州出产的各色缎绢、纱罗行销印度洋西岸，风靡赤道非洲。

方济各神父汤麦司说，埃塞俄比亚的绍阿有一个贸易中心杜毕特（Durbit），这里一年有三大节，各地穆斯林商人都来赶集，其中有从西南达蒙（Damot）来的金和丝。达蒙本不产丝①。这些丝大约是从摩加迪沙运去的，很可能是由中国船运到摩加迪沙，再由陆路转输达蒙的。在宝船到达东非以后不到一个世纪，葡萄牙人巴布萨在 1501 年周游印度洋，亲眼看到桑给巴尔、奔巴和美菲亚的苏丹身穿从坎贝到达蒙巴萨的印度船带来的彩缎，其中一定有一部分是由中国织造的。

15 世纪上半叶，由于中国远洋帆船参与了苏门答腊和索马里之间的中转贸易，从而在东非沿岸的对外贸易市场占有了相当的份额。其中最可观的一项，是从 14 世纪业已开始的米谷交易。中国帆船给东非运去大量的粮食，包括米、麦和豆类，对于斯瓦希里居民的生活给予直接支援，因而扩大了中非贸易的经济基础，大大增加了海上运输的货运量。斯瓦希里居民对进口生活用品的需求的增长，进一步有利于中国向当地输送谷物和瓷器，并由印度转运棉布、胡椒，由苏门答腊远送丁香、檀香等数量多、品位高的商品，取得较高的利润。到达东非的中国船从那里直接换取黄金、象牙、豹皮、乳香、没药、血竭、芦荟、木香、安息香和龙涎香，既降低了进货单价，又增加了进口的数量，更多地捕捉到了返航时取道瓜达富伊角，间接参与东非和也门之间货运的机会。中国宝船队就是以规模宏大的官办贸易的优势，在东非各地的对外贸易中取得了优越的地位。

---

①　理查·潘古斯特：《埃塞俄比亚经济史导论》（Richard Pankhurst, An introduction to the economic history of Ethiopia），伦敦，1961 年，第 309 页注。

二、中国航海家所见的东非

中国的航海家和外交使团曾多次出入东非，民间的贸易船也非常熟悉这些地方。贝纳迪尔沿海更是印度洋航线必经之地，因而对中国人来说格外熟悉。曾经四次跟随郑和、侯显、王景弘等下西洋的费信，在《星槎胜览》卷四，根据航海家的报导，对摩加迪沙、布腊瓦和朱巴三个地方分别从航程、风土、物产和贸易方面作了记录。关于摩加迪沙，他说：

> 自小葛兰顺风二十昼夜可至。其国濒海，堆石为城，垒石为屋，四五层。厨厕待客俱在其上。男子拳发四垂，腰围梢布。女人发盘于脑，黄漆光项。两耳挂络索数枚，项带银圈，缨络垂胸。出则单布兜遮，青纱蔽面，足履皮鞋。山连地旷，黄赤土石，田瘠少收。数年无雨，穿井甚深，绞车以羊皮袋水。风俗嚣顽，操兵习射。其富民附舶，远通商货。贫民网捕海鱼，晒干为食，乃喂养驼马牛羊。地产乳香、金钱豹、龙涎香。货用金、银、色缎、檀香、米谷、瓷器、色绢之属。其酋长效礼，进贡方物。

15 世纪时的摩加迪沙已出现了许多石构高层建筑。沿海山连旷地，黄赤土石，是从谢贝利平原到朱巴河谷的布尔·梅尔达克的花岗岩高地。摩加迪沙的富商常常搭乘阿拉伯船或中国船外出经商。乳香、金钱豹和龙涎香成了当地的三大特产。

费信又提到了布腊瓦：

> 自锡兰山别罗南去二十一昼夜可至。其国与木骨都束国接连山地，傍海而居。垒石为城，砌石为屋。山地无草木。地广斥卤。有盐池，但投树枝于池，良久捞起，结成白盐。风俗颇淳。无田耕种，捕鱼为业。男女拳发，穿短衫，围梢布。妇女两耳带金钿，项挂缨络。惟有葱蒜，无瓜茄。地产马哈兽（大角斑羚），状如麝獐；花福鹿（斑马），状如花驴；豹、麂、犀牛，没药，乳香、龙涎香，象牙，骆驼。货用金银、缎绢、米豆、瓷器之属。其酋长感慕恩赐，进贡方物。

布腊瓦的地理环境和摩加迪沙相近，同是贝纳迪尔的主要海港。当地出产各种珍兽。马哈兽是各种东非特产羚羊的统称，大角斑羚（Taurotragus oryx）是其中的佼佼者，皮呈浅火黄色，有黑色背纹，背部两侧有淡黄条纹，兽皮价值很高。阿拉伯人和索马里人所穿红皮鞋都由大角斑羚皮制成。大角斑羚和麋羚（Bubalis swaynei）常在一起吃草。另有非洲大羚羊（Oryx beisa）和小羚羊（Madoqua kirkii），在布腊瓦附近常可见到。花福鹿，译自索马里语 Faro，是斑马（Equus quagga）。花驴，是索马里驴（Equus asinus somaliensis）。犀角、象牙、豹皮、麂皮都是贝纳迪尔的特产。乳香、没药、龙涎可算是索马里的三大名香。这些都是中国航海家所热衷的商货。

朱巴河口的朱巴，费信译作竹步，明代档册中有写作周巴的。费信写道："其处与木骨都束（摩加迪沙）山地连接，村居寥落，垒石为城，砌石为屋，风俗亦淳。男女拳发。男子围布，妇女出则以布兜头，不露身面。山地黄赤，数年不雨，草木不生。绞车深井，网鱼为业。地产狮子、金钱豹；驼蹄鸡（鸵鸟），有六七尺高者，其足如驼蹄；龙涎香、乳香、金珀。货用土珠、缎绢、金银、瓷器、胡椒、米谷之属。酋长受赐感化，奉贡方物。"

中国航海家对于谢贝利河和朱巴河之间的冲积河谷非常了解，用"黄赤土石""山地黄赤""数年不雨，草木不生"等词句来描述贝纳迪尔沿海浮移的沙丘（ba'ad），向内陆并合的沙丘（arra'ad），以及内地富有红色山岩的草原（arra gudad）。那里的珍奇动物，如大角斑羚、斑马和索马里鸵鸟（Struthio molybdophanes），特别引起中国来客的注意。

中国人关于贝纳迪尔的描述当然不限于费信记述的那些见闻。陈仁锡《皇明世法录》卷八一中的白松虎儿也是这一类材料："白松虎儿，旧名速麻里儿。国中无大山，亦鲜林木，无猛兽毒虫之害。……永乐中，使十六人来贡。"索马里，明代译作速麻里儿。从宋代的三麻兰，直到明代的速麻里儿，对索马里民族，中国航海家始终是非常熟悉的，比之埃塞俄比亚国王伊萨克（Yeshak，1414—1429 年在位）庆祝战胜穆斯林的歌词中出现的索马里还要悠久。白松虎儿是 15 世纪末统治摩加迪沙的莫札法尔王朝。在谢贝利河下游的阿朱兰人进入摩加迪沙后，便开始了这个新的王朝。郑晓《皇明四夷考》、罗日褧《咸宾录》、程百二等《方舆胜略》这些明代中后期的史籍，一再将莫札法尔家族统治下的摩加迪沙称作白松虎儿，列入和中国通商的国家之中。

三、非洲使节来华

中国使者和宝船在 15 世纪上半叶出入非洲之角和东非海岸，接应非洲各国纷纷派遣的使节和商务代表到中国互通邦交。1415 年（永乐十三年）起，中国和非洲各国的友好往来进入了全盛时期。这一年，郑和帮助苏门答剌国王宰奴里阿必丁平息了苏斡剌的叛乱，印度洋西岸的 26 世基尔瓦苏丹侯赛因・伊本・苏莱曼（1392—1416 年在位），以麻林国的名义派使者和印度洋各国使节一同到达南京，受到永乐皇帝朱棣的隆重接待。九月，朱棣特设国宴招待苏门答剌、古里、柯枝和麻林等国使臣。古里、柯枝都受明朝印诰，苏门答剌也是明朝直接庇护下的国家，基尔瓦苏丹国则代表了印度洋西部最遥远的国家。《明太宗实录》卷一六八特地列举麻林等四个国家受到朱棣特别的关注，基尔瓦苏丹国也从这年起正式加入印度洋上的国际合作。该年十月，古里、柯枝、麻林等国使者辞归，朱棣赠送大批钞币和永乐通宝铜钱使用，这些钞钱一定也随着使者返国带到了基尔瓦。到了十一月壬子，另一批基尔瓦使者又和其他印度洋国家进献麒麟（长颈鹿）、天马（阿拉伯马）、福鹿（斑马）① 等非洲珍贵动物。麒麟，中国自古视作瑞兽，是索马里语长颈鹿（gīri）的音译。朱棣以最隆重的礼节在奉天门接受这批从最远的国家送来的厚礼，被认为是国家的至高无上的尊荣，象征着印度洋国际政治与经济合作顺利进行，曾被颂扬为显示宝船航海事业光辉前景的征兆。

基尔瓦使者返国时，明朝预先派官在福建迎候，设宴送行，在两国的邦交上表现出最大的热诚。因此下一年，基尔瓦和摩加迪沙、布腊瓦一起再派使者，连同亚丁、马尔代夫、科泽科特、斯里兰卡、苏门答腊、马六甲和旧港宣慰司等总共十九国的使节一起到中国，各以犀象等物进赠。他们抵达南京，已在1416年11月了。使团返国时，明朝赠送许多文绮袭衣，派郑和率领宝船队携带国书和大批锦绮纱罗彩绢，以“赍赐”名义馈赠各国权贵，用百余艘远洋巨舶组成一支规模宏大的船队，浩浩荡荡奔赴印度洋。从此中非之间使节、商旅往来络绎不绝，货物交换源源不断。

郑和第五次、第六次都为伴送印度洋各国使者返国而派船去过贝纳迪尔。1419年7月下西洋船队返航；9月，马六甲等十七国使团随船入贡。有霍尔木兹送来狮子、金钱豹、西马，亚丁馈赠麒麟、长角马哈兽，摩加迪沙进花福鹿和狮子，布腊瓦献千里骆驼和驼鸡，爪哇、科泽科特以縻里羔兽②由亲贵护送奔赴中国。印度洋各国的经济合作实在盛况空前。

不到两年，1421年初，摩加迪沙、布腊瓦第三次派出使节，和亚丁、霍尔木兹、科泽科特、斯里兰卡等十六国使团一起，远涉重洋来到中国。郑和随即奉命给十六国使团送行，紧接上次航行，组成第六次下西洋的船队。1422年8月大䑸宝船刚刚回国，翌年9月，摩加迪沙、布腊瓦第四次又和科泽科特、亚丁、马尔代夫等十六国派员远航中国，以1200人的庞大使团到达朱棣的新都北京。朱棣派太子设宴款待，回赠丰厚的礼品，慰劳各国使者。这时中国和印度洋各国的交往密如网罟，亚非两大洲的许多

① 《明太宗实录》卷一七〇作“神鹿”，实是“福鹿”。

② 縻里羔兽，是一种印度羚羊 nilghai（Boselaphus tragocamelus）。参见戴闻达的释文《縻里羔兽考》（J. L. Duyvendak，The “mi－li－kao” identified），载于《通报》（T’oung Pao），1939年，第35卷，第211－215页。

国家的代表在北京欢聚一堂，共祝中国和各国的传统友谊万古长青，为印度洋空前繁荣的国际贸易和经济合作展望着新的更加宏伟的远景。

基尔瓦自苏丹侯赛因·伊本·苏莱曼的弟弟穆罕默德·伊本·苏莱曼（或称马力克·阿迪尔，1416—1425 年在位）接位后，大权旁落，诸城邦各自为政①。中国史籍中，在 1416 年后就不见有麻林使者来华了。

虽然如此，基尔瓦苏丹所属东非各城邦却和中国都有过直接的来往，因此中国和东非沿海，特别是肯尼亚和坦噶尼喀各城镇的贸易反而更加繁荣了。《明史》卷三二六列举永乐年间和中国通使的非洲国家共有七国。其中千里达，在《航海图》中作葛答干，是蒙巴萨西南附近的基林迪尼，《明史》记录它在 1418 年派使者到中国，明朝“赐其使冠带、纻丝、纱罗、彩帛及宝钞，比还，赐其王有加”。在肯尼亚沿海各地中，千里达曾和明朝有过外交关系，受到明朝政府的重视。此外，《明史》在记述剌泥以外，有未详所在的十国：“剌泥而外，有数国：曰夏剌比，曰奇剌泥，曰窟察泥，曰舍剌齐，曰彭加那，曰八可意，曰乌沙·剌踢，曰坎巴，曰阿哇，曰打回。永乐中，尝遣使朝贡。其国之风土、物产，无可稽。”

十国之中，坎巴（Cambay）在印度西海岸，阿哇（Ava）、打回（Tavoy）在缅甸境内，舍剌齐（Shirazi）位于波斯湾北岸。其余六国中，乌沙·剌踢是埃塞俄比亚，乌沙即埃塞俄比亚王伊萨克。《名山藏·王享记三》作“乌涉剌踢”，“剌踢”是“剌锡”的刊误。埃塞俄比亚国王自古称纳加希（nejajshi），伊萨克亦有 negus 的尊号，［n］音容易转成［l］，译成汉语是“剌锡”。埃塞俄比亚史料记载过一件事，或者和这种使节往来有关系。欧洲青年彼德洛·罗伯洛（Pietro Rombulo）在 1407 年前往埃塞俄比亚，一住七年，被埃塞俄比亚国王派往印度、中国，后来又回到埃塞俄比亚②。罗伯洛在 1414 年到印度，大约在 1415 年又到过中国。这一年正是基尔瓦苏丹派使者向明成祖朱棣赠送麒麟，和各国使节纷纷汇聚南京之时。埃塞俄比亚也有使者到中国，和印度洋许多国家一起加强了和中国的外交联系。

乌沙·剌锡以外的五国，按地理位置，都是肯尼亚和坦噶尼喀的沿海城镇：

奇剌泥（Kilimani）——格迪，当地称基利马尼。

---

① 据《基尔瓦编年》，引自罗戚《东非史》（R. Reusch，History of East Africa），纽约，1961 年，第 128－180 页。该书第 212－215 页列有 48 位基尔瓦苏丹（980—1513）的在位年表。

② 克劳福德：《1400—1524 年的埃塞俄比亚行程》（S. Crawford，Ethiopian Itineraries，circa 1400－1524），剑桥，1958 年，第 15 页；又见特拉赛里的论文《15 世纪埃塞俄比亚的意大利人：来自墨西拿的彼德洛·罗伯洛》（Signor Trasselli，Un italiano in Etiopia nel XV secolo：Pietro Rombulo da Messina），载于《埃塞俄比亚研究》（Rassegna di Studi Etiopici），1941 年，第 1 卷，第 173－202 页。

夏剌比（Kilepwa）——基卢普，与格迪相邻。

彭加那（Pangani）——潘加尼，在潘加尼河口。

八可意（Bagamoyo）——巴加莫约，在桑给巴尔海峡西岸。

窟察泥（Kisimani）——基西马尼·马菲亚，在马菲亚岛。

大致在1416年到1423年，肯尼亚的奇剌泥、夏剌比、千里达，坦噶尼喀沿海的彭加那、八可意、窟察泥都和中国互通使节，有过直接的外交和贸易往来。肯尼亚的夏剌比、奇剌泥又合称黑葛达，犹如元代的黑暗国，“黑”代表基卢普，“葛达”则是格迪的一种译法，因此郑晓《皇明四夷考》、罗日褧《咸宾录》、何乔远《名山藏·王享记三》、《大明会典》卷一〇七中都有黑葛达。这些都是麻林国和中国友好往来的继续①。

四、宝船停办后的中非贸易

郑和、王景弘、侯显等统领的宝船贸易在1433年停办以后，以为中国同远方国家的官方关系就此中断②，中国帆船在1500年前业已退出印度洋的说法③，是和史实不合的。中国帆船在印度洋的正常活动，大部分依靠私人经营，并非官方所能包揽，以致1433年7月，明朝政府还在“申私通番国之禁”④。16世纪初，不但东南亚国家和斯里兰卡仍与中国保持外交关系，就是远到红海的麦加也一再派遣使节，直到1518年1月，麦加使者可能仍由海上来华，以后才改为从陆道和中国西北交通。

14—15世纪，由于地中海和印度洋贸易的空前繁荣，马木鲁克将亚丁作为直接和埃及沟通的转运港，因而成了阿拉伯和非洲最大的一处货物集散地。15世纪下半叶起，中国和非洲各地的经济联系改为间接的方式持续下去，双方货物的交换大抵通过亚丁、

---

① 麻林国，在明代已和马鲁古海中的古麻剌朗国相混。古麻剌朗常讹作古麻“剌”朗。严从简《殊域周咨录》卷九又称麻剌国，《皇明世法录》卷八二又作古麻剌国，《明太宗实录》和《国榷》都写作古麻剌朗。《殊域周咨录》将麻剌和麻林当作同一地方：“麻剌国，前代无考。本朝永乐中国主哇来顿本率其臣来朝，至福州卒，诏谥康靖。敕葬闽县，令有司岁时祭之。”接着又引礼部尚书吕震奏，麻林国在永乐十三年（1415）又遣使献麒麟。张铁生《中非交通史初探》（三联书店，1973年，第11页注2），张星烺《中西交通史料汇编》（中华书局，1977年，第2册，第114－115页），以为是麻林国王卒于福州，实属误会。《实录》《国榷》都将古麻剌朗国王译作斡剌义亦敦奔。古麻剌朗是马鲁古群岛中盛产丁香的哈马黑拉岛（一说在棉兰若岛），和非洲的麻林（基尔瓦）一东一西，相距万里。《咸宾录》《皇明四夷考》以及《明史》对两者分得很清。

② 戴闻达：《中国对非洲的发现》（J. L. Duyvendak, China's discovery of Africa），伦敦，1949。

③ 理查·潘古斯特：《埃塞俄比亚经济史导论》（Richard Pankhurst, An introduction to the economic history of Ethiopia），伦敦，1961年，第370页。

④ 谈迁：《国榷》，卷十七，中华书局标点本，1958年，第1454页。

科泽科特仍在赓续进行。德·巴布萨在1518年指出，从亚丁湾进入红海的船舶，不但有来自坎贝、考尔（Chual）、达波尔、巴的科、马拉巴和印度各地的，而且也有锡兰、马六甲、苏门答腊、缅甸和中国的船①。15世纪时当然更是这样。大部分中国货物通过科泽科特运往亚丁、吉达，再转销威尼斯。1461年马木鲁克苏丹向威尼斯执政马利·皮埃罗赠送的20件名贵华瓷是较早通过埃及进入欧洲的中国瓷器。北京故宫博物院收藏的正德（1506—1521年）年间饰有阿拉伯文、波斯文的20多件瓷器，便是远销伊斯兰世界的产品。德·巴布萨说，科泽科特的出口货主要是胡椒、姜、肉桂、益智、诃黎勒、罗望子、各色宝石、珍珠、麝香、龙涎香、大黄、芦荟、棉布和瓷器，从吉达运进科泽科特的有铜、水银、朱砂、珊瑚、番红花、彩色丝绒、蔷薇水、小刀、彩色驼绒、金银。姜、肉桂、麝香、大黄和瓷器都是中国的著名物产，丝绒、驼绒、珊瑚、朱砂则是中国从红海所乐意运进的埃及货。德·巴布萨列举在亚丁进行的交易，有棉花、药物、宝石、珍珠、玛瑙、鸦片、铜、水银、洋茜、朱砂，数量可观的蔷薇水、毛织物，麦加的染色毯子、金锭、金币、大米、糖、椰子、漆器、木制凉鞋、沉香和麝香等等。漆器、木制凉鞋和麝香也是中国特产。

1520年，黄省曾在《西洋朝贡典录》卷下阿丹（亚丁）国介绍："其贸采之物，异者十有二品，一曰猫睛之石，二曰五色亚姑，三曰大珠，四曰珊瑚树，五曰金珀，六曰蔷薇露，七曰麒麟，八曰狮子，九曰花福鹿，十曰金钱豹，十一曰驼鸡，十二曰白鸠。土物多紫檀木、詹葡花，多万年枣、把担（偏桃）、干白葡萄、松子、榴、杏。"在嘉靖（1522—1566年）年间，中国和亚丁仍有贸易关系，从亚丁获得制作方丘朝日坛玉爵所需的红黄玉。

亚丁在地中海和印度洋的贸易中保持着通道的作用。常驻马六甲的葡萄牙人汤姆·皮雷士在1512年到1515年间对亚丁的东西方贸易有一番描述。从他提供的材料中可以知道，开罗商人运到亚丁的有意大利、希腊、大马士革的各种货物，金银、镜子、银朱、铜、蔷薇水、驼绒、洋红布、各色呢绒、玻璃珠以及武器。亚丁商人除将上述货物转送坎贝外，同时还运去阿拉伯半岛、东北非高原和东非各地的货物：洋茜、葡萄干、鸦片、蔷薇水，以及泽拉、柏培拉、萨瓦金和阿拉伯的金银、马匹。亚丁船从印度带转米、麦、胰皂、靛青、牛酪、油类、红玉髓、粗色陶器、各色棉布，还有来自马六甲和远东各地的货物，其中有丁香、豆蔻、肉豆蔻、檀香、苏木、丝、珠子、麝香、瓷器。这些东西在泽拉、柏培拉、索科特拉、摩加迪沙、马林迪、基尔瓦和阿

---

① 达姆斯编：《德·巴布萨文集》（M. L. Dames, The book of Duarte Barbosa），第1卷，伦敦，1918年，第33页。

拉伯各地都十分畅销。它们都由亚丁和坎贝船运送①。

在马六甲运到坎贝的货物中，有许多是属于中国的产品：丝、珠子、麝香和瓷器。这些货色都由坎贝船运到亚丁，再转入地中海，或远销东非各地。坎贝在当时是亚非各国商人汇聚的地方，有马赛人、开罗人、阿拉伯人（主要是亚丁人）、阿比西尼亚人，来自东非摩加迪沙、马林迪、蒙巴萨和基尔瓦的商人，更有霍尔木兹和波斯各地去的人。这些商人也常出入马六甲。而坎贝船每次都从马六甲满载而归，带去很多马鲁古群岛、班达和中国的货物②。中国的大黄（Rheum officinale）在15世纪后大量出口。在16世纪，大黄和麝香一直是运销地中海的中国名牌货。它们主要从海上先运到印度，再转往阿拉伯、阿勒颇和亚历山大里亚。走西北陆道运出的，要经过撒马尔罕和伊朗，再转到阿勒颇，一部分更经由亚历山大里亚售给欧洲商人，特别是威尼斯和西班牙的商人③。1562年伽西亚·达·奥塔已指出，从陆上运出的大黄只占少数，远远不及由海路外销的。1576年，克利斯托夫·奥古斯特在提到大黄的海陆运输时，也说亚历山大里亚是一个极其重要的中转港。

1515年乔凡尼·安波里（Giovanni d'Emŋpoli）提到马拉巴的商货时说，中国船到柯枝贩卖香料，每年从苏门答腊运走6万卡塔尔（Cantar）胡椒，从柯枝和马拉巴运去1.5万或2万卡塔尔胡椒。他们运送的货物中还有姜、钱、肉豆蔻、乳香、沉香、缎子、天鹅绒、珊瑚、金线、毛料④。可见还有中国船到达南印度，不过已经没有以前那样活跃了。至于印度洋西部的贸易，更是亚丁船和坎贝船称雄了。自从1518年葡萄牙的安东尼·德·萨尔达赫（Antonio de Saldanha）率领舰队攻袭东非商业重镇摩加迪沙以后，这处中国船在东非曾经停靠的最大的海港从此不见了中国船的踪影。

16世纪中叶以后，除了埃及通过亚丁、吉达继续运进一定数量的中国货以外，中国和非洲的贸易关系都被葡萄牙、荷兰、法国和英国的商船包办了。华瓷由葡萄牙、荷兰等国运入非洲各地的极多。埃塞俄比亚收藏的明清瓷器，除由出入亚丁的中国帆

---

① 阿曼多·科特索编译：《皮雷士东游记》（Armando Cortesão, The suma oriental of Tomé Pires: an account of the East, from the Red Sea to Japan），第1卷，伦敦，哈克鲁特学会（Hakluyt Society），1944年，第43页。

② 阿曼多·科特索编译：《皮雷士东游记》（Armando Cortesão, The Suma oriental of Tomé Pires: an account of the East, from the Red Sea to Japan），第1卷，伦敦，哈克鲁特学会（Hakluyt Society），1944年，第46－47页。

③ 劳费尔：《中国伊朗编》（B. Laufer, Sino-Iranica, Chinese contributions to the history of civilization in ancient Iran），芝加哥，1919年，第550页；

④ 海特：《黎凡特商业史》（W. Heyd, Histoire du commerce du Levant），莱比锡，1923年，第2卷，第239页，注31，注619，注659。

船和坎贝船运去以外，葡萄牙船也参与了这种交易。明代精制的瓷罐曾被用来盛放死于1597年的埃塞俄比亚皇帝塞斯-顿吉尔（Sarsa Dengel，1563—1597年在位）的内脏，现在还保存在塔纳湖上一个小岛的古教堂中。在冈达尔17世纪的宫殿废址中，也发现了许多华瓷的残片，殿中墙壁常嵌入中国瓷盘作为华丽的装饰。皇帝塞斯尼约斯（Susneyos，1607—1632年在位）所用镀金床，就由葡萄牙人购自中国。这种金床以后续有运进，连丝织华盖也从中国运去①。

蒙巴萨的耶稣堡，在出土瓷器方面，是肯尼亚沿海的一处典型遗址。发掘者坎克曼将三个世纪的遗物分成四个时期：（1）早葡期，1593—1634年左右，有许多晚明瓷器和各种花纹繁富镶边的碟子。（2）晚葡期，1634—1698年，这个时期既有康熙瓷，也有葡萄牙青花器、波斯青花器，后者多属中国式样。中国的青花器很多，还有白瓷。（3）阿曼和曼兹罗伊期，1698—1837年，18世纪上半叶属贫困期，瓷器罕见；下半叶有大批玫瑰紫，以软彩为主。（4）桑给巴尔期，1837—1895年②。1837年蒙巴萨归属桑给巴尔后，欧洲瓷器进口增多，到19世纪中叶，华瓷被欧洲瓷器所代。在18世纪的东非，波斯青花器也是华瓷的竞争对象。到19世纪，欧式瓷器便占了上风。

中国的陶瓷在同一时期也运销索法拉湾和津巴布韦的勒瓦齐（Rwozi）王国。勒瓦齐王国继姆瓦纳·莫塔帕立国，和葡萄牙、荷兰都有通商关系。位于布拉瓦约市西北22公里的哈米建筑遗址，曾出土明代的青花瓷。1898年哈尔首先在这里发现青花瓷残片，1905年麦克艾维又获得一片16世纪的青花瓷，接着在1947—1955年由罗宾逊主持的大规模发掘中出土四片万历青花瓷，1960年又发现了九片万历青花瓷。在布拉瓦约市东北64公里的德赫罗德赫罗，1905年麦克艾维发现了24片青花瓷，还有康熙青花碗，清代的青花瓷片和棕釉缸胎瓷器。在卢安兹（姆托科东北58公里），20世纪60年代伽莱克主持发掘，出土了万历青花瓷。在丹巴瑞里（卢安兹以西160公里），自1891年以来曾陆续发现明代青花瓷、康熙青花瓷、康熙青瓷和外施褐釉内绘青花的瓷器、黄釉瓷和棕红釉瓷③。

马达加斯加北部的布恩那王国，在18世纪和法国有经济往来，在它的首都马鲁伍

---

① 贝克汉姆、亨丁福编：《埃塞俄比亚史料：1593—1646年》（C. F. Beckingham & W. B. Huntingford，Some records of Ethiopia，1593—1646），伦敦，1954年，第59页。

② 坎克曼：《肯尼亚沿海考古发掘的若干结论：1948—1966年》（J. S. Kirkman，Some conclusions from archaeological excavations on the coast of Kenya，1948－1966），参见奇蒂克等编：《东非和东方》（N. Chittick，East Africa and the Orient），纽约，1975年，第226－247页。

③ 伽莱克：《进口陶瓷在阐释罗德西亚铁器时代上的意义》（P. S. Garlake，The value of imported ceramics in the dating and interpretation of the Rhodesian Iron Age），载于《非洲历史学报》（JAH），1958年，第9卷，第1期，第13－33页。

埃的府邸中，常陈列着珍贵的瓷制花瓶，国王的宝座是由法国商人特地从中国购置的漆雕座椅①。

此外，中国和埃及、苏丹、埃塞俄比亚的商业往来，便全靠陆上的商队定期往返于北京和麦加之间，一直维持到 17 世纪初，明朝的晚期为止。

第七节　中国航海家探索南印度洋

郑和时代的中国远洋航业，在前人开创的基础上有所发展，有所创新。中国的巨型海舶通航在东起日本海，西至莫桑比克海峡的广大海域，比之元代中国帆船经常出入的肯尼亚沿岸又向南猛跨一步。1414 年，中国帆船业已闯过桑给巴尔海区，沿着非洲大陆继续南航，越过德尔加杜角，进入莫桑比克港和赞比西河以南 20°S 的地方。他们航行的区域，是他们的前辈所未到过的未知之地。他们英勇地付诸实践的海上探险，是一项新的课题、新的使命。

向印度洋南部未知海域进行探测，是热带风暴频繁和漩流横行的海域的进军，显示出中国的印度洋航业即将进入一个空前伟大的时期。

完成在 1459 年的著名的弗拉·毛罗（毛罗教士）地图，有两段题词，记述 15 世纪初从印度起航的船只进入南非海域的情景。其中之一，在迪布角旁写道："约在 1420 年，来自印度（Extra Gangem）的一艘中国帆船，通过男、女岛，绕过迪布角，横越印度洋，取道绿色群岛和黑水洋，向西和西南方向连续航行 40 天，但见水天一色，别无他物。据随员估算，约行 2000 英里。此后情况不妙，该船便在 70 天后回转迪布角。海员们曾登岸求食，见大鹏卵，一如双耳罐的鼓腹。此鸟之大，展翅可达 60 步②，能随意衔象和一切巨兽，对当地居民极为有害，且飞翔尤速。"③ 另一处题词，提出在索法拉角和绿色群岛的外海，曾有船进行过先西南后向西的航行，往返达 4000 英里，远达非洲西海岸，甚或深入到大西洋彼岸，以致后来有人兴奋地推测宝船曾经到过南美洲。

这两次划时代的航行，前一次是从马累岛向西，然后在奔巴和桑给巴尔岛附近折

---

① 据 1741 年荷兰驻南部非洲的首席贸易代表海米（O. L. Hemmy）的报告，见格朗迪蒂埃编：《古代马达加斯加著作汇编》（Alfred Grandidier, Collection des ouvrages anciens concernant Madagascar），巴黎，1903—1920 年，第 6 卷，第 114 – 117 页。

② 步（pace），合 30 英寸。

③ 尤素甫·卡米勒：《非洲和埃及地图集》（Yusuf Kamal, Monumenta cartographica Africae et Egypti），第 4 卷，第 4 册，开罗，1939 年，第 1409 页以下。

向西南，通过莫桑比克海峡进行的远航。这是追踪最晚在 13 世纪已经通过巽他海峡往西到达“海南回回”或“大食回回”航路的继续。后一次是通过马达加斯加岛东部海域，先是向西南，然后向西越过厄加勒斯角进入大西洋的壮举。这是对前人已经有过横渡印度洋远程航行的拓展，是下西洋船队为探索那个自 13 世纪末中国海员业已听说过的西非黄金国加纳进行的极具创意的航行。弗拉·毛罗的地图上，男岛（Mangla）和女岛（Nebila）在桑给巴尔岛以南，附近有一处大岛叫马哈尔（Mahal），画在男、女岛以北，便是马累岛①。航船通过的绿色群岛在奔巴、桑给巴尔岛一线，包括塞舌耳群岛在内。参加第一次航行的船员，显然在马达加斯加岛西岸登岸停泊，见到了据说能衔象的大鹏鸟的卵。他们的航行止于风暴角，遇到暴风，才折回东北。他们的行踪，令人联想到南非联邦东部沿海圣约翰、东伦敦港发现的那些青花瓷残片和古查拉特红玉髓珠。参加第二次远航的船员另取一线，在马达加斯加以东绕道西航②，居然深入到了另一个海洋——大西洋的南端。

这些航船，据说是中国的帆船（Junco，Junk）。李约瑟宁肯相信，那是经过马累岛向南试图接近非洲南端的中国帆船的伟大的海上冒险。第一次远航，很可能是在宝船第五次下西洋期间，护送基尔瓦使节回国的那一次，时间是 1418 年。中国的航海家通过莫桑比克海峡，继续他们在第四次下西洋时访问过的莫桑比克沿海之行，竟到达了南纬 33°以南的地方，接近了好望角。第二次远航，可能是在第六次下西洋时，即在 1421 年到 1422 年进行的航行。此后中国帆船直到 19 世纪，再也没有越过南非海域的航行。

中国帆船在 15 世纪上半叶对印度洋南部海域的探索，已使他们抵达好望角以西的大西洋海域，显示出环航非洲的希望。但这一伟大的海上探险，缺少社会的、物质的支持和商业利润的诱导，随着宝船贸易的中止而夭折了。环航非洲，取得东西方航路的通畅，这一任务历史地落到了另一些在大西洋彼岸，期待着通往东方的繁富之国会使他们获得新的财源，实现资本原始积累的西欧国家航海家的肩上。

中国帆船试图突破印度洋贸易边线的举动，在地中海引起了震动。葡萄牙和西班牙的海外贸易商对打破意大利商船和东地中海穆斯林商人联合把持下的东方贸易格局

① 伯希和《马可·波罗游记考释》（P. Pelliot，Notes on Marco Polo，第 2 卷，巴黎，1963 年，第 673 页）以为弗拉·毛罗的马哈尔岛是索科特拉岛，与传统的称谓马累岛有别，未见贴切，因为欧洲人那时还不熟悉马累岛及其以西的海域。

② 李约瑟：《中国科学技术史》（J. Needham，Science and civilization in China），剑桥，1971 年，第 4 卷，第 3 册，图 989，郑和航海图。该图有一条航线自马尔代夫向南，经马达加斯加东岸到好望角以西。

表现出的勇气和信心，给地中海世界迎来一个大航海时代提供了物质支持和技术培训。葡萄牙的亨利亲王只是从中国航海家那里接过了大洋探险的接力棒，由自己的家门口开始，脚踏实地地一步一步地去做，才渐渐拉开了大航海时代的帷幕。

2001 年出现在上海的一幅古地图，使得人们重新认识中国人在郑和时代的世界观念有了新的契机。据绘图者莫易仝在乾隆癸未年（1763 年）题“仿明永乐十六年天下诸番识（职）贡图”，居然在 1418 年的地图上就有了包括南、北美洲的五大洲地图。图中原有标记都用红圈描了下来，另外又加上了为适应仿作时需要而改动或添加的题记。地图图形基本正确，只是欧洲地形偏小，对印度洋的图记是“小西海”，在非洲西海岸的图记是“西洋”，在西班牙以西的图记是“西海”。在太平洋中部，原图的注记是“一于永乐十三年随正使太监马三宝等往榜葛剌诸番，直抵忽鲁谟斯等国，开读赏赐，至永乐十六年回京”，用的全是《星槎胜览》所录公文。《星槎胜览》的作者昆山县太仓人费信，在永乐、宣德年间曾四次下西洋，而且是目前所知到过东非的下西洋人员。据《天下诸番识贡图》，原图是 1418 年所绘。此图给英国加文·孟席斯在 2002 年提出郑和环航世界的论点引为重要依据的 1428 年的世界地图①似乎提供了一点踪迹。1428 年葡萄牙王子唐佩德罗（Dom Pedro）自地中海东部回国，去了罗马和威尼斯，带回一幅标有地球各地的世界地图，其中绘出了南美洲顶端的“龙尾”和非洲南端的好望角。这样的地图在 1528 年还能在葡萄牙中部阿尔科巴萨修道院中找到。当时西班牙境内的摩尔人穆斯林政权还和永乐时期的中国通过使节，中国和阿拉伯人的世界信息因此不难传到欧洲的航海界。这样就完全透露了中国人最早发现好望角的真相。

在据传是 1418 年中国人绘制的世界地图上，在非洲有两处注记，一处在尼日尔河以北的北非，注有：“此地有巨市，城皆用石建，其形之巨，可与秦王陵比之。”另一处注记在莫桑比克以西：“此地人种肤色如黑漆，齿白唇红发卷。”这张地图在北美洲也有两处注记，在南美洲亦有两处注记②。

不无遗憾的是，这幅实际是在 1763 年绘制的仿古地图，是对原图的一种修订或改版，并非原作。尽管有注记表明原图已有南北美洲，非洲南端也完全和后人所知道的实际情况一致，但由于并非是 1418 年的原图，所以在郑和下西洋时代已经出现五大洲地图，表示当年中国航海家早已掌握了环球航行知识，仍然还存在不少令人惊讶的疑窦。

---

① 加文·孟席斯：《1421 年——中国发现世界》（Gavin Menzies，1421 - The year China discovered the world），伦敦，2002 年，第 81 - 110 页。

② 刘钢：《古地图密码》，广西师范大学出版社，2009 年，第 3 - 19 页。此图在 2006 年正式公布于世，引起各国热议。

第十四章
16 世纪以来非洲和中国的交流

自 16 世纪以来，利用大西洋绕过好望角的新航路获得成功之后，葡萄牙和荷兰等欧洲殖民国家依靠炮舰政策控制和操纵了印度洋贸易，使得经过巴勒斯坦和美索不达米亚的穆斯林与中国之间的长途商队贸易无法继续。在 16 世纪最后的 30 年，奥斯曼帝国发生了社会经济危机，埃及也同时陷于灾难和不安之中。中国和非洲的来往开始受到欧洲国家的阻遏和控制。

自从 1517 年葡萄牙人来到广州，和中国正式通使以后，葡萄牙就开始“招诱亡命，略买子女，出没纵横，民受其害”①。中国东南沿海便经常受到他们的骚扰、蹂躏。明朝政府因此不准葡人通商。葡人和中国沿海的走私集团勾结，窜扰浙江宁波双屿，福建泉州浯屿、漳州月港。被葡人掠买的非洲黑奴也被迫为葡人服役，除做葡人的家庭仆役外，也被胁从充当水手、士兵，明朝称为黑番鬼。嘉靖二十七年（1548 年）朱纨平息双屿敌兵，在俘获的 60 ~ 70 人中，有黑番鬼三人。一名沙里马喇，满咖喇（摩洛哥）人，善使人观星象，被葡人雇用。另两人都是从小被葡人掠买的非洲黑奴：一名法哩须，哈眉须（埃塞俄比亚）人，10 岁时被葡人收买为奴；一名嘛哩丁牛，咖呋哩（苏丹黑人）人，也是幼年被卖为奴。两人从小在海上长大，“驾船在海”②。嘉靖二十八年（1549 年）朱纨在平定浯屿的战事中，于诏安走马溪之役获得辉煌的战果，

---

① 《明武宗实录》卷一四九。

② 朱纨《甓余杂集》卷二《议处夷贼以明典刑以消祸患事》。

战俘中有黑番鬼亦石等46名，其中多数是非洲黑奴①。

葡人既在浙江、福建被驱逐，于是改泊广东香山浪白澳，更进而窃据濠镜澳（澳门），作为他们侵略中国沿海的桥头堡。随着葡萄牙殖民者的移居，许多非洲黑奴也来到澳门。印光任、张汝霖《澳门记略》上卷形势篇称澳门的外籍居民是“白主、黑奴”。黑奴，又称鬼奴，下卷澳蕃篇：“其通体黝黑如漆，特唇红齿白略似人者，是曰鬼奴。”非洲班图黑人移居中国，一如唐代的僧祇奴、昆仑奴，而他们的主人却是侵占澳门的葡萄牙殖民者。

在葡萄牙之后，荷兰东印度公司也竭力搜捕中国沿海男女幼童，运往爪哇、摩鹿加、安汶等地。1727年荷兰东印度公司更任意捕捉印度尼西亚华侨，送往锡兰、开普殖民地为奴②。在殖民者的操纵下，近代中国和非洲人民交往的一幅幅充满火药味和血腥气的图景被揭开了。

第一节　中国人非洲地理知识的扩大

1580年后，由于中国帆船退出了印度洋，中非之间的直接交通在较长的时间内陷于停顿，但也不等于中国和非洲之间的联系完全中断。属于16—17世纪甚至更晚一些时候的中国陶瓷仍然在非洲沿海和内地陆续发现，并有若干清代的钱币在东非沿海出土。中国文献中也有不少非洲的信息。因此在这段时间中，中国和非洲不但通过印度、阿拉伯和西欧各殖民国家的船只继续维系着间接的贸易往来，而且也间或有一些开往印度洋的中国船去过那里。

出土文物对这些断断续续的联系提供了一点线索。在开罗土耳其时期的石头建筑中，坐落在爱资哈尔清真寺附近的富豪西海纳（Sehenu）的邸宅，在它主室的壁架上有几十件17世纪的中国青花器供陈设装潢，代表着直到那时仍然保持着的阿拉伯富豪贵室的风尚。摩加迪沙出土的中国钱币，也包括17—19世纪的。在索马里发现的华瓷也有16—17世纪的③。同一时期的华瓷也见于索科特拉岛④。1956年，考古队在哈迪

---

① 朱纨《甓余杂集》卷四《六报闽海捷音事》。

② 吴世璜：《印尼史话》，椰城世界出版社，1951年，第148页。

③ 柯勒：《索马里废城》（A. T. Curle, The ruined towns of Somaliland），载于《文物》（Antiquity），1937年，第11卷，第43期，第320–321页。

④ 香尼：《索科特拉》（P. L. Shinnie, Socotra），载于《文物》（Antiquity），1960年，第34卷，第134期，第100–110页。

卜（Hadibo）东约 3 公里的苏克镇（al Suk）的清真寺和葡萄牙碉堡遗址中，发现 16—17 世纪的华瓷残片，尤以青瓷为多。这里是中国和东非交通的前哨。肯尼亚发现的中国瓷器即有 16 世纪的，并且延续到 19 世纪中叶①。坦桑尼亚沿海出土的中国瓷器同样迟至 19 世纪上半叶②。这些中国陶瓷至少有一部分是由经过马尔代夫、索科特拉北上亚丁，或偶尔由广州开赴基尔瓦、莫桑比克的华船直接带去的。陈伦炯编写的《海国闻见录》便提到 18 世纪初，非洲之角和东非沿海偶或有船和广东相通。

这一时期，由于受到欧洲海盗商人的干扰，中国对于非洲的知识最初只得仰赖于欧洲来华传教的耶稣会士的著述和介绍。西欧的耶稣会在 16 世纪葡、西、荷、英等国殖民势力东来的同时，也派出传教士到中国传教。意大利人利玛窦（Matteo Ricci，1552—1610 年）与罗明坚两人，便是早期来华宣教的耶稣会士中的著名人物。

利玛窦在 1582 年 8 月 7 日抵达澳门，1596 年在南昌受任耶稣会会长，1610 年死于北京。利玛窦曾多次用西洋画法绘制世界地图。第一次是 1584 年，应岭西按察司副使王泮之请，将西文世界地图译成中文，照式绘制，在肇庆加以刊刻，直到下一年还在印刷，分赠各方。这本地图流传极广。1594 年后，赵可怀（宁宇）将这幅地图勒石，竖在苏州胥门外的姑苏驿，题名《山海舆地图》。拓本流布各地，名声越来越大。

利玛窦第二次刻印的地图，是 1599 年到南京后，受吏部主事吴中明委托，在 1600 年完成的。经过这一次改绘，地图比肇庆本图幅更大，注记更多，内容更加完善。刻本曾传入日本，翻印的也不少。1601 年到北京后，利玛窦又第三次改订地图，完成中国式高于人体的大屏六幅，又做东、西半球图两幅，一绘赤道以北，一绘赤道以南。1602 年由李之藻付梓，刻工又翻刻一本，印刷了数千本之多，并由信徒参军李应试在耶稣会士的帮助下加以放大，分列八幅，镌之于版。这第三次印刷的世界地图，由利玛窦寄回罗马，也就是梵蒂冈图书馆收藏的《坤舆万国全图》。这幅世界全图，曾有彩色绢底摹本，由宫人献给神宗朱翊钧，在宫廷中多次临摹，作为贵重礼品在皇室权贵中流布，并在宫内翻刻过③。

利玛窦也曾将欧洲绘制的世界地图集馈赠给明朝宗室。1595 年，他在南昌向建安

---

① 坎克曼：《肯尼亚历史考古：1948—1956 年》（J. Kirkman, Historical archaeology in Kenya, 1948 - 1956），载于《考古学报》（The Antiquaries Journal），1957 年，第 37 卷，第 1 - 2 期，第 16 - 28 页；又见奇蒂克等编：《东非和东方》（N. Chittick, East Africa and the Orient），纽约，1975 年，第 229 - 230 页。

② 弗里曼—格伦维勒：《坦噶尼喀出土华瓷》（Freeman-Grenville, Chinese porcelain in Tanganyika），载于《坦噶尼喀汇刊》（TNR），1955 年，第 41 期，第 64 页。

③ 汾屠立编：《利玛窦全集》（Tacchi Venturi, Opere storiche del P. Matteo Ricci, S. I.），第 1 卷《中国札记》（Commentarj della Cina），马切拉塔，1911 年，第 577 - 579 页。

王朱多㸅献《世界图志》，其中有欧逻巴、利未亚、亚细亚、南北亚墨利加、墨瓦蜡泥加五大洲。图是欧洲原本，释文都已改成中文。1601年初，利玛窦刚到北京，便向皇帝进献《万国图志》一册。《世界图志》《万国图志》显然都是图文并茂的地图册。后者，据金尼阁《中华传教志》①，便是奥尔蒂利（Abraham Ortelius，1527—1598年）在1570年出版于安特卫普的《舆图汇编》（Theatrum orbis terrarum），收集各家所绘地图53幅。利玛窦在华所绘世界地图，也以比利时地图学派和意大利地图学派所绘地图为蓝本。

利玛窦的世界地图对于在中国人中确立五大洲观念，对于许多外国地名的汉译，对于地球按气温列出的五带划分都开创了先例。他列举五大洲，将利未亚（阿非利加）排在欧逻巴之后，亚细亚之前。对阿非利加的位置作了说明："若利未亚者，南至大浪山，北至地中海，东至西红海、仙劳冷祖岛（马达加斯加岛），西至河折亚诺沧（大西洋）。"图中列出非洲山川、湖泊、岛屿、地名、国名、民族共180个，详备的程度胜过元代世界地图中的非洲。

《坤舆万国全图》中的利未亚洲，绘出了黑入多（埃及），黑地兀皮亚、亚昆心域（埃塞俄比亚），马加大作（摩加迪沙）。在赤道以南东非沿海标出了默令德（马林迪）、门巴察（蒙巴萨）、黑人国（基尔瓦苏丹国）、门沙皮刻（莫桑比克）、初法腊（索法拉）。在北非沿海列出了巴尔加（班加），小亚非利加（的黎波里塔尼亚），马尔马利加（突尼斯），巴尔巴里亚、奴米德、貌利大泥亚（阿尔及利亚），佛沙国（非斯），马逻可国（摩洛哥）。西非绘有入匿（几内亚）、墨利国（马里）、乜力日突（加纳）、必宁（达荷美）、汉卧剌（安哥拉）。在南非，东海岸有那大儿（阿扎尼亚纳塔尔），西海岸有创齐巴尔（黑人国），南端有大浪山、大浪山角（好望角）。图上的泥罗河（尼罗河）贯穿非洲南北，北入地中海，南部的泥罗河泉在初法腊（索法拉）通过金河（林波波河）注入莫桑比克海峡。

利玛窦的世界地图，成为来华基督教传教士绘制地图的楷模。1610年来华，1613年到达北京的意大利耶稣会会士艾儒略（Julius Alenius，1582—1649年）著有《职方外纪》，1623年在杭州刊刻。卷首万国全图，原本现存米兰图书馆，图上绘有五大洲的图形，卷三利未亚洲更有非洲全图。图中山川地名大致仿照利玛窦的绘法和译名，也作了一些更正。横贯西苏丹和中苏丹的黑河，艾儒略使它东止于博尔诺西南的波耳加，

① 金尼阁编译，利玛窦遗著：《中华传教志》（Nicolaus Trigault，De Christiana expeditione apud Sinas），中译本又名《利玛窦中国札记》，中华书局，1983年；又见洪煨莲：《考利玛窦的世界地图》，载于《禹贡》，1936年，第5卷，第3、4期合期，第18页。

而在利玛窦的地图上，标明黑河西起大西洋，东连尼罗河，大致还是按照中世纪阿拉伯地理学家曼苏地、伊德里西的观念绘出。在东非沿海，艾儒略在赤道以南标出默临得（马林迪）、门沙皮刻（莫桑比克）、黑人国，省去了利玛窦图上的门巴察，而将“黑人国”写在门沙皮刻以西的地方，表示黑人国统治的地方包括默临得、门沙皮刻，非常确切地表明了基尔瓦苏丹国在 16 世纪的统治范围。

艾儒略将利未亚列入世界第三大洲，介绍说：“天下第三大州（洲）曰利未亚，大小共百余国，西南至利未亚海，东至西红海，北至地中海，极南南极。”“凡利未亚之国著者，曰阨入多，曰马逻可，曰弗沙，曰亚费利加，曰奴米弟亚，曰亚毗心域，曰马拿莫大巴，曰西尔得；散处者曰井巴岛，曰圣多默岛，意勒讷岛，圣老楞佐岛。”

艾儒略的《职方外纪》又成为比利时耶稣会士南怀仁（Ferdinandus Verbiest，1623—1688 年）著述《坤舆图说》，绘制《坤舆全图》的依据。《坤舆图说》两卷，1672 年在北京付梓，两年后又在北京刻印《坤舆全图》，成八幅一套的世界全图。《图说》文字大都以《职方外纪》为准，另外介绍各地的奇产、风物，绘有图画。

清代编著的世界地理，在外国传教士撰写的书籍之外，由中国人自己著述，初次对非洲作全面介绍的是陈伦炯（约 1685—1748 年）在 1730 年刊刻的《海国闻见录》。该书下卷附有四海总图①，对上卷中非洲各民族分布和地区名称绘出了示意图②。陈伦炯将非洲民族分成四类：顺毛，分布在东非沿岸的闪族和班图族混居地；卣年，分布在西非几内亚湾和中非西南部；黑人，包括东苏丹、西苏丹、南非班图族，和含族的阿比西尼亚；苏麻勿里，相当于萨希尔地区，苏丹族和柏柏尔人混居区。在地中海沿海猫喇猫里也，全是柏柏尔人居住的地方。

陈伦炯的著作，提纲挈领地对非洲作了概括的介绍。《海国闻见录》流传很广，是 18 世纪中国人首先注意到非洲的一部著作。

和陈伦炯同时的樊守义（1682—1753 年）是第一个撰写欧洲游记的中国人。他在 1707 年冬跟随艾逊爵（Jos. Ant. Provana）由澳门经巴达维亚（雅加达）绕过南非大浪山，到达南美洲的巴西。1708 年 8 月抵葡萄牙，进见葡王，翌年游历西班牙、意大利，参谒教皇，加入耶稣会。直到 1718 年返回葡萄牙，葡王赠予黄金 100 两。他在 1719 年 3 月初只身返国，一年后的 6 月 13 日才到达广州。不久，应召到热河见康熙帝玄烨。

① 清嘉庆《艺海珠尘》刻本《海国闻见录》不分卷，四海总图作附图。

② 冯承钧《海录注》（商务印书馆，1938 年，第 78 页）关于《海国闻见录》中非洲部分的注释，如苏麻勿里解释作索马里，顺毛解作埃及，是错误的，与图不符。

在玄烨的赞许和鼓励下，他将在欧洲的见闻写成《身见录》一书，全文5000字[①]，由罗马国家图书馆收藏，附残抄本《名理探》后。书中提到他在澳门启程后，经过两个月的航行，停泊在巴达维亚，等候季风15日，然后经过3～4个月的航行，始见大浪山。因船缺少淡水，才先去巴西。《身见录》是中国人第一部亲历航行南非的书。

1840年的鸦片战争使中国的社会发生了剧变，一些爱国的士大夫和知识分子为求强国，抵御外侮，感到必须放眼世界，了解世界。林则徐曾编译过《四洲志》。1841年林则徐被放逐新疆，魏源根据林则徐的嘱托，搜辑中外人士的著作，在1842年撰成《海国图志》五十卷，五年后编成六十卷本，1852年又扩充到一百卷，成为一部影响深远的世界历史地理的百科全书。

《海国图志》卷三十三到卷三十六，专门介绍非洲各国的地理和历史。它将非洲分成东、北、南、西、中五部分。

卷三十三，小西洋。包括利未亚洲总说，东利未加阨日多国（埃及）、阿迈司尼国（阿比西尼亚）。又据《地理备考》，列举卢比亚（努比亚）、亚比西尼（阿比西尼亚）、葛尔多番（科尔多凡）、达尔大（达尔富尔）、亚德尔（阿达勒）、亚然（非洲之角）、桑给巴尔（基尔瓦苏丹国）各国。桑给巴尔又分数十部，大的如几罗河（基尔瓦）、蒙巴萨、美林德（马林迪）、美加多朔（摩加迪沙），各霸一方，不相统属。

卷三十四，小西洋。

东利未加，分属葡萄牙的六国，自南而北：含摩那司、英汉门、苏华腊、麻尼加、摩加兰野（姆瓦纳·莫塔帕的一部）、莫新弥葵（莫桑比克）。属阿丹（亚丁）的两国：山维麻、阿匽。

北利未加，属法国的四国：摩罗果（摩洛哥）、阿尔尼阿（阿尔及利亚）、都尼司（突尼斯）、特厘波里（的黎波里），统称麻马里。属西班牙：修达国（休达）。

南利未加，属英、葡殖民国家的三国：英属兀贺峡（好望角）、葡属昂可拉（安哥拉）、莫山比给国（莫桑比克）[②]。独立的四国：麽诺达巴国，加弗勒里，马达加斯国，科丁多的国。

卷三十五，小西洋。

西利未加，色黎雅尔河（塞内加尔河）以南至安弥阿河（冈比亚河）以北的九国，安弥阿河以南至敏维腊河（尼日尔河）以北十四国。上几内亚国十一部落，下几

---

① 全文见方豪：《中西交通史》，华冈出版有限公司，1968年，第4版，第4册，第187－195页。

② 此国又见于东利未加洲。

内亚国二十一部落。

此外尚有塞内冈比亚分属英、法、葡、美、荷五国的属地四处，几内亚三处。

卷三十六，小西洋。

中利未加二十五国。

尼吉里西（一名苏丹）二十二部落。

利未亚洲各岛。

《海国图志》征引的图书有历代史志、岛志、外国的地理和地图，有一部分则根据近代中国人的国外见闻录，其中有谢清高的《海录》。谢清高（1765—1821 年），在 1782—1795 年间在葡萄牙或英国海船上从业，遍游五大洲各地。他是 18 世纪环航非洲到达葡萄牙的一个中国航海家。谢清高曾从帝汶向西经过毛里求斯岛，绕越马达加斯加岛的北端，通过莫桑比克海峡抵达开普敦，然后取道圣赫勒拿岛到葡萄牙的里斯本。经过航海的实践，他具备了关于非洲的实际知识。他指出黑人国疆域浩瀚无边，大小共有 100 多个国家，其中的麻沙密纪（莫桑比克）、生哪（索法拉—纳塔尔）、咖补（好望角）、哑鞏（几内亚）都被欧洲殖民国家占领，当地人民被这些国家贩卖为奴。

在谢清高之后，中国帆船继承着光荣的航海传统，有过横渡印度洋和大西洋的壮举。1846 年，一艘三桅中国木帆船“耆英”号①自广州起航，绕过好望角，通过圣赫勒拿岛前往纽约，然后开赴英国，在 1848 年 3 月 28 日抵达格拉文森德。船上的 30 名中国海员饱经风霜，经过 17 个月的长途航行，完全证明中国帆船足以胜任环球航行，能够抵挡莫桑比克海峡和非洲南端洋面汹涌的海浪。“耆英”号的中国人曾在开普敦停靠。他们以自己的远洋帆船安抵非洲，通过了大西洋，在近代中非关系史上镌刻了金光闪闪的铭文。

第二节　19 世纪华工对非洲的贡献

一、刚果和中国的建交

19 世纪 40 年代以后，中国在英、法、俄、日等国的侵略下逐渐沦为半殖民地半封建国家，非洲也同样受到资本主义国家的侵略和掠夺。1884 年在柏林召开的非洲问题

---

①　1928 年 9 月 22 日的《伦敦图画时报》（The Illustrated London News）第 518 页刊有“耆英”号的图像。

国际会议，表明欧洲列强对非洲的瓜分已成定局。会议召开前两年，1882 年由比利时国王利奥波特二世自任会长的国际刚果协会正式成立，积极推行它占领刚果的计划。比利时国王利用欧洲列强的矛盾，战胜了主张控制刚果河河口和有领土纠纷的法国，在英国国内外一致反对英葡条约（1884 年）、德国赞成开放刚果河的有利形势下，打着自由贸易和反对奴隶贩卖的旗帜，以慈善团体的名义，通过协会秘密地占领了下刚果直抵史坦莱瀑布的广阔地区。之后，美国和德国先后承认了协会的国家性质，于是 1885 年刚果独立，由比王兼任刚果国王，成立刚果自由邦。同年 11 月，刚果外交大臣爱德华照会中国，要求建立外交关系。清政府正式承认刚果的独立，订简明条约两条，规定：第一，中国和各国所订条约中，各国所享安全、财产、诉讼的权利，同样适用于刚果自由邦；第二，中国人可随意迁往刚果境内侨居，一切动产不动产，都可购买开业，并可更换业主，华侨得享最惠国所受之航行、经商和工艺的权利①。1898 年 7 月 9 日，双方又订通商专章二端②。自 1885 年起，到 1908 年 11 月 15 日比利时政府正式吞并刚果为止，双方外交关系维持了 23 年之久。在近代，扎伊尔成为和中国政府建立外交关系的第一个非洲国家。

刚果的开发，急需任劳任怨、工价低廉的华工。华工自 1889 年后便陆续到达那里，为马塔迪到利奥波德维尔铁路的修建贡献了一分力量。刚果铁路公司在 1889 年创办，当年年底刚果白人总数仅 430 人③，1890 年年底时在刚果从事运输业的欧洲人是 170 人，其余大多数是从阿克拉和塞拉利昂迁来的 2000 名克鲁族非洲工人④。华工进入刚果，无疑是当地经济开发的一支生力军。进入 20 世纪以来，1901 年、1902 年、1904 年、1906 年都有华工到刚果修路开矿。其中最远的到达桑库鲁（Sankuru）地区，他们中的幸存者便在那里定居，“并和土著妇女结了婚”⑤。

二、华工在非洲

19 世纪英、荷等国大力拓展殖民地。为了加紧殖民剥削，发展经济作物的种植业

---

① 《清史稿》卷一六〇，中华书局，1977 年，第 4698 –4699 页。原文见《湘报》1898 年 8 月 23 日第 135 号《咨文照登》。

② 王彦威，王亮编：《清季外交史料》，卷一三二，湖南师范大学出版社，2015 年，第 2582 页。

③ 《地学运动》（Le Mouvement Géographique），布鲁塞尔，1890 年，第 22 页。

④ 史莱特：《利奥波特国王属下的刚果》（Ruth Slade，King Leopold’s Congo，Aspects of the development of race relations in the Congo Independent State），牛津，1962 年，第 75 页

⑤ 《不列颠百科全书》（Encyclopedia Britannica），第 11 版，伦敦，1910 年，第 6 卷，第 924 页。

和开发矿业，弥补当地劳动力不足和工效的低劣，欧洲殖民政府开始成批招募华工，用各种苛酷的办法骗取和招收了大批闽、粤居民，输送到东南亚、南非和拉丁美洲各地，在他们占领的属地上充当廉价的劳动力。

第一批运到非洲的华工是在 1811 年以前不久从广东招诱的石匠、木匠等工匠，通过澳门贩运到英国在大西洋中的殖民地圣赫勒拿岛。英国东印度公司的目击者在 1811 年记述，这批移民的成功，使圣赫勒拿岛总督再次要求送去 150 名中国工匠和劳动力。贩运者洋洋自得地说："我们毫无困难地便把所要的人数招足，并把这些人分批分配到公司的船队里，悄悄运送出去。" 1815 年拿破仑流放到该岛，当地华工的高超技艺给他留下深刻的印象①。这批华工便在詹姆士登（Jamestown）附近植根了。

不久，华工也被运往印度洋中的毛里求斯岛。自从 1769 年法国政府接管毛里求斯（法国人称毛里寺），取消法国东印度公司的贸易特权后，该岛居民便获得了自由通商的权利。作为印度洋的一个国际货栈，通航于毛里求斯和中国沿海的船只开始载运华人移民。殖民者也从东南亚掠卖廉价劳动力。其中有少数华人被强迫移居毛里求斯。1817 年彼拉（A. Billard）到达该岛路易港时，提到那里有一个专门为安顿招募来的华人而设的"中国营"。1829 年开始招募契约华工后，1830 年路易港的人口统计表上出现了六名正式获准居住的华人。早期移居该岛，原籍福建，被称为阿鑫财神的陆财新（Ahime Choisanne ou Liog Choi Sin）当上了陆阿鑫、阿新股份公司（Liog Ahime & Assine Co.）的经理。他在 1826 年返回毛里求斯，开始向当地输送华人移民，成了法科尔总督和华侨移民之间的中间人。他在那里是公认的华侨领袖，直到 1874 年回国定居为止②。到 1841 年，法国庄园主又从新加坡和槟榔屿一连三年骗招了 1000 名华工到那里从事种植业。1845 年、1846 年连续两年，法国殖民官员根据在海峡殖民地雇用华工的经验，开始直接从厦门运送两批华工到波旁岛③，首开在澳门以外，从中国沿海港口直接运送华工到非洲的先例。

由于华工的移居和英、葡商人出入非洲南部，当地的皮披风（kaross）传到了中国，中国的生产工具和交通工具，如农具、滑竿、轿子也在非洲南部使用起来。安哥拉就通用中国式山轿。英国探险家利文斯敦在南非探险时见到过这种轿子。收入《小

① 马士：《东印度公司对华贸易编年：1635—1834》（H. B. Morse，The Chronicles of the East India Company trading to China，1635 – 1834），牛津，1926 年，第 3 卷，第 161 页。

② 伯伦：《毛里求斯的华人》，参见《华侨史论文集》（三），暨南大学华侨研究所，1983 年，第 361 – 363 页。

③ 姚贤镐主编：《中国近代对外贸易史资料：1840—1845 年》，第一册，中华书局，1962 年，第 465 页。

方壶斋舆地丛钞》十二帙的利文斯敦（译名立温斯敦）《黑蛮风土记》（D. Livingstone, Missionary travels and researches in South Africa, 1857）中有过一段有趣的记述："途出按哥来，余乘轿，从者随行。轿异常式，闻中国山乡有此，虽崎岖之境，坐者抬者皆安适，无倾跌颠簸之患。盖以竹筐为之，两头植干，以梃横穿而上于肩，非两干夹旁套于左右肩者。又凡轿皆直坐其中，而此则如倚于床，眠坐任意。远路不耐坐乘，此极适。"他对轿在非洲的历史不大清楚，"不知其制何时入洲中"。接着又说："第余所乘易竹筐为木兜，又若中国所用以送礼之格箱，去其上数层而存其底者。"

华工勤劳耐苦，殖民国家在尝到甜头以后，从 19 世纪中叶起，更通过强加给清政府的不平等条约，强迫中国成批输送华工出国。1860 年第二次鸦片战争后签订的《北京条约》，便列有招工条款。1867 年就有几批华工被运往马达加斯加岛。南非华工参加了德兰士瓦金矿的开采，并在开普敦附近种植园中艰苦劳动。到 1904 年，好望角一地便有华人 1393 名，其中尤以苦力占了多数。德兰士瓦首府约翰内斯堡有华人数百，除做工以外也有经商的。英布战后，由于"华工佣俭"，在恢复金矿的开采中可以榨取更多的剩余价值，于是英国和清政府签订《保工章程》，在广东、秦皇岛、烟台大量招工，从纳塔尔送往德兰士瓦。

三、德兰士瓦金矿华工

南非在 1867 年初见金刚钻矿，1889 年在德兰士瓦西南部惠特瓦特史伦德（Witwatersrand，简称伦德）发现金矿，于是设立矿业会馆（Chamber of Mines），负责招工开矿。劳工大多来自好望角和纳塔尔的卡菲尔人（尼格罗人），但远远不能跟上开发矿藏的需要。1899—1902 年英国和布尔人的战争，使德兰士瓦金矿的产量大为下降，在战争中获胜的英国急需恢复金矿的开采。1899 年 8 月，英布战争爆发的前夕，伦德地区的 110 处金矿，拥有 111697 名土著工人，钻机 6244 架。到战争结束后的 1903 年 7 月，矿中仅有 55507 名土著工人，钻机 7145 架，使用的只有 3724 架①，开工严重不足。金矿的一落千丈，使德兰士瓦财政赤字继续上升。1904 年初，南非总督密尔纳在任时，德兰士瓦和奥伦治河殖民地的预算赤字已达 70 万英镑之巨。他将解决问题的希望寄托于获得英国政府授权制定法令，以便输入中国劳工。华工在国外素以勤劳著称，所取工资和待遇又极低微，于是南非政府决定在伦德矿区招募华工，以解燃眉之急。

---

① 蔡尔佛：《考验》（Hedley A. Chilvers, Out of crucible: being the Romantic Story of the Witwatersrand Goldfields and of the Great Cities which arose in their midst），约翰内斯堡，1948 年，第 162 页。

被招往金矿工作的华工，受到极其屈辱的条件的限制。按照英国政府的旨意，对招募华工作了三项原则规定：（一）必须预先订立劳工契约，才准入境。（二）一旦土著劳工或机械化足以替代华工，华工当须立即返国。（三）华工限于采矿，从事非熟练劳动。三项规定之外，英国对引进华工更有种种具体的限制，如劳工在合同期满后不准从事商业贸易，不准有任何财产，或导致个人资产以及不动产的行为，或致力于一切独立企业的开办。华工的活动场所被限制在矿区以内，仅在特别许可之后才能准假 48 小时①。中英双方通过伦敦使馆就有关问题进行了磋商。1904 年 5 月 13 日，由中国驻英公使张德彝和英国外务大臣兰斯敦在伦敦签订了《保工章程》（Emigration Convention）15 款②，中国开始向南非当局提供华工。

南非殖民当局在法令生效以后，规定由雇主与劳工订立三年合同。华工的招募均由矿业会馆的劳工进口办事处经手。1904 年，香港成为契约和承运劳工的中心。一年以后，招募对象转向华北，香港站在 1904 年年底结束，改由芝罘和秦皇岛两港承运华工的出国。第一批华工在 1904 年 5 月 25 日由香港启程。7 月 2 日，首批华工 600 名开始在新柯曼矿（New Comet Mine）工作。从 1904 年 6 月起，该年每月伦德金矿平均雇用 9668 名华工，1905 年每月平均雇用华工人数达 39952 名。1907 年 1 月在金矿工作的华工达 53856 人，创最高纪录。

1904 年 6 月—1907 年 12 月伦德金矿华工人数③：

年 月	1904 年	1905 年	1906 年	1907 年
1 月		27222	47166	53856
2 月		31424	50000	53764
3 月		34335	49922	53679
4 月		35575	49832	53588
5 月		38111	50974	53406

① 《英国国会记录：1904 年》（Great Britain, Parliamentary Papers, 1904），1895 号，《德兰士瓦和奥伦治河殖民地事务》（Further correspondence relating to the affairs of the Transvaal and Orange River Colony），见宋晞：《清末华工对南非屈兰斯瓦尔金矿开采的贡献》，台北华冈出版社，1974 年，第 33－34 页。

② 汪毅等：《光绪条约》，卷八三，1915 年外交部排印本。

③ 《英国国会记录：1908 年》（Great Britain, Parliamentary Papers, 1908），3528 号，第 182－183 页；第 4120 号，第 3 页。参见宋晞：《清末华工对南非屈兰斯瓦尔金矿开采的贡献》，台北华冈出版社，1974 年，第 41－42 页。

6 月	1004	41340	52352	51497
7 月	1338	43191	52231	51441
8 月	4945	44609	52111	49071
9 月	9020	44538	53430	46260
10 月	12965	45956	53163	42338
11 月	17469	45856	53030	37728
12 月	20885	47267	52917	35676

华工成批进入伦德金矿区工作以后，不到一年，德兰士瓦金矿的产量便突破了英布战争前1898年的最高数字，公司赢利也随之迅速增长。1898年德兰士瓦的赤金产量是3823367两，以每两值4.2477镑计算，价值16240630镑。以后逐年下降，1901年产量仅258032两，1902年起开始回升，但到1904年还仅生产3773517两，价值16028883英镑。1905年华工进入金矿以后，生产大有起色，开始大幅度增长。

1905—1907年德兰士瓦金矿生产①：

年　份	赤金产量（两）	金额（镑）	赢利（镑）
1905 年	4909541	20854440	4754349
1906 年	5792823	24606336	5565969
1907 年	6450740	27400992	6922420

华工的人数不但远远超过在金矿工作的白人，而且也越来越接近土著劳工。以1905年1—6月为例，华工、土著劳工和白人分别为34668人、93489人和15522人。一年之后，1906年1—6月，三者数字分别为50041人、83756人和15844人②。

华工以辛勤的劳动创造了巨大的经济价值，而所得的工资却极菲薄。在1905年1—6月，华工和土著劳工、白人所得工资分别为317085镑、1232322镑和2666987镑。

① 蔡尔佛：《考验》（Hedley A. Chilvers, Out of crucible: being the Romantic Story of the Witwatersrand Goldfields and of the Great Cities which arose in their midst），约翰内斯堡，1948年，第165－166页；德兰士瓦《矿业会馆三十七周年年报》，1926年，第96－97页。

② 宋晞：《清末华工对南非屈兰斯瓦尔金矿开采的贡献》，台北华冈出版社，1974年，第53页，据《英国国会纪录：1908年》（Great Britain, Parliamentary Papers, 1908）3528号第134－184页资料编制的表。

1906 年 1—6 月，分别为 553130 镑、1245126 镑和 3136307 镑①。按照这一数字，1905 年 1—6 月期间，华工平均每人所得工资为 9.15 镑，土著劳工为 13.18 镑，白人为 171.82 镑。1906 年 1—6 月期间，华工工资略有提高，增加到 11.05 镑，土著劳工为 14.86 镑，白人为 197.95 镑。和白人相比，华工的收入仅当白人的 5.5% 左右。华工工资虽逐年有所提高，但仍低于土著劳工。华工的劳动时间按规定每天在 10 小时以上，分早、晚两班，每周轮换进行。金矿华工无论在开始时学习手艺，还是在以后独立工作，都能达到规定的标准。金矿华工的工效很高，他们以超过所有同行的坚忍的毅力，多数人致力于艰苦的地下作业，使金矿得以恢复旧观，并且有了新的建设。在德兰士瓦金矿的发展史上，华工所作的贡献实具有超乎一般情况的特殊意义。华工到达金矿以前，德兰士瓦地方当局财政收支尚难平衡，而必须求助于英国议会的财政补助。华工的到来，使金矿盈余扶摇直上。华工加入金矿仅仅一年，在 1905 年 6 月 30 日，当这一会计年度结束时，德兰士瓦财政当局竟有了 347000 镑的结余②。因此，华工不仅使德兰士瓦金矿得以重整旗鼓，而且也解救了陷于危机中的约翰内斯堡政府，从而使南非的经济出现了新的转机。

按照《保工章程》，清政府有权简派领事或副领事，前往华工所在地“照料彼等利益安乐，俾该工等及该处所有别色华民，得以格外妥行保护”。为了管理定期赴非的华工，监督他们应受的合法待遇，1905 年清政府在非洲设立了中国第一个外交机关，派比利时使馆参赞刘玉麟为首任驻南非总领事。刘玉麟在 1905 年 4 月抵约翰内斯堡赴任，巡视了雇佣华工的金矿 27 处，人数多的 2000～3000 人，少则 200～300 人。他曾向清政府报告金矿华工所受非法待遇：“查西人矿章，每矿有总理一人，总监工一人，矿内工头一人。总监工专理工人事务，其人半由中国招聘而来，久居中土，熟谙华情，往往喜更改定章，擅作威福。矿内工头则以不谙中国言语，任情用事。”③ 据 1906 年天津义合堂《南斐洲金矿华工信图》（英国柏理稳注），华工在 33 座金矿做工，已出金的有 20 座。人数最多的西马杰克金矿公司（Simmer & Jack Propriety Mines，Ltd.）就是依靠华工而发迹的。1905 年 9 月 28 日公司举行第七届董事会，主席弗立克（R. G. Fricker）

---

① 宋晞：《清末华工对南非屈兰斯瓦尔金矿开采的贡献》，台北华冈出版社，1974 年，第 54 页。

② 华斯福特：《密尔纳勋爵治理下新殖民地的重建》（W. Basil Worsfold，The reconstruction of the new colonies under Lord Milner），第 1 卷，伦敦，1913 年，第 366－367 页。

③ 宋晞：《清末华工对南非屈兰斯瓦尔金矿开采的贡献》，台北华冈出版社，1974 年，第 62 页，引《外交部续编前外务部考工司清档》续工字第 48 号，光绪三十一年九月十九日收驻南斐洲总领事呈文。

就曾公开承认华工对公司的事业是何等重要。1905 年 9 月 29 日《伦德日报》（Rand Daily Mail）登载弗立克向大会的致辞，他宣称："首批华工在 1904 年 10 月到达本矿区，直到 1905 年 6 月最后一批 250 人抵达，本矿区华工总数是 4492 名。在华工未来以前，我们使用的钻机是 145 架，现在已增加到 320 架。1904 年 7、8 月，本公司利润平均每月约 12000 镑，到 1905 年 7、8 月间，利润平均数是 30600 镑。"

然而华工的招募受到德兰士瓦布尔人的反对，也遭到英国自由党的攻讦。自由党坎贝尔-彭纳曼代替鲍尔福内阁执政后，停止了在南非招募华工，全部华工最后在 1910 年遣返回国，4 月归抵烟台①。1911 年南非总领事刘玉麟亦离任归国述职。

当时侨居在非洲的华人数目日增，1907 年非洲华侨已增加到 7000 人②。辛亥革命爆发时，非洲英国属地的华侨就有 1827 人③。侨居非洲或根据契约在非洲各地做工的华人，他们所到之处，传统习俗和文化娱乐方式也随之传扬。例如，在德兰士瓦金矿工作的华工，在节日常有盛会，春节期间尤其热闹，通常张灯结彩，表演京剧、高跷，举办各种赛会。甚至有几处矿区组成了剧团，业余演出戏剧。《南斐洲金矿华工信图》第 75 页南斐洲金矿图说："夫蓝吃蓝戏楼的图样。凡歇工之日，工人办角唱戏。各人捐钱做的行头，亦有西国人捐的钱很多。现在盖的戏楼，又拿出钱，新在上海制的顶好的行头。会唱戏的工人很多。别矿亦有会唱的工人，前来玩票。华人听戏不花钱，西人听戏得捐钱。真有顶好的名角，去到金矿做工。"在非洲极南端的旷野里，中国的传统戏剧也曾热乎一时，这是在黑人的国土上开出的中国文化之花。

第三节　中国和非洲人民为争取独立自主而融结的友谊

中国人民和非洲人民同样遭到殖民主义的奴役。早在 19 世纪 80 年代，在中国受西方列强压迫而奋起主张改良政治的人士已注意到大量翻译各国史乘、地志，如邵作舟在《邵氏危言》中已将眼光转向整个世界。他们不但要求学习西政、西艺，而且也要求了解埃及、印度这些文明古国如何沦为西方列强殖民地的历史，于是出现了《印度灭亡战史》（开明版）、《埃及近世史》（广智版）、福清刘鑑著《埃及近事考》一卷（江楚官书局石印一册）、美国卜因约翰著《埃及惨状》（1903 年文明版）等书。旅居

① 《东方杂志》，1910 年 3 月，第 7 卷第 3 期，中国时事汇录。

② 《外交报》，光绪三十三年三月九日（1907 年 4 月 21 日），第 173 期，华侨纪闻。

③ 《东方杂志》，1912 年 9 月，第 9 卷第 3 期，华侨调查记。

国外的华人都希望祖国强盛繁荣，独立自主，摆脱贫穷落后的局面，因而追求革命的不乏其人。南非华人同样深感在西方列强侵略和欺压下的痛苦，积极支持孙中山领导的资产阶级民主革命。在辛亥革命之前，南非的华侨也成立过兴中会这样的革命组织。1895 年广州起义失败后，杨衢云流亡海外，从越南、印度到了南非，在约翰内斯堡和彼得马尼士堡两地建立兴中会分会，参加的有黎民占、霍汝丁等数十人。1896 年 10 月，杨衢云准备回国发动起义，华侨会员多捐款资助①。后来英、荷属地掀起排华运动，南非德兰士瓦华商无辜被驱逐出境的达几十人。当时旅港嘉属商学会会长曾辨曾向清政府外交部呈文，要求英政府加以制止②，便算了事。

非洲人民身受殖民主义的压迫，具有起而反抗殖民统治的悠久传统。早在 1661 年郑成功收复台湾之役，郑成功的部队中便有一支黑人火器营，专由荷人掠卖到台湾的黑奴组成。他们善于使用荷人的火器，和在祖国的土地上驱逐侵略者的中国人站到了一起，共同反抗殖民侵略。20 世纪以来，非洲各殖民地保护国的民族解放运动风起云涌，他们也得到了正在谋求挣脱殖民枷锁的中国人民的同情和支持。1908 年摩洛哥掀起反对法国统治和封建买办阶级卖国的斗争，孙中山高度赞扬摩洛哥人民“不甘与孱王俱死，与主权同亡”，不顾“内外受敌，危险莫测”，起而进行反抗的大无畏精神③。

1921 年 3 月 15 日，埃及根据英埃条约获得独立，1922 年英国被迫承认了埃及的独立地位。埃及的独立得到了中国人民的热情支持。在反对殖民统治的斗争中，埃及得以恢复自主权利的初步胜利，对中国人民也是很大的鼓舞。

引起中国人民更加关怀的是抗击意大利法西斯侵略的阿比西尼亚人民的抵抗运动。1934 年 12 月 5 日，意大利军队在阿比西尼亚东部奥加登的华尔华尔地方袭击了阿比西尼亚军队。接着，久已蓄谋侵吞阿比西尼亚全境的墨索里尼政权，在 1935 年 10 月 3 日大举进攻阿比西尼亚。海尔·塞拉西皇帝领导全国人民对入侵者进行英勇的抗击，使入侵者受到重创。英国和法国却怂恿意大利的侵略。塞拉西向国际联盟呼吁，要求制裁意大利侵略阿比西尼亚，但在奉行绥靖政策的英、法操纵下的国际联盟毫无作为，阿比西尼亚首都亚的斯亚贝巴也在 1936 年被攻陷。这一国际事件，对于从 1931 年 9 月以来已在和日本法西斯侵略者作战的中国人民来说实有切肤之痛。中国人民对红海西岸抗击法西斯侵略者的阿比西尼亚人民的英勇业绩不仅颂扬不绝，而且也引为前车之鉴，深感必须依靠自己的力量，结成抗日民族统一战线，坚持斗争，才能赢得最后的

---

①　冯自由：《华侨革命开国史》，商务印书馆，1946 年，第 117 页。

②　王彦威，王亮编：《清季外交史料》，卷一五，旅港嘉属商学会呈外交部南非洲杜兰斯哇新设苛例驱逐华商请商英使革除电。

③　《孙中山全集》，中华书局，1981 年，第 1 卷，第 341 页。

胜利。

1939 年，第二次世界大战全面爆发以后，中国人民和非洲人民一道，站在反法西斯斗争的第一线，为争取斗争的胜利、消灭法西斯侵略势力作出了巨大的牺牲和贡献。中、美、英三国对联合一致共同对日作战计划所作的重大决策，就是于 1943 年 11 月 23 日到 27 日，在埃及首都开罗召开的三国首脑会议上决定的。会议的结果，是 11 月 27 日发表了著名的开罗会议公告，重申盟国进行战争的目的在于制止和惩罚日本的侵略。三国的宗旨，在剥夺日本自从 1914 年第一次世界大战开始后在太平洋上所夺得或占领的一切岛屿。三国在公告结尾，郑重宣告将坚持进行重大而长期的战争，以使日本无条件投降。

第二次世界大战结束后，非洲各殖民地附属国的民族解放运动进一步高涨，欧洲殖民体系已面临崩溃的前夕。特别是 1949 年 10 月 1 日，中华人民共和国成立，宣告中国人民彻底地挣脱了一个多世纪以来强加于中华民族的殖民枷锁，给非洲各国争取人民民主、促进民族独立的运动照亮了斗争的道路，提供了成功的范例，树立了胜利的榜样，极大地鼓舞了非洲各国人民自 20 世纪 50 年代以后和殖民统治进行最后的决战，在 21 世纪来临前全部实现了民族主权国家的独立。从此以后，中非关系便踏进了一个崭新的阶段。

第十五章
中国四大发明和非洲

第一节　纸和造纸法传入非洲

一、纸的发明和传播

纸是中国最早发明的。这是中国人民对世界文化的一大贡献。105 年，东汉蔡伦首先用树皮、麻头、敝布、渔网造出了纸，既适合于毛笔书写，又能成批生产，因而获得了“蔡侯纸”的美名，诞生了最早的造纸业。从此以麻料为主的植物纤维纸便逐步代替缣帛和竹、木简，成为普遍使用的书写材料。

2—3 世纪时，除麻纸外，还大量采用木皮抄造皮纸，其中以全国各地都有生产的穀（或称楮）为原料的穀纸最为有名。此外还有藤皮纸、桑皮纸等富有地方特色的纸张供应市场。到 4 世纪，在边远的西域，纸也完全排挤了竹简、木牍，用于公私文牍、账册、契约、抄写佛经和典籍。5 世纪初，新疆地区不但使用中原制造的纸张，也在高昌（吐鲁番）建立了造纸工场，造纸原料多是破麻布。6 世纪下半叶起，又多了一种桑皮纸。

纸张发明以后，在 3 世纪便传入地中海东部地区。在 284 年到达中国南方的罗马商人，也可能将蜜香纸带回地中海。但中国植物纤维纸要完全取代西亚和地中海传统使用的埃及苇纸和羊皮纸，必须有待于造纸技术西传，就地建立造纸中心，才能实现这一历史使命。

二、造纸法西传和非洲的用纸

造纸技术直到8世纪中叶，一直是中国人的专长。那时养蚕、缫丝、织帛的技术已经外传，不再是神奇的秘密，但中国人在制造瓷器、生产植物纤维纸方面，仍处于世界领先地位。

造纸技术的外传，也完全仰赖中国的造纸技师和工匠的教授。751年唐朝军队在怛逻斯战役败绩以后，中国一些学有专长的技术人才也同时被阿拉伯所俘。其中有些人到了阿拔斯王朝的都城库法，有些人则在撒马尔罕办起了国外第一所造纸工场，在那里教会了许多穆斯林和中亚工匠制造植物纤维纸。这些纸张很快便以造价低廉、书写简易、传送方便成为在一般场合可以代替羊皮纸普遍为人乐意采用的纸张。这种纸质地轻软，光洁度、耐磨性都远胜埃及苇纸。794年在巴格达，以后在阿拉伯蒂哈玛、叙利亚大马士革也相继设立了纸厂。中国式的植物纤维纸被巴格达哈里发正式采用为公文纸，影响便扩大到整个伊斯兰世界了。

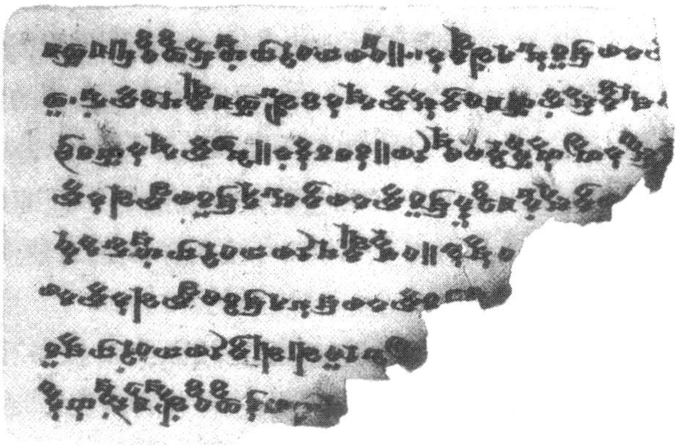

焉耆出土焉耆文《弥勒会见记》剧本残叶

撒马尔罕根据中国造纸工艺制造的纸，在建厂以后不到100年的时间里便有很大的发展。到9世纪中叶，纤维纸已在叙利亚以东的广大地区内成为最常用的书写材料。

埃及是非洲各地最早使用植物纤维纸的。至迟在巴格达设厂以后，阿拔斯王朝第五任哈里发哈仑·拉希德（Harun al-Rashid，786—809年在位）的首相贾法尔正式明令政府公文采用新式纸张时，纸便进入了一向以生产苇纸著名的下埃及。下埃及的许多地方，自古以来以生产一种称为“巴比拉”的埃及苇纸名闻世界。长久以来，埃及一向是向希腊语地区（包括叙利亚在内）输出这种苇纸的唯一中心。苇纸，阿拉伯语跟从希腊语 chatēs，称作 qarātīs，qirṭās 或 qartas，是用莎草科（Cyperaceae）巴比拉水草（Cyperus papyrus）制成的。巴比拉水草高七八尺，除去外皮后截成长条，用利刃切成薄片，浸水后双层并列，再压平，晒干，宽度有5米，长可30米。汉代也有过类似的书写材料。《汉书·路温舒传》曾有“取泽中蒲，截以为牒”的记载，牒便是“小简”，大小仅相当于便条而已。自从阿拉伯世界有了纸，埃及苇纸便遇到了竞争的对手。雅库比提到巴格达由于纸张的普及，各种抄本和印本书籍有专门的书贩供应，大马士革和开罗也有这种书贩。但地中海世界都使用苇纸，所以尽管东方来的纸在埃及露了面，却并没有马上就占上风。

868年，按照查希兹的说法，“埃及苇纸用于西方，撒马尔罕纸用于东方”。一个伊斯兰世界，在用纸方面，仍然以埃及和黎凡特为界，东西互不相同。虽有巴格达、大马士革的纸厂，但撒马尔罕仍是纸张生产的主要中心，通行于哈里发东部各省波斯语流行区；埃及的苇纸则在地中海沿岸仍有足够的市场，盛行于希腊语地区。到9世纪末，在尼罗河三角洲也建立起新式的造纸厂①，在埃及苇纸的老家就地生产起性价比更优秀的中国纸来，于是埃及苇纸的生产便一蹶不振，在地中海东部的地位从此摇摇欲坠了。

埃及大约在图伦王朝（868—905年）末期开始拥有自己的造纸厂。纸的广泛使用却要到法蒂玛王朝统治时期。法蒂玛哈里发哈基姆（al-Hakim，996—1021年在位）在开罗创建“科学馆”，奖励讲学、研究和科学著作的翻译，根据中国工艺制造的阿拉伯纸便在这一时期最终在西亚和地中海南岸替代了传统的埃及苇纸和羊皮纸，成为最便利的书写工具和包装用纸。那时中国的纸也从海上运销波斯湾。法蒂玛王朝和北宋海上来往频繁，1008年更和宋朝正式建交，使两国的关系大为密切，中国的纸一定有直接从海上运到埃及的。

植物纤维纸从9世纪起成为埃及文书的书写材料，可以由19世纪维也纳古文献收藏家雷纳的藏品明了它的进展。格罗曼对12500卷阿拉伯古文书研究的结果②，发现属于回历2世纪（719—815年）的都是埃及苇纸；回历3世纪（816—912年）间的120件文书中，有24件是中国纸；到回历4世纪（913—1009年），86件文书中中国纸有77件。自从9世纪末埃及自己有了新式的纸厂以后，苇纸的地位便一落千丈。在一封

① 雅库比：《列国志》（al-Yā'qūbī，Kitāb al-Ta'rīkh），霍茨玛（M. T. Houtsma）编译，莱顿，1883年，第1卷，第338页；第2卷，第8页，第13页；奎尔盖希迪：《黑夜的曙光》（al-Kalkashandī，Subh al-A'shā），开罗，1913—1922年，第2卷，第474页。

② 格罗曼编：《雷纳藏苇纸文集》（A. Grohmann，Corpus papyrorun Raineri），维也纳，1924年，第3卷，《阿拉伯文系列1：阿拉伯纸莎草概论》（Series Arabica Ⅰ，Allgemeine einführung in die Arabischen papyri）。

标明年代，写于883—895年间的莩纸文书中，已有“莩纸作书，乞予原宥”的话。可知此时莩纸和中国纸相比已相形见绌、难以立足了。莩纸虽要到10世纪末才和羊皮纸一起在中东退出历史舞台，但在莩纸的原产地，从9世纪末开始，它的地位的低落和终将被淘汰的趋势就已经十分明显了。

由于纸张用于书写，各种抄本更可广为流传。在巴格达、大马士革和开罗都有专门兜售抄本书籍的经营商。雅库比《列国志》叙述巴格达的一条街上就有书贩近百家，大马士革和开罗则要少一些。法蒂玛哈里发阿齐兹（al-Aziz，975—996年在位）时代，文治武功臻于鼎盛，靠了新式纸张的传抄，开罗皇家图书馆的藏书达到了20万册。埃及在图书事业上的这种新的建树，使得在前1世纪尤利乌斯·凯撒和389年齐奥多西时代两次被罗马君主焚毁殆尽的亚历山大里亚图书馆重新焕发青春的光辉。亚历山大里亚图书馆从托勒密王朝起，号称藏书70万卷，多数属于羊皮纸和莩纸，在地中海世界曾以藏书之富睥睨一世；到伊斯兰什叶教派统治时期，仰赖中国植物纤维纸的传抄，迅速增加库藏书籍的数量，使埃及这个文明古国在典籍的保存和利用方面声誉大增。到了11世纪，纸已在开罗完全替代莩纸。1046—1049年间到过埃及的波斯旅行家纳赛尔·伊·科斯老在开罗见到纸张已普及于生活用品的包装，卖菜和卖香料的小贩都用纸随卖随裹①。用于书写的纸，更排挤了莩纸、羊皮纸和软皮手卷。

像其他阿拉伯造纸厂一样，埃及造纸原料的合成，在注意使用亚麻、桑科植物以外，也采用棉絮。著名的大马士革纸在11世纪时名扬欧洲，就被当作棉纸（charta bombycina）。一份12世纪的资料曾追述11世纪初期以来，由于埃及造纸厂扩大了纸的生产，尼罗河沿岸的牧民（贝都因人）和农民（苏拉伊姆族）纷纷挖掘古墓，从木乃伊身上剥取布条，卖给纸厂作为原料②。这些牧民来自叙利亚边境，一度定居在尼罗河右岸，使埃及社会陷于不宁，后来被法蒂玛哈里发驱向伊非里基亚。从他们在坟墓中发掘旧棉布和衣料作为造纸原料，可以看出当时造纸业对原料的需求一定已经空前紧迫。棉质纤维韧性比麻类要大，棉质纤维的抗张强度可达每平方毫米28～44千克，和丝质纤维抗张强度为每平方毫米35～44千克相仿佛。用棉质纤维造纸，纸质坚韧，不易破损，对于习惯于使用羊皮纸做高级书写材料的地中海世界来说是一种很理想的代用品。11世纪时，阿拉伯世界西部地区可能就是由于采用棉类破布造纸，因而生产的纸已可和阿拉伯东部的撒马尔罕纸分庭抗礼了。

---

① 科斯老：《游记》（Nāsir-i-Khusraw，Sefer nameh：relation du voyage），谢富尔（C. Schefer）法译本，巴黎，1881年，第41页。

② 卡特：《中国印刷术的发明和西传》（T. F. Carter，The invention of printing in China and its spread westward），纽约，1955年再版本，第136页。

中国造纸原料向来着力于麻类、桑类和竹纸。至于中国纸采用棉质纤维作为原料，似乎还是由伊斯兰世界向东逆流的结果。乾隆《回疆志》（1772 年）中有“回子纸”，分黑、白两色，用桑皮、棉布、丝屑搅拌的纸浆做成，纸质粗厚、坚硬，用石磨光后才能书写。中亚地区素产棉花，善于纺织棉布，这种纸也可能是造纸法最初西传过程中已有悠久历史的传统产品。

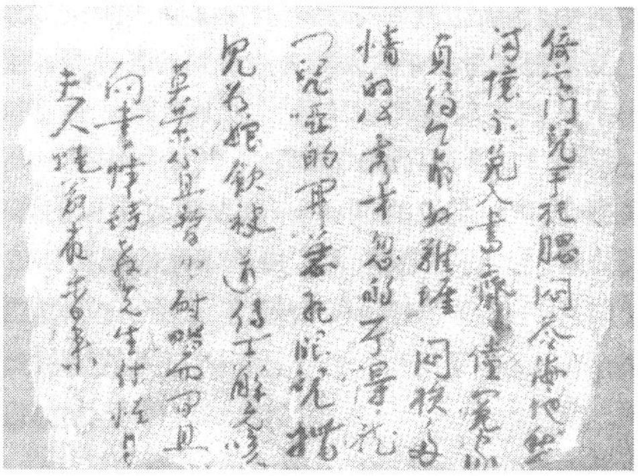
且末出土《西厢记》抄本残纸

法蒂玛时期，在下迪尔他地区，既集中了丝、棉、亚麻、玻璃制造业，而且也是最有名的造纸、冶金和陶业中心。马木鲁克统治时期，造纸业也和其他如丝、棉、蔗糖、玻璃等具有普遍意义的生产部门一样，全归苏丹或富有的权贵所有。

法蒂玛时期，纸从埃及传入摩洛哥。摩洛哥在 10 世纪时便有了纸，然后又迅速传入科尔多瓦。纸张传到北非，掀起了新的浪花。从北非越过地中海，纸成了西欧各国文化生活中不可或缺的一员。在北非跟着阿拉伯和柏柏尔人的驼队跨越撒哈拉沙漠，纸便到了大西洋滨，给西非人民增添了一种新鲜的书写材料。摩洛哥的休达和非斯是迪尔他以外非洲另外一些造纸业集中的地方。1086 年到 1121 年间，穆拉比德人入侵西班牙，连续进行了 30 多年的战争。西班牙萨狄瓦的造纸厂便是在这一段时间内由穆拉比德人建立起来的，这种纸也畅销地中海各地。摩洛哥的休达也和萨狄瓦一样，以抄造“塞卜提”纸著名。非斯也有几家造纸工场，制造的纸行销欧洲和撒哈拉沙漠以南的西苏丹地区。但到 13 世纪时，东马格里布反而从意大利进口纸了，14 世纪时整个马格里布都从欧洲进口纸张。

葡萄牙语的“纸”写作 cartaz，是从埃及和摩洛哥传去的，借自阿拉伯语 qarātīs。qarātīs 源出希腊语 χαρτηδ，专指埃及苇纸。自从有了植物纤维纸，阿拉伯语便称作 khāgād（榖楮纸）。但是纸张到了埃及，早已忘了它的老家是中国的榖楮纸，所以还是使用它惯用的 qarātīs。后来传到东非，变成斯瓦希里语中的 kartasi。

在埃塞俄比亚，纸张都是从上埃及运去的。17 世纪末到过埃塞俄比亚的庞赛特（Poncet），叙述开罗到塞纳尔定期往返的商队运输物中有纸。现在埃塞俄比亚最早的纸写手稿，是埃塞俄比亚国家图书馆收藏伊奥斯（1755—1769 年在位）皇帝时的《圣者传》（Senkesar）的一部分，时间已大大晚于纸张的开始使用。1813 年巴克豪特在努比亚的大城善迪看到的各种商品中，有从威尼斯和热那亚运去的书写纸。

马达加斯加岛居民的造纸开始得很早。马岛东北岸的伍黑马尔，古称伊赫拉纳

(Iharana)，根据考古发掘，发现过中国的许多陶器。最具特色的器物是绿萤石片岩制造的三足器，大多由基尔瓦的穆斯林传去。后来伊赫拉纳人沿海岸向南迁移，在东南部形成了两个部落：查非－拉米尼亚（Zafi-Raminia）和恩泰莫罗（Anteimoro）。恩泰莫罗人能够造一种特别的纸①。传说这些居民曾组成一个王国，在16世纪一分为四。那么伊赫拉纳人开始造纸的时间一定要早到14—15世纪了。这种造纸法可能模仿了阿拉伯半岛的造纸工艺。

第二节　雕版印刷术的发明和传入非洲

在中国，由于受到碑印、砖瓦反书文字和道家方士木刻符印的影响，在印度泥制佛印的直接启发下，产生了将木刻佛像印在纸上的办法。最早在7世纪40年代，玄奘用回锋纸印普贤像，每岁达五驮之多，印数在万数以上。现存佛印印本，有753年的，可说是雕版印刷的滥觞。明人记载唐太宗李世民曾将长孙皇后所撰《女则》十篇付梓，最初刊刻印本书籍是在宫廷中动用大量人力物力才能办的事。

9世纪起，民间印书的风气初开，著名诗人白居易、元稹的诗集在长庆（821—824年）年间于扬州、越州刊刻。民间更流行印刷历日，成都因此一跃而成为印刷业的中心。现存最早的印本书籍，便是868年由王玠刻印的《金刚经》。

中国发明的雕版印刷可以大量印制宗教宣传品和各种文书，很快受到阿拉伯人的注意。埃及法雍阿尔西诺遗址附近，在1880年出土的10万片苇纸、羊皮纸和褴褛纸文书中，发现了50件不同时代的阿拉伯文印刷品，分属10—14世纪，多数是12世纪到1350年前的东西。经鉴定，最早的一张出土于乌什缪南（el-Ush-mūnein），大致是900年的，大小不过10.5厘米×11厘米，字体是8世纪的，但估计印刷的年代不至于那么早。根据题词的题材，格罗曼将它定为10世纪初印刷的，内容是《古兰经》三十四章一至六节：

> 仁慈的真主。敬颂真主，凡天上地下所有一切全属真主。即使最后一刻，也不致使我等全归虚无。正因主的永生，你终会有最后的一刻。敬颂俯悉一切奥秘的真主，敬颂俯悉一切奥秘的真主，无论天上地下，虽微如蝼蚁也不

---

① 弗林特：《剑桥非洲史》（J. E. Flint, The Cambridge history of Africa），第3卷，剑桥，1977年，第225－226页。

能超脱真主的明鉴。无论为大为小，都书明于判决书上，凡虔诚和行事正直的人，都将由神加以赐福。凡图削弱我们信仰的，都将领受惩罚的痛楚。凡受有知识的都可明了，神所启示的全属真理，并将引导至于光荣和称颂的大道。

这件由埃及保存的最古的阿拉伯文印刷品，出现的时间正好是埃及建立本地的第一所造纸厂之后。在苇纸的老家，最早抄造的那些植物纤维纸一开始便具有了与过去完全不同的崭新的意义，因为这种纸张不但更加适合做书写材料，同时还可用来印刷文书。法雍出土的50件印刷品，只有一张是印在羊皮纸上的，其他的印刷品全都是新式的纸印的。所有这些印刷品都是伊斯兰教的祈祷文或《古兰经》经文，也有辟邪的咒文，宗教的气息十分浓厚。从外观上就可以看出，这些印刷品和中国内地以及新疆吐鲁番出土的许多12世纪到蒙古统治时期的印刷品非常类似。20世纪50年代，在法雍有了新的发现，有30块镌刻阿拉伯文的木板出土，从采用阳刻方法和运用的板框式样看，都显示出和中国的雕版完全相仿的特点。连印刷的方法也像中国一样，在铺平的纸上使用刷帚蘸上油墨轻轻刷印，印成白底黑字或黑底白字，个别的甚至用红墨印刷。

波斯羊皮纸印刷文书

埃及在阿拉伯世界接受雕版印刷的过程中处于突出的地位。雕版印刷西传的第一次振波，是在8—10世纪由海上从中国直接传送到埃及的。科尔多瓦王朝雄主阿卜杜勒·拉曼的一位秘书便采用了复印法（ṭabʻ）来复制政府公文①。这种方法一定受到过中国印刷术的启示，埃及出现木版印刷的《古兰经》也在这个时期。阿拉伯侨民极多的广州和扬州对雕版印刷的外传作出过贡献。扬州是新兴的雕版印刷中心，更加容易传习这种可以大量重印一式文字的新方法。

12世纪以后，特别是13世纪中叶马木鲁克王朝建立后，蒙古人的世界性扩展也使雕版印刷掀起一个向西推进的新浪潮。伊儿汗用这种方法印制纸钞，埃及和欧洲相继仿效波斯印刷纸牌。10世纪时，中国的南唐便有了“金叶子格”，这大概是那些侨居扬州的阿拉伯人和波斯人非常熟悉的牌戏，后来向西传入地中海。阿拉伯文称作naīb。14世纪下半叶被意大利采用，也叫naib。埃及毫无疑问是雕版印刷向地中海和欧洲各

① 希提：《阿拉伯史》（Philip Hitti，History of the Arabs），第10版，伦敦，2002年，第564页。

地传播的一个重要的跳板。推动这一浪潮的动力，可能是那些从 12 世纪以来像潮涌般迁入西亚和埃及的突厥部族。他们从中国各地的回鹘人那里带去了印刷品和印刷技术，其中就有深入民间、普遍流行的纸牌。研究中国印刷术西传的卡特指出，在埃及发现的一些零星印刷物中，有些单张显然带有吐鲁番艺术的痕迹。其中有一幅很小的着色美丽的佛像，是 13 世纪从东方佛教印刷中心吐鲁番传去的。

直到 14 世纪，雕版印刷在阿拉伯世界还一直停留在印刷民间流传的宗教宣传品或供娱乐的牌戏上，而没有用来印刷书籍。就像印刷术最初在中国发生的时候一样，长安、敦煌和法雍的早期雕版印刷都具有同一的性质。但埃及在印刷术的接力赛中只起到了一个跳板的作用，丰硕的果实却结在威尼斯和纽伦堡。

1440 年以后，欧洲出现了最早的雕版书籍。威尼斯在 15 世纪下半叶成了欧洲印刷业的中心，在印刷纸牌、圣像等小件印刷品外，也出版许多书籍。第一本用雕版印刷的阿拉伯文书籍便是在威尼斯印制的。1486 年到 1499 年在威尼斯从事印刷出版业的亚历山大·帕格尼尼（Alessandro de Paginini）神父，主持出版了阿拉伯文的《古兰经》，流传到伊斯兰世界各地。这本阿拉伯文书籍，完全像中国书籍一样，每页只印一面，用的是烟炱和胶水溶成的一种棕黄色油墨。

非洲的基督徒也到意大利去印刷他们必备的经典。埃塞俄比亚的基督徒在罗马筹划出版《圣经》，1513 年印出了《旧约》中的《诗篇》，1548 年到 1549 年又印刷出版了《新约》。非洲的印刷业又回过头来接受欧洲的经验和出版物。但一直到 19 世纪末叶，非洲才在印制书籍方面迈开大步，去迎头赶上这一发明的发祥地中国和它先进的欧洲同行。那时开罗又成了整个非洲的印刷和出版中心，并且是伊斯兰世界出版业的一个重要的据点。

第三节　罗盘和航海技术的改进

磁针的发明和用于航海，使导航技术在走上物理途径迈出了划时代的一步。新大陆的发现，环球航行的实现，被海洋分割的世界重被联结在一起，这些近代史上的篇章，都是靠航海浮针和罗经的创造来刷新的。这一发明也得归功于中国。

至迟在公元前 3 世纪，中国已发现磁石的吸铁作用。1 世纪初，王充《论衡》指出了磁石的指极性，提到“司南”。10 世纪后，中国人用钢针在磁石上摩擦，进行人工磁化，制造了指南针。沈括（1031—1095 年）在《梦溪笔谈》卷二四中，正式记载了由“方家”（堪舆家）所传的指南针，具有稍微偏东的磁偏角。沈括进行了四种试验，在不同的场合应用指南针。其中的水浮法，用磁针横贯灯芯草浮在水上，最早使用在航运业中。沈括在缕悬法的试验中，用新蚕丝以蜡珠结针，悬挂磁针，知道在中国东部地区，地磁有2°～3°的偏角。沈括认为指甲旋定法和碗唇旋定法容易滑落，重心不易取得，不易保持平衡。沈括家藏磁针，“指南、北者皆有之”。又指出“水浮多荡摇”，可见水浮法的应用不是从沈括才开始的。

浮针的出现，对磁针导航技术的发展是个良好的开端。沈括的亲戚朱彧在《萍洲可谈》中追记他父亲朱服在北宋元符（1098—1100年）、崇宁（1102—1106年）年间，在广州见到中国的海船“舟师识地理，夜则观星，昼则观日，阴晦观指南针”。这算是指南针应用在航海上的首次记录。1123年（宣和五年）徐兢奉使高丽，也见使用指南浮针：“维视星斗前迈，若晦冥则用指南浮针以揆南北。”（《宣和奉使高丽图经》卷三四）

浮针的使用和航海罗盘的创造休戚相关。航海罗盘从传统的栻占地盘脱胎而来。堪舆家所用的方形栻占地盘，自前3世纪以来，一向采取八干（甲乙丙丁庚辛壬癸）、十二支（子丑寅卯辰巳午未申酉戌亥）、四卦（乾坤巽艮）的二十四向定位法。到用于海上定向时，便改为圆形的罗盘了。

12世纪曾三异《因话录》中首先给子午针起名地螺（罗），就是用于船舶航海的①。地螺有正针、缝针，二十四向以外又有两位间的缝针，合共四十八向，精密的程度很高。所以《诸蕃志》中提到出入泉州的海舶有如下的评述：“舟舶来往，惟以指南针为则，昼夜守视惟谨，毫厘之差，生死系焉。”指南针采用四十八向的罗经是很明白的。半个世纪之后，吴自牧在《梦粱录》中才对航海罗盘正式起名“针盘”：“风雨晦冥时，惟凭针盘而行，乃火长掌之，毫厘不敢差误，盖一舟人之命所系也。”（卷十二）“针盘”一名道破了航海中使用指南针和罗盘的创造两者之间的关系。可见，利用水平原理自动调节的水罗经的使用，不是在12世纪，而是在11世纪初。李约瑟甚至推测早到9—10世纪就已用于航海，看来也并非没有理由②。

水上浮针在航海上的实用价值，很快就被波斯、阿拉伯同行发现，并在12世纪传

---

① 程溯洛：《中国古代指南针的发明及其与航海的关系》，参见《中国科学技术发明和科学技术人物论集》，三联书店，1955年。王振铎在《司南、指南针与罗经盘》（下）（载于《中国考古学报》，第五册，第一、二分合刊，1951年）中认为地螺用于堪舆，1978年发表《中国古代磁针的发明和航海罗经的创造》（载于《文物》，1978年，第3期）改正了这一看法。

② 李约瑟：《中国科学技术史》（J. Needham, Science and civilization in China），剑桥，1971年，第4卷，第3册，第563页。

入地中海，被意大利商船所采用①。不久英、法水手也利用罗盘导航。1590年摩洛哥侵略西苏丹时，安马尔帕夏曾雇佣法国水手，使用象限仪和罗盘。在地中海沿岸和西非，罗盘首先是由西欧民族引入的。

西欧民族由于在地中海和东方商业上竞争的需要，对于接受航海罗盘非常敏感。在中国以外，现在所能知道的有关罗盘的最早材料，不是在阿拉伯语和波斯语的作品中，而是英国和法国人士兴致勃勃的描述。1195年英国亚历山大·内卡姆在《论物质的本性》这部著作中，首次在欧洲论述了浮针导航技术。他提到的航海指南针最初也是用在阴沉的白天或黑暗的夜间分辨航向，办法是使用磁化的铁针或钢针，穿进麦管，浮在水面，用来指明北方。由此可见，最初传到欧洲的指南针也和中国一样是采取水浮法的磁针。不同的是，据寇宗奭《本草衍义》，沈括是靠“横贯”和“积贯”灯芯草取得浮力的。

法国人乔奥·普罗旺斯在1205年左右提到过罗盘。另一个法国人詹姆士·维特里，大致在1219年也说到过东方的这种富有实用价值的新发明。康丁普里的《汤姆斯百科全书》中也有一个浮针罗盘的记载。波斯人穆罕默德·奥菲编集的《故事大全》（Muḥammad al-'Awfi，Jawamī 'al-ḥikāyāt）讲述有磁性的指南鱼，已在1228—1235年间了②。之后，在1449—1450年，伊本·伊达里在《穆斯林西班牙和非洲史》说到qaramīt或磁石（calamita）③，但不清楚是否是罗经。

10世纪以来，中国船经常出没在波斯湾和阿拉伯海上。中国船是波斯湾和南海之间海上贸易最活跃的参与者，最早在印度洋上使用罗盘导航的当然也是中国航海家。穆斯林商船使用罗盘是从中国那儿传去的。航海罗盘的使用从一开始便具有很大的经济意义④。有一些中国船雇佣波斯的船员和船长，因此中国船的一些先进的装备容易被阿拉伯船采用。宋代开始使用的平衡舵，大约在10世纪已被用于红海的阿拉伯船⑤。

---

① 雷诺编译：《阿布·菲达地理志》（J. T. Reinaud，Gèographie de Aboulféda），第1卷，导论，巴黎，1848年，第203-204页。

② 尼兹穆特丁：《〈故事大全〉导读》（Muhammad Nizāmut'd-Din，Introduction to the Jawāmi'al-Hikāyāt），伦敦，1929年，第251页。

③ 伊本·伊达里：《穆斯林西班牙和非洲史》（Ibn al-'Idhārī，Kitāb al-bayān al-mughrib fī akhbār al-Andalus wa-al-Maghrib），杜齐（R. Dozy）英译本，伦敦，1848—1851年。

④ 自从夏德、柔克义译注《诸蕃志》（F. Hirth & W. Rockhill，Chau Ju-kua，圣彼得堡，1911年，第28-29页）以来，怀疑中国人发明罗盘和在远洋航行中首先使用的说法不一而足，甚至认为中国人在11世纪时还不了解在商业上应用罗盘的情况。参见希提：《阿拉伯史》（Philip Hitti，History of the Arabs），第10版，伦敦，2002年，第669页。

⑤ 李约瑟：《中国科学技术史》（J. Needham，Science and civilization in China），剑桥，1971年，第4卷，第3册，第655-656页。

使用航海罗盘这样先进的地文航海技术导航，也很快被阿拉伯航海者所掌握。波斯语、阿拉伯语中表示罗经方位（通常使用四十八分向法）的 khann，就是闽南话中罗针所示方向的“针”字。法国国家图书馆特藏中有一件中世纪叙利亚人绘制的二十四方位的罗盘。那儿的藏品还有一册 1551 年的地图集，其中有一件由穆斯林绘制的罗盘图，使用了三十二方位。但图的周边却绘出了四组中国结（每组大小三枚）图案。罗盘使用红、黄和深棕三色绘出三十二条方位线，这三色的理念也出于道教，《太上洞玄宝元上经》以为：“地理者，三色也。”“三色者，土、山、水也。”阿拉伯世界的罗盘明显是在中国航海界人士的传递下才诞生的。

西欧殖民国家的世界性扩张，首先依靠制海权的扩展，而制海权的赢得又完全离不开罗盘和火器①。欧洲商船所用日晷仪也模仿罗盘，如荷兰东印度公司在南非附近沉没的“拉斯特拉格”（Lastdrager，1653）号和“卡纳姆兰”（Kennemerland，1664）号，都有袖珍日晷仪，但只能在中欧制作的盒子中，按指定的纬度工作，因此在东方常常失实。虽然如此，却仍不失为一种时髦的装饰②。

用针位可以校正船只的航行方向，确定航路。中国远洋帆船使用罗盘的同时，便出现了针路。根据《岭外代答》卷六，可以推测，12 世纪时已有针路的设计：“舟师以海上隐隐有山，辨诸蕃国皆在空端。若曰往某国，顺风几日，望某山，舟当转行某方。或遇急风，虽未足日，已见某山，亦当改方。”13 世纪时海上航行已完全仰仗罗盘，指明航向，精确度非常之高。船只备有航海地图，记录沿途地点、里程和针位，航海者可以依图计程。赵汝适在《诸蕃志》自序中记述所见南海各地的外国地图，应是其中的一种。

元初海运仰仗针路，已有明文记载。周达观在 1295—1297 年随使团出使真腊（柬埔寨）也有针路，自温州开船行丁未针（南南西），到柬埔寨的真蒲（薄寮）行坤申针（南西西）。现在保留下来的最完整的一张针路图，见于茅元仪《武备志》卷二四〇的《郑和下西洋图》（原名《自宝船厂开船从龙江关出水直抵外国诸番图》），起南京龙江船厂，西至霍尔木兹、亚丁、基尔瓦，都注明针路、航程（“更”）和星辰高度

---

① 莱尼：《罗盘的经济意义》（Frederick C. Lane，The economic meaning of the invention of the compass），载于《美国历史评论》（AHR），1963 年，第 38 卷，第 601 页。

② 斯特努伊特：《来自设德兰的荷兰东印度公司早期贸易遗迹：1653 年在伊尔岛沉没的拉斯特拉格号货船》（R. Stenuit，Early relics of the VOC trade from Shetland：the wreck of the flute Lastdrager lost off Yell，1653），载于《国际航海考古与水下探索杂志》（The International Journal of Nautical Archaeology and Underwater Exploration），1974 年，第 3 期，第 213 – 256 页；普莱斯，穆克尔罗伊：《卡纳姆兰号的第二季工作》（R. Price & K. Muckelroy，The second season of work on the Kennemerland Site，载于《国际航海考古与水下探索杂志》（IJNA），1973 年，第 3 期，第 257 – 268 页。

（“指”）。特别在印度洋面，由于天空经常清朗，天象观测更为简便，所以苏门答腊以西洋面上常用天文观测，以确定船舶方位①。下西洋宝船的普通士卒都具有航海天文学的基本知识，能在不同的方位辨别星座。罗懋登《三宝太监西洋记通俗演义》说，每号宝船有观星斗阴阳官十员。书中说：“每一号船上面有三层天盘，每一层天盘里面摆着二十四名官军，日上看风看云，夜来观星观斗。”

航海天文学是指在海上用天体观测方法确定船舶位置的学问。古代航海都赖天文指导航行，前 2 世纪的《淮南子·齐俗训》说：“夫乘舟而惑者，不知东西，见斗极，则寤矣。”在使用罗盘以前，天体观测是指示航向的唯一办法，大海航行只好夜间望星星，白天看太阳。到了北宋，阴天便可凭指南针航行，船只可以不分昼夜阴晴，遵循一定的航路驶往目的港，因此对航海天文学有了更高的要求。元代便用观测星的高度来确定船只所处的纬度，称为“牵星术”。马可·波罗 1292 年返国，乘中国船到马拉巴，看到的北极星在水平面二肘上②。郑和七下西洋，“往返牵星为记”。牵星术受到印度洋航海家的重视。《航海图》上共有 64 处记录各地所见北辰（北极星、小熊座 α 星）和华盖星（小熊座 β 星、γ 星等七星）高度③。海图末附四幅星图，题作《过洋牵星图》，用图示法标出苏门答腊向西印度洋航路的星辰方位，并标明高度。明代航行牵星一般都牵北极星，在北纬 6°以下无法见到北极星时改牵华盖星。

牵星术的工具是牵星板。明人李诩《戒庵老人漫笔》记述的牵星板，共 12 块正方形乌木板。最大的一块叫十二指，每边长约 24 厘米。以下每块递减 2 厘米，最小的是一指。另有挖去四角的正方形象牙板一块，缺角的长度各不相同，分别是半指、半角、一角和三角，一角等于四分之一指。测量时手持牵星板向前，使板的下边和海平线平行，调整各板，便可求得天体地平高度的指角数。通常取被测星在天球子午线上时进行观测，这时用 90°加赤纬减去地平高度，便可求得地理纬度④。明代流传的《顺风相送》有牵星过洋的记录。据严敦杰核算，从古里起航到祖法儿的航程 4500 公里，所见

---

① 田汝康：《再论 17 至 19 世纪中叶中国帆船业的发展》，载于《历史研究》，1957 年，第 12 期，第 3 页注 1。

② 玉尔译注：《马可·波罗游记》（H. Yule，The travels of Marco Polo），第 2 卷，伦敦，1871 年，第 389 – 390 页。

③ 《航海图》原图第 23 页，锡兰山回苏门答腊过洋牵星图上把华盖星画成 8 个，据菲利普斯考订，是小熊座（Ursa Minor）中的七星。见菲利普斯：《印度锡兰海港考》（G. Philips，The seaports of India and Ceylon，described by Chinese voyages of the 15th century），载于《皇家亚洲学会中国分会学报》（JCBRAS），1885 年，第 20 卷，第 209 页以下。

④ 严敦杰：《牵星术——我国明代航海天文知识一瞥》，参见《科学史集刊》，第 9 期，科学出版社，1966 年。

北极星高度，用当时算法折算地理纬度，和现在各地的地理纬度基本相合，航向和航程也和现在的航路约略相仿。

北京天文台和广东师范学院（今华南师范大学）等曾组成“航海天文调查研究小组”进行研究，认为秦汉时代的天文观测中已经使用“指”这个天文学上的角度计算单位①。《航海图》反映的一指，合现在地图的纬度1°30′左右，和阿拉伯航海天文学上的一指（issaba），相当地图上的1°36′相近。阿拉伯的一指等于八段（zam）②。牵星术究竟是中国学阿拉伯的，还是阿拉伯学中国的？以“指”的名称而言，这是中国固有的，天文导航也是航海家必须钻研和掌握的导航技术，中国自有它优良的传统。但牵星术在航海上普遍使用，就时代而论，中国要晚于阿拉伯。特别在印度洋上牵星术的使用，阿拉伯航海家起过先进的作用。在12—13世纪时，阿拉伯商船早已习用牵星过洋了。航行东非的船只，牵星术和罗盘都是必不可少的安全航行的导航技术。

罗盘和牵星术在印度洋航海上的广泛使用，是中国和阿拉伯在航海技术上相互交流的佳话。在中世纪晚期，欧洲人开始环球航行以前，中国和阿拉伯的航海家掌握了世界上最先进的航海技术，在中国和非洲之间的广大海区进行过技术上的合作，因而促成了印度洋航行事业的蓬勃发展。

第四节　火药、火炮和非洲

一、火药和最早的火器

中国不但是火药的发明国，而且也是最早制造各类火器包括铜制火炮的国家。火药的主要成分硝和硫黄被用作炼丹用的药料，借以发火，还是7—8世纪时的孙思邈、清虚子就已善于使用的化学变化方法。火药发明后便被使用在军事上，成为燃烧力很大的火攻武器。904年在豫章（江西南昌）攻坚战中使用的“飞火”是世界上最早制造的火器，包括火箭和火炮。在火器发明的初级阶段，小型的火箭用弩机发射，大型的火炮则由抛石机投出。

---

①　唐代《开元占经》中录有汉代《巫咸占》关于金星和月亮纬度相去最远五指的记录，据计算，这差数是9.4°。航海天文调查研究小组认为，它所代表的角度量和《郑和航海图》上反映的一致，一指都等于1.9°。见薄树人：《中国古代在天体测量方面的成就》，载于《中国古代科技成就》，自然科学史研究所编，中国青年出版社，1978年，第29页。

②　萨瓦杰：《古代印度洋上阿拉伯人的航海仪器》（J. Sauvaget, Sur d'anciennes instructions nautiques arabes pour les mers de l'Inde），载于《亚洲杂志》（JA），1948年，第236期，第11－20页。

北宋时代，国家在开封建立大规模的火器和火药制作工场。1002 年刘永锡创制一种改良型的火药包叫“手炮”。12 世纪宋人使用的爆炸性火器霹雳炮，到 13 世纪初又改进为威力更大的类似现代地雷的铁火炮，相继被割据中国北方的金人和后来兴起于漠北的蒙古人所使用。

但只有到管形火器发明后，火器制造才算是一个新的起点。1132 年陈规在湖北德安发明竹制的火枪。13 世纪时又有飞火枪和火筒，能够发射火焰。1259 年寿春出现的突火枪，用巨竹充作筒身，先燃烧发生火焰，然后能射出子窠，远达一百五十多步。突火枪由于能发射子窠，用火药的爆炸力来推进投射器，因而成为近代射击性管形火器名副其实的鼻祖。

火筒和突火枪发明以后的一个世纪中，管状火器的研制突飞猛进，进入了一个新阶段。元代的“火箭”集合了宋人火筒和突火枪的优点，筒体最初也用巨竹制成，不久就改用金属的筒体，出现了最早的火铳。现存世界上最早的管形火器便是这样的一件铜铳。这件铜铳是 1287 年忽必烈平定乃颜叛乱时使用的火器，在 1970 年出土于黑龙江阿城县半拉城子，长 34 厘米，重 3.55 千克。这种铜铳和 1600 年左右贝宁艺术家制作的葡萄牙士兵青铜像中所持火铳相比，形制相仿，长度和葡制短铳的二手至三手也相差不多，但时间却早了三个世纪。属于同样早的铜火铳，还有 20 世纪 70 年代在北京通县、西安东关以及张家口等地出土的火器。完全可以确定年代的是用紫铜铸造，有大德二年（1298 年）铭文的一支，1989 年在内蒙古锡林郭勒盟元代上都遗址东北出土，全长 34.7 厘米，重 6.21 千克。据八思巴文的铭文，这批铜铳总共有 80 支①。那时埃及才刚完成制造火药的试验，距离管形火器的生产还有很长时间；中国却已经有了专门使用火器的“铳卒”，他们实是世界上最早的一批火枪手。

较早的两支有铭文的铜铳，分别铸造于至顺三年（1332 年）和至正十一年（1351 年）。至顺铳具有大型火炮性状，两侧有方孔，穿上铁栓，可以固定在铳架上，上下调整发射角度。这具现藏北京中国历史博物馆的至顺铳，是目前已发现的最古的铜炮。

14 世纪的中国已大量制造铜铳，重量由三千克至数百千克。明代洪武（1368—1398 年）年间已经趋于成熟。现在流传的实物有现存太原的洪武年间大炮五尊②，

① 钟少异等：《内蒙古新发现元代铜火铳及其意义》，载于《文物》，2004 年，第 11 期。

② 周纬：《中国兵器史稿》，三联书店，1957 年，第八十三图版。

1372 年的铜铳两件①，1377 年的盏口炮；中小型的实物有洪武年间黄铜铸“金枪”②，1372 年、1373 年的竹节形红铜手铳和黑城出土铜手铳三件③。还有现存最早的铁炮一件，铸造时间是宣德元年（1426 年）。

中国发明的火器在蒙古铁骑席卷亚洲西部和东欧的岁月中，由于军事上的需要，分别由不同的渠道传入阿拉伯国家，立即被用作克敌制胜的武器。

二、埃及的“中国雪”和焰硝

火药制造的西传，首先是硝传入伊斯兰国家，然后才有埃及初次使用火药。

硝在中国自古以来就是重要的药物，《神农本草经》把硝石列入 120 种“上品药”中的第六位，用以消除积热和血瘀。《灵苑方》又用它医治癫痫、风眩等病。在炼丹术中，硝石是主要的氧化剂和溶剂，在镀金、镀银，制作伪金、伪银方面是十分重要的药料。硝石又是烧炼玻璃的重要原料。硝在医药、炼丹和玻璃工业上各有它的特殊用途。

中国的炼丹术在 8 世纪已传入阿拔斯首都巴格达④。阿拉伯炼丹术之父查比尔・伊本・海扬的炼丹理论脱胎于汉代的淮南王派（南派），这一派以汞为主进行炼丹。查比尔在 8 世纪中叶以蒸馏明矾取得硫酸，用硫酸和硝石取得硝酸，加上盐酸，就成王水（aquaregia），可以溶化金银⑤。这和《淮南子・坠形训》中“白礜九百岁生白澒（汞），白澒九百岁生白金，白金千岁生白龙”如出一辙。既然王水必须用硝酸，那么硝石进入伊斯兰国家的时间也应早在 8 世纪之时⑥。9 世纪中叶巴斯拉开采的硝矿

---

① 一件藏北京中国革命军事博物馆，见王荣：《元明火铳的装置复原》，载于《文物》，1962 年，第 3 期；一件藏呼和浩特内蒙古自治区博物馆，见内蒙古文物工作队：《内蒙古文物资料选辑》，内蒙古人民出版社，1964 年，第 8 页。

② 原件藏北京中国国家博物馆。

③ 崔璿：《内蒙古发现的明初铜火铳》，载于《文物》，1973 年，第 11 期。四号铜火铳无铸造年月，时间较早，属元代物。同时出土的一号铜火铳，为洪武十二年（1379 年）造，二号、三号铜火铳是洪武十年（1377 年）造，各重 44.5、44、43.5 千克。

④ 戴维斯：《炼丹术起源问题》（T. L. Davis，The problem of the origins of alchemy），载于《科学月刊》（The Scientific Monthly），1936 年 12 月，第 43 卷，第 552 页；戴维斯：《炼丹理论图解》（T. L. Davis，Pictorial representations of alchemical theory），载于《伊西斯》（Isis），1938 年，第 28 卷，第 74 页。

⑤ 汤姆逊：《炼丹术的诱惑和轶闻》（J. S. Thomson，The lure and romance of alchemy），伦敦，1932 年，第 59 – 60 页。

⑥ 冯家昇：《炼丹术的成长及其西传》，载于《中国科学技术发明和科学技术人物论集》，三联书店，1955 年，第 136 页。

(Shūraj)，就不一定要作碱质矿物解释了①，因为那时阿拉伯人已懂得辨别与开采硝石矿了。他们的这一知识极可能得自中国的同行。

中国的硝和鍮石输入西亚的时间大致相仿。查比尔知道有一种称为 tūtia（氧化锌）的化合物，其源概出中国的鍮石，阿拉伯书中初见于9世纪。中国硝到了伊斯兰国家，波斯人给它起名“中国盐”，阿拉伯人称为“中国雪”（talgā-s-Sīn，thalj al-Ṣīn），因为硝色白如雪，味咸如盐，来源是中国。《天工开物·佳兵第十五卷》记“生山西者俗呼盐消”，大概是波斯名称的来源。阿拉伯医生用硝治癫痫病，作泻下剂。

硝作为一种药料，大约在埃及图伦王朝仿制华瓷、建造纸厂、引进雕版印刷术时即已被埃及所熟悉，因为它既可治病，又可作为烧制玻璃的药料。《诸蕃志》卷下特别提出，大食诸国和中国一样，用铅硝石膏制作玻璃，但有一点是中国所不及的，他们用料时要加入“南鹏砂”，因此“滋润不烈，最耐寒暑，宿水不坏，以此贵重于中国”。中世纪时亚历山大里亚和福斯塔特的玻璃工业添入这种“南鹏砂”，获得了适应寒暑和干湿气候的特性。硼砂②在古代是波斯和西藏的特产，四川也有出产，后藏多克城东北约100公里处马品木池产上品硼砂。而“南鹏砂”则是埃及“纳特伦”（natron，nitrum），“南”是纳特伦的省译，就是盛产于埃及的天然纯碱碳酸钠，“南鹏砂”该是碳酸钠和硼砂的化合物。制造优质玻璃的技术秘密和提炼火药的配方办法，是埃及和中国在12世纪末和13世纪初双方交换的两项重大的科学和工艺成就。

到了13世纪，硝在阿拉伯文中便改称“巴鲁得”了。阿拉伯医学家伊本·贝塔尔（Ibn Baiṭār，1197—1248年）在《医方汇编》（Kitāb al-jāmi' fī-l-adwiya al-Mufrada）“巴鲁得”（bārud）条目下有这样的话：“这是埃及老医生所称的中国雪，西方（马格里布和安达卢西）普通人和医生都叫‘巴鲁得’，称作‘焰硝花’（asīyūs 之花）。”③ asīyūs 是“焰硝”的音译。当时侨居在临安（杭州）和泉州、广州的摩洛哥、埃及商人对南宋流行的“焰硝”“花火”感到非常新奇，他们将中国的这一新发明传作“焰硝花”。焰硝花与古希腊博物学家和医学家狄奥斯柯立提（Dioscorides）、盖伦（Galen）所说的

---

① 萨尔顿：《科学史导论》（George Sarton，Introduction to the history of science），第2卷，巴尔的摩，1947年，第1036页。

② 鹏砂，现在写作硼砂，一名蓬砂、盆砂，是四硼酸钠的酸性盐（$Na_2B_4O_7 \cdot 10H_20$），为无臭的无色结晶或白色结晶性粉末，在干燥空气中能风化而成白色粉末。在加热至340℃时成无水物，878℃时溶化成玻璃状融块，加入各种金属化合物，便成不同色彩的硼砂玻璃。

③ 勒克莱尔法译本：《医方汇编》（Lucien Leclerc，Traité des simples），巴黎，1877年，第1卷，第71页。

“Assos 石头”（可能是 alunite）毫无关系①。

伊本·贝塔尔生于比利牛斯半岛东南的马拉加，1219 年离开西班牙到北非各地搜集植物标本，先后在埃及阿尤卜苏丹卡米勒（Kamil，1218—1238 年在位）和萨里（Salih，1240—1249 年在位）宫廷供职。他记下的“巴鲁得”和“焰硝花”这些新名词，都是非洲的通用名称，显出非洲在硝的应用方面已经有了新的突破。巴鲁得的含义也和火药一样，有前后不同的变化。13 世纪初，巴鲁得是“硝”或“硝酸盐”的代称。到了 13 世纪中叶，巴鲁得便等于“火药”这种新发明了。巴鲁得这个名称首先在地中海南岸通行，并非偶然。许多埃及人和摩洛哥人在中国亲眼看到过临安城里风行的“流星”或“花火”，后来他们便将“焰硝花”介绍到埃及和北非各地，并且创造了“巴鲁得”这个新名词。巴鲁得一名的出现，便是硝在阿拉伯世界开始用来制造花火的结果。

巴鲁得进入非洲，最初便出现在阿尤卜王朝（1172—1249 年）的埃及。这时埃及已经是伊斯兰国家抗击西欧十字军的中流砥柱，埃及医学在阿拉伯各国早已跃居显要的地位，因此熟悉硝这种药物。自从烟火和爆竹从南宋传入伊斯兰国家，埃及便知道硝还具有燃烧和起爆的性能。硝和硫黄、木炭等物混合后所起的燃烧作用，使得埃及的穆斯林获得了一种新的化合物，因此要用“巴鲁得”这个新名词来称呼“焰硝”，以别于过去的“中国雪”。尽管莱登大学收藏的 1225 年的一种阿拉伯火攻书讨论了各种硫黄和油质燃烧物的火攻法，而未见有硝，但阿拉伯国家使用硝的历史既很悠久，也就不能用这个抄本来证明硝传入伊斯兰国家的时间要在 1225 年以后。法国火药史学家贝蒂洛据此将硝传入阿拉伯国家的时间定在 1225—1248 年间，或以为伊本·贝塔尔《医方汇编》成于 1250 年，将这一年作为硝由中国西传的下限②，或断定焰硝进入阿拉伯国家不能早于 1240 年③。这些说法，都对焰硝在伊斯兰国家的流行时间推得过迟。因为最初从海上传入埃及的，就是在中国东南沿海流行的烟火、爆竹和火戏儿。在法蒂玛王朝告终，阿尤卜王朝建立前后，埃及医学界新老两代交替之际，也即 12 世纪下半叶，开始了中国火药传入伊斯兰国家的初期阶段。这个时期大致始于 12 世纪末，终

---

① 萨尔顿的解释是不对的，见《科学史导论》（George Sarton，Introduction to the history of science），第 2 卷，巴尔的摩，1947 年，第 1036 页。

② 贝尔泰洛：《化学物品爆炸的强度》（M. Berthelot，Sur la force des matières explosives d’après la thermochimie），巴黎，1883 年，第 1 卷，第 352—363 页，附录《火药和爆炸物的来源》（Des origines de la poudre et des matières explosives）。

③ 拿破仑三世，法夫：《炮兵的过去和未来之研究》（Napoleon Ⅲ & I. Favé，Études sur le passé et l’avenir de l’artillerie），巴黎，1871 年，第 3 卷，第 20 页；冯家昇：《回教国为火药由中国传入欧洲的桥梁》，载于《史学集刊》，1950 年，第 6 期。

于 13 世纪中叶。埃及在接受中国这一划时代的发明过程中处于伊斯兰国家的最前列。埃及刚刚知道的“焰硝”，在穆斯林东方的两河流域尚未掌握，是完全可以理解的。

西班牙图书馆主任米海尔·卡西利（Michael Casiri）在 1760—1770 年主编的《阿拉伯西班牙遗书》（Bibliotheca Arabico-Hispana escurialensis）中，有 1249 年的一种阿拉伯文抄本 Shebah bin Fadhl，叙述阿尤卜王朝国务大臣奥姆莱（al-Amraes）亲自主持了在伊斯兰国家初次使用火药的试验①。他们使用的火药方子可能就是半个世纪后哈桑·拉曼（al-Hasan al-Rammāh）在《马术和军械》这本兵书中列举的“契丹花”的处方。按照这张方子，用硝 10，硫黄 2，木炭 3.25，中国铁 4，便可使“契丹花”发火燃烧。这是一个地地道道的中国方子，连能够发火的金属铁滓也是被称作“中国铁”的特殊材料。“契丹花”正是中国当时通称的“花火”，现在叫“礼花”“烟火”。

哈桑·拉曼在这部书和另外一种著作 Nihāyat al-su'ūl wal-umnīya fī ta'allum a'māl al-furūsīya 中，还论述了从木炭中精炼碳酸钾的方法，讲述如何能够不断地获得碳酸钾的沉淀物。哈桑·拉曼这些著作是他在 1296 年 30 岁死之前十年内写成的。他的那些方法都是前人几十年经验的总结。他的后一部著作标明献给大马士革的埃米尔，那时大马士革正是马木鲁克统治的地区。哈桑·拉曼的军事著作涉及的都是当时马木鲁克使用的新的军事技术。埃及人在掌握焰硝制作技术、提炼硝酸钾的实验中不断有所进步。1249 年奥姆莱主持的试验，完成了巴鲁得在军事上用于制造火药的化学反应。从此，巴鲁得便开始具有“火药”的含义了。制造新式的火器也就有了技术上的依据。

三、马木鲁克使用的火器

火药的配制达到一定的标准，产生的爆炸力和延烧时间都远胜火油，因而比阿拉伯国家传统使用火油的火攻法优越得多。轻型的管形火器火枪和远射火器火箭，尤其使用方便，威力巨大。火药可以装入瓶、罐和铁球，做成火瓶、火罐和火球，用抛石机发射或掷远，展开攻坚战；也可以装在铁管中单人使用，点火射击。因此中国的火器一经阿拉伯人使用，便很快替代了火油机。两河流域被蒙古人侵占后，穆斯林已很少使用火油机。马木鲁克人唯一的一次用火油攻击蒙古人，是在 1299 年的开辛达之战。埃及方面集中了五百名火攻手，但仍无法阻挡蒙古的铁骑。

中国火器在中东战场大显威风，促使马木鲁克人也仿造这种新式的武器。到 14 世

---

① 拉克邦：《火炮在法国的引进》（L. Lacabane, De la Poudre à canon et de son introduction en France），载于《中古学术研究图书汇刊》（Revue d'Erudition Consacrice Principalementa l'Etude du Moyen Age），第 1 卷，第 2 编，1844 年，第 28 – 57 页。照莱纳的意见，这位奥姆莱是 1349 年的 al-Omary，这在时间上过分推迟，导致火药西传的历史有一个难以解释的空白期。

纪时，马木鲁克的火炮有两类：一类叫马达发（midfa'an-naft̩，简称 midfa'），现代阿拉伯语通称“火器”；一类叫马卡拉（mukḥulat an-naft̩，简称 mukḥula 或 naft̩），或译“火炮”，相当于爆炸性火器。

马达发脱胎于宋人的火筒和突火枪，蒙古人采用铜铸筒身，阿拉伯国家加以仿造，成为两种马达发。一种起源于火筒，用一个木制短筒，装置火药，在筒口安上石球，点燃火药冲击石球。另一种筒身较长，先装火药，然后安上铁栓，再在筒口装箭。火药点燃后，由铁栓推动铁箭射击。这种马达发出自宋人的突火枪，不过多了一支箭，是突火枪又加上火箭。以上两种马达发在 14 世纪初希姆·埃丁·穆罕默德（Schems Ed-din Mohammed）的兵书上都有记载，大约早到 13 世纪末已在使用。

据伊本·叶海亚《贝鲁特编年史》（Ṣāli ḥibn Yāḥyā，Ta'rīkh Bayrūt），1342 年（回历 743 年）席赫布苏丹（Shihāb ad-Dīn Aḥmad）在坎拉克被围时，用五座抛石机和许多马达发（madāfi 'kathīra）守御。另一个材料，据伊本·伊亚斯（Ibn Iyās）说，1352 年大马士革总督曾以一种马达发（rakhaba al-makāḥil bil-madāfit）加强城防。但这两项材料都是晚出的，伊本·叶海亚死于 1436 年以后，伊本·伊亚斯死于 1534 年，在他们之前，在 1373 年去世的伊本·卡泰尔（Ibn Kathīr）所描述的坎拉克围城，便只有抛石机，并无马达发。

不过埃及还是早在 14 世纪上半叶就使用马达发了。马木鲁克人使用火器，比较可靠的材料要算乌玛里在 1340 年完成的一部著作（Ibn Faḍl Allāh al-'Umarī，at-Ta'rif fī al-mustalah ash-sharīf），里面提到一种使用弹药的焰硝炮（makāhil al-bārūd）。这种火器有使用火药的子弹，和宋人突火枪发射子窠相似，可以算是伊斯兰国家早期的管形火器①。1406 年去世的伊本·卡尔敦也提到过一种发射铁丸的 hindām an-naft̩，也是同一类火器。

马卡拉这种火器后来发展成火枪，18 世纪埃及史家贾巴提的著作中称为 mahāhil al-bunduq wal-qarābināt（火石枪），在 15 世纪下半叶马木鲁克末期出现过。

筒形大炮的马达发，至迟在 14 世纪 70 年代已在埃及正式铸造出来。百科全书式学者奎尔盖希迪在亚历山大里亚见到过这种火炮，他说：“阿希拉夫·夏本苏丹（1365—1376 年在位）的前任总督伊本·阿拉姆在任时，我在亚历山大里亚跑马场上亲见一尊用铁链牵制的铜炮（midfa'），发射一枚大炮弹，炮弹落在 bāb al-baḥr 以外的 baḥr as-sil-

---

① 乌玛里没有明确说明这是一种火器，所以有人对此持保留意见。参见台维·阿尤仑：《马木鲁克的火药和火器》（David Ayalon，Gunpowder and firearms in the Mamluk Kingdom），伦敦，1956 年，第 5 页注 7。

sila，其间距离极远。”①。

与此同时，至迟在14世纪60年代，纳夫达（nafṭ）就已不再是石油机（naphtha），而是火器了。据伊本·卡尔敦，1366年苏丹纳赛尔·法拉杰（an-Nāṣir Faraj）在开罗附近萨尔哈德城堡使用的火炮（makāḥil an-nafṭ）叫ṣawā'iq an-nafṭ②。ṣawā'iq（ṣā'iqa）意思是“霹雳火”，类似金人以铁罐盛药的震天雷，和1258年蒙古兵围攻巴格达时所使用的铁瓶不同。这种霹雳火和中国的震天雷并无两样，但已比黄河中游使用这种火器晚了130多年。在大部分场合，纳夫达是爆炸性火器，马达发是管形火器，和石油机主要用木料建造不同，都由铜、铁或石料制作，投掷石块、金属球或铁弹。1390年开罗堡的战争中，马达发和石雷（ālat an-nafṭ）都曾使用，伊本·赛斯拉（Ibn Ṣasrā）举出纳赛尔丁·穆罕默德是个干练的炮手。但火器在马木鲁克时代一直使用于攻坚战，直到后期才用于阵地战。

马木鲁克苏丹纳赛尔·阿布·萨达特·穆罕默德（1495—1498年在位）时使用的黑奴，也装备了火炮和火枪。火枪，伊本·伊亚斯称为'abid nafṭīya，安沙里称为'abīd bārūdīya。布尔杰王朝（1382—1517年）马木鲁克时期的大部分文献都将nafṭ这个词和bārūd混为一谈，既具有“火药”的意思，又常用作火器，前者可以兼有“火炮”的作用，具有爆炸性火器的特性，后者又常是火枪的同义字，成为管形火器。到马木鲁克的最后十年，这种情形已完全不足为怪了。马木鲁克最后被使用新式远程火器的奥斯曼土耳其人所击败。奥斯曼苏丹赛里姆一世（Salim I，1512—1520年在位）征服马木鲁克时，士兵装备有火铳（makāḥil）和火炮（nufūt）。1517年奥斯曼征服马木鲁克后，bārūd才完全被nafṭ作为新式火器所代替。

这种新式火器传到埃塞俄比亚，便按照马木鲁克人的方式，把火铳叫作nafṭ。在盖伊兹语和阿姆哈拉语中都这样使用。其意义和意大利文archibugio（火枪）相仿。这种火铳的传入，照马克里西的记载，大约在伊萨克（Isḥāq ibn Dāwūd，1414—1429年在位）时期，有一名前任上埃及总督的埃米尔阿尔敦布格来到埃塞俄比亚，帮助伊萨克操练骑兵和枪手，并且制造了一些火器。16世纪反对埃塞俄比亚基督教君主的穆斯林英雄格兰，便使用过这种nafṭ火器。

① 奎尔盖希迪：《黑夜的曙光》（al-Ḳalḳashandī，Subḥ al-A'shā），开罗，1913—1922年，第2卷，第144页，I，17；第145页，I，2。

② 伊本·卡尔敦：《史鉴》（Ibn Khaldūn，Kitāb al-'Ibar），第5卷，开罗，1868年，第456页，Ⅱ，25-26。这种火炮也见于伊本·福拉特：《幼发拉底河国家和国王的历史》（Ibn al-Furāt，Ta'rīkh al-duwal wa'l-mulūk），贝鲁特，1936—1942年，第4卷，第88页，Ⅰ，17。

四、摩洛哥和奥斯曼对火器的传送

火器在北非的传递极快，摩洛哥人在1342年保卫阿耳黑西拉斯的战役中使用火炮抵抗葡王阿方索十世。英国的德比伯爵和索尔兹伯里伯爵参加了这次战役，从摩洛哥人那里学会了使用火炮。三年后，在1345年的克莱西战役中，英国人初次使用了炮，火炮从此便在欧洲各地使用。接着葡萄牙人也学会了使用和制造火炮、火枪。

地中海各地在15世纪积极制造和发展火器的国家，主要有奥斯曼土耳其、马木鲁克和葡萄牙。马木鲁克灭亡后，奥斯曼土耳其和葡萄牙在火器装备上遥遥领先。摩洛哥大西洋滨的土地被葡人蚕食鲸吞。摩洛哥夏里夫王朝统治苏斯的阿布·阿卜杜勒·穆罕默德·凯伊姆在1518年去世前加强了对苏丹黄金的控制，来换得欧洲商人特别是葡萄牙人所不愿出售的火器和火药。1554年1月，奥斯曼军队使用大炮占领了非斯，于是北非各地都归入奥斯曼的版图，或成了它的臣属国。

摩洛哥因此可以从葡萄牙人和奥斯曼土耳其人那里获得火器，了解和改进制造方法。1940年拉雷契（Larache）镇出土一尊夏里夫王朝阿卜杜勒·伽里布（Abdallah al-Ghalib，1557—1574年在位）统治时期的大炮，上面的铭文称为nafṭ，还是使用马木鲁克时代的术语。摩洛哥成为仅次于奥斯曼统治下埃及的非洲第二个制造火药和火器的国家。

摩洛哥入侵桑海国，曾使用大量装备火器的军队。1584年，摩洛哥苏丹艾哈曼德·曼苏尔（Mawlāy Aḥmad al-Manṣūr，1578—1603年在位）派军队从苏斯远征西苏丹，士兵备有手铳。1586年又用200名手铳兵占领塔卡札盐矿。最后在1590年10月从马拉喀什派远征军出征桑海，使用了1000名背叛基督教改宗伊斯兰教的火铳手，1000名安达卢西火铳手和500名大部分也是改宗的枪骑兵，还有1500名枪手，4000名步兵。仰仗火器的优势，摩洛哥人在唐迪比击败拥有10万名士兵的桑海军队。桑海帝国就此瓦解。依靠新式火器，摩洛哥人毁灭了最后一个苏丹大帝国。

17世纪初，曼苏尔将甘蔗和硝收归国有，和英国人交换棉布和火器。沙尔作为摩洛哥海盗的藏身地，在17世纪上半叶成了这种交易的中心，荷兰人也插手其中牟利。

新式火器成了战胜敌手的必备武器。中苏丹各国都从北方的奥斯曼帝国那里获得新式火器，作为政权的武装基础。乍得湖旁的博尔努国，在伊特里斯·阿洛马（Idrîs Alana，1571—1603年在位）时依靠从的黎波里运来的火铳，使用埃及军事顾问，组织一支火铳军，使博尔努国势大振，领土囊括整个铁达地区，费赞、卡诺一时都成了它的藩属。阿洛马使用火枪手，至迟在1572年发动第二次卡涅姆战争时就已有记载。但直到1800年，中苏丹还未使用过大炮。

豪萨语的火铳叫 bindigà，借自卡诺的卡努里语，起源于利比亚的阿拉伯语。火器成批输入豪萨地区或卡诺已在 18 世纪下半叶萨基·昆巴里（Sarki Kumbari）时期了。巴尔斯在 19 世纪中叶时见到的博尔努，便是通过向曼德拉输送奴隶，以优惠待遇相应得到火铳的。

17 世纪以来，定期往返达尔富尔、塞纳尔和埃及之间的商队也从埃及带回各种产品，其中有火器和书写纸。每年一度，达尔富尔的贾拉巴（Jallāba）商人从库贝（Kubayh）经 40 天的路程到阿西尤特（Asyut），然后再往开罗。他们带回的手铳只作防身之用。在尼罗特苏丹和达尔富尔，火器的使用一直没有显著的进展，以致 1821 年土耳其—埃及入侵者使用火铳和大炮轻而易举地在科尔多凡取得了胜利。17 世纪末，达尔富尔苏丹艾哈曼德·布卡尔花了两年时间，用埃及的火器装备和操练他的军队，才使火器的运用在达尔富尔正式具有军事上的意义。

埃塞俄比亚使用火器之早，仅次于埃及和北非各国。奥斯曼土耳其征服埃及后，和埃塞俄比亚连年争战，互有胜负。来到埃塞俄比亚的葡萄牙传教团乘机向所罗门王朝提供两尊回旋炮，火铳则有从奥斯曼购进的。葡人莱布纳·邓格尔（1508—1540 年）还担任射击教练，操练兵马①。格兰战争（1527—1543 年）期间，阿达勒国穆斯林便从欧洲人手中购置火器，从泽拉运进②。面临持有高效火器的奥斯曼军队，埃塞俄比亚皇帝勒布纳·顿吉尔只得在 1535 年要求葡萄牙提供火绳枪。援助未到之前，艾哈曼德·伊本·伊卜拉欣·加齐（俗称格兰）率领的穆斯林军队已经席卷高原。阿拉伯·法基说，在格兰 8000 名步兵中，有 200 名拥有火绳枪（măt chlock）的枪手，是来自札比德的土耳其人③。1541 年，葡萄牙人克利提斯瓦奥·缪托·根提尔霍门率葡军 450 名抵达埃塞俄比亚，他们还帮助所罗门王朝制作火药，因为塞纳维有上等硫黄，格拉尔塔有很多硝石④。但这一时期，埃塞俄比亚使用的火器仍很有限。

埃塞俄比亚军队大量使用火器，已在 17 世纪末叶，火器大多是由奥斯曼供给的燧

① 阿尔瓦雷士：《葡萄牙大使出使阿比西尼亚纪实》（F. Alvarez, Narrative of the Portuguese embassy to Abyssinia, during the years 1520—1527），英译本，斯坦利勋爵（Lord Stanley of Alderley）编译，伦敦，1881 年，第 410 页。

② 卡斯坦霍索：《葡萄牙远征阿比西尼亚：1541—1543》（M. de Castanhoso, The Portuguese expedition to Abyssinia, in 1541—1543），怀特韦（R. S. Whiteway）英译本，伦敦，1902 年，第 32 页。

③ 阿布·卡迪尔：《15 世纪阿比西尼亚征服史》（Abd al-Kadir, Histoire de la conquète de l'Abyssinie, XVIe siècle），巴塞特（R. Basset）法译本，巴黎，1897 年，第 50 页。

④ 阿尔梅达：《埃塞俄比亚或阿巴西亚高地的历史》（M. de Almeida, The history of high Ethiopia or Abassia），参见《埃塞俄比亚史料》（Some records of Ethiopia, 1593—1646），亨廷福（W. B. Huntingford）、贝克汉姆（C. F. Beckingham）编译，伦敦，1954 年，第 43 - 44 页。

石枪。伊亚苏（Iyasus I，1682—1706 年在位）即位后，注意操练军队，到 18 世纪初，拥有骑兵、步兵和燧石枪手总共 12000 名以上。在贝卡发（Bekaffa，Walde Giyorgis，1721—1730 年在位）时期，由于火器在战场上的重要性大大提高，因而火枪手也随之大为扩充。

此后直到 1855 年，在埃塞俄比亚内战期间，实际号令一切的是统治冈达尔的那些军阀。他们使用提格雷的火枪手，配备燧石枪。如 1767 年 12 月，应伊奥斯的召唤前往勤王的米盖伊尔·苏赫尔，便是拥有 30000 名提格雷士兵的军事割据势力，在他的士兵中有 8000 名使用新式的燧石枪。在战场上，这些火枪手大显威风，制服了剽悍的盖拉骑兵，充分展示了火器在战争中决定胜负的优势。

五、欧洲列强的火器交易

葡萄牙是欧洲国家中首先向非洲发起殖民运动的国家。葡萄牙所以能在大西洋沿海制服非洲各地的黑人政权，也全靠新式火器的优势。1514 年贝宁奥巴向葡萄牙派出大使，目的是商讨奴隶输出，要求葡萄牙向他提供火器。此后欧洲殖民国家都向西非和赤道非洲各国输出火器，笼络当地君主，换取奴隶和黄金。火器交易便一变而成殖民者剥削和掠夺非洲人民的一种有效的手段①。尼日尔河上游的迪奥拉（Dyula）贸易商从上几内亚沿岸的欧洲人那里获得火器，用来装备他们受保护的瓦塔拉战士。今日象牙海岸东北科莫埃河西岸的孔城（Kong），便是瓦塔拉人建立的许多城邦中的一个，也是一个贸易中心和伊斯兰文化中心。孔城是曼德人在 17 世纪下半叶最早装备火器的一个城邦。

莫希各王国在雅屯加的那巴·康果（1757—1787 年在位）治理下，在 1757 年依靠装备燧石枪的班巴拉雇佣军和博卜·迪奥拉雇佣军，使统一战争得以胜利完成。燧石枪从此传入雅屯加地区。那巴·康果在今上沃尔特西北的瓦希古亚另建新都，成为雅屯加最伟大的那巴。

在塞内加尔河可以通航的上游，现在塞内加尔东北和毛里塔尼亚交界处，曾经建立过索宁凯人的国家加迪加。加迪加的索宁凯穆斯林向东通过萨希尔地区的迪雷（Diara）和北方的摩尔人互通贸易，再往东又和尼日尔河中部的商业中心散散丁·塞古发展东西方贸易。他们向塞古输送奴隶和黄金，以换取欧洲人的棉布、海盐和若干火器，

---

① 本节取材于弗林特《剑桥非洲史》（J. E. Flint，The Cambridge history of Africa），第 3 卷，第 4 卷，剑桥，1977 年；阿加依、克洛德《西非史》（F. A. Ajayi & M. Crowder，History of West Africa），第 1 卷，伦敦，1971 年。

然后从塞内加尔河运到沿海去。

黄金海岸也是很早从欧洲人那里获得火器的。现在加纳东部地区的阿克瓦木人，在 1680 年已将阿克拉圈入了他们的领土，逐步吞并了沿海的阿克龙和阿果纳部落领地，并将阿克拉和沿海地区对英国和荷兰的贸易所得的收入用来购置火器。阿克瓦木在 18 世纪成为黄金海岸最有军事实力的国家，并且成了这一地区从欧洲进口火枪和火药的前沿。18 世纪，阿克瓦木以北的阿散蒂强大起来，也使用火器。居住在现在加纳北部白沃尔特河流域的达戈巴族，受到阿散蒂的驱迫后，也配备了火器，按照阿散蒂的方式建立火枪手各支队。到了 18 世纪中叶，在黄金海岸各非洲民族间的战争中，火器已成决定胜负的因素。

在刚果和安哥拉，荷兰人和葡萄牙人展开了罗安达和安哥拉的奴隶贸易。后来荷兰人撤出安哥拉，葡萄牙人便取而代之。刚果的安东尼一世在 1661 年继位后，便在 1665 年发动了抗击安哥拉葡萄牙人的战争。该年 10 月 29 日，两军在安布拉（Ambuila）相遇，安东尼有 7000 名军队，其中 200 名是白人和混血儿的火枪手；安哥拉军队有 7000 名非洲人和 360 名“葡萄牙人”。当天刚果军队被击败，安东尼和 400 名刚果权贵被杀，葡萄牙火枪手在战争中又占了上风。

卢旺戈沿岸的维里（Vili）商队参加了下刚果、中非西部和安哥拉的奴隶出口贸易，他们取道刚果前往安哥拉。17 世纪下半叶到 18 世纪下半叶，奴隶输出数量在殖民者的劫掠下激增，平均每年有 10000 名以上黑人被送往美洲。代替葡萄牙和荷兰从事这项贸易的是英国和法国。欧洲人通过卢旺戈用两支火铳换一名奴隶，向中非西部地区输出大批枪支和火药。如此可观的火器交易，使一些强大的地方势力，例如卡桑贾，大量装备起火铳军队。30 万卡桑贾人中大约 10 万人有武器。这样也使火药的需要和枪支的补偿供应源源不断，欧洲商人便通过这种军火交易来保证日益增长的黑奴的输出，进一步控制当地的政治力量。同样，葡萄牙人在罗安达的奴隶出口贸易也遇到英国、法国慷慨出售火器来换取奴隶的竞争。在 18 世纪，葡萄牙已难以对付这一竞争，只是美国独立战争的爆发才使葡萄牙重获转机。18 世纪时卢旺戈的奴隶贸易超过了安哥拉，火器的输入数量在这一地区也是颇为可观的。

莫桑比克的姆瓦纳·莫塔帕王国，在 1589 年加齐·罗西尔登位以后，1599 年从葡萄牙人那里获得火铳，便允许葡人入境。此后，火器的输送不断。1607 年 8 月 1 日，加齐·罗西尔便宣称王国的矿产通过葡萄牙贸易商迪亚戈·西蒙斯·马德拉（Diogo Simões Madeira），全部移交给了情同手足的葡萄牙国王。同时，马拉维君主莫塞拉得到酋长琼布的帮助，也获得了火器。

在南非，好望角的科伊人中的戈林盖卡（Goringhaiqua）部落酋长戈果塞到过东方，获得了火器的知识。1674 年火器便正式供应给这些科伊人。科伊人在荷兰火器的装备下，出现了一些熟练的火枪手。

17 世纪下半叶，马达加斯加西部萨卡拉瓦的曼那布（Menabe）国家的开创者安德里安达福西，据说曾经得到过火器，用于决战。18 世纪起，由于火器的增加，促使曼那布和布恩那（Boina）两个酋长国强大起来。1719 年时曼那布已拥有 4000 ~ 5000 名火枪手，而且运用自如，非常熟练。1722 年布恩那也有许多人成为新式火器的射手。18 世纪中叶，布恩那更建立了一座堡垒，装备了 30 ~ 40 门大炮。当时欧洲商人保持着一定规模的公开输入非洲火器和弹药的贸易，都限于大西洋西岸，印度洋沿海只有马达加斯加才可与之相比。马达加斯加靠从荷兰、法国和英国运进大批火器，向巴西、加勒比海和北美输送大批奴隶。北方的布恩那王国的首都马鲁伍埃，有成千的房屋，并有配置火器的府邸。马达加斯加东部的曼林那（Merina）王国（首都塔那那利佛），从 1796 年以后也逐步发展起来，同样展开了大规模的火器和奴隶的交易。

东非沿岸火器传入的时间较早，但规模不大。早在葡萄牙人来到以前，15 世纪上半叶，便有从印度西海岸达波尔（al-Daybūl）移居东非的瓦达波利人来到东非，这些巴马尼朝的印度人从海上带来了大炮，在奔巴、桑给巴尔、马菲亚岛上役使土著居民，并散居在肯尼亚南界符贝奇和基尔瓦・基西瓦尼的大陆沿海。瓦达波利人的扩张在 1630 年左右遭到符贝奇苏丹姆瓦纳・孔比・钱迪・伊弗尔的反击。基尔瓦苏丹的火器最早是由这些瓦达波利人带去的。

葡萄牙人到东非以后，穷兵黩武，攻掠各重要海港，打败了奥斯曼的红海舰队。东非各地穆斯林相继起而抗击，仅马林迪对葡萄牙人表示友善，因此马林迪曾得到葡萄牙的火器。1586 年土耳其米莱尔从海上一度逐退蒙巴萨的葡人。直到 1698 年阿曼人来到东非，才完全驱逐了蒙巴萨、基尔瓦和桑给巴尔的葡人。奥斯曼人、阿拉伯人都在东非沿海使用过包括大炮在内的火器。

到了 19 世纪，美国殖民者在利比里亚用火器来换取当地部落酋长的大量领地。1821 年，殖民者从迪和曼巴两位酋长手里获得了谷物海岸沿海 130 英里长、40 英里宽的大片土地，付出的代价只是六支火铳、一小桶火药等价值不足 300 美元的区区之物①。

殖民者通过火器交易控制了非洲人民，剥夺了他们的政治权利和国家主权。火器交易作为他们劫取奴隶、掠夺财富、侵占土地的一种特殊手段，逐步地改变着非洲的政治地图，演出了火器传递在 16 世纪以来非洲历史上一幅幅残酷的场景。

---

① 美国国会图书馆藏阿希门 1825 年协定，参见理查逊：《利比里亚史》（N. R. Richardson, Liberia's past and present），伦敦，1959 年，第 17 页。

第十六章 非洲原生植物在中国的繁衍

绪 说

非洲地处热带、亚热带地区，自古以来植物生长繁茂。以非洲为中心的原生植物品种丰富，传播和繁殖于世界各地。

非洲植物区系，恩格勒划分为四大区：（1）地中海植物区，北非沿海和尼罗河下游三角洲；（2）北非印度区，撒哈拉、利比亚、尼罗河流域和努比亚；（3）稀树干草原和森林区，黑非洲绝大部分地区，包括东非高地（埃塞俄比亚、索马里）和东非稀树干草原区（乌干达、肯尼亚、坦桑尼亚、莫桑比克）；（4）好望角区①。亚非两大洲植物紧相联系，在非洲进行过广泛考察的施韦福特早已指出非洲红海沿岸和亚洲（主要是阿拉伯）植物区系的共同之处，这种共同性甚至扩大到信德和俾路支，而东非高地山系植物和阿拉伯西南高地植物也很难区别。

地中海、西亚和非洲是许多植物的原生区。对于这些植物在世界各大洲传播和繁衍的历史的研究，由于人类植物地理学研究的巨大进展，已取得了重大的成果，获得了许多科学的结论。康道勒《农艺植物考源》（A. De Candolle，Origin of cultivated plants）、恩格勒《植物分类学》（A. Engler，Die naturlichen pflanzenfamilien）、贾埃

① 恩格勒：《东非作物》（A. Engler，Nutzpflanzen ost-Afrikas），柏林，1895 年。

《古代植物》（M. Joret，Plantes dans l'antiquité）、罗埃《法老时代植物志》（V. Loret，La flore pharaonique）和勃莱特史耐德《中国植物志》（E. Bretschneider，Botanicon Sinicum）、劳费尔《中国伊朗编》（B. Laufer，Sino-Iranica）等名著，在19世纪末至20世纪初相继问世，对各种植物在世界各地传递、繁殖的过去作了梳理，揭开了它们在不同地域之间的亲缘关系。

植物分类学的研究，现在已经比过去任何时期都更加精密。同时史前期植物地理学，特别是第四纪末期植物分布的研究还在不断积累资料，考古发现和化石研究常会刷新各项已成定说的结论，因此处在旧大陆东西两端的中国和非洲许多地区之间，在植物分布，尤其是农艺作物的联系方面，还需要作许多深入的研究。在这方面，美国文化人类学家默尔多克的《非洲各族文化史》[①] 和华尔的《非洲史》[②]，对非洲原生植物和非洲主要农产品及其来源列举的一些具有结论意义的成果，足以供进一步探讨的参考。

非洲农作物的栽培历史非常悠久，大致可以划分成东北非、东非和西非三大区。东北非洲植物区系和阿拉伯西南植物区系实在是一个难分的整体，史前时代一些科属的植物分布已在地理上联在一起了。前3000年，埃塞俄比亚和东苏丹仰赖由中东引进的农艺方法栽培当地的农作物，形成了非洲第一个农艺作物中心。蜀黍、黎豆、莎草等，都是第一批从这里向东非和印度洋各地传播的农作物。在前1000年左右，西非形成了第二个农艺作物中心，油棕、甘薯、几内亚薯都曾向非洲东部传播。

非洲在主要农作物的栽培上受到亚洲的传递，小麦、荞麦、燕麦都由亚洲移栽，大米也是重要的一项。东南亚和中国的大米（Oryza sativa）传到印度尼西亚，又经印度、波斯进入埃及、欧洲。东非大米便由印度尼西亚直接或间接传入[③]。西非栽种的大米（Oryza glaberrima）由西非特有的野生种 Oryza breviligulata（短舌野生稻）演化，而后者也完全由 Oryza sativa 源出的同一祖先亚洲 Oryza perennis（普通野生稻）发展而成[④]。

中国的许多原产植物也曾先后在非洲的土地上成长、繁衍。原产中国的桃（Prunus

---

① 默尔多克：《非洲各族文化史》（G. P. Murdock，Africa，its peoples and their culture history），纽约，1959年，第64－76页，第103－105页。

② 华尔：《非洲史》（W. E. F. Ward，A history of Africa），第2卷，伦敦，1963年，第244页。

③ 格里斯特：《大米》（D. H. Grist，Rice），伦敦，1953年，第4页。

④ 森岛弘子等：《两种野生稻栽培形态演化模式的比较：短舌野生稻和普通野生稻》（Hiroko Morishima，Kokichi Hinata，Hiko-Ichi Oka，Comparison of modes of evolution of cultivated forms from two wild rice species，O. breviligulata and O. perennis），载于《进化》（Evolution），1963年，第17期，第170－181页。

persica）、杏（Prunus armeniaca）、君迁子（Diospyros lotus）、枣（Zizyphus jujuba, Zizyphus vulgaris）、李（Prunus salicina）、橘（Citrus aurantium, Citrus nobilis）、生姜（Zingiber officinale）、肉桂（Cinnamomum loureirii）、大麻（Cannabis sativa），都曾先后移栽于亚洲、非洲和地中海各地。原产中国的茶（Camellia sinensis）也成了非洲人民，特别是索马里和东非、北非各国人民酷爱的饮品。世界三大饮品之一的茶，是中国向非洲传送的著名饮品。

更重要的是，许多原生非洲的植物，经过人工栽培，由非洲传向亚洲和世界各地，成为人类生活中不可或缺的食物来源和物质生活的支柱。非洲的很多原生植物曾经进入中国，世界主要粮食之一的蜀黍，经济作物中的草棉（非洲棉）、亚麻、芝麻、油棕、咖啡，香药，瓜果中的乳香、红花、胡豆、西瓜，对中国物质文明的发展起了不可估量的推进作用。

下面便是对非洲原生植物在中国繁衍的一个粗略的记述。

第一节　粮油作物

一、蜀黍（Sorghum vulgare, S. bicolor）

蜀黍亦称高粱，是非洲原生植物，已为植物学界所公认。东北非种植的蜀黍是蜀黍属（Andropogoneae）的野生种，按贾伯尔在1950年的分类，Subgenus Eusorghum由南非传入印度和东南亚，Para-sorghum由东非和南非经印度、东南亚再到澳大利亚、墨西哥。Subgenus Eusorghum见于非洲、地中海、印度和东南亚，这些地方栽培的蜀黍全系Arundinacea型，野生的Arundinacea Eusorghums是江河的野生禾本。它的17个种中的14种见于东北非（10°S以北，25°E以东），21个变种中的19个见于同一地区，西非仅见5个种，5个变种，东北非是它的衍生中心。按照斯诺登1955年的分类，现在Eusorghum的31个栽培种，有28个见于非洲，其中20个在东北非，西非11个，南非12个。西非栽培种大多由东北非传去。东北非20个品种中有11个未见于西非，西非11个品种，仅4个未见于东北非①。

前3000年，蜀黍和Eleusine millet同时栽培于苏丹和埃塞俄比亚。公元初，麦洛埃

---

①　斯诺登：《高粱科野生饲料高粱》（J. D. Snowden, The wild fodder Sorghums of the section Eu-Sorghum），载于《伦敦林奈学会杂志》（The Journal of the Linnean Society of London），1955年，第55期，第214–260页。

附近的布塔纳（Butana）地区居民在旱季难得下雨的6—7月份纷纷赶到尼罗河东支各河，在它的干河床中种上蜀黍，以便得到及时的雨量。班图语民族发现了蜀黍，又被东非库施人栽种①。今日埃塞俄比亚中央高原种植蜀黍的办法和坦桑尼亚的苏库马非常相似，而和今日占有这一发明地区的居民不同。曼苏地说，桑给人的土产食物是叫作杜拉（dhura）的黍稷②，和一种从地里掘出的像qulqās（芋，Colocasia antiquorum）的食物。现在埃及栽种很多蜀黍，仍称杜拉。

蜀黍随雅利安民族迁徙进入印度的时间已经很晚，因为梵语中并无专门名称。印度之蜀黍可能来自阿拉伯沿海，时间约是前1500年。伊利诺伊斯大学的植物遗传学家杰克·R. 哈伦指出，印度是传播的中介，已发现的印度蜀黍属于公元初的，实际上早已存在。印度名字jowar借自近东的jo或yuva，意思是“大麦”，在几千年前已是近东居民的主粮。这说明蜀黍是由近东的移民引入印度的③。蜀黍进入中东在前700年，见于丁姆格特地方撒那卡里布宫殿的雕刻，波斯语称为“印度大麦”（juar-i-hindi），来源于印度。罗马拜占庭时期以前，埃及不见有蜀黍。蜀黍由中东又传向北非、欧洲。普林尼说，蜀黍从印度传入意大利在1世纪时。

从文献上看，中国蜀黍是从外国引进的④。《谷谱》列举蜀黍别名有六：高粱、蜀秫、芦穄、芦粟、木稷、荻粱。据说由于种出自蜀，所以才叫蜀黍，显然这是一种附会之说。又形状类似蜀稷，故有各种别名，具有“种不宜卑下地”的特性。北方习称高粱，南方多称芦穄，泉州更直呼番黍。3世纪末的《抱朴子》中已有蜀黍，称作“四川之稷”。贾思勰《齐民要术》将蜀黍列入西南地区的外来食物⑤。

但蜀黍在中国生长的历史很久。1955年在江苏北部出土一些炭化的蜀黍茎、根和叶，属于晚商或早周⑥，在前1000年左右。20世纪50年代在辽宁、河北和河南洛阳也

---

① 多盖特：《栽培高粱的发展》（Hugh Doggett, The development of the cultivated sorghum），参见哈钦逊（J. Hutchinson）编《关于农作物进化的论文集》（Essays on crop plant evolution），剑桥，1965年，第59-60页。

② 佩雷（C. Pellat）编译本曼苏地《黄金草原》（al-Masūdi, Muraj al-dhahab wa-macadinal-jawhar，贝鲁特，1965—1979年，第3卷，第30页）误译成玉蜀黍。在中国，唐代以后常以黍为稷。

③ 何炳棣：《东方的摇篮》（Ping-ti Ho, The cradle of the East），香港，1975年，第383页。

④ 何炳棣：《1368—1953年中国人口研究》（Ping-ti Ho, Studies on the population of China, 1368—1953），剑桥，1959年，第8章，第2节；又见何炳棣：《商朝文化与制度的若干问题》（Ping-ti Ho, Some problems of Shang culture and institutions），载于《太平洋事务》（Pacific Affairs），1961年，第34期，秋季第3号，第295-296页。

⑤ 石声汉：《齐民要术今译》，第四册，科学出版社，1958年，第723-724页。

⑥ 南京博物院：《江苏新沂县三里墩古文化遗址第二次发掘简介》，载于《考古》，1960年，第7期。

都有发现，时间约为前400年到公元初①。最早的蜀黍出现在仰韶遗址中，1931年的这项发现到1937年才由一名日本植物学家加以鉴定，确认是Andropogon sorghum var. vulgaris，也称Common sorghum②。同样早的时间，在河西走廊中部，甘肃民乐县荒漠沙滩上东灰山遗址，1987年也发现了高粱、小麦、大麦、粟、稷，C_{14}测定的年代是距今5000±159年③。就目前考古发现而论，蜀黍最初繁殖在黄河和淮河流域，张华《博物志》有“地种蜀黍，年久多蛇”的评论。以后又传入东北，至少在3世纪时已在西南地区加以栽培。但直到12世纪，蜀黍尚未普遍种植。最早的蜀黍可能是由河西走廊向黄河中游地区移植的。

鄯善出土陶碗中存放的各种食物

中世纪蜀黍又从印度通过缅甸传到中国东南沿海，时间约在500—1000年间。中国的琥珀芦粟（Sorghum dochna）见于印度、缅甸、马来西亚和朝鲜，多种于沿海，和中国内地所种的不同。它和东南非洲的柯里尔种相近，可能由非洲直接从海上传入东南亚，随后又引进中国。总之，琥珀芦粟由非洲从海上进入中国，大约不会早于公元1000年前④。1175年罗愿《新安志》卷二首次对蜀黍作了正确的生态描述，分红、黑、黏性（糯穄）、非黏性（秈穄）。据徐光启《农政全书》卷二五，元代以后蜀黍种植始普遍受到重视，从此蜀黍才成华北和东北地区的主粮。

二、甘薯（Dioscorea rotundata，D. esculenta）

甘薯是薯蓣属植物的块根。薯蓣自古以来便是西非最重要的食物，现在仍然是加纳、科特迪瓦、多哥、贝宁、尼日利亚内地的主食。柏吉尔在1931年提出刚果是西非

---

① 于省吾：《商代的谷类作物》，载于《东北人民大学人文科学学报》，1957年，第1期，第81－82页；贺官保：《洛阳老城西北郊81号汉墓》，载于《考古》，1964年，第8期，第406页。

② 安志敏：《中国史前时期之农业》，载于《燕京社会科学》，第2卷，1949年10月，第39页。

③ 新华社：《河西走廊发现5000年前的粮食作物》，载于《人民日报》，1987年11月28日。

④ 格温：《几种东非本地食用植物的起源和传播》（M. D. Gwynne，The origin and spread of some domestic food plants of Eastern Africa），参见奇蒂克等编：《东非和东方》（N. Chittick，East Africa and the Orient），纽约，1975年，第260页。

最早种植薯蓣的地方。1961 年魏特又表赞同①。薯蓣主要品类有六，其中白薯（D. rotundata Poir.）又叫几内亚薯，黄薯（D. cayenensis Lam.）又叫几内亚黄薯，中国甘薯（D. esculenta）也由西非原生中心传播而来②。

白薯，中国古称甘薯，俗称山薯、红山药（《农政全书》）。3—4 世纪已在南方交、广栽培。《南方草木状》是记述甘薯最早的作品，写作甘藷："甘藷，盖薯蓣（D. batatas）之类，或曰芋之类，根叶亦如芋。实如拳，有大如瓯者，皮紫而肉白，蒸鬻食之，味如薯蓣。性不甚冷。旧珠崖之地，海中之人皆不业耕稼，惟掘地种甘藷，秋熟收之，蒸晒切如米粒，仓圌贮之，以充粮糗。"（卷上）甘薯从东南亚海上引入越南和海南岛，海南岛居民将甘薯作为优质粮食款待北方来客，一如粳粟。《南方草木状》赞赏甘薯，"惟海中之人寿百余岁者，由不食五谷而食甘藷故尔"。陈祈畅《异物志》说，甘薯出交、广，南方民家以二月种，十月收，块根如芋，"亦有巨魁，大者如鹅卵，小者如鸡、鸭卵。剥去紫皮，肌肉正白如肌。南人用当米谷果食"（《本草纲目》卷二七）。《太平御览》卷九七四引《南方草物状》，叙述甘薯生在南方的交趾、武平、九真、兴古。《图经本草》特别提到江湖闽中出一种薯蓣，根如姜芋之类而皮紫，有大到一枚重一斤多的。当地人单叫薯，又称山薯。山薯是甘薯的别称。11 世纪时甘薯已普遍成为广东的主粮。苏东坡说，不但海南岛居民以薯为主粮，达到十分之六，而以稻米为次，又说当时海北（广东）也这样了。《农政全书》已能分辨薯蓣和山薯完全是两种植物，和元明之际由吕宋传入的番薯（D. bulbifera）也不相同。

三、亚麻（Linum usitatissimum，L. angustifolium）

亚麻源于 Linum humile，地中海东部是它的原产地。在新石器时代的下埃及就有亚麻③。至少在第五王朝就已栽培，用籽榨油。第十二王朝后开始用纤维纺织。亚麻是地中海居民制作衣服的材料，和中国以及亚洲东部用大麻不同，可算是典型的地中海纺织原料。古代埃及、腓尼基和希腊、罗马都离不开亚麻的生产。亚麻在里海和黑海、波斯湾之间的西亚一直是野生的，伊朗人采集亚麻籽榨油，从不用来纺织。在印度，同样只用亚麻籽。亚麻初入中国称胡麻。陶弘景《名医别录》说，胡麻"本生大宛，

① 魏特：《山药——薯蓣属植物》（A. W. Waitt，Yams－Dioscorea Species），发表于非洲历史与考古学会议（The Conference on History and Archaeology in Africa）上的论文，伦敦东方与非洲研究学院（SOAS），1961 年。

② 库西：《山药》（D. G. Coursey，Yams），伦敦，1967 年。

③ 卡顿—汤普森，加德纳：《沙漠法雍》（G. Caton-Thompson，E. W. Gardner，The desert Fayum），伦敦，1934 年，第 46 页。

故名胡麻”（《证类本草》卷二四引）。传入中国后，在古代的西北和北方，亚麻在相当长时期中也一直用于取油，在当地成为主要的油料作物。

亚麻在中国很久没有自己的专名，而是和脂麻统称胡麻。最初《本草经》便以为胡麻，一名巨胜。巨胜是脂麻的别名，因为胡麻和脂麻的种籽都出产在医药上用处相仿的油。古人也知道两者的区别，胡麻在大多数场合下，通常是亚麻。《淮南子》说：“汾水濛浊，而宜胡麻。”山西栽培的胡麻便是性喜凉爽的亚麻，绝非习温耐旱不耐霜涝的脂麻。对脂麻，古代有狗虱、巨胜、方茎等别称。《广雅》对两者便是这样区别的：“狗虱，巨胜；藤弦，胡麻也。”据《别录》，亚麻最初生上党川泽，有“山西胡麻”之称。此后，亚麻便在中国北方得到栽培。勃莱特史耐德说：“古代中国人不知有亚麻。现今在华北山区（或其他地区）和蒙古南部还有种植，但只是为了麻籽可以取油，不是为了用它的纤维。”① 勃莱特史耐德以为古代中国人不知道亚麻，这是不对的，只是在名称上，古代有许多和脂麻相混的地方。亚麻在内蒙古、山西、湖北、四川都有栽培，在湖北、四川，亚麻又叫山脂。东北各省现在栽培尤多。按功用，可分纤维用亚麻、油用亚麻和两者兼用亚麻三种。

四、芝麻（Sesamum orientale）

原名胡麻，又称油麻、脂麻，现在通称芝麻。芝麻野生热带非洲。恩格勒鉴定的非洲芝麻有12种，而印度芝麻只有两种。赤道非洲是芝麻的原生区②。

希罗多德（I，193）知道芝麻是巴比伦人取得油料的唯一来源。从阿赫曼尼德王朝初期开始，芝麻油已被人所知。希罗多德（III，117）说，伊朗高原和里海东部的帕提亚人、花剌子模人、赫尔康尼亚人都种植芝麻。芝麻在印度得到栽培，早见于《阿闼婆吠陀》和《摩奴法典》。印度人用香花和芝麻涂身、点灯。埃及得到芝麻则已晚到罗马时代，普林尼提到埃及麻油（XV，7），同时（VI，28，161）指出“芝麻来自印度，可以榨油，其籽色白”。中亚的栽培芝麻由伊朗传入。费尔干纳山谷中，芝麻生长繁茂，安集延、诺门坎地区是主要产地，在当地油料作物中列居第一，波斯语名叫Kunjut，该是芝麻别名“巨胜”的语源。

《本草经》以为胡麻和胡豆都是张骞从外国得来的，由大宛引进。芝麻是种脂麻科的油料作物，沈括《梦溪笔谈》称为油麻，说：“古者中国止有大麻，其实为蕡。汉使

① 勃莱特史耐德：《中国植物志：从中西方渊源考察中国植物》（E. Bretschneider, Botanicon Sinicum: Notes on Chinese botany from native and western sources），第2卷，伦敦，1882年，第204页。

② 穆施勒：《埃及植物手册》（R. Muschler, A manual flora of Egypt），柏林，1912年，第884－885页。

张骞始自大宛得油麻种来，故名胡麻，以别中国大麻也。”（《本草纲目》卷二二引）芝麻初入中国称为巨胜，是借用波斯语 Kunjut。在中国北方早有芝麻的别种，葛洪以一叶两荚的为巨胜。陶弘景将纯黑、方茎的叫巨胜，圆茎的叫胡麻（亚麻）。巨胜长服可以延年益寿。《广志》：“胡麻一名方茎，服之不老。”（《太平御览》卷九八九引）《抱朴子・内篇》：“胡麻服饵不老。”（《太平御览》卷九八九引）《列仙传》中传说老子入流沙西，“服巨胜实，莫知所终”（《太平御览》卷九八九引）。中国西部可能早到春秋中晚期已有芝麻种植了。《孝经援神契》也说巨胜延年。巨胜、方茎都是芝麻别名。苏敬《唐本草》则将角作八棱的叫巨胜，四棱叫胡麻。芝麻有四棱、六棱、八棱的，麻籽更有黑、白、棕红或黄色之分。六角和八角籽囊的包有黑籽，二角或四角籽囊的包有白籽。苏敬以八棱、四棱来区别芝麻和亚麻，这是不对的。但在唐代，芝麻的品种可能还只有八棱的一种。李时珍以为脂麻种籽有黑、白、红三种颜色，而在唐代，则仅有黑、白两色，《唐本草》指出：“都以乌者良、白者劣尔。”

现在黄河以南，各地都有栽培。

五、蓖麻（Ricinus communis）

康道勒查出蓖麻原产非洲的埃塞俄比亚、塞纳尔、科尔多凡，是野生于埃及的大戟科灌木、高大草本或小乔木。现在发现的蓖麻籽遗物有早到巴达里时期的①。现在埃及还能见到野生的蓖麻。希罗多德（II，94）是最早提到蓖麻的，他说蓖麻的埃及名字叫 kiki，在柯普特语中有这个字，在通俗文中又称 deqam。埃及沿河和湖边都有种植。结籽丰厚，但有臭味，烤、煮后可以取油。蓖麻油（oleum ricini）点灯不逊于橄榄油。狄奥陀罗（I，3）、史特拉波（XVII，2，5）都说埃及用蓖麻油点灯。史特拉波还提到，穷苦劳工以蓖麻油涂抹身体。蓖麻油和浆果在《伊伯士苇纸》（Papyrus Ebers）中已记载用于医药。现在埃及仍以蓖麻入药。在努比亚，人们用它涂身洗发。

蓖麻在唐代以前未见记载。伊朗在公元前一定已经种植蓖麻②，波斯语名叫 bedānjir，pandu，punde，pendu。汉语中的“蓖”是从波斯语中借用的译名。《唐本草》首录蓖麻，指出它“有小毒”，主治水症，又主风虚寒热、身体疮痒浮肿、尸疰恶气，用油涂患处。蓖麻叶可供外敷，主治脚气浮肿。但没有注明产地。国内所种蓖麻

---

① 布朗顿，卡顿—汤普森：《巴达里附近的巴达里文明和前王朝遗迹》（G. Brunton & G. Caton-Thompson，The Badarian civilisation and predynastic remains near Badari），伦敦，1928 年，第 38 页，第 41 页。

② 查尔斯・乔雷：《古代和中世纪的植物》（Charles Joret，Les plantes dans l'antiquité et au Moyen Âge），第 2 卷，巴黎，1897 年，第 72 页。

是白茎蓖麻，“叶似大麻叶而甚大，其子如蜱，又名萆麻”（《证类本草》卷十一）。另外还有一种来自“胡中”的赤茎蓖麻，“树高丈余，子大如皂荚核”（《证类本草》卷十一），药用效果更佳。10世纪后，来自伊朗或印度的赤茎蓖麻便在全国各地广为栽培。这种“茎赤有节，如甘蔗，高丈许”的蓖麻，据《图经本草》，“今在处有之”，已到处可以见到了。印度大约是栽种蓖麻的另一个媒介。蓖麻的印度名称很多，其中的eraṇḍa一名传入新疆，成为龟兹语中的hiraṇḍa。印度语中的citraka传入马来群岛，见于马来语、爪哇语中的jarak。中国西南的苗族也熟知蓖麻，称为zrwanō，彝族称作“毒死狗的果子”（Č'etu-ma）。

六、油棕（Elaeis guineensis）

俗称“油子”，是棕榈科乔木。原产热带非洲。西非几内亚栽培极多，前1000年已成为西非农艺作物中心的主要栽培植物。油棕高可达4到10米，结卵形或倒卵形果实，果皮极富油质。果皮榨油可制肥皂和蜡烛，种仁油用作人造乳酪。中国海南岛栽培较多。

第二节　经济作物

一、草棉（Gossypium herbaceum）

棉分四种，有树棉（Gossypium arboreum）、草棉（G. herbaceum）、陆地棉（G. hirsutum）、海岛棉（G. barbadense），都是锦葵科棉属灌木或草本植物。古代亚、非大陆栽培的是树棉和草棉。

树棉一称亚洲棉，又称中棉，茎高5米，野生种见于赤道非洲、几内亚、埃塞俄比亚、上埃及①。20世纪中叶以来研究者倾向于东南亚起源说②。中国栽棉历史极久，战国时代云南、四川的梧木、梧桐木、橦木，三国时南方的古贝木，南北朝时期广西的古绿藤，唐代云南南部的娑罗树，都是树棉在不同地区不同民族中的称谓。陆地棉以外，现在西南各地和长江、黄河流域棉区广泛栽种的便是这种树棉。

草棉，又称非洲棉、阿拉伯棉，一年生草本或亚灌木，茎干小于树棉，高约1.5

① 奥列维：《赤道非洲植物志》（D. Oliver, Flora of Tropic Africa），第1卷，伦敦，1868年，第211页。

② 印度遗传与植物育种学会编：《东南亚植物繁演论丛》（Indian Society of Genetics & Plant Breeding, International symposium on “genetics & plant breeding in South East Asia”），1957年，第180页。

米，疏被柔毛，因称小棉。草棉生长期短，仅 130 天左右，适合我国西北干旱地区栽培。

草棉原生种见于西苏丹。西苏丹最初栽培的是野生的 Gossypium anomalum。前 6—前 5 世纪时，草棉在埃及才开始受到注意。过去以为阿拉伯是草棉向东西两方传播的中心①，有阿拉伯棉的称呼，但此说既无生态学的根据，也缺少语言学的佐证。阿拉伯语草棉叫 al-quṭun，al-go‘don 或 caton，中国古籍中的“梧桐”因为音近，被误认为借自阿拉伯语。但在草棉栽培史上，阿拉伯并非属于最早的类型。前 5—前 4 世纪汉语中的“梧桐”木和景颇语相同，在壮、泰语中，“梧”和“吾”相同，意思是“儿子”，梧桐即桐子，和斯里兰卡的僧伽罗语有类似之处，却不能说明阿拉伯语对棉的东传有何重要的影响。中国栽培草棉的历史正好排除了阿拉伯原生说。

草棉最初是从中亚细亚进入中国西域的。《穆天子传》有“骨飦氏之所衣被”，郭注：“言谷中有草木皮，可以为衣被。”骨飦是霍罕，就是费尔干纳所产草棉。草棉进入中国后，到 5—6 世纪时，吐鲁番盆地高昌国的植棉业已很发达，居民就地栽棉织布。《梁书》卷五四记高昌国“多草木，草实如茧，茧中丝如细纑，名为白叠子。国人多取织以为布。布甚软白，交市用焉”。高昌用草棉织成的棉布，在当地充作通货，产量很可观。宋代，龟兹（库车）也以当地所产花蕊布作为交市手段。

新疆栽培棉花的历史至迟可以上溯到汉代。1969 年民丰县东汉合葬墓出土的棉织物，有用作餐布的两块蓝白印花布，男尸穿的白布裤和女尸的手帕也是棉纤维织造，都是 2 世纪时物品。这是迄今为止新疆境内发现最早的棉织品。此前半个世纪，斯文・赫定在罗布淖尔发现过三片合缝棉布，属于 4 世纪初楼兰废弃以前的物品②。1964 年吐鲁番阿斯塔那 13 号晋墓出土布俑的衣裤，也是棉布缝制。阿斯塔那 309 号高昌时期（6 世纪）墓中更有纯棉纤维织成的白布。阿斯塔那又发现了 551 年（和平元年）借贷叠（棉）布的契约，一次所借棉布便达 60 匹之多。在于阗喀拉墩古城遗址北朝墓葬中，也见到褡裢布和蓝白印花棉布。当时棉布已被西域人民用作衣料和日常用品。汉唐之际的西域，在塔里木盆地南北各有一个棉织印染中心，北边的是西州（今吐鲁番），南边的则在于阗一带。

唐代新疆植棉业有更大进展。斯文・赫定在罗布淖尔沙埋小河区发现过唐代棉制

---

① 赫金斯，西罗，斯蒂芬：《棉花的进化与栽培棉的分化》（J. B. Hutchins，R. A. Silow，S. G. Stephens，The evolution of Gossypium and the differentiation of the cultivated cottons），牛津，1947 年，第 83 页。

② 维维・锡尔凡：《额济纳河和罗布淖尔出土的丝织物研究》（Vivi Sylwan，Investigation of silk from Edsen-Gol and Lop-Nor），斯德哥尔摩，1949 年，第 90 页。

外衣和丝质衣领的棉衣残件①。1964年吐鲁番哈拉和卓2号唐墓出土过7世纪中叶的棉布口袋，1966年阿斯塔那44号唐墓发现贞观年间文书残片，其中两次提到发付叠布袋，一次有270多条，另一次是作军用品发给雍州（长安）怀旧府的。这些棉布都是当地出产的。

更重要的是棉荚和棉籽的出土。1906年斯坦因在和田附近多莫科掘得一袋可能是5—6世纪时的棉花②。1959年更在巴楚脱库孜沙来晚唐遗址中发现9世纪时的棉籽，经中国农业科学院棉花研究所鉴定，是草棉的种子③。根据这一鉴定，结合《梁书》记载高昌棉实如茧，知道新疆大量栽培的确是棉铃很小的草棉。

草棉，在孟加拉语中有一个专名叫kapase，汉译古贝或吉贝，源出梵文karpāsa，karpāssi，泛指栽培棉。古代草棉曾野生于信德，因此由中亚进入中国西域的草棉借用梵文中称野生棉的白叠（bhardudji）。而在中国南方野生的是树棉，最初栽培的是草棉。在3世纪前中国南方使用的白叠应是树棉所织，古贝则是草棉布，和中南半岛巴纳语中称棉叫köpaih语音最近，传播的途径很清楚。

白叠和古贝曾分指不同的棉种。古贝一译劫波育，玄应《一切经音义》卷一注《大方等大集经》卷一五劫波育："或言劫贝者讹也，正言迦波罗，高昌名氎，可以为布。罽宾以南大者成树；以北形小，状如土葵，有壳，剖以出花，如柳絮，可纫以为布。"（又见卷一四注《四分律》卷二劫贝）玄应对亚棉、草棉的分布分辨很精，指出唐代亚洲南北以罽宾为界栽培棉种的基本分界。唐代罽宾是迦毕试，都城遗址在喀布尔以北帕格曼。迦毕试以南次大陆和东南亚各地主要是树棉生长区，迦毕试以北则是草棉栽培区。玄应描述锦葵科的草棉大小如土葵，所产棉花纤维短，适合于高纬度的沙质土壤。中亚细亚普遍栽种草棉，古代有地生羊的传说。由阿姆河流域进入中国西北的也是这种草棉。

草棉在中国西南地区也有栽培，最早栽培的时间约在公元前后④。三国吴人万震《南州异物志》记述岭南少数民族以古贝木织成五色斑布，三国魏人孟康注《汉书》

---

① 维维·锡尔凡：《额济纳河和罗布淖尔出土的丝织物研究》（Vivi Sylwan，Investigation of silk from Edsen-Gol and Lop-Nor），斯德哥尔摩，1949年，第90页。

② 斯坦因：《西域考古图记》（Aurel Stein，Serindia），第1卷，牛津，1921年，第5章。

③ 沙比提：《从考古发掘资料看新疆古代的棉花种植和纺织》，载于《文物》，1973年，第10期；又见新疆社会科学院考古研究所编：《新疆考古三十年》，新疆人民出版社，1983年，第590－594页。

④ 陈祖槼主编《棉》上编（中华书局，1957年）认为古代西南地区的"橦树可能是多年生型树棉，'橦花'明显地指一年生型草棉"，这是对古籍中的橦和橦花本是一木的误解，汉晋时代的橦花不能等于明人所说"状若榛荆"（王世懋《闽部疏》，1585年）的棉花。

也说闽人呼棉花为吉贝。古贝、吉贝都是东南沿海最初栽培的草棉。古、吉本可通转。唐代以来，南方大量栽种树棉，纺织棉布，于是多称吉贝布。《本草拾遗》为分辨两者的不同，始用草棉一名。但不论树棉还是草棉，在南方都统称吉贝，仅与木棉科的木棉相区别。广东、广西的壮族、黎族人民成为古贝棉纺技术的主要传习者。10 世纪以后楚地居民秋冬习惯用木棉为衣，12 世纪下半叶普遍到长江以南多栽棉花。

在北方，13 世纪下半叶，陕西已由河西引进草棉，繁殖竟和原产地并无不同。不过李时珍在 1578 年完成《本草纲目》时，还不能细辨锦葵科棉属中的树棉、草棉，只是将木棉分成草、木两种。他所说的“似木之木棉”，是木棉科的斑枝花或攀枝花（Gossampinus malabarica DC. merr。旧分 Bombax malabaricum DC. 和 Bombax ceiba L. 两种）；“似草之木棉”，则既有树棉，又有草棉。结实大如桃，开红紫色花的是树棉；开黄花，茎高四五尺的是草棉。《本草纲目》卷三六说：“江南淮北所种木棉，四月下种，茎弱如蔓，高者四五尺；叶有三尖，如枫叶；入秋开花，黄色，如葵花而小。亦有红紫者，结实大如桃，中有白绵，绵中有子，大如梧子。亦有紫绵者，八月采棣，谓之棉花。”结论是，高昌白叠、《南越志》中的桂州古终（绿）藤，都是草本的木棉。“此种出南番，宋末始入江南，今则遍及江北与中州矣。”到 16 世纪，草棉由闽广北上长江，进入黄河流域，和来自西北的另外一路的草棉在河南会合，完成了它在中国南北传播的全过程。在素以丝、麻为衣料的丝绸之国，由于草棉的广泛种植，发展了新兴的棉布织造业，在日常生活上完成了用棉布这种四季皆宜的新材料代替麻布和丝绸的巨大变革。

但后来草棉又被棉铃大、纤维长、产量高的中棉（Gossypium arboreum）和陆地棉所替代。现在草棉在新疆、甘肃、四川、广东及云南西部的保山、双江等县有栽培，但播种面积不大。

二、红花（Carthamus tinctorius）

红花又名红蓝花、燕支花，或通称黄蓝，是原产埃塞俄比亚的菊科一年生草本。夏季开橘黄色美丽的头状花。红花在古代是一种重要的红色染料和药用植物，以筒状花（不带子房）入药。干燥品先端分裂，裂片狭线形，外表红色或暗红色。

红花大约在前 1500 年时引入埃及。红花在埃及被当作染料。第二十一王朝时，在包裹木乃伊（mummy wrappings）所用的指甲花中，再掺入红花。红花常用来代替难得的番红花（Crocus sativus），充作重要的红色染料。红花籽又用来榨油，普林尼（XXI,

53）以为用一个希腊名字 cnecos 专为取油（cnecinum），此名见于埃及法雍出土希腊文书①。红花在埃塞俄比亚几千年来一直是黄色染料的唯一来源，当地人称为 suf②。以研究农艺史著称的康道勒并没有认清红花的原产地，只提到它最早生在印度和埃及，推论阿拉伯是东亚传播的媒介③。从文献上看，最早栽培红花的是埃及，后来在中亚细亚繁殖。

中国栽培红花的知识得自中亚。张华《博物志》说黄蓝花种是张骞从西域带回来的，崔豹《古今注》也说红蓝传自西方。前 2 世纪，西北地区就已知道使用并加以栽培了。红蓝最初盛行在匈奴境内，原是天山、祁连山以北游牧民族使用的重要染料。匈奴妇女都用红蓝花汁做化妆品，名叫燕支，又作烟支、燕脂，是匈奴语 önge 的译音，原意是"颜色"和"花粉"。甘肃山丹县东南 50 里的焉支山是盛产红蓝的地方。匈奴退出河西走廊后，曾编歌谣："失我祁连山，使我六畜不蕃息；失我焉支山，使我妇女无颜色。"

红花由河西走廊进入关中植根，取名红蓝，是经过匈奴人做媒介的。北方人采花用来染绯黄，到 3 世纪时又用作红色染料。由于采用了不同于茜草的红花，简化了工艺流程，染红的技术取得了显著的进步。《古今注》草木第六评述染色的进步："旧谓赤白之间为红，即今所谓红蓝也。"因为红花所染色泽鲜艳，远胜过去的重绛，传入中原后，用来炼染红色丝帛，立即风行全国。

从前 3 世纪到 2 世纪红花引入黄河流域，逐渐在中原植根的四五百年，可以称为引入时期。从 3 世纪至 9 世纪，是红花在染料的炼染上逐渐替代茜草的时期。从《博物志》"今魏地亦种之"的话推测，当时红花已在黄河中游、河南北部和河北南部一带广加栽培。494 年王洪轨任青州、冀州刺史，青州富豪有强占民间麦地改种红花，从中获取暴利的。6 世纪初，《齐民要术》卷五有红花栽种法和红花饼的制法，可以做胭脂，合香泽、面脂、手药，作紫粉、米粉、香粉。城郊良田一顷种红花，可以岁收绢 300 匹，收子 200 斛，和麻子同价。南北朝时期，红花在黄河中下游的栽培已有相当的规模。

红花传入不久，就被充作上等药物，用于活血、通经。汉医张仲景《金匮要略》

---

① 格伦费尔：《托勒密二世的税收法》（B. P. Grenfell, Revenue laws of Ptolemy Philadelphus），牛津，1896 年，XXXVI，第 124，126，129，135，157 页。

② 布鲁斯：《1768—1773 年探索尼罗河源头的旅行》（J. Bruce, Travels to discover the source of the Nile, in the Years 1768 – 1773），第 5 卷，伦敦，1790 年，第 43 页。

③ 康道勒：《农艺植物考源》（A. de Candolle, The origin of cultivated plants），伦敦，1888 年，第 164 页。

有红蓝花酒，专治 72 种风。《神农本草经》中有茜根，用治血疽，张仲景以红花代替，用于通经、活血、祛瘀止痛，功效已在茜根之上。《疡医大全》有神效散，以红花和肉桂、草乌、川乌配伍，治疗扑损疼痛。

当医药上红花替代茜草（Rubia cordifolia var. manjistha）在治疗方面取得新的成就时，作为缣帛染料中最珍贵的红色素的主要供给来源，红花由于它价廉物美的特色，逐渐取代茜草，雄霸染场竟达千年之久。古代以青、黄、赤、白、黑为正色，称为五色。染业以白为本色，染上彩色，就成五色。以白染赤就是红色。汉代以前的倩红、汉代的重绛都是染草所染，除用丹石（朱砂）染羽的石染法以外，凡用染草染红都离不了茜草。西汉以前染赤都用茜草（《论语·乡党》《荀子·劝学篇》）。茜草是自生在山野中的多年蔓草，根含甙类物质茜根酸和紫色精。茜根酸受稀酸的热处理，可得茜素（alizarine），提纯便得红色针形体的茜素，熔点为 290℃，用作美丽的红色染料。紫色精呈橙色针形体，也可作染料。茜草在春秋、战国和秦汉时代非常昂贵，卮茜千石，可比千乘之家。东汉洛阳有卮茜园，由国家专利，供给红、紫色染料。

红花的主要成分是红花色素（carthamin），另有红花黄色素、油酸等甘油酯，用稀盐酸处理，可得异性红蓝花素，渐变成红蓝花素，熔点只需 228℃①。红花色泽胜过茜草，性又耐久，加之提炼红色素的熔点低，在工艺上自有许多优点。按照染红的程序："一染谓之縓，再染谓之赪，三染谓之纁。"（《尔雅·释器》）《说文》解释，"縓，帛赤黄色"，"红，帛赤白色"，"赪，帛赤黄色"，"纁，浅绛也"，"绛，大赤也"。按照染色的工艺次序，可取得不同的色阶，初染成赤黄，三染可得浅绛。《仪礼·士冠礼》郑注："纁若入赤汁则为朱。"朱就是重绛，必须四染而成。史游《急就篇》有"烝栗绢绀缙红繎"，颜注："繎者，红色之尤深，言若火之然也。"②《说文》无"繎"字，大致相当于郑玄所说的朱色或重绛。3 世纪初，由于提炼不纯，红花还只能限于初染黄蓝（赤黄），但已打破了先前以茜根染赤的惯例，开始采用花染。由于红花受人欢迎，已经认为可以染重绛（朱色）。不久，从红花中提取红色素的方法获得成功，红花便能完全取代茜根染朱了。朱色的印染工艺因用红花而逐渐臻于顶峰。5 世纪初徐广注《史记·货殖列传》，有茜"一名红蓝，其花染缯赤黄"的话，误认为红花这种新染料是茜

---

① 对红花色素（胭脂）的提取，是以红花浸水中 24 小时，溶去黄色素，再用碳酸钠溶液取得红花色素，加醋酸至酸性，使色素沉淀，再加过滤、干燥。见羽根田作夫：《植物研究杂志》，第 4 卷，东京，1927 年，第 142 页。

② 武敏：《吐鲁番出土丝织物中的唐代印染》，载于《文物》，1973 年，第 10 期，第 38 页；又见新疆社会科学院考古研究所编：《新疆考古三十年》，新疆人民出版社，1983 年，第 595－596 页。

草，正是由于红花在当时业已成为红色染料的主要原料。

唐代染红广泛使用红花。吐鲁番在1959年到1972年出土的唐代丝织物，有红、青、黄三种原色和各种间色共24色之多。属于不同色阶的红色有银红、水红、猩红、绛红和绛紫。红花应用很广，印染工艺因此有新的发展，然而茜素仍然没有完全退出染坊。据化学鉴定，TAM108出土的猩红色绮片，是由茜素以铝盐［即明矾，$K_2SO_4 \cdot Al_2(SO_4)_3 \cdot 24H_2O$，或$KAl(SO_4)_2 \cdot 12H_2O$］媒染而成，TAM104出土绛紫绮片，用茜素以铁盐［即铁矾，$K_2SO_4 \cdot Fe_2(SO_4)_3 \cdot 24H_2O$，或$KFe(SO_4)_2 \cdot 12H_2O$］炼染。虽然8—9世纪时，茜根在北方还不失为一种重要的媒染染料，但和红花之作为染红的主角相比已不可同日而语了。《新唐书》列举红蓝著名的产地，有灵州灵武郡、青州北海郡、兴元府汉中郡、蜀州唐安郡、汉州德阳郡，都在黄河流域和秦岭山脉附近。

10世纪以后，是红花在种植和染料工业上大发展的时期。宋代经济重心由北方转移到长江以南，南方丝织业的发展和棉布这种价廉而实惠的织物在五岭南北的推广，使对红色染料的需求有增无已，于是红花在长江中游大量栽培，五岭南北普遍种植。染织工人运用先进的技术，发展了以红花为媒染染料的染炼工序。这种新的媒染剂，采用乌梅汁为微酸浴的溶剂，根据红花素用量的递减，取得了大红、莲红、桃红、银红、水红等不同色光和色阶的红色染料（《天工开物·彰施》）。13世纪棉织业在全国推广以后，红花销路更加大开，供不应求，纺织印染技术随之达到了前所未有的水平。红花作为红色染料的主要原料，才彻底战胜了历史更加悠久的媒染染料茜草。

宋代虽有紫铆（Laccifer lacca）和苏木（Caesalpinia sappan）从海上大量进口，充作红色染料，以至染红在南方逐渐以苏木为底（罗愿《尔雅翼》）。但红花光华耐久，胜过苏木，仍然雄霸染坊。丝织品的染红尤多靠红花。因为价高利重，种的人很多。13世纪初依然如此。《云麓漫钞》卷七说，红花“近世人多种之，收其花，俟干以染帛，色鲜于茜，谓之真红，亦曰干红。目其草曰红花。以染帛之余为燕支。干草初渍则色黄，故又为黄蓝也”。红花不但染赤，而且还用来染紫，在黄河流域尤其盛行，所以消费仍大。《云麓漫钞》卷十历述北宋时开封城内染紫业的发达：“仁宗（1023—1063年）晚年，京师染紫，变其色而加重，先染作青，徐以紫草（Lithospermum officinale L. var. erythrorhizon，maxim）加染，谓之油紫，后人指为英宗（1064—1067年）绍统之谶……自后只以重色为紫，色愈重，人愈珍之，与朱大不相类。淳熙（1174—1189年）中，北方染紫极鲜明，中国亦效之，目为北紫。盖不先染青，而以绯为脚，用紫草极少……诚可夺朱。”这种经过改良的染紫工艺，大大减少了野生在云南、贵州、广西等南方山野紫草的应用，而以绯色（帛赤色）为底，加以重色而成，当然离不了红花。

近世红蓝以湖南最多，吴其濬《植物名实图考》卷十四说："红蓝，湖南多艺之。洛阳贾贩于吴越，岁获数十万缗，其利与棉花侔，故俗谚有红白花以染物，其直同于所染。然历久不渝。红既正色，又不为燥湿寒暑变节，有士君子之行，顾价必善，或岁不登则益贵。江以南煮苏方木浸之以为朴，而润色以红蓝，色近紫有耀，价贬易售……然风日炎曝，雨露沾湿，辄斑驳点涴，失其所耀，妇稚皆贱之。"比之苏木染红，红花自有其优越之处，所以能够立足染场，历久不衰。

在红色化妆品中，红花制品也是久享盛名的王牌。作为化妆品和颜料，红花所制燕脂在六朝和隋唐时代始终无可匹敌。直到 9 世纪，南方才采用以紫铆为原料染绵而成的胡燕脂。胡燕脂最初从柬埔寨和马来半岛进口，12 世纪后进口量降低，红花所制燕脂仍然维持相当的产量。其他作燕脂的原料，有唐代端州山间所产的山燕脂花汁染粉而成的，有郑虔《胡本草》中以山榴花汁做成的，还有范成大《桂海虞衡志》中产在桂林的胭脂树（又称甘密）做成的，产量都不如红花之多。依旧是红花所制燕脂历时最久，使用最广。在 16 世纪以前，红花始终是燕脂的重要原料。

红花作为上等红色染料，自被采用以后，直到现代化学染料兴起前，在染料业中名列前茅，十分重要。这种红色染料对于中国这样一个历来大量生产各种精美丝织物的国家具有特别重大的意义。中国传统以红色为喜庆和华贵，因此红色染料在丝、棉、毛、麻类织物中，以及制漆、造纸和装饰工艺、化妆品中，都有它突出的地位。同时，直到现在为止，红花在中草药中已广泛用作舒筋、活血、消肿祛瘀的药剂。因此，红花传入中国和在全国各地的普遍栽培，是中非经济交流史上足以大书特书的美事。

三、椰枣（Phoenix dactylifera）

椰枣是枣椰树的单籽浆果，枣椰树属棕榈科常绿乔木。椰枣分布在大西洋东部的加那利群岛和印度河流域之间的广大区域内，以非洲栽培最多。埃及古代铭文中已有枣椰树，种植极为普遍。希罗多德（I，193）知道利比亚和巴比伦的椰枣可供食用。普林尼《博物志》（VI，37）中有加那利群岛的枣椰树。希伯来语称作 tamar，柯普特语称 beq，两者词源同样十分古老。

枣椰树需要在长年平均温度 20℃ ~ 21℃的环境下生长，因此北回归线附近是枣椰树的自然生长区。北非的杰里德地区（椰枣地区）实际上不限于突尼斯南部和邻近的阿尔及利亚东部、的黎波里地界，而是在撒哈拉沙漠以北和围绕地中海南部富饶高原群山南麓之间的整个北非腹地。据伊本·卡尔敦的描述①，枣椰树分布在西起大西洋滨的远苏斯，沿非斯大道到赛杰拉马萨（今埃富特），顺特累姆森大道到菲吉格，经腊希德山山麓到瓦尔贾拉、比斯克腊城、卡斯提利亚的杰里德地区、尼弗扎瓦、费赞和瓦丹，到巴尔卡南面的奥季拉绿洲。北回归线附近的红海两岸也出产椰枣，阿拉伯香岸、阿曼和巴林更是著名的产区。在《卡拉卜·伊勒·瓦塔尔国王》的古文献中，记述瓦塔尔下令在哈达拉毛大规模栽培枣椰树，哈达拉毛至今仍以出产干椰枣闻名。

在印度，枣椰树栽种于信德、旁遮普南部，德干和古查拉特也有。印度语称作khajūna，源出梵语kharjūna，汉译佉殊罗果（phoenix sylvestris）。佉殊罗果是枣的野生种，或称date-sugar palm，遍生于孟加拉、比哈尔、科罗曼德和古查拉特。印度语中的椰枣又或称sindhi，seindi，sendri。在印度语中，椰枣和佉殊罗果并不区分。至迟在古代末期，印度西部野生种已被淘汰。印度河三角洲大约是枣椰树在次大陆最早栽培的地区。

晋代椰枣从林邑引进。最早记录这一植物的是《南方草木状》："海枣，树身无闲枝，直耸三四十丈。树顶四面，共生十余枝，叶如栟榈。五年一实，实甚大，如杯碗。核两头不尖，双卷而圆，其味极甘美，安邑御枣，无以加也。泰（太）康五年（284年），林邑献百枚。"（卷下）太康年间，罗马非洲属境的商人从南方带到长江下游的珍物，除了椰枣，还有火浣布、蜜香树皮纸和彩色琉璃珠。林邑是罗马通华水道必经之地，当然先见椰枣。

海枣既来自林邑，又从《南方草木状》的描述看来，当时中南半岛对这种乔木已有栽培。"海枣"一名不过是3世纪时中国对外国使者所赠礼品椰枣的官方名称，局限于宫廷和官府中。它的原名夫漏树也有4世纪左右徐衷的《南方记》著录："夫漏树，野生，三月华，五六月成子，如术有煮，着猪肉鸡鸭羹中好，可食，亦中盐藏。"（《太平御览》卷九六〇引）夫漏树至少已在越南有自然生长的了。夫漏后来又写作无漏，流传更广。8世纪《本草拾遗》中提到无漏树所结的无漏子时说："无漏子，即波斯枣，生波斯国，状如枣。"（《本草纲目》卷三一引）夫漏是无漏的异写，两名源出埃及柯普特语bunnu（"枣"），指出了椰枣的来源地是在红海沿岸。这名字在中国使用了一千多年。

8世纪起，由于椰枣从波斯（包括属境阿曼）或经波斯商人传入中国，所以干脆叫"波斯枣"了。759年到过埃塞俄比亚摩邻国的杜环，亲眼见到努比亚和厄立特里

① 伊本·卡尔敦：《史鉴》（Ibn Khaldūn, Kitāb al-'Ibar），第6卷，开罗，1868年，第100－101页；德·斯朗（de Slane）法译本，巴黎，1925年，第1卷，第192－193页。

亚居民以“鹘莽”为主食。鹘莽，《酉阳杂俎》又译窟莽（khurmā），就是波斯语中的枣。此后，柯普特语和波斯语的“枣”都同时在中国流传。“无漏”一名始终在南方民间通用，直到19世纪，吴其濬编纂的《植物名实图考》中还使用“无漏子”。无漏名称的长期使用，提供了中国很早就知道尼罗河谷地出产椰枣的佐证。这个名称的传扬，或者是中国帆船开赴阿杜利港的结果，或者是常到柬埔寨、马来半岛的亚历山大商人带来阿拉伯和非洲的珍品，引起人们寻究它的原名所致。

9—10世纪时，枣椰树便在中国南方包括广东、广西生长了。枣椰树也是一种优良的船用木材，《海药本草》说：“树若栗木。”《南越笔记》卷十三以为：“海枣俗名紫京，坚重过铁力木。铁力木不甚宜水，此则入水及风雨不朽。以作屋，嫌小皱裂，故不贵。”海枣是由非洲东北部经阿拉伯直接从海上进入中国南方的，移栽的历史晚于实物的沟通。

四、咖啡（Coffea arabica，Coffea liberica）

咖啡是茜草科常绿灌木或小乔木，原产地在埃塞俄比亚高原和赤道非洲。近代，咖啡经过阿拉伯人的推广种植，成为富有世界性的一种热带饮料原料。由于阿拉伯品种的繁衍，被称为阿拉伯咖啡的小果咖啡（Coffea arabica）闻名世界。还有原产几内亚、安哥拉，称为利比里亚咖啡的大果咖啡（C. liberica），以及中果咖啡（C. canephora）。

考古材料使人们推想，在前2000年时，阿高人已在埃塞俄比亚高原栽种咖啡。直到现在，咖维（Ḳahwa）地区还有许多野生的咖啡。“咖啡”这个词便因咖维得名。在哈拉尔地区，咖啡栽种比较普遍。阿拉伯人从哈拉尔引进咖啡，在也门加以栽培，大约在13—14世纪①。后来传入黎凡特，不久风行中东，在15世纪时成为穆斯林的大众饮料。

在埃塞俄比亚南部的达瓦罗（Dawaro），咖啡是一种重要货物。在北部栽种不多，葡萄牙总督阿尔曼达提到它生长在达卡士（Dancaz）的阿散塞（Azazo）。盖拉人把咖啡带到高原北部的低地，常以咖啡果搅和牛乳而饮。但直到17世纪末，咖啡在埃塞俄比亚人中始终未被重视过②。倒是在它对岸的阿西尔和也门的高原地区，咖啡成了一种重要的经济作物。1609年和1616年取道南非的英国和荷兰船，分别到也门的木哈停

① 贝卡里编：《16至19世纪西方人的埃塞俄比亚纪事》（C. Beccari，Rerum Aethiopicarum scriptores occidentales inediti a saeculo XVI ad XIX），罗马，1903—1917年，V，XIV，第34页。

② 弗斯特：《17世纪末的红海及其周边国家》（W. Foster，The Red Sea and adjacent countries at the close of the seventeenth century），1949年，第155页。

靠，不再北上吉达，主要就是为了装运咖啡。

中国栽培咖啡历史不长，云南、广东都有种植。

五、木蓝（Indigofera tinctoria）

木蓝是制造蓝靛的原料，蓝靛或靛青（indicum）使用的拉丁语表示它来自印度。但中国却从未认为靛青产于印度。靛青主要由槐蓝属植物产生，华特在这个问题上说过的一段话是值得注意的："各种槐蓝属植物以非洲为传播的中心，分布在地球上的热带地区（包括新旧大陆）。除槐蓝属植物以外，还有几种完全不同的植物，具有相同的化学作用。"① 埃塞俄比亚、努比亚、塞纳尔等地区生产许多种槐蓝属植物。

中国使用靛青很早，《本草经》称为蓝（Polygonum tinctorium）。后汉时赵岐《蓝赋》序说，洛阳附近种蓝特盛。蓝叶可治虫豸咬伤。《尔雅》有葴，马蓝。《图经本草》介绍蓝实原出河内平泽，到宋初，已处处都有，家家乐于栽培。叶似水蓼，花红白色，子实黑色，5—6月采实。苏颂列举的蓝有五种：木蓝（Indigofera tinctoria）出岭南，不入药；菘蓝（Isatis tinctoria），又名马蓝，可以为淀，属十字花科；蓼蓝（Polygonum tinctorium），只可染碧，不堪作淀，医方所用的便是这一种蓼科一年生草本；福州马蓝，四时都有叶，治妇人败血，效果很好；江宁吴蓝，如蒿，叶青花白，去热，解毒，止吐血。李时珍归纳蓝分五种，各有所用，以蓝实专取蓼蓝，有菘蓝、马蓝（俗称板蓝）、吴蓝，另有甘蓝，可食。李时珍不同意苏敬的分类法，认为他误以马蓝（Strobilanthes cusia）为木蓝，以菘蓝为马蓝。木蓝由印度传入，9—10世纪已在广东移栽。虽然和埃塞俄比亚所产银蓝（I. argentea）不同，但非洲既是槐蓝属植物的大本营，槐蓝属植物在世界各地的繁衍都不过是热带非洲这棵大树的各个枝节而已。

第三节　瓜果蔬菜

一、苋（Amaranthus gangeticus，Amaranthus tricolor）

原产赤道非洲，苋科一年生草本。苋是遍布我国南北各地的一种主要蔬菜，《夏小正》中已有"见（苋）韭"，是在园圃中专门栽培的蔬菜。后来又有胡苋传入②，传入

---

① 华特：《印度的商品》（G. Watt，Commercial products of India），伦敦，1908年，第663页。

② 《图经本草》明白指出，人苋、白苋（细苋）都是胡苋。劳费尔却以为不明所指，且不承认这胡苋来自外国。见《中国伊朗编》（B. Laufer，Sino-Iranica，Chinese contributions to the history of civilization in ancient Iran），芝加哥，1919年，第195页。

中国的时间不明，但总在东汉时便有了。通常所说的苋便是人苋，别名苋菜（Amaranthus tricolor）。苋实早经《本草经》著录，以为一名马苋。《本草纲目》引《名医别录》："苋实，一名莫实，细苋亦同。生淮阳川泽及田中，叶如蓝，十一月采。"陶弘景显然很正确地认定马苋是"布地生，实至微细"的马齿苋（Portulaca oleracea），不同于苋菜，但又错误地以白苋（细苋、糠苋）为苋实，采摘时间是十一月。细苋（Amarantus viridis）是生长在南方沿海的野苋①，和苋菜自然不同。另外还有一种赤苋，茎纯紫，可以治疗赤下，而不堪食用。

8—9 世纪以来，苋菜已普遍到各地都有。《图经本草》分苋为六种：人苋、白苋、赤苋、紫苋、马苋、五色苋。入药的只是人苋、白苋，这两种苋俱大寒，主青盲明目，利大小便，去寒热。"亦谓之糠苋，人谓之胡苋，或谓之细苋，其实一也。但大者为白苋，小者为人苋耳。其子霜后方熟，细而色黑。"糠苋、细苋本是白苋的别称，苏颂却用"胡苋"这个通称，对苋菜和白苋未加细分。紫苋茎叶通紫，出在长江下游三角洲。赤苋又称花苋，茎叶深赤，《尔雅》中的蒉便是。五色苋，在 11 世纪时已很稀有。至于马齿苋，苗叶和人苋、白苋都不相似，属马齿苋科，通常匍匐蔓延，又叫五行草，分大叶、小叶两种。

二、罗望子（Tamarindus indica）

罗望子是原生热带非洲和苏丹的豆科常绿乔木，茎干高达 25 米，围可达 8 米。生羽状对生小叶，叶片椭圆形，先端钝，开淡黄略带红色的花。产荚果，称罗望子，果肉褐色，长 8 ~ 20 厘米，阔 1 ~ 2.5 厘米，有酸味。另有一种赤色子小的果实，果肉味甘，别名酸豆。

罗望子很早便由热带非洲同时传入埃及和印度。齐奥夫拉斯托《植物史》中涉及埃及栽种罗望子。埃及古墓中见有罗望子②。埃塞俄比亚有一种名叫 tana 的浆果，略小于椰枣，或者是罗望子的变种。14 世纪伊本・法德尔・乌玛里（Ibn Faḍl al'Umarī）列举许多不为埃及、叙利亚和伊拉克所知的鲜果和浆果中有 tana③。非洲虽然是罗望子的原产地，而且栽培也早，但印度长久以来便是罗望子的重要产地和传播区。梵语称

① 陈焕镛《海南植物志》（科学出版社，1964 年，第 405 页）称野苋，别名细苋、白苋。海南更有白花苋属（Aerva）的白花苋和针叶苋。

② 魏金森：《古代埃及人》（G. Wilkinson，The ancient Egyptians），第 2 卷，伦敦，1890 年，第 237 页。

③ 乌玛里（Ibn Fadl al-'Umarī），Masālik El Absār fî Mamālik El Amsār，冈德夫洛—德蒙比（Gaudefroy-Demombynes）法译本，巴黎，1927 年，第 26 – 28 页。

āmla 或 amlikā，汉语译作“庵弭罗”①。印度的罗望子树在成熟后，一年可产果实150千克，产量十分可观，是南印度泰米尔人喜爱的食品。泰米尔人常用罗望子果肉和咖喱、咸鱼等食物腌鱼，制咖喱粉。在泰国和印度，罗望子花又可掺和咖喱当作蔬菜。

罗望子凭借海流在史前时期就开始向非洲东西两岸扩散，向东由印度流入中南半岛和马来群岛，向西横越大西洋进入西印度群岛。中国云南、广西、广东和台湾都有出产，多半野生山间。植物学家认识这种常绿乔木，却已晚到12世纪。罗望子在范成大《桂海虞衡志》中列入南方所产120子中，他说“世传南果以子名者百二十”，罗望子是其中之一。周去非在《岭外代答》中改作罗晃子，列入百子之首：“罗晃子，壳长数寸如肥皂，内有二三实，如肥皂子，亦如橄榄，皮有七重。煨食，甘美类熟栗。亦曰罗望子。”罗望、罗晃这些名称都是根据阿拉伯名称 tamar-ul-Hind（印度枣）译出的。中国学者认识这种植物是在阿拉伯人传授之后，所以用一个外来语，而不用土名“酸豆”。

罗望子果肉在加工时初呈淡褐色，日子一久变成暗黑色，很像枣子。阿拉伯人因为印度大量出产和食用罗望子，所以起名“印度枣”，和椰枣被称为“波斯枣”有同样含意。在波斯语中，tamar-i-Hindi 也是“印度枣”。英语 tamarind，法语 tamarin，葡萄牙语、西班牙语 tamarindo 都从 thamar（果）这个阿拉伯名词变来②。泰米尔语中，罗望子另有一个名称叫 pullium，马来语叫爪哇果（asam jawa），爪哇语称为 wit asem，和阿拉伯名称都不相干，可见在各地生长和栽培的历史都非常悠久。

罗望子适宜栽种在干松的砂质沃土，也可栽植路旁，绿化环境。在热带雨林区生长的罗望子树常不结果，所以最合适的生长区是北纬15°南北的热带砂土。罗望子的果肉、树皮、树叶都可作药用。西印度群岛用糖渍果肉，作清凉剂或缓泻剂。印度用荚壳烧灰入药，种衣和树皮含有单宁，可作收敛剂。树皮可代槟榔咀嚼以解暑热，又可制成洗药外敷疮疽。嫩叶可食，或作饮水漂白剂，去除金属器垢污。马来亚用叶治热病、风湿，柬埔寨用作外敷药。种子含油，可作燃料。木材坚硬致密，可供建筑和制造车船。罗望子树实在是一种具有多种用途的热带经济树种。

三、酸枣（Zizyphus lotus，Zizyphus jujuba var. Spinosa）

埃及和北非各地（利比亚、突尼斯、阿尔及利亚、摩洛哥）是这种鼠李科落叶灌

---

① 劳费尔：《中国伊朗编》（B. Laufer，Sino-Iranica，Chinese contributions to the history of civilization in ancient Iran），芝加哥，1919年，第581页。

② 玉尔、伯纳尔编：《语源辞典》（Henry Yule，A. C. Burnell，Hobson-Jobson：a glossary of colloquial Anglo-Indian words and phrases，and of kindred terms，etymological，historical，geographical and discursive），伦敦，1903年。

木的原生区。现在埃及园艺作物中仍有酸枣。

中国所产酸枣是大枣（Zizyphus jujuba）的衍生种（var. Spinosa）①。《诗经》的《魏风》《陈风》《小雅》中称棘，和《豳风》中的枣相区别。宋代的沈括、洪迈、陆佃都以大的叫枣，小的叫棘。棘味酸，称酸枣。《说文》以樲为棘。秦在今河南延津置酸枣县，便是以棘为名。《尔雅》记载："樲，酸枣。"郭注："树小实酢。孟子曰，养其樲棘。"《异苑》中有一则故事说，印度沙门竺慧猷在252年（孙权太元二年，神凤元年）夜梦读诗五首，其中一篇后段是："陌南酸枣树，名为六奇木。遣人以伐取，载还柱马屋。"（《太平御览》卷九六五）酸枣不但在黄河流域早有野生成丛的，2—3世纪时似乎在长江流域也都有了。

柳贯《打枣谱》有赤枣，子色赤，枣味酸。更有西王枣，出昆仑山。赤枣、西王枣，一定是Zizyphus lotus一类，在葱岭东西早有栽植。

四、黎豆（Vigna unguiculata，Vigna sinensis）

原来野生于非洲北部，后来传入黑非洲和印度。非洲豇豆属（Vigna）植物由沙比人改良，以豇豆（Vigna sinensis）供给亚洲。黎豆，中国古称虎櫐或虎豆，在中国也是野生，山地有栽培的，多生于长江流域。3月下种生蔓，叶如豇豆叶，但文理偏斜。6—7月开紫花成簇，如扁豆花。一枝可结荚十多枚，长三四寸，有白茸毛，老则变黑。结子大小和刀豆子相仿，淡紫色，有斑点如狸文。黎豆，汉代有记载，《尔雅》："欇，虎櫐。"郭注："江东呼櫐为藤，似葛而粗大。""今虎豆缠蔓林树而生，荚有毛刺。"后来又讹櫐为狸，因名狸豆。陈藏器《本草拾遗》记："黎豆生江南，蔓如葛。子如皂荚子，作狸首文，人炒食之，别无功用。"唐代始用黎豆这个名称。

五、胡豆子（Faba vulgaris，Faba sativa）

古代胡豆大多指豌豆（Pisum sativum），又称青小豆、青斑豆、麻累、虎沙。《古今注》最早著录。另有一种胡豆子是野豌豆，在古代埃及已经种植，在帕拉菲语古经《创世纪》（Būndahišn）中称作pag（gāvirs），是一种主要的细籽谷物。阿布·曼苏尔使用波斯语名bāqilā或bāqlā。8世纪中叶的《本草拾遗》很清楚地把它叫作胡豆子。《证类本草》："味甘，无毒，主消渴。勿与盐煮食之。苗似豆，生野田间，米中往往有之。"李时珍以为胡豆子也是豌豆，清代吴其濬已指出了他的错误。

---

① 另有漆树科槟榔青属的岭南酸枣（Spondias lakonensis）和酸枣属的南酸枣（S. axillaris），生长在两广及附近地区，科属和酸枣不同。

六、西瓜（Citrullus vulgaris）

西瓜是现已传遍全世界的葫芦科的一种甜瓜。奥列维推究他的原产地在南非，赤道非洲发现过西瓜的原生种①。在前2000年它便从苏丹传播到埃及和亚洲西部，古埃及图像上可以见到西瓜。柏柏尔人称西瓜tadelaât，和阿拉伯名baṭṭikh不同，可以证明北非种植西瓜极早。公元前西瓜已遍布南欧和亚洲各地。地中海东部滨海区、高加索、伊朗和中亚细亚都热衷于栽种西瓜。据考古发现，在广西罗泊湾一号墓中，见到了西汉初期的西瓜、甜瓜、黄瓜、葫芦等瓜菜②。西瓜大约在两广地区早就有过培植，但流传不广。中亚细亚种植西瓜，大约不会早于8世纪，回纥西迁后又从那里将西瓜移栽到葱岭以东天山南北。

在947—953年游历契丹的胡峤，原来跟随萧翰出使契丹。萧翰死后，他便在契丹居住了一段时间。他在《陷虏记》这本日记中记下了这段经历，被《新五代史》卷七三加以转录。胡峤日记中说，入平川，才尝到了西瓜，据说是契丹打败了回纥，得到西瓜种，“以牛粪覆棚而种，大如中国冬瓜，而味甘”。当时西瓜已在中国北方栽培，西起天山、河西走廊，东到燕北都有西瓜。女真语里西瓜便叫xeko。

杨慎（1488—1559年）《丹铅总录》、李时珍《本草纲目》都把五代时期胡峤归国作为西瓜进入中国的开始。李时珍又根据《别录》注瓜蒂，以为永嘉（温州）有一种很大的寒瓜，可以收藏到春季的，便是西瓜。西瓜种在五代以前已先入浙东，不过当时还没有“西瓜”的名称罢了。但直到12世纪中叶，黄河以南尚未大量栽培西瓜。后来宋朝派到金国的使臣洪皓（1090—1155年），在他留住金国期间（1129—1143年）收采了西瓜的种子，带回临安（杭州），于是“今禁圃乡囿皆有，亦可留数月，但不能经岁仍不变黄色。鄱阳有久苦目病者，曝干服之而愈，盖其性冷故也”。那时长江流域也遍种西瓜，由于它“可蠲暑疾”，极受南方人民的喜爱。洪皓《松漠纪闻》赞赏西瓜：“其瓞类甜瓜，味甘脆，中有汁尤冷。”

突厥人是9世纪以后在亚洲和欧洲历史上叱咤风云的民族，西瓜就此经过突厥斯坦迅速向东传入中国，向西进入南俄罗斯。突厥语西瓜叫tarbuz，qarpuz，harpuz，harbuz，回纥语有karpuz。突厥语出自中古波斯语的harbōjīnā，波斯语的herbuz。中亚细亚和美索不达米亚都是出产大西瓜的地方。中国西部种植的西瓜也极富特色，完全由

---

① 奥列维：《赤道非洲植物志》（D. Oliver，Flora of Tropic Africa），第2卷，伦敦，1878年，第549页。

② 蒋廷瑜：《广西汉代农业考古概述》，载于《农业考古》，1981年，第2期。

中亚细亚引入。元初耶律楚材《西游录》记中亚细亚苦盏以西的八普城，西瓜大的有50斤，寻斯干（撒马尔罕）“瓜大者如马首”，也是西瓜。明叶子奇《草木子》以为元世祖在西域得西瓜种，是从中亚引入的新品种，所以那时到过中国的伊本·白图泰说到中国所产西瓜品质之优，极像花剌子模和伊斯法罕的产物。

15 世纪初，下西洋的马欢见到古里（科泽科特）四季都有西瓜，苏门答剌（亚齐）西瓜绿皮红子，长二三尺。这些地方西瓜种植的时间可能很长。永嘉寒瓜或者是先由海上传入的，不过那时还未推广罢了。至元以后，岭南才广种西瓜，《大德南海志》卷七物产有“广州自至元归附后，方有此种”的话。

李时珍将西瓜分成三类，味甘的为上，味淡、味酸者为下。又以为南方西瓜比之北方“味稍不及”。此外曹县西瓜有青、绿、黄、白四色，子有红、黑、玳瑁的不同，最大的叫冀州瓜，适于久藏，可以过冬。嘉定产枕头瓜，形长而圆，瓤色鲜红，味甘如蜜。莆田有一种皮薄瓤红的台湾瓜。随着瓜种的改良，长江以南西瓜的品种、产量都有很大改善，逐渐有胜过北方的趋势。

七、小黄瓜（Cucumis anguria）

小黄瓜，英语叫 West Indian gherkin，原生赤道非洲。小黄瓜有刺，和黄瓜（Cucumis sativus）同种，都是葫芦科一年生草本。黄瓜瓠果有白或黑色的刺，刺基常有瘤状突起，是供食用的蔬果。黄瓜在埃及栽培的历史比印度要早得多。传入中国叫胡瓜，后来为了石勒（274—333 年）统治时避讳，改称黄瓜。各地都普遍栽培，供生食或作蔬菜。

八、葫芦（Lagenaria vulgaris，Lagenaria siceraria）

葫芦是葫芦科一年生蔓草，开白花，瓠果。共分五种：扁蒲、长柄葫芦（悬匏）、大葫芦（匏）、葫芦（细腰葫芦）和小葫芦。已见于哥伦布到达美洲以前的新大陆。多数学者认为西苏丹首先栽培葫芦，前 20 世纪传入埃及。在印度，葫芦的栽培时间也很早①。

葫芦在中国生长极早，南方江浙尤多。公元前 6—前 5 世纪已有著录，最初称瓠或匏，后来才叫壶卢、壶芦、瓠瓡、瓠瓜。浙江余姚河姆渡新石器时代遗址出土的葫芦，经鉴定是小葫芦，距今已有 7000 年。中国最早生长的便是这一品种。葫芦的传入则是

---

①　蔡尔德：《雅利安人：印欧起源研究》（G. Childe，The Aryans：a study of Indo-European origins），纽约，1926 年，第 127 页。

前1000年前后的事。春秋至汉晋，都以瓠瓜称天鸡星，孔丘有“匏瓜系而不食”的话，便指星象。古人壶、瓠、匏三名通称，并无分别。直到8世纪，“葫芦”还和“瓠”通用。《本草纲目》引孙愐《唐韵》说：“瓠音壶，又音护。瓠，胪瓢也。”这说法由来已久。《说文》以为：“匏，瓠也。”《古今注》称：“匏，瓠也；壶卢，瓠之无柄者也。”又说：“瓢，亦瓠也。瓠其总，瓢其别也。”壶芦一名由壶与芦合成，照李时珍解释：“壶，酒器也；芦，饮器也。此物各象其形，又可为酒饮之器，因以名之。”明代因此俗称葫芦。

葫芦中小的称瓢。《别录》：“又有瓠瓡，亦是瓠类。小者名瓢，食之乃胜瓠。”瓢与瓠瓡相类，但和瓠则完全不同。到《唐本草》注才将两者严加区别，指出它们“苗叶相似，而实形有异”。区别在：“瓠味皆甜，时有苦者。面似越瓜，长者尺余，头尾相似。其瓠瓡，形状大小非一。瓠，夏中便熟，秋末并枯；瓠瓡夏末始实，秋中方熟，取其为器，经霜乃堪。”（《证类本草》卷二十九引）古代以匏为乐器。瓠有柄叫悬瓠，可以作笙，以曲沃所出为最。匏又可以作饮器，《诗经》“匏有苦叶，济有深涉”（《邶风·匏有苦叶》）说的是佩匏可以渡水。《鹖冠子》说“贱生于无所用，中河失船，一壶千金”，壶即匏也。覆舟时，凭匏浮水，可免沉溺，所以譬作价值千金。《庄子·逍遥游》中惠施向庄子指称，有可以盛五石谷物的大葫芦。《齐民要术》引西晋《广志》说葫芦有三种：一种是都瓠子（扁蒲），如牛角，长四尺；又有约腹瓠（细腰葫芦），“其大数斗，其腹窈挈，缘蒂为口，出雍县，移种于他则否”；海南岛的朱崖则有苦叶瓠，“其大者受斛余”。

1世纪中国人对大葫芦的栽种已极精到。《汜胜之书》有种瓠法，专论大葫芦的栽种。办法是三月耕田，八月微霜下收取，重埋土中，20天后取出，利用多株根系经嫁接后，养活一株地上茎，结成大葫芦，“黄色好，破以为瓢”。到元朝王祯《农书》所著葫芦，已有大葫芦、小葫芦、长柄葫芦和亚腰葫芦四种。五种葫芦到这时都已齐备了。李时珍分葫芦为四类：“瓠之一头有腹，长柄者为悬瓠；无柄而圆大形扁者为匏；匏之有短柄大腹者为壶；壶之细腰者为蒲卢。”葫芦品种既多，在全国各地均有栽培。葫芦的老家究竟在哪里，虽然尚多疑问，然而也和非洲有着一定的瓜葛。

九、莴苣（Lactuca scariola，Lactuca sativa）

莴苣属（Lactuca）植物大多起源于北非和地中海东部沿海地区。“莴苣”一名和波斯语 kāhu 很相近，由中亚细亚移栽中国。7世纪前，中国人还不知道有莴苣属植物。陈藏器《本草拾遗》才提到莴苣和白苣。莴苣又名生菜，《本草衍义》解释它得名的由来，“今菜中惟此自初生便堪生啖”，并说“四方皆有，多食昏人眼”。

莴苣是由外国使者直接带到中国的种子移栽的。宋陶谷《清异录》记述这件事："高国使者来汉，隋人求得菜种，酬之甚厚，故因名千金菜，今莴苣也。"《本草纲目》引《墨客挥犀》说"莴菜，自呙国来，故名"。过去劳费尔不相信有这么一个呙国，以为陶谷《清异录》和彭乘《墨客挥犀》这两部书中所说的高国或呙国是虚构的。呙国（高国）其实是贵霜王朝。隋初，贵霜和哌哒都受波斯王科斯洛的征讨，国势已奄奄一息。其使者来华，传入莴苣这种波斯生菜，受到中国的重视，以千金酬谢，于是有千金菜的别名。

十、水芹（Lepidium sativum）

水芹原生于埃塞俄比亚①。法老时期的埃及也有这种植物，但直到前 2 世纪才引起注意。

水芹在中国最初繁殖于长江流域。《尔雅》以芹为楚葵，郭注："今水中芹菜。"《本草经》写作水靳，一名水英。《吕氏春秋》列举"菜之美者"，有"云梦之芹"。楚地（今湖北）的蕲州因产芹得名，古蕲、芹同音。《别录》称水芹即芹菜，介绍水芹"生南海池泽"。以广东出产最多。

《周礼》有芹菹，《诗·鲁颂》有采芹，前 6—前 5 世纪已在中国北方栽培。长江流域有芹，当然还要早些。陶弘景分芹为两种：荻芹取根，白色，赤芹取茎叶，都可作菹和生菜。《食疗本草》以黑滑地所生叫水芹，高田所产叫白芹。白芹亦即荻芹，味胜水芹。水芹、白芹同属伞形科草本。水芹源出非洲，同属约 35 种，很早便在中国南方繁殖。广州产一种湿生草本水芹（Oenanthe javanica）和一种少花水芹（Oenanthe benghalensis）②。

第四节 香药花木

一、乳香（Boswellia carteri）

乳香原产于亚丁湾南岸和南阿拉伯，古称薰陆。《广志》说产在交州和大秦海边。3 世纪左右已在越南北部移植，有实物可以见到。

---

① 默尔多克：《非洲民族和文化史》（G. P. Murdock，Africa：its peoples and their culture history），纽约，1959 年，第 105 页。

② 侯宽昭主编：《广州植物志》，科学出版社，1956 年，第 464 页。

现代药用的薰陆香（Pistacia lentiscus）是一种漆树科（Anacardiaceae）的常绿小乔木的脂液，多野生在地中海北岸和亚丁湾南岸。具有偶数羽状复叶，小叶全缘，与乳香奇数羽状复叶、小叶锯齿不同。这种薰陆除药用外，又可作香料，溶于酒精中制作假漆。宋代在乳香之外同时进口的薰陆香，便是从越南和马来群岛运入的薰陆树脂。

比较可靠的看法是，宋代“海南亦有薰陆，乃其胶也，今谓之乳头香”（《梦溪笔谈》卷二二）。这种乳头香，该是最早从索马里引入的梅迪树（Boswellia carteri），11 世纪时海南岛有栽培。叶廷珪《名香谱》记曹务光治理赵州，用盆焚乳头香，说是“财易得，佛难求”。乳香易得不但因进口量大，而且因本国也有出产。乳头香，近代又叫水乳香。清人檀萃《滇海虞衡志》记述乳香出老挝土司，另有一种水乳香出镇康州。老挝乳香当是近代药用薰陆，镇康州（今云南西部怒江东南镇康县）的水乳香才是梅迪树的衍生种，18 世纪繁殖在云南怒江地区。

二、没药（Commiphora molmol）

原产地在红海和亚丁湾沿岸的埃塞俄比亚和索马里，古希腊以没药国命名这些地方。此外，阿拉伯香岸也是很早出产没药的地方。没药又在印度洋各地栽种。由于索马里没药疗效很高，不久，没药就在东南亚各地移植。到 11 世纪时广州也有栽培。《图经本草》说：“今海南诸国及广州或有之。”明代《东西洋考》记马六甲、旧港、亚齐、暹罗、柔佛、丁加奴等地多产没药，没药在东南亚大多移植在苏门答腊和马来半岛。在中国，没药没有能广泛繁殖。作为重要的药物，没药都从海外运进。在宋代，已用没药制成丸、散，需求量增大，东非没药因此源源不断地来华。直到现在，索马里没药一直是上等的重要进口药材。

三、芦荟（Aloe vulgaris，Aloe vera var. chinensis）

芦荟品类极多，中世纪在东南亚各地均有分布。阿拉伯地理书中有产在马来半岛的 al kamrumi，柬埔寨的 al-kamari，称作 al-sanfi 的占婆芦荟，和见于波斯语《阿克巴纪年》中的罗斛芦荟 lawaki，但品质都无法和索科特拉芦荟相比。东南亚各地的芦荟也在我国南方繁衍。芦荟在云南元江有野生。广东、广西栽培芦荟在宋代以后，《开宝本草》有著录。通常盆栽观赏，或供药用，有油葱的别名（《岭南杂记》）。

四、油莎草（Cyperus esculentus）

别名油莎豆、地下扁桃，莎草科多年生草本。原产埃及，栽培时间极早。块茎可供生食或煮食，又可榨油食用。油莎草叶可作造纸、编织原料。油莎草现已遍布世界各地，我国引种栽培的时间不长。

五、胡葵（Hibiscus esculentus）

原称秋葵（okra，gumbo），是野生赤道非洲的锦葵科木槿属一年生草本。木槿属和秋葵属（Abelmoschus）极相似，所以古代常以木槿为秋葵。木槿属植物约有 200 种，遍生于热带和亚热带地区，尤以赤道非洲为衍生中心。我国有 24 种和 15 个变种或变型。19 世纪初在南亚还可见到半野生的胡葵。现在已经传遍全球。

《广志》中的胡葵（Hibiscus esculentus）开紫赤色花，和我国所产秋葵（Abelmoschus manihot）不同。秋葵夏末开浅黄色花，紫心五瓣，又称黄蜀葵。我国木槿属中的吊灯花、野西瓜苗、美丽芙蓉都由印度、东南亚传入。吊灯花（Hibiscus rosasinensis var. schizopetalus）原生非洲东部，广州有栽培①。

六、野西瓜苗（Hibiscus trionum）

野西瓜苗也是锦葵科木槿属一年生草本，原生热带非洲。国内首见明初《救荒本草》，生于山野。现在当作观赏植物。茎高半米多，略有毛茸。下部叶形圆而不裂，上部叶常三裂或五裂。夏秋之际开花，花冠淡黄，中央有紫彩，日开暮萎，花下有多数线形小苞，萼脉上有刚毛。生长遍及全国各地。又称香铃草、灯笼花（昆明）、火炮草（红河）②。

七、竹节树（Carallia brachiata）

是红树科竹节树属常绿乔木，高可达十余米，结球果。原产非洲马达加斯加岛，经印度、缅甸、越南、马来西亚、印度尼西亚到澳大利亚都有分布。也生长在广东和云南，云南西南部的景东、凤庆、思茅、西双版纳等地，海拔 500～1900 米的常绿阔叶林密林中有竹节树。又称胭脂果、气管木（海南岛）、鹅山木（广东），在滇缅交界的遮放叫弯心果，西双版纳傣语称“麻杆李贺”。

八、龙血树（Dracaena draco）

西非加那利群岛以龙血树闻名，但并非原产地。原产地在赤道非洲。这种龙血树是百合科常绿乔木，叶呈剑状，丛生于枝顶，茎干无形成层，但四周皮层能向外生薄

① 侯宽昭主编：《广州植物志》，科学出版社，1956 年，第 251 页。

② 云南植物研究所：《云南植物志》，科学出版社，1979 年，第 232－233 页。

壁细胞，向内生维管束，使茎逐年加粗。龙血树的得名，一则因所生脂液如血，一则因产品珍贵。如龙脑、龙涎的得名，无非都因其贵重。有一种说法，在腓尼基人环航非洲时，龙血树被他们从索科特拉岛带到了加那利群岛①。古代埃及铭文中早已提到用龙血树的红色脂液可以染衣或供木石的涂料。欧洲人都用“龙血”称呼血竭，显示了印度洋滨的这种珍贵树脂曾经富有的神秘力量。

中国对龙血树脂习称骐竭、麒麟竭，唐代始称血竭。大约8—9世纪后移植广州。《图经本草》：“骐竭，旧不载所生州土，今出南蕃诸国及广州。木高数丈，婆娑可爱。叶似樱桃而有三角。”所采无时。据《植物名实图考长编》引《滇本草》，麒麟竭味苦、涩，微香，性温，“出元江界，木高数丈，叶类樱桃，脂液流树中，凝红如血，为木血竭”。木血竭都说是麒麟竭树所生，至于白竭，当是白胶香。18世纪时已绝迹。但在二百年后的今天，经过热带植物学家的努力，大片龙血树又在云南境内找到②。

九、乌文木（Diospyros melanoxylan，Diospyros ebenum）

原产赤道非洲东部雨林区。柯普特语和盖伊兹语中的heben很早便传到东方。《古今注》说这种翳木出在交州。越南北部在2—3世纪时已有出产，又称乌婪木。在越南南部，占语mökia（Diospyros ebenaster），译樠木或文木，有乌樠木之称。左思《吴都赋》列举木名，有“文欀桢橿”。刘渊林注：“文，文木也，材密致无理，色黑如水牛角，日南有之。”这种文木和后来榧子（Torreya nucifera）的别名不同，榧子是红豆杉科（Taxaceae）的山地常绿乔木。另有一种Diospyros peregrina，产在印度和马来群岛，马来语、爪哇语称作kayu arang，属柿树科（Ebenaceae），《岛夷志略》民多朗条译作乌梨木。茎高6～7米，结球果，熟时黄赤色，可供食用。根据中外记载，3世纪前后，乌文木已遍布西起坦桑尼亚和印度、东迄中南半岛的广大地区，在印度洋两岸赤道附近繁殖。《太平御览》卷九六一引《古今注》说：“中国亦有，出温、括、婺等州。”交州出文木、翳木，和温、括、婺等浙江沿海所产，都是乌文木一类。

广南山谷也有乌文木之类的木材。乌文木的波斯语名'abnus，《本草拾遗》又译木奴，是省略开唇音［a］，又将［b］通作［m］。木奴也是中国东南沿海和南海各地的船用木材，被用来借称柯树（Lithocarpus glabra）。李时珍引李珣《海药本草》，柯树，“按《广志》云，生广南山谷，波斯家用木为船舫者也”（《本草纲目》卷三五下）。这

① 布兰辛格：《古代史》（L. R. Breusing，Geschichte des Altertums），第2卷，柏林，1913年，第18页。

② 《我国热带植物科研工作展新貌》，载于《光明日报》，1976年7月7日。

里的波斯也是马来波斯。吉仁人或缅人对缅甸南部善于航海的塞伦人称波斯（Pase）。

宋代用乌文木制造船柁（舵），十分坚实。航海巨舶以桅、柁最重要，铁力木、乌文木都是最好的制材。当时广东钦州产乌婪木。钦州海山有两种奇材，一是紫荆木，可做梁；一是乌婪木，可做海舶的椗（柁）。《岭外代答》卷六："（乌婪木）用以为大船之椗，极天下之妙也。蕃舶大如广厦，深涉南海，径数万里。千百人之命，直寄于一椗。他产之椗，长不过三丈，以之持万斛之舟，犹可胜其任，以之持数万斛之蕃舶，卒遇大风于深海，未有不中折者。唯钦产缜理坚密，长几五丈，虽有恶风怒涛，截然不动。"又说："此椗一双，在钦直钱数百缗，至番禺、温陵，价十倍矣。然得至其地者，亦十之一二，以材长，甚难海运故耳。"

元明时代，乌木已广生海南、云南。《博物要览》记："乌木出海南、云南、南番，叶似棕榈木，色漆黑，体重，坚致可为箸及器物。有间道者，嫩木也。"《南越笔记》也说乌木是琼州诸岛所产，当地人用以制箸，行用极广，"一名角乌，色纯黑，甚脆"。又有茶乌，从海外输入，"质坚实，置水则沉"。在市场上充作乌木的木料很多，有一种是檕（音记）木染成，作筋。又常和栌木相混。《滇海虞衡志》认为云南北胜、元江的乌木是栌木，真乌木出在海南。栌坚，乌脆，鉴别时以置水不沉的为假。

乌文木是一种原生非洲，后来在中国南方广东等地栽培的船用木材。它未熟果实中的黏汁叫柿漆，可作渔网和船具的涂料。

参考文献

一、中文文献与著作

陈寿．裴松之注．三国志・魏书．北京：中华书局，1982.
沈约．宋书．北京：中华书局，1983.
萧子显．南齐书．北京：中华书局，1974.
贾思勰．石声汉校释．齐民要术今释．北京：科学出版社，1958.
郭璞注．邢昺疏．尔雅注疏．上海：上海古籍出版社，2010.
段成式．酉阳杂俎．北京：中华书局，1981.
义净．南海寄归内法传．北京：中华书局，1995.
玄奘．向达辑．大唐西域记．北京：中华书局，1981.
刘昫等．旧唐书．北京：中华书局，1975.
宋祁，欧阳修等．新唐书．北京：中华书局，1975.
董诰．全唐文．北京：中华书局，1985.
彭定求等．全唐诗．北京：中华书局，1979.
杜佑．王文锦点校．通典．北京：中华书局，1988.
李吉甫．元和郡县图志．北京：中华书局，1983.
张说．熊飞校注．张说集校注．北京：中华书局，2013.
洪迈．夷坚志．北京：中华书局，1981.
赵汝适．冯承钧注．诸蕃志校注．北京：中华书局，1956.
徐松．宋会要辑稿．上海：上海古籍出版社．2014.
李心传．建炎以来系年要录．北京：中华书局，2013.
马端临．文献通考．北京：中华书局，1986.
陈大震．大德南海志（宋元方志丛刊）．北京：中华书局，1990.
周致中．异域志（夷门广牍本）．北京：中华书局，1981.
汪大渊．苏继庼校释．岛夷志略校释．北京：中华书局，1981.
王士点．秘书监志．杭州：浙江古籍出版社，1992.
宋濂等．元史．北京：中华书局，1976.

明实录．上海：上海书店，1984．

谈迁．国榷．北京：中华书局，1958．

田汝成．西湖游览志．上海：上海古籍出版社，1980．

费信．星槎胜览．北京：中华书局，1954．

向达．郑和航海图．北京：中华书局，1961．

严从简．殊域周咨录．北京：中华书局，1993．

解缙，姚广孝等．永乐大典．北京：中华书局，2012．

宋应星．天工开物．北京：中华书局，1978．

郑晓．皇明四夷考．台北：华文书局，1968．

朱纨．甓余杂集．四库全书存目丛书．济南：齐鲁书社，1997．

顾祖禹．读史方舆纪要．北京：中华书局，2005．

钱大昕．十驾斋养新录．上海：上海书店，1983．

谢清高．冯承钧注．海录注．北京：中华书局，1955．

吴省兰．艺海珠尘．清嘉庆年间刻本．

陈梦雷等．古今图书集成．北京：中华书局，1985．

赵尔巽等．清史稿．北京：中华书局，1998．

王彦威，王亮．清季外交史料．北京：书目文献出版社，1987．

任士林．任松乡先生文集．孙锵补刻本．清光绪十六年（1890）．

孙中山．孙中山全集．北京：中华书局，1981．

冯自由．华侨革命开国史．台北：商务印书馆，1946．

冯承钧．景教碑考．上海：商务印书馆．1936．

冯承钧．中国南洋交通史．上海：商务印书馆，1937．

冯承钧．西域地名（增订本）．北京：中华书局，1980．

孙海波．甲骨文编（重印本）．北京：中华书局，1965．

陈垣．陈垣学术论文集（一）．北京：中华书局，1980．

李国豪等．中国科技史探索．上海：上海古籍出版社，1982．

章鸿钊．石雅．南京：中央地质调查所，1927．

科学史集刊委员会．科学史集刊（第 9 期）．北京：科学出版社，1966．

安志敏．中国史前时期之农业．燕京社会科学（第二卷）．北平：燕京大学，1949．

中国古代史论丛编辑部．中国古代史论丛（第 2 辑）．福州：福建人民出版社，1982．

纪念伟大航海家郑和下西洋 580 周年筹备委员会．郑和下西洋论文集（二）．南京：南京大学出版社，1985．

陈祖槼，棉．北京：中华书局，1957．

方豪．中西交通史．台湾：台北中华大典编印会，1961．

邹衡．夏商周考古学论文集．北京：文物出版社．1980．

中国科学院自然科学史研究所．中国古代科技成就．北京：中国青年出版社，1978．

暨南大学华侨研究所．华侨史论文集．广州：暨南大学，1983．

广西壮族自治区文物管理委员会．广西出土文物．北京：文物出版社，1978.
广州市文物管理委员会．广州汉墓．北京：文物出版社，1981.
河南省文化局文物工作队．邓县彩色画像砖墓．北京：文物出版社，1958.
黄文弼．新疆考古发掘报告（1957－1958）．北京：文物出版社，1983.
内蒙古自治区文物工作队．内蒙古文物资料选辑．呼和浩特：内蒙古人民出版社，1964.
李光璧．中国科学技术发明和科学技术人物论集．北京：三联书店，1955.
侯宽昭主编．广州植物志．北京：科学出版社，1956.
沈福伟．中西文化交流史（第二版）．上海：上海人民出版社，2006.
任半塘．唐戏弄．上海：上海古籍出版社，1984.
宋晞．清末华工对南非屈兰斯瓦尔金矿开采的贡献．台北：华冈出版社，1974.
向达．唐代长安与西域文明．北京：三联书店，1987.
张星烺．中西交通史料汇编．北京：中华书局，1977.
张铁生．中非交通史初探．北京：三联书店，1973.
夏湘蓉，李仲均，王根元．中国古代矿业开发史．北京：地质出版社，1980.
袁翰青．中国化学史论文集．北京：三联书店，1956.
云南植物研究所．云南植物志．北京：科学出版社，1979.
中国社会科学院考古研究所．长沙发掘报告．北京：科学出版社，1959.
中国社会科学院考古研究所．中国考古学（夏商卷）．北京：中国社会科学出版社，2004.
周纬．中国兵器史稿．北京：三联出版社，1957.
周仁等．中国古陶瓷研究论文集．北京：轻工业出版社，1983.
周仁等．景德镇瓷器的研究．北京：科学出版社，1958.
中外关系史学会．中外关系史论丛（第2辑）．北京：世界知识出版社，1987.
中国硅酸盐学会．中国陶瓷史．北京：文物出版社，1982.
历史语言研究所集刊编委会．历史语言研究所集刊（第26卷）．台北：历史语言研究所，1955.
刘钢．古地图密码．南宁：广西师范大学出版社．2009.
何炳棣．东方的摇篮．香港：香港中文大学出版社，1975.
李光斌．伊本·白图泰在中国纪行考．北京：海洋出版社，2009.
姚贤镐．中国近代对外贸易史资料（1840－1895）．全三册．北京：中华书局，1962.
吴世璜．印尼史话．雅加达：椰城世界出版社，1951.
韩槐准．南洋遗留的中国古外销陶瓷．新加坡：青年书局，1960.
吴文良．泉州宗教石刻．北京：中国科学院出版社，1957.
岑仲勉．中外史地考证．北京：中华书局，1962.

二、中文译著

夏德（Friedrich Hirth）．朱杰勤译．大秦国全录．北京：商务印书馆，1964.
戈岱司（George Coedès）．耿昇译．希腊拉丁作家远东古文献辑录．北京：中华书局，1987.

戴闻达（J. J. L. Duyvendak）. 胡国强，覃锦显译. 中国人对非洲的发现. 北京：商务印书馆，1983.

白鸟库吉. 王古鲁译. 塞外史地论文译丛. 上海：商务印书馆，1937.

杜丹（J. Toutain）. 志杨译. 古代世界经济生活. 北京：商务印书馆，1963.

烈维（S. Levi）. 冯承钧译. 正法念处经阎浮提洲地志校勘记. 北京：商务印书馆，1935.

弗雷泽（J. G. Frazer）. 徐育新译. 金枝. 北京：中国民间文艺出版社，1987.

卡特（T. F. Carter）. 吴泽炎译. 中国印刷术的发明和它的西传. 北京：商务印书馆，1957.

康道勒（A. de Candolle）. 俞德浚，蔡希陶编译. 农艺植物考源. 上海：商务印书馆，1940.

伊本·白图泰（Ibn Baṭūṭah）. 马金鹏译. 伊本·白图泰游记. 银川：宁夏人民出版社，1985.

伊本·白图泰（Ibn Baṭūṭah）. 李光斌译. 异境奇观——伊本·白图泰游记. 北京：海洋出版社，2008.

曼苏地（al-Masūdi）. 耿昇译. 黄金草原. 西宁：青海人民出版社，1998.

岛邦男. 濮茅左，顾伟良译. 殷墟卜辞综类. 上海：上海古籍出版社，2006.

利玛窦（Matteo Ricci），金尼阁（Nicolas Trigault）. 何高济，王遵仲，李申译. 利玛窦中国札记. 北京：中华书局，1983 年.

费尔南·布罗代尔（Fernand Braudel）. 顾良，施康强译. 15 至 18 世纪的物质文明、经济和资本主义. 北京：商务印书馆，2017 年.

乔治·奥斯特洛格尔斯基（George Ostrogorsky）. 陈志强译. 拜占庭帝国史. 西宁：青海人民出版社，2006 年.

蒙森（T. Mommsen）. 李稼年译. 罗马史. 北京：商务印书馆，2004 年.

三、外文书目

Adhya, G. L. . *Early Indian economics*. New York: Asia Pub. House, 1966.

G. L. 阿迪耶. 早期印度经济.

Ajayi, F. A. &Crowder, M. . *History of West Africa*. London: Longman, 1971.

F. A. 阿加依，M. 克洛德. 西非史.

al-'Ālam, Hudūd. *The regions of the world*. trans. by V. Minorsky. London: Luzac & Co. , 1937.

胡都德·阿拉姆. 世界境域志.

al-Bīrūnī. *Alberuni's India*. trans. by Edward Sachau. London: Kegan Paul, Trench, Trübner & Co. , 1910.

比鲁尼. 印度史.

al-Hakam, Ibn Abd. *The conquest of Egypt*, *North Africa and Spain*. trans. by Charles Cutler Torrey. New Haven: Yale University Press, 1922.

伊本·哈克姆. 埃及、马格里布和安达卢西的征服.

al-Idrīsī. *Géographie d'Edrisi*. trans. by P. A. Jaubert. Paris: Impr. Royale, 1836 – 1840.

伊德里西. 地理志.

al-Kadir，Abd. *Histoire de la conquète de l'Abyssinie，XVIe siècle*. trans. by R. Basset. Paris：E-Leroux，1897.

阿布·卡迪尔. 15世纪阿比西尼亚征服史.

al-Maqrizi. *Histoire des Sultans Mamelouks*. 2 vols. trans. by E. Quatremère. Paris：1837－1845.

马克里西. 马木鲁克苏丹史.

al-Maqrīzī. *Kitāb al-Mawā'iẓ wa-l-i'tibār fidikr al-ṇiṭaṭ wa-l-āṭār*. Caire：Institut Français d'Archéologie Orientale，1911－1923.

马克里西. 遗迹路径与殷鉴.

al-Masūdi. *Les prairies d'or*. 9 vols. trans. by Charles Barbier de Meynard，Abel Pavet de Courteille. Paris：Imprimerie Impériale，1861－1917.

曼苏地. 黄金草原.

al-Muqaddasi. *The best division for the knowledge of the provinces*. trans. by Basil Collins. Calcutta：Asiatic Society of Bengal，1897－1910.

马克迪赛. 风土志.

al-Tabarī. *The annals of the prophets and kings*. trans. by M. J. de Goeje. Leiden：1879－1901.

塔巴里. 先知和国王编年史.

al-Tajir，Sulayman. *Ancient accounts of India and China*. trans. by Eusebius Renaudot. Gale ECCO，2010.

苏莱曼·丹吉尔. 中印游记.

Alvares，F.. *Narrative of the Portuguese embassy to Abyssinia during the years* 1520－1527. ed. by Lord Stanley of Alderley. London：Hakluyt Society，1881.

F. 阿尔瓦雷士. 1520－1527年葡萄牙大使出使阿比西尼亚纪实.

Arkell，A. J.. *A history of the Sudan，from the earliest time to* 1821. London：London University，1955.

A. J. 奥开尔. 苏丹史：从早期到1821年.

Axelson，E.. *Portuguese in South-East Africa*，1600 － 1700. Johnnesburg：Witwatersrand University，1964.

E. 奥克尔逊. 葡萄牙人在东南非洲：1600－1700年.

Ayalon，David. *Gunpowder and firearms in the Mamluk Kingdom*. London：Valentine Mitchell，1956.

台维·阿尤仑. 马木鲁克的火药和火器.

Babosa，D.. *The book of Duarte Babosa*. ed. by M. L. Dames. London：Hakluyt Societ，1918.

D. 巴波萨. 巴波萨文集.

Barnard，Noel. *Bronze casting and bronze alloys in ancient China*. Sydney：The Australian National University and Monumenta Serica，1961.

诺尔·巴拉德. 古代中国的青铜铸造与青铜合金.

Batton，T. R.. *Tropical Africa in world history*. 4 vols. 2nd ed. Oxford：Oxford University Press，1953－1964.

T. R. 巴顿. 世界史中的赤道非洲.

Battuta, Ibn. *The travels of Ibn Battuta, AD* 1325 – 1354. 2 vols. trans. by H. A. R. Gibb. Cambridge: Cambridge University Press, 1958.

伊本・白图泰. 吉柏译注. 伊本・白图泰游记: 1325 – 1354 年.

Beazley, C. R.. *The dawn of modern geography*. Oxford: J. Murray, 1897 – 1906.

C. R. 皮斯莱. 现代地理学的开创.

Beccari, C.. *Rerum Aethiopicarum scriptores occidentales inediti a saeculo XVI ad XIX*. Rome: C. de Luigi, 1903 – 1917.

C. 贝卡里编. 16 至 19 世纪西方人的埃塞俄比亚纪事.

Beckingham, C. F., etc.. *Some records of Ethiopia or Abissinia*. London: Hukluyt Society, 1954.

C. F. 贝克汉姆等编. 埃塞俄比亚史料.

Berthelot, M.. *Sur la force des matières explosives d'après la thermochimie*. Paris: Gauthier-Villars, 1883.

M. 贝尔泰洛. 化学物品爆炸的强度.

Beurdeley, M.. *Porcelain of the East India Companies*. London: Barrie and Rockliff, 1962.

M. 彼尔德莱. 东印度公司瓷器.

Bouche-Leclereq. *Histoire des Lagides*. Paris: Ernest Leroux, 1903 – 1907.

卜凯-勒克莱. 黎鞬史.

Breasted, J. H.. *A history of Egypt: from the earliest times to the Persian conquest*. London: Hodder & Stoughton, 1951.

J. H. 布莱斯特. 埃及史: 从早期到波斯统治时期.

Breasted, J. H.. *Ancient records of Egypt*. 5 vols. Chicago: Chicago University Press, 1906.

J. H. 布莱斯特. 埃及古文献.

Bretschneider, E.. *Botanicon Sinicum: Notes on Chinese botany from native and western sources*. London: Trubner, 1882 – 1895.

E. 勃莱特史耐德. 中国植物志: 从中西方渊源考察中国植物.

Bretschneider, E.. *Medieval researches from Eastern Asiatic Sources*. London: Kegan Paul, Trench, Trübner & Co. Ltd., 1919.

E. 勃莱特史耐德. 来自东亚的中世纪研究.

Bretschneider M.. *On the knowledge possessed by the Ancient Chinese of the Arabs and Arabian Colonies, and other western countries, mentioned in Chinese books*. London: Trübner & Company, 1871.

M. 勃莱特史耐特. 古代中国人的阿拉伯和其他西方国家知识.

Brown, J. C. & Dey, A. K.. *India's mineral wealth*. 3rd. Oxford: Oxford University Press, 1955.

J. C. 勃朗, A. K. 戴依. 印度矿产志.

Brunton, G.. *Qau and Badari*. 3 vols. London: British school of archaeology in Egypt, 1927 – 1930.

G. 布朗顿. 凯乌和巴达里.

Brunton, G. & Caton-Thompson, G.. *The Badarian civilisation and predynastic remains near Badari*.

London：British School of Archaeology in Egypt，Bernard Quaritch，1927－1930.

G. 布朗顿，G. 卡顿-汤普森. 巴达里附近的巴达里文明和前王朝遗迹.

Budge，E. A. W.. *A history of Ethiopia*. London：Routledge，1928.

E. A. W. 本格. 埃塞俄比亚史.

Budge，E. A. W.. *The life and exploits of Alexander the Great*. London：C. J. Clay and Sons，1896.

E. A. W. 本格. 亚历山大事迹.

Burkill，I. H.. *A dictionary of the economic products of the Malay Peninsula*. London：Crown Agents，1935.

I. H. 布吉尔. 马来半岛经济作物辞典.

Bury，J. B.，*A history of the later Roman Empire*. London：Macmillan，1923.

J. B. 波里. 后期罗马帝国史.

Butler，Samuel. *The atlas of ancient and classical geography*. London：J. M. Dent and Co.，1925.

萨穆尔·巴特勒. 古代地图.

Caldwell，R.，Cook，S. A. & Adcock F. E.. *A comparative grammar of the Dravidian language*. Madras，India：Madras University Press，1856.

R. 卡德威尔，S. A. 柯克，F. E. 艾柯克等编. 达罗毗荼语语法.

Caley，E. R.. *Analyses of ancient glasses*，1790－1957. New York：Corning Museum of Glass，1962.

E. R. 凯莱. 古玻璃分析，1790－1957.

Candolle，A. de. *The origin of cultivated plants*. London：Kegan Paul，Trench & Co.，1888.

A. 德·康道勒. 农艺植物考源.

Carter，H. & Mace，A. C.. *The tomb of Tut-Ankh-Amen*. New York：George H. Doran Company，1923.

H. 卡特，A. C. 梅森. 图坦卡蒙墓.

Carter，T. F.. *The invention of printing in China and its spread westward*. New York：The Ronald Press Company，1955.

T. F. 卡特. 中国印刷术的发明和西传.

Casson，L.. *Ships and seamanship in the ancient world*. Princeton：Princeton University Press，1971.

L. 卡逊. 古代世界的帆船和航海技术.

Castanhoso，M. de. *The Portuguese expedition to Abyssinia*，*in* 1541－1543. trans. by R. S. Whiteway. London：Hakluyt Society，1902.

M. 德·卡斯坦霍索. 葡萄牙远征阿比西尼亚：1541－1543.

Caton-Thompson，G.. *The Zimbabwe Culture*. Oxford：Clarendon Press，1931.

G. 卡顿-汤普森. 津巴布韦文化.

Caton-Thompson，G.，Gardner，E. W.. *The desert Fayum*. London：Royal Anthropological Institute of Great Britain and Ireland，1934.

G. 卡顿-汤普森，E. W. 加德纳. 沙漠法雍.

Cerulli，E.. *Somalia*：*scritti vari editi ed inediti*. Rome：Instituto Poligrafica dello Stato，1957.

E. 西鲁利. 索马里：各种出版及未出版的作品.

Charlesworth, M. P.. *Trade routes and commerce of the Roman Empire*. Cambridge: Cambridge University Press, 1924.

M. P. 查尔斯胡司. 罗马帝国的商道和贸易.

Chattopadhayaya, B.. *Kuṣāṇā state and Indian society*. Calcutta: Progressive Publishers, 1958.

B. 乔托培迪耶. 贵霜国和印度社会.

Chattopadhayaya, S.. *Early history of North India*. Calcutta: Progressive Publishers, 1958.

S. 乔托培迪耶. 北印度早期史.

Childe, G.. *The Aryans: a study of Indo-European origins*. New York: A. A. Knopf, 1926.

G. 蔡尔德. 雅利安人：印欧起源研究.

Chilvers, H. A.. *Out of the crucible: being the Romantic Story of the Witwatersrand Goldfields and of the Great Cities which arose in their midst*. Johannesburg: Juta, 1948.

H. A. 蔡尔佛. 考验.

Chittick, H. N., ed.. *East Africa and Orient*. New York: Africana Pub. Co., 1975.

H. N. 奇蒂克编. 东非和东方.

Chittick, H. N.. *Kilwa: An Islamic trading city on the East African coast*. Nairobi: British Institute in Eastern Africa, 1974.

H. N. 奇蒂克. 基尔瓦：东非海岸的一个伊斯兰贸易城市.

Clark, J. D.. *The Kalambo Falls prehistoric site*. 3 vols. Cambridge: Cambridge University Press, 1969 – 2001.

J. D. 克拉克. 卡莱博瀑布史前遗址.

Clowes, G. S. L.. *Sailing ships: their history and development, as illustrated by the collection of ship-models in the Science Museum*. 2vols. 4th ed. London: Science Museum, 1962.

G. S. L. 克鲁维. 帆船的历史与发展——以科学博物馆的船模收藏为例.

Coq, Le. *Die buddhistische Spätantike in Mittelasien*. Berlin: D. Reimer, 1922.

勒・柯克. 中亚晚古佛教.

Cortesão, Armando. *The Suma oriental of Tomé Pires: an account of the East, from the Red Sea to Japan*. London: Hakluyt Society, 1944.

阿曼多・科特索编译. 皮雷士东游记.

Cosmas. *The Christian topography*. trans. by J. W. McCrindle. London: Hakluyt Society, 1897.

科司莫斯. 基督教列国志.

Coupland, R.. *East Africa and its invaders: from the earliest times to the death of Seyyid Said in* 1856. Oxford: Clarendon Press, 1956.

R. 柯普兰. 东非及其入侵者：从早期到1856年萨义德去世.

Coursey, D. G.. *Yams*. London: Longmans, 1967.

D. G. 库西. 山药.

Crawford, S.. *Ethiopian Itineraries, circa 1400 – 1524*. Cambridge: Cambridge University

Press, 1958.

S. 克劳福德. 1400－1524年的埃塞俄比亚行程.

d'Ohsson, Mouradja. *Histoire des mongols dépuis Tchinguiz-khan jusqu'à Timour Bey ou Tamerlan.* Amsterdam: F. Muller, 1834－1852.

多桑. 蒙古史.

Daremberg, C., Saglio, E.. *Dictionnaire des antiquites Grecques et Romains.* 10 vols. Paris: Hachette, 1877－1919.

C. 达伦堡，E. 萨格里奥等编. 希腊罗马古物辞典.

Davic, L.-M.. *Le pays des Zendjs, ou La côte orientale d'Afrique au moyen âge.* Paris: Hachette, 1892.

L.-M. 台维. 中世纪的桑给国或东非海岸.

Deschamps, Herbert. *Histoire de Madagascar.* Paris: Berger-Levrault, 1960.

赫伯特·德尚普. 马达加斯加史.

Dikshit, M. G.. *History of Indian glass.* Bombay: University of Bombay, 1967.

M. G. 狄克希特. 印度玻璃史.

Dunham, D.. *The royal cemeteries of Kush.* Cambridge, Massachusetts: Harvard University Press, 1950－1963.

D. 杜汉姆. 库施王陵.

Duyvendak, J. L.. *China's discovery of Africa.* Londn: A. Probsthain, 1949.

J. L. 戴闻达. 中国对非洲的发现.

Emery, W. B.. *The royal tombs of Ballana and Qustul.* Cairo: Government Press, 1938.

W. B. 埃曼利. 倍拉那和奎斯托尔王室墓群.

Engler, A.. *Die Nutzpflanzen ost-Afrikas.* Berlin: D. Reimer, 1895.

A. 恩格勒. 东非作物.

Fagan, B. M. & Phillipson D. W., etc.. *Iron age cultures in Zambia.* Vol. 2. London: Chatto & Windus, 1969.

B. M. 法根，D. W. 菲利普森等. 赞比亚的铁器时代文化.

Fage, J. D.. *A history of West Africa, an introductory survey.* Cambridge: Cambridge University Press, 1969.

J. D. 费奇. 西非史纲.

Fage, J. D.. *An atlas of African history.* London: Edward Arnold, 1958.

J. D. 法奇. 非洲历史地图.

Fage, J. D.. *An introduction to the History of West Africa.* Cambridge: Cambridge University Press, 1955.

J. D. 法奇. 西非史导论.

Fage, J. D., etc.. *The Cambridge History of Africa.* vol 2. vol 3. Cambridge: Cambridge University Press, 1977.

J. D. 法奇等. 剑桥非洲史. 第2卷. 第3卷.

Fage, J. D. & Oliver, R.. *Papers in African prehistory*. Cambridge: Cambridge University Press, 1970.

J. D. 费奇、R. 奥立弗编. 史前非洲.

Ferrand, G.. *Relations de voyages et textes géographiques Arabes, Persans et Turks relatif's à l'Extreme-Orient*. Paris: E. Leroux, 1913 – 1914.

G. 费琅. 阿拉伯、波斯、突厥文远东地志.

Field, H.. *Contributions to the anthropology of the Faiyum, Sinai, Sudan, Kenya*. Los Angeles: University of California Press, 1952.

H. 费尔德编. 法雍、西奈、苏丹、肯尼亚人类学论丛.

Filesi, T.. *Le relazioni della Cina con l'Africa nel medioevo*. Milan: Giuffre, 1962.

T. 费莱西. 中古中国与非洲关系.

Fisher, G.. *Barbary legend war, trade and piracy in North Africa*, 1415 – 1830. Oxford: Clarendon Press, 1957.

G. 费歇尔. 巴巴拉传奇中的北非战争、贸易和海盗.

Foster, W.. *The Red Sea and adjacent countries at the close of the seventeenth century*. London: Hakluyt Society, 1949.

W. 弗斯特. 17世纪末的红海及其周边国家.

Freeman-Grenville, G. S. P.. *Chronology of African history*. New York: Oxford University Press, 1973.

G. S. P. 弗里曼-格伦维勒. 非洲历史纪年.

Freeman-Grenville, G. S. P.. *The East African coast*. Oxford: Clarendon Press, 1962.

G. S. P. 弗里曼-格伦维尔. 东非海岸.

Freeman-Grenville, G. S. P.. *The medieval history of the coast of Tanganyika*. Oxford: Oxford University Press, 1962.

G. S. P. 弗里曼-格伦维尔. 中世纪坦噶尼喀沿岸史.

Fyfe, C.. *A history of Sierra Leone*. Oxford: Oxford University Press, 1962.

C. 费福. 塞拉利昂史.

Garlake, P. S.. *Great Zimbabwe*. London: Thames and Hudson, 1973.

P. S. 伽莱克. 大津巴布韦.

Gautier, E. F.. *Le passé de l'Afrique du Nord: les siècles obscurs*. Paris: Payot , 1952.

E. F. 柯蒂埃. 北非往昔:黑暗世纪.

Gerini, E.. *Research on Ptolemy's geography of Eastern Asia*. London: Royal Asiatic Society, Royal geographical Society, 1909.

E. 格里尼. 托勒密东亚地志研究.

Ghirshman, R.. *Bégram, recherches archéologiques et historiques sur les Kouchans*. Le Caire: Impr. de l'Institutfrançais d'archéologie orientale, 1946.

R. 格希曼. 帕格曼：考古与历史研究.

Godard, A. & Hackin, J.. *Les antiquités bouddhiques de Bâmiyân*. Paris: C. Van Oest, 1928.

A. 戈达尔, J. 赫金. 巴米扬佛教古物.

Goldstein, S. M.. *Pre-Roman and early Roman glass*. New York: Corning Museum of Glass, 1979.

S. M. 戈特斯坦. 罗马以前和罗马早期玻璃.

Grandidier, A. &G.. *Ethnographie de Madagascar*. 5 vols. Paris: Imprimerie nationale, 1908 –1928.

格兰迪迪耶. 马达加斯加人种学.

Grandidier, Alfred, etc.. *Collection des ouvrages anciens concernant Madagascar*. 9 vols. París: Comité de Madagascar, 1903 –1920.

阿尔弗雷德·格兰迪迪耶等编. 古代马达加斯加著作汇编.

Gray, J. M.. *History of Zanzibar, from the middle ages to* 1856. Oxford: Oxford University Press, 1962.

J. M. 格莱. 桑给巴尔史：从中世纪到1856年.

Grist, D. H.. *Rice*. London: Longmans Green, 1953.

D. H. 格里斯特. 大米.

Grohmann, A.. *Corpus papyrorum Rainer*. Vol 3. Vienna: Burgverlag, 1924.

A. 格罗曼编. 雷纳藏苇纸文集.

Grottanelli, V. L.. *Pescatori dell'oceano Indiano*. Rome: Cremonese, 1956.

V. L. 格鲁登纳里. 印度洋渔民.

Grousset, R.. *Histoire de l'extrême-orient*. Paris: P. Geuthner, 1929.

R. 格鲁赛. 远东史.

Grünwedel, A.. *Altbuddhistische Kultstätten in Chinesisch-Turkistan*. Berlin: Druck und Verlag von Georg Reimer, 1912.

A. 格伦韦德尔. 新疆古佛寺.

Grünwedel, A.. *Bericht über archäologische Arbeiten in Idikutschari und Umgebung*. München: Verlag der K. Akademie der Wissenschaften, 1906.

A. 格伦韦德尔. 亦都护城考古报告.

Guillain, C.. *Documents sur l'histoire, la géographie et le commerce de l'Afrique orientale*. 3 toms. Paris: A. Bertrand, 1856.

C. 古朗. 东非的历史、地理、商业资料.

Hackin, J.. *Nouvelles recherches archéologiques à Begram*. Paris: Imprimerie nationale, Presses Universitaires, 1937.

J. 赫金编. 帕格曼考古研究.

Hambury, D.. *Science papers*. London: Macmillan, 1876.

D. 汉伯里. 科学文集.

Harvey, G. E.. *History of Burma*. London: Frank Cass & Co. Ltd, 1926.

G. E. 哈威. 缅甸史.

Hassan, Yusuf Fadl. *The Arabs and the Sudan*. Edinburgh: Edinburgh University Press, 1967.

尤素甫·法德尔·哈桑. 阿拉伯人和苏丹.

Hastings, James, etc.. *Encyclopædia of religion and ethics.* 13 vols. New York: Scribner's, 1955.

詹姆士·哈斯丁等. 宗教和伦理学大词典.

Healy, A. M. etc.. *The map approach to African history*. London: University Tutorial Press, 1959.

A. M. 海莱等. 非洲史地图.

Heyd, W. etc.. *Histoire du commerce du Levant au moyen-âge*. tom 1. tom 2. Paris: F. Raynaud, 1923.

W. 海特等. 黎凡特中世纪商业史.

Hintze, F.. *Studien zur meroitischen Chronologie und zu den Opfertafeln aus den Pyramiden von Meroe*. Berlin: Akad. -Verl., 1959.

F. 希泽. 麦洛埃年代学研究.

Hirth, F.. *Ancient porcelain, a study in Chinese mediæval industry and trade*. Leipzig: F. Hirth, 1888.

F. 夏德. 古代瓷器.

Hirth, F.. *China and the Roman Orient*. Shanghai, 1885.

F. 夏德. 大秦国全录.

Hirth, F. & Rockhill, W.. *Chau Ju-Kua: His work on the Chinese and Arab trade in the twelfth and thirteenth centuries, entitled Chu-Fan-Chi*. St. Petersburg: Imperial Academy of Sciences, 1911.

F. 夏德, W. 柔克义. 诸蕃志译注.

Hitti, Philip. *History of the Arabs. 10th edition*. London: McMillan and Co., 1977.

菲利普·希提. 阿拉伯史.

Hitti, Philip. *The Arabs: a short history*. London: MacMillan and Co. Ltd., 1956.

菲利普·希提. 阿拉伯简史.

Hollingsworth, L. W.. *A short history of the east coast of African*. London: MacMillan, 1963.

L. W. 霍林斯胡士: 东非海岸简史.

Hollingsworth, L. W.. *The Asians of East Africa*. London: MacMillan, 1960.

L. W. 霍林斯胡士: 东非的亚洲人.

Hornell, J.. *Water transport*. Cambridge: Cambridge University Press, 1946.

J. 贺诺尔. 水运.

Hourani, G. F.. *Arab seafaring in the Indian Ocean in ancient and early medieval times*. Princeton: Princeton University Press, 1951.

G. F. 胡拉尼. 古代和中世纪早期的阿拉伯远航印度洋史.

Hultzsch, E.. *The cultural heritage of India*. Calcutta: Ramakrishna Mission, 1953.

E. 汉尔兹契辑注. 印度的文化遗产.

Hume, W. F.. *The geology of Egypt*. 3 vols. Cairo: Government Press, 1934 – 1937.

W. F. 休谟. 埃及地质.

Hutchins, J. B. etc.. *The evolution of Gossypium and the differentiation of the cultivated cottons*. New York: Oxford University Press, 1947.

J. B. 赫金斯等. 棉花的进化与栽培棉的分化.

Huzayyin, S. A.. *Arabia and the Far East: their commercial and cultural relations in Graeco-Roman and Irano-Arabian times*. Cairo: Société Royale de Géographie, 1942.

S. A. 侯赛因. 阿拉伯和远东：它们在希腊-罗马时代和伊朗-阿拉伯时代的商业和文化关系.

Janse, Olov. *Archaeological research in Indo-China*. Cambridge, MA: Harvard University Press, 1947.

奥尔弗·约斯. 印度支那考古研究.

Javis, C. S.. *Yesterday and today in Sinai*. Edinburgh: Blackwood, 1931.

C. S. 贾维斯. 西奈今昔.

Joret, Charles. *Les plantes dans l'antiquité et au Moyen Âge*. Paris: É. Bouillon, 1897－1904.

查尔斯·乔雷. 古代和中世纪的植物.

Julien, Charles-André. *Histoire de l'Afrique du nord*. Paris: Routledge & K. Paul, 1961.

夏尔-安德烈·朱利安. 北非史.

Kamal, Yusuf. *Monumenta cartographica Africae et Egypti*. 5 vols. Cairo: Lowenthal, M. A., 1926－1951.

尤素甫·卡米勒. 非洲和埃及地图集.

Khaldūn, Ibn. *Histoire des Berbères et des dynasties musulmanes de l'Afrique septentrionale*. trans. by de Slane. Paris: Imprimerie du gouvernement, 1925.

伊本·卡尔敦. 柏柏尔人和北非穆斯林王朝史.

Khaldūn, Ibn. *The muqaddimah, an introduction to history*. trans. by Franz Rosenthal. New York: Princeton, 1958.

伊本·卡尔敦. 历史学导论.

Kirkman, J. S.. *The Arab city of Gedi*. Oxford: Oxford University Press, 1954.

J. S. 坎克曼. 阿拉伯城市格迪.

Konczacki Z. A. & J. M.. *An economic history of tropical Africa*. 2 vols. London: Frank Cass, 1977.

孔柴基编. 赤道非洲经济史.

Kumar, Baldev. *The early Kuṣānas*. New Delhi: Sterling Publishers, 1973.

巴尔德夫·库马尔. 早期贵霜人.

Ingham, K.. *A history of East Africa*. London: Longmans, 1962.

K. 英格姆. 东非史.

Ingrams, W. H.. *Zanzibar: Its history and its people*. London: H. F. & G. Witherby, 1931.

W. H. 英格拉. 桑给巴尔的历史和人民.

Lach, D. F. & Fraumenhaft, C.. *Asia on the Eve of Europe's Expansion*. Englewood Cliffs: Prentice-Hall, 1965.

D. F. 拉希，C. 弗劳门哈夫特编．欧洲扩张前夕的亚洲．

Lach，Klaus. *Das Mongolische Weltreich*. Wiesbaden：O. Harrassowitz，1968.

莱希．蒙古人的世界帝国．

Lacouperie，T. de. *Western origin of the Chinese civilization*. London：Asher & Co.，1894.

T. 德·拉科伯里．中国文明西方起源论．

Laufer，B.. *Sino-Iranica*，*Chinese contributions to the history of civilization in ancient Iran*. Chicago：Field Museum of Natural History，1917.

B. 劳费尔．中国伊朗编：中国对古伊朗文明史的贡献．

Le Bon，Gustave. *La civilisation des Arabes*. Paris：Firmin. Didot，1884.

古斯塔夫·勒·朋．阿拉伯文明．

Lewis，I. M.. *Peoples of the Horn of Africa*：*Somali*，*Afar & Saho*. London：International African Institute，1955.

I. M. 刘易士．非洲之角的民族：索马里人、阿法尔人和萨霍人．

Loehr，Max. *Chinese Bronze Age weapons*. Ann Appo：University of Michigan Press，1956.

麦克斯·劳尔．中国青铜时代的兵器．

Lucas，A.. *Ancient Egyptian Materials and Industries*. 4th ed. Revised and enlarged by J. R. Harris. London：Edward Arnold，1962.

A. 罗卡斯．古埃及工矿．

Lukas，J.. *Afrikanistische Studien Diedrich Westermann*. Berlin：Akademie Verlag，1955.

J. 罗卡斯编．非洲研究．

Macintosh，Duncan. *Chinese blue and white porcelain*. Rutland，Vt.：C. E. Tuttle Co.，1977.

杜坎·马辛托希．中国青花瓷．

Majumdar，R. C.. *The history and culture of the Indian people*. 11 vols. London：George Allen and Unwin，1951－1980.

R. C. 马朱姆达尔．印度人民的历史和文化．

Marçais，George. *La Berbérie Musulmane et l'Orient au Moyen age*. Paris：Aubier，1946.

乔治·马塞．中世纪柏柏里亚穆斯林和东方．

Mansur，Abu. *Die pharmakologischen Grundsätze*. trans. by A. -Ch. Achundow. Dorpat：Halle A. S.，Tausch & Grosse，1893.

阿布·曼苏尔．药物学大纲．

Marsh，Zoë & Kingsnorth，G. W.. *An introduction to the history of East Africa*. Cambridge：Cambridge University Press，1957.

佐·马奇，G. W. 金斯诺士．东非史导论．

Marshall，John. *Taxillā*. Delhi：Motilal Banarsidass，1975.

约翰·马歇尔．塔克西拉．

Maspero，H.. *La Chine antique*. Paris：E. de Boccard，1927.

马伯乐．古代中国．

McCrindle, J. W.. *Ancient India as described by Ktesias the Knidian*. Calcutta: Thacker, Spink & Co., 1882.

J. W. 马克林德. 克泰西斯笔下的古印度.

Menzies, Gavin. 1421: *The year China discovered the world*. London: Bantam Press, 2002.

加文·孟席斯. 1421年：中国发现世界.

Meyer, Eduard. *Geschichte des Altertums*. Berlin: J. G. Cotta, 1907.

爱德华·梅耶. 古代史.

Mollat, Michel. *Sociétés et compagnies de commerce en Orient et dans l'Océan Indien*. Paris: Universidade de Sao Paulo Sistema Integrado de Bibliotecas, 1970.

米歇尔·莫拉特编. 东方和印度洋商业公司.

Mookerji, R.. *Indian shipping: A history of the sea-borne trade and maritime activity of the Indians from the Earliest Times*. Bombay: Orient Longman, 1912.

R. 莫坎奇. 印度航海史.

Morse, H. B.. *The Chronicles of the East India Company trading to China*, 1635 – 1834. 5 Vols. Oxford: Clarendon Press, 1926.

H. B. 马士. 东印度公司对华贸易编年：1635 – 1834.

Murdock, G. P.. *Africa: its peoples and their culture history*. New York: McGraw-Hill, 1959.

G. P. 默尔多克. 非洲民族和文化史.

Muschler, R.. *A manual flora of Egypt*. Berlin: R. Friedlaender, 1912.

R. 穆施勒. 埃及植物手册.

Müller, C.. *Ptolemaei geographia*. 2 vols. Paris: Firmin-Didot, 1883 – 1901.

C. 穆勒. 托勒密地理.

Müller, W. Max. *Egyptological researches*. 3 vols. Washington: Carnegie Institution, 1906 – 1920.

W. 麦克思·缪勒. 埃及学研究.

Nainar, Husayn. *Arab geographers' knowledge of Southern India*. Madras: University of Madras, 1942.

胡珊·奈纳. 阿拉伯地理学家所知的南印度.

Napoleon Ⅲ & Favé, I.. *Études sur le passé et l'avenir de l'artillerie*. Paris: J. Dumaine, 1871.

拿破仑三世，I. 法夫. 炮兵的过去和未来之研究.

Naville, E.. *The temple of Deir el-Bahari*. 6 vols. London: Egypt Exploration Fund, 1894 – 1908.

E. 纳费尔. 德尔·巴哈里神庙.

Needham, J.. *Science and civilisation in China*. Cambridge: Cambridge University Press, 1954 – 1994.

J. 李约瑟. 中国科学技术史.

O'Fahey, R. S. & Spaulding, J. L.. *Kingdoms of the Sudan*. London: Routledge, 1974.

R. S. 奥法海，J. L. 史拨尔丁. 苏丹王国.

Okladnikow, A. P.. *Ancient population of Siberia and its cultures*. Cambridge: Peabody, 1959.

A. P. 奥科拉德尼克夫. 古代西伯利亚的人口及其文化.

Oliver, D.. *Flora of Tropic Africa*. 3 vols. London: L. Reeve and Co., 1868－1977.

D. 奥列维. 赤道非洲植物志.

Oliver, R. & Fage, J. D.. *A short history of Africa*. London: Penguin Books, 1962.

奥立弗和费奇合编. 非洲简史.

Pankhurst, Richard. *An introduction to the economic history of Ethiopia*. London: Lalibela House, 1961.

理查・潘古斯特. 埃塞俄比亚经济史导论.

Parodi, H. D.. *La verrerie en Egypte*. Caire: Imp de l'Iecole Khediviale d'IArts et Metiers, 1908.

H. D. 派霍德. 埃及玻璃工业.

Pauw, C. de. *Recherches philosophiques sur les Égyptiens et les Chinois*. Paris: 1794－1795.

C. 德・波夫. 埃及和中国哲学研究.

Pearce, F. B.. *Zanzibar, the island metropolis of Eastern Africa*. London: T. Fisher Unwin, 1920.

F. B. 皮尔斯. 桑给巴尔：东非岛屿大都市.

Pelliot, P.. *Notes on Marco Polo*. Paris: Imprimerie Nationale, 1963.

P. 伯希和. 马可・波罗游记考释.

Petech, L.. *Northern India according to the Shui-ching-chu*. Roma: Is. M. E. O., 1950.

L. 倍特克.《水经注》中的北印度.

Petrie, W. M. F.. *A history of Egypt*. London: Methuen and Co., Ltd., 1923.

W. M. F. 彼特利. 埃及史.

Petrie, W. M. F.. *The arts and crafts of ancient Egypt*. Edinburgh: T. N. Foulis, 1910.

W. M. F. 彼特利. 古埃及的艺术和工艺品.

Ping-ti Ho. *The cradle of the East*. Hong Kong: The Chinese University of Hong Kong, 1975.

何炳棣. 东方的摇篮.

Praed, W. M. & Grunt, H. B.. *African handbook of birds: Eastern & North-Eastern Africa*. London: Longman Green, 1952.

W. M. 普莱德, H. B. 格兰特. 非洲鸟类手册：东部和东北非.

Raglan, Lord. *How came civilization?* London: Methuen & Co., 1939.

劳德・勒格雷. 文明的起源.

Rawlinson, H. G.. *Intercourse between India and the Westem World*. Cambridge: Cambridge University Press, 1926.

H. G. 劳林逊. 印度和西方的交通.

Reinaud, J. T.. *Gèographie de Aboulféda*. Paris: Imp. Nationale, 1848.

J. T. 雷诺编译. 阿布・菲达地理志.

Reinaud, M.. *Relation des voyages faits par les Arabes et les Persans dans l'Inde et à la Chine dans le IXe siècle*. Paris: Imprimerie Royale, 1845.

M. 莱纳. 阿拉伯、波斯人印度、中国行纪.

Reusch, R.. *History of East Africa*. New York: F. Ungar Pub. Co., 1961.

R. 罗威. 东非史.

Reutter, L.. *De l'embaumement avant et après Jésus-christ*. Paris: Neuchâtel, 1912.

L. 里特尔. 公元前后的木乃伊.

Ricard, P.. *Les broderies Marocaines*. Alger: Jourdan, 1918.

P. 里卡尔. 摩洛哥刺绣.

Richardson, N. R.. *Liberia's past and present*. London: Diplomatic Press and Pub. Co., 1959.

N. R. 理查逊. 利比里亚史.

Rostovtzeff, M. I.. *Iranians and Greeks in South Russia*. Oxford: Clarendon Press, 1922.

M. I. 罗斯托夫采夫. 南俄的伊朗人和希腊人.

Rostovtzeff, M. I.. *The social and economic history of the Roman Empire*. Oxford: Biblo-Moser, 1926.

M. I. 罗斯托夫采夫. 罗马帝国社会经济史.

Sadie, Stanley. *The new grove dictionary of music and musician*. London: Macmillan Publishers, 1980.

斯坦雷·萨迪. 新格罗夫音乐与音乐家辞典.

Sarton, George. *Introduction to the history of science*. Baltimore: Williams & Wilkins, 1947 – 1950.

乔治·萨顿. 科学史导论.

Sastri, N.. *A history of South India*. Oxford: Oxford University Press, 1958.

N. 沙斯特里. 南印度史.

Schoff, W. H.. *The periplus of the Erythraean Sea*. New York: Longmans, 1912.

W. H. 索夫注. 厄立特里海环航记.

Schonfield, H. J.. *The Suez Canal in world affairs*. London: Constellation Books, 1952.

H. J. 索菲尔特. 苏伊士运河.

Schweinfurth, G. A.. *The heart of Africa*. New York: Alfred A. Knopf, 1874.

G. A. 施韦因福特. 非洲腹地.

Shinnie, P. L.. *Meroe, a clvilization of the Sudan*. London: Thames and Hudson, 1967.

P. L. 香尼. 麦洛埃.

Sircar, D. C.. *Cosmography and Geography in Early Indian Literature*. Calcutta: D. Chattopadhyaya, 1967.

D. C. 塞尔卡. 早期印度文献中的世界地理.

Slade, Ruth. *King Leopold's Congo, Aspects of the development of race relations in the Congo Independent State*. Oxford: Oxford University Press, 1962.

路德·史莱特. 利奥波特国王属下的刚果.

Slane, De. *Description de l'Afrique septentrionale par Abou Obeïd El-Bekri*. Paris: Encyclopædia Universalis, 1911 – 1913.

德·斯朗编译. 埃尔·贝克里的阿非利加和马格里布轶闻.

Smith, Elliot. *The ancient Egyptians and the origin of civilization*. London: 1923.

伊利奥特·史密斯. 古代埃及人.

Spencer, L. J.. *A key to precious stones*. London: Glasgow, Blackie & Son Limted, 1936.

L. J. 斯宾塞. 宝石手册.

Stein, Aurel. *Ancient Khotan*. Oxford: Clarendon Press, 1907.

奥莱尔·斯坦因. 古代和田.

Stein, Aurel. *Serindia*. 5 vols. Oxford: Clarendon Press, 1921.

奥莱尔·斯坦因. 西域考古图记.

Steingass, F.. *A comprehensive Persian-English dictionary*. London: Routledge & K. Paul, 1930.

F. 史坦格士. 波斯语-英语辞典.

Stell R. &Prothero, R.. *Geographers and the tropics*. London: Longmans, 1964.

R. 斯特尔, R. 普鲁泰罗编. 地理学家和热带.

Stigand, C. H.. *The land of Zinj*. London: Constable, 1913.

C. H. 史蒂格. 桑给国.

Storbeck, F.. *Die berichte der Arabischen geographen des Mittelalters üeber Ostafrika*. Berlin: 1913.

F. 史德贝克. 阿拉伯地理学家所志中世纪东非.

Stuhlmann, F.. *Beiträge zur kulturgeschichte von Ostafrika*. Berlin: D. Reimer, 1909.

F. 司徒尔曼. 东非文化史.

Sutton, J. E. G.. *The East African coast*. Nairobi: East African Pub. House, 1966.

J. E. G. 苏顿. 东非海岸.

Sverdrup, H. U., Johnson, M. W., etc.. *The oceans: Their physics, chemistry, and general biology*. New York: Prentice – Hall, 1942.

H. U. 史维特洛普, M. W. 约翰孙等. 海洋: 物理、化学和生物.

Sylwan, Vivi. *Investigation of silk from Edsen-Gol and Lop-Nor*. Stockholm: The Sino-Swedish Expedition, 1949.

维维·锡尔凡. 额济纳河和罗布淖尔出土的丝织物研究.

Tarn, W. W.. *Hellenistic civilisation*. Cambridge: Cambridge University Press, 1930.

W. W. 塔恩. 希腊化文明.

Tarn, W. W.. *The Greeks in Bactria and India*. New York: Cambridge University Press, 1966.

W. W. 塔恩. 巴克特里亚和印度的希腊人.

Tchang, Mathias. *Tombeau des Liang, famille Siao: Siao Choen-tche*. Chang-hai: Imprimerie Mission Catholique, 1912.

张璜. 萧梁家族墓: 萧顺之.

Terrasse, H.. *L'Art Hispano-Mauresque des origines au XIIIe siècle*. Paris: Van Oest, 1932.

H. 泰拉斯. 13 世纪前的西班牙-莫尔艺术.

Thompson, L. A. & Ferguson, John. *Africa in classical antiquity*. Ibadan: Ibadan University Press, 1969.

L. A. 汤普逊, 约翰·弗格森编. 古代非洲.

Thomson, J. O.. *History of ancient geography*. Cambridge: Cambridge University Press, 1948.

J. O. 汤姆逊. 古代地理学史.

Thomson, J. S.. *The lure and romance of alchemy*. London: G. G. Harrap & Co. Ltd., 1932.

J. S. 汤姆逊. 炼丹术的诱惑和轶闻.

Varthema. *The travels of Ludovico di Varthema, in Egypt, Syria, Arabia, Deserta and Arabia Felix, in Persia, India, and Ethiopia*, 1503 – 1508. London: Hakluyt Society, 1863.

瓦尔瑟马. 卢多维科·迪·瓦尔瑟马游记：1503 – 1508 年.

Vasiliev, A.. *History of the Byzantine Empire*, 324 – 2453. Madison: University of Wisconsin Press, 1958.

A. 瓦西里也夫. 拜占庭帝国史.

Venturi, Tacchi. *Opere storiche del P. Matteo Ricci, S. I.*. Macerata: Premiato stab. tip. F. Giorgetti, 1911.

汾屠立编. 利玛窦全集.

Ward, E. F.. *A history of Africa*. 3 vols. London: Ruskin House, 1963.

E. F. 华尔. 非洲史.

Warmington, E. H.. *The commerce between the Roman Empire and India*. 2nd ed. London: Curzon Press, 1974.

E. H. 威明顿. 罗马帝国和印度的商业.

Watt, G.. *Commercial products of India*. London: John Murray, 1908.

G. 华特. 印度的商品.

Wheeler, Mortimer. *Rome beyond the imperial frontiers*. London: G. Bell and Sons, Ltd., 1955.

莫歇·韦勒. 罗马外纪.

Wheeler, Mortimer. *The Indus civilization*. Cambridge: Cambridge University Press, 1953.

莫歇·韦勒. 印度河文明.

Wilkinson, G.. *The ancient Egyptians*. 2 vols. London: John Murray, 1890.

G. 魏金森. 古代埃及人.

Willetts, W.. *Chinese art*. New York: George Braziller, 1958.

W. 卫礼泽. 中国艺术.

Wissler, Clark. *Man and culture*. London: George G. Harrap, 1923.

克拉克·韦斯勒. 人与文化.

Wolters, O. L.. *Early Indonesian commerce: a study of the origins ofrīvijaya*. New York: Cornell University Press, 1967.

O. L. 乌特士. 早期印度尼西亚商业.

Worsfold, W. B.. *The reconstruction of the new colonies under Lord Milner*. London: Kegan Paul, Trench, Trubner and Company, 1913.

W. B. 华斯福特. 密尔纳勋爵治理下新殖民地的重建.

Wüstenfeld, F.. *Jacut's geographisches wörterbuch*. 11 vols. Leipzig: F. A. Brockhaus, 1866 – 1873.

F. 胡史登菲尔编. 雅库特地理学辞典.

Yazid, ibn. *Akhbār as-Ṣīn Wa-l-Hind*, *Relation de la Chine et de l'Inde*, *redigée en* 851. trans. by J. Sauvaget. Paris: Les Belles-Lettres, 1948.

伊本·雅兹德. 苏莱曼中印游记.

Yazid, ibn. *Voyage du marchand arabe Sulaymân en Inde et en Chine*, *rédigé en* 851. trans. by G. Ferrand. Paris: Bossard, 1922.

伊本·雅兹德. 苏莱曼中印游记.

Yule, Henry. *The travels of Marco Polo*. 2 vols. London: John Murray, 1871.

亨利·玉尔译注. 马可·波罗游记.

Yule, Henry &Burnell, A. C.. *Hobson-Jobson*: *a glossary of colloquial Anglo-Indian words and phrases*, *and of kindred terms*, *etymological*, *historical*, *geographical and discursive*. London: John Murray, 1903.

亨利·玉尔, A. C. 伯纳尔编. 语源辞典.

Yule, Henry & Cordier, H.. *Cathay and the way thither*. London: Hakluyt Society, 1913.

亨利·玉尔, H. 柯提埃编. 中国道程志.

后　记

对非洲的兴趣，是我在上海复旦大学求学期间萌发的。那时我读了荷兰汉学家戴闻达（J. J. L. Duyvendak，1889—1954）在伦敦大学用英文发表的《中国人发现非洲》的学术报告，觉得中国与非洲这块神秘的大陆之间所经历的关系，似乎远远不止戴闻达所叙述的那些，于是产生了探讨中非文化交流的念头。中国与非洲，中间隔着那么多的山川平原与海洋，从什么时候起才有了交往呢？似乎是由于古老的宝石贸易，才使相隔遥远的人群逐渐明白了彼此之间的距离正在日益缩短的道理，这就是驱使我最初写作了《结绿和埃及宝石贸易》《壁流离和印度宝石贸易》两篇文章的动力。此后经过日积月累，到1981年，我初步完成了《中国与非洲》这部书稿。但在审稿过程中却滞留了十年之久，直到1991年春季《中国与非洲》才正式面世。所以，这本书从完成初稿到现在，实际已经将近四十个年头了。

一本书的出版往往不是意味着一个终点，而是另一个新的起点。所以在第一版出版后，我始终没有忘记对中国与非洲的文化交往做进一步的探索和研究。我搜集新的史料、证据，对原来的一些观点、看法进行重新思考和修正。在此期间，我着重通过对丝绸之路专题的研究，弄清了在拜占庭时期，早先已在中国和罗马之间进行的贸易，在3世纪以后仍在赓续进行，到了唐代有了更大的发展；而从12世纪以来，几乎有四个世纪之久，中国一直在印度洋贸易网中扮演着重要的角色。这个历史事实，完全与西方史学家认为的“中国帆船要到8世纪才出现在印度洋上”，“中国与非洲之间的海上贸易直到15世纪也仅仅限于间接关系”的看法，是无法吻合的。我在1979年发表的那篇论文《十二世纪的中国帆船和印度洋航路》，正是在十分执著的心情下动笔的，从此便打开了我研究和写作的门扉。在之后的四十年中，我继续探索中国和非洲的关系，竟使原本看来纯属扑朔迷离的古史有了新的证据。从湖南楚文化中流传的陶罐型式，居然可以看出它们和非洲东部铁器时代的陶罐类似，这正是中国南方通过海上移民才有可能实现的一段古史。在两三千年前那些荒无人烟的地方，文明的信息已经在悄悄地流动，这是完全可以相信的。

中世纪的阿拉伯人向非洲东海岸移民时，已经知道在非洲有瓦克瓦克人出现，而这些瓦克瓦克人却真的是和那些向南方的广袤海洋传送文明信息的中国人有着血缘关系的。因此，文明的传递必然是双向的，文化流由人流所推动，有人群流动便会有文化流动。主流文明在向周边地区辐射时，随之而来的是，那里的人群也会反射。所以文化流必然是一部文明的辐射与反射的交响乐，由此才会有人类文明史诗的诞生。非洲和东亚文明的交往应该是这部史诗前半部十分重要的篇章。希望本书的问世能为进一步深入研究中国和非洲的文化交往提供一些资料，如果能使读者由此产生兴味，我也就深感欣慰了。

沈福伟

2019 年 12 月 20 日